文化部外联局组织编写

总顾问 ◎ 张爱平 谢金英

国际文化市场报告

GUOJI WENHUA SHICHANG BAOGAO

主 编 ◎ 李怀亮

副主编 ◎ 方 英

首都经济贸易大学出版社
Capital University of Economics and Business Press
· 北 京 ·

《国际文化市场报告》编辑委员会

前 言 PREFACF

编写《国际文化市场报告》的想法已酝酿多年，在文化部外联局领导的关心下，在同事们的共同努力下，这个愿望终于实现了，让我倍感欣喜和振奋。

为什么会想到这个选题呢？首先，国内文化市场已经成为国际文化市场的一部分，而且是重要组成部分。回想1994年的时候，美国学者沃特曼(Waterman)和罗杰斯(Rogers)曾做过名为“东亚电视节目生产与贸易的经济学分析”的课题，对9个东亚国家的进口节目进行了统计调查和系统分析。他们在研究结果中有一个说明：因为找不到当时中国电视节目生产和贸易的资料，也找不到国内研究相近问题的中国学者，所以该研究没有把中国、朝鲜和越南包括在内。可以说，当时的中国还没有形成真正意义上的文化市场，甚至是与国际文化市场隔离的。今天，不仅中国的文化产品和服务不断走向世界，中国国内的文化市场也越来越成为一个开放性的市场。

改革开放三十多年以来，中国的经济发展取得了巨大的成就，这已成为世界各国的共识。但是，中国文化的国际影响力并没有及时跟上。所以，如何让国际社会了解、认同中国文化和中华文明就成为人们热议的话题。目前可以检索到的关于“中国文化走出去”的文章已有9 000多篇。对于这个问题，中央高度重视，学术界热烈讨论，社会广泛关注，企业却往往畏难却步。用一个不一定恰当的比喻就是“雷声大、雨点小”。为什么会形成这种局面呢？我认为要研究文化如何走出去，就必须要研究我们要走入的国际文化市场。只有知己知彼，才能百战不殆。通过国际文化市场来反观我们自己，才能找出自己的努力方向。

这些年来我国文化产品走出去取得了一定的成绩。据联合国教科文组织统计，我国数年以前就已成为文化产品和服务第三大出口国。另据韩国文化产业振兴院统计，2009年中国文化出口总额为698亿美元，居世界第五位。但有一点要说清楚：说我们是第三大出口国也好，第五大出口国也好，这里面有一个统计口径问题和出口产品结构问题。第一，统计口径。我们知道，世界各国关于文化产业的分类和统计并没有一个统一的标准。英国的文化产业包括13个类别，连建筑业也被囊括其中。美国基本上不用文化产业这个词。美国有一个北美产业分类标准，把文化产业当做普通产业来对待。北美产业分类标准中的51类和71类两项加起来，大约相当于我们所说的文化产业核心层。对于文化产品出口的统计，许多国家都以商品海关报关统计为准。美国人统计认为，中国的图书出口量远大于图书进口量，图书贸易是顺差。这和我们统计的图书进出口贸易严重逆差是矛盾的。为什么会有这么大的出入呢？因为他们统计的是图书制成品的海关离岸数量。这其中包括大量的国外出版社委托中国内地印刷厂印制的图书，版权是国外出版社的，不应当算作我国的图书出口，最多可以算作印刷服务。第二，出口结构。如果说单纯看数量，我们的绝对值还不算太少，但一说到出口结构，问题可就大了。一份统计资料显示,1997—2006 年,我国文化产品和服务出口总额从 252 亿美元增至 741 亿美元,年平均增长速度超过 10%。但出口产品和服务结构并没有明显改变。其中设计服务占 75% 以上,手工艺品占 10% 左右,新媒体约占 6%,视觉艺术约占 5%,而影视产品和服务所有年份占比均为 0.0%。这样的出口结构说明:首先,在文化产业中,影视产品是大众传媒,社会影响最大,而我国的影视产品在我国出口结构中占比可以忽略不计,说明我国文化产业在国际上的影响几乎可以忽略不计。其次,影视产品的原创性非常强,我国影视产品的出口占比可以忽略不计,说明我国文化产业的原创力十分缺乏。

其实,结构的问题还不是最关键的问题。通过中外文化市场的对比我们可以发现,市场机制发育不良才是我国文化产业难以"走出去"的根本原因。我们可以把中美文化产业不同行业之间市场配置资源的情况做一个对比。从观念上来讲,美国文化产业以意见市场理论为基础,主张不同的意见都可以在市场上自由交换,这就从基础上保障了其文化产品的原创性。作者可以在作品的创意阶段任由思想自由飞翔,不用有太多顾忌。

从具体行业来看,美国的电影产业是从五分钱的镍币影院发端的,从来没有过市场准入的问题,只要有钱,谁都可以拍电影。美国的八大电影制片公司是经过兼并整合、"大浪淘沙"之后胜出的佼佼者。美国电影行业的明星制、大制片厂制、配方试制作等,都是为了保证票房收入采取的种种机制。再看美国的演出产业。举世闻名的百老汇戏剧产业集聚区,是在 19 世纪 80 年代以后 20 多年的时间内自发形成的。不同于后来世界许多地方政府规划出来的文化产业集聚区,完全以市场的力量来配置资源。在百老汇戏剧产业集聚区,600 个座位以上的剧院叫"百老汇剧院",100 ~ 599 个座位的剧院叫"外百老汇剧院",99 个座位以下的剧院叫"外外百老汇剧院"。百老汇剧院依法向政府纳税,不接受政府资助,完全靠票房来赢利。被称作"娱乐至死"的美国电视产业,也完全受市场的支配。美国的公共广播所占比例极小,我们在谈论"美国电视产业"这个概念时基本上是指美国的四大电视网、有线电视网和市场化运营的地方电视台。收视率是美国电视产业的一个指挥棒。观众手里握着遥控器,不想看哪个节目就换台。哪个节目的收视率高,其广告收入就多;反之,哪个节目的收视率低,赚不到广告费,这个节目就要被拿下,负责这个节目的经理人就有可能下岗。美国的电视剧生产,完全以消费者(观众)为导向,定位完全从消费者出发。美国的电视剧是边拍边播的,一旦发现哪个剧收视率低了,会立刻腰斩拿下。美国的电视剧制作公司把第一轮播出权卖给电视网,然后再分次卖给地方台、视频网站、DVD 授权、海外版权,还可以有衍生产品授权。这样,美国电视剧制作公司的利润率就非常高,有充足的资金,可以吸引到一流人才,才能够拍出像《老友记》《迷失》《吸血鬼日记》这样的精品。至于美国的艺术品产业,也有良好的市场机制。美国的画家和画廊之间一开始就形成了一种良性的互动机制,二者之间是互补的,画廊为画家考虑市场定位、包装、销售等事务性工作,画家则专心致志作画,提高艺术水平。美国的公共博物馆收藏了大量的美国现代艺术作品,为本土艺术收藏打下一个坚实基础,托起了美国现代艺术市场,形成了事业和产业之间的良性互动。

我们再来看看企业产权市场。美国文化产业的企业产权是可以自由流动的。做污水处理的企业,可以随便买一家出版社或报社或电视台。美国的大型跨国传媒集团,没有一家不是通过几十次产权并购之后才成长起来的。最后,来看看美国的文化产业政策。众所周知,美国没有文化部,针对"文化"的政策,只体现在《宪法第一修正案》,其政策基本上是针对“产业”的。《1996 年电信法》可以看做是这个“产业”的最有权威的法规。美国联邦电信委员会(FCC)近几十年来一直在放松对传媒产业的管制。

如果从上面所说的市场机制这个角度把中美之间的文化产业做一个对比的话,反观中国的文化产业,我们会发现中国文化产业在市场机制上还有许多需要改进的地方。

举个小小的例子,在美国,最知名的画家都是签约画家,画家与画廊签约后在自己家里卖画就是非法的,如果被发现,本人在画界的声誉就完了。在中国,最知名的画家是不在画廊卖画的,他在自己家里卖画都供不应求,何必再让画廊赚一笔呢? 这样看似画家赚多了,但其实把市场做乱了。画家既要作画又要卖画,既要顾创作又要顾销售,既是艺术家又是生意人,既要殚精竭虑构思艺术又要操心定位、策划、推广和市场,由于一心不能二用,所以限制了整体艺术水平的提高。难怪韩国画家金闰先不客气地指出:“在一些中国画家的作品中,看不到中国五千年历史的文化积淀,而只是对于西方绘画的呆板模仿。”[①]金兑庭先生更是尖锐地指出:“在中国当代我们看到,重要的精神统统变成不重要的东西,不重要的东西反而变成这个时代最重要的,简直本末倒置,真的变成假的了,假的变成真的了,乌七八糟的,在北京 798、宋庄等地方,看不到真正的艺术。所谓的当代艺术不过是美国人、西方人的娱乐产物,不是从中国人自己血液里流淌出来的精神与生命,这类作品不用多看,知道就行了。……中国大多的艺术家太现实了,不考虑精神,只考虑金钱、市场、送礼等,中国的艺术家大多都是这样的。”[②]当然,中国书画界的这种“不考虑精神,只考虑金钱、市场、送礼”的情况,不仅仅是市场机制缺乏造成的,还有更为复杂的原因,但市场机制的缺乏,会造成市场的失序,则是毫无疑问的。

再举一个例子,中国的一个民营企业——俏佳人传媒股份有限公司,是一家集电视传播、影视拍摄、音像制作发行、原创动漫及其衍生产品、文化交流于一体的中国文化传媒企业,致力于文化“走出去”,2009 年在美国购买了 ICN 电视联播网。这家公司在美国能买一个电视网,在中国就绝无可能。这就使它在沟通国际国内两个市场的时候受到极大限制,这个限制不是来自国际市场的阻力,而是来自国内政策的羁绊。产权的流动性是企业做大做强的基础条件之一,特别是文化企业。默多克的新闻集团从澳大利亚走出来后,购买了英国的《世界新闻报》和《太阳报》,开始了其兼并、控股的历程。几十年来,经历了几十次并购之后形成了现在的规模。并购,可以让企业以最快的速度获取被并购企业原有的市场、人才、技术和其他资源优势,实现迅速成长;限制企业并购,就等于捆住了企业的手脚。在国际文化市场上,把自己企业的手脚捆住去和别人竞争,后果可想而知。

目前,我国文化“走出去”工程基本上是政府主导型的。我国与法国、俄罗斯等国举办的中法文化年、中俄文化年等活动,属于文化交流项目,属于我们所说的“文化事业”类项目。我国在世界各地举办的众多“孔子学院”,也是政府主导的事业型而非产业型、市场型项目。文化事业对文化产业是有促进作用的,这类项目对在世界范围内推广中华优秀传统文化起到了重要作用。希望政府主导的文化事业、文化交流活动,能够更大幅度提升中华文化的影响力,起到为文化产品和服务贸易鸣锣开道的作用。同时,我们也应

① http://bjyouth.ynet.com/article.jsp? oid = 3173675.

② http://www.qyx888.com/thread - 147668 - 1 - 1.html.

该看到，在国际文化市场上，竞争的主体还是文化企业。美国的做法是：政府保驾护航、企业冲锋陷阵。目前，在国际文化市场上，最大的贸易量发生在发达国家之间。西方几个主要发达国家既是文化贸易的出口大国，也是进口大国。而最大的那些跨国传媒集团主导了国际文化贸易的历史和未来走向。新闻集团、维亚康姆、迪斯尼、时代华纳这些超大型传媒集团，总资产都达到四五百亿美元。数字化为个人和中小企业在国际文化贸易中发挥作用提供了极大便利，但目前超大型企业主导国际文化市场的基本格局仍然没有改变。政府主导绝对不能代替企业主体，文化交流一定要为文化贸易开道，绝不能扰乱市场、干扰市场甚至破坏市场。政府不计成本送出去的"文化"不一定产生真正的影响力，企业通过市场卖出去的"文化产品"才能够赢得观众、感动天下。

在研究国际文化市场的过程中我们发现，和其他各行各业的产品一样，文化产品、传媒产品也是有标准的，既有形式的标准，也有内容的标准。文艺作品中不能有暴力色情，就像牛奶里不能有三聚氰胺、辣椒等所有食品里不能有苏丹红一样。我们的文艺理论教科书中，历来都主张文艺批评的标准，我们历来也以不同的标准去评判、匡正、删节文艺作品的内容。但是在谈到中外文艺作品、文化产品是否应该有一个统一的内容标准的时候，我们却往往否认内容的统一标准。在这里，我们暂不去争论孰是孰非，我们只是想说，在文化产品的价值内涵方面，民主思想，平等观念，男女平等，法制意识，爱情、亲情、友情，挑战邪恶的勇气，百折不挠的奋斗精神，为正义献身的壮举等，这些都是超越各个民族之上的统一的元素。哪个民族的文化产品中缺少、违背了这些元素，哪个民族的文化产品必然不能进入国际文化市场的主流。

在中华文化走出去的过程中，我们长期以来一直有一个认识：越是民族的，就越是世界的。这句口号看上去正确、听起来动人，但实际上是需要慎重对待的。在这句口号的引导下，我们恨不得把自己的"国粹"推广到世界各地：京剧要走出去，川剧要走出去，越剧要走出去，黄梅戏也要走出去！不是说这些不该走出去，而是说这些形式的文化产品，其国内市场如何？国际市场对其接纳程度到底有多大？我们花同样的气力和代价去推这些品种获得的效果好，还是把同样气力和代价用在其他品种的推广上效果更好？在这方面，日本的做法值得我们借鉴。我们知道，歌舞伎是日本的国粹，日本人非常喜欢。但是，他们没有在世界各地推广歌舞伎。他们推什么？动漫！动漫这种形式是一种"国际体裁"，世界各国大人小孩都喜欢，日本人把功夫用在这里，收效极为明显，多年以前日本的动漫已经占到世界动漫市场一半以上的份额。试想，如果他们下力气来推歌舞伎，世界人民可能会喜欢吗？我认为，指导中国文化产业走出去的贸易理论应该是产业内贸易理论，而绝对不是比较优势理论。关于这个问题，请参见我的相关文章①，这里就不赘述了。

基于以上认识，我认为对照国际文化市场，国家促进文化产品和服务走出去的政策体系应该考虑这样几个原则：促进内容原创、明确统计口径、改善出口结构、转变市场机制、培育企业主体、优化内容策略。

2000年，我在中国人民大学读博士期间，曾编写了《当代西方文化产业概观》一书。我花了很大力气写出了30多万字初稿，但因种种原因最终没能出版。虽然书没面世有

① 李怀亮. 国际文化贸易格局下的中国文化出口策略[J]. 现代经济探讨，2008(3).

些遗憾，但编写过程中我搜集了大量资料，其可用作博士论文的写作、研究，从而奠定了我后来的研究方向。博士毕业后我到中国传媒大学工作，学校领导对这个新的研究领域非常重视，2004 年 11 月成立了中国传媒大学国际文化贸易研究所。2005 年文化部在中国传媒大学设立国家对外文化贸易理论研究基地。2006 年教育部批准中国传媒大学和中国传媒大学南广学院试办国际文化贸易本科专业。经过多年建设，现在已建立起本科、硕士和博士国际文化贸易人才培养体系。教学和科研团队也越来越强，科研成果颇丰。近年来，这个团队承担了中宣部、文化部、商务部和广电总局以及地方政府和企业多项研究课题。我为这个专业的研究生讲授《国际文化市场》这门课。在集体编写《国际文化市场》教材的同时，我和同事们都感到有必要编写《国际文化市场报告》一书。《国际文化市场报告》就是在文化部对外文化联络局对外文化贸易处的直接领导和关心下产生的，是课题组师生共同努力的结果。今后，我们计划每两年出版一部新报告，希望领导和读者朋友批评指正，提出宝贵意见，使报告日臻完善。

李怀亮
中国传媒大学文法学部学部长、教授
中国传媒经济学会副会长
国家对外文化贸易理论研究基地(北京)负责人

目　录 | CONTENTS

1　国际文化市场发展趋势

1.1　概述

1.1.1　国际文化市场的概念

国际文化市场是指按价值规律进行文化艺术产品交换和提供有偿文化服务活动的场所,是国际文化艺术产品生产和消费的中介和交换平台。

国际文化市场的主体是文化产品及文化服务。文化产品一般是指传播思想、符号和生活方式的消费品,它能够提供信息和娱乐,进而形成群体认同并影响文化行为。基于个人和集体创作成果的文化商品在产业化和在世界范围内销售的过程中,被不断复制并附加了新的价值。图书、杂志、多媒体产品、软件、录音带、电影、录像带、视听节目、动漫产品、手工艺品和时装设计等组成了多种多样的文化商品。从传统意义上讲,文化服务是指满足人们文化兴趣和需要的行为。这种行为通常不以货物的形式出现,它是指政府、私人机构和半公共机构为社会文化实践提供的各种各样的文化支持。这种文化支持包括举行各种演出、组织文化活动、推广文化信息以及收藏文化产品(如图书馆、文献资料中心和博物馆)等。文化服务可以是免费的,也可以是有商业目的的。当然在贸易中出现的文化服务,一定是有商业目的的。

国际文化市场是文化与经济一体化的产物,是各国市场经济在国际文化领域的延伸,是各国文化建设在市场经济的表现形态。从文化的角度看,它是文化建设的一个重要领域;而从经济的立场看,它又是市场经济密不可分的有机组成部分。从市场的一般含义来看,文化市场是以商品交换的形式提供精神产品和文化娱乐服务的场所,作为精神产品生产和消费的平台,它与整个生产方式的演变、经济和社会发展水平紧密相关,有其悠久的历史发展过程。而国际文化市场自然是以世界作为文化商品与服务平台的市场,即将文化市场的概念放之于国际范围内。

1.1.2　国际文化市场的特征

1.1.2.1　国际文化市场具有意识形态性质

文化市场具有意识形态性质,主要是指文化市场上所交换的文化产品具有意识形态性质,这是由文化产品的特殊属性决定的。具有意识形态性,是精神产品同物质产品的最根本的区别之一。文学、艺术是具有鲜明的意识形态性的社会意识形式。真正的文学、艺术,不仅有优美的形式,而且有深刻的思想内容。作为文学、艺术的思想内容,它可以包括政治、法律、道德、宗教等观点。在文学艺术中,这些观点不再以概念的形式出现,而是通过具体、丰富而形象化的生动形式出现,扣动人们的心弦,从感情上征服人。因此,文学艺术是一种强有力的意识形态手段,能在意识形态上给人潜移默化的、或积极或消极的影响,可以决定人们怎样活着、做怎样的人、采用什么样的思维方式。19 世纪中叶,美国作家斯托夫人出版的小说《哈姆叔叔的小屋》真实地描写了美国南方蓄奴制的黑暗和反动,从而引起了美国社会的广泛关注,对美国的废奴运动起到了巨大的推动作用。

1.1.2.2 文化市场上交换的对象是文化商品

文化市场与物质产品市场有一个根本性的区别,即文化市场上交换的对象是文化产品,文化消费者购买文化产品,目的是欣赏文化产品借助物质材料所表现的精神内容和文化价值。例如,人们购买图书时,买的不是纸张、油墨,而是印刷在纸张上的书的内容。人们购买录音带,不是为了购买磁带本身,而是为了欣赏录在磁带上面的优美的音乐。当然,人们为了欣赏到这些优美的音乐,必须同时为其物质载体——磁带付出代价。同一般的物质产品不同,文化产品是用于满足人们的精神消费需求的。此外,演出、展览等服务形态的文化商品是一种特殊的商品,无论在时间上、空间上,生产和消费都几乎是同时进行的。

1.1.2.3 文化艺术产权保护是国际文化市场健康发展的条件

文化艺术产权主要包括著作权与邻接权。著作权又叫版权,是文学艺术产权的主要内容。著作权,是文学、艺术和科学作品的作者及其他著作权人依法对作品享有人的人身权利和财产权利的总称,我国的《著作权法》规定了著作权包括 17 种人身权和财产权:发表权、署名权、修改权、保护作品完整权、复制权、发行权、出租权、展览权、表演权、放映权、广播权、信息网络传播权、摄制权、改编权、翻译权、汇编权以及应当由著作权人享有的其他权利。我国《著作权法》还规定,著作权人可以许可他人行使前款第五项至第十七项规定的权利,并依照约定或者本法有关规定获得报酬;著作权人可以全部或者部分转让第五项至第十七项规定的权利,并依照约定或者本法有关规定获得报酬。这表明著作权人可以依法行使转让权并获得报酬,这和文化市场有直接关系。与著作权同等地位,并与著作权的行使联系在一起的,是邻接权。邻接权具体是指表演者、唱片制作者、广播电视组织在其公开使用作者的作品、各种艺术家的表演或向公众就事件、信息以及任何声音或图像进行传播的活动中被授予的保护自身利益的权利。邻接权是为所有由人们独立完成、但未达到著作权保护所要求的独创性而又与作品有关的成果提供的必要保护。文化市场交换的商品是文化商品,而文化产品成为商品的重要条件就是承认并保护文化艺术产权,如果产权、人权得不到保护,对文化市场机制的打击是毁灭性的。

1.1.2.4 国际文化市场中贸易保护方式具有隐蔽性

文化具有独特的渗透力。文化产品和文化服务传达着观念、价值和生活方式,是极具个性化的产品和服务。文化贸易的价值超过了其商业价值,与其他贸易相比,它会在意识形态等方面对输入国消费者产生潜移默化的影响,因此世界各国基于文化安全的目的纷纷采取文化保护主义政策。文化贸易是各国服务贸易政策关注的重点领域,也由于文化贸易标的物的特点,各国无法通过统一的国际标准或关税进行限制,而更多地采用国内政策、法令的修改进行限制,如市场准入制度、非国民待遇等非关税壁垒形式。20 世纪70年代,韩国电影行业也和中国现在一样:外国大片充斥,本国电影除了铁杆支持者外几乎无人问津。进入21世纪以来,出于对加入世界贸易组织(WTO)后影视产业崩溃、民族文化独立性丧失的担忧,韩国政府对于本国以影视业为代表的艺术产业保护扶持,实行国产影片配额制,规定国内电影院每年至少要播放146天国产影片,相当于全年放映影片天数的40%。在政府的保护下,韩国电影无论艺术还是商业表现都取得了令人瞩目的成绩,一度成为后起国家发展电影业的标杆。

1.1.2.5 国际文化市场中贸易自由化的例外性

由于图书出版、演出服务、广播影视、网络服务及教育等文化产业直接关系到国家主权、国家安全和意识形态等敏感领域,因此,各国在文化贸易的开放程度上都十分谨慎。各国政府对文化贸易的各种限制和保护远远超过货物贸易,这在很大程度上阻碍了国际文化贸易的自由化进程。20世纪90年代初,在关贸总协定的谈判中,法国人敏锐地意识到国家和民族文化独立的重要性,坚决而果断地提出反对把文化列入一般性服务贸易,认为在文化领域不能使用世界贸易组织贸易自由原则。随后其他欧洲国家和加拿大等国纷纷响应,支持这一主张,确定了界定"文化例外"的六条标准,其主旨就在于保护本国文化不遭受别国文化冲击。世界贸易组织一直致力于寻求国际贸易的自由化,但从文化贸易概念出现之日起,"文化例外"就成为一种不成文的主张,为世界贸易组织各成员国政府所接受并广泛运用于文化贸易政策中。因此,世界贸易组织对于文化贸易自由化的约束具有一定的灵活性。

1.1.2.6 国际文化市场中文化产业与其他产业的强烈交融性

当今世界,文化与经济、政治日益交融,经济社会发展越来越需要文化的引领和支撑。随着数字化、网络化技术迅猛发展,文化产品的生产方式和传播途径空前丰富,文化产业内部各个行业之间的融合渗透达到前所未有的水平,文化产业与其他产业的壁垒也被打破。在科技进步的推动下,文化产业与其他产业融合发展,既具备了技术基础,也迸发出强大活力,展现出广阔的发展前景。如三网融合带动了与文化产业和信息产业相关的众多行业发展,催生了文化创意、数字制作、数字发行、动漫游戏等许多新的业态,使内容提供商、服务提供商、运营商以及设备制造商因为产业链而紧密相连,都能因文化产业和信息产业的融合发展而从中获益。从消费角度讲,文化消费是社会消费的重要内容,是文化产业发展的内生动力。只有在文化产品和服务的生产、储存、传播、分配等环节进行市场化、产业化运作,与其他产业融合,才能进一步丰富文化产品和服务的品种和样式,提升文化产品和服务的供给能力,拓展文化产品和服务的消费渠道,扩大文化消费规模,提高文化消费水平,为文化产业发展提供强大的拉动力。

1.1.2.7 国际文化市场中文化产品的消费具有偏好性

偏好是一种活动倾向,属于心理经济学研究的范畴,偏好是指消费者认为重要的物品,并愿意为此付出溢价,一定的偏好导致重复性消费行为发生。文化产品消费的偏好性是指消费者在共同文化环境影响下所形成的认识倾向,或者说,由于群体的共同价值观作用的结果,而产生对某一类文化产品的共同追求。消费者对文化产品的偏好属于文化偏好。文化偏好不同于生理性偏好:生理性偏好是由于体内缺乏某些元素,导致生理感官上对某些商品的依赖和嗜好;而文化偏好则是在文化的长期刺激或影响下,所形成的在购买行为中的独特认识倾向。消费者对文化产品的文化偏好表现在购买商品时的色彩偏好、数字偏好、利益偏好、内容偏好等方面。消费者文化偏好是基于文化环境的长期刺激而产生的文化心理反应,这种心理反应,不是某个个体的认识倾向,而是某个文化圈或群体共同的心理反应。社会群体对文化产品的消费偏好具有趋同性,个人的消费会受到周围朋友的影响,最终形成该群体普遍认同的消费模式。文化偏好具有差异性,某一特定类型的文化偏好严格限定于某一特定人群,不同范围或亚文化层次的消费者,其文化偏好有很大差别。

文化偏好的背后是消费者认同的文化价值观。随着文化力作用日益加大,文化力的场效应同样会作用于消费者的购买行为。与此相适应,文化偏好对消费者行为的影响更具有直接性和深远性。这是因为,与文化偏好对应的传统文化是一个国家、民族文化的核心,它对人们稳定的文化偏好和消费行为趋向有重大的影响,是制约人们消费行为的强大动力。可以说,每个民族都有自己的文化价值观和文化偏好,并按照自己民族标准去评判别的民族的文化,排斥那些与自己民族文化偏好相矛盾的习惯和行为,赞扬或接受与自己民族文化偏好相吻合的习惯和行为等①。

1.1.3 国际文化市场的功能

所谓市场功能,是指市场机体本身所具有的客观职能或市场内在机制正常运转所发挥的作用,它是通过市场活动表现出来的。文化市场是文化商品和文化服务营销场所,是连接文化生产与文化消费的纽带和桥梁。而国际文化市场的功能就是文化市场在国际范围内功能的体现。以下对于文化市场的功能先进行解释。

文化市场主要包括下列四项功能。其中,实现商品流通、平衡供求关系和调节资源配置两项功能,为各类市场所共有的基本功能;促进知识转化和提供社交服务两项功能,为文化市场所独有的特殊功能。

1.1.3.1 促进文化产品再生产过程的顺利进行

文化市场是从市场经济的角度出发,以交易为焦点看待文化与市场经济一体化而得出的概念,而近年来出现频率颇高的文化产业是从产业经济学的角度,将文化看作生产而得出的概念。也就是说,文化市场更多的是聚焦在文化流通环节。文化市场是营销文化商品和文化服务的场所,其最基本的功能就是实现文化商品(包括服务、知识产权等无形商品)的流通。在文化市场领域内,通过有形或无形的文化商品的购买和销售,实现文化产品的价值和使用价值,实现文化商品到货币的转移,实现文化商品生产者、经营者和消费者之间的经济联系。文化市场内在机制如果能够正常地发挥作用,必然会实现文化商品的流通,促进文化产品再生产过程的顺利进行。

---

① 王海鹰,李坚. 消费者价格心理与文化偏好研究[J]. 中国物价,2004(8).

1.1.3.2 实现文化资源的优化配置

随着经济全球化的发展和市场经济体制的日臻完善，文化市场的发展除了要遵循特有的文化艺术生产规律外，还必须遵循市场经济的基本价值规律。市场机制以分散的决策结构为基础，比高度集中的计划经济具有较大的灵活性，使生产者和消费者对供求的变化能及时作出有效的反应，可以较快地实现供求平衡，减少资源浪费。市场价格与供求关系的自组织功能，通过利益导向支配着人们的经济行为，引导资源的流动和重组。市场机制的调节作用能够在竞争性环境中实现资源的最优化配置组合，使资源流向高效益产业，推动技术进步和增加社会产品供给总量。只有逐步建立起文化生产要素市场、文化流通市场和文化消费市场协调发展的机制，才能充分发挥市场对于文化资源配置的基础性作用，有效促进文化生产和市场交换，向社会提供丰富的文化商品和服务，才能有利于传播先进文化和先进思想，谋求文化与经济、社会的协调发展。

文化资源市场化配置，是指不同国家和地区、行业的市场主体，为完成文化产品生产，在国家和地区之间、行业之间或行业内部之间，对一定的文化生产要素通过市场进行有效合理的交换。通过市场化配置，文化产业可以充分获得发展所需的各类资源，有效降低文化生产成本，增强产品和服务的市场竞争力；通过市场化配置，可以使资源向社会效益与经济效益突出的文化生产部门和产品倾斜，推动文化产业的结构调整和升级，形成文化产业竞争优势。

随着美国经济的发展，好莱坞电影工业日趋成熟，经历了两次世界大战和冷战时期的政治考验、电视竞争的文化考验、流行文化过剩的环境考验，逐渐形成了完整的市场化投资模式、工业化生产模式、商品化发行模式和消费化放映模式的运作体系。在全球化进程中，好莱坞在国家机器和商业机制的支持下，先后克服了电影输出在不同国家所面临的种种政治障碍、经济障碍、文化障碍，形成了一套开拓国际电影市场的政治经验、文化经验和经营经验，建立了全球市场营销网络，它还形成了一种适应海外市场特殊性的良性自我调节机制。2010 年 10 月，世界两大电影产业——美国好莱坞与印度宝莱坞在洛杉矶签署协议，承诺在电影制作、发行、技术、知识产权保护和商业往来等方面展开合作。至今已有不少印度影片在洛杉矶拍摄，如著名动作片《风筝》、爱情片《我的名字叫汗》等，目的是为了在电影故事情节中增加美国元素，更好地进入并占有美国电影市场。

1.1.3.3 促进文化和知识的传递和转化

文化，是指人类在历史发展过程中所创造的物质财富和精神财富的总和。一般来说，文化的主要内涵多指精神领域里的文学、艺术、科学、教育等知识。促进知识转化的功能，是文化市场所特有的功能之一。无论是有形的文化商品，还是无形的文化服务，都包含着丰富的知识文化内容。文化产品的交换与消费的过程，实际上是知识传递与转化的过程。文化市场是连接文化生产与文化消费的纽带，人们通过在文化市场上购买图书、报刊、音像和软件制品，有偿接受教育和培训，欣赏表演和展览、观看电影和电视、参与智力和体育娱乐活动、浏览网页信息等，直接或间接地获得了各类知识文化，从而增长人的知识才干、提高人的文化素质，人们也自觉不自觉地在人生观、价值观等方面受到积极或消极的影响。但这并不代表文化市场具有知识的辨别、过滤和选择的功能，其中可能会有一些低级、反动、庸俗的知识垃圾甚至精神毒品在文化市场传播和蔓延。

1.1.3.4 提供娱乐和社交服务功能

人们在享受文化产品和文化服务时，无形中就在接受着知识与信息传播、思想的交流，并以文化商品为中介，与社会、与他人发生着间接的交往。文化市场的日趋繁荣，为人们的聚会与交往提供了丰富多彩的社交活动场所，如影剧院、体育场、歌舞厅、游艺厅、游乐园、台球室、茶馆、酒吧和网吧等。娱乐市场已成为人们聚会交友、洽谈生意、交流信息、沟通感情的重要场所，人们通过结交朋友，可以增进友谊、协调关系、促成合作。各地举办的具有地方文化特色的节庆活动，充分发挥了“文化搭台、经济唱戏”的职能和作用；还有网络虚拟社区，更是为人们的社交活动开辟了一片崭新的天地。传统的文化传播形式在新的传播媒体的代替下，对文化交流方式的改进和促进很大，音像、手机、互联网等新的文化传播方式，为人们精神文化的索取提供了更为快捷、便利的途径。随着科技的进步，文化的传播方式更为日新月异，文化市场将更加繁荣。

1.1.4 国际文化市场分类

文化市场主体一般是指各类文化产业单位。文化产业，根据联合国教科文组织的定义，是指“按照工业标准生产、再生产、储存以及分配文化产品和服务的一系列活动”。建立门类齐全、结构合理、供求关系均衡的文化市场体系，是文化市场全面发展的必然要求，也是推动文化产业发展的重要保证。完整的文化市场体系应该包括以下组成部分：一是商品和要素市场体系，包括文化商品市场、文化服务市场和文化生产要素市场；二是文化市场中介组织体系，如版权保护、广告宣传、信息咨询、人才经纪等；三是法规制度体系，包括文化市场准入、交易、竞争以及监督管理等方面的法律法规和政策制度。文化市场按不同标准，可以划分为不同的类型。

1.1.4.1 按营销内容分类

按营销内容划分，文化市场可分为文化消费市场和生产要素市场两大类型。其中，文化消费市场包含文化商品市场和文化服务市场两个子体系。

文化商品市场子体系包括图书、报纸、期刊、音像、软件、美术、文物、集邮、花卉、宠物、娱乐用品等商品市场；文化服务市场子体系包括演出、娱乐、展览、旅游、影像、电影、广播、电视、网络、教育、咨询、广告、设计等服务市场。

生产要素市场亦可称为文化资源市场子体系。文化生产要素市场既可以指文化生产要素交换关系，也可以指文化生产要素按照市场规律进行交易的具体场所。文化生产要素市场由土地建筑物市场、资本市场、技术设备市场、人力资源市场、知识产权市场、文化信息市场等多个市场构成，涉及生产要素供给者和需求者构成的交易主体、经纪代理和信息咨询服务等构成的中介主体以及政府行政管理主体。

文化市场体系是一个有机的整体，缺少任何一个市场或者某一市场发育不健全，都将直接影响文化市场和文化产业的健康发展。

1.1.4.2 按营销区域分类

国际文化市场可细分为各洲市场、各国市场以及各地区市场等。

1.1.4.3 目前国内学界普遍认同的分类

在我国,文化市场主体一般包括演出业、图书报刊业、广播影视业、娱乐业、音像业、艺术品经营业、网络文化业、文物拍卖业、文化旅游业等门类。因此,文化市场可以划分为出版市场、演出市场、娱乐市场、文化旅游市场、电影市场、电视市场、艺术品市场、游戏和动漫市场、音乐市场和会展市场等多种类型。

1.2 当代国际文化市场发展的特点及趋势

1.2.1 国际文化市场发展的特点

1.2.1.1 国际文化市场结构存在着不平衡性

吉布森等人认为,文化经济内在地具有地理维度,即当代文化生产形式在城乡之间有着巨大的差别。在就业、投资、产业集结等方面,大都市占据主导地位,并且,首都城市远远高于非首都的其他城市。比如,1998 年,悉尼在文化产业方面提供的就业机会占澳大利亚的 30% 以上,而悉尼文化产业的产值占澳大利亚的 32.2% 。

文化经济的这种“地理维度”,或者说地域分布上的不平衡性在世界上的每个国家都是如此。在美国,50% 以上的文化产业从业人员集中在人口 100 万以上的城市里,更严格地说,主要是集中在两个中心:纽约和洛杉矶。从就业方面看,伦敦占整个英国文化产业从业人员的 26.9% 。瑞典的文化产业从业人员(占全国职位总数的 9%)大多集中在斯德哥尔摩。在日本,东京文化产业的就业占日本文化产业就业总数的 16% 。

从文化创意产品和服务贸易方面来看,发达国家在文化贸易中一直占据主导地位,发达国家的文化贸易量(含文化产品贸易与文化服务贸易)占全球文化贸易总量的 3/4 以上,广大发展中国家仅占有不到 1/4。图 1 - 1 很好地说明了国际文化产品贸易的结构性差异。而发展中国家所占比例则逐年提高,根据联合国贸发会的统计,2002—2011 年,世界文化创意产品的出口年均增长率为 8.83% ,发展中国家的出口由 2002 年的 738.90 亿美元增长到 2011 年的 2 278.67 亿美元,年均增长率为 12.13% ,发达国家的出口由 2002 年的 1 231.69 亿美元增长到 2011 年的 2 225.97 亿美元,年均增长率为 6.24% 。另外,文化创意产业中附加值高、增值率高的子项目,如视听、出版、视觉艺术品、新媒体的出口主要还是来自发达经济体。2002—2011 年,世界文化创意产品的进口年均增长率为 6.95% ,发达国家的进口由 2002 年的 1 830.89 亿美元增长到 2011 年的 3 078.50 亿美元,年均增长率为 6.81% ;发展中国家的进口由 2002 年的 352.99 亿美元增长到 2011 年的 987.46 亿美元,年均增长率为 17.97% 。而在文化创意服务进出口贸易中,发达经济体一直占主导地位。由于发展中国家在文化产业方面基础很低,所以,其发展速度更为引人注目,但从贸易竞争力来看,发展中国家在核心文化贸易方面的弱势地位仍然十分明显。

(1)广告与市场调查服务。从总体上看,世界广告与市场调查服务出口出现了高速增长,从 2000—2010 年的 11 年间增长了 3 倍多,德国、西班牙、意大利等为传统的广告与市场调查服务出口大国,中国在 2010 年成为第三大广告与市场调查服务出口国(见表 1 - 1)。

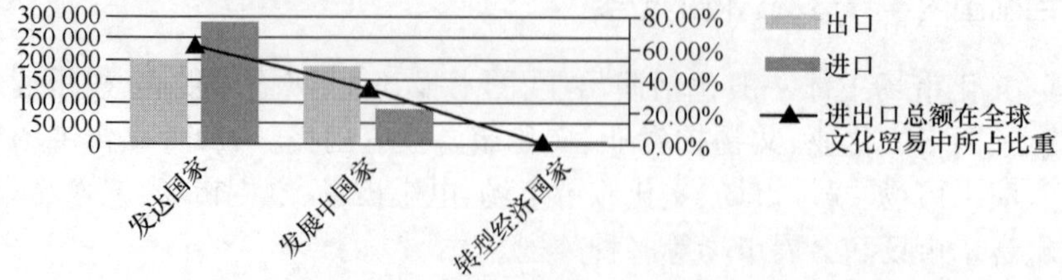

图 1-1　2010 年世界文化产品贸易结构

资料来源：根据联合国贸发会创意经济数据库整理，http://unctadstat.unctad.org/ReportFolders/reportFolders.aspx。

表 1-1　世界主要广告与市场调查服务出口国　（单位：百万美元）

年份	2000	2001	2002	2003	2004	2005	2006	2007	2008	2009	2010
德国	1 134.0	1 233.0	1 351.9	1 617.0	3 205.5	3 547.8	3 941.6	5 255.3	5 741.2	5 327.3	5 828.0
比利时	1 179.2	2 095.9	1 898.6	2 617.0	2 470.2	2 551.2	2 604.7	1 826.5	2 546.9	2 774.2	3 788.5
中国	223.4	277.0	372.8	486.3	848.6	1 075.7	1 445.0	1 912.3	2 202.3	2 312.6	2 885.3
俄罗斯	–	431.8	583.7	855.8	1 219.9	1 567.3	1 794.9	2 335.8	2 846.6	2 270.1	2 614.8
西班牙	951.7	1 027.8	1 407.1	1 881.1	2 106.4	2 107.6	2 492.5	3 207.6	2 933.8	2 194.8	2 290.3
意大利	1 052.1	1 044.6	1 035.8	1 073.1	1 339.9	1 362.3	1 376.8	1 579.1	2 350.8	1 817.5	2 158.1
波兰	45.0	57.0	37.0	104.0	235.0	415.0	696.0	956.0	1 673.0	1 440.0	1 734.0
奥地利	–	–	–	–	–	–	775.7	–	–	954.9	954.3
捷克	76.3	66.0	44.9	43.8	90.1	488.8	491.4	643.3	812.0	698.6	755.3
印度	–	–	–	–	103.1	279.1	545.1	759.0	573.2	543.5	716.7
世界总额	6 413.4	8 419.7	8 843.0	11 175.7	14 625.7	17 098.1	20 099.1	23 855.5	28 714.6	26 508.0	29 940.1

资料来源：联合国贸发会贸易统计数据库，http://unctadstat.unctad.org/ReportFolders/reportFolders.aspx。

（2）建筑工程与技术服务。与广告和市场调查服务一样，近年来世界建筑工程与技术服务出口也出现了高速增长，11 年来同样增长了 3 倍多，建筑工程与技术服务主要出口国家是荷兰、德国、加拿大、西班牙等（见表 1-2）。

表 1-2　世界主要建筑工程与技术服务出口国　（单位：百万美元）

年份	2000	2001	2002	2003	2004	2005	2006	2007	2008	2009	2010
荷兰	3 921.5	3 406.8	3 764.6	–	–	–	25 066.9	28 296.8	30 307.9	26 108.3	26 928.1
德国	2 718.4	2 968.2	3 079.3	6 979.1	8 926.7	8 605.8	9 051.0	10 109.3	13 348.1	12 469.3	12 360.7
巴西	1 685.6	1 517.3	1 586.0	1 508.7	2 013.6	2 740.7	3 034.2	4 215.6	5 595.5	5 583.2	5 591.4
加拿大	1 787.7	1 898.3	2 596.3	2 802.6	3 398.3	4 064.1	3 719.5	4 281.3	4 787.1	3 847.9	4 819.8
西班牙	789.6	939.5	962.2	1 103.9	1 546.5	1 680.6	2 672.2	3 676.6	4 645.4	4 982.1	3610.3
俄罗斯	–	320.8	415.2	904.1	905.9	1 147.8	1 571.8	2 077.8	3 250.3	3 214.6	3 231.1
奥地利	–	–	–	–	–	–	2 402.9	–	–	2 938.7	2 826.9
挪威	837.3	797.3	747.9	827.0	874.5	1 358.6	2 452.6	2 769.9	3 033.7	2 731.8	2 815.4
印度	–	–	–	–	841.3	2 620.4	3 923.2	3 136.1	2 131.1	1 411.5	1 971.0

续表

年份	2000	2001	2002	2003	2004	2005	2006	2007	2008	2009	2010
意大利	1 594.0	1 401.8	1 550.5	1 765.3	1 909.2	2 317.7	2 863.2	3 347.4	2 768.8	1 360.9	1 951.1
世界总额	17 895.4	18 347.6	18 786.2	19 935.6	25 109.5	30 494.0	62 324.4	68 233.0	80 246.1	72 931.5	74 688.9

资料来源：联合国贸发会贸易统计数据库，http://unctadstat. unctad. org/ReportFolders/reportFolders. aspx。

(3)个人休闲娱乐服务。美国在个人休闲娱乐服务出口方面遥遥领先，占到了世界个人休闲娱乐服务出口的30%以上(见表1-3)，这反映出美国在文化传播方面的强大实力。另外，英国的个人休闲娱乐服务出口方面的世界份额也占到了10%左右，显示出了较强的文化影响力。在世界主要个人休闲娱乐服务出口国中，发达国家占主体。

表1-3 世界主要个人休闲娱乐服务出口国 (单位：百万美元)

年份	2000	2001	2002	2003	2004	2005	2006	2007	2008	2009	2010
美国	6 379.0	6 618.0	6 534.0	7 137.0	7 548.5	6 957.7	12 822.9	14 423.1	13 455.1	13 808.8	14 563.9
英国	1 972.7	1 954.0	2 410.3	3 086.0	3 928.4	4 082.3	3 932.2	3 758.9	4 211.0	3 168.4	3 951.2
加拿大	1 451.1	1 349.7	1 271.2	1 414.0	1 837.6	2 069.6	2 286.4	2 290.5	2 184.0	2 078.6	2 198.3
法国	1 589.7	1 432.3	1 524.2	1 864.0	2 297.7	2 157.9	1 742.5	1 963.2	2 231.4	1 902.0	2 021.3
卢森堡	375.7	330.0	161.4	162.1	188.8	239.9	331.3	626.3	886.8	1 255.7	1 982.9
西班牙	535.0	630.3	671.0	814.3	966.0	1 073.3	1 243.4	1 598.2	1 755.7	1 672.9	1 771.5
马耳他	6.1	29.2	44.7	72.6	161.4	361.7	473.4	721.2	1 364.6	1 437.5	1 385.2
匈牙利	206.6	599.9	527.5	845.0	1 167.5	1 271.6	1 066.0	1 359.8	998.8	1 073.7	1 269.6
德国	394.5	523.0	533.9	1 007.2	977.5	1 174.9	941.8	1 143.9	1 063.1	1 234.6	1 080.7
土耳其	2 591.0	1 074.0	1 355.0	781.0	1 418.0	1 079.0	998.0	971.0	1 224.0	774.0	912.0
世界总额	20 800.8	19 351.5	21 965.7	24 883.9	29 974.0	29 881.2	35 689.6	40 185.0	41 203.6	37 721.5	40 458.0

资料来源：联合国贸发会贸易统计数据库，http://unctadstat. unctad. org/ReportFolders/reportFolders. aspx。

(4)研发服务。在世界研发服务出口方面，德国以绝对优势成为该领域的龙头老大，占世界出口份额的40%左右(见表1-4)。

表1-4 世界研发服务主要出口国 (单位：百万美元)

年份	2000	2001	2002	2003	2004	2005	2006	2007	2008	2009	2010
德国	4 120.6	3 478.5	4 210.6	5 252.9	6 300.6	7 594.8	8 678.8	10 504.1	12 423.9	11 786.9	12 540.2
加拿大	2 850.2	2 016.4	1 605.3	2 334.2	2 536.6	2 636.3	2 868.6	3 098.3	3 459.8	3 224.1	3 788.4
比利时	926.4	715.5	794.6	1 224.1	1 540.0	1 719.7	1 838.5	1 907.5	2 830.0	4 157.1	3 298.5
意大利	569.1	842.1	978.3	952.1	1 090.6	995.8	1 285.1	1 390.0	2 576.2	2 393.2	1 873.3
奥地利	-	-	-	-	-	-	1 796.7	-	-	1 935.1	1 784.2
西班牙	410.2	454.7	512.4	589.6	766.8	901.6	1 067.7	1 168.7	1 212.3	961.4	1 118.1
爱尔兰	-	388.2	382.7	365.6	441.5	410.2	447.4	708.2	729.7	910.2	950.1
印度	-	-	-	-	118.1	334.9	670.0	1 187.2	1 684.3	613.5	900.1
挪威	157.7	132.9	154.1	150.4	200.0	319.1	491.0	437.3	518.3	582.2	608.0
波兰	20.0	28.0	38.0	38.0	97.0	169.0	183.0	253.0	361.0	324.0	568.0
世界总额	11 329.7	10 958.3	12 762.7	14 191.9	16 845.7	19 566.5	21 822.0	24 030.0	30 307.8	30 492.5	31 277.7

资料来源：联合国贸发会贸易统计数据库，http://unctadstat. unctad. org/ReportFolders/reportFolders. aspx。

1.2.1.2 文化企业兼并导致文化市场集中度提高,大型跨国文化传媒集团垄断世界市场

随着资本主义市场经济的发展,从19世纪末开始先后发生五次并购浪潮,20世纪80年代,为了应对七八十年代的经济衰退,发达国家加快了企业并购的浪潮,文化企业已经成为第六次并购浪潮中不可忽视的一股力量。从兼并方式上看,文化企业的兼并有水平兼并、垂直兼并和混合兼并之分。水平兼并是指在同一文化市场上提供同种商品或服务的企业间的兼并,目的是为了获得规模经济效益,提高市场占有率。垂直兼并是指具有上下游业务关系的文化企业之间的兼并。混合兼并则是指业务运作上没有关联的文化企业之间的兼并,旨在通过多元化经营,降低经营风险,获得稳定的利润。1994—2006年的并购造就了闻名世界的八大文化产业集团:时代华纳、沃尔特、迪斯尼、维亚康姆、新闻集团、贝塔斯曼、索尼、国家广播环球公司。一方面,跨国传媒巨头通过并购战略实现了产业升级、业务拓展、延长产业价值链、资源配置,从而达到核心竞争力迅速增强的目的;另一方面,收购兼并活动提高了文化传媒市场的集中度。

控制全球媒体系统的是三四十家大型跨国公司,而雄踞全球市场顶峰的媒体公司不到10家,且其中大多数集团公司都把基地设在美国。2009年全球电影市场规模达320亿美元,其中好莱坞电影的海外票房销售占将近68%,而10年前它所占比例为58%,好莱坞电影公司所占市场份额逐年提高。2011年好莱坞创造的海外票房总和已超过200亿美元,刷新了2010年185亿美元的纪录。其中,六大公司创造了135亿美元的全新纪录。2010年,新闻集团、维亚康姆、时代华纳、迪斯尼、贝塔斯曼五大跨国传媒集团的收入和运营利润都实现了增长(见表1-5)。五大集团一方面加大对创意内容产品的制作和购买,加强传统媒体业务;另一方面积极拥抱新媒体技术,纷纷将自己的内容产品和品牌与iPad、电子阅读器以及其他数字信息产品进行合作,"重塑"消费者获取信息的方式,将创意内容产品的传播效果和经济效益最大化。

表1-5 2009—2010年五大跨国传媒集团业务收入和运营利润

	新闻集团	维亚康姆	时代华纳	迪斯尼	贝塔斯曼
2009年业务收入	304.23亿美元	92.38亿美元	253.88亿美元	361.49亿美元	151.1亿欧元
2010年业务收入	327.78亿美元	93.27亿美元 (至9月30日)	268.88亿美元	380.63亿美元	157.86亿欧元
2009年运营利润	35.58亿美元	19.04亿美元		66.72亿美元	14.38亿欧元
2010年运营利润	39.59亿美元	22.07亿美元 (至9月30日)		75.86亿美元	18.52亿欧元

数据来源:邢建毅,刘菁.2010年五大跨国传媒集团发展概述[J].现代传播,2011(8).

跨国公司和国际性文化娱乐传媒公司在国际文化市场中占据着垄断地位,全球化与本土化战略业已成为各跨国传媒集团经营发展的普遍策略。它们按照自己的运营规则来不断地开发国际文化资源,它们奉行全球本土化的原则,逐步将其文化产品的内容标准树立为国际化标准,将企业经营和管理的标准树立为国际性的文化企业标准。后来者如果不以这种国际化标准来包装自己的文化资源和文化内容,就很难出现在被跨国文化传媒垄断的国际文化市场中。

如今的中国传媒市场已不是一块平静之地。随着新闻集团星空卫视在广东的落地，贝塔斯曼集团21世纪锦绣图书连锁有限公司在京成立，美国时代华纳斥巨资收购香港华娱卫视，迪斯尼中文网站的投入运营，诸多大型跨国传媒集团加快了进军中国传媒市场的步伐，国内文化和传媒市场面临着激烈的国际竞争。我国目前有数十家传统国有电影制片单位，每年生产近百部以特定题材为主题的影片，承担较多的舆论宣传职能，另外有几百家小型民营电影公司，每年累计出品数百部小制作影片，这两类电影公司导致我国电影市场产量分布比较平均。但高票房收入影片几乎完全被华谊等少数几家电影企业囊括，这类电影企业数量虽少，却已经在电影业的高端细分市场即国产大片市场形成了较高的市场进入壁垒，并在日益巩固和强化其优势地位，使得我国电影市场价值分布呈现寡头垄断竞争格局，电影市场的集中度不断提高。万达集团2005年开始投资文化产业，已进入大型舞台演艺、电影放映制作、连锁文化娱乐、中国字画收藏4个行业，连续多年成为中国文化产业投资额最大的企业。2012年5月，大连万达与全球第二大院线集团AMC并购成功，标志着万达集团将在世界票房前两位的两个国家分别拥有第二和第一大的院线资源。万达集团通过"震惊世界"的跨国投资，将在5年内使文化产业年收入翻一番，超过400亿元人民币，进入全球文化产业的前50强。

1.2.1.3 各国采取不同的文化市场发展战略

当前国际文化市场领域主要有三种战略，分别是美国的自由市场战略、法国和加拿大的市场保护战略、日本和韩国的新赶超战略，它们有不同的理论基础或现实依据，因而也取得了不同的效果。美国将文化产业的各个细分行业统称为"娱乐业"，认为这个产业在经济领域没有特殊性，与钢铁、汽车等产业没有差异，美国没有"文化部"，也没有统一的文化产业政策，它认为娱乐业不需要干预和扶持，政府要做的是提供一个充分竞争的平台。美国的自由市场战略与美国文化产业在全球的强势地位和绝对占优的局面密不可分。

其他国家，无论英法还是日韩和中国，基本上都赞同文化产业有特殊性，为保证本国的文化独立和文化安全，政府必须采取一定的保护措施。法国是"文化例外"的提出者，也是文化贸易保护战略的积极倡导者，而加拿大跟美国同处北美，对于自己的文化独立分外敏感，加入了"创造性欧洲"计划，并对本国的文化产业采取多种保护措施。日本和韩国均在20世纪90年代就确立了"文化立国"战略，通过完善各种政策法规、配额和补贴等措施保护本国文化企业的发展，引领文化产业跨越式发展；通过建设海外文化中心，实施奖励措施来鼓励文化出口，以此提升本国文化产品在国际市场的竞争力以及国家的文化软实力。2001年，伴随着我国正式加入世界贸易组织（WTO），《国家广播电影电视总局关于广播影视"走出去工程"的实施细则》也颁布实施，标志着我国文化"走出去工程"的正式启动。2009年7月22日，国务院常务会议审议通过了我国第一部文化产业专项规划——《文化产业振兴规划》，标志着文化产业已经上升为国家的战略性产业。

1.2.1.4 美国的霸主地位尚未被动摇

美国的文化产业是全球化程度最高的产业之一，美国文化创意产品和服务贸易一直名列前茅，其中，文化创意服务（核心文化）出口和进口位居世界第一，文化创意产品进口位居第二。这些数据说明美国不愧为世界文化产业的超级大国，在文化市场中的地位难以撼动，尤其是其文化产品的出口随着经济全球化的不断扩大而迅速辐射和影响到世界每一个角落，形成强大的文化市场和话语霸权地位；其文化产品的进口则主要是利用国外，特别是发展中国家廉价的劳动力和低廉的制作成本来降低成本和提高利润。

美国文化产业之所以能够雄霸全球，并非由单一因素导致，而是由许多综合因素共同造成的。

首先，美国虽然没有统一的文化政策，也没有为文化产业的发展制订具体的计划，但在书刊、影视、音乐、游戏、广告等各种文化产品中，美国政府及其人民都在利用一切机会宣扬美国精神和国家利益。国家利益是美国文化发展的首要前提。

其次，美国政府和美国人民对文化的态度是非常鲜明的，文化产业部分（经营性的或以经营为主的）绝对要向市场要效益，但文化事业部分（公益性的文化基础设施和文化遗产）则需要政府的投入以及企业和私人的资助。美国文化产业的资助体系主要包括政府资助和私人资助两个方面。私人资助又分个人资助、基金会资助和企业资助。在政府资助方面，联邦政府不仅对文化艺术产业的一些部门提供直接资助，还以税制优惠的方式提供财政支持。政府的支持一方面"激发了国家的、州的和地方的基础设施建设"；另一方面也"引起了私人部门对这个国家的艺术和文化事业的鼎力支持"。最重要的结果是政府的支持向美国公众表明了一种态度，即艺术和文化是值得去努力的。

宽松的外部环境和严格的法律保障为美国文化产业的发展创造了良好的条件，而美国成熟的文化和市场化体制、发达的科学技术也有助于文化产业的成长。自由经济与跨国资本的互动、开放战略与政治权力的运作、电子时代与全球媒介的播撒、价值融合与文化资本的输出、话语霸权与多元民族的认同①都奠定了文化产业发展的基础。

作为世界文化产业强国，美国具超强的国际文化产品创新和制作能力。从美国极具竞争力的影视剧制作经验看，创造能够占有全球文化市场的影视剧产品，需要遵循两大原则：一是文化产品内容不能与其他国家的民族文化和现实生活发生对立、冲突，拒绝含有国家对立、民族歧视的故事情节；二是文化产品的内容最好能够超越"现实"生活和"民族"意识，探索人类当今或未来有可能面临的共同问题，宣传带有普遍意义的价值观，寻找或创造不同国家、不同民族都能够接受的国际性题材。在全球国际文化市场上，美国好莱坞电影业可谓是最成功的。据美国电影协会资料，美国电影 2000 年在国内票房已经达到 76.6 亿美元的同时，从海外电影市场还得到 60 亿美元的票房收入。2012 年美国国内电影票房（含加拿大②）总计 108.3 亿美元，打破了此前 105.96 亿美元的纪录。在美国国内电影票房一路飙红的同时，美国电影的海外票房也取得了不俗的成绩。20 世纪福克斯、迪士尼、环球、派拉蒙、索尼和华纳兄弟美国六大电影制作公司海外总票房累计达 134.85 亿美元。美国电影国内票房（含加拿大）占全球电影票房的 1/3 左右。而在剩下的其他国家与地区的票房收入中，美国电影创造的票房收入又占到了 60% 左右。可以说，美国电影占据了 70% 左右的国际市场份额。

---

① 苑浩. 全球文化产业发展的最新趋势及政策分析[J]. 国外社会科学，2006(1).

② 加拿大电影市场的规模很小，不到北美电影市场的 10%，因此在 MPAA 发布的电影市场报告中，把北美市场视为美国国内市场，把其他市场视为美国本土以外的国际市场。如无特别说明，美国国内市场的数据通常包括加拿大市场的数据。

1.2.2 当代国际文化市场的规模

随着全球文化创意产业的蓬勃发展,国际文化市场规模也持续增长,推动了各国文化产品和服务的创造势头。20 世纪 70 年代前国际文化市场主要是发达国家文化市场,20 世纪 70 年代后,随着新兴工业国家地区经济迅速增长,文化消费和生产能力逐渐提升,东亚和拉美区域也成了重要的全球性国际文化市场;进入 21 世纪后,金砖国家经济迅速崛起,文化消费能力也同步增长,导致全球国际文化市场规模成倍增长①。文化创意产业已成为现代经济发展新的引擎,并逐渐成为许多国家的支柱产业。据统计,版权产业以每年 10% 的速度增长,全球的版权产业产值从 2000 年的 8 310 亿美元上升至 2005 年的 113 万亿美元,大大高于全球 GDP(国内生产总值)7% 的增长速度②。随着数字技术的发展、知识产权的可交易趋势以及各国研发投入的加大,文化产业在全球迅速发展,对国民经济的贡献日益显著。

虽然联合国对文化产业有明确的界定,但是对文化产业所带来的经济效益和贡献,联合国却缺乏完整的统计数据和资料分析,由于各国统计口径不一,无法横向比较各国文化市场规模。世界知识产权组织于 2003 年发表了《版权相关产业经济贡献调查指南》(以下简称《指南》),按照版权在相关产业中的作用大小,把版权产业分为"核心版权产业""相互依存的版权产业""部分版权产业""非专用支持产业"四类,版权相关产业的四大类与各国采用的文化产业、创意产业包括的产业细分门类大体一致,而且世界知识产权组织在调查指南中也明确说明,版权产业的称谓与文化创意产业可以相互替代。因此,本文根据世界知识产权组织关于版权产业经济贡献指标来衡量文化市场的规模。

根据世界知识产权组织发布的《世界知识产权组织版权产业经济贡献研究报告 2013》(《2013 WIPO STUDIES ON THE ECONOMIC CONTRIBUTION OF THE COPYRIGHT INDUSTRIES》③),各国版权产业增加值占 GDP 的比重不同,最高的是美国,超过 10%,文莱等许多国家不到 2%。世界知识产权组织成员国的平均水平是 5.26%,3/4 的国家在 4% ~6.5%(见图 1-2)。从版权相关产业的四大门类来看,核心版权产业增加值占总版权产业增加值的一半以上(见表 1-6),各国核心版权产业增加值占 GDP 的比重也不同,最高的是美国,约 6.36%,文莱等许多国家不到 1%,世界知识产权组织成员国的平均水平是 2.86%(见图 1-3)。在核心版权产业中,经济贡献较大的是出版行业、软件和数据库行业(见图 1-4)。

表 1-6 四大门类版权相关产业经济贡献占比

核心版权产业	相互依存版权产业	部分版权产业	非专用支持版权产业
54.40%	18.20%	10.30%	17.20%

资料来源:根据《世界知识产权组织版权产业经济贡献研究报告 2013》整理。

---

① 雷兴长. 文化产品国际竞争的市场构成分析[J]. 科学经济社会,2012(1).

② 姚林清. 版权与文化产业发展研究[M]. 北京:经济科学出版社,2012:155—156.

③ WIPO. 2013 WIPO STUDIES ON THE ECONOMIC CONTRIBUTION OF THE COPYRIGHT INDUSTRIES[OL]. http://www.wipo.int/copyright/en/performance/country_studies.html.

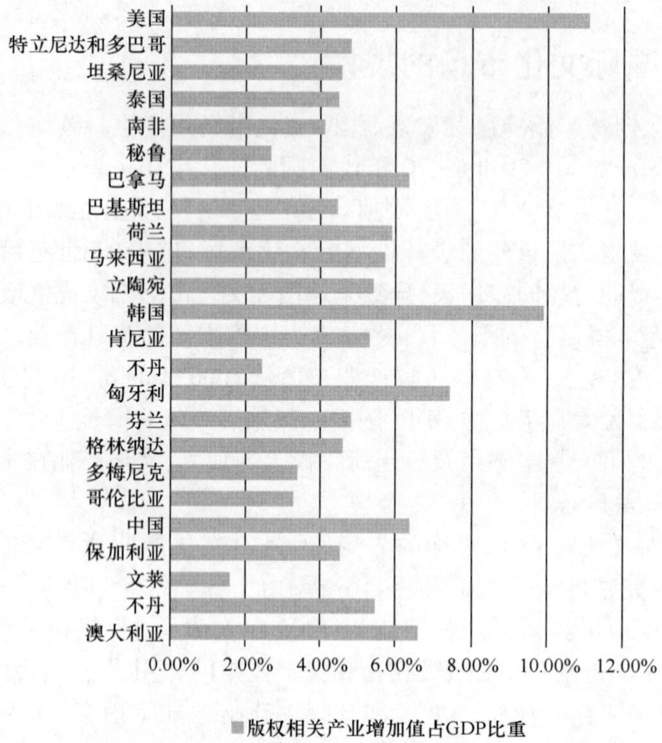

图 1-2　按国别的版权相关产业增加值占 GDP 比重

资料来源：根据《世界知识产权组织版权产业经济贡献研究报告 2013》整理。

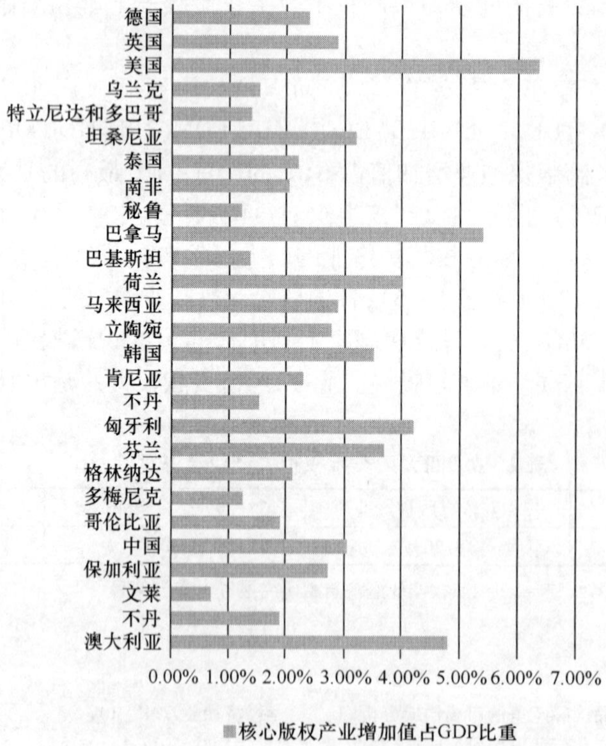

图 1-3　按国别的核心版权产业增加值占 GDP 比重

资料来源：根据《世界知识产权组织版权产业经济贡献研究报告 2013》整理。

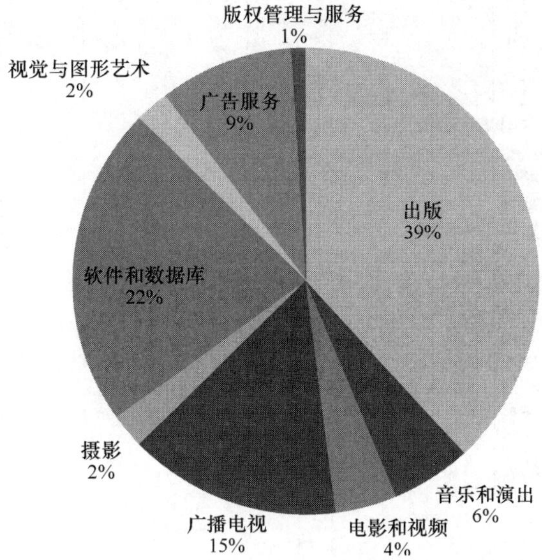

图 1－4　不同门类核心版权产业经济贡献占比

资料来源：根据《世界知识产权组织版权产业经济贡献研究报告 2013》整理。

版权相关产业就业人数占总就业人数的比重稍高于产业增加值占比，平均值约为 5.49%，对于版权相关产业增加值占比较大的国家，其就业占比也较大，多数国家版权相关产业就业占比在 4%～7%（见图 1－5）。不丹和荷兰版权相关产业就业占比较高，分别为 10.09% 和 8.80%，而核心版权产业就业人数占比较高的是荷兰，约为 6.2%（见图 1－6）。

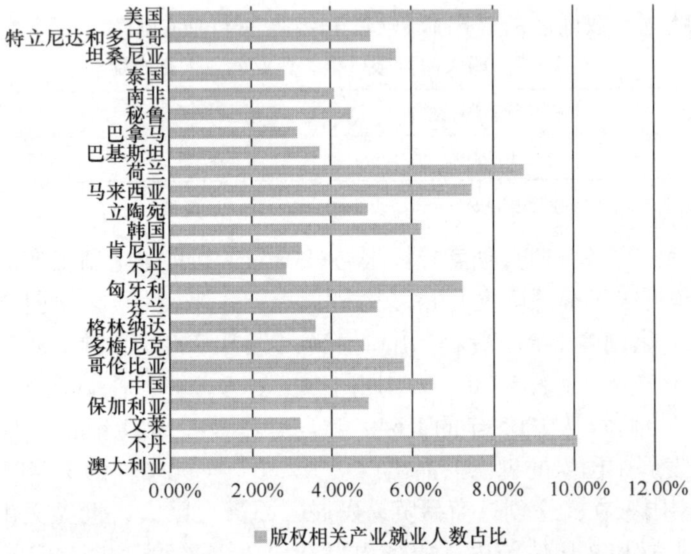

图 1－5　版权相关产业就业人数占社会总就业人数比重

资料来源：根据《世界知识产权组织版权产业经济贡献研究报告 2013》整理。

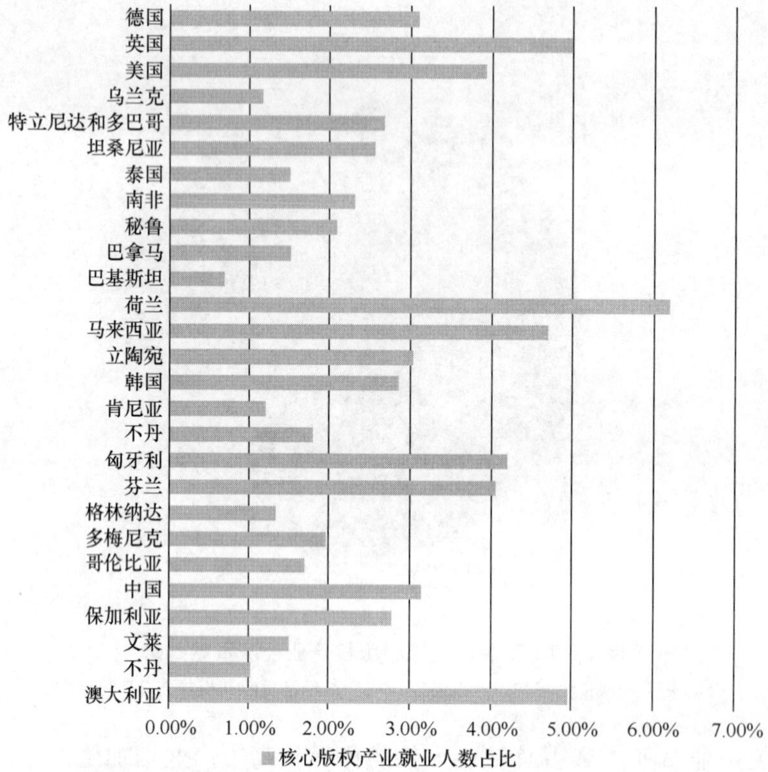

图 1-6　核心版权产业就业人数占社会总就业人数比重

资料来源：根据《世界知识产权组织版权产业经济贡献研究报告 2013》整理。

版权相关产业中，一半以上的就业来自于核心版权产业中（见表 1-7），而在核心版权产业中，吸纳就业人数最多的是出版、软件和数据库行业（见图 1-7）。

表 1-7　四大门类版权相关产业就业人数占比

核心版权产业	相互依存版权产业	部分版权产业	非专用支持版权产业
52.40%	16.60%	14.60%	16.20%

资料来源：根据《世界知识产权组织版权产业经济贡献研究报告 2013》整理。

根据联合国贸发会发布的《创意经济报告（2010）》中的文化创意产品和服务贸易情况，可从另一个角度来了解国际文化市场的规模。近年来，世界文化创意商品出口贸易发展迅速，各类文化创意商品（货物）出口总额已经从 2005 年的 2 903 亿美元增长到 2010 年的 3 832 亿美元（见表 1-8），6 年期间增长率达 32%。来自发达国家的文化创意商品出口占据主导地位，从 2005 年的 1 649 亿美元增长到 2010 年的 1 961 亿美元，增幅达 19%，而同期发展中国家的创意商品出口从 1 234 亿美元增长到 1 840 亿美元，增幅达 49%，可见发展中国家在文化创意商品贸易发展方面潜力巨大。世界文化服务出口贸易发展势头强劲，版权和文化休闲娱乐服务出口额从 2005 年的 1 741 亿美元增长到 2010 年的 2 545 亿美元，6 年期间增长率达 46%。

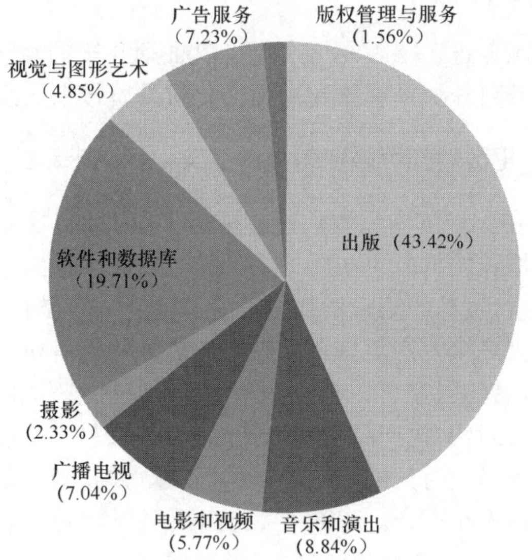

图1-7 不同门类核心版权产业就业贡献占比

资料来源:根据《世界知识产权组织版权产业经济贡献研究报告2013》整理。

表1-8 2005—2010年全球文化创意产品和文化创意服务出口 (单位:百万美元)

年度		2005	2006	2007	2008	2009	2010
文化创意商品	出口额	2 903.54	3 163.24	3 700.53	4 087.82	3 506.45	3 832.08
	年增长率	10.98%	8.94%	16.99%	10.47%	-14.22%	9.29%
文化创意服务	出口额	1 741.77	1 957.28	2 256.01	2 446.34	2 360.03	2 544.90
	年增长率	11.72%	13.18%	20.22%	12.27%	-10.93%	9.96%

资料来源:联合国贸发会创意经济数据库,文化服务只包括了版权及许可费、个人文化休闲娱乐活动。http://unctadstat.unctad.org/ReportFolders/reportFolders.aspx。

1.3 中国文化产品和服务进入国际文化市场的意义

中国文化产品和服务浸润着中国源远流长、延续不绝的文化,体现着我们的祖先用劳动和智慧不断创造着的,华夏儿女一代代积累、传承和积淀的中国特色。然而,和西方文化输出相比,传承几千年的博大精深的中国文化及其产品与服务所带来的影响目前仍比较有限,并没有像一些西方文化那样被世界各地不同文化、不同背景的人们所熟知和接受,将我们的文化产品与服务推向国际市场,把中国传统文化推向世界,用国际文化贸易的专业知识和技能完成中国文化产品与服务的营销和传播,让更多的外国人了解中国和中国的文化,让中国所独有的文化产品、节庆活动和商业活动影响整个世界非常必要。让中国文化产品与服务更加顺利地进入并逐步占据国际文化市场不仅能推动我国国内与文化产业相关的经济增长,同时也是对我国文化软实力的巩固与提升。

1.3.1 经济增长效应

中国文化产品与服务进入国际文化市场可以推动我国的经济增长，这一观点下文将从中国文化产品与服务对外贸易现状和别国文化贸易所带来的经济效应两方面阐述。

1.3.1.1 我国对外文化贸易的严重逆差提供了文化贸易带动经济增长的广阔前景

20 世纪 30 年代，美国经济学家罗伯逊就提出了“对外贸易是经济增长发动机”的命题。对外贸易对经济增长的贡献主要体现在两个方面：一方面是对外贸易的直接作用，根据比较优势理论，进行贸易的国家增加生产它具有比较优势的产品，通过交换，每个国家都可以得到比它自己直接生产更多的货物，提高国内的福利水平；另一方面是对外贸易的间接作用，进行贸易的国家可以获得成本优势，促进技术水平的提高。目前我国虽然是文化产品的出口大国，文化产品贸易保持顺差水平，可文化服务贸易逆差巨大，文化产业核心层贸易的巨大逆差与其他贸易领域的巨大顺差形成了鲜明对比，与我国作为国际贸易第一大国的地位不相符合。2003 年，我国图书版权的引进输出比超过 15:1，经过近十年的发展，我国图书版权贸易仍是逆差，但逆差逐步缩小，2011 年图书版权贸易引进与输出比例下降为 2.5:1。2010 年全国出版物进出口经营单位累计出口图书、报纸、期刊 954 954 种次、945.64 万册（份）、3 711.00 万美元，累计进口图书、报纸、期刊 879 714 种次、2 881.87 万册（份）、26 008.58 万美元，贸易逆差为 22 297.58 万美元。2010 年出口音像制品、电子出版物 10 352 种次、101.87 万盒（张）、47.16 万美元，进口音像制品、电子出版物 25 267 种次、62.95 万盒（张）、11 382.70 万美元，贸易逆差为 11 335.54。2011 年中国电视节目（包括电视剧、纪录片和动画电视）的出口额为 22 662 万元人民币，进口额为54 099万元人民币，电视节目贸易逆差为 31 437 万元人民币（见图 1－8）。无论是从文化资源的角度讲，还是从综合国力的角度讲，扭转这种严重的文化贸易逆差后带来的经济效应非常巨大。

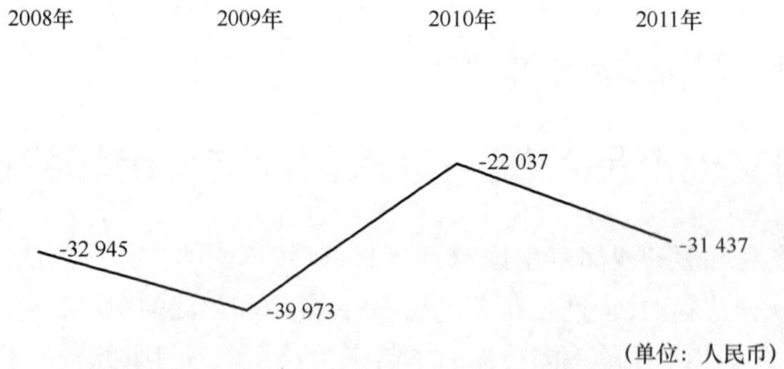

图 1－8 2008—2011 年电视节目进出口贸易差额

资料来源：《中国统计年鉴》2009—2012 年。

加入世界贸易组织十来年，中国在认真履行开放承诺义务、完善市场经济法律体系、加大知识产权保护力度、维护良好的贸易投资环境等方面做了大量工作，取得了很好的成效。外贸是拉动中国经济的三驾马车之一，当前外贸出口对拉动国民经济的发展具有十分重要的、暂时还难以替代的作用。外贸对中国经济的贡献率与世界上其他国家比，并没有人们想象的那么高。德国是60%，日本是33%，中国大约20%左右。当前我国核心文化贸易虽然是逆差状态，但随着文化体制的改革，文化事业全面繁荣，文化产业快速发展、文化贸易高速增长，为带动经济增长提供了广阔的前景。

1.3.1.2 大力发展文化产业、鼓励文化产品出口是转变增长方式的迫切需要

改革开放30多年来，我国经济发展取得了举世瞩目的巨大成就，中国正在以开放的姿态在世界经济舞台上发挥着越来越重要的作用。但是，过去我们的经济增长很大程度上是依靠"高消耗、高排放、低效益"的粗放式增长。中国是世界上产值能耗最高的国家之一，据统计，我国工业能源消耗占全国能源消耗总量的71.8%，其中钢铁、化工、建材、电力、石化、有色、纺织、轻工八大行业主要产品的单位产量所需能耗平均比国际先进水平高40%，中国人均能源可采储量中，石油、天然气、煤炭仅为世界平均值的10%、5%和57%。但是目前中国单位产值能耗大约是世界平均水平的2倍多，许多领域呈现粗放式增长。随着有形资源日益紧缺与环保压力越来越大，中国传统产品生产的成本不断加大，生产的边际收益迅速减少。中国共产党第十七次全国代表大会明确提出"转变经济发展方式"，并把它作为"关系国民经济全局紧迫而重大的战略任务"，经济发展方式是包括生产、分配、交换、消费等要素状况的一个大系统，经济增长方式涉及的主要是生产，是经济发展方式这个大系统中的一个分支系统。中国经济到了一个转型的关键点，"拼资源、拼劳动力、拼环境"的阶段已经结束，中国经济急需转型。"十二五"时期我国首次提出推动文化产业成为国民经济的支柱产业，这是自新中国成立以来文化产业的战略性突破，也是历史性的突破。抓好文化产业，不仅可以满足人民的精神文化需求、丰富人们的精神世界、促进人的全面发展，而且可以优化产业结构、带动现代服务业、推动文化贸易、拉动经济增长，对于落实科学发展观、促进国民经济发展与社会和谐有着重要的作用。具体来说表现为以下几点：

(1)文化产业资源消耗低，环境污染小。和第一、第二产业相比，文化产业是"资源消耗少，环境污染小，经济效益高"的无烟产业、朝阳产业，作为战略性新兴产业，文化产业以创意为源头，以内容为核心，以技术为手段，是高技术化和高文化的统一体，是转变经济发展方式、构建现代产业体系的有力抓手。文化产业主要靠智慧、创意、科技来推进，初始成本较高，但文化产品复制和传播成本较低，并且与物质产品的收益规律不同，文化产品遵循边际收益递增规律。

(2)科技发展和进步及其在创意产业中的应用，不仅促进了产业融合，也改变了产业生产、销售模式，优化了传统产业结构。数字技术的应用，使得创意产业能与各行各业有机融合，这种融合跨越了传统产业的界限，将技术、文化、制造和服务融为一体，有利于产业链的延伸和新型产业群的生成，大大地拓展了经济发展空间，产生了效益"裂变"效应。同时，由于产业界限的打破，文化创意产业可以利用其处于价值链高端的优势，重新组织生产、销售流程，并重塑产业结构。

(3)文化产业市场需求强、发展潜力大。世界经济发展的历史经验表明，人均GDP实现3 000美元后，将进入一个文化消费的高涨期。2012年我国人均GDP达6 100美元，以后居民文化消费需求会不断增加。按照西方心理学家马斯洛的需要层次论，最低

层次的需要是生理需要,最高层次的需要是自我实现的需要。这种自我实现需要的满足,主要通过对文化的需要来实现。随着中国经济的不断发展,精神文化产品的需求会越来越大,文化产业的发展潜力会逐步显现。

(4)文化产业易与新技术对接,具有较强的创新应变能力。从内容上看,文化产业是最强调创新创意的产业;从形式和载体上看,文化产业本身会随着新技术的运用、新消费习惯的出现自发地创新求变。近年来,文化产业与信息技术、网络技术、数字技术对接,派生出一系列新生的文化业态,为文化艺术提供了新的表现形式和传播渠道,展现出文化产业旺盛的生命力和较强的创新应变能力。

1.3.1.3 文化产品和文化服务的高附加值特点能够带来巨大的经济效益

文化是一种能带来巨大增值的资本,也是具有相同使用价值和技术质量的商品,其经济价值不仅可能由于使用功能和技术质量的改进而提高,而且更会由于其附加的文化含量的不同而上升。越是具有高品质文化或具有能为多数人认同的文化的商品,就越可能拥有较高的附加价值,其实现的经济价值就越大。发展对外文化贸易,促进文化出口更能带来巨大的经济效益。

对于文化产业来说,直接收入和效益仅仅是其利润来源的一部分,衍生的其他相关产业收入(如旅游、玩具、游戏、主题乐园等)比直接收入要高得多。例如,美国电影产业的总收益的20% 来自银幕营销,80% 来自后电影产品开发,即电影相关主题产品的营销。例如,《变形金刚3》在全球拿到超过10亿美元票房,与此同时,在洛杉矶的环球片场,《变形金刚》系列仍然在“放映”。只不过这种放映方式颇为特别,游客戴上3D眼镜坐到一辆和过山车类似的小车里,直接感受和体验电影情节,但刺激的感觉远胜在影院观影。由电影带来的收入绝不止票房这一块,还包括各种版权、植入广告、周边产品、主题乐园等收入。华谊在2011年与苏州合作建立一个类似环球的主题乐园,里面有蹦极、过山车等娱乐设施,每一个项目都以华谊的电影为主题。华谊还与上海嘉定文化城与深圳电影主题公园有类似的合作。华谊仅出让电影品牌就收入不菲。华谊2011年的财务报表显示,2011年“品牌授权及服务”收入便高达3 800万元人民币,而且没有一分钱的成本,毛利率100%。

1.3.1.4 文化经济和文化贸易的辐射效应使之在经济发展中起到“火车头”作用

“文化经济”就是文化和经济紧密结合、互相渗透,形成以经济为依托的新文化形态,或以文化为内涵的新经济形态,即“文化的经济化”和“经济的文化化”。文化产业是文化经济化的直接产物,使得文化的作用除了满足人类的精神生活需要之外,本身也能创造巨大的经济价值。文化离不开经济,经济也离不开文化。文化对政治与经济的渗透力越强、影响力越大,文化的社会价值就越突出。随着文化的扩张和渗透,文化与政治、经济日益一体化,文化力与经济力、科技力、政治力、军事实力、保障力等共同构成综合国力,成为综合国力的重要组成部分。

文化产品和文化贸易的“火车头”作用应该包括两个层面:从某一产业领域来说,文化产品本身所带动的是后期相关收入,是整个相关产业价值链的形成;从整个国家的经济和对外贸易战略角度来说,文化产品和文化贸易这一“火车头”至关重要的作用并非仅仅是对某一产业价值链的带动作用,它甚至可以带动整个国家经济和对外贸易的增长。

文化生产以文化创造性活动为中心,层层扩散,带动相关产业的发展。以流行音乐唱片的生产为例。流行乐队为了生产唱片,首先需要录音室,这里一开始就涉及相关的专业人员和高科技设备;唱片投入生产,又与制造业相联系,这需要将科技手段和工业生产形式相结合,大量复制文化产品。同时,唱片所需要的包装,又与设计、印刷等相联系:唱片的发行过程,不仅牵涉到销售业,还涉及广告业以及电影、电视和电台等的服务活动,乃至多媒体业的介入。不仅如此,当前文化产业的扩展所形成的"亚文化产业",或者说是文化产业与其他产业融合以后产生的混合型产业,既包括传统制造业、种植业、养殖业和服务业的基本形态,又包括具有很高文化含量的会展业、咨询业、旅游业、职业培训业等①。在都市农业中,由于现代旅游创意产业的融入,农业结构发生了巨大变化,种植功能逐渐淡化,而观光、旅游、生态功能逐渐增强。例如,上海鲜花港的旅游门票收入已经超过花卉销售收入。目前,长三角地区已经陆续将农业旅游作为优化农业产业结构的新型道路,观光农业已经突破以农家乐为主的零星个体经营方式,开始发展观光农业的环城区域模式,规模效益正逐渐扩大。

美国全美州长协会(National Governors Association)的一份报告指出,在城乡地区,由于其对地区经济的直接和间接贡献,文化部门正在作为一种经济生活的推动器而出现。同时还强调,振兴文化生活具有多种好处,除了增加收入、就业和税收之外,文化活力还能提高地区的知名度,同时吸引潜在的游客、居民和投资者②。美国好莱坞有所谓的"火车头理论",电影作为火车头,它本身可以不赚钱,但它可以带动电影业的发展。在好莱坞电影中,票房收入一般只占一部电影全部收入的1/3,此外的收入则是电视等版权和电影后续产品的收益。

1997年,遭受亚洲金融危机重创的韩国,在危机后不到五年的时间里,韩国经济即再次崛起,其中,文化产业发挥了决定性的作用。目前韩国已发展成为公认的文化出口大国,数字游戏被确定为韩国的国家战略产业,最具代表性的"天堂"游戏,不仅风靡亚洲,而且与微软和索尼等巨头游戏公司在国际上形成掎角之势。2000年初期,以电视剧为主力的第一代"韩流"吹响了韩国文化产品进军国际市场的号角,随着智能手机等新媒体的广泛应用,以K-POP(韩国流行音乐)为中心的第二代"韩流"踏着网络信号漫游在世界各个角落,近年来,在东南亚、美国、欧洲、南美等众多国家和地区刮起了一股强劲的K-POP风。凭借文化、娱乐服务业的收支顺差,韩国2012年服务贸易收支首次实现贸易顺差。"韩流"相关企业的业绩也逐年增长,2012年少女时代、Super Junior所属的经纪公司SM公司营业利润预期值达到697亿韩元,与2011年相比增加了235.2%,PSY、Bigbang所属的经纪公司YG娱乐的营业利润同比增加52.4%,达到264亿韩元。《江南Style》红遍全球,并吸引超过1 000万的外国游客访问韩国,对改善服务业收支起到了重大作用。韩剧和"韩流"的"芯"是商业的,韩剧自身在全球"大卖"的同时,还把其他韩国的商品推

---

① 安迪·普拉特. 文化产业:英国与日本就业的跨国比较[M]//世界文化产业发展前沿报告(2003—2004). 北京:社会科学文献出版社,2004:209.

② National Governors Association. The Role of the Arts in Economic Development. Washington, DC: NGA Center for Best Practices, June 2001.

向了世界,韩国的服饰、美容美发、饮食等开始受到年轻人的追捧,韩国旅游开始急速升温,韩国更是借韩剧发力,大量设计各种与知名剧集相关的旅游线路及主题公园。

1.3.2 软实力提升效应

美国哈佛大学教授约瑟夫·奈指出,一个国家的综合国力既包括由经济、科技、军事实力等表现出来的"硬实力",也包括由文化和价值观念、社会制度、发展模式、生活方式、意识形态等的吸引力所体现出来的"软实力"。"软实力"虽然没有"硬实力"那样具有明显和直接的力量,但却有更加持久的渗透力。因此对于中国来说,要真正成为世界大国乃至强国,"软实力"是必不可少的资源。

1.3.2.1 加大中国文化产业发展步伐,扩大文化产品出口,是提升文化软实力的重要环节

迈克尔·杜培恩、大卫·沃特曼合撰《西欧进口电视剧的决定因素》一文指出,假设一个国家的国内生产总值(GDP)越高,或者这个国家的广播电视基础设施(BTEI)规模越大,这个国家从美国进口电视节目的比例就越低;相反,如果一个国家 GDP 越小,或者其广播电视基础设施规模越小,这个国家从美国进口电视节目的比例就越大。1994 年,沃特曼(Waterman)和罗格斯(Rogers)对九个东亚国家进口节目所进行的统计调查和系统分析再次证明了这一理论:一个国家的 GDP 或者该国的广播电视基础设施越大,国产节目的比例也就越大,对进口美国节目特别是连续剧的依赖度也就越低。电视节目作为传媒产品具有一定的代表性,迈克尔·杜培恩和大卫·沃特曼对于电视节目进出口的研究结果同样适用于其他文化产品。因此,一个国家的 GDP 越高,或者这个国家的传播基础设施规模越大,这个国家对其他国家文化产品的依赖就越低,出口文化产品的可能性就越大,因而文化软实力就越强;相反,如果一个国家 GDP 越小,或者其传播基础设施规模越小,这个国家从外国进口文化产品的比例就越大,出口可能性变小,从而在国际软实力竞争中处于不利地位。随着中国 GDP 的迅速增长及广播电视基础设施的不断扩大,中国文化产业在 GDP 中的比重越来越大,中国文化产品的出口数量和出口国越来越多。

2004—2011 年,中国文化产业的工业增加值每年以 1 000 亿元人民币的速度递增。国家统计局的数据显示,2011 年我国文化产业法人单位产业增加值为 13 479 亿元人民币,比 2010 年增长 21.96%,高于同期现价 GDP 年均增长速度 4 个百分点,文化产业继续保持快速发展的态势。文化产业增加值占当年 GDP 的比重达 2.85%,比上年提高 0.1 个百分点。2012 年,我国文化产业实现较快增长,文化产业法人单位实现产业增加值 18 071 亿元人民币,比上年增长 16.5%,比同期 GDP 现价增速高 6.8 个百分点。文化产业在国民经济中的份额稳步提高。2012 年文化产业法人单位产业增加值占 GDP 的比值为 3.48%,文化产业对当年经济总量增长的贡献为 5.5%。文化产业结构不断优化,文化服务业发展较快。2011 年和 2012 年文化服务业增加值占文化产业增加值分别为 55.9% 和 53.3%。比上年提高 2.2 个百分点;占第三产业增加值比重为 3.68%,比上年提高 0.25 个百分点。近年来我国文化产业增加值年均增长速度超过 20%,在国民经济中所占比重逐年提高,正向国民经济支柱性产业迈进。其中,北京、上海等地文化产业占 GDP 的比重均达到 5% 以上,已成为当地新的支柱性产业。

从表1－9和图1－9可以看出，近几年来，随着我国经济的高速增长和文化产业的蓬勃发展，我国文化产品的国际市场占有率逐年提高，到2010年，我国文化产品出口市场份额已经达到了25.5%，在国际文化产品市场上占据着重要的地位，而从增长率上来看，我国文化产品出口增长率一直略高于世界平均水平，这使得我国文化产品出口份额稳步提升，反映出我国文化产品出口竞争力正在逐步增强，综合国力和文化软实力不断增强。

表1－9　中国文化产品出口市场份额（2002—2010年）　　（金额单位：百万美元）

年份	2002	2003	2004	2005	2006	2007	2008	2009	2010
中国文化产品出口额	32 323	38 550	45 612	55 510	62 715	72 999	84 807	75 740	97 754
世界文化产品出口额	198 240	225 895	261 637	290 354	316 324	370 053	408 783	350 645	383 208
中国文化产品出口市场份额	16%	17%	17%	19%	20%	20%	21%	22%	26%
中国增长率		19.26%	18.32%	21.70%	12.98%	16.40%	16.18%	－10.69%	29.07%
世界增长率		13.95%	15.82%	10.98%	8.94%	16.99%	10.47%	－14.22%	9.29%

资料来源：联合国贸发会创意经济数据库，http://unctadstat.unctad.org/ReportFolders/reportFolders.aspx。

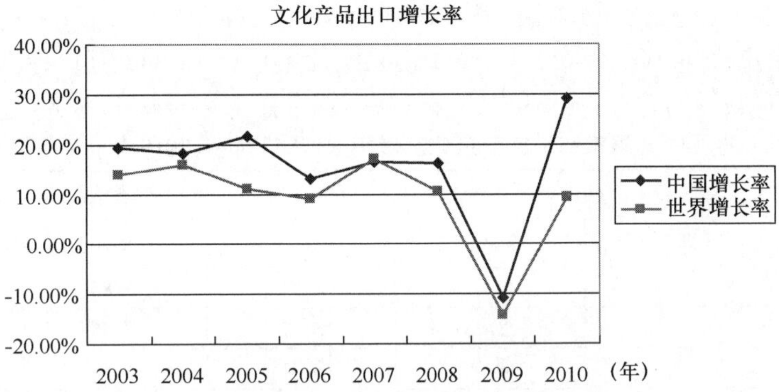

图1－9　中国及世界文化出口增长率

1.3.2.2　中国文化产业的快速发展为国家传播力的构建提供了保障

信息传播能力是衡量社会文明程度的标尺之一，是社会共同体实现政治统一、经济发展、军事进步和文化繁荣的重要条件，信息的传播能力影响着一国文化、价值理念与国家形象在世界范围内传播的广度、深度和效果。因此，信息的有效传播能力是国家文化软实力的重要组成部分。在中国崛起的过程中，国际社会舆论报道和交流中的“中国影响”“中国因素”“中国作用”“中国文化”等不断增多，对有关中国经济社会和文化发展的信息需求也不断增加。但目前这方面的信息和声音基本上都是西方媒体从中国“倒卖”出去的，而不是中国大众传媒机构直接发出的，西方主流媒体对中国的人权、民主、人民币汇率、军事力量、对外投资、全球气候变化、能源、粮食等问题进行了大量负面报道，存在着严重的失真和歪曲，影响了中国在国际社会的形象。而互联网的广泛应用进一步加强了信息的失真现象。因此，对中国来说，最迫切的就是要加强国际传播力的建设。

中国和绝大多数发展中国家一样,文化和传媒产业起步较晚,传播基础薄弱,不仅文化产品和传媒产品的流通存在着巨大的不平衡性,而且信息流也存在着巨大的位势差。增强国际传播能力需要加强媒介设施建设与信息资源开发。信息传播基础设施是人类从事信息传播活动的中介物,是信息传播得以顺利进行的必要手段,是提升国家文化软实力的重要环节。建设强大的国际传播硬件设施,主体应是大众传播机构、电信和文化公司。新闻传播依赖强大的报业公司、广播电视公司、互联网公司和电信公司,理论传播、文学作品更多依赖强大的学术出版业,影视作品则需要借助实力雄厚的影视制作和发行公司。近年来,世界各国纷纷加大了对信息传播基础设施的投入。例如,2008 年,美国四大移动通信运营商进一步扩充其 3G 网络,并将眼光投向 4G;2009 年,美国政府通过了总额为 7 870 亿美元的经济刺激计划,其中 72 亿美元将用于改善网络宽带,特别是偏远山区的基础设施。2010 年 10 月 25 日,英国政府公布了《国家基础设施规划》,其总投资额超过 2 000 亿英镑,计划在 2015 年建成全欧洲最好的高速宽带网①。大众传播机构和信息基础设施建设,需要较为雄厚的经济实力和相对友好的国际环境,经过半个多世纪的努力,中国的综合实力已大为增强,信息基础建设已取得很大成就,但与韩国和其他经济发达国家相比,仍有很大差距。根据国际电信联盟发布的《衡量信息社会发展》的发展指数指标,中国的信息化发展指数在世界排在第 80 位(见表 1 - 10)。截至 2011 年,中国内地电话普及率(包括移动电话)达 94.81 部/百人,移动电话普及率达 73.55 部/百人,移动电话用户有 98 625 万户,其中 3G 移动电话用户有 12 842 万户;互联网上网人数达 5.13 亿人,互联网的普及率达 38.3%,互联网宽带接入用户达 1.5 亿户。

表 1 - 10 世界主要国家和地区信息化发展指数(IDI)排名(2010 年) (单位:百万美元)

国家和地区	总指数		分类指数		
	排名	数值	接入	使用	技术
韩国	1	8.4	8.21	7.85	9.89
瑞典	2	8.23	8.57	7.55	8.89
冰岛	3	8.06	8.91	6.58	9.3
丹麦	4	7.97	8.33	6.85	9.47
芬兰	5	7.87	7.61	7.11	9.89
中国香港	6	7.79	9.06	6.46	7.92
卢森堡	7	7.78	8.8	7.24	6.79
瑞士	8	7.67	8.7	6.37	8.22
荷兰	9	7.61	8.29	6.38	8.71
英国	10	7.6	8.36	6.44	8.4
挪威	11	7.6	7.88	6.6	9.01
新西兰	12	7.43	7.53	6.35	9.4
日本	13	7.42	7.14	7.08	8.66
美国	17	7.09	7.24	5.89	9.21
中国	80	3.55	3.86	1.73	6.55

资料来源:《中国统计年鉴》2011 年。

① 李怀亮,王锦慧. 文化产业发展与国家软实力的提升[J]. 河北学刊,2011(6).

近几年中国大众传媒机构在国际上的传播能力有所增强，中央电视台在海外落地项目达389项，覆盖141个国家和地区，整频率落地用户总数为1.65亿，各省卫视节目等已在海外多个国家和地区落地。中国国际广播电台在欧洲、中美洲、澳洲、非洲、拉丁美洲、南太平洋地区建成50多家整频率海外调频台，每天播出的落地节目时数达1 100多个，直接在海外落地的节目语种达40多种，在宣传上初步形成了规模效应，对树立我国良好国际形象，增进各国对我国的理解和信任，澄清西方对我国的不实宣传和歪曲，起到了积极作用。人民日报社、新华社等各大媒体在国际传媒界都很活跃，许多重大活动上都能看到中国记者的身影。

随着中国经济不断取得成就、综合国力显著增强，中国在国际政治、经济和文化舞台上发挥着越来越重要的作用。在和平发展、生态保护、经济稳定等一系列重大问题上，国际社会日益需要中国积极参与并发挥作用，自然也迫使外界必须重视中国的声音。中国的大众传播机构日益壮大，拥有了越来越广泛的受众，获得了越来越先进的传播技术和设施，从而为增强国际传播能力创造了有利的社会和物质条件。此外，互联网的普及特别是信息网络化的迅速发展，为国际传播提供了新工具。当前，中国应抓住有利时机，大力增强国际传播能力，不断提升软实力，争取客观友善的国际舆论环境，展现我国繁荣发展、民主进步、文明开放、和平和谐的良好国家形象。

1.3.2.3 文化企业和文化产品积极"走出去"，提升国家影响力

文化产品内在地蕴含着生产者的思想和观念，文化产品输出的同时也就是文化观念的传播辐射过程。文化产品出口在拉动一国经济增长、改善国际收支等经济目标以及传播各国文化和促进国际文化交流等方面发挥着越来越重要的作用。世界各国和地区纷纷把发展文化产业和促进文化产品出口作为增强"软实力"的最重要的途径。美国、英国、法国、日本、韩国等多个国家都通过政府的计划大力推动文化产业的发展并积极为文化产业企业拓展国际市场提供支持。

以文化产业作为支柱产业的美国，在文化产业的各个领域都具有全球领先地位，这不仅为其带来巨大的经济效益，更展示了美国文化渗透力极强的"软实力"。日本在20世纪90年代经济持续低迷时期，唯独文化产业取得了巨大的增长，文化产品在海外销售，极大地改善了日本的国家形象。英国从1997年起把发展创意产业作为国家战略。法国和奥地利等都举全国之力做好重大文化产业品牌项目的扶持和经营。韩国从政府作为服务者的立场出发，成立了专门性质的国家机构——文化产业振兴院，制定了文化产业的国家战略，在公共文化服务平台建设、企业孵化扶持、信息提供等方面积极引导企业创新。2012年中国文化部发布《文化部"十二五"时期文化产业倍增计划》，提出在"十二五"期间，文化产业作为国民经济支柱型产业，它的增加值占国内生产总值的比重将从2.5%上升到5%以上，文化产业增加值年平均增长速度高于20%，2015年比2010年至少翻一番，实现倍增的奋斗目标。同时提出了推动文化产业"走出去"等10个方面的主要任务①。

---

① 马思伟：文化部. 文化部"十二五"时期文化产业倍增计划[OL]. http://www.ccnt.gov.cn/xxfbnew2011/xwzx/lmsj/201202/t20120228_231555.html.

(1)演艺娱乐业。我国演出行业的市场化进程逐渐加快。2008 年,全国艺术表演团体的演出总收入为 13.31 亿元人民币,2009 年增至 28.82 亿元人民币,而到 2011 年这个数字攀升到 154.03 亿元人民币(见图 1-10),国内演出场次和观众人数都有较快增长,2011 年演出节目场次达到 154.72 万,观众人数达到 7.46 亿人次。随着我国经济的持续发展,我国的国际地位显著提升,促进了中国与其他国家的文化交流和互信,越来越多的中国优秀演出节目走出国门,在国际舞台上展现出丰富多彩的中华文化。2011 年中国首次亮相法国阿维尼翁艺术节,此次艺术节还将 7 月 10 日定为"中国日",举行了多场特别活动,展示了中国当代戏剧的风采。2011 年,澳大利亚"中国文化年"和意大利"中国文化年"先后举行。2010 年以来,中国与 11 个国家签署了"成立中国文化中心"的协定,中国文化中心为增进国际人民友谊和扩大人文交流搭建了良好的平台。中国演艺"走出去"已经突破了单纯的文化宣传与交流的模式,走向了国际化运营和市场化运作,将文化传播与市场营销相结合,促成中国文化影响力的显著提升。根据文化部对外文化联络局的统计,2010 年,演艺类共有 302 项演艺产品(项目)出境进行商业演出,出口总收入约为 1.77 亿元人民币,演出场次达 25 908 场,观众达 2 593.44 万人次;2011 年,共有 126 项演艺产品(项目)出境进行商业演出,出口总收入约为 2.03 亿元人民币,演出场次达 8 090 场,观众达 1 316.97 万人次。另一方面,中国演艺业在跨国资本运作方面有了突破性进展。2009 年 12 月,中国天创国际演艺制作交流有限公司在美国布兰森市购买了白宫剧院,并在那里长期驻演《功夫传奇》;2010 年,《少林武魂》在由东上海国际文化影视集团收购的美国大雾山旅游区东上海剧院成功驻演,保证了中国演出产品直接与国际市场对接。

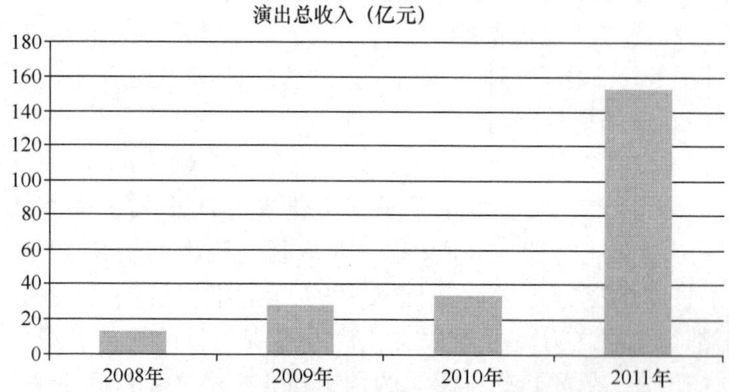

图 1-10　全国艺术表演院团收入情况

资料来源:《中国统计年鉴》2009 年、2010 年、2011 年和 2012 年。

(2)新闻出版业。作为中国文化产业的基础产业、提升国家文化软实力和推动中华文化走出去的主要力量,新闻出版业的地位不容忽视。2012 年全国出版、印刷和发行服务实现营业收入 16 635.3 亿元人民币,较 2011 年增加 2 066.7 亿元人民币,增长 14.2%;增加值达 4 617.0 亿元人民币,较 2011 年增加 595.3 亿元人民币,增长 14.8%。2012 年版权引进品种与输出品种比例由 2011 年的 2.1:1 降至 1.9:1;全国共输出版权 9 365 种(其中出版物版权 7 831 种),较 2011 年增加 1 582 种,增长 20.3%。全国累计出口图书、报纸、期刊、音像制品、电子出版物和数字出版物 2 087.9 万册(份、盒、张),较 2011 年增加 530.4 万册(份、盒、张),增长 34.1%;金额 9 474.1 万美元,增加 2 077.5 万美元,增长 28.1%①。数字出版产品出口是新闻出版走出去的新领域,我国数字出版产品大量输出海外,2011 年我国期刊数据库的海外付费下载收入近千万美元,电子书海外销售收入超过 5 000 万人民币,盛大网络文学在线阅读,读者分布在 200 多个国家和地区。到 2012 年年底我国新闻出版企业在境外投资或设立分支机构 459 个。在数量增加的同时,质量和影响也在不断提升。人民卫生出版社投资收购了加拿大 BC 戴克出版公司的全部医学图书资产,之后在美国成立了人民卫生出版社美国公司。2007 年,中国青年出版总社在英国注册成立了一家专业出版社,这是中国内地第一家在英国投资成立的出版社②。

2001 年以来,我国新闻出版业遵循政府推动、企业主体、市场化运作的原则,通过版权输出、实物产品出口、数字出版产品出口、印刷加工服务出口、对外出版投资、海外渠道拓展、人才培养等方式,实施文化"走出去"战略,"走出去"的规模不断扩大,领域不断拓宽。

(3)电影产业。2010 年 1 月,国务院办公厅颁布了《促进电影产业繁荣发展的指导意见》,明确提出培育有国际竞争力和影响力的电影国际传播企业,开发适应国际市场需求的国产影片。2012 年我国电影产业总收入增长率在 2011 年出现大规模滑坡后回升到了 18%。2012 年我国电影票房收入为 170.73 亿元人民币,占总收入的 81.46%;国内非票房收入为 29 亿元人民币,占总收入的 13.84%,其中国内电影版权收入为 12 亿元人民币,较 2010 年增长了 2.4 亿元人民币,占电影产业总收入比重仍不到 6%,与 2010 年相比几乎没有变化,说明我国电影版权销售等非票房产业环节仍较为薄弱,与发达国家仍存在不小差距③。

2011 年我国共有来自 23 家制片单位的 52 部影片在 22 个国家和地区销售,海外发行总收入达 20.24 亿元人民币。2012 年全年我国共有 75 部中国影片销往 80 多个国家和地区,海外票房和销售收入为 10.63 亿元人民币,比 2011 年下降 9.83 亿元人民币,降幅接近 50%④,与 2009 年和 2010 年的海外票房和营销收入相比明显下降(见图 1-11)。说明中国精神、中国形象、中国故事的世界性表达和传播能力,与国际电影的主流形态存在差距,既带有强烈民族特色又符合世界各国观众审美口味的影片还不多。此外,中国电影的国际化宣传、营销手段比较落后,缺乏专业化、规模化的国外发行网络和营销人员,被动地依靠海外发行公司。中国电影要破解这一困局,一方面电影艺术工作者要从中国文化中吸取营养,另一方面还要探索合理的营销策略和发行渠道,坚持政府推动与市场运作相结合方式,推动中国电影"走出去"。

(4)电视产业。2005 年以来,我国电视节目制作时间在 25 万小时以上,2011 年达到 29.5 万小时,全年电视节目播出时间在 1 675 万小时左右,在电视节目的总时长中,电视剧占了 44%。2011 年,我国生产发行电视剧共计 469 部 14 942 集,稳居世界第一。全年制作完成的国产电视动画片共 435 部、26.12 万分钟,跃居世界首位。

---

① 国家新闻出版广电总局. 2012 年新闻出版产业分析报告.

② 国家新闻出版广电总局外事司. 走出去战略全面成果.

③ 艺恩咨询. 2012—2013 年中国电影产业研究报告.

④ 中国文化报,2013-01-11.

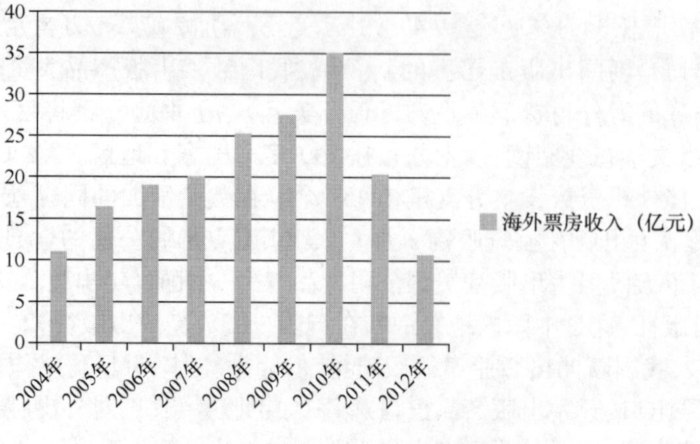

图 1－11　中国电影海外票房收入

资料来源：艺恩咨询：《2012—2013 中国电影产业研究报告》。

中国电视剧的进口额仍大于出口额，但是逆差正在缩小（见表 1－11），主要原因是国产剧的制作水平大幅提升，积极走向海外市场。国产剧的四个海外主要市场包括中国港台地区、东南亚、日韩以及北美的华人区，而中东、北欧、非洲，以及东欧成为中国电视剧的新兴市场，印度半岛、拉美也开始认同和接受中国电视剧，成为潜在目标市场。

表 1－11　2008—2011 年中国电视节目进出口情况

	2008 年	2009 年	2010 年	2011 年
全年电视节目出口总额（百万美元）	12 476.06	9 173	21 010	22 662
电视剧（百万美元）	7 524.95	3 584	7 484	14 649
动画电视（百万美元）	2 947.79	4 456	11 133	3 662
全年电视节目出口量（小时）	10 300	10 238	13 762	25 657
电视剧（部）	149	128	288	298
电视剧（集）	6 662	5 825	12 362	14 001
动画电视（部）	38	55	84	426（时）
动画电视（集）	1 877	3 191	4 930	111（时）
全年电视节目进口总额（万元人民币）	45 421	49 146	43 047	54 099
电视剧（万元人民币）	24 293	26 887	21 450	34 564
动画电视（万元人民币）	878	128	247	702
全年电视节目进出口贸易差额（万元人民币）	－32 945	－39 973	－22 037	－31 436

资料来源：《中国统计年鉴》2009 年、2010 年、2011 年、2012 年。

（5）动漫和网络游戏业。近五年来，在政策的持续推动和财政资金的大力支持下，动漫、网络游戏等文化产品“走出去”异军突起，海外销售收入的增长速度很快（如图 1－12 所示）。经过多年的探索，中国网游企业海外拓展的版图已经呈辐射状扩张。2012 年国产游戏出口收入达到 5.87 亿美元，同比增长 45.7%。2012 年新增 54 家公司共计 66 款国产网络游戏出口海外，从 2010 年至今，累计出口国产网络游戏产品数量已经突破 260

款,参与出口的网络游戏企业接近100家,国产网络游戏海外出口收入稳步增长。中小型网络游戏企业特别是网页游戏企业和移动网游戏企业积极开拓海外市场,龙头企业则通过投资、并购等方式来开拓海外市场,如“腾讯”和“完美世界”均在北美参与了大量网络游戏相关项目和企业的投资。国产网络游戏产品在俄罗斯、越南等占据了主要的市场份额。实际上,以“完美世界”为代表的国产网游企业已经将市场扩展到了除非洲和澳洲以外的绝大多数国家和地区。

2009年全国动漫出口收入为3.19亿元人民币;2010年较2009年增长60%,达到5.1亿元人民币;2011年我国核心动漫产品出口额达7.14亿元人民币,较2010年增长40%。2011—2012年间,我国动漫产业规模持续扩大,产业结构不断优化,市场主体快速成长,产业政策日臻完善,除总产值增长22.23%外,2012年我国核心动漫产品出口额达到8.3亿元,较2011年同比增长16.25%。动漫海外授权成为我国动漫“走出去”的主体形式,越来越多的中国动漫企业和品牌开始走向世界、影响世界。

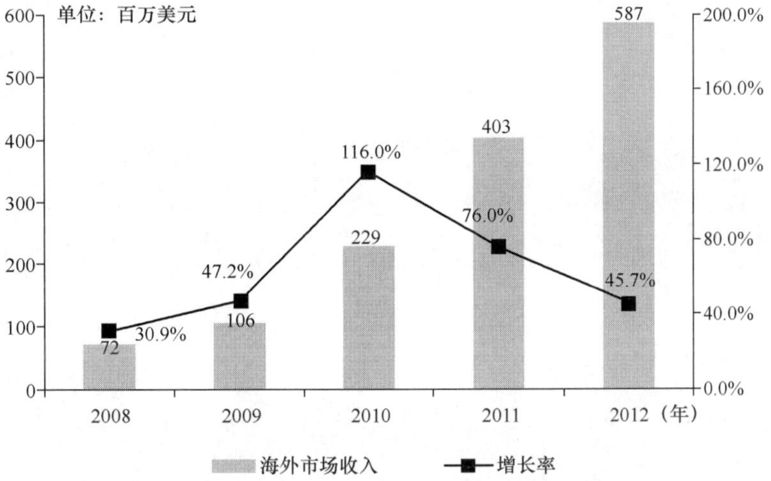

图1-12 2008—2012年中国国产网络游戏海外收入

资料来源:《2012中国网络游戏市场年度报告》。

现在,中国国内一些外向型的文化企业都看到了海外市场的发展潜力,已经不仅仅局限于文化交流、寻找海外代理等传统出口模式,而是适应时代的要求,通过联合创作、合资经营、购买剧场影院等方式,积极地谋求海外发展。但是,企业整体的国际化水平仍处于初级阶段。文化企业选择直接投资方式进入国际市场,并且不断拓展文化产业价值链,主动开发文化衍生品,走向国际化价值链的高端,形成较强的风险控制能力,能够与当地文化企业或者其他跨国公司同台竞争,还是有很长一段路要走。

1.4 小结

国际文化市场是按照价值规律进行文化艺术产品交换和提供有偿文化服务活动的场所,是国际文化艺术产品生产和消费的中介和交换平台。国际文化市场是文化与经济一体化的产物，是各国市场经济在国际文化领域的延伸，是各国文化建设在市场经济的表现形态，有助于实现文化商品流通、平衡文化市场供求关系和调节文化资源配置、促进知识转化和提供社交服务。国际文化市场结构存在着不平衡性，发达国家在国际文化市场中一直占据主导地位；文化企业兼并导致文化市场集中度提高，大型跨国文化传媒集团垄断世界市场，美国的霸主地位尚未被动摇。当前国际文化市场中，各国采取不同的发展战略，最为典型的是美国的自由市场战略、法国和加拿大的市场保护战略、日本和韩国的新赶超战略。伴随着我国正式加入世界贸易组织（WTO），我国文化“走出去工程”的正式启动，《文化产业振兴规划》的实施，标志着文化产业已经上升为国家的战略性产业。随着全球文化创意产业的蓬勃发展，国际文化市场规模也持续增长，推动了各国文化产品和服务的创造势头。

2 国际演出市场

2.1 国际演出市场发展状况

2.1.1 演出与演出市场

2.1.1.1 演出与演出市场形成概述

演出,是一种十分古老的艺术表现形式。在文字出现以前,各种艺术形式就以现场演出的方式进行传播。早在春秋战国时期,中国便有了杂技演出的雏形,到汉代有了进一步的发展,而且内容越来越丰富,形式也逐渐多样化,"爬杆""走钢丝"等现在经常出现的演出内容已经很常见。随着封建社会后期商品经济的发展和市民阶层的扩大,以戏曲为主体的民间职业演出,成为中国社会各阶层业余文化生活的基本内容和主要形式,传统表演艺术也逐步形成了自己生存发展和自我调节的体制。我国表演艺术体制的发展一般分为三个阶段:肇始于南宋、盛于元明清的古代演艺体制;清末至新中国成立前的近代演艺体制;新中国成立后至今的现代演艺体制,且这种体制还是一个正在蜕变和完善的体制。三个阶段都说明,艺术表演业本质上是我国社会中一种可以不依托官方供养而以演艺为生存发展主业的独立文化行业。自宋元以来,我国民间表演艺术的基层组织"行院""戏班"(剧团)的"作场"(演出),在京、沪、杭等都市里,主要固定于勾栏瓦舍、会馆以及20世纪初年出现的戏园、剧院中;在经济相对发达的乡村,戏班主要是进行集会式"赶场(赶庙会)"演出和流动地摊式"散乐""路岐"演出。此类职业演出机构的名称沿革,大致是:宋曰"社",金元曰"行院""散乐",明清曰"班""部""乐户"等。这些广泛存在于中国传统社会中的职业演艺团体和个人从业者,在满足社会精神文化需求的同时,也保证了表演艺术体制的延续和发展。

西方早在古希腊时期便有了经常性的戏剧演出比赛。希腊戏剧只在祭祀狄俄尼索斯[①]的节庆中演出。到公元前七八世纪时,在拜祭狄俄尼索斯的节庆中已经有歌队舞蹈者的竞赛了。伴随这些舞蹈的是狂喜的"狄俄尼索斯神颂"(或称叫"羊歌"),称颂狄俄尼索斯。一直到公元前六世纪时,纪念他的节庆,一年中共有四个:12月的"乡镇的狄奥尼索斯神节",1月的"勒纳节",2月底的"安特斯节"与3月底的"城市的狄俄尼索斯神节"。除了安特斯节之外,其他三个节庆都有戏剧演出。

在古代,各种艺术形式的现场演出也是艺人谋生的一种手段,具有一定的市场性、商业性成分。但是,古代的演出与当代的营业性演出有着很大的不同。在今天这样一个科

---

① 狄俄尼索斯(Dionysus)即罗马人信奉的巴克斯(Bacchus),他是古代希腊色雷斯人信奉的葡萄酒之神——编者注。

技、交通、信息、传播等技术高度发达的社会语境中，古老的演出艺术重新焕发青春，成为当代文化产业门类中最为重要的一种。

在当今文化产业的宏观语境下，所谓演出，并不仅仅是简单的"表演"活动，而是一个完整的、一系列的活动过程，在这个过程中包含了多种要素，这些要素互相结合，共同构成演出的全部内容。从组成来看，演出一般具有五个要素，即演出的组织者与表演者、演出节目、演出受众、演出时间、演出地点和场所。

2.1.1.2 演出的类型

根据演出要素的不同，可以对演出作不同的类型划分。

(1)根据运作手段，演出可以分为营业性演出和非营业性演出。在过去的计划经济体制下，非营业性演出活动占了整个演出活动的大部分比例。随着文化产业化、经济化的发展，营业性演出在所有演出活动中所占的比例越来越大。

(2)根据演出主体，演出可以分为个人演出与团体演出。

(3)根据演出节目形式，演出可以分为单剧种演出和综艺性演出。单剧种演出有交响乐演出、歌剧演出、舞剧演出、芭蕾舞演出、戏曲演出、杂技专场演出、作品音乐会演出等。综艺性演出则是歌舞、小品、戏曲、曲艺表演等多种艺术形式组合的演出。

(4)根据演出时间特点，演出可划分为节日演出、庆典演出、纪念日演出、演出季演出、固定性演出和非固定性演出等。

(5)根据演出地点和场所的大小及参演人员的多少，可划分为室内超小型演出、小型演出、正常剧场演出、大型演出及超大型演出五种类型；根据剧场条件的不同，又可划分为规范剧场演出和非规范剧场演出。

演出市场是文化消费发展到一定阶段的产物，是当今文化市场中最为重要的组成部分之一。所谓演出市场，是指演出活动在交换过程中形成的各种关系的总和。它既包括有形的演出场所、演员和观众，也包括参与演出活动的主体——演员、演出经营者、演出消费者——之间的各种关系的总和。

2.1.2 国际演出市场的形成与发展阶段

2.1.2.1 国际演出市场的形成

从一般意义上说，国际市场是商品交换在空间范围上扩展的产物，它表明商品交换关系突破了一国界限开始在不同国家之间进行。在18世纪到19世纪中叶，一般产品的国际市场伴随着西方国家的殖民扩张逐渐形成。与一般产品的国际市场相比，文化产品国际市场的形成在时间上要晚得多，并且法国、加拿大等众多主张文化例外、文化多样性的国家直到今天仍然在文化产品的诸多领域设置贸易壁垒。在一定程度上说，文化产品的国际市场直到今天仍然在各方力量的不断冲突、拉扯与摩擦中艰难发展。

具体到国际演出市场，目前尚无公认的权威界定，大部分研究者都将其视为全球化趋势下各国国内演出市场的扩张。我们认为，一方面，国际演出市场是各国国内演出市场在空间范围上扩展的产物，即演出产品的交换关系突破了一国的界限，演艺产业链要素的跨国化活动开始频繁；另一方面，演出创作不再以单纯的国别概念出现，在演出内容、形式以及演出主体方面都出现了跨国式的合作和竞争。

从形成的原因看，当代国际演出市场的发展，除了全球经济飞速发展、各国文化交流不断增多等因素的推动之外，还得益于以下三个因素，即当代交通运输条件的便利、国际演出节庆活动的不断增多，以及国际演出行业组织的发展。

首先，与电影、电视剧、图书版权等的国际贸易不同，演出产品在走向国际市场的过程中，大多数产品难以仅仅依靠“版权”交易的方式实现。对于电影、电视剧而言，只要拍摄、剪辑完成，就可以以版权贸易的方式将产品拷贝卖到其他国家，而基本不会影响产品的质量呈现。电影《阿凡达》无论是在美国、中国还是其他国家上映，只要具备了一定的技术条件（如 IMAX 银幕），其观影效果都不会有大的改变。而演出产品则不同，即使演出产品的故事情节、舞美效果、配乐等都已成熟，但由不同的演员演出、运用不同的灯光布景，其效果都会大不相同。为保证演出质量，很多演出产品和演出团体在国外演出时都会自带演员甚至演出设备。比如，太阳马戏团的世界巡回马戏演出，往往都会在太阳马戏团设计的“移动小镇”中表演，其占地面积达 1.6 万平方米。这座小镇需要 140 名固定员工，每到一个新的城市还需要 150 名临时工来搭建、拆卸和操作小镇中的设施。小镇包括“太阳城堡”（大帐篷）和附带的入口帐篷、舞台、美工帐篷、厨房和餐厅、学校以及负责所有设施正常运转的供应处。每次要动用 50 辆卡车运输 1 000 吨的装备才能移动这座小镇。搭建需要 8 天，而全部拆卸也要耗费 3 天的时间。

其次，20 世纪中期以来，国际性演出节庆活动如雨后春笋不断涌现，这些演出节庆活动为世界各国、各类演出活动提供了集中化的展示平台。很多当今国际知名的演出团体、剧目都是在这些大型国际演出节庆活动中崭露头角而被世人熟知和认可的。比如，太阳马戏团的创始人盖·拉里贝特等正是抓住了洛杉矶艺术节这一可以让演员及演出团体蜚声世界的机会才名声大噪的。拉里贝特自己也不断提及：“没有 1987 年在洛杉矶的演出，或许我们后来的路不会走得如此顺畅。”①

中国演出产品“走出去”的代表案例——京剧《王子复仇记》的成功也离不开各类国际性演出艺术节的巨大平台。《王子复仇记》改编自莎士比亚经典悲剧《哈姆雷特》，采取中国国粹京剧这一经典艺术形式表演。2005 年，该剧首先组团参加丹麦第 24 届“哈姆雷特之夏”艺术节。“哈姆雷特之夏”是丹麦历史最悠久的艺术节之一，举办地爱森诺市的克隆城堡相传是哈姆雷特生活过的地方，成为著名的世界文化遗产。多年来，已有英国、立陶宛、新加坡等各国的剧团在此上演过不同形式的“哈姆雷特”②。此后，《王子复仇记》又参加了爱丁堡国际艺术节、塞万提斯艺术节、荷兰阿姆斯特丹中国艺术节等多项国际艺术节。各类艺术节既为《王子复仇记》提供了展示平台，也为演出团体解决了部分资金问题，如该剧参加爱丁堡国际艺术节、阿姆斯特丹中国艺术节等节庆活动时，就得到了所在国的资金、宣传等方面的支持。

再次，国际性演出行业协会的出现也为国际演出市场的形成与发展提供了重要推动力量。1957 年美国艺术表演主办者协会（Association of Performing Arts Presenters，APAP）的成立是国际演出市场开始形成的一个重要标志，协会每年主办艺术表演年度联合会

① 葛晓倩. 太阳马戏团：把马戏做得像电影一样［N］. 竞报，2010－04－16.

② 端木复. 京剧《王子复仇记》享誉“哈姆雷特”故乡［N］. 解放日报，2005－08－06.

议，申请成为艺术表演主办者协会会员即可享受会员待遇，享受会员单位联合搭建的艺术表演资源网络，并可直接与国际同行进行有关全球交流演出项目的深度洽谈。其始终致力于成为演出领域的全球性组织机构，为表演团体、艺术家、业内专家、经纪人和代理商提供进行多种艺术形式的学术交流和商务洽谈的专业平台。目前，美国艺术表演主办者协会的总部设在美国华盛顿特区，在全世界各地共有 1 700 个会员。这些会员涉及区域性地方政府、高等表演艺术教育机构、非营利性表演艺术中心、各类文化组织、艺术经纪、艺术管理以及艺术市场咨询营销等领域。美国艺术表演主办者协会每年 1 月在纽约举办大型规模的演出市场研讨会和演出交易会，通常会有 3 000 多位美国和其他国家的演出商、演出团体的经理或经纪人、艺术节的负责人、艺术家和艺术管理机构负责人等参加。在为期 4 天的交易会上，供求双方见面交谈，需求方还可通过现场观看演出片断或录像来遴选节目，同演出单位或经纪人当场签约敲定或预约安排演出场次和时间。美国艺术表演主办者协会成为引导和拓展国际演出市场的标杆组织。

2.1.2.2 国际演出市场的发展阶段

第二次世界大战（简称“二战”）之后，国际演出市场的基本轮廓成形。伴随着各国的经济复苏，一些著名的国际演艺集团和区域演出市场也逐渐恢复，各国间的对外演出活动开始逐渐频繁，但是由于受到国际经济和政治格局的影响，国际演出市场也出现了两个不同的竞争发展阶段：一个是从二战后到 20 世纪 90 年代初苏联解体阶段，两大阵营之间的封闭竞争；另一个是 20 世纪 90 年代至今，各国在趋于开放的国际演出市场平台的激烈竞争。

（1）冷战时期国际演出市场的封闭竞争。作为文化市场中表现最为活跃的演出活动，其和图书、电视、电影及网络等文化产品一样，在跨国化的运动中都面临着整个文化竞争的影响。在 20 世纪 50—90 年代期间，受到冷战时期世界格局的影响，国际演出活动完全陷入了两大阵营之间的封闭意识形态竞争，彼此之间完全处于对立抵制状态。

国际演出市场的意识形态竞争就是，在美国和苏联两极政治格局中的对内和对外演出集中地以为意识形态服务作为目标，所有的剧目创作和演出不再以表演艺术团体为中心，剧目内容渗透了大量的政治因素，集中地体现出了社会主义和资本主义两大阵营的对峙。这一时期的国际演出市场也被意识形态分为两部分，彼此之间的演出和交流异常艰难，并且常常伴有互相之间的诋毁。例如，1945 年 10 月美国国务院邀请红军合唱团到美国巡回演出，并敦促苏联与美国进行芭蕾舞、剧团、乐团和工艺品展览方面的交流，却招致苏联的回绝。1953 年 3 月斯大林逝世后，彼此之间的固态竞争开始松动。1955 年 12 月美国的一个歌剧团在欧洲进行巡回演出时，得到苏联政府的批准，在莫斯科和列宁格勒向苏联观众演出。苏联著名的钢琴家叶米尔·吉列尔斯（Emil Gilels）也获准赴美与费城交响乐团同台演出，成为战后在美演出的第一位苏联艺术家。随后，苏联小提琴家达维·奥伊斯特拉赫（David Oistrakh）等一些艺术家，也先后获准赴美演出。美苏双方开始官方交流的第一年，即 1958 年，有 516 名苏联人根据协定前往美国。

同样的，资本主义和社会主义阵营中其他国家在对外演出方面的事实恰恰验证了这一彼此封闭的内部竞争。以中国和英国的对外演出为例，1949 年新中国成立之后，由于世界政治格局的愿意，所有的对外演出普遍集中在了苏联和东欧社会主义国家。1951—

1966年间,中国与苏联、捷克斯洛伐克、罗马尼亚和波兰等国家签订了30多个政府文化合作协议,先后派出数百个表演团体共21 657人参与了对外演出。反观英国这一时期的对外演出,无论是营利性或非营利性的对外演出,完全集中在了美国、加拿大及法国等。60年代以披头士乐队为代表的英国流行乐队对外演出,在纽约、巴黎及悉尼等多个城市演出场次达到1 400多场,遗憾的是无法踏上东欧和苏联的表演舞台。在人类历史的长河中,演出一直是艺术创作的表现形式,并不存在所谓的竞争性一说。然而,全球化让整个世界不仅从地理边界上连成一片,更重要的是让所有国家的利益被连环捆绑在一起。国际演出市场作为文化竞争的一部分,未能幸免地落入了两大阵营集团的利益争斗中。

(2)冷战之后国际演出市场的开放竞争。如果说二战后,各国对外演出的表现还集中在两大阵营的意识形态方面,那么苏联解体之后,美国不仅成为世界政治格局中的领导者,其所倡导的流行文化也在各国到处泛滥。事实上,早在20世纪80年代,意识形态对于演出市场的限制已经出现了明显的松动,特别是西方的流行乐团和大型舞台剧开始能够在传统社会主义阵营上映。美国的演艺产品便加速了对外演出的步伐,频频出现在国际舞台上。

20世纪90年代之后,国际演出市场中的竞争已经摆脱了明显的意识形态,开始集中在市场内容流行和市场话语权等方面。首先,大规模制作的音乐剧和舞剧开始成为国际演出市场中的"香饽饽",各个国家的演出制作公司、艺术院校及文化政策主管部门积极投身于音乐剧的发展,都希望自己的作品成为国际演出市场中的流行指标。其次,大型的传媒集团纷纷开始涉足演出领域,演艺产品和传媒产品之间的渗透趋势加速,演出市场的传统剧场媒介开始出现数字化和网络化的创新探路。这种竞争趋势也促使各国的文化、艺术研究者开始对演出市场话语权以及文化主权提出诸多不同看法。最后,对外演出贸易也不再以单纯的剧目输出为主,主要的对外演出贸易国家开始通过版权贸易、对外直接投资剧院和剧场以及本土化合资经营等方式开拓国际市场,从而推动着演出市场相关剧目、人才及资金等竞争要素的跨国化流动。

美国和英国以对外演出贸易所取得的卓越成就成为这一阶段国际演出市场的真正赢家。美国在东欧、中国和越南等国家的演出出现井喷式的增长。根据美国演出联盟的数据,1993—1999年,美国在东欧几个国家的大型音乐剧演出规模出现了将近3倍的增长,直到2002年之后这种增长的趋势才开始放缓。在国际巡演市场方面,这一时期美国对外演出的巡演国家数量从过去的年均18个开始猛增到年均30个,特别是一些较为受欢迎的剧目,巡演场次从过去的3个月增长至24个月。英国对外演出的版权输出国家也从过去的12个增长至23个。而其他国家演艺产品也出现在了国际演出市场中,但是整体上规模影响不大,一般的对外巡演平均场次均维持在低于50场,巡演总时间维持在3个月左右。2000年之后,中国、巴西及印度等国家的国内演出市场均出现了较为快速的增长,但是在对外演出方面还整体处于探路试水的阶段。

2.1.3 国际演出市场的发展现状

在全球文化产业发展的宏观背景下,国际演出市场从20世纪90年代至今出现了稳定持续的增长,特别是在2000年之后,国际竞争要素流动加速,国际演出市场的活动明显频繁,诸多国家政府间和民间的演出交流和商业性演出开始进入升温,而以中国、印度和巴西为代表的新兴经济体国家的演出市场也出现了非常明显的联动效应。美国和英国等传统演艺强国的演出机构则纷纷开始了大规模的跨国化经营，国际演出市场整体上趋于繁荣的景象。但是，和电视、电影以及网络等文化市场的快速发展相比较而言，国际演出市场的表现则显得较为平缓。

总体演出市场规模方面，根据美国演出联盟的报告，相比较于1998年，2008年发达国家的演出市场的活跃度提升了将近一倍，也就是说，整体演出市场规模实现了持续的增长，而发展中国家的演出市场活跃度提升了将近三倍左右。该联盟指出，虽然2008年国际演出市场中的重要巡回演出剧目数量和1998年相比几乎未出现大幅提升，均保持在25台左右，但是整体演出收入却出现了将近70%的增长。根据联合国教科文组织关于文化、艺术和娱乐活动的比重推算，2010年国际演出市场的总体规模达到了1 239.27亿美元，演出相关产业总值则达到了6 000多亿美元。

在演出市场整体表现方面，相比较于电影和电视市场，演艺产品的资金回收周期一般维持在1～2年，因此国际演出市场的整体发展趋势表现出来"波折大小年"交错的趋势（见图2－1），但是国际电影和电视市场的整体走势基本为单调增长，并未出现如此明显的波折走势。在这种情况下，众多的剧目在对外巡演中经常是选择小年的时机，规避过分竞争的风险。

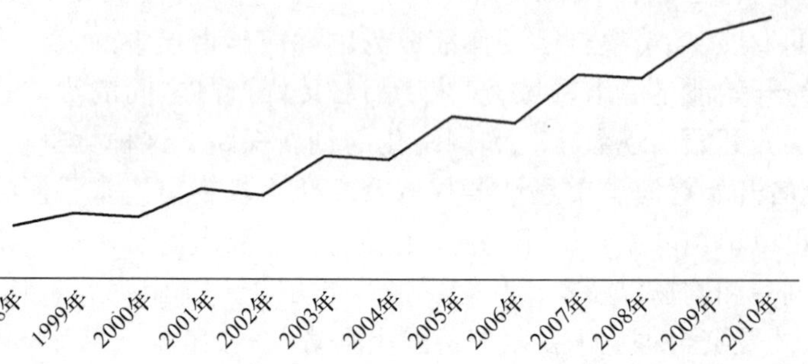

图2－1　1998—2010年国际演出市场规模波折走势图

在区域性演出市场方面，综合联合国教科文组织关于各国文化娱乐的消费统计，以及主要地区演出市场联盟长期对于市场比重的分析，可以明确得知北美和欧洲占据整个国际演出市场的45%，接近于一半的比重，其次是亚洲的规模比重达到了17%，非洲和南美洲的规模比重分别为11%和13%，澳洲（含新西兰）的规模比重为4%（见图2－2）。

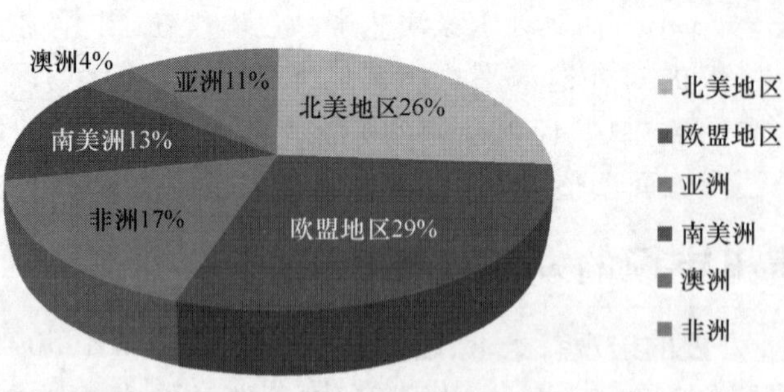

图2－2　2010年国际演出市场各大洲区域比重

而对于具体的国家和地区而言，美国占据了整个北美演出市场将近7成的比重；在整个欧盟地区，英国和德国的商业性演出活动比重较高；在亚洲地区，日本、韩国、中国、中国香港及印度的演出活动较为集中；在南美洲，则集中在巴西和阿根廷两个国家。

总体上看，国际演出市场在近20年的发展中基本呈现了稳步增长的趋势，其中商业性的演出表现比较突出，特别是以音乐类为代表的巡演活动非常受人瞩目。与电影、电视以及网络文化市场相比较，国际演出市场在整个文化经济中的比重和产值都略低。从国际地域市场看，美国和英国在整个国际演出市场中的综合比重比较突出，非洲和南美洲的比重相当，以日本、韩国和中国为代表的亚洲在接下来的时间发展潜力较足。从国际细分市场看，以伦敦西区和纽约百老汇为代表的演艺集聚区的细分市场规模比较强势，依旧以大型舞台剧和音乐剧为主要剧目，另外就是大量结合旅游、庆典以及主题乐园的演出节事成为诸多国家细化演出市场的重要选择。在对外演出方面，巡回演出和传统剧目输出依旧是大部分国家参与国际演出市场竞争的主要方式。下文首先就从剖析美国、英国、日本和中国演出市场的现状、特色及对外演出贸易入手，以主要演出市场的表现呈现出国际演出市场的全貌。

2.1.4 国际演出市场的特征

2.1.4.1 国际演出市场是垄断竞争市场

在经济学中，往往按照市场竞争程度的强弱将市场划分为四种主要类型，即完全竞争市场、垄断竞争市场、寡头市场和垄断市场。在文化市场领域，根据文化市场主体在某一商品市场中的竞争与垄断程度的不同，也可将文化市场划分为四种不同的结构类型，即完全竞争性市场结构、垄断竞争性市场结构、寡头垄断性市场结构和完全垄断性市场结构[①]。

当今国际文化市场是一种垄断竞争市场。在文化市场中，垄断竞争市场的特点在于：由于不同的文化产品之间存在差别，不同的企业就可以凭借此种差别在偏好该产品的消费群中形成垄断地位；但是这仅是同类文化产品之间的差别，同类文化产品之间所具有的产品替代性又促使市场上同类文化产品之间展开激烈竞争。所以，文化产品差别化在市场上会形成一种垄断和竞争并存的状态[②]。在国际演出市场中，演出产品之间也存在内部差别，部分企业可以在某种差异化类型的演出市场中形成垄断地位，但其他演出产品对某种类型的演出产品也会形成替代效应，这一替代效应使得演出市场中存在激烈竞争。

海尔布伦在《艺术文化经济学》一书中指出："垄断竞争是这样一种市场结构，它同时拥有垄断因素和竞争因素……在表演艺术产业的独立部门中，百老汇能够恰如其分地被称为垄断竞争者。在每个演出季度中，都会上演30余部戏剧和音乐剧，而它们彼此之间自然就形成了对观众的竞争。然而，每家公司对自己的演出都具有垄断权，并且在定价时，它们都假设自己的政策不会引起竞争者的反应。如果我们采用一个更广泛的定义，

① 顾江. 文化产业经济学[M]. 南京：南京大学出版社，2007：93.

② 顾江. 文化产业经济学[M]. 南京：南京大学出版社，2007：100.

在这一广泛定义下，所有的表演艺术组成一个单一行业，那么在多数大规模的城市当中，该产业本身是垄断竞争的。歌剧公司、交响乐团、舞蹈团体以及常驻剧院公司彼此之间都进行着竞争，方法是提供独特的但又可以作为艺术娱乐形式而被近似替代的产品。"①演出市场垄断竞争内容就是各种演艺产品之间的互补和替代关系。

2.1.4.2 演出产品在国际市场会受到文化折扣的影响

在电影中，全球最高票房电影往往集中于文化折扣度较低的"高概念"电影（贾斯汀·怀亚特）。同样，在国际演出市场上，也是那些能够打破文化接收障碍，被全球观众接受的音乐类、动作类产品颇受人们青睐。目前，全球范围内各类型演出产品所占份额的统计数据尚无较为权威的统计，仅以北京市2012年各类型演出产品为例。2012年全市113家营业性演出场所观众总人数达1 100万人次，比2011年同期（1 026万人次）增长7.2%。其中，音乐类观众221.8万人；舞蹈类观众52.3万人；京剧类观众40.6万人；话剧类观众205.9万人；地方戏类观众17.3万人；杂技类观众136.7万人；曲艺类观众46.2万人；儿童剧类观众165万人；综艺类观众36.9万人；其他类型演出及各种小剧场演观众177.9万人。见图2-3。2012年北京演出市场中，按照类型划分观众人数最多的前三位的演出类型分别为：音乐类、话剧类和儿童剧类。文化折扣度较低的音乐类型演出观众人数最多；而话剧类演出若放在全国市场考量，人数排第二位与其以普通话为主要表现形式、针对全国观众文化折扣度较低有一定关系。排在第四位的杂技类演出，也是主要以动作为表现手段，该类型演出不但在北京演出市场具有较高的接受度，在全球演出市场上，不管是太阳马戏团等杂技、动作类演出团体，还是《O秀》《KA秀》等世界知名演出产品，也都占据重要地位。

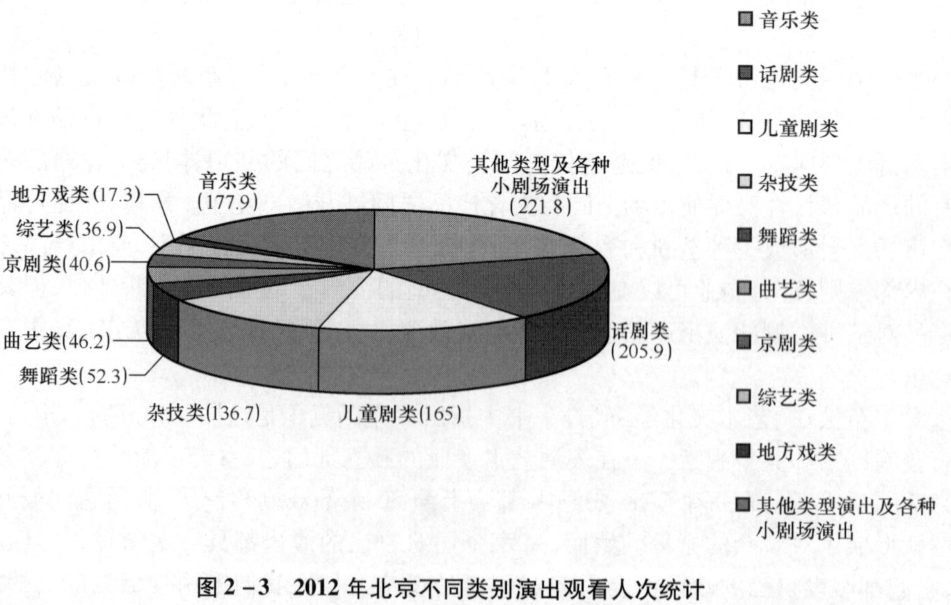

图2-3 2012年北京不同类别演出观看人次统计

① 海尔布伦. 艺术文化经济学[M]. 詹正茂，译. 北京：中国人民大学出版社，2007：3.

若进一步结合演出产品的票价，从演出类型的收入对比来看，文化折扣度较低的演出产品所占份额与比例更大。在各演出类型中，除京剧等传统演出产品外，其他类型的上座率差别不大，但平均票价之间却有着很大差距，最高的港台演唱会平均票价与曲艺类之间相差十几倍。在票价最高的演出类型中，演唱会、音乐类、歌舞、音乐剧等都属于文化折扣较低的产品类型（见表2-1）。

表2-1 2012年北京不同类别演出票价与上座率统计

类　　型	平均票价（元）	平均上座率（%）
交响乐、室内乐、民族音乐类	258	76
各类演唱会（平均）	570	76
演唱会（港台）	706	82
音乐剧类	242	86
歌舞类	226	80
京剧类	93	62
话剧类	84	80
地方戏类	115	80
曲艺类	54	80
儿童剧类	88	81

另外，在百老汇和伦敦西区两大世界知名演出产业集聚区中长期上演、观众人次最多的剧目，也基本上集中于音乐、舞蹈类。

2.1.4.3 高雅演出市场破茧重生

尼尔·波兹曼认为，“娱乐”已赢取我们这个时代“元媒介”的地位，尤其在大众文化语境中，由印刷机开创并延续多年的“阐释时代”已经让位于由电视机开创的“娱乐业时代”。娱乐，已经成为电视媒体“所有话语的超意识形态”“不管是什么内容，也不管采取什么视角，电视上的一切都是为了给我们提供娱乐”①。“我们的政治、宗教、新闻、体育和商业都心甘情愿地成为娱乐的附庸，毫无怨言，甚至无声无息，其结果是我们成了一个娱乐至死的物种。②”随着网络、手机等新媒体的不断发展，文化的大众化、娱乐化倾向更为明显。在这种情况下，国际演出市场中演出产品的大众化、娱乐化倾向也日渐明显，与之相伴随的必然是高雅演出产品、传统演出产品市场的不断萎缩，众多高雅演出团体面临生存困境。高雅音乐观众流失导致美国高雅音乐消费者在美国人口中所占比例过低。根据美国高雅音乐艺术研究机构发布的统计数字，10%～15%的美国人对高雅音乐有兴趣，而在这些表示兴趣的人当中，仅有半数左右真正出席音乐会③。世界知名的费城交响乐团也一度申请破产保护。

① 尼尔·波兹曼. 娱乐至死[M]. 桂林：广西师范大学出版社，2004：114.

② 尼尔·波兹曼. 娱乐至死[M]. 桂林：广西师范大学出版社，2004：4.

③ 李冬文. 美国高雅音乐市场发展现状[M]//中宣部文化体制改革和发展办公室，文化部对外联络局. 国际文化发展报告. 北京：商务印书馆，2005：159.

为适应当代演出市场的需求趋势，很多高雅演出也开始重视主题策划、明星艺术家等内容因素，很多高雅演出在演出的艺术家选择与营销策略等方面都经过精心设计与包装。比如，2012 年 6 月费城交响乐团在上海大剧院举行的第六次访沪音乐会上，乐团便充分运用了“亚裔面孔”，以拉近与国内观众的距离，增强亲切感与认同感。迪图瓦出场向掌声热烈的听众致礼时，站在他左右两边的分别是乐队韩裔首席 David Kim 和华裔大提琴首席倪海叶，再加上韩裔中提琴首席 Chong jin Chang，亚裔演奏家构成了弦乐声部的“铁三角”，背后还有多张亚裔面孔。毫无疑问，这样的阵容来到东亚各个国家，一定会产生足够的亲和力。①

2.1.4.4 大投入、强视觉的演出产品成为未来重要趋势

新媒体时代的到来，对电影、演出等传统文化产品提出了严峻挑战。为迎接新媒体快餐化、碎片化文化内容的挑战，近年来电影开始走向大投入、大导演、大效果的大片制作之路，无论是《2012》《阿凡达》，还是历经十年后重新以 3D 效果上映的《泰坦尼克号》，都可以营造令人震撼的视觉效果，以视觉效果的冲击力为观众提供难以在电脑、手机等新媒体上实现的观影效果，从而进行差异化竞争。

新媒体内容，对演出产品同样具有替代性效果。近年的演出产品，尤其是与旅游、酒店等相结合的驻场演出产品，也纷纷走向对震撼视觉效果和现场体验的追求。拉斯维加斯著名主场演出《KA 秀》，便十分注重视觉效果和现场体验感的营造。演出剧场是为节目专门打造的，剧场除了有五个活动升降台之外，还有两个大型舞台，舞台可以从地下室一直上升到近 20 米的高度，还能随时完成 360 度的旋转。从天花板到舞台甚至座位中都设置了隐藏的扩音喇叭，这种背景音乐从耳后传来的体验，只有用“身临其境”四个字可以形容。

另外，筹划 5 年、耗资超过 20 亿人民币的惊世巨铸《水舞间》，由世界久负盛名的灵感创作大师佛朗哥·德拉戈先生特别为新濠天地度身制作，水剧院由原上海世博会开闭幕音乐喷泉制造商、全球顶尖的梦幻水秀法国国际水秀公司（Aquatique Show International）建设。为了打造这出空前巨制，新濠天地特别兴建备有顶尖科技器材的剧院，其舞台泳池容量破纪录地高达 1 682 万升，相当于 5 个奥林匹克标准泳池的容量。《水舞间》更糅合了前所未有的高难度特技表演，配上绚丽夺目的服装及匠心独运的空间设计，完美演绎出一个穿越时空的浪漫传奇。

2.2 主要国际演出市场分析

2.2.1 美国演出市场

2.2.1.1 美国演出市场的主要特点

（1）演出类型齐全，表演团体卓越。在美国的演出市场上，规模的演出活动主要是通

① 杨建国. 全球古典音乐最大市场吸引力日增[N]. 新民晚报，2012－06－07.

过表演团体、演出中介公司和相关演出协会及联盟共同完成的。其中,演出中介公司包括专业的经纪、融资、营销以及媒体公关公司。据美国表演协会的不完全统计,美国现有的专业经纪公司已经达到1 500家之多,其中以哥伦比亚艺术家经纪公司、ICM艺术家经纪公司等为主的大公司占据了主要的演出市场。一般的表演团体和演出制作公司都有自己长期合作的专属经纪公司,负责演出剧目的推介营销。

美国在舞蹈、戏剧、交响乐以及音乐剧等各个表演艺术门类中都有着较为强势的表演团体。音乐方面,美国约有1 400个交响乐团分布于各个重要城市。流行音乐演唱会密集多样,如Bon Jovi乐队在2010年的北美巡演创造了1.47亿美元的票房奇迹。舞蹈方面,每个城市基本上都有历史悠久的芭蕾舞团和现代舞团公司,如亚特兰大芭蕾舞团、旧金山芭蕾舞团以及葛兰姆舞团。音乐剧方面,美国音乐剧制作公司在国际演出市场上的份额占到了约70%,特别是以纽约百老汇为代表的音乐剧演出成为美国演出市场的标签,1999—2008年间,纽约百老汇的总收益达到74亿美元。

在传统剧目类型方面,虽然演出机构、票房收入以及观众参与并未像商业娱乐演出一样出现大幅度增长,但是在近30年的发展过程中,歌剧、芭蕾、现代舞以及交响乐基本上保持了增长的态势。从美国联邦统计局自1984年至2004年对于歌剧团和交响院团的统计数据可见,整个20年间,歌剧团和交响乐团依旧保持了稳健的增长态势(见表2-2)。

表2-2　1984—2003年间美国歌剧团和交响乐团发展状况

演出机构	细　目	1984年	1990年	1995年	2000年	2003年
歌剧团	演出场次	1 671	2 336	2 251	2,153	1 730
	观众参与	5.9	7.5	6.5	6.7	5.9
	演出费用	204.5	321.2	435.0	636.7	691.6
交响乐团	演出场次	18 441	18 931	29 328	33 154	38 182
	观众参与	22.3	24.7	30.9	31.7	27.8
	演出收入	222.8	377.5	536.2	734.0	7 81.2

资料来源:根据美国联邦统计局数据整理而得,观众单位为百万人,演出收入单位为百万美元。

自2000年以后,由于美国整体经济的增速放缓,诸多非营利性的演出机构在资金筹措和观众参与方面出现了下滑趋势,但由于商业性对外演出获得了较高的收益,整体上仍趋于稳定增长。

(2)以专业剧场为核心,多种类型齐发展。据美国演出协会统计,全美现有2 300多家演出场所,其中加州、纽约和俄亥俄州拥有的数量位列三甲,如著名的肯尼迪艺术中心、林肯艺术中心。从演出场地的总体分布情况来看,大城市、小城镇、郊区和乡村的拥有比例分别达到了36%,36%,12%和16%,城乡差别并不十分明显。美国50个州被划分为六大地区,每个地区都有一个非营利性的跨州艺术组织,它们是美国西部艺术联合会、美国中部艺术联盟、美国中西部艺术联盟、新英格兰艺术基金会、大西洋中部艺术基金会和美国南部艺术联合会。各个艺术联盟组织实施的项目有所不同,但目标都是为了繁荣本地区的文化艺术事业和扩大同地区外的交流。其中美国中部艺术联盟和中西部艺术联盟每年9月组织一次全美第二大的表演艺术演出交易会,美国南部艺术联合会和大西洋中部艺术基金会联合于每年9月稍晚些的时候也举办一次表演艺术演出交易会。

参加上述组织的团体或个人可在所属组织的刊物及网站上刊登推销节目的广告,供演出公司和演出商选购。此外,美国舞蹈协会、室内乐协会和音乐剧联盟等各行业组织也都定期召开年会,有的还定期举办专门的演出交易会。

从演出场所性质看,美国的剧场分布可以分为四大类:第一类是专业剧场演出,一般就是指专业艺术团体的高水准演出,这类演出是美国演出市场的主体。第二类是节事场所演出,一般就是在各种艺术节、博览会、大型会议和特定节庆活动上的演出。根据美国演出联盟的统计,在美国定期举办的艺术节约500个,其中音乐、舞蹈、戏剧、弦乐、爵士乐、室内乐、音乐剧等专项艺术节379个,综合性艺术节100个左右。第三类是公共场所演出,一般是指在学校、社区以及城市公共空间所组织的演出活动,其中以学校的演出为主要部分,美国大部分高中和大学都拥有自己的剧场和多功能演出场所,一般都会接洽剧目巡演和大型节事演出。第四类是娱乐场所演出,一般是指在游乐场、主题公园及豪华饭店等地的演出,一般这一类演出的艺术水准并不高,娱乐性意味多一些,其中最为著名的就是在佛罗里达州迪斯尼乐园的3个主题公园每年接待1 700多万观众的演出。从演出收入来看,专业剧场的市场规模最大,年均能达到55%,其次是节事演出和娱乐场所演出,而公共场所由于经常是由非营利组织所承办,观众数量较多,票房数量不高,一般规模维持在10%(见图2-4)。

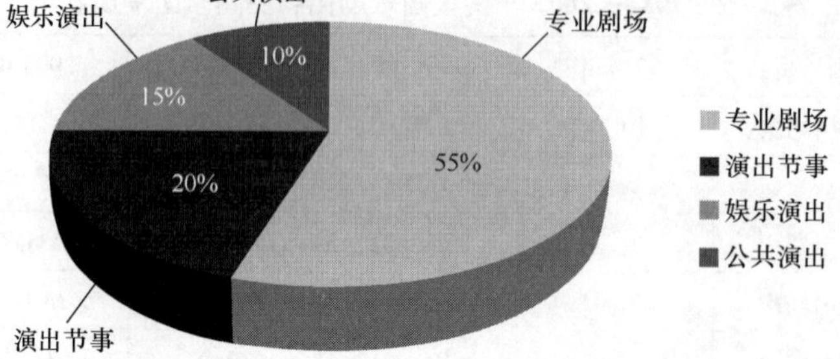

图2-4 美国各类型演出场所市场规模比重图

在剧目市场销售方面,主要包括自产自销、经纪代销以及交易会销售三种方式。自产自销方面,美国知名的表演团体和专业院团都有着长期租用的剧场,每年演出季度前都会同长期合作的剧场进行合同谈判。经纪代销方面,院团或者个体表演者会委托专业的经纪公司去协调具体的演出时间以及剧场信息等内容。交易会销售,主要是指在大型的演出交易会和平台上进行的剧目销售。例如,每年1月在纽约举行全美表演艺术演出交易,会邀请美国及全球知名的演出公司和机构负责人3 000多人参与,并通过现场片段预演、样片剧目等形式进行交易洽谈。

(3)平均产能增长迅速,演出产值持续增长。作为国际演出市场中的重要支柱力量,美国演出市场在近50年的发展中,整体演出机构数量并未出现大幅的增长,但是其创造的产值规模却出现了激增。

我们选择美国在1967年、1977年、2002年以及2007年不同年份中演出娱乐行业的产值和对外贸易的状况来进行分析:1967年整个娱乐产业值为83亿美元,而到了2007年则达到了6 138亿美元,增长幅度近74倍;然而演艺机构从1967年的11.2万家增长到2007年的12.46万家,只增长了11%(见表2-3)。

表 2-3 1967—2007 年间美国演艺娱乐产业发展状况

	1967 年	1977 年	2002 年	2007 年
演出娱乐产值(亿美元)	83	211	1 409	6 138
机构数(千)	112	177	110.30	124.62

资料来源:美国联邦统计局,www.census.gov。

在剔除了通货膨胀的因素之后,演艺机构在这 50 年间的平均单位产值依旧呈现出了飞速发展的态势(见图 2-5)。1967 年,演艺机构的平均产值为 7.4 万美元,1977 年为 11.4 万美元,2002 年为 122.5 万美元,2007 年为 472.34 万美元。这也就意味着,演艺娱乐机构数目在 50 年间只增长了 0.11 倍,其单位产值则增长了 62.8 倍。而传统的汽车制造、钢铁以及石油化工等部门在过去的 50 年间的机构平均产值增长最高也只达到了约 10 倍,从而可见美国演艺机构的平均生产力增长相当迅速。

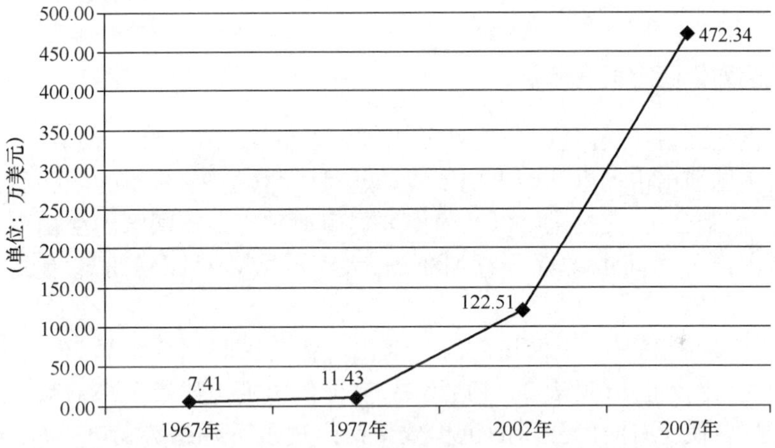

图 2-5 1967—2007 年间美国演艺娱乐机构平均产值

资料来源:美国联邦统计局,www.census.gov。

(4)城市驻演与全国巡演互补,两级演出市场渗透力强。无论是营业性的商业剧院,还是非营利性剧院,在美国演出市场进行剧目推广都分为驻演和巡演两部分。驻演主要集中在特定剧场的固定性演出,被称为一级演出市场;巡演则是通过和演出经纪商合作在国内进行规模性的巡回演出,被称为二级演出市场。考虑到各个城市的实际消费水平,巡演的票价略低于驻演价格。一二级演出市场的并存是建立在美国成熟发达的院线制基础上,比较有规模的演艺集团会拥有多个城市的剧场,各州的演出协会组成了战略院线平台。

根据美国非营利剧场协会(NTO)的统计,一般剧目在驻演和巡演中的演出收入几乎平分秋色,剧目巡演市场的收入占到了其驻演收入的 46.8%。从 2001—2008 年间的全国一二级市场的票房走势来看,大型城市驻演的平均票房价格基本维持在 68.4 美元,巡演的平均票房价格为 55.5 美元(见图 2-6)。特别是对于在大型城市驻演票房不佳的剧目,二级市场往往成为其减少演出投资的“救命稻草”。由于美国演出市场成熟的分层区隔,使得演艺产品在整个市场渗透方面非常强劲。

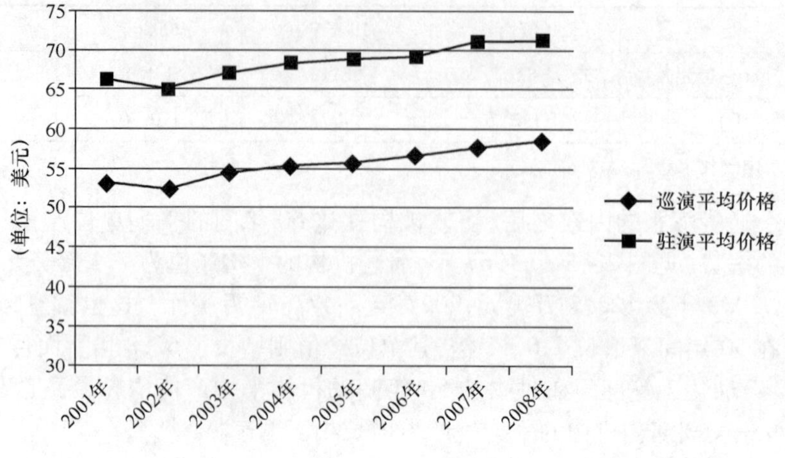

图 2-6　2001—2008 年美国一二级演出市场平均票房价格

2.2.1.2　美国对外演出贸易分析

进入 21 世纪之后，随着美国经济开始出现疲乏状态，国内财政赤字不断上升，失业率持续上升，美国演出市场也开始出现了波动起伏，尤其是 2009 年的金融危机直接导致了众多中小型舞蹈公司、交响乐团以及演出公司申请破产。美国国内演出市场的相对饱和状态，使得演出公司间市场竞争愈加激烈，大型的演艺集团纷纷开始试水境外新兴市场。

(1) 国内市场持续疲软，积极拓展海外演出。将美国联邦统计局 2002 年和 2007 年经济调查的数据比较可知（见表 2-4）：第一，演出公司机构数量全部缩减。经济疲软和市场竞争的激烈，使所有演出公司的机构数量都出现了下降趋势，其中降幅最多的是以上演交响乐、戏曲及歌剧为主要内容的其他类型演出公司，达到了 32.10%，市场规模萎缩了近 1/3。音乐剧公司在这 5 年间减少了 96 家，降幅为最低。第二，剧院公司、舞蹈公司以及音乐剧公司的收入和人均收入都呈现了正增长，只有其他类型演出公司在总体收入增加的前提下，由于就业人数的增长，导致人均收入负增长。也就是说，从事戏剧、交响乐及歌剧演出活动人员面临着更多的失业风险。第三，整体可见，在国内经济放缓的背景下，美国演出市场在新世纪的前几年中，虽然维持了市场的发展，但是却经历了演出公司缩减和裁减人员等动荡，行业竞争非常激烈，这也就客观上激发了其拓展海外演出市场的决心。

表 2-4　2002—2007 年美国演艺机构发展状况

机构类型	细目	2002 年	2007 年	变动百分比(%)
剧院公司	机构数量	3 583	3 423	-4.50
	收入	5 417	6 890	27.20
	就业人数	72 487	69 174	-4.60
	人均收入	75	100	33.30

续表

机构类型	细目	2002年	2007年	变动百分比(%)
音乐剧公司	机构数量	4 594	4 498	-2.10
	收入	4 071	5 118	25.70
	就业人数	49 050	41 033	-16.30
	人均收入	83	125	50.30
舞蹈公司	机构数量	557	525	-5.70
	收入	500	597	19.50
	就业人数	9 017	8,614	-4.50
	人均收入	55	69	25.10
其他类型演出公司	机构数量	569	392	-31.10
	收入	876	969	10.60
	就业人数	7 667	8 827	15.10
	人均收入	114	110	-4.00
合计	机构数量	9 303	8 838	-5.00
	收入	10 864	13 574	24.90
	就业人数	138 221	127 648	-7.60
	人均收入	79	106	35.30

资料来源:根据美国联邦统计局数据整理而得,收入单位为百万美元,人均收入为千美元,www. census. gov。

而在2007年,根据美国联邦税务总署系统中演出公司的对外贸易抽样数据,音乐剧公司成为对外演出贸易中的领路人,2007年度共有311家音乐剧出现了对外贸易的业务,实现了1.43亿美元的出口收入,其他演出公司紧随其后实现了1.31亿美元的出口收入,舞蹈在对外贸易收入方面仅有16.6万美元,在所有4 899个演艺机构中约有10%的演艺公司存在对外贸易的业务(见表2-5)。

表2-5 2007年美国演出机构经营及对外演出贸易

演出机构类型	机构总数	年度收入(千元)	员工数	对外演出机构数	收入(千元)	员工数	出口收入(千元)
剧院公司	1 381	3 840 676	31 044	47	167 091	947	13 293
舞蹈公司	118	64 510	844	7	577	17	166
音乐剧公司	3 053	3 165 966	13 562	311	551 972	1 551	142 483
其他演出公司	347	930 357	8 278	38	371 378	1 399	130 604
小计	4 899	8 001 509	53728	403	1 091 018	3 914	286 546

资料来源:美国联邦税务总局,www. irs. gov。

(2)跨国化本土经营,音乐剧巡演居于主导。目前,美国对外演出依旧以音乐剧为主导,并且由于其他国家在演出市场中采取多种限制政策,美国的对外演出商开始积极在境外开设分公司或合资公司,通过跨国化经营,利用版权贸易的模式,实现了对外演出。

美国音乐剧的对外巡演一般首先放在北美市场，其次会在欧洲和亚洲市场全面演出。根据美国联邦统计局的数据，1981—2004年间，美国音乐剧在加拿大、墨西哥平均每年都保持着1 200万的观众参与量，而票房收入则从1.81亿美元增长至7.14亿美元。

美国音乐剧在亚洲的演出主要集中在日本、韩国、新加坡、印度及中国内地和中国香港等地。例如，由马克(Marc Routh)和西莫内(Simone Haft)创办的亚洲百老汇公司是整个亚太地区最有影响力的对外演出贸易公司，在过去10年间，由其制作和承接如《吉屋出租》《42街》《律政俏佳人》等将近50部美国音乐剧，在全球400多个城市均有上演。此外，它还和华纳戏剧创投、梦工厂及环境影业等传媒集团拥有合作关系。2007年，以美国音乐剧为核心的对外演出机构数占到了整个对外演出机构总数的77.2%；接下来就是音乐对外演出公司，为11.7%；舞蹈对外演出的比例最低，仅有1.7%(见图2-7)。

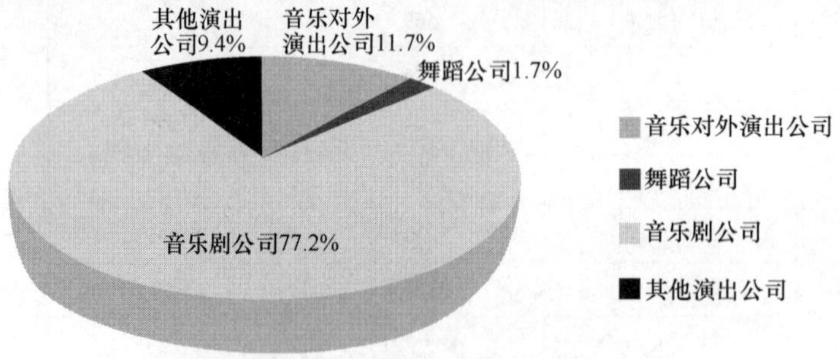

图2-7　2007年美国各类对外演出机构比重图

资料来源：美国联邦税务总局，www.irs.gov。

近年来，美国演出公司纷纷看好中国演出市场，频繁与中国本地企业创办合资公司，推动其剧目在中国市场的演出。例如，2006年，倪德伦环球有限公司在中国成立合资公司"东方百老汇"。2009年年底，倪德伦又与上海国际文化影视集团成立合资公司，之后便独立运营上海城市剧院，并引进音乐剧《名扬四海》，同时参与了现代戏剧谷集聚区的建设。

2.2.1.3　美国演艺产业的国际竞争优势

从当前的国际演出市场态势可见，无论是在演出市场本身的规模，还是在演出内容的影响力方面，美国演出市场依旧居于关键的核心领导地位。当然，这种领先地位并不是其与生俱来的，在19世纪以前美国的演出市场还是欧洲老牌殖民者的附属地。当前美国演艺产业的优势离不开美国经济的基础作用和演出市场的特性，在这双重作用的助推下，伴随着不断发展和完善，美国演艺产业形成了自己独特的竞争优势。

(1)符合观众娱乐消费的音乐剧核心产品优势。美国演出市场拥有固定规模的观众群体，进入剧场观赏演出是美国大部分家庭的文化娱乐消费之一。尽管在消费支出和频率方面，观演消费是低于电影、电视及互联网的文化消费，但是美国是国际演出市场中经常性观演观众(年观演次数超过9次)数量最多的国家。在非营利性和商业性演出的平衡机制下，在演出市场中有大量不同种类的演出内容可供观众选择。非营利性的演艺机构得到了大量的赞助和捐赠，因此便将演出创作的重心放在较为小众如歌剧、舞蹈及交响乐等的演出上。

对于大量的商业性演出机构,创作和生产大众娱乐的演出剧目成为其首要的竞争目标。也就是在这种市场竞争的理念推动下,美国音乐剧开始了蜕变和成熟。音乐剧凭借着包含舞蹈、声乐、表演以及器乐等多种艺术要素的特点,吸收了广泛的观众群体。调查显示,音乐剧的观众在年龄、职业、教育背景、收入及种族等方面都表现出了极大的跨度。也正因为只有音乐剧能够具有如此深厚的吸引力,美国演艺机构不约而同地将投资和创作音乐剧当做提升市场竞争力的法宝。特别是二战后期,以《俄克拉荷马》(Okalhoma)为代表的叙事性音乐剧完全符合了一般剧场观众的娱乐消费需求。融合多种表演艺术要素和朴素的生活故事让音乐剧成为美国演艺产业的核心。

音乐剧作为美国演出市场的核心产品,迄今依旧在巡回演出次数、观众人数及票房收入方面具有其他演出类型所无法比拟的优势。在音乐剧演出中,一般观众不用身陷于沉重的艺术主题,娱乐休闲消费是他们的主要目的。至今为止,美国商业性演出70%的利润来源于音乐剧。也正因为如此,研究者普遍认为美国演艺产业的核心就是音乐剧,音乐剧的核心就在于百老汇。

(2)提升演艺生产力的产业链横纵向延伸优势。如前文所述,无论是美国演出市场的一二级市场的匹配效应,还是各种类型剧场的共存现状,其都是因为美国演艺产业链在横向和纵向方面的强劲延伸力而形成。产业链的延伸提升了演出资源的利用率,加速了演出剧目的创作和生产,从而推动了演艺产业生产力的提升。演艺产业在横纵向方面的延伸力,使得各种诸如人才、剧本、资金以及剧场等演出资源实现了共享,无形中降低了演出制作的成本和风险,客观上使得演艺机构制作和生产剧目的单位时间大大缩减,演艺生产力实现了跨越式的增长。

横向方面主要体现在大型演艺集团及相关机构的业务渗透。第一,剧场方面。美国是国际演出市场中第一个实现全国院线联盟制的国家。美国的非营利地方剧院联盟中包含了各州主要城市的所有非营利剧院,而如舒伯特、倪德伦等大型的演艺集团则是通过购买股权或以合资共有的方式控制了主要演出市场的剧场。在院线制的推动下,所有剧目的演出都会实现在统一院线剧场内的规模演出,而不再是某个城市的单场演出。剧场的延伸使得一二级演出市场开始出现并促成了驻演和巡演机制的出现。第二,票务营销方面。舒伯特和朱詹馨演艺集团在全国拥有最大的票务销售公司,并且在近年开始了网络销售业务。同时,还与体育联盟和节事协会组织的全国性票务网站建立合作业务。第三,资金方面。20世纪80年代末期,在大型演艺机构的推动下,风险资金开始被允许进入演艺产业。大型演艺机构开始和投资公司依照收益优先权原则共同投资剧目,以分散风险。剧目内容方面,由于商业性演出的竞争,对于剧目内容品质提出了非常高的要求。大型演艺机构纷纷和非营利的剧院和剧团开始合作,吸引优秀人才和引进著名剧目。第四,观众拓展方面。无论是美国的商业性还是营利性剧院,在不断的发展中都以会员制和粉丝俱乐部等形式构建和维系了自己固有的观众群。非营利剧院在观众拓展方面更多是开展观众艺术教育和艺术普及等突出公共服务的活动,商业性剧院则是开展演员粉丝互动和观众参与培训等服务观众需求的活动。

在纵向方面,主要体现在演艺产业和其他文化产业业态之间的交融。美国的演艺产业与电影业、电视业在演员人才共享和资金互助方面实现了良性合作,其中以百老汇知名演员参与好莱坞电影、各大电视网连续剧演出为代表。演艺业与旅游业、节事展览也有着良好的互动,其中以迪士尼主题公园演出和各类大型流行音乐节为代表。例如,《狮子王》题材的内容在美国出现了动画、电影、音乐剧以及游戏等多种形式;动画片《朵拉历险记》被演绎为音乐剧之后,创下全美巡演场次第一的儿童类剧目等。

(3)多元移民文化推动下的高端演艺人才优势。美国是世界上最大的移民国家,从早期殖民地时期的西班牙、法国、荷兰、英国移民到非洲移民,以至到近代的拉美和亚洲移民,美国在近300多年的崛起中几乎接纳了全球各国的移民。虽然多元背景的移民文化在维系社会和谐中一直存在问题,但是也吸引了包括演艺人员在内的诸多高端人才融入美国社会。多元移民文化使得美国演出市场的内容呈现出多样性,从欧洲的古典戏剧到亚洲的传统戏曲,以至到非洲的传统器乐都呈现在了美国的演出舞台上。特别是在经济发展和社会稳定的吸引下,不计其数的各国演艺人才纷纷前往美国。

二战期间及战后是美国吸引演艺人才的高峰期,美国在二战时期实施"保护艺术家"的政策,据估计约有近2 000多名欧洲知名的舞蹈、音乐及戏剧人才流向美国的纽约、芝加哥和波士顿。战后,仅苏联的艺术家就有近1 000多名通过各种渠道移民美国,这种情况一直持续到今天。在这种吸引优秀艺术人才的移民政策下,美国演艺产业汇聚了大量各国的优势人才,其中不乏知名的编剧、演员、演唱者及舞美设计等。今天美国音乐剧独行国际演出市场的局面正是后移民人才的有力体现。目前,美国汇集了在制作音乐剧、歌剧、交响乐以及舞剧方面将近1/3的优秀演艺人才,这为繁荣美国演出市场和推进演艺产业夯实了基础。对于演艺产业而言,竞争的实质就是演出剧目内容的竞争,人才成为整个演出市场竞争的关键因素。纵观今天美国的50大知名艺术院校、三大演艺集聚区以及各个演艺机构,无不留下移民优秀人才的痕迹。

2.2.2 英国演出市场

2.2.2.1 英国演出市场概况

英国作为世界上第一个工业化的国家,长期以来一直在国际市场保持着较强的影响力。英国本身也是一个文化大国,在文学、戏剧、舞蹈、美术、音乐等方面都有着丰富的文化资源和悠久的历史。文艺复兴时期的英国戏剧演出是整个欧洲表演艺术的中心。在二战之后,随着英国经济的复兴和产业升级,演出市场逐渐开始发展。

近年来,英国演出市场在其"创意产业"的宏观战略下不断稳步提升。1997年英国布莱尔政府上台后,创立英国文化、媒体和体育部(DCMS),内设创意产业工作组,大力推进创意产业。2010年英国文体部公布的数据显示,1997—2007年间,创意产业平均年增长5%,年平均产值接近600亿美元,占国内生产总值的8%左右,其中不包括演出节事的商业演出每年直接受益就高达26亿英镑,占据了整个创意产业1/10的比重①。而非营利的演出大部分集中在英格兰、苏格兰及威尔士艺术委员会每年所资助的各个院团,这些非营利表演院团收入来源于每年艺术委员会的财政预算、演出票房以及其他公共组织和个人的捐赠。以英国非营利性的皇家剧院为例,2007—2008年间的收入来源中,皇家

① Economic impact study of UK theatre. Dominic Shellard, University of Sheffield, 2004(4):5.

剧院共收到了英国文化艺术理事会38%的财政预算资金,票房收入达到了31%,17%来自商业赞助,剩余14%来自其他渠道资金。每年非营利性的演出规模基本略低于商业性演出。

根据英国文化、媒体与体育部在2009年统计年报中显示的数据,2008—2009年度英国共有各类演出公司30 800个,从业人员305 800人,观众的年度参与率达到了59.8%①。英国的演出活动主要集中在剧场演出和艺术节演出。根据英国戏剧联盟的统计,英国目前约有541家剧院,其中以伦敦的100多家剧院最为著名②。而据英国艺术节联合会的统计,英国有600多个规模不一的艺术节事,其中包括爱丁堡艺术节、大不列颠艺术及格拉斯顿伯里艺术节等著名演出艺术节,每年吸引将近2 000多万的游客观众参与演出节事。据2010年英国DCMS的调查数据分析,2001—2009年间,参与各项演出活动的观众参与率基本上保持了稳定增长的态势,电影院观众依旧保持着较高的参与率,演唱会的观众参与率从2001年的22%增长至38%,古典乐的观众从12%增加至了17%,戏剧观众参与波动比较大,从23%增长至了32%,而芭蕾、现代舞及歌剧的增长率较低(见图2-8)。

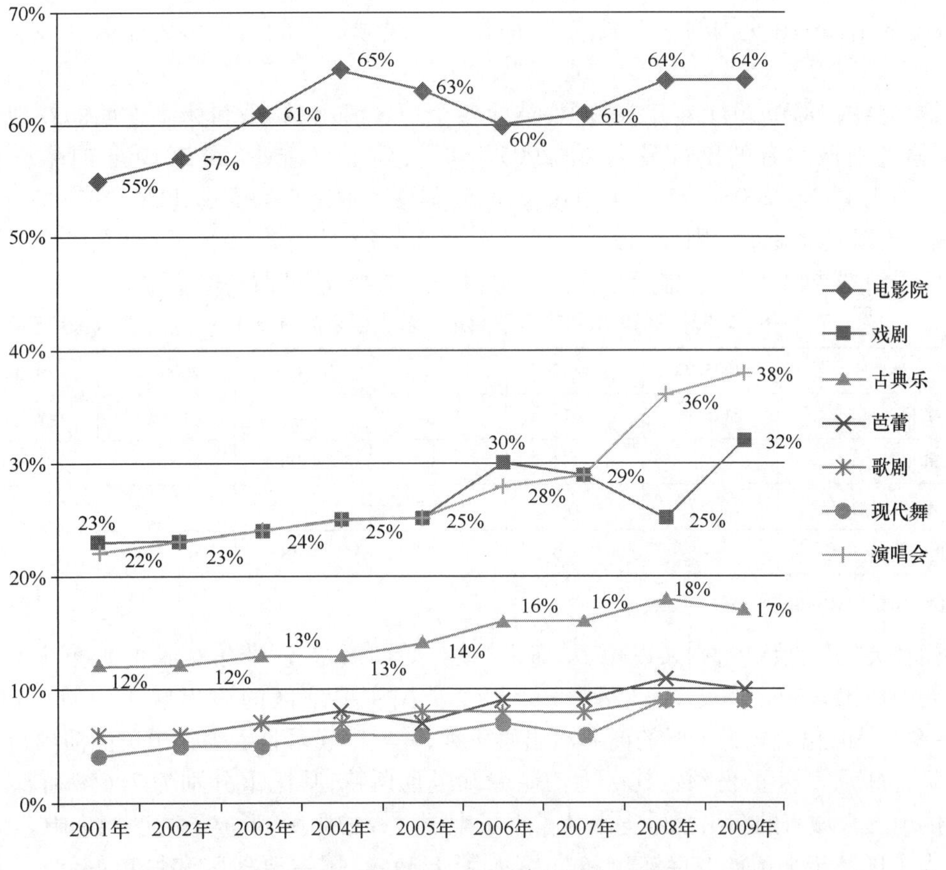

图2-8 2001—2009年间英国观众参与率统计

资料来源:英国文体部,www. culture. gov. uk/。

① DCMS:Creative Industries Economic Estimates,2010,9:4-8.

② 该数据是根据英格兰、苏格兰、威尔士及北爱尔兰艺术委员会的汇总。

此外,凭借着音乐产业的竞争优势,英国流行音乐演出市场亦是繁荣。英国有 2 000 多家唱片公司,音乐产业年产值约达 50 亿英镑,其中出口约 13 亿英镑,净出口收益比英国钢铁工业还要高。在音乐销量方面,英国市场居世界第三;音乐产量占全球音乐产业的 15%,仅次于美国,位居第二①。英国表演权协会(PRS)2009 年的最新统计数据显示:英国音乐产业收入增至 39 亿英镑,涨幅达 5%,向盗版危机告别;演唱会收入史无前例地达到 15 亿英镑。而英国音乐工业组织(BPI)统计数据显示:2011 年英国唱片市场销售总量为 1.132 亿张唱片,在国际音乐演出市场萎靡不振的背景下异军突起。

2.2.2.2 英国演出市场的主要特点

(1)商业演出集中在重点城市,非营利性演出平均分散。由于英国奉行"一臂之距"的文化政策,英国的商业性演出和非营利性演出都呈现了良好的态势,从地域方面看,英国的商业性演出主要集中在伦敦、伯明翰及曼彻斯特等主要大城市,而英国艺术协会所组织和扶持的演出大部分在中等城市。从演出内容看,英国商业演出多为经典音乐剧、大型舞剧及流行音乐演唱会,而政府和文艺协会扶持的剧院多半则是侧重于英国本土戏剧、戏曲及交响乐的演出。不同于美国的一二级巡演市场,英国由于受到国土面积的影响,商业演出集中在全国的三大城市区,而在二三线城市中的演出多为非营利性组织的演出。

根据英国 DCMS2011 年年报数据,英国各个地区演出、娱乐和休闲方面的花费支出中,英格兰地区占有的比重最大,在 2005 年时占到了 80.6%,在 2010 年时依旧占有 83.5% 的比重。在 2005—2010 年的 6 年期间,英格兰地区平均支出比重为 83.4%,苏格兰、威尔士以及北爱尔兰则分别为 5.5%,8% 及 2.9%(见表 2-6)。可见在整个英国的演出娱乐消费支出方面,英格兰地区的比重占据到了八成,可谓高度集中。

表 2-6 2005—2010 年间英国四大地区演出娱乐消费支出 (单位:百万英镑)

地区	2005 年	2006 年	2007 年	2008 年	2009 年	2010 年
英格兰地区	2 006	1 941	1 754	1 610	1 679	1 559
苏格兰地区	189	153	90	103	90	92
威尔士地区	187	198	147	163	154	166
北爱尔兰地区	105	99	35	38	65	48

资料来源:英国文体部,www.culture.gov.uk/。

而在英格兰地区中,则又以伦敦、纽卡斯尔、曼彻斯特、谢菲尔德及伯明翰几个城市为主要的演出娱乐消费地区,从 2010 年整个英国主要地区的演出娱乐消费支出(见图 2-9)可知,伦敦成为主要的商业演出娱乐地,其演出娱乐收入为整个英国演出市场的 25.9%,占据了 1/4 的份额。其次为伯明翰和曼彻斯特,其比重分别为 7.6% 和 8.4%。英国的前五大城市的演出娱乐支出就占据了全国六成的比例,形成了高度的集中。

为了进一步平衡商业性演出和非营利性演出在英国主要地区和城市的状况,在政府的授权下,以英格兰艺术委员会(ACE)为主,在创意苏格兰(CS)、英国彩票基金

① 中国商务部驻英国经商参处,http://gb.mofcom.gov.cn/index.shtml。

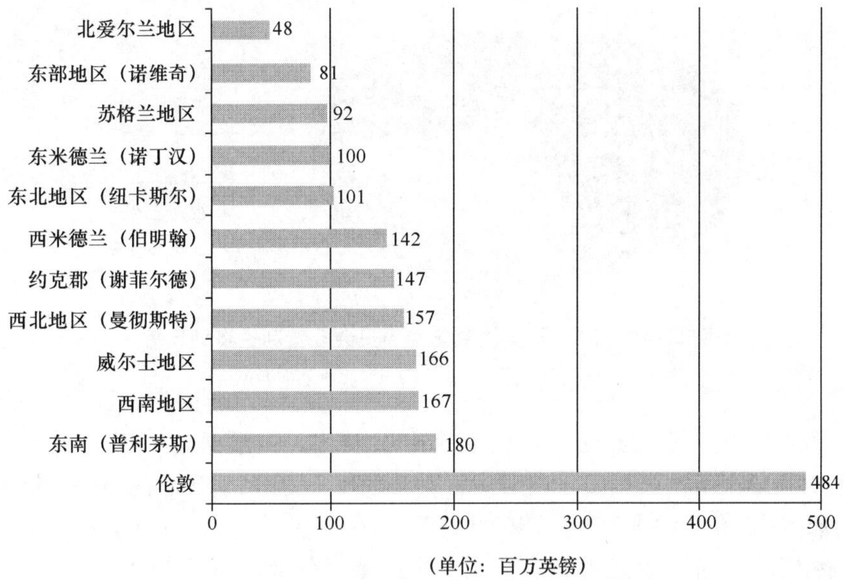

图 2-9　2010 年英国各地区演出娱乐消费支出

资料来源：英国文体部，www. culture. gov. uk。

（NLD）及国际艺术理事会（IFAC）等每年的资助下，对于二三线地方性城市的演出给予了大量的扶持，使得非营利性的演出在全英各地频繁出现。根据 ACE 在 2010 年的统计，在非营利性演出机构中，舞蹈类演出有 70 家，剧院有 214 家，视觉艺术为 70 家（见表 2-7）。

表 2-7　2010 年英国非营利性演出机构数量

艺术形式	演出资助机构	比重
综合艺术	153	18%
舞蹈	70	8%
音乐	98	12%
剧院	214	26%
视觉艺术	70	22%
非特定	59	7%
其他	59	7%

资料来源：英格兰艺术委员会，www. artscouncil. org. uk/。

在具体对于非营利演出的资助额度方面，仅 ACE 每年的投入就达到了 4.01 亿英镑，而全英国各个机构对于非营利性的演出资助每年保持在 12 亿至 15 亿之间。以 2010 年为例，在 ACE 所投入的扶持资金中，剧院获得了 1.17 亿的资金，比重为 29%，居于首位；其次分别是音乐、综合艺术和舞蹈，分别占有 23%，20% 及 10% 的比重（见图 2-10）。

在非营利性演出方面，以 ACE 为主的公共机构每年根据各个地区的人口和演出剧场

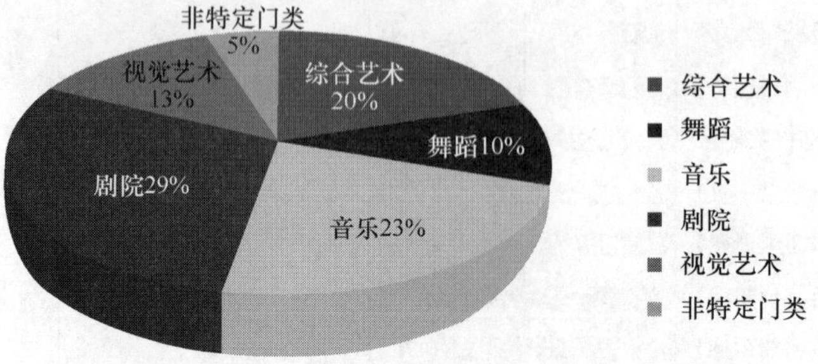

图 2－10　2010 年英格兰艺术委员会非营利性资助比重

资料来源：英格兰艺术委员会，www. artscouncil. org. uk/。

等条件，按照不同比例予以资助。一般伦敦市由于其人口数量的原因占有了 51% 的资金，其余各个分地区所占资金基本在 4% ~7% 之间。根据 2010 年的 ACE 的统计数据，西米德兰区以 1.2 亿元占据了约 10% 的比重，其余东米德兰、东部地区以及东北地区都维持在 5% 左右。各个地区的非营利演出基本维持了分散均衡的态势。

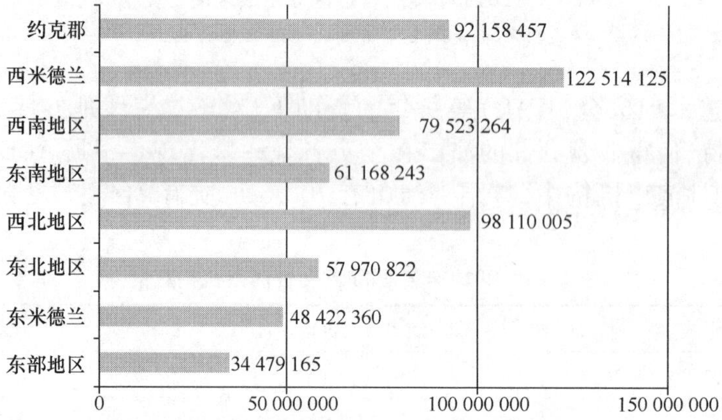

图 2－11　2010 年英国各个大区非营利性演出规模

资料来源：英格兰艺术委员会，www. artscouncil. org. uk/。

（2）演出流程模块化，配套机制健全。英国商业演出机制非常健全。在演出制作方面，英国发展了一套“试演”、“预演”以及“非定本”的模块化的制作流程，在整个剧目创作过程中就提前邀请观众观看，不断修正。在剧场公演阶段，一旦发现连续周票房不佳，就转战到成本较低的地方剧场。虽然模块化的制作模式使得剧目的创作和生产时间比较长，但是也给予了制作公司提前修订的时间，特别是对于观众的预演步骤，已经开始被其他国家的演艺机构学习采纳。事实上，这种模块化的制作流程是和英国的演出市场规模分布相关并与市场风险相关的。伦敦地区占据了商演一半的票房收入和近 1/4 的观众，其他地区大部分的剧院将整个伦敦地区的表现视为风向标，所以演艺制作公司竭尽全力首先保证市场低风险，避免在伦敦演出失守。即使是这样，在所有大型制作的舞台剧中依旧也只有 30% 左右剧目的票房是非常顺遂的。

在市场配套机制方面,英国演出市场中的票房营销网络、经纪服务以及演职人员培训等诸多方面在其长期的不断发展中都较为成熟。第一,演职人事方面,整个演出活动以剧目内容为中心,演职人员经常多为招考和聘用。英国商业剧院的演员中除了非常专业的优秀明星外,大部分演员都采用项目聘用形式。英国演出市场的繁荣主要依靠的是其已经长达百年的艺术人才教育制度。艺术院校的专业教育和演出机构的职业教育并行,舞蹈、声乐及戏剧课程设置完善,特别是这些教育机构和商业剧院之间建立了平衡的对话平台,优秀的演艺人才直接被商业剧院所聘用。第二,演出销售方面,票房营销网络发达,英国的票务销售公司和地铁、旅行社、电影院以及饭店等机构建立长期的合作关系,观众通过在这些地方和网络均可以订票。英国演出的票价也实行了同一剧目多档位、不同剧目多层次的设置,更为广泛地吸引了各个阶层的观众。第三,在演出经纪服务方面,2010 年在英国经纪协会注册的专门针对剧院服务的演出经纪公司有 45 家,音乐演出服务的经纪公司有 52 家,综合性的演出经纪服务公司则达到了 400 多家。英国的演出经纪公司在音乐类演出和剧目推介方面较为出名。英国大型的演艺机构都有长期合作的经纪公司,大部分的业务在欧洲市场。

(3)演出集聚区与节事双翼齐飞。作为与美国百老汇齐名的国际演出集聚区,伦敦西区(West End)在夏夫茨伯里和黑马克两个不足 1 平方英里的街区汇集了 49 个剧院,加上周边几条街区的剧场,一共多达 60 多家剧院,分布密度甚至超过了百老汇,平均为 600 ~ 1 000 座的中大型剧场,年度上座率都保持在九成。除了皇家歌剧院、英格兰国家歌剧院、皇家剧场、皇家国家剧院和皇家莎士比亚剧院享受政府资助外,其余西区剧院均为商业剧院。伦敦西区凭借着在戏剧演出方面的悠久历史和集聚影响,成为英国演出市场的名片。

伦敦作为英国的文化中心和旅游胜地,其稳定的观众群一直是支撑西区剧院发展的坚实基础。温德姆(Wyndham)于 1998 年所做的报告《英国剧院报告》中认为,伦敦西区每年的经济效益能够达到 11 亿英镑。伦敦剧院协会(SOLT)于 2003 年的年度报告显示,西区剧院已经有将近 15 亿英镑的产值,而其他所有剧院的总产值也达到了 7 亿英镑。多米尼克 2004 年的调研报告显示,西区售票数量达到了 1 200 万张,演出观众在西区的票房外支出平均每人为 53.77 英镑,在伦敦其他剧院为 7.7 英镑,每年的游客观众平均达到了 600 多万。西区演出市场的佳绩离不开常驻剧院的经典剧目,如音乐剧《猫》和《歌剧魅影》已上演了 21 年和 26 年。在经历了金融危机的冲击之后,2010 年伦敦西区依旧安排了 18 651 场演出,吸引了 1 400 万观众。

对于西区观众的调查统计发现,无论是英国人还是海外游客,观众多以受过良好教育的人群为主。西区音乐剧的观众主要是外地游客,而严肃话剧、歌剧和芭蕾舞等则以伦敦本地和将观看演出作为经常性消费项目的人群为主;34 岁以下的年轻观众偏爱喜剧、悬念剧,35 ~ 55 岁的观众喜爱经典话剧和音乐剧,55 岁以上的观众则更喜欢话剧、歌剧和芭蕾;年长一些的观众比年轻人更经常到西区观看演出,在每年平均到西区观看演出 6 次以上的观众中,55 岁以上的人占 47%,25 岁以下的年轻人有 34%①。和百老汇一样,伦敦西区的演出活动已经成为游客的必选内容。

---

① 王书羽. 伦敦西区:英国表演艺术产业的代名词[OL]. http://www.douban.com/group/topic/6202777/.

英国在将演出市场、艺术节事以及旅游业相结合方面取得了显著的成绩。演出节事成为整个英国演出市场的重要组成部分。根据英国艺术节事联盟(BAFA)对于旗下子演出节事的统计,在2006—2007年度,英国的演出节事售票数达到1 290万张,对英国整体经济影响达到了14.18亿英镑,解决的演出就业岗位达到了50 530个。而在这些诸多的艺术节中,以苏格兰地区的爱丁堡系列艺术节最负盛名。爱丁堡市每年平均50多个演出节事,吸引了英国及欧洲观众达2 000万人次,尤其是7月至9月中旬的夏季节事,成为国际演出市场的焦点。而在整个节事分布中,英格兰地区和苏格兰地区占据了重要的部分,分别达到了113和75个节事(见图2-12)。苏格兰地区的演出节事分布密度排在整个欧洲的最前列,实现平均每月有5个节事活动,而全英国每月的平均节事活动达到17个之多。大量的演出节事繁荣了英国的演出市场,更重要的是在这些演出节事的吸引下,英国旅游业和演艺产业之间互相融合得更为紧密,推动了整体经济的不断增长。

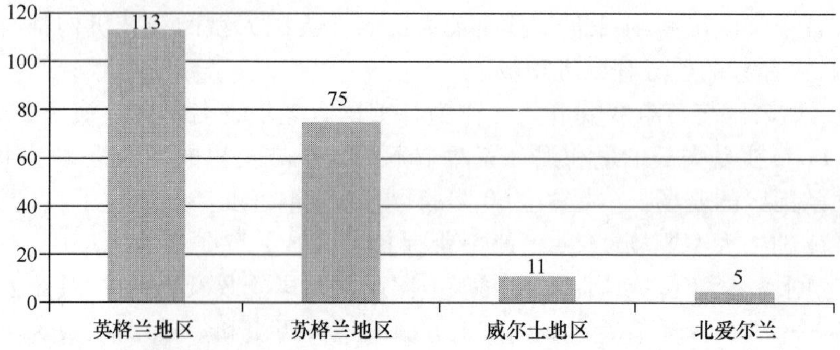

图2-12 2011年英国各地区演出节事

2.2.2.3 英国对外演出贸易分析

(1)依托重点剧目巡演,推动对外演出贸易。不同于美国鼓励公司跨国化的贸易模式,英国则是通过重点依托经典剧目的形式,获得了在对外演出市场中的成功。其重点剧目都是在英国国内演出中颇受好评或在国际演出节事中获奖的剧目。目前,在全球依旧持续巡演的剧目的票房收入有将近一半来自于英国的剧目。与美国的对外巡演不同的是,英国的对外巡演较为注重对外演出剧目的质量,大力推动重点剧目先行,而美国的自由市场使得只要有海外巡演机会,便会有制作公司和经纪公司包装运营。

英国对外演出的剧目内容,不仅仅局限于音乐剧,在大型舞蹈剧目方面其占有较强的优势。例如,1994年在欧洲歌唱大赛上崭露头角的踢踏舞剧《大河之舞》被改编之后,在国际演出市场上书写了至今依旧让人瞠目结合的票房佳绩。1995年,《大河之舞》在都柏林的波音剧院首演广受好评,然后便开始了在全球的推广演出。1995—2010年间,该剧目已在40多个国家演出过上万场,创造了24亿美元的票房收入,DVD影碟在全球销售超过1 500万张,原声带创造了750万张的销售佳绩,连续在美国、澳大利亚、英国获得了白金唱片荣誉,迄今没有其他演出能够超越这一纪录。此外,在各个国际和城市的演出都获得了极高的票房收入,《大河之舞》在爱尔兰首演5周,场场爆满,高达12万人次观看。伦敦首演从原定6周加演至13周,共演出150场,创下前所未有的加演场次。

德国巡回演出，100 万张票售罄。三度前往日本巡演，票券依旧销售一空。2009 年 12 月到 2010 年 2 月，《大河之舞》在中国 13 个城市演出 60 场。

同样，传统的经典音乐剧也是英国对外演出贸易中的主要中间力量。例如，1981 年 5 月 11 日，《猫》在伦敦西区的新伦敦剧院首次公演之后便踏上了在国际演出市场 20 余载的征程，在世界各国屡创演出纪录。1981—2008 年间，《猫》共以 10 几种语言在全球 30 多个国家演出无数场次，曾创下了百老汇演出单天、单场次 119 万美元的最高纪录，在全球票房总收入已经超过 200 亿美元，名列全球舞台剧票房榜首。

(2)利用版权贸易形式，实现海外推广驻演。为了能够让英国经典的剧目在海外活动中有更多的票房收入和影响力，英国的演出经纪公司通过版权输出的形式，实现了对外演出剧目在全球重点演出城市同时演出的局面。例如，1999 年在西区首演的《妈妈咪呀》引起轰动之后，立即通过版权交易的对外贸易形势实现了由全世界多个城市表演团体共同授权演出，其中包括多伦多、波士顿、华盛顿巡演团(2000 年)，百老汇驻演团(2001 年)，澳大利亚巡演团(2001 年)，美国巡演团(2002 年)及日本四季剧团驻演等。2005 年依据电影改编的《芭蕾之梦》在伦敦维多利亚剧院公演成功后，从 2008 年至今在百老汇、悉尼及墨尔本实现了定点驻演。根据英国 DCMS2008—2010 年的统计数据，2008 年英国对外提供营业性演出和娱乐服务(不含视听服务)共计 3.02 亿英镑，进口额为 2.8 亿英镑，保持为顺差的局面。尽管经历了 2009 年的金融危机影响，但是对外演出和娱乐服务依旧保持增长，2010 年时达到了 3.61 亿英镑，进口额持续减低至 1.05 亿英镑(见图 2－13)。

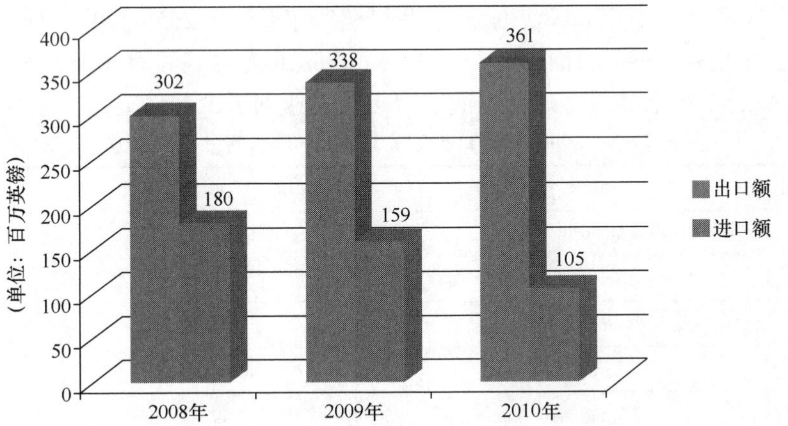

图 2－13　2008—2010 年英国营业性演出和娱乐进出口额

资料来源：英国统计局，www. statistics. gov. uk/。

近年来，英国开始探索将艺术节品牌进行海外推广，依靠英国文化委员会与海外演出协会和政府的交流合作，使得艺术节也实现了跨境组织和举办，从而吸引了更多的观众。例如，2006 年和 2007 年，英国文化协会在中国重庆连续组织了英国艺术节，艺术节期间不但上演了莎士比亚经典名剧《李尔王》，还将众多像伦敦的先锋视觉艺术团、雷蒙斯大剧团等实验演出团体推广至中国。

(3)流行乐团巡演为主力，对外演出市场繁荣。除了大型舞台剧目的海外演出之外，英国对外演出中的最为重要的支撑力量就是各种类型乐团的对外演出。特别是作为全球流行音乐潮流的重要基地,英国的流行和摇滚乐团在海外演出市场中占据了一半的江山。有众多的乐团在海外巡演中创造了惊人的票房成绩,例如从早期的披头士乐队(The Beatles)、滚石乐队(The Rolling Stones)、皇后乐队(Queen)到近年的 U2 乐队、西域男孩(Westlife)。以披头士乐队为例,这支乐队被誉为 20 世纪最知名的乐队,1956 年成立于利物浦,成员包括约翰・列侬(John Lennon)、保罗・麦卡特尼(Paul McCartney)、乔治・哈里森(George Harrison)及林戈・斯塔尔(Ringo Starr)。1964 年,"披头士热"传到了美国,美国流行音乐排行榜差不多成了"披头士"的天下。大街小巷到处飘荡着"披头士"的声音。1967 年 5 月,EMI 公司公布披头士乐队唱片全球共卖出 20 亿张。美国唱片工会统计,披头士乐队仅在美国就至少拥有约 1.7 亿张的销量,是拥有美国唱片销量最多的艺人,遥遥领先第二名近 4 500 万张。1965—1966 年间,披头士在如美国、加拿大及日本等世界各国开始了巡演。

如果说披头士乐队的对外演出还局限在当时全球两大阵营之间的内部竞争下,那么 U2、Westilife 等乐团的对外巡演则直接成为国际性的演出盛事。Westlife 是在 1998 年成立的爱尔兰男子歌唱团体。Westlife 在爱尔兰和英国走红,在非洲、澳大利亚与亚洲也很受欢迎。1999—2005 年间,Westlife 有 13 张单曲唱片在英国高居首位,其数量次于埃尔维斯(Elvis Presley)、披头士和克利夫(Cliff Richard),排在第四位。"西域男孩"也是英国流行音乐史上唯一一支头七支单曲空降榜首的乐队,该组合也是唯一一个在英国拿过四次"年度最佳专辑"的组合。西域男孩在世界范围内售出 4 000 万张专辑,其中包括 7 张超白金专辑。根据英国音乐协会(BPI)的数据,2000—2012 年间,该乐队共在欧洲、亚洲、非洲、北美及澳洲上演了 651 场次的演出,累计吸引了将近 3 255 万观众,取得 16.3 亿美元的票房收入(见表 2-8)。而整个英国和 Westlife 乐队相似的对外演出规模的乐队还有约 10 个,故近十年来英国对外音乐演出市场收益达到了 150 亿美元。

表 2-8 2000—2001 年英国 Westlife 乐队对外巡演场次

时间	巡演主题	地点	演出场次
2000 年	East Meets Westlife Tour	亚洲	43
2001 年	Where Dreams Come True Tour	欧洲、非洲	81
2002 年	World of Our Own	欧洲	62
2003 年	Unbreakable Tour	欧洲、亚洲	71
2004 年	Turnaround Tour	欧洲	63
2005 年	No. 1's Tour	欧洲、非洲、亚洲	50
2006 年	Face to Face Tour	欧洲、亚洲、澳洲	65
2007 年	The Love Tour	欧洲、非洲、澳洲	48
2008 年	Back Home Tour	欧洲、澳洲	45
2010 年	Where We Are	欧洲	36
2011 年	Gravity Tour	欧洲、非洲、亚洲	46
2012 年	Greatest Hits Tour	欧洲、亚洲	41

2.2.2.4 英国演艺产业的竞争优势

英国作为国际演出市场的中坚力量,不仅长期致力于与美国演艺产业的竞争,近年来频频向欧洲其他国家和亚洲拓展,并取得了不菲的成绩。相比较于美国,英国在演出市场规模、剧场数量、观众基数以及经济基础作用方面均不占有优势,但是英国却凭借着发力于重点城市和依托知名国际性演出节事的影响力实现了其竞争优势。

(1)三大核心演出城市的集聚优势。如果说美国演艺产业是主推音乐剧为核心竞争力,那么英国在针对国内狭窄市场时,则以伦敦、伯明翰和曼彻斯特三大重点城市为其核心竞争优势。英国在面对国内市场相对规模低、城市分布分散的现实情况下,以三大演出城市为核心的集聚战略让其逆转劣势。第一,观众基数方面,根据2010年数据,英国人口大约有6 120万,其中伦敦地区就有827.8万人,伯明翰和曼彻斯特的人口数量为228.4万和224万,光这三个城市的人口总数就占据了20.9%的比重。事实上英国的商业性演出的60%也集中在这三个城市区。由于公共交通的便捷,其他中小城市的观众选择了外出观演和旅游的方式参与其中。第二,剧场方面,英国的演艺机构并没有像美国的演艺集团那样在地方城市拓展剧场和建设院线制,反而只将演艺资源集中在这几个大城市,从而实现了合理和优化的配置,而二三线城市的演出都集中在非营利性剧院的剧目上。在平衡国内演出市场的背景下,三个演出城市间的激烈竞争推动了其演艺产业的持续发展。

(2)引导剧目潮流的内容创作优势。英国凭借着在文化和历史方面的悠久传统和资源,在演出剧目内容的创作方面成为国际演出市场的标杆,特别是近年来在英国创意产业的战略领导下,英国传统演出剧目往往被加入诸多其他创意元素,各种类型之间的演出也常常出现前卫的融合实验。例如,英国大型舞剧《大河之舞》虽然以爱尔兰踢踏舞为基础元素,但是其中融入了西班牙的佛朗明哥舞、俄罗斯的芭蕾舞及美国纽约风格的爵士踢踏舞等多种元素,凭借着快节奏的演出风格,自问世便吸引了大量都市观众的目光,后来成为了国际演出市场中的里程碑。同样在音乐剧方面,英国虽说是音乐剧的发源地,但其音乐剧却一度被美国百老汇所超越,但是到了20世纪80年代后,以安德鲁·劳埃德·韦伯和麦金托什创作的《万世巨星耶稣基督》《艾维塔》《猫》及《歌剧魅影》等剧目,将迷幻、乡村与现代音乐等特点有机地结合在一起,让英国音乐剧重新大放异彩,再度成为国际演出市场的潮流引导者。近年来,在英国诸多演出节事中不断出现的先锋戏剧和舞台技术,诸如利用多媒体舞美技术和跨门类的艺术融合,又开始给国际演出市场刮起了一股内容潮流风。

(3)国际性演出节事的影响力优势。英国因为拥有多个国际性的演出节事而成为国际演出市场的影响力楷模,特别是在这些演出节事中连续演出、同观众互动以及获奖的各类演出剧目都将参与演出节事,以作为认可演出品质的衡量标准。无论是在亚洲的日本和中国,还是在南美洲的巴西和阿根廷,很多剧目在巡演过程的宣传中都会涉及该剧目在爱丁堡艺术节、巴斯国际音乐节等英国演出节事中的经历。英国在演出节事中的影响力依旧是其他诸如美国、法国等国家所不能企及的。从文艺复兴时期的欧洲戏剧中心,到今天的国际演出节事中心,英国借助其优势的经济基础,铸造了国际演出市场的内容中心。对于参与国际演出市场竞争的诸多演出剧目来说,英国的国际性演出节事成为其自我推介和提升附加载体价值最好的渠道。其中,以苏格兰爱丁堡节最为典型,从20世纪90年代之后,每年都有各国表演团体将参与爱丁堡节作为其全年的演出头等事件,甚至不惜花费大量的巡演成本费用。演出节事的影响力优势是英国演艺产业在经历了近半个世纪的发展和长久的历史积淀之后所形成的,这种影响力提升了英国演艺产业在国际演出市场中的话语地位,带来了无形的竞争优势。

2.2.3 日本演出市场

2.2.3.1 日本演出市场现状

日本作为亚洲传统的经济强国,一直以来在世界经济中保持着较强的影响力。第二次世界大战之后,包括漫画、电视、电影及演出等在内的内容文化产业逐渐开始复苏。20世纪80年代末的日本经济持续动荡,在面对全球化的竞争挑战下,日本于1996年7月公布实施了《21世纪文化立国方案》,旨在通过发展文化产业,拓展文化市场,从而为日本经济发展注入新的增长力。2002年12月,日本国会通过了《有关振兴文化艺术的基本方针》,政府开始对于文化产业发展的基础条件发力。2007年5月,日本"亚洲前景战略会议"委员会通过《日本文化产业战略》,成为日本文化产业的纲领性文件。虽然日本的演艺产业并非如动漫业一样享誉全球,但其仍然是整个亚太地区演出市场的主要力量。

根据日本1999年的统计,戏剧观众已经达到1 130万人次,市场规模达到1 230亿日元,音乐会和演唱会的观众为2 210万人次,市场规模达到1 890亿日元①。1999年,外国艺术团来日演出3 127场,其中音乐会为2 559场,舞蹈为565场。据2003年的统计,日本大约有1 000多个演出团体,加盟日本法人剧团协会的剧团有70个左右。日本政府不直接管理演出团体,主要是为演艺产业发展提供政策环境,在人才培养、国际交流等方面提供资助,建立国立剧场为传统演艺团体和交响乐、芭蕾等演艺团体提供演出场所②。根据日本统计局2010年的最新统计,2009年参与商业性演出的观众人数已经超过3 086.9万人次,总收入达到1 666.96亿日元(见图2-14)。

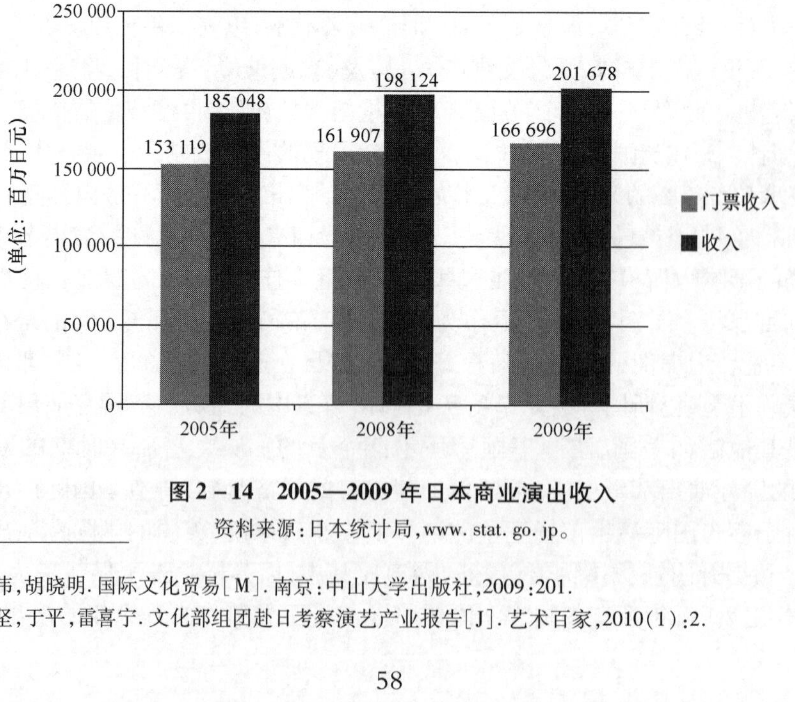

图2-14 2005—2009年日本商业演出收入

资料来源:日本统计局,www. stat. go. jp。

① 韩骏伟,胡晓明. 国际文化贸易[M]. 南京:中山大学出版社,2009:201.

② 欧阳坚,于平,雷喜宁. 文化部组团赴日考察演艺产业报告[J]. 艺术百家,2010(1):2.

日本主管文化事业的部门是文化厅，成立于1968年，是直属日本文部省的副部级单位，主管文化艺术、文物保护、国民娱乐、国语教育及著作权等方面的工作。日本艺术院是直属文化厅的特别机构，是褒奖在文化艺术领域做出突出贡献的艺术家的荣誉机构，每年会对表演团体给予直接的补贴或间接性的优惠政策。例如，在2010年，日本文化厅就从67家申请补贴的舞蹈表演团中选择了56家给予4.78亿日元的补贴，对于传统表演艺术和流行娱乐演出的补贴额分别为6700万日元和1.15亿日元（见表2－9）。

表2－9　2010年日本文化厅对于演艺机构的补贴

补贴领域	申请机构数	批准机构数	金额（百万日元）
音乐	180	137	2 029
舞蹈	67	56	478
剧场	249	179	956
传统表演艺术	47	35	67
流行娱乐演出	25	21	115
合计	568	428	3 645

资料来源：日本文化厅2010年报，http://www.bunka.go.jp/。

此外，成立于1990年3月的日本艺术基金（JAF）是演出团体和个人直接补助的重要渠道，目前整个基金会拥有65.3亿日元的资金，其中54.1亿来源于政府财政，公司和私人捐赠了11.2亿元，基金会还建立了国家大剧院和东京大剧院等剧场机构服务于各个表演团体。1990—2009年间，整个艺术基金对于1 4704个申请项目给予了353亿日元的补助。同时，日本文化厅每年会积极派遣具有潜力的表演者赴海外学习，在2010年送出了不同类型的表演者共96人，其中一年期的学习者达到了70人（见表2－10）。

表2－10　2010年日本文化厅资助优秀表演者赴海外学习

门类	一年期	二年期	三年期	特别项目	15～17周岁
美术	27	5	1	5	—
音乐	21	3	1	6	1
舞蹈	9	—	—	2	—
戏剧舞台设计	8	1	—	1	—
电影和媒介艺术	5	—	—	—	—
合计	70	9	2	14	1

资料来源：日本文化厅2010年报，http://www.bunka.go.jp/。

日本对于演艺产业也贯彻其“不干预内容”的文化政策，中央政府主要是通过文化厅和内阁官房为演艺产业发展提供一些政策辅助和指导。政府通过如音乐协会（MCA）、日本民间演出协会（JFPAA）及日本传统文化演出组织（TPAO）等非营利性质的协会组织为传统演艺团体和交响乐、芭蕾等演艺团体提供演出场所和政策资金扶持。日本政府通过税收政策的引导，使得日本的演艺公司和机构得到了诸多大型公司和个人的直接捐赠和资助。日本的国税和地税细则中都规定了捐赠艺术演出的减税细则，如大型公司对于演出的资助中，总收入的5%或总资产的0.25%可以被计入公司税进行减免。在实际的运营中,所有的演出机构都必须面向市场竞争,吸引观众走进剧院。

2.2.3.2 日本演出市场的主要特点

(1)剧团规模化经营,演艺产业链条完善。宝冢歌剧团、四季剧团、东宝公司以及松竹公是日本演艺产业的四强,这四家公司每年所制作、引进以及推广的商业演出占到了整个日本演出市场的一半以上。这四家重点剧团在日本东京、大阪、名古屋、京都及福冈等核心城市都拥有自己的专属剧场。它们互相竞争,但是彼此特色鲜明。这四家公司通过集团化模式经营,各自成为一个独立的演艺舰艇编队,围绕这四家剧团的演出链条上,活跃着一大批专门从事剧目策划、演员培训、票务营销及资金投资的公司,特别是将传统演出和动漫、电影的整合,使得演艺产业链在横向和纵向两方面都实现了延伸完善。

以宝冢歌剧团为例,宝冢歌剧团是1914年由日本阪急企业创始人小林一三创立的歌舞剧团,其最主要的特色就是其核心团员全部为未婚的女性。宝冢歌剧团从仅有20名少女的演唱团发展到今天已拥有演职人员400余名,是在全日本乃至全世界都享有盛名的大型舞台表演团体。2003年度共演出1 377场,平均每天演出约4场,观众260万人次。其中在宝冢大剧场和东京宝冢剧场演出929场,上座率高达97.1%[①]。2008年,剧团各剧组的演出场次达到3 494场,接纳观众312万人次,年收入达230亿日元,营业利润高达25亿日元,纯利润有15亿日元,成为日本演艺界的领军企业。

宝冢歌剧团在宝冢市和东京拥有专属的宝冢大剧场和东京宝冢剧场。这两家剧场是其常年固定剧目的驻演场地,一般只有演艺水平较高的主演才有资格在此登台。除此外,还有宝冢 BOWHALL、中日剧场、梅田剧场、博多座、日本青年馆、日生剧场以及全国巡演等不同级别的演出场所。目前宝冢歌剧团包括花、月、雪、星、宙五个演出组及一个专科组。宝冢歌剧团公演时根据其演出场地的不同,采取五组轮流公演的方式,逐渐形成层次较为明显的大剧场公演、特别公演及地方公演。宝冢歌剧团的演出剧目数量繁多,范围也十分广泛。从《西城故事》《歌剧魅影》《俄克拉荷马》《伊丽莎白》等西方名作再演,到《凡尔赛玫瑰》《奥尔菲斯之窗》《大江山花传》《怪医黑杰克》等漫画名作的改编演出,都为观众津津乐道。

围绕着宝冢歌剧团的,还有一大批的配套机构。在演员培训方面,宝冢歌剧团的演员全部为宝冢音乐学校的毕业生,演员全部被称为"学生(生徒)",导演、编剧、编舞等全部被称为"老师",排练场被称为"教室",完全采用剧场培训和课堂教学整合的一体式管理模式。宝冢音乐学校入学的竞争很激烈,在日本曾拥有"东之东大,西之宝冢"的美誉。剧目营销方面,宝冢歌剧团的主管部门阪急电铁株式会社有专门的部门担当剧团宣传、票务管理、会员服务、杂志发行等事宜。观众拓展方面,宝冢歌剧团专门成立了"宝冢友之会",定期通过举办观众与演出明星见面和剧目演讲课程等活动,到2008年时其会员已经超过了10万人。在舞台管理方面,宝冢舞台公司负责整个集团公司的各剧场和剧目生产中舞台美术设计与制造的任务。可见,日本演艺机构通过市场竞争和规模化的经营,进一步提高了生产效益,使整个演艺产业链中的效益实现了最大化。

(2)突出明星制效应,相关市场渗透力强。日本的演出公司在内部管理上实行较为

---

① 文化部对外联络局.国际文化发展报告[M].北京:商务印刷馆,2005:56.

严格的科层制，在对外运营中突出演出市场的明星效应，同时演艺产业与动漫和电影业互动极其密切，依托相关文化市场不断提升演出市场的效益。日本演艺公司对于演员的培养非常严苛，如宝冢音乐学校成立 90 余年来只培养了 4 000 名左右的学生，平均每年 40 多人。学生在宝冢音乐学校要参加 2 年专科和 5 年大学教育，而剧团每年只选择极其优秀的团员并签订聘用合同。诸多的演出明星都是在小剧场不断积累经验和人气后才进入大型剧场。为了提升明星演员在剧目表演中的吸引力，剧团通过采用专属编导制度，力求所有剧目都由其专属的剧作家和导演一个人创作完成，从而使得编导能够完全为演出明星量身包装和定制角色，从而呈现出观众满意的作品。

在市场渗透力方面，日本较为有名的漫画几乎都有在剧场演出的版本，实现了动漫产业和演艺产业之间的互相渗透。如其中由著名漫画家池田理代子的代表作《凡尔赛玫瑰》改编而成的舞台剧更是创下了观客数超过 400 万人的纪录。漫画大师手冢治虫的《丝带骑士》、宫城理子的人气连载漫画《我的帅管家》等多部经典漫画被改编成戏剧后进入了剧场的演出。

（3）政府极力支持版权保护，音乐和旅游类演出繁荣。长期以来，日本政府对于文化产业的版权问题非常重视，而且对于漫画图书、电影、电视以及演出等行业都制定了版权保护措施条例。政府每年还会组织文化管理部门、日本知识产权保护组织（ACA）以及警察局共同合作打击盗版，2011 年 11 月 28 日至 11 月 30 日在全国 47 个行政区划中采取了文化创意产业著作权侵权的集中取缔行动，共进行了 76 项搜索，逮捕 30 人。日本文化厅下设的文化事务委员会（OCCA）除了对于文化艺术的扶持之外，主要职能就集中在版权保护和补贴上（见图 2－15）。

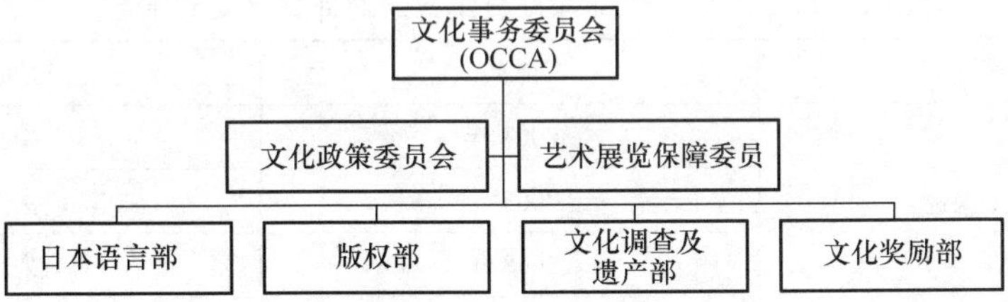

图 2－15　日本文化事务部门职能分布

在版权保护方面，文化事业部几乎每年都投入了整个预算的一半以上。2011 年文化事务预算达到了 1 031.27 亿日元，比 2010 年增长了 1.1%，其中知识产权保护方面共投入了 651.3 亿日元，占到整个预算支出的 65.3%，对于传统表演艺术的扶持也达到 7.5%（见图 2－16）。

日本音乐产业的产值在全球仅次于美国，位列第二。根据日本音像协会（RIAJ）的数据，2009 年时其音乐产业产值占全球的 22.8%，低于美国的 24.5%，特别是近年来数字音乐产品的发展极其迅速。音乐类的演唱会和音乐节成为日本国内演出市场中的重要组成部分。日本每年举行 Asagiri Jam 音乐节、富士摇滚乐音乐节、夏季音乐节及 Metamorphose 音乐节等六大音乐节，主要以流行音乐和摇滚乐演出为主。以富士摇滚乐音乐节为例，平均每年有超过 200 组日本国内外的乐团参与演出，在 2011 年，该音乐节演出共吸引了观众 115 000 名以及其他游客观众 17 000 名，票房收入为 22.17 亿日元，带动

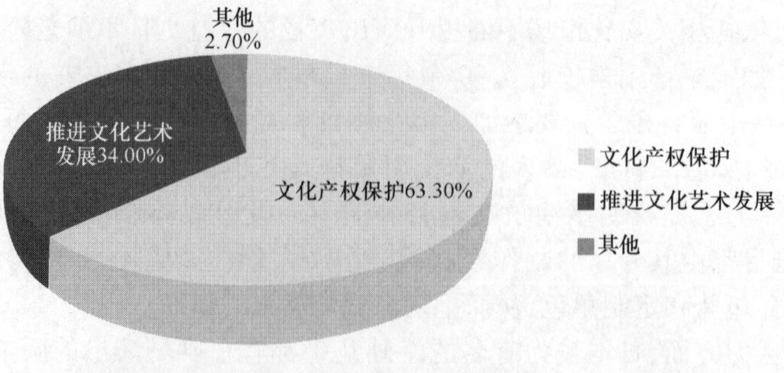

图 2-16　日本文化事务部门版权保护投入比重图

资料来源：日本文化厅 2010 年报，http://www.bunka.go.jp/。

经济相关增长 88 亿日元左右。根据日本旅游局（JNTO）的数据，2011 年日本共吸引 6 417.2万外国游客，本国居民国内旅游人次也达到了 36.7 亿，各类大小演出艺术节估计票房收入能达到 5 万亿日元。

2.2.3.3　日本对外演出贸易分析

（1）利用文化交流契机，拓展海外演出市场。目前日本对外演出贸易主要集中在利用政府和文化协会之间的交流平台上（见表 2-11），主要面向亚洲各国，通过舞台剧、音乐剧和演唱团体在境外各地巡演而实现，其中最为突出的就是日本流行乐团在整个亚洲的巡演。

表 2-11　2003—2010 年间日本政府对外文化交流平台

交流平台	时间	地点
亚欧文化交流峰会（49 个国家和 2 个国际性组织）	2003 年	中国
	2005 年	法国
	2008 年	马来西亚
	2010 年	波兰
东亚文化交流峰会	2003 年	马来西亚
	2005 年	泰国
	2008 年	缅甸
	2010 年	菲律宾

在对外交流平台的基础上，日本政府长期鼓励国内院团参加各项演出节事活动，并给予财政支持。例如，日本在上海世博会期间推出的音乐剧《拯救朱鹮》，连续演出 36 场。从 2000 年开始，日本的表演团体开始积极参与爱丁堡艺术节、柏林艺术节以及维也纳艺术节等大型演出艺术节，在提升演出团体影响力的同时，积极接洽国外演出经纪公司，拓展海外演出。

（2）依托强势音乐产业，主推乐团对外演出。日本对外演出的内容主要集中在流行乐团的演唱会和知名音乐家的巡演。根据国际唱片业协会（IFPI）的统计，2006 年日本唱片产业全球市场占有率为17%，仅次于美国36%的市场占有率。在亚洲，日本唱片产业一枝独秀，市场占有率为85%。因此，日本近年来在海外的演出主要集中在各种乐团，其中以日本音乐大师喜多郎、久石让以及彩虹乐队为代表的乐团在亚洲和北美市场表现较为突出。1999年，彩虹乐队在日本掀起了全民露天演唱会的热潮，亚洲有七国同时转播，观众约1亿人，堪称20世纪末亚洲最后的华丽演出。喜多郎和久石让连续三年都在亚洲推出了巡演，在将近十个国家和地区上演了约300场演出。

(3)日本演艺产业的竞争优势。相比较于美国和英国在国际演出市场中的领导地位，日本演艺产业则正在经历着从区域性的引导者向竞争者过渡。在演出规模方面，日本和英国相似，因为本国市场的原因使得层次性不明显，但是因为日本高密度的人口分布和观众基数，使得其在总体演出规模方面又具备天然优势。正是借着寡头式的垄断竞争与相关文化产业的互动，日本演艺产业具备了区域性的竞争优势。

(4)四大演艺寡头集团竞争的规模优势。日本的宝冢歌剧团、四季剧团、东宝公司以及松竹公四大演艺寡头集团垄断了国内商业性演出将近六成的比重。由于日本演出资源分布平均，国内演出市场相对规模受限，因此四大寡头垄断市场的形成反而促使资源的整合和配置实现了优化。如果按照美国演出市场的自由化竞争，各个演艺机构不仅要承担过重的风险，而且在演出资源利用率方面无法实现规模效应。第一，在演艺产业资金方面，由于四大演艺集团有强大的经济实力，破产风险相对较小，因而它能得到利息较低、数额较大的贷款，使资金成本节约，资金有保证。第二，在剧目创作和生产方面，由于各个集团都拥有独立的院线剧团、票房营销公司、演员培训机构及观众粉丝拓展机构，因此在大规模数量的剧目创作中，集团内部的剧场、演员及营销资源实现了平台共享，降低了使用成本，获得了规模效益。第三，在演艺集团内部管理方面，通过实行统一指挥、分工负责的内部管理体制，节约管理成本，提高管理效率。寡头垄断市场还可以节约各种市场交易费用，突出表现在演出制作公司的剧目在选择聘用演员和租用剧场等诸多交易方面实现了集团内部化。第四，在应对外来竞争和吸引竞争要素方面，在面对其他国家演出市场的竞争时，寡头集团凭借强势的经济基础和人才储备，更容易进行持续的竞争，同样在吸引优秀人才和舞蹈新技术方面拥有保证条件。

(5)高新技术助力剧场演出的技术优势。凭借着日本在高新技术方面的优势，近年来日本的大型机构纷纷引入高新技术使其助力舞美设计，特别是在多媒体舞台背景、灯光及道具等方面都居于国际演出市场的先进地位。例如，享誉全球的日本舞台株式会社是音乐演唱会方面的专业国际性公司，欧美的巨星所参与的音乐类演唱会一般指定该公司的舞美硬件。从2000年开始一直驻演日本帝国剧场超过750场的日本舞台剧《SHOCK》长期以来就是剧场高新技术的典范，该剧集合了魔术、杂技及舞台剧等多种不同的艺术元素，拥有华丽的舞美和服装设计，特别是整个演出过程中借助高新技术实现的舞台转换和演员特效堪称一绝。日本剧场的高新技术主要集中在数码灯光技术、电脑灯光技术、高清投影技术、现代制景技术、舞台升降技术、声光电特效技术等方面。通过借助高新技术的优势，日本演艺产业实现了大规模、高清晰及真体验的演出效果，吸引了大批年轻消费者进入剧场观演。国际演出市场中知名演唱会基本全部都使用日本的舞美技术，近年来欧美和亚洲的许多国家都开始积极向日本专业剧场舞美技术公司学习和借鉴经验。

2.2.4 中国演出市场

2.2.4.1 中国演出市场概况

中国一直以来就是一个演艺资源大国,中国的戏曲、戏剧、舞蹈、民族音乐、曲艺及杂技等多种表演艺术门类均有悠久的历史。长期以来,表演艺术团体大都是家庭戏班式的形式。改革开放之后,文艺组织就在内迎文化体制改革和外迎国际文化市场的双重氛围下开始蜕变。1992 年之后,中国各省市的艺术团、文工团及其他演出机构开始出现了外包演出的商业行为,演出市场开始萌芽发展。2002 年,中国共产党第十六次全国代表大会的报告首次明确提出"积极发展文化事业和文化产业",从战略性的视角厘清了基于公益性的公共文化服务体系和基于市场性的文化产业,国有艺术院团开始面向市场转企改制,同时一些民营资本、外国资本也逐渐进入演出领域,演出市场得到了较快的发展。

文化部官方数据显示,近年来我国艺术表演团体一直处于较快的增长态势(见图 2-17),2010 年,全国共有各类艺术表演团体 6 864 个,全年演出 137.15 万场次,全年总收入为 128.76 亿元人民币,全年观众达 4.11 亿人次,全国艺术表演团体从业人员共计 22.07 万人,比上年增加 1.25 万人,增长 6.0%。

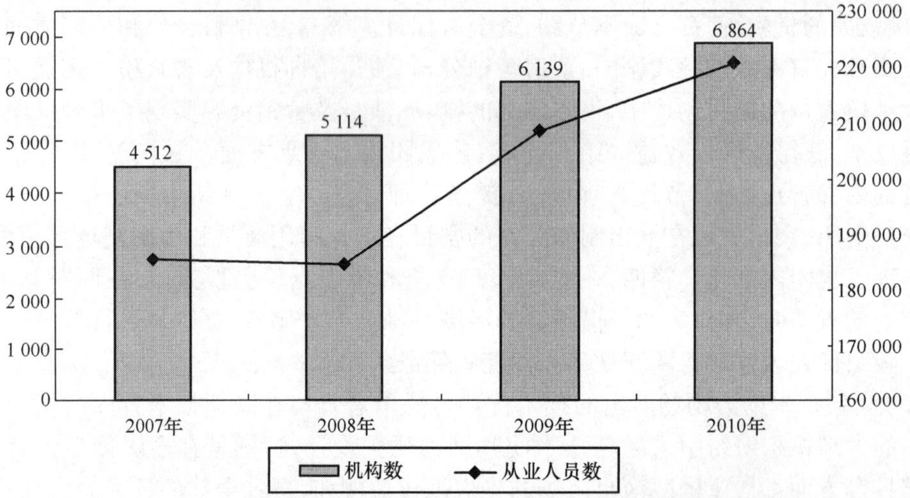

图 2-17 2007—2010 年间全国文化艺术表演团体机构数及从业人员

资料来源:中国文化部,www.ccnt.gov.cn/。

根据道略文化产业研究中心分析,2010 年中国演出市场收入达到 108 亿元人民币。其中,专业场馆演出占据 57.18 亿元人民币的份额,实景旅游演出贡献了 12.4 亿元人民币,民营团体在非专业场所演出收入为 25.2 亿元人民币,大型场馆演唱会等演出收入为 13.2 亿元人民币(如图 2-18 所示)。无论是官方数据还是民间咨询机构调查,都说明了整个中国演出市场在近 10 年一直保持着高速的增长趋势。

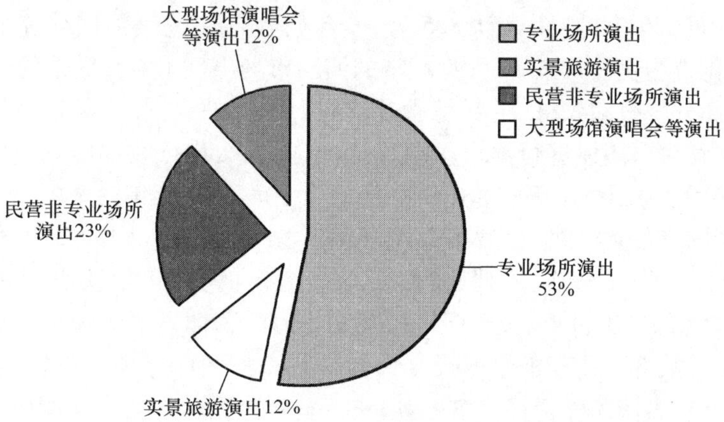

图 2－18 2010 年中国演出市场场所收入分类

资料来源：引自道略文化产业研究中心的《北京市演出市场调研报告》。

2.2.4.2 中国演出市场的主要特点

(1)大型城市演出繁荣，政府扶持农村演出。中国演出市场在城市和城镇的二元差距非常明显，大型商业演出普遍扎堆北京、上海、广州、长沙及深圳等大型一二线城市，农村演出市场中九成为民营剧团。尽管在演出场次方面，农村演出场次凭借规模数量超过了大型城市，但是在实际演出规模方面则呈现出明显的差距(见图 2－19)。

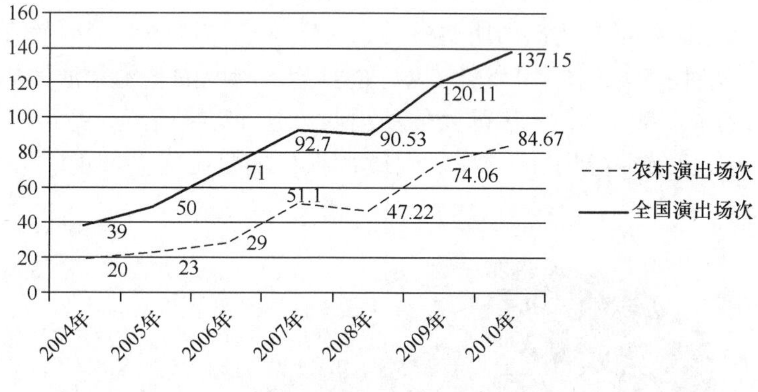

图 2－19 2004—2010 年间全国及农村地区演出场次统计

资料来源：中国文化部，www.ccnt.gov.cn/。

2010 年，北京市和上海市的演出票房分别达到了 10.9 亿元人民币和 7.25 亿元人民币，仅这两个城市的演出市场就占据了全国营业性演出市场 30% 左右的份额。据北京市演出协会统计的数据，2011 年北京市各类营业性演出场次共计 21 075 场；观众人数共计 1 026 万人次；演出收入共计 14.05 亿元人民币，年度增长达 28%。全市 94 家营业性演出场所共演出 21 075 场，比 2010 年同期增长 10.37%。大型城市在演出剧场硬件设施、交通、票务营销、表演团体以及潜在观众群方面都具有无可比拟的优势。以上海市为例，

2009年，上海市共有演出市场经营单位666家，其中包括剧场139家，文艺表演团体107家，演出经纪公司339家，观众共计825万，全年营业性文艺表演团体完成演出18 754场。在中国文化市场发展背景下，大型城市的演出市场出现了空前繁荣的景象。

在中国大部分城镇和农村，主要是通过政府财政补贴、税收优惠以及政府购买等倾斜政策，鼓励民营演出团体进行演出。据统计，全国在文化行政部门登记注册的民间职业剧团共6 806个，每团每年平均演出100场次以上。2008年年底全国文化市场管理工作会议公布，全国有各类民间文艺表演团体6 800家，是国有院团的2.75倍，涵盖戏剧、曲艺、歌舞、杂技、魔术、马戏、木偶、皮影等众多艺术门类，年均演出200万场以上①。2009年6月，文化部又出台了《关于促进民营文艺表演团体发展的若干意见》，其中明确规定，各级文化行政部门要积极争取设立民营文艺表演团体专项扶持资金，努力协调金融机构为民营文艺表演团体提供贷款，运用扶持资金为民营文艺表演团体提供贷款贴息服务，对优秀民营文艺表演团体实行以奖代补，大力扶持其繁荣发展②。1995—2005年的10年间，由中宣部、文化部及中央文明办等部门联合组织的"送戏下乡"活动，组织和扶持国有艺术院团、民营院团深入城乡农村开展演出，场次达到了690多万场之多。政府的财税政策和购买行为，确实丰富了中国城镇农村演出市场，文艺表演团体在农村的演出从2004年的20万场次增加至了2010年的84.67万场次，增幅达到了4倍。

（2）国有和民营院团境况迥异，地域性特色非常明显。从参与演出市场的主体可见，国有大型院团在演艺资源、人才、剧团院线及资金规模方面均处于强势垄断地位，且均处于上海、北京及广州等一线城市和省会城市，民营院团则分散于二三线城市及农村地区。演出资源的不均衡分布使得国有院团在实际运营中获得了政府财政预算拨款和票房支持，而民营剧团只能依靠缩减演出成本和当地政府企业的赞助维持经营。据文化部统计的数据，2010年，全国各级文化部门所属各类国有艺术表演团体6 864个，其中执行事业单位会计制度的艺术表演团体2 435个；执行企业会计制度的艺术表演团体4 429个，占64.5%。然而，其中2 597个艺术表演团体演出收入达17.63亿元，占到17.6%，其财政拨款67.92亿元人民币，占到了67.8%。财政拨款依旧是国有院团的主要资金来源（见图2-20）。

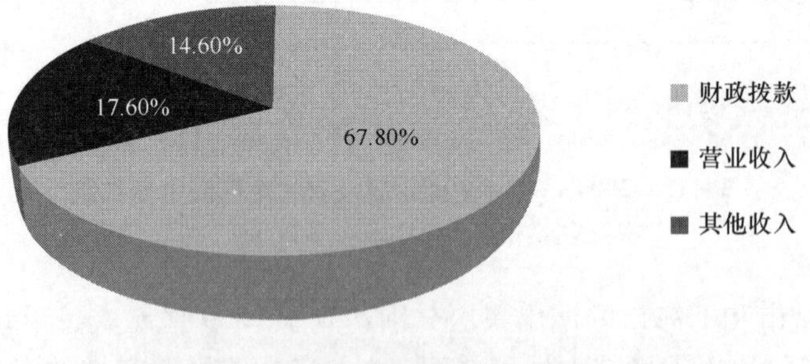

图2-20　2010年国有院团收入来源比例图

资料来源：中国文化部，www.ccnt.gov.cn/。

① 孙家正.鼓励民营文艺表演团体发展[OL].新华网，2005-12-08.

② 参见文化部等发布的《关于促进民营文艺表演团体发展的若干意见》。

2010 年,各省市民营剧团统计参差不齐,总体数量约在 1 万家左右(非注册数),实际运营的民营剧团不足 7 000 家。以拥有民营剧团数居首的浙江省为例,全省共有约 500 个民营剧团,2011 年全省民营剧团共演出 16 万场,总观众 1.6 亿人次,每个团体平均年度演出 320 场,其中 106 个剧团得到了 167.65 万元人民币的财政资助,平均资助额不足 1 万元人民币。根据中国 2011 年统计年鉴的数据,2010 年,全国民营和私人院团注册机构 4 243 个,全年演出收入 15.67 亿元人民币,各级财政补助拨款 2.2 亿元人民币,仅占到了总收入的 14%(见图 2 – 21)。民营院团在无法获得更多企业和私人资金赞助时,只能缩减演出成本,减少跨区域演出活动。

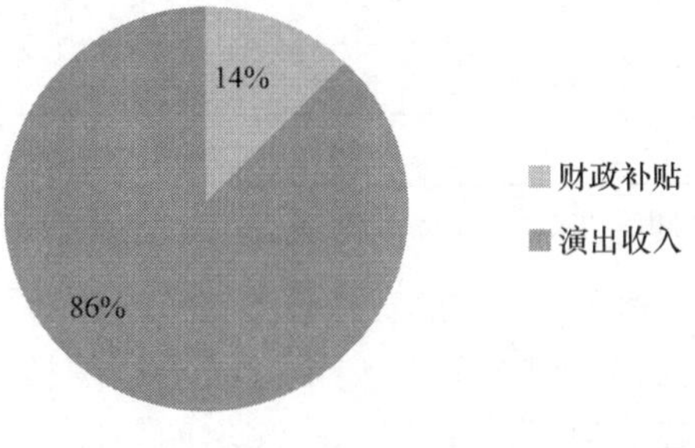

图 2 – 21 2010 年民营院团收入来源比例图

中国五千年的历史让各地都拥有了丰富的演艺资源,并且形成了非常明显的地域性特色。以戏曲为例,中国古代戏曲主要是指元明清戏曲,包括宋元南戏、元杂剧和明清传奇。京剧、豫剧、越剧、黄梅戏及评剧被誉为中国的五大戏曲。据不完全统计,我国各民族地区约有 360 多种戏曲形式。这种地方区域性的特点使得演出市场和演艺产品的区隔非常明显,各个省市之间的演出市场独立运营。这种地域区隔的现状也使得中国的演出市场并没有形成全国性的核心演艺产品,地方区域性特色明显。

以上海 2008 年的演出市场为例(见表 2 – 12),在中国传统戏曲中,抛去上海地方性的沪剧演出外,其他剧种演出分布平均,虽然话剧演出次数较为突出,但是基本以小剧场演出为主。在所有演艺产品中,只有歌舞剧较为突出,而且事实上美欧的演出市场也证明,以音乐剧为主的歌舞剧才是整个演出市场的核心产品。

表 2 – 12 2007—2008 年上海市剧场演出剧种分析表

剧种	2007 年	2008 年
话剧	755	1 246
木偶剧	99	123
京剧	177	139
昆剧	67	41
沪剧	469	296
越剧	140	133
淮剧	19	68
滑稽	109	81

续表

剧种	2007 年	2008 年
其他戏曲	45	25
小 计	1 880	2 152
交响	176	194
芭蕾	96	105
严肃音舞	773	708
歌舞剧	4 229	3 452
杂技、魔术	1 911	1 644
综合场	675	583
小 计	7 860	6 686

资料来源：迟晓玲《2008 年上海市演出市场统计数据分析》。

自 1982 年中央歌剧院编创的第一部音乐剧《我们现在的年轻人》开始，音乐剧在中国近 30 年的发展历程中，依旧没能打造出整个演出市场的核心产品。中国音乐剧发展从一开始就分为搬演国外经典剧目和原创本土演出两条路。今天中国演出市场基本被百老汇和伦敦西区的音乐所垄断，本土音乐剧票房惨淡。2006 年，百老汇音乐剧《狮子王》在中国演出市场创造了 101 场演出、16 万观众人次、7 200 万元人民币总票房收入的成绩。2011 年，通过购买版权后本土化制作的中文版音乐剧《妈妈咪呀》，在全国巡演 190 场次，吸引观众 25 万人次，创下 8 000 万元人民币的总票房收入的成绩。2007 年中国本土化制作的音乐剧《蝶》，累计演出 151 场，吸引观众 15 万人次，票房收入为 4 000 多万元人民币。比较这 3 部音乐剧的票房就可以很清晰地看到，在中国演出市场上自己本土创作的音乐剧缺乏竞争力，还不能成为中国演出市场的核心产品。

2.2.4.3 中国对外演出贸易分析

由于中国演出市场仍处于培育和发展阶段，在对外演出方面始终处于海外演艺公司的强势竞争压力之下。中国演艺公司在对外演出贸易这条路上依旧面临着非常激烈的竞争和压力。目前中国对外演出贸易主要呈现以下几个方面的特点。

(1)演出“走出去”实际收益不断增加。近年来，随着国家对文化“走出去”支持力度的不断加大，中国演出“走出去”也在政策利好的条件下取得了长足进步。如图 2－22、图 2－23 和图 2－24 所示，2009 年，中国境外商业演出团组为 426 个，演出场次达 16 373 场，实现演出收益约 1 327.7 万美元；2010 年，共有 302 项演艺类项目走出国门进行商业演出，演出总场次为 25 908 场，出口总收入约为 2 765.6 万美元；2011 年，共有 126 项演艺产品（项目）走出国门（境）进行商业演出，演出场次为 8 090 场，出口总收入约为 3 171.9万美元①。

① 向勇，范颖. 中国对外文化贸易的发展与特点［M］//张晓明，王家新，章建刚. 中国文化产业发展报告（2012—2013）. 北京：社会科学文献出版社，2013：98.

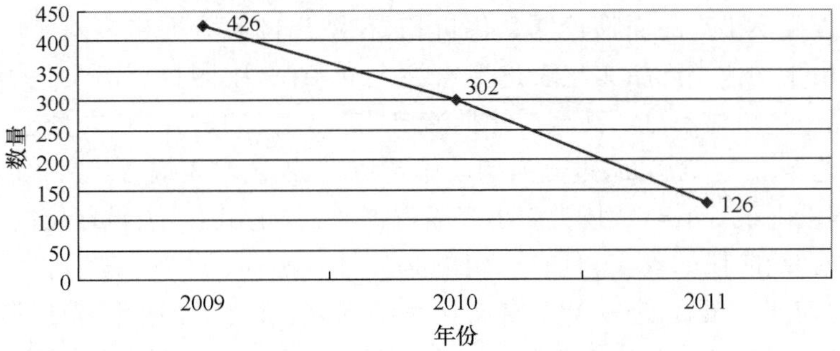

图 2－22 近年中国海外商演项目数量

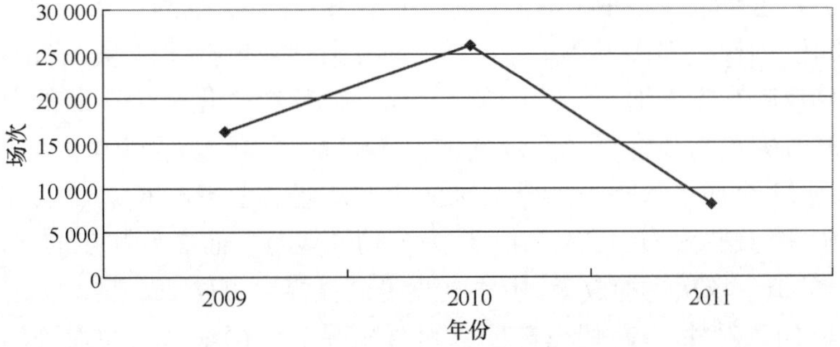

图 2－23 近年中国海外商演场次

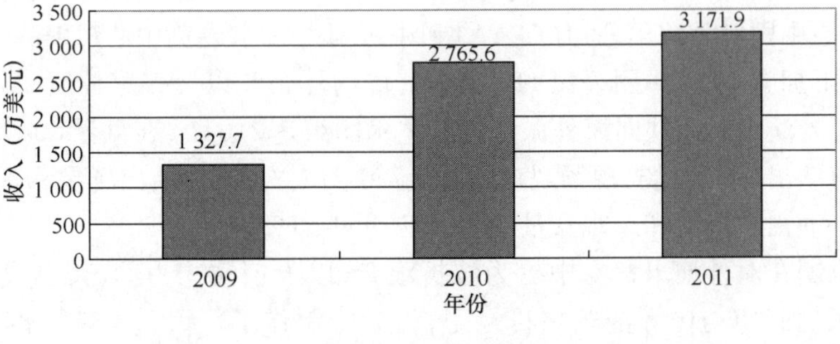

图 2－24 近年中国海外商演收入情况统计

从上述数据对比看，中国海外商业团组/项目数量不断减少，演出场次在 2010 年增长后，在 2011 年也呈大幅下滑趋势；但与之相反，中国海外商演的实际收入却一直呈现增长趋势。这表明，中国演出“走出去”基本实现由过去单纯追求数量、场次增长向追求实际效益的转变。

（2）海外演出以动作类为主，逐渐向多元化延伸。中国演出团体的海外演出在节目类型上一直以功夫、杂技等动作类节目演出产品为主要类型。杂技、动作类符合中国对外演出贸易的比较优势，同时，由于其表现形式以动作为主，较少语言性内容，所以面临较低的文化折扣。近年来中国演出产品“走出去”的典型案例，如《功夫传奇》、《风中少林》、杂技《天鹅湖》、杂技《花木兰》等,均以动作、杂技的方式,表现中国传统文化内容。虽然杂技、动作类演出产品面临较低文化折扣,在演出内容方面也主要是以中国传统文化为主题,但由于动作类产品文化表达丰富性上受限制,中国特色的文化内容承载量在此类演出产品中还略显不足。甚至在此类演出"走出去"的过程中,本身也面临着"重技轻艺,有技无艺"①的尴尬局面,过分强调动作技巧,忽视艺术表现力与文化内涵。

从一定程度上说,动作、杂技类演出产品占据演出"走出去"主导地位的状况,符合中国演出走出去初级阶段的现实,具有一定的必然性。然而,从长远来看,在经历了动作、杂技类产品的初期开拓后,进一步丰富文化承载内容,推进演出产品表现形式和表现内容多样化,是中国演出"走出去"的必然选择。最近两年,中国演出产品"走出去"的过程中,在继续保持动作、杂技类产品比较优势和品牌影响力的基础上,逐渐向多元化延伸。

有着"可移动的敦煌"之称的舞剧《大梦敦煌》,是兰州歌舞剧院出品的中国国家舞台艺术精品剧目,也是近几年中国演出产品"走出去"的成功范例。该剧立足于展示灿烂辉煌的敦煌文化,创作一部代表新世纪水准、具有强烈戏剧艺术效果、戏剧性很强、表现力丰富、能准确反映东方人细腻情感的舞剧作品:把敦煌文化最负盛名的莫高窟和月牙泉人格化,演绎画家莫高和将军之女月牙的凄美爱情故事。截至 2011 年 9 月底,《大梦敦煌》已在全国 32 个城市与欧美多个国家演出 920 场,观众逾百万人次,累计票房收入近亿元,成为中国舞剧"多演出、多产出"最为成功的典范。而在如此多的演出场次中,在国外商业演出的 102 场次更加成为"中华文化走向世界"的骄人成果②。

(3)国有院团重对外交流,民营院团重对外贸易。中国演艺公司对外演出贸易主体主要分为以对外演出集团为代表的国有演艺院团和以天创国际演艺公司为代表的民营演艺剧团两大类。其中,国有院团的对外演出活动多偏向于促进文化交流和提升文化影响力,而民营演艺院团则完全得面对海外演出市场的挑战和风险。以中国对外演出集团为例,它是在原中国对外演出公司(CPAA)和中国对外艺术展览中心(CIEA)的基础上组建而成的,旗下拥有 19 家集团公司 119 家全资境内外企业以及多家控股、参股企业。截至 2010 年,对外演出集团共向海外派出各类艺术团组达 216 个,在世界 80 个国家和地区的 210 座城市演出 19 700 场,现场观众超过 3 750 万人次,海外演出场次和现场观众分别占集团海内外演出总场次和总观众量的 88.1% 和 94.1%。

而民营剧团在对外演出贸易中更为波折艰苦,以天创演艺为例,其自成立起便专注于演艺项目策划制作与国际演艺项目经纪,先后曾制作了《天幻》《梦幻漓江》《功夫传奇》等七大常态品牌剧目。《功夫传奇》是其对外演出的首部剧目,于 2005 年在北美进行了长达五个月的巡演,共计 150 场,观众达 11 万人次,票房总收入为 300 万美元。2009 年,《功夫传奇》进入英国伦敦大剧院,连续演出 27 场,观众上座率为 60%。2009 年年底,天创国际投资 354 万美元在美国密苏里州布兰森市收购了"白宫剧院"。对于大部分的民营剧团而言,现在依旧处于探路和积累经验的阶段,从 2009—2011 年间主要 3 部对外演出的剧目 3 年票房收入总计为 2 629.6 万美元可见,中国对外演出贸易整体实力依

① 杨晓军. 浅谈如何开拓国内外杂技演出市场[J]. 杂技与魔术,2011(3).

② 《大梦敦煌》发挥海外演出经验推动中国文化走出去[OL]. 中国新闻网,http://www.chinanews.com/cul/2011/10-27/3419883.shtml.

旧非常弱(见表2-13)。

表2-13 2009—2011年间中国民营剧团对外演出主要剧目票房收入

剧目名称	主要演出地	票房收入(万美元)
龙狮	欧美	1 000
功夫传奇	欧美	729.6
云南印象	欧美	900
小计		2 629.6

(4)民族演艺产品表现突出,以剧目输出贸易为主导。中国对外演出贸易目前依旧以杂技、功夫剧和民族舞台剧为主,关于国际市场主流的音乐剧、舞剧的对外演出非常缺乏。文化部外联局数据显示,以杂技为主的民族演艺产品的对外演出创汇额比重达到了80%,表现极其突出。2002年赴美商演的14个团组中有11个为杂技团。从中国对外演出的剧目类型看,其普遍集中在了杂技和功夫剧方面。以杂技综艺舞台剧《龙狮》为例,这是1997年由中国对外演出公司和加拿大太阳马戏团共同投资的剧目,在长达10年零9个月的首轮世界巡演中,《龙狮》足迹遍布全球60多个城市,共演出3 843场,上座率保持在90%以上;观众累计约900万人次,票房收入约9亿美元,年平均票房收入为6 000万美元。但是,在过去的5年间,杂技和功夫剧的海外市场逐渐萎缩。大部分专家认为,这是中国杂技团体在繁杂的海外市场上彼此恶性竞争,缺乏有影响力的剧目所致,加之国际经济形势的原因,致使杂技、功夫剧的海外订单锐减。2006年,舞武结合的《风中少林》由美国蓝马克娱乐集团以800万美元"买断",赴美国巡回演出800场,平均场次1万美元,这样低廉的演出价格令人担忧。同样,2006年重庆杂技团与美国恒创股份有限公司签订了继续演出《红舞鞋》5年的协议,该剧在美国的旧金山、洛杉矶、夏威夷等近20个地方,演出40余场,观众达14万人次,平均每个城市演出不足2场,根本形成不了规模效应。

同时,无论是对于国有或民营演艺院团,几乎所有的对外演出都是通过剧目的直接输出完成的。演出公司对外演出中依旧以单纯的剧目贸易为主,演出版权贸易方面的输出依旧匮乏,中国演艺公司跨国化经营基本为项目业务。剧目输出的贸易形式使得国内演出公司除了获得演出合同所议定的收益外。无法分享更多的演出收益。更重要的是,相比较于版权贸易输出,剧目输出无法在海外市场形成规模演出场次,市场影响力弱。

(5)缺乏规模推介平台,对外演出各自为营。中国现在还没有真正意义上的对外演出推介平台,每年举办诸如中国国际演出交易会基本上还是仅限于国内院团、经纪公司以及剧场,特别是没有一个由国家主管部门或协会所主办的,以邀请国外院团、演出商及经纪公司为主的对外演出交易会。这种情况使得各个院团对外演出各自为营,没有统一的支持平台,不仅分散了竞争力,而且直接导致院团在国际演出市场上的恶性竞争。以杂技对外演出为例,20世纪八九十年代,各个省市的近200多个杂技团都参与了对外交流演出,一时间在国外形成了较大的演出规模。但是,随后各个团体之间为了争夺国外演出市场,恶意压低演出费用,缩小演出规模,使得杂技对外演出从2000年之后完全陷入低潮,并出现演出场次多、平均收益极其低的恶性循环。比如,广州军区战士杂技团的杂技芭蕾《天鹅湖》在欧洲的商演价格最低竟然达到每场不足1 000美元。中国所有杂技团对外演出的总额只不过是加拿大太阳马戏团的1/8。

2.2.4.4 中国演艺产业的竞争优势

作为正处于培育和发展阶段的中国演艺产业,无论是在国际演出还是在区域性演出市场竞争中,均扮演着探路者的角色。然而,伴随中国经济的发展和产业升级转型,演艺产业在依托庞大的观众规模基数、丰富演艺文化资源以及增强区域文化影响力等方面也预示其具有诸多潜在优势。

(1)演出观众规模背后的市场优势。中国演出市场在观众规模总数方面凭借着基数优势处于领先地位,但是在经常性观众数量方面依旧处于非常低的水平。2010年4.11亿的观众数量超过了美国、英国和日本观众数量的总和。在如上海、北京及广州等一线城市演出市场繁荣的同时,近年来中国农村和城镇居民的文化消费也开始呈上升趋势,特别是在东部地区,大量民营剧团的演出活动日益频繁,观众年均观演场次开始接近城市水平。在中国电影业高度繁荣的今天,演艺产业依旧创造了不菲的成绩。如,北京市在2010年的演出票房收入达到了14亿元人民币,同期电影票房收入为12亿元人民币。同样因为潜在的观众市场,美国和英国等强势演艺产业大国近年来在中国的剧目推广和巡演几乎成倍增加。在国民经济平稳发展的态势下,观众的规模基数将意味着演艺产业无限的潜在市场利益。

(2)演艺旅游有机发展的资源优势。作为演艺资源大国,中国拥有戏曲、戏剧、舞蹈、民族音乐、曲艺及杂技等多种表演艺术门类,2010年全国文化部门直属的表演团体已达到6 864个,民营院团已超过万家,丰富的文化底蕴使得演艺院团在演艺资源开发利用方面具有与生俱来的优势。由于演艺产业和旅游业的内在联系,近年来中国在旅游演出、实景演出以及各类艺术节事活动中取得了诸多突出成果。特别是实景演出把演出场所搬出剧场,融入自然,体验实景演出的无穷魅力。2010年中国旅游演出的收入占演艺产业总收入的11%。因此,各地都在积极利用旅游资源,开拓旅游演艺,实现演艺业与旅游业的融合,将演出旅游资源优势转化为演艺产业的优势。整合旅游资源是演艺产业发展的重要条件。旅游资源的丰富和组合状况,在很大程度上影响着演艺产业的发展。相对于传统的演艺机构,演出旅游复合机构的表现更为优异。例如,演艺第一股"宋城股份"正式在深交所挂牌上市,创造了演艺产业上市神话;丽江旅游定向收购印象旅游51%股权,总作价达2.1亿元人民币。这些都是近年来中国旅游演出取得的不俗成绩。可见,丰厚的演艺旅游资源为中国演艺产业发力提供了资源保障。

2.3 主要国际演出市场比较分析

2.3.1 市场核心特色比较

纵观美国、英国、日本及中国演出市场,虽然它们在演出规模和演出特色方面差异明显,但都毫无例外地都出现了规模性集中演出和演出节事的市场形态,只是各自的侧重点不同而已。如果把演出规模和演出影响这两种演出市场的表现作为基准(见图2-25),则四个国家的演出市场特色非常明显。

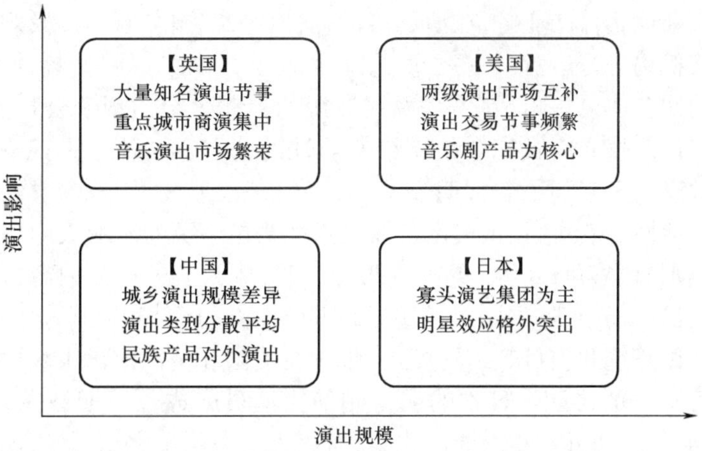

图 2－25 美国、英国、日本及中国演出市场核心特色比较

从图 2－25 的比较中可见，美国演出市场无论在演出规模还是在演出影响方面都表现出了极其明显的优势。首先，最重要的特色表现为巡演和驻演的两级演出市场互补力非常强，使得各种层级的演艺产品都能够在市场中找到自己的目标区域和观众；其次，美国虽然也有众多的演出节事，但是作为国际演出市场的交易中心，在美国国内的演出交易节事更具有影响力，往往成为下一年国际演出市场的风向标；最后，音乐剧是整个美国演出市场中永远不可能回避和忽视的重要组成部分，特别是对于美国商演市场而言，音乐剧成为国内和国际市场的中坚力量，可以说音乐剧就是美国演出市场的核心竞争力。

对于英国演出市场而言，其在演出规模和演出影响力方面都具竞争优势，而且其境内一系列国际级演出节事的安排，使得英国演出市场的影响力更为突出。首先，英国演出市场每年吸引 500 万观众的大规模演出节事多达 5 个，吸引 100 万观众的中型演出节事有 15 个左右，而全年演出节事多达 204 个。相比较于中国和美国广阔的国内演出市场，英国的演出节事密度居于首位。更重要的是，英国的大型演出节事成为整个欧洲乃至国际演出市场的标杆。其次，由于人口分布和经济布局的原因，英国的商业演出完全集中在了伦敦、伯明翰和曼彻斯特几个大型城市，占到了所有商演的 60% 左右，而美国的两级市场规模则旗鼓相当。在英国的其他中小城市，大量的非营利性机构的演出活动平均分散，整体上维持了演出市场机制的平衡。最后，相比较于音乐剧是美国的核心演艺产品，英国在音乐剧方面也占有相当大的国际市场份额，甚至重点剧目的影响力远甚于美国音乐剧。但是从演出市场的整体性看，除了在音乐剧方面的优势之外，英国的音乐类演艺产品是其更具竞争优势的产品。自第二次世界大战之后，无论大众流行音乐，还是摇滚或乡村类型的音乐制作和生产，英国都是整个欧洲和世界的中心，尽管美国和日本的音乐市场一度对其产生了非常强的竞争挑战，但是无论在对外演出的乐团数量、观众参与人数还是在巡回演出的场次等方面，英国音乐演出市场的影响力均居于首位。

对于日本演出市场而言，虽然日本每年也有诸多的旅游和演出节事，并且长期以来旅游业一直保持着较稳定的增长，但是其众多节事中演出内容并非核心内容，演艺机构的规模演出才是整个演出市场的主要内容。首先，不同于英国、美国的演艺集团，日本商业演出的七成收入都集中在四大演艺集团手中,形成了非常明显的寡头竞争的局面。这四个演艺集团不断地延伸产业链,在演员培训、演出经纪、票务营销以及观众拓展方面都成立了子公司或机构进行运营,每一个演艺集团都是一个演艺航母,各种业务应有尽有。而美国和英国的知名演艺集团,除了在院线资源的控制上会出现子公司业务外,诸如演出经纪和演员培训等核心内容完全是交给专业性的公司。这种寡头竞争的局面对于内容利用资源和共享信息起到了非常明显的作用,但是也形成了非常严格的科层制管理,失去了一定的灵活性。其次,日本演出市场更重视明星演员的影响效应,其独特的"独立编导制度"使得剧目内容可以为演员进行改变,演员成为演艺产品内容价值的核心。而美国和英国的演出市场中,除了剧目的主要演员会倾向于签固定合约之外,其余的角色演员都是使用考试筛选和项目签约的模式,所以在英国和美国演出市场中会有大量的演职人员工会进行利益的协调。日本的明星制使得演员的成长周期被拉长,演员们从偏角、配角到主角必须经历五六年的演出积累,而成为主力明星之后,其影响因素甚至大于剧目本身内容。最后,日本的演艺产品在文化市场领域的横向渗透方面较为突出,最为明显的就是日本大部分的经典漫画都会有剧场版本,这使得漫画读者和演出观众之间也出现了交叉融合。

对于中国演出市场而言,正处于初步发展的阶段,其在演出规模和演出影响方面的表现还有待于不断提升。中国演出市场的核心特色和中国演出机制的改革是分不开的,由于目前对于营利性和非营利性的演出界定依旧比较模糊,加之国有院团在 2011 年才完成了行政化的转企改制,因此整个演出市场的资源分配就出现了两极化:一方面是大量的国有院团掌握了大量的演出资源;另一方面则是民营和私人院团基本处于维持经营的状态。首先,城乡演出市场的差异极其明显,这种差异体现在演出规模和演出类型方面。在演出场次方面,城市和农村的差距并不是非常明显,但是在人均观看演出场次方面,则接近了 6:1 的差距。在具体的演出内容方面,农村演出市场的内容基本上以当地的曲艺和民俗演出为主,演出种类非常单一,但是在城市演出中,各种类型的演出非常平均。在演出规模方面,农村演出团体的平均场次收入都是约 3 万元人民币,而城市的平均规模能够达到 35 万元人民币,差距非常大。其次,中国演出市场中没有大规模、占市场大比重的核心演艺产品,无论是传统的各地曲艺,还是现代的演出产品,在市场中的比重非常接近,并没有形成具有核心竞争优势的演艺产品。虽然在一线城市中,演唱会和音乐剧的比重较为突出,但是全国演出市场中各种类型的剧目演出平均分散。最后,相比较于英国的音乐对外演出、美国的音乐剧对外演出,中国对外演出市场的主力军是民族性的演艺产品,对外演出中的 80% 是杂技和民族歌舞类剧目,特别是以功夫类、技艺类和传统民族歌舞类的演出为主。

2.3.2 演出市场规模比较

各国演出市场的规模比较可以从整体规模和人均规模两个视角展开,整体性的规模说明了演出市场的广度,而人均规模则充分地说明了市场的深度。为了能够对于美国、英国、日本及中国四个国家的演出市场进行横向的规模比较,笔者试着尽量减少各国数据统计的口径误差。其中美国的演出收入包括了非营利和商业演出两部分,观众数量是城市驻演、二级市场巡演以及娱乐性和公共机构演出人数的合计,演出相关组织包括表演艺术院团、经纪公司、剧场、各类营销和咨询等中介服务机构以及协会等。英国的演出总收入包括英国文化、传媒和体育部(DCMS)和英国艺术委员会(ACE)两个政府直属部门关于商业娱乐演出和非营利性演出的总和。日本演出总收入数据是日本文化厅关于非营利性的演出收入和演出协会的数据合计,所有总收入数据按照现时美元汇率换算。由于各国的中央统计局对于演出娱乐的归类不同,总收入与实际演出收入会有些许差异(见表2-14)。

表2-14 2010年美国、英国、日本及中国演出市场统计

国别	总收入(亿美元)	观众数量(万人)	演出及相关机构
美国	201.4	5 012	125 620
英国	128.38	2 800	31 441
日本	70.8	3 200	25 144
中国	17.1	11 500	108 455

从表2-14中我们可以看到,2010年美国演出市场依旧在总体规模方面占据了较大的优势,全年共实现了演出市场收入201.4亿美元,仅演出性的收入就占到了美国国内生产总值(GDP)总量约0.2%的比重,其总收入几乎等于英国、日本和中国的总和。在演出及相关机构方面,美国依旧以125 620个机构总数位居第一。美国的演出总收入是中国的演出总收入的11倍多,差距非常大(见图2-26)。

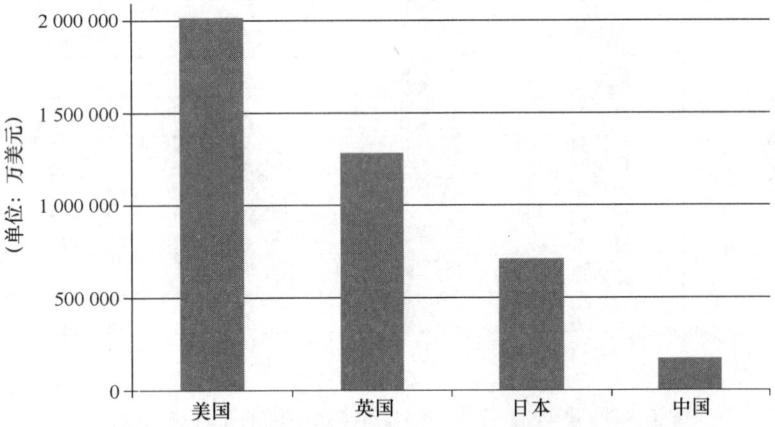

图2-26 2010年美国、英国、日本及中国演出总收入

在观众数量方面,中国则处于较为绝对的优势,全年所有演出观众总数达到了2.1亿次,日本的观众总数也略高于英国,达到了3 200万人。但是从经常性观演观众比例看(年观演次数超过9次),美国观众在演出消费方面依旧保持比较强的优势,达到了1 253万人,演出市场中的固定观众比例最高,英国的经常性观演观众达到了560万人,中国凭借着较大的观众总体基数也达到了630万人的观演规模(见图2-27)。

而在人均票房收入方面,英国则以458.5美元位居第一,美国和日本的人均演出收入分别为401.8美元和221.3美元。中国人均演出收入则仅为15.5美元,与英国之间差

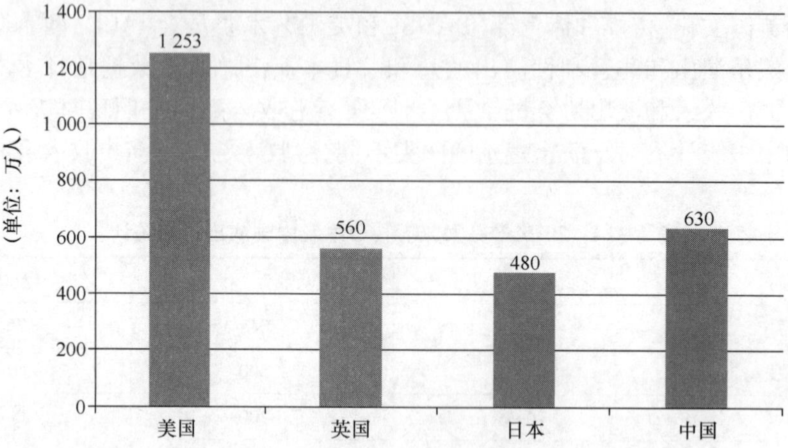

图 2－27　美国、英国、日本及中国经常性观演观众数量

距达到了约 30 倍(见图 2－28)。观众人均票房收入方面的差距比总收入的差距还要大。这就从侧面说明了中国演出市场虽然观众数量多,但是相对市场收入总量低,观众的票房支付意愿价格也就比较低。

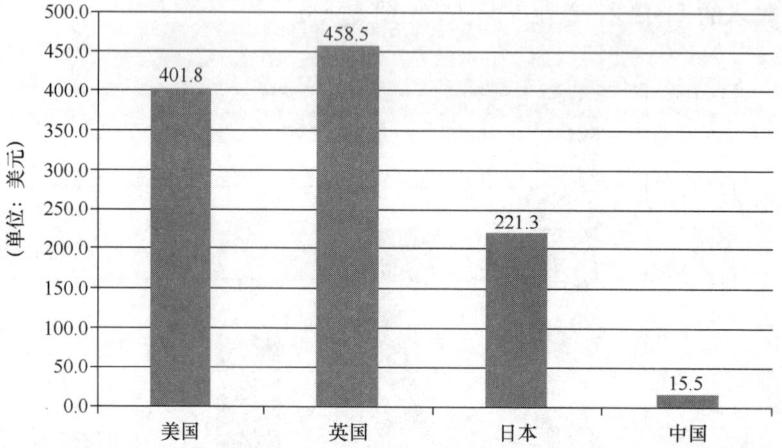

图 2－28　2010 年美国、英国、日本及中国的平均演出收入

2.3.3　演出内容类型比较

在各国演出市场的具体内容方面,为了使得比较分析更为精准,笔者选择了英、美以及中国各个演出市场中的第一大演出市场——纽约、伦敦以及北京作为分析对象,将演出剧目内容分为音乐类、歌舞类、综合类以及综艺娱乐类。音乐类包含交响乐、音乐剧、歌剧及演唱会等,歌舞类包括芭蕾舞和现代舞等,其中将北京市演出内容中的京剧、儿童剧以及杂技等并入了综合类,将纽约和伦敦演出市场中的戏剧和曲艺内容并入了综合类,娱乐类演出包含除了上述三类的其他演出内容(见图 2－29)。

从演出类型的比重图中可知(见图 2－29),歌舞类演出内容在三个城市中比例都比较低,伦敦的歌舞类演出内容达到了一成的比重,其次就是娱乐类的演出内容,其在三个演出市场中的比重都在30%左右。而在核心内容演出方面,伦敦和纽约的核心演出内容是音乐类,纽约的音乐类演出比重达到了43%,其中包含各类音乐剧、音乐会以及音乐性的演唱会,北京市综合类演出是其核心内容演出,但是综合类又涉及各种曲艺、地方戏剧及杂技等形式,故并没有比较突出的核心产品。而从这三个城市反观整个国家的演出市场,美国的音乐剧演出依旧是整个演出市场的核心产品,英国的音乐剧和音乐性演出是整个演出市场的核心产品,但是中国演出市场中的各种演出内容类型比重趋于平均,没有典型核心产品。

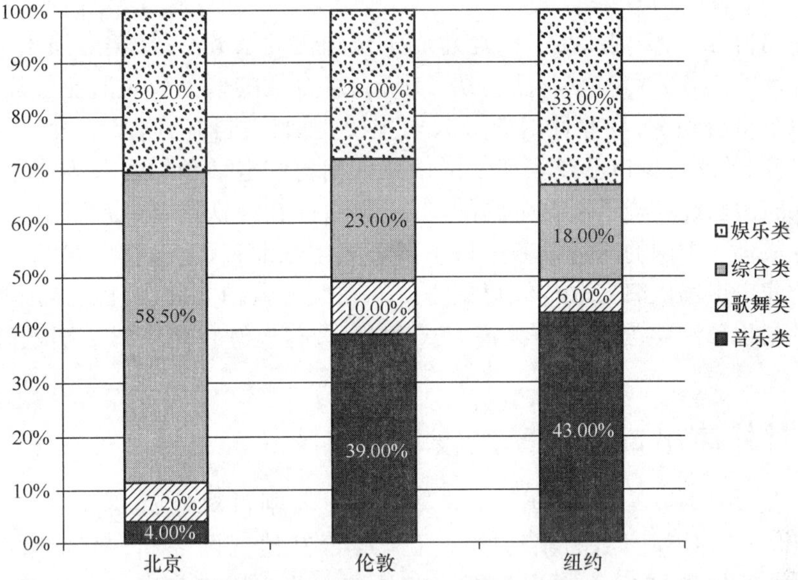

图2-29 2010年美国、英国、日本及中国演出市场剧目类型

2.3.4 演出配套机制比较

演出配套机制主要包括演出经纪、票房销售以及辅助等其他中介机构。演出经纪服务包括专业性的演出经纪和综合性的演出经纪,其中,专业性的演出经纪专注于剧目的版权授权、演出协会合同以及巡演事宜等,综合性的演出经纪机构还包括和演出相关的保险、担保以及抵押等一系列的中介服务。演出经纪机构的成熟从侧面展示了整个演出市场机制的完善。此外,除了大量的演出经纪实体机构外,还有一大批组织比较松散的个体经纪人在整个演出市场中提供中介服务。

整理各国演出经纪机构的统计数据可知,美国和中国的演出经纪公司总体数较多,其中美国的国际性演出经纪公司是其他各国所不具备的优势条件;英国的专业演出经纪公司达到了610家,其中专门针对剧院的公司为45家,其经纪服务专业细分比较全面;日本由于受目前统计数据的限制,大概有1 000多家服务于演出市场的经纪公司(见表2-15)。

表 2-15 2010 年美国、英国、日本及中国演出经纪服务

国别	演出经纪服务
美国	专业演出经纪公司达到了约 1 500 家，国际知名大型演出经纪公司 8 家（如 CAA、ICM、WMA 等）。据不完全统计，个体演出经纪人达到了 2 万人
英国	专业演出经纪公司有 610 家，其中剧院专业经纪公司 45 家，音乐演出服务有 52 家，国际性知名经纪公司约 3 家（如 Harrison Parrott）
日本	专业演出经纪公司约 1 000 多家
中国	有经常性业务的演出经纪公司约 2 300 多家，拥有从业资格证书的经纪人员 15 000 余人

在票务销售方面，美国和英国已经建成了全国性的票务系统，美国演出市场的票务公司有综合性的票务公司和专业性的票务公司，综合性的票务公司的业务还涉及体育、电影及其他节事活动等，专业性的票务公司主要是演艺机构的联盟下设的票务销售公司。目前，美国的所有城市已经实现了网络票务销售和电话预约售票等业务，英国和日本的商业性演出已经实现了覆盖全国的网络票务，并在地铁站、旅店及商场等公共场所都设有票务代理。中国的网络票务销售主要都集中在北京、上海及广州等一二线地方，三线城市的演出市场依旧采取传统售票方式。在票务营销方面，美国、英国和日本已经建立了会员制积分和年度套票等销售方式，中国只有上海和北京的个别剧院支持这种业务。

2.3.5 对外演出市场规模比较

通过收集 2010 年美国、英国、日本及中国主要剧目对外营利性演出的数据，很明显能看出，美国对外演出的票房收入几乎等于其他三国之和，显示出了非常强劲的市场表现（见表 2-16）。票房数据为对外演出收入和版权贸易收入的总和，其中美国对外票房收入是加拿大、墨西哥、欧洲及中国各个演出市场的总和，英国的对外票房收入则是北美、日本和中国演出市场的总和，所有数据不包括对外交流性的演出。

表 2-16 2010 年美国、英国、日本及中国主要剧目对外演出统计

	美国	英国	日本	中国
对外演出票房	1.2 亿美元	6 000 万英镑	2 136 万美元	1 229 万美元
平均观众人数	240 万	158 万	42.7 万	24.5 万

在吸引观众方面，美国和英国的表现依旧强势，美国全年获得了境外 240 万观众的支持，如果算上其他剧目巡演数据，保守估计观众数额可以达到 1 000 多万。英国的对外演出主要集中在美国、澳大利亚、印度、日本及中国。美国对外演出则集中在加拿大、英国和亚洲。日本的对外演出集中在韩国、中国等亚洲地区（见图 2-30）。

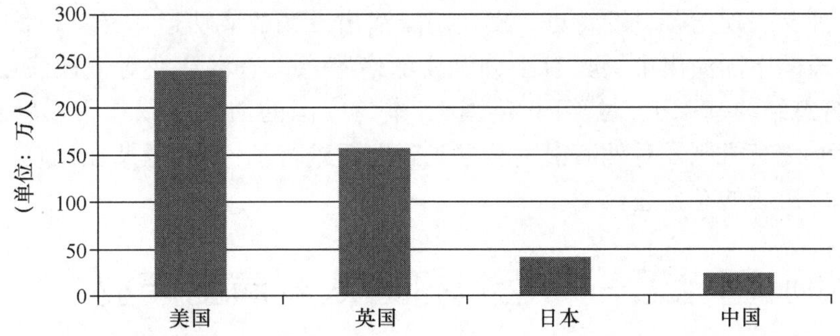

图 2 -30　2010 年美国、英国、日本与中国主要剧目对外演出观众数

2.3.6　对外演出贸易方式比较

在对外演出贸易方面，美国和英国以版权输出和境外合资公司演出为主，而日本和中国则仍然是以剧目输出为主。其中，英国通过版权输出实现了剧目的本土化演出，2002—2010 年间，仅英国音乐剧《妈妈咪呀》就出现了韩国版本、瑞士版本、电影版本及中国版本。中国版的《妈妈咪呀》在 2011 年缔造了 8 500 万元人民币的票房佳绩。日本四季剧团从 2004 年至 2009 年共演出英国音乐剧《猫》1 563 场公演，吸引了 177 万观众。

从 2004 年开始，英、美两国加速了在中国和印度等国家演出市场设立合资演出公司和共同经营剧院的步伐。例如，2007 年，百老汇倪德伦集团在中国建立新纪元倪德伦公司"中国百老汇院线"，后又涉足上海戏剧谷演艺集聚区合作。2008 年，中国对外文化集团与英国卡麦隆·麦金托什公司正式对外宣布，将联合投资成立音乐剧制作合资公司。2012 年由"音乐剧之父"安德鲁·韦伯创立的英国真正好公司和中国亚洲联创公司正式结盟，在《妈妈咪呀》中文版成功运营的基础上规划继续推出《猫》和《歌剧魅影》。

2.3.7　相关产业影响比较

国际演出市场对于相关产业的影响主要集中在演出旅游业的发展。就演出旅游业而言，四个国家的演出市场在吸引国内外旅客方面均表现出了良好的态势。根据美国经济分析局的数据，2009 年其旅游服务出口首次突破 1 000 亿美元，达到 1 101 亿美元，演出市场的贡献值达到了 10%。2010 年中国演出市场收入的 108 亿元人民币中，实景旅游演出贡献了 12.4 亿元人民币。根据国际旅游组织的数据，2009 年，英国共接待海外游客 2 960 万人次，消费总额接近 165 亿英镑，其中，演出消费达到了 20 亿英镑，爱丁堡艺术节的全年演出活动吸引了大量的欧洲游客赴英国伦敦和苏格兰地区旅游。

2.4　小结

演出市场是当代国际文化市场的重要组成部分，当代国际演出市场的形成得益于交通运输条件的便利、国际演出节庆活动的不断增多以及国际性演出行业组织的不断发展。当代国际演出市场是垄断竞争市场，演出产品在国际贸易过程中会受到文化折扣的影响，在高压演出市场破茧重生的同时，演出产品在发展过程中与当代科技融合的趋势也日益明显。美、英、日等发达国家在国际演出市场中占据主导地位，但在演出内容、政府作用等方面又表现出各自的特点。发达国家演出市场的成功运作经验,对于仍处于起步和完善阶段的中国演出市场具有十分重要的借鉴意义。本章在对上述演出市场的特点、趋势进行总结的基础上,对美国、英国、日本与中国的演出市场在市场特色、市场规模、内容类型、配套机制及对外演出贸易方式等方面进行了比较,以期在比较中探寻中国演出开拓海外市场的有益途径。

2.5 案例:百老汇——百年打造戏剧演出产业

2.5.1 百老汇概况

百老汇(Broadway),美国纽约市曼哈顿区一条南北向的街道名,因为汇集了数量众多的剧院及风靡全球的音乐剧演出而声名远播,成为纽约市演出市场的名片。百老汇的演出历史可追溯至1810 年纽约百老汇始祖剧院"公园剧院"(Park Theater)的建立,其真正开始繁荣则始于第一次世界大战之后,到1925 年时百老汇的剧院达到80 家之多。经历了1930 年的经济危机和第二次世界大战后,从20 世纪70 年代开始,百老汇再次进入复兴和繁荣时期。

百老汇全长25 公里,其中44 街至53 街被称为内百老汇,41 街和56 街则被称为外百老汇,如宫殿剧院(Palace Theater)、百老汇剧院(Broadway Theater),新阿姆斯特丹剧院(New Amsterdam Theater)、朗特方谭剧院(Lunt - Fontanne Theater)等知名的剧院均位于内百老汇。内百老汇通常被简称为百老汇,其演出以呈现大制作、经典性和流行化的商业剧目为特征,市场化程度非常高。

20 世纪50 年代,百老汇掀起了一场"拒绝商业化"的活动,一些提倡实验先锋创作的制作人开始在百老汇周边重新改建旧有的仓库、地下室等设施用于演出,形成了今天的外百老汇(Off - Broadway)。外百老汇是曼哈顿剧院区百老汇大道周边交叉道路上的剧院。1959 年,外百老汇剧院和制作人联盟成立,旨在促进和发展外百老汇剧院的戏剧创作,提升各成员之间的信息交流。但是近年来由于外百老汇受到商业剧院的激烈竞争影响,也开始出现了规模制作和高票价的演出,于是部分创作者、艺术家开始再次外迁,甚至在离百老汇较远的布鲁克林区和皇后区推出诸多较为先锋和实验的演出,并以"外外百老汇"(Off Off Broadway)而称之。

在2009 年时,百老汇有40 家剧院,其中17 家隶属于舒伯特集团(Shubert),5 家属于朱詹馨剧院公司(Jujamcyn),9 家归倪德伦集团(Nederlander)管理,旋转木马剧场集团(Round)拥有3 家,中心广场剧院公司、林肯剧院中心、曼哈顿剧院俱乐部、纽约时代公司及迪士尼分别拥有1 家剧院。

舒伯特集团掌握的17 家剧院中只有3 家的席位数少于1 000 个,其他都是拥有超过1 000 个席位的大型剧院,有3 家剧院的席位数甚至超过了1 500 个。倪德伦集团在百老汇拥有9 家剧院,席位数均超过了1 000 个,超过1 500 个席位的有4 家,其中包括百老汇最大的 Gershwin 剧院。朱詹馨剧院集团在内百老汇拥有5 家剧院,其中4 家的席位数超过1 000 个。据外百老汇联盟统计,目前外百老汇约有将近75 家剧场。根据"外外百老汇"在线的统计,整个纽约"外外百老汇"剧场的数量多达563 家,其中经常演出的主要剧场约为80家。这些剧场覆盖了纽约5个行政区的各个角落,但仍以曼哈顿岛为主。从剧院规模来看,一般内百老汇剧院指的是席位数在500～2000个之间的剧院,外百老汇为席位数在99～500个之间的剧院,而外外百老汇剧院指的是座位数少于99个的小剧场①。

2.5.2 百老汇演出市场的竞争优势

2.5.2.1 平衡的竞争机制

百老汇是被全球公认的商业化开发最为成熟的演出市场,除了商业剧院所带来的众多大制作剧目外,事实上众多的非营利性剧院在整个纽约市演出市场中起着举足轻重的作用。目前在百老汇的演出中,有将近1/4是来自于非营利的剧院。在2006—2007年演出季中的35部作品中,就包含了8部来自非营利性剧院的作品。在2007—2008年演出季中的37部作品中,非营利性剧院的作品占了11部②。非营利性剧院的发展使得其在创意人才(编导、演员)、文本内容(剧目题材)方面反哺于百老汇商业剧院,二者之间的竞争和合作交织在一起。1999—2008年期间,托尼奖③中的“最佳音乐剧、最佳演员、最佳复排”等主要奖项中的61%授予了非营利剧院。

一般而言,商业剧院和非营利性的剧院有几个方向的区别:在剧目创作方面,商业剧院的营利性特征使得其在引进、推出新的剧目时非常谨慎。为了谨防风险,一旦新剧的市场表现不佳,就立即将其撤出舞台,而非营利剧院在新剧目创作中可以大胆地尝试,故很多商业剧院会倾向于从非营利剧院引进一些已经得到观众认可的剧目。在剧目营运成本方面,商业剧院不能利用捐款、基金会的资金,因此票房收入成为剧目运作的重点。商业剧院的演出时间和地点随机性很强,不会专注于在自己的或租借的剧院进行固定周期的表演,在大部分情况下还得面对日益紧张的档期所引发的场地、服装、咨询及票务等额外增加的费用。商业剧院还面临着缴纳税收的任务,而免税政策使得非营利剧院无形之中被减负。

在2005—2006年度预算中,全美的非营利剧院向美国国税局(IRS)所提交报告中的预算总额为10.79亿美元,而2006—2007年度百老汇剧院和旅游收入为10.9亿美元,两者之间近似平衡④。根据美国地方剧场联盟(LORT)的分析,全美地方性的剧院近八成为非营利性质,故商业剧院和非营利剧院的实质规模旗鼓相当。百老汇的商业剧院和非营利剧院之间的平衡互动机制主要体现在以下两方面。

(1)商业剧院间接资助非营利剧院。舒伯特、倪德伦以及朱詹馨三大剧院集团是百老汇演出市场的寡头,在掌控演出市场的定价权方面具有强势的主导能力。特别是在20

① 王雪野.国际文化资本运营[M].北京:中国传媒大学出版社,2008:288.

② Tim Donahue, Jim Patterson. Stage Money: The Business of the Professional Theater[M]. Columbia: The Universiyt of Southe Carolina Press, 2010:1.

③ 托尼奖全称为安东尼特·佩瑞奖,是由美国戏剧协会为纪念该协会创始人之一的安东尼特·佩瑞女士而设立的。托尼奖设立于1947年,被视为美国话剧和音乐剧的最高奖,共设21个奖项,获提名剧目均是在百老汇各剧院演出的剧目,被称为戏剧界的“奥斯卡”。

④ Tim Donahue, Jim Patterson. Stage Money: The Business of the Professional Theater[M]. Columbia: The University of Southe Carolina Press, 2010:104.

世纪六七十年代的戏剧运动中，众多优秀的剧院制作人、演员和编导等创意人才对于因为演出寡头市场而造成的高昂的制作和营运费用非常不满。大型剧院对于剧目内容的垄断控制，导致了实验性和前卫剧目没有表现的舞台，一些艺术家纷纷开始外迁至外百老汇地区。三大剧院寡头也开始积极调和这种矛盾，其中最为代表的就是舒伯特集团拓展基金会业务。

舒伯特集团除了拥有百老汇的17家剧院外，在外百老汇、华盛顿特区、波士顿、费城都拥有剧院，并且其下属的舒伯特票务公司在美国互联网票务中位居第二。尽管舒伯特集团公司一直未公开其经营业绩，但是据统计其每年的营运收益能达到7.12亿美元，职工约有2 000多人①。目前的舒伯特集团包含了舒伯特商业剧院公司和非营利基金会两大部分。《专业剧院经营之道》一书的作者蒂姆·唐纳修(Tim Donahue)和吉姆·帕特森(Jim Patterson)就将这种模式比喻为“俄罗斯套娃”，并指出这种模式对于机构资金的透明显然没有任何益处。但是不可否认的是，由于舒伯特基金会每年重点支持众多剧团和舞团，建立了非常良好的互动关系，间接性地吸引了一大批非营利剧院的创意人才。

舒伯特基金会完全归属于舒伯特集团。舒伯特基金会在2009年递交给IRS的报告中的资产负债表显示，基金会总资产为3.37亿美元，负债仅为168.72万美元。其2011年的年报显示，基金会主要致力于剧院、舞蹈表演、艺术相关机构、教育和公共事业，其中对于剧院的捐赠始终占据基金会业务的70%左右，在2011年对于将近300多家剧院的捐赠达到了1 400万美元，舞蹈方面为300多万美元，其他相关艺术领域为250万美元。

舒伯特基金会的990表(美国非营利性机构向美国国内税务局递交的财务表)中也有一些值得注意的细节。由于舒伯特集团并不是上市公司，故其投入基金会的资金规模、来源较为隐蔽。2009年，舒伯特集团支付基金会的股息1.7千万美元，占基金会股息收入的88%。而在投资方面，舒伯特基金会对部分优质公司股票投资是1.24亿美元，对于舒伯特集团的投资也达到了4.93千万美元。同时，在人事工作方面，舒伯特基金会和集团公司之间的人员互调也极为平常，以至于基金会的主要管理人员会和集团公司达成某种不公开的一致决定。可见，舒伯特集团通过旗下的基金会一方面给予其他非营利剧院和团体资金支持，以发掘更好的演艺资源，另一方面又利用基金会的投资资金和人力资源牢牢控制了整个集团对于基金会的控制。

(2)非营利剧院反哺商业剧院资源。舒伯特、倪德伦以及朱詹馨剧院集团在彼此激烈的竞争过程中逐渐意识到，同非营利剧院的合作不仅能够吸引优秀的题材和演职人员，更重要的是可把非营利剧院当做一个预演的实验室，降低了演出风险和成本。例如，20世纪90年代在百老汇创造辉煌历史的音乐剧《吉屋出租》(Rent)，被认为是在《猫》《歌剧魅影》等经典制目之后的新起之秀。该剧最早于1994年在外百老汇非营利的新纽约剧院上演。该剧故事源于普契尼的经典歌剧《波西米亚人》，该剧创作者乔纳森·拉尔森把真实的人生境况和周遭朋友的生活点滴搬上了音乐舞台，反映当代年轻人的乐观精神，在演出之后不断受到观众好评。自1996年4月29日搬上了倪德伦剧院后，该剧获得

---

① Tim Donahue, Jim Patterson. Stage Money: The Business of the Professional Theater[M]. Columbia: The University of Southe Carolina Press, 2010: 26.

了美国托尼奖中的最佳音乐剧、最佳男演员、最佳剧本和最佳原创音乐奖，先后被翻译成16种语言在21个国家150个城市上演，海外版已经超过了20个。据统计，《吉屋出租》已经在百老汇上演3 300场，全球演出共计超过1万场，票房超过了6亿美元，成为过去八年来百老汇赢利最多的音乐剧。

朱詹馨剧院集团是由詹姆斯·宾格（James Binger）及其妻子维吉尼亚于1956年创立的。朱詹馨剧院集团在百老汇的地位仅次于舒伯特集团和倪德伦集团。然而，相比前两大剧院集团，朱詹馨在内百老汇的40家剧院中只占有5家，可它却创造了令人称道的运作模式，惊人地获取了内百老汇总利润的1/3①。事实上，朱詹馨剧院所取得的骄人成绩是和非营利剧院密不可分的。

朱詹馨剧院集团于1984年设立了"朱詹馨剧院奖"，奖金数额从5万~10万美元不等，用以奖励在剧目演出中推出优秀作品的非营利剧院。利用这个奖项的评选，朱詹馨剧院集团发掘了一大批优秀的剧目题材和表演者。2007年，朱詹馨集团发布了一个全新的Givenik售票系统。该系统广泛用于购买百老汇和外百老汇演出门票。和一般售票系统不同，Givenik会把部分售票收入捐赠给非营利演出机构和其他慈善机构。顾客如果从该系统购票，5%的销售收入就会直接划入非营利机构中，顾客还能自主选择自己愿意捐助给哪些非营利机构。Givenik系统甚至还会将其门票中的折扣部分、捐赠部分和演出费用比例都悉数列出②。其实无论是"朱詹馨剧院奖"，还是Givenik票务系统的捐赠模式，都是商业剧院同非营利剧院之间密切合作的表现。这种合作实现了资源平台共享，让彼此在制约平衡中获得发展。

2.5.2.2 协会管理机构机制健全

虽然百老汇没有政府直属的管理委员会，但是在诸如百老汇联盟（The Broadway League）、百老汇协会（The Broadway Association）、百老汇艺术家联盟（Broadway Artists Alliance）、演员基金（The Actors Fund）、戏剧联盟（Drama League）等协会组织的共同作用下，无论是在保护演艺人才权益、剧目市场营销，还是在对外合作交流开拓等方面，都采取了有效的管理机制。比如，百老汇艺术家联盟长期致力于邀请托尼奖的获得者、百老汇剧院一线演员以及编导人员，专门向年轻的演职人员提供包括声乐、音乐赏析、现场表演、即兴表演以及面试等多方面的培训，不断地为百老汇演出市场发掘新型创意人员。这些协会组织可以分为专门从事宏观市场协调的联盟机构，专门为演职人员提供咨询服务的工会机构，以及专门为演出市场提供筹款、法律、营销和保险经纪的专业中介服务机构。

以百老汇联盟为例，它诞生于1930年，是一个全国性的演出市场交易和对外贸易的服务协会。百老汇联盟的宗旨就是同剧院所有者和管理者一道致力于提升戏剧的商业利益，并与戏剧工会和其他协会组织进行集体谈判。每年百老汇联盟都会策划和主办一些促进剧目营销、吸引企业赞助及观众拓展的节事活动。百老汇联盟的42名理事会成员包括舒伯特、倪德伦、朱詹馨剧院、百老汇管理咨询公司、波兰地制作公司及全国艺术

---

① 刘晓明，方世忠．都市戏剧产业——国际对标和中国案例[M]．上海：上海文化出版社，2010：86．

② 刘晓明，方世忠．都市戏剧产业——国际对标和中国案例[M]．上海：上海文化出版社，2010：86．

家管理公司等诸多知名演出机构的经理人。百老汇联盟还和大通银行、纽约时报建立了长期战略合作关系。在百老汇联盟的努力下，每年度都会有诸多优秀的舞台剧被推广到世界各国。

此外，百老汇联盟还设立了百老汇粉丝俱乐部（The Broadway Fan Club），百老汇绿色联盟（The Broadway Green Alliance）及百老汇旅游（Touring Broadway）等机构，致力于推动公益性事业、观众拓展以及旅游演出事宜。特别是其下属的 IBDB（Internet Broadway Database）在线数据库包含百老汇所有的编剧、演职人员及制作营销公司等诸多信息，并且每周定期公布百老汇上演剧目的票房、观众上座率等数据信息。每周的票房和观众上座率统计成为诸多剧院负责人和经理人进行市场决策的重要依据，一旦剧目票房面临成本压力，极有可能面临下档以降低损失。可见，无论是宏观的战略推广、市场引导、产业链拓展，还是微观的观众沟通拓展、剧院经营，都有着各种协会联盟的影子。

2.5.2.3 演艺产业链要素高度集中

百老汇悠久历史的剧院只是整个演艺产业链条下游的分销环节，而在上游的剧目内容策划和创意、资金筹措和投资，中游的演职人员培训、票房营销以及相关衍生产品等环节都有一大批专业化的公司负责，所有剧目按照规模化的生产步骤进行创作生产。众多与百老汇演出相关的服务机构分布在其周边，类似业务公司之间的激烈竞争使得服务日益专业化。

因此，对于百老汇的新编或重排剧目而言，任何一个环节都有相关的专业化公司服务，而这种生产要素的集中化正好是哈佛商学院迈克尔·波特教授在竞争优势中所总结的“集群效应”，即在百老汇这个高度密集空间内的生产要素集聚，降低了演出企业的制度成本，提高了其规模经济效益和范围经济效益。更重要的是，不同于一般的资源型集聚，具有创意性的演艺产业集聚是以创新型人才和企业为主体，以知识、创意和技术密集为主要内容。

2.5.2.4 多元化和专业化的融资方式

百老汇商业型剧院的资金筹措方式与美国其他戏剧团体有较大的不同。一般戏剧团体的资金来源是社会赞助、个人捐助、政府拨款及票房收入等，票房收入所占的比例较少，赞助性的资金款项较大。百老汇商业剧的资金主要靠风险投资，由各种风险投资基金进入剧目的创作、制作和演出过程。如果剧目市场反应不佳，则投资者的权益就会受损；反之，如果剧目长期畅销，则投资人能够获得极其丰厚的回报[①]。正所谓高风险与高收益并存，对于百老汇演出剧目的投资方而言，要么期许剧目受到市场观众的热捧，尽快短时间内利用票房回收资金；要么创新资金投入方式，通过多元化的投融资方式降低风险。但是在实际运营中，以上两种方式都难以预期。百老汇剧目的资金回收周期长。一般而言，一台小规模制作的音乐剧最低需要投入 500 万美元，在百老汇现有的演出市场条件下最快回收成本也需要一年半，更何况有许多剧目会被拦腰斩断下线。

在百老汇每年的演出季末，演出市场交易的杂志《Variety》便会刊印一期回顾特刊，

---

① 王雪野.国际文化资本运营[M].北京：中国传媒大学出版社，2008：301.

其中便涉及该年度新出品商业剧目成功(hit)或失守(flop)的表现。所谓的剧目成功就是指剧目可能没有获得巨额利润,但是投资者收回了初期投入,而剧目失守则意味着剧目演出可能有一些收益,但是依旧无法偿还投资者的初期投入。

1999—2008年间,百老汇的总收益约达到了74亿美元,其中共出现了343部新剧目。1999年6月初有27部剧目自上一演出季后依旧在上映,但是在2008年,只剩下了《狮子王》《芝加哥》两部在院线演出。虽然该演出年度所有剧目的平均收益达到了2 000万美元,但是正如"二八定律"一样,其中115部剧目的收益在200万至500万美元之间,甚至连基本投入都无法收回。票房销售前28部剧目占据了52亿美元的收益,而其余315部剧目则只贡献了25亿美元的收益①。对于百老汇的投资者而言,大部分所投资的剧目票房收入都在平均收益之下,因此这些投资者便通过不断转变投资方式和开发衍生产品来降低风险。

首先,对于制作方而言,在剧目项目策划之初就必须作一份详细的预算报告,该报告包括预演版(首映之前)、每周运营预算以及总运营运算。预算中包含了演出所涉及的版权、法律咨询、劳务、服装道具、场地及营销等一系列的细目内容。

其次,制作方要找到合适的投资者。制作方依据这些预算信息为投资者准备一场不超过半小时的宣讲展示。在1996年克林顿总统签署《全美证券市场促进法》(NSMIA)后,各州对投资公司、经营公司的债券买卖监督和保护力度开始更为规范。来自其他州的投资者对百老汇剧目进行投资时,其私募投资者的身份和资金运用必须完全符合NSMIA的要求,整个融资和投资活动还必须在《纽约市文化和艺术法律事务》的规范下开展。

最后,在对于回收资金的分配方面,要在项目初始阶段就和编剧、投资者商定好资金分配比例和方式。例如,百老汇制作一般根据编剧的影响力和已有作品的票房给予编剧6%~10%不等的票房净收益,或者会根据"版权池"(royalty pool formula)的模式,即根据一定的比例来分配票房净收入,一般制作公司获得周票房净收入的35%~40%,其余的60%~65%则归投资者所有。

百老汇演出市场是全球风险资本最早涉足文化产业的领域,而天使投资的称谓就源于风险资本在百老汇演出的投资。由于目前的剧院公司都为私营性质的非上市公司,故剧目资金的运作无法被外界清晰地掌握。这些风险投资公司或个人普遍采用同他人多方合作的方式,按投资比例分享收益,还积极开发与剧目相关的服装、纪念品、视频光盘及玩偶等衍生产品来增加收入。

2.5.2.5 弹性的档期安排,有效的观众拓展

(1)合理利用档期来降低演出风险。百老汇的演出周期是从当年的6月到次年的5月为一个演出季年度。为了吸引更多的观众,延长剧目的演出周期,剧院管理者经常会通过报纸、电视以及广告等媒介从开始策划预演到持续演出中不断进行各种营销活动。由于10月感恩节和12月圣诞节的假期原因,故该季度为整年度的观演高峰期;1月至3

① Tim Donahue, Jim Patterson. Stage Money: The Business of the Professional Theater[M]. Columbia: The Universiyt of Southe Carolina Press, 2010: 31.

月为整年度的低潮期;4 月至 6 月也是观演活动较为频繁的季度。剧目制作公司和剧院经理会依据预期票房合理安排档期,尽量避免同类题材或者相似剧目的撞车现象。

(2)大力吸引游客参与观演。百老汇联盟对于 2010—2011 年度观众的机构调查显示,百老汇观众总人数为 1 253 万,演出收入达到 10.8 亿美元,每周平均观演人数为 23.7 万,平均上座率为 80%。剧院观众的平均年龄为 44 岁,女性观众的比例占到了 65%,其中网络售票的比例为 44%,大部分观众容易受到演出广告的影响而选择剧目,而在所有观众中游客比例竟占到了 62%。整个 2010 年度纽约市的旅游人数(含国外游客和美国国内游客)总数达到了 4 880 万,这也就意味着每 4 位游客当中就有 1 位观赏了百老汇演出。百老汇的剧院同纽约市的旅游公司、组织以及宾馆等相关旅游机构建立了非常深厚的合作。观演百老汇剧目(音乐剧)是所有旅行社公司的固定行程项目。

此外,在百老汇联盟下设的粉丝俱乐部是专门针对观众的服务组织,该俱乐部每周定期发布百老汇通讯录,向其会员提供预订优惠票,组织观众参加剧目试演、预演活动及明星见面会等一系列观众拓展服务活动。百老汇制作人也没有忘记潜在的儿童消费者,常常会根据影视动画作品改编新剧目。在 2006—2007 年演出年度就有 22 部针对儿童的剧目在巡演。例如,由尼克罗迪恩(Nickelodeon)制作的《朵拉历险记》(Dora the Explorer Live)在百老汇联盟的推动下,在国内获得了超过 8 500 万的票房收入,还在欧洲、亚洲、澳大利亚等地区的多个国家演出。

(3)基于多元受众的票务营销。百老汇通过网络优惠、无纸化电子客票等形式不断完善互联网票务机制。同时,百老汇将观众拓展和票务营销相结合起来,从 2010 年开始百老汇采用了浮动票务定价系统并获得成功。该体系的核心就是将剧院的座位进行重新分区,提高热门座位的票价,同时降低廉价座位的价格。在整个剧场中,正厅前排这些视线较好、席次较好的座位其定价明显高于平均票价。采取新的票价体系后,单张票价的价格平均上涨 7.6%,但在剧院的 3 800 个座位中,有超过 1/3 的座位以低于 100 美元的价格售出。剧院最便宜的票价也从原来的 25 美元下调至 20 美元。这种浮动票价给票房收入带来了更多的收益,并且刺激了潜在和观望群体的积极消费。

对于整个纽约市而言,与游客相关的乘坐交通、观赏景点、看演出、购买纪念品、住宿及饮食构成了一条重要的经济收入线。其中,百老汇凭借其品牌影响力,与纽约旅游配套设施共同作用,对整个纽约市的经济发展作出了重要的贡献。根据百老汇联盟的统计,在 2008—2009 年演出年度,百老汇演艺产业从剧目制作、场馆设施建设、吸引游客消费等方面为纽约市贡献了 98 亿美元产值,并提供了 84 400 份就业机会。其中,百老汇的游客直接消费为 51.92 亿美元,整体带动了 77 亿美元的产值;剧目制作花费达到了9.492 亿美元,整体带动了 20.49 亿美元的产值。

2.5.2.6 巡回演出机制拓展市场

巡演在整个百老汇演艺产业中发挥着极其重要的作用,众多的百老汇演出制作公司积极地利用巡回演出增加观演场次数量,降低剧目生产成本,实现效益最大化。巡演不仅能够提高剧目票房收入,更重要的在于能够面向全美以及其他国家和地区观众进行剧目品牌宣传和市场拓展。百老汇剧目的巡演可以弥补因为不同档期所造成的过分竞争或观众上座率低的局面,一般在一个特定的城市进行数天或数周的表演。百老汇联盟的调查报告显示,在2009—2010年演出年度中,有近1 600万观众参与了百老汇剧目在北美市场的巡回演出。无论是票房成功还是失守的剧目,只要有机会都会积极地参与巡演。在百老汇中表现极其突出的剧目更侧重于海外巡演,而票房成绩不尽如人意的剧目则更期许在全美的巡演中扩大影响,吸引更多的观众,提高票房收益。对于剧目制作者而言,只要投资协议没有不利于巡演的限制规则,都会在已有演出收益的基础上,开始长达一年或数年的巡演。

百老汇的制作公司在巡演中普遍是和当地的演出商合作。制作公司一般负责派出演员、舞台监督、音乐家、主要技术人员及剧场经理,还会提供服装、道具、灯光、音响、相关广告营销材料及版权协议。本地演出商则会负责剧场、演出设施的装运、舞台装置、舞台工作人员、票务销售及演出税收相关保险等。在巡演方面,百老汇制作公司和当地演出商之间的合作方式分为担保合作、自主发行及协同创作三种。

(1)担保合作。演出商会向制作公司保证支付每周最低酬劳。这种合作显然对于制作公司更为有利,演出商则要背负市场票房的压力,一旦制作公司出现变故将会面临巨大损失。例如,在2007年,作为具有将近20年历史的Bacimanagement演出票务公司向制作公司允诺将在马里兰州、弗吉尼亚州以及华盛顿特区等地承接演出,但是演出在只剩下一个星期的时候被取消,其中位于马里兰州的一个演出商就损失了120万美元。演出商和制作公司之间大部分是按照4:6的比例分割收益。

(2)自主发行。如果制作公司对于剧目的预期票房有信心,更为倾向于选择给予演出商一定的费用和每次演出的额外营运费用,其余的演出收入则归制作公司。这种合作模式则将风险从承接演出商转移到了制作公司。制作公司只从演出商手中租用剧场及相关演出道具设施,不涉及最终票房利益的分配,演出商只是进行部分辅助配合工作。

(3)协同创作。当演出商在预期档期内没有合适的剧目演出时,则更倾向于直接联系百老汇的制作公司,双方通过共同投资合作新剧目的模式,获得制作公司允诺在预期档期进行巡演。

一般而言,巡演剧目的价格要低于在百老汇剧院的演出价格,大概是百老汇演出平均价格的74% ~80%。根据百老汇联盟统计的数据,在2007—2008年演出年度,百老汇演出的平均票价为76.37美元,巡演的平均价格为62.48美元,并且巡演所售票数也多于百老汇。在该年度,百老汇1 560场次的票房收入为1 230万美元,而1 138场次的巡演就获得了1 530万美元的票房。其中最主要的原因在于剧场的座位数,百老汇最大的Greshwin剧场拥有1 933个座位,而芝加哥剧院就有3 600个座位,洛杉矶的Pantages剧场坐席数为2 703个,亚特兰大的福克斯剧场甚至拥有4 678个坐席。从1999—2008年度演出季的票房收入统计可见,在2003—2004年度后百老汇的整体票房一直低于巡演票房。

此外,还有大量的由地方演出商联盟、大学联盟或宗教组织所主办的区域性巡演。这类巡演既有商业性的制作公司,亦包含非营利性剧院。特别是那些百老汇票房失守的剧目,在得不到百老汇联盟的支持下,便会积极洽谈地方性机构寻求演出机会。音乐剧《苏斯博士》(Seussical)便是其中一例,该剧由琳恩·雅伦丝(Lynn Ahrens)和史蒂芬·弗拉哈迪(Stephen Flaherty)基于儿童书籍《苏斯博士》一书改编创作,于2000年在百老汇登台上映。然而2001年该剧就从百老汇市场下档,损失高达1 050万美元。此后演出公司便进行了按比例缩小剧目场景、使得歌曲和内容脚本更贴近于原著等一系列修改，进而该剧便开始了在美国费城、休斯敦、密尔沃基、辛辛那提等地及英国的巡演，深受学校、社区和地方性剧院观众的喜爱，仅在辛辛那提市演出时就获得了500万美元的票房。正如该剧的制作经理肯恩所说："我们认为这是一部非常优秀的剧目，然而貌似百老汇观众并不这样认为。我不确定该剧是否吸引纽约观众，但可以肯定的是在全国其他地方是非常受欢迎的。"还有如音乐剧《小妇人》《周末夜狂热》都是在巡演中收复了在百老汇所失守的票房。非营利剧院的巡演规模和场次都不及商业剧目，并且多半是由一些教育机构或协会组织提出演出预约，其中主要从事巡演的非营利剧院有美国音乐公司代理、蒙大拿话剧团及美国莎士比亚中心。

2.5.2.7 新剧目投资日益高涨

在新剧目数量方面，第二次世界大战之后百老汇年度新创作音乐剧的剧目数量再也没有超越战前的繁荣高度，许多剧场工作者认为其原因在于电视开始广泛进入美国家庭出现了一定的替代作用，特别是1954年由美国NBC电视网推出的彩色电视，1962年开始普及的卫星电视，使得新剧目创作进入低潮时期。虽然目前还没有直接性的研究说明大众媒介和剧目创作之间的关系，但是在1987年之后，百老汇的新剧创作又陷入一个较长的下滑期。

还有一个重要的原因就是音乐剧的制作成本日趋高昂，相对应地使得每年的剧目创作数缩减。《纽约时报》2011年7月21的报道："百老汇的制作成本令人担忧，过去一般的音乐剧成本控制在250万－400万美元，但是今天大规模的制作动辄就会达到1 000万～1 500万美元，例如《摩门经》(The Book of Mormon)花费了900万美元，《怪物史莱克》(Shrek the Musical)竟然高达2 500万美元，《蜘蛛侠：远离黑暗》(Spider－Man：Turn Off the Dark)不可思议地达到了7 500万美元。"①

另外，百老汇年度新创作音乐剧总体上呈现了"峰谷"的大小年现象，在新剧目增长方面没有出现连续5年增长的局面，大体维持了3年增长之后便出现下滑的局面。这种现象一方面反映了百老汇演出市场的剧目资金回收周期问题，每个剧目都需要超过一两年的市场表现才能实现盈余；另一方面则充分说明了百老汇的演出市场已经达到了饱和状态，如果想要实现线性的增长，则必须在巡演或海外扩张中寻找新的空间。

就整体的市场表现而言，近20年内作为国际演出市场标杆的百老汇，在演出市场规模、观众上座率、剧目创作及演出场次等方面都表现出了较为明显的优势。尽管个别年度会出现票房收入小幅下滑的局面，但是整体表现为增长态势，特别是在2009年金融冲击中，百老汇票房表现依旧坚挺。1984—2011年间，百老汇的平均票房增长率为6.27%，约为同期美国的国内生产总值(GDP)平均增长率的2倍，其对于整体经济的贡献非常明显。

在百老汇剧目创作生产方面，一般是将各个剧目在年度中的演出周次数进行累计相加，演出周次数说明了百老汇在单位演出季度内所上映的周次数目。在1989—1992年的演出年度，百老汇票房收入为增长趋势，但是年剧目演出周次和观众数都表现为下降

---

① http://artsbeat.blogs.nytimes.com/2011/07/21/the－staggering－cost－of－broadway/.

趋势。1993—1999年的演出年度是近20年间百老汇整体表现最为突出的时期。

2.5.2.8 题材内容大众化,创作生产模式化

对于任何一个演出市场,其繁荣的重要因素就是"剧目内容"获得了观众和市场的满意。百老汇的剧目演出常年不衰,除了上述所提到的管理机制、资金支持、运营模式以及配套机制等要素外,剧目题材是所有制作者和投资者最为关心的议题。百老汇面对的不仅是纽约市观众,在驻演或巡演过程中,任何一个剧目都要面对不同阶层、种族以及职业的观众,特别是对于美国这个多元移民文化的国家更是这样。音乐剧之所以在百老汇并在美国兴盛,其重要原因就在于题材内容的大众化、制作流程的模式化。

亚伦·弗兰克尔(Aaron Frankel)在《百老汇音乐剧创作》一书中将音乐剧的基本要素按照模式方程总结为五点。他认为音乐剧的创作来源非常广泛,既可以是一种激情冲动,亦可能是一种抗议情绪,或仅仅就是为了一首歌曲等,但是大部分的创作想法都不可能成为现实,因为对于成熟的创作公司者而言,要考虑所谓的剧场第四堵墙(fourth - wall,即观众的视角),故事情节不仅要新颖,更重要的是要能够在舞台上用音乐、舞蹈等表现出来,以及整个剧目所最终表现的观点和立场要符合主流大众的预期心态。因此,剧本内容会充分考虑角色性格、舞蹈动作、场景状况、音乐歌词和对话台词等要素以及这些元素之间在具体时间点的结合节奏。

百老汇在剧目要素和内容创作方面最为独特的成功秘诀是已经摸索出了一套符合观众的模块化生产模式。以音乐剧中的歌曲为例,在19世纪60年代后,由于受到电视和摇滚乐的影响,百老汇音乐剧出现了观众上座率和票房收入下降的问题。大量的制作方开始试着将很多的流行音乐加入新创剧目。相比较于传统的古典音乐,流行音乐更易于被观众识别记忆。在多次排练和演出中,百老汇创制了一套称为"AABA"的模式,即:

- A——第一次演唱(引用)音乐。
- A——同样地进行重复演唱,使得音乐开始渗入观众记忆(被学习的状态)。
- B——利用相反基调音乐加以停顿和衔接。
- A——再次重复所引音乐。

关于这一类的样板还有ABAC、AB等多种模式,并且在节奏、歌词、音调、词汇应用等多方面都有一些成功应用的样板。虽然在具体剧目中并不是硬性套用模式,大部分创作者会根据故事情节进行改编重组,但是其目的都是为了让观众能够熟识音乐,从而形成共鸣。而从音乐剧的制作团队的构成中,百老汇音乐剧的制作团队分工专业化,职责明晰,互相独立。在以导演为中心的整个创作团队,所有的编曲者都是音乐编导的助理,声乐编曲是独立性的专家,负责声乐排练。

题材内容方面,通过比较在百老汇演出历史上50部最多演出场次的剧目可见,耳熟能详的音乐剧《歌剧魅影》《猫》《悲惨的世界》《芝加哥》都是长期占据排行榜前列的剧目。在前50名演出场次排行中,其中有音乐剧37部、话剧9部、滑稽讽刺剧3部、舞剧1部。相比较于其他类型的剧目,音乐剧正是因为其多元艺术元素而更为大部分观众所推崇。

在百老汇演出历史上上演最多的前20部的剧目中,描述平民小人物励志性生活的题材共有7部、关于两性情感类(多为爱情矛盾冲突)的题材为9部、儿童动画类题材为3

部、其他迷幻和非写实性题材 1 部。在这些同类题材中，时不时就会发现一些很朴素的“美国精神”，例如《吉屋出租》《妈妈咪呀》，剧目结构非常简单，剧情貌似平淡却饱含真挚的感情，歌舞与平常生活相结合，观众与舞台内容之间的距离微乎其微。两性情感话题成为百老汇剧目演出的主流，在《歌剧魅影》《芝加哥》及《你好，多莉》中都会找到主人公追求自由爱情时艰辛波折的情节。百老汇的剧目题材以大众生活为基础，故在国际演出市场中可以被大部分国家的观众广泛地接受，降低了对外演出中的“内容折扣”。

可见，百老汇今日所取得的成就来源于其近百年发展中的深厚积淀，在有效的平衡竞争机制下，商业性和非营利性剧院共存共荣，始终坚持以观众体验娱乐消费为主要目标，不断从日常生活中发掘舞台题材，通过引入市场规模资金投入，在吸引大量优秀演艺人才的基础上，不断创造演出市场的纪录。百老汇的成功说明了其在剧目内容创意、政策机制、优秀人才、可利用资金以及规模观众需求等方面获得了无法比拟的竞争优势。

3 国际电影市场

3.1 国际电影市场发展概况

3.1.1 国际电影市场发展历史

1895年12月28日,在法国巴黎一家咖啡馆的地下室里,卢米埃尔兄弟第一次用"活动电影机"成功地放映了他们的影片,宣告了电影的正式诞生,卢米埃尔兄弟也因此被誉为"电影之父"。经过100多年的发展,电影已经成长为全球票房收入达347亿美元的大产业,成为国际文化市场的重要组成部分。

在世界电影发展早期,法国是世界电影舞台上的领军者。法国电影导演乔治·梅里爱是一位天才的艺术家,他集编剧、导演、绘景和制作木偶等角色于一身,使用舞台演员、道具、布景、化妆等手段,将戏剧引入电影,并发明创造了大量电影特技,把电影与魔术、现实与梦幻结合起来,创造了一个个光怪陆离的魔幻世界,拍摄了大量受到广泛欢迎的作品,如《灰姑娘》《月球旅行记》《太空旅行记》《海底两万里》等,使电影成为大众喜闻乐见的娱乐演出,而梅里爱的电影更是以其独特的吸引力几乎统治了美国和欧洲的电影市场。除了梅里爱电影的艺术魅力之外,另一个帮助法国登上电影霸主地位的因素便是百代公司的崛起。

百代公司的创始人查尔斯·百代最初只是个卖留声机的商人。1896年,查尔斯·百代成立了百代公司,主要经营留声机。1901年,百代公司开始涉足电影制作,并不断开拓海外市场,1904—1905年间,百代在伦敦、纽约、莫斯科、柏林等地都设立了销售点。一方面,百代公司实施了产业链的垂直整合,把触角伸到了电影的制作、发行和放映各环节,他们制造摄影机、放映机、电影胶片,并收购电影院放映自己的影片;另一方面,百代公司还实施了横向整合策略,将电影工业中的某一环节在不同的地区进行拓展,如在意大利、俄国、美国等地纷纷建立电影制片厂等,完全取代了梅里爱手工作坊式的生产,把百代公司变成了一个庞大的、独立的、享有巨额利润的托拉斯企业。到1910年,百代已经成为世界上最大的电影公司。而在百代公司的带领下,1908年法国电影在美国的市场份额占到了70%。

不幸的是,1913年百代开始调整经营策略,减少了对电影生产的投入,而将资金集中投放在影片发行和放映环节。1914年第一次世界大战爆发后,百代专门发行美国电影公司的影片,尤其是美国独立电影公司生产的影片,这样的做法导致法国电影在美国市场的严重萎缩。1919年,百代不仅退出了法国电影生产领域的领导地位,而且随着美国电影业的迅速成长,百代公司也被美国电影公司排挤到了电影业的边缘位置。

百代公司在美国市场上的衰落有其自身经营战略选择错误的原因,另外的原因则在于受到了美国电影行业竞争对手的抵制。早在1896年,卢米埃尔兄弟公司把自己的体制引入美国的打算就遭到了抵制,包括遭受联合抵制、产品和设备被海关没收、展映没有任何理由就被取消等,不久,卢米埃尔兄弟放弃了他们在美国的努力。在美国市场上的其他法国公司也遇到了类似的攻击。为了把法国人赶出美国市场,以托马斯·爱迪生为首的一群专利持有人把他们的拍摄专利与放映设备专利联合起来经营,并成立了电影专利有限公司。电影专利有限公司的主要做法是利用知识产权保护为参与竞争的企业提供拍摄与放映的系统制式。在家庭录像带的早期,Beta 制、VHS 和菲利浦 2000 等几种制式是不能互相兼容的。为了争夺市场份额,这几种制式的录像系统相互之间进行着激烈的斗争。电影专利有限公司规定,加入有限公司的连锁电影院,只能利用它所结盟的企业家的制式系统来放映电影,这样,其他各种制式就统统被关在这类影院的大门之外。电影专利公司的成立把大部分法国电影公司赶出了美国市场。在短短两个月的时间之内,美国电影市场上外国电影短片的市场份额就下降了 25 个百分点。虽然有两家最大的法国电影生产商获得了电影专利公司的许可,成为该卡持尔组织的成员,但到第一次世界大战爆发的时候,外国电影在美国市场上的份额已经下降到了 15%,法国的电影公司在美国市场从此衰落了①。

第一次世界大战为美国电影产业的发展提供了机遇,美国电影利用欧洲陷于战乱的时机,逐渐取代法国、英国、德国等电影大国,形成国际化的电影市场。20 世纪 20 年代,全世界主要电影制片机构云集在好莱坞郊区,形成了西方电影经济和文化的中心——好莱坞。

美国经济没有因为战争受到损失,战后开始国际扩张:1918—1921 年间,美国的电影出口增长了 300%。1925 年,美国电影占英国、加拿大、澳大利亚、新西兰和阿根廷等国电影收入的 90%;占法国、巴西和荷兰的 70%。在法国电影市场上,到 1927 年时,提交给法国检查机关预审的影片有 60% 是好莱坞电影②。自 20 世纪 20 年代起,"在世界各国,美国影片占据上映节目 60% ~90% 的优势"③。

到 20 世纪 30 年代,海外票房收入占好莱坞毛收入的 45%。在 20 世纪 70 年代以前,海外收入并不被视为很重要的部分,好莱坞很少专门为迎合外国观众的口味而调整产品,也没有完整的海外机构。因为当时美国国内市场是世界上最大的电影市场,所以好莱坞尽可通过在国内市场收回巨额成本。直到美国高等法院禁止好莱坞纵向垄断美国市场之后,各大电影公司才开始利用独立制片人来减少成本,并且将重点转向国际化,考虑开发欧洲、亚洲等潜力市场。好莱坞一方面采取一系列措施针对海外市场,另一方面也在世界各地建立大量的分支机构,逐渐形成好莱坞影片一统世界的局面④。

3.1.2 国际电影市场规模

下面,我们从电影票房收入和银幕数量这两个方面衡量一下国际电影市场的规模。

① 韩骏伟. 国际电影与电视节目贸易[M]. 北京:中国传媒大学出版社,2008:2.
② 韩骏伟. 国际电影与电视节目贸易[M]. 北京:中国传媒大学出版社,2008:3.
③ 乔治·萨杜尔. 世界电影史[M]. 徐昭,胡承伟,译. 北京:中国电影出版社,1982:243.
④ 韩骏伟. 国际电影与电视节目贸易[M]. 北京:中国传媒大学出版社,2008:3.

3.1.2.1 电影票房收入

电影票房收入是衡量电影市场规模的一个重要指标,它体现了电影产业已经实现的实际收入规模。根据美国电影协会发布的报告,2012 年全球电影票房收入达到 347 亿美元,较 2011 年增长 6%,较 2008 年增长 25%。2012 年全球电影票房收入的增长主要得益于北美地区以外市场的增长,北美地区以外其他国家和地区的票房总收入达到了 239 亿美元,比 2011 年增长了 6%(详见表 3-1)。

表 3-1 2008—2012 年全球电影票房收入 (单位:亿美元)

年份	2008	2009	2010	2011	2012	2012 年较 2011 年增长率	2012 年较 2008 年增长率
海外电影票房	181	188	210	224	239	6%	32%
北美电影票房	96	106	106	102	108	6%	12%
全球电影票房	277	294	316	326	347	6%	25%

数据来源:2012 Theatrical Market Statistics, MAPP, http://www.mpaa.org/Resources/3037b7a4-58a2-4109-8012-58fca3abdf1b.pdf。

美国电影协会把北美地区以外的电影市场划分为欧洲、中东与非洲区、亚太区及拉美区三大区域。从电影票房总量上来看,欧洲、中东及非洲区是目前除北美市场外最大的电影市场,但从增长趋势上来看,亚太区呈现出了最为强劲的增长势头。2012 年,亚太区电影票房的年增长率达到了 15%,中国内地的电影票房更是激增 36%,达到了 27 亿美元,一举超越日本成为全球第二大电影市场。拉丁美洲的电影票房在巴西等主要电影市场国家的带动下也获得了 6% 的增长。而由于法国、意大利、西班牙等欧洲国家的电影市场出现了衰退,欧洲、中东及非洲区的电影总票房下降了 1%(见表 3-2)。

表 3-2 2008—2012 年海外电影票房收入 (单位:亿美元)

年份	2008	2009	2010	2011	2012	2012 年较 2011 年增长率	2012 年较 2008 年增长率
欧洲、中东及非洲区	97	99	104	108	107	-1%	10%
亚太区	68	72	85	90	104	15%	53%
拉美区	16	17	21	26	28	7.7	75%

资料来源:2012 Theatrical Market Statistics, MAPP, http://www.mpaa.org/Resources/3037b7a4-58a2-4109-8012-58fca3abdf1b.pdf。

3.1.2.2 电影银幕数量

电影银幕数量是衡量电影市场规模的另一个重要指标,它体现了电影市场的潜在规模及发展趋势。2012 年,全球电影银幕数量增长了 5%,总银幕数量达到了将近 13 万块的规模,这在很大程度上得益于亚太及非洲/中东地区银幕数量高达两位数的增长。数字影院继续维持其高速增长的态势,年增长率达到了 41%。现在,全球 2/3 以上的电影银幕属于数字银幕。从全世界范围来看,2012 年是具有里程碑意义的一年,从 2012 年开始,数字银幕数量第一次超过了传统模拟银幕的数量。

较之2009年及2010年3D银幕爆发式的增长速度,3D银幕的增速在2012年有所下降,但从总体上看,2012年3D银幕在全球银幕中的占比达到了35%,较2011年的29%上升了6%(见表3-3)

表3-3　2008—2012年3D银幕增长趋势　　(银幕数量单位:块)

年份	2008	2009	2010	2011	2012	2012年3D银幕占数字银幕比例
北美区	1 514	3 548	8 505	13 490	14 734	41%
欧洲、中东及非洲区	594	3 510	8 143	11 570	13 963	53%
亚太区	344	1 584	4 659	8 590	14 219	62%
拉美区	84	362	1 104	2 142	2 142	63%
总计	2 536	9 004	22 411	35 792	45 058	51%
较上一年增长率	96%	255%	149%	60%	26%	

资料来源:2012 Theatrical Market Statistics, MAPP, http://www.mpaa.org/Resources/3037b7a4-58a2-4109-8012-58fca3abdf1b.pdf。

3.1.3　国际电影市场竞争格局

电影作为一种文化产品,其推广既有着很强的文化辐射作用,又可以带来直接的经济效益,因此,世界各国都不遗余力地向国际市场推销自己的电影作品,同时又尽量保护国内市场不受外来电影作品的侵蚀。从目前来看,国际电影市场已经形成了美国电影一枝独秀,欧洲电影努力保护国内市场,韩国、中国等新兴国家快速发展的竞争格局。

3.1.3.1　美国电影独霸国际市场

自第一次世界大战后,美国便登上了电影世界霸主的宝座,并一直牢牢占据这个位置。统计数据显示,2012年美国国内电影票房(含加拿大)总计108.3亿美元,打破了此前105.96亿美元的纪录。在美国国内电影票房一路飘红的同时,美国电影的海外票房也取得了不俗的成绩。20世纪福克斯、迪士尼、环球、派拉蒙、索尼和华纳兄弟美国六大电影制作公司海外总票房累计达134.85亿美元。为了从增长更为迅速的海外市场上获取更多利益,2012年好莱坞多部大片首映式在北美以外地区举行,《复仇者联盟》在美国上映前先在全球50多个地区首映,《冰川时代4》《诸神之怒》《007:大破天幕杀机》也把营销重点放在海外。

从总体上来看,美国电影国内票房(含加拿大)占全球电影票房的1/3左右,而在剩下的其他国家与地区的票房收入中,美国电影创造的票房收入又占到了60%左右,可以说,美国电影占据了70%左右的国际市场份额,是当之无愧的龙头老大。

3.1.3.2　欧洲电影努力保护国内市场

从市场总规模来看,欧洲属于另一个电影重镇。以2012年为例,欧盟区的总票房达到了83.169亿美元,观影人次达到了9.333亿人次,人均年观影人次达到了1.85次。然而自第一次世界大战以来,欧洲国家始终没有为国内电影产业找到在商业上可行的赢利模式,在好莱坞影片的强势进攻之下拱手交出了大部分的市场。根据欧洲视听观察中心出具的报告,2012 年的欧洲电影市场上,来自美国的电影占据了 61% 的市场份额,而欧洲本土生产的电影只获得了 35% 的市场份额,另外美国与欧洲合作生产的电影占据了 2% 的市场份额(见图 3 - 1)

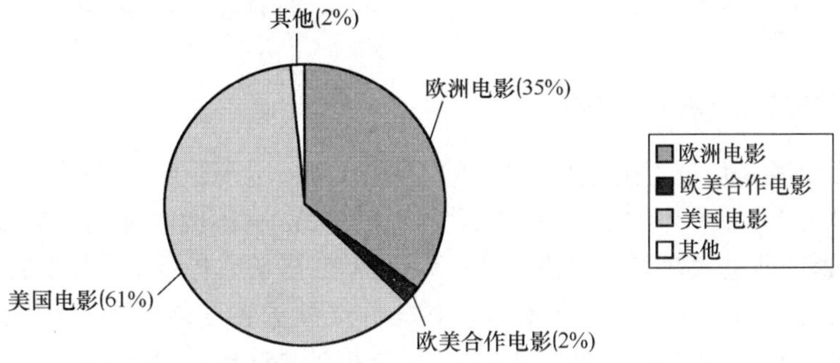

图 3 - 1　欧洲电影市场的市场份额结构图

资料来源:Focus 2013: World Film Market Trend, European Audiovisual Observatory。

在欧洲,电影被视为一种重要的文化产品,是国家文化财富的一部分。因此,基于文化保护的需要,动用政府力量对电影产业给予支持便成为欧洲电影产业不可分割的一部分。美国一直谴责欧洲的影视节目"配额制"和系列区域互惠政策等"贸易保护主义"做法,希望欧洲能遵循世界贸易组织(WTO)的贸易自由化原则开放欧洲影视市场;而欧盟则以保护"文化多样性"为由,指出视听产业承担着传播社会价值的重要职责,不能也不应该像其他鞋帽等普通商品一样进入自由市场,应该允许欧洲对其视听产业进行管理和补贴。

这场发端于 20 世纪 80 年代初的美国要求实行视听市场自由化而欧洲坚决反对的没有硝烟的战争,在 2001 年世贸多哈部长会议上取得了阶段性成果——2001 年 11 月 2 日,教科文组织全体会议通过了《联合国教科文组织文化多样性宣言》。根据这一宣言,文化和视听领域的"文化例外"原则成为欧洲对抗好莱坞文化入侵的重要盾牌,保障了其广泛的视听产业公共资助体系的合法性。

事实上,自 20 世纪 50 年代末以来,欧洲已经较普遍地建立起公共财政对电影的资助体系。英国与意大利率先于 20 世纪 20 年代通过了保护国内电影产业的法案。最初的公共资助体系采用的是对电影生产的自动资助模式,即根据票房收入的一定比例自动给予制作商或发行商一定金额的资金支持,从而为他们的下一部电影提供资助。意大利于 1938 年建立了对电影制作的自动支持系统,而法国和西班牙则分别于 1948 年和 1964 年建立了这一自动资助模式。第一个选择性资助制度是在电影观影人数第一次出现急剧下降后推出的,主要面向电影制作。英国于 1949 年推出了选择性资助制度,法国在 1959 年成立文化部的同时推出了这一制度,而西班牙则在 1983 年开始实行这一制度。选择性资助制度是一种要求制作商以将来的收入进行偿还的软贷款。后来,葡萄牙(1971 年)、希腊(1980 年)、奥地利(1981 年)、卢森堡(1990 年)都建立了公共财政资助体系。自动资助体系的目的在于保持整个产业广泛的竞争力(通过给予成功电影奖励的形式提供补贴),即意在保障电影的生产数量,而选择性资助制度旨在达到更多的文化目标,更多资助的是实验性电影,主要关注的是电影品质①。

虽然欧洲各国在抵抗好莱坞文化入侵方面不遗余力,然而好莱坞大片冲击欧洲各国电影市场的形势依然难以逆转。欧洲国家中,美国电影所占市场份额最低的是法国,2012 年为 45.3%,而法国本土电影市场份额只有 40.2%。各国抗击好莱坞文化入侵任重道远。

3.1.3.3 中韩电影市场异军突起

欧美电影市场是传统上的主要电影市场,中国和韩国则是近年来跻身国际主要电影市场行列的生力军。1998 年之前,受日本侵略、朝鲜战争、国内局势动荡以及制度约束等影响,韩国电影产业的发展较为缓慢。1998 年之后,随着《电影振兴法》的第二次修订、韩国电影振兴委员会的成立以及电影审查制向分级制的转变,韩国电影产业开始迅速崛起。1999—2004 年间,韩国电影总票房复合增长率达 24.3%。2004 年之后,韩国电影市场趋向成熟,票房稳定增长,成为全球第八大电影市场。2012 年韩国电影票房收入达到 13.1 亿美元,其中国产影片票房所占市场份额达 57.7%。

而自 2002 年启动院线制改革以来,中国电影产业便进入发展的快车道。从 2002 年到 2011 年的短短 10 年间,中国院线内电影院数量从 2002 年的 1 019 家增加到了 2011 年的 2 803 家,增幅达 175%;银幕数从 1 834 块增加到了 2011 年的 9 286 块,增幅达 406%;城市票房收入从 9.5 亿元人民币增长到了 131.14 亿元人民币,增幅达 1 280%。2012 年,中国电影票房更是创下了 170.7 亿元人民币(约合 27 亿美元)的历史新高,一举超越日本成为全球第二大电影市场。以中国为代表的新兴电影市场国家已经成为全球电影市场新的增长点,构成推动全球电影市场持续发展的重要力量。

3.1.4 著名国际电影会展

国际电影会展是交流电影艺术、实现电影交易的重要平台。从促进电影国际交易的角度来看,最重要的国际电影会展当数戛纳国际电影节、柏林国际电影节和美国电影市场。

3.1.4.1 戛纳国际电影节

戛纳国际电影节(英文:Cannes International Film Festival,法文:Festival De Cannes,亦译做康城国际电影节),创立于 1939 年,是当今世界最具影响力、最顶尖的国际电影节,与柏林国际电影节、威尼斯国际电影节并称为欧洲三大国际电影节,与德国的柏林电影节、意大利的威尼斯电影节、加拿大的多伦多国际电影节以及捷克的卡罗维发利电影节合称为世界五大电影节,又与柏林影展、威尼斯影展以及俄国的莫斯科影展并称世界四大艺术电影展。其最高奖项为"金棕榈奖"。

目前戛纳电影节每年定在五月中旬举办,为期 12 天左右,通常于星期三开幕、隔周星期天闭幕。电影节分为六个单元,即"正式竞赛""导演双周""一种注视""影评人周"

① Olivier Debande&Guy Chetrit. The European Audiovisual Industry: An Overview. EIB Sector Papers, 2001: 79.

“法国电影新貌”和“会外市场展”。其“会外市场展”已经成为全世界最大的电影交易市场——戛纳电影交易市场。

每年5月,随着电影节的开幕,戛纳电影宫的地下一层——戛纳电影交易市场也同时活跃起来。这里每年都有上千部影片进行展映,而手持入场券的全部都是电影发行商。戛纳电影交易市场共设立34个展厅,展厅面积达1.3万平方米,吸引全球100多个国家和地区1万多名参展商,每年4 000多部电影在此交易,销售额达10亿美元。组委会和电影宫管理机构从参展商交纳的费用中获得部分收入。

3.1.4.2 柏林国际电影节

柏林国际电影节(Berlin International Film Festival,以下简称“柏林电影节”)原名西柏林国际电影节,与戛纳国际电影节、威尼斯国际电影节并称为欧洲三大国际电影节,最高奖项是“金熊奖”。第一届柏林电影节于1951年6月底至7月初在西柏林举行。此后,每年6月—7月间举行一次。后为避开与戛纳国际电影节的正面交锋,提前至2月—3月间举行,为期两周。

柏林电影节最重要的部分是有全世界范围电影参与的竞赛单元,而规模庞大的“欧洲电影市场”则构成柏林电影节非常重要的市场拓展平台。

随着柏林电影节市场开拓力度的不断加大,其电影市场规模也相应迅速扩展。来自世界各国的百余家官方或民间电影推介机构,在柏林的马丁·格罗皮乌斯博物馆及柏林万豪酒店设置展台,宣传展示本国的最新电影,并寻求在世界各国的发行代理商。

在“欧洲电影市场”上,各国电影制作商除了谈判交易电影版权、宣传推广本国电影外,还积极寻找合作伙伴,从人员、技术到资金投入及后期发行等方面探讨各国电影人之间最广泛合作的可能性。在2013年的柏林电影节上,“欧洲电影市场”的展厅位置早在电影节开幕前两个月就被抢订一空,共吸引来自100多个国家和地区的400多个参展团的8 000余名电影专业人士参加,其间将放映各国影片多达1 100部。主办方登记的前来观摩购买电影版权的各国商业代表逾1 700名①。

目前,柏林电影节的“欧洲电影市场”已经成为国际电影业界最重要、规模最大、影响最广的交易平台之一,来自全球的电影买家与卖家、制片人、电影发行商、电影投资者,乃至电视界、娱乐圈及新媒体的代表在此聚集一堂,洽谈商业及各种合作事宜,寻求建立高效率的合作途径,搭建广泛快捷的商业联系网络等。

此外,“欧洲电影市场”还下辖有“影片跨国合拍市场”项目,旨在为寻求国际合作的各国电影制片商及投资商提供一个交流合作的平台。同时,美国的圣丹斯电影节协会也在这里设立了一个名为“独立制片商计划”的展室,专门展映美国圣丹斯电影节的最新影片,并寻找国际买家。

3.1.4.3 美国电影市场

美国电影市场(American Film Market,AFM)自1981年开始每年举办。从2004年开始,美国电影市场由原来每年的4月份举办改为11月份举办,以避开戛纳电影市场(5月

---

① 潘旭.柏林电影节上“欧洲电影市场”火爆[OL].http://news.xinhuanet.com/zgjx/2013-02/13/c_124343907.htm.

份举行)的锋芒。美国电影市场和戛纳电影市场一样有着得天独厚的条件——都是在气候宜人的美丽海滨城市举行,由此吸引了大量的电影交易商参与交易。美国电影市场和戛纳电影市场已经成为全世界最大的两个电影交易市场。

美国电影市场在全世界共有400多家会员,会员大都是独立电影制片公司。美国电影市场的预算是每届大约花费900万美金,4%来自赞助商,其余来自注册费和展台出租费用。给买家的待遇是:可以看所有影片提供大会交通、买家休息室、免费早餐,晚上有一个开放性的酒吧①。

美国电影市场没有选片功能,从不审看影片,凡是卖家要进行交易推广的影片都可以在电影市场进行放映。美国电影市场的场地以酒店为主,片商可以在附近的戏院安排放映,邀请有意洽谈的片商观赏影片,也确定是否购买。以2009年为例,交易会期间有445部电影参加展映,超过8 000位电影发行商、制作机构负责人会聚于此,为北美电影市场的年度清仓大战做最后的搏击———在这些影片中,有73部作品进行了全球首映,311部作品在北美首映②。

美国电影市场已经成为海外版权交易的重要平台,每年在美国电影市场期间的交易额可以达到数亿美元。除了影片销售之外,通过交易会为新片融资也是与会者重要的目标,很多创作者可以通过美国电影市场为自己的新片融得资金。

但是不同于戛纳电影节和柏林电影节,美国电影市场是一个纯粹的商业活动,并不涉及影片的评奖活动,一般观众没有机会参与观影,业界人士需要先行登记,支付注册费才可以参与活动。以2009年为例,注册费为895美元,机票食宿自理。

3.2 国际主要电影市场比较分析

毫无疑问,从票房收入来看,美国电影市场是全球第一大电影市场,而从影片生产数量和观影人次来看,排名第一的却是印度电影市场,而且印度本土电影牢牢占据90%以上的国内票房,风靡全球的好莱坞电影到了印度也只能"望印兴叹"。欧洲电影市场虽然无论从市场规模还是从观众对本土电影的忠诚度上都无法和美国、印度市场相媲美,但欧洲各国政府出于文化保护需要对电影产业不遗余力地加以保护,使得欧洲电影市场成为抵抗好莱坞强势文化入侵的重要标本,因此,本节将分析对象锁定于美国电影市场、印度电影市场和欧洲电影市场。

3.2.1 美国电影市场

3.2.1.1 美国电影市场规模

众所周知,美国是全球第一大电影市场。根据美国电影协会发布的研究报告,2012年,全美(包括加拿大)电影票房收入达到108亿美元,较2011年的102亿美元上升了

① 美国电影交易会解码[N].好莱坞纪事报,2009-11-16. http://www.dmcc.gov.cn/publish/main/120/1267/12674296351091080532/12674296351091080532_.html.

② 同上。

6%，较2007年的96亿美元上升了12.5%（详见图3-2）。从图3-2可以看到，美国电影市场发展已经进入平稳期，呈现出稳中有升的态势。近几年来，美国国内电影票房（包括加拿大）基本上保持在100亿美元左右，在全球电影市场票房中占据1/3左右的份额。而在美国电影市场之外的海外电影市场上，美国电影又创造了60%左右的电影票房，从总体上看，美国电影占据了全球70%左右的市场份额，可谓雄霸天下。

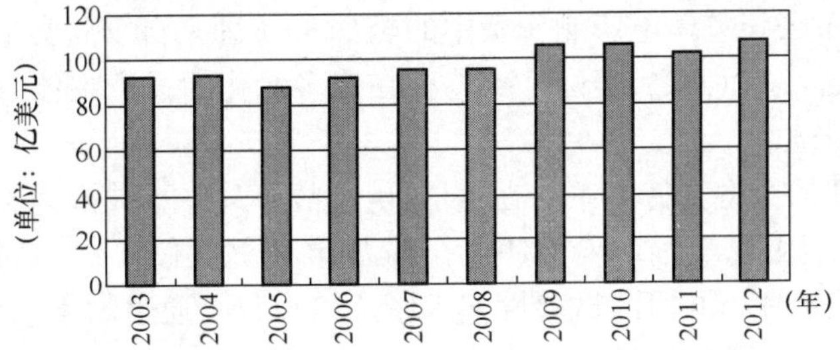

图3-2 2003—2012年美国（包括加拿大）票房收入

资料来源：Rentrak Corporation-Box Office Essentials，转引自2012 Theatrical Market Statistics，MAPP。

3.2.1.2 美国电影大获成功的因素分析

美国电影产业能取得如此成就，背后存在一系列重要的影响因素。具体而言，主要包括以下几方面的因素。

（1）存在多元化的投资主体。电影制作是电影产业中资金需求量最大、风险最高的领域，也是电影产业链的起点，因此，电影制作领域的资金是否充裕对整个电影产业的兴衰有着直接的影响。由于美国对投资电影并没有设置任何进入壁垒，因此，美国电影制作领域活跃着众多的投资主体。首先，六大主流制片公司凭借其雄厚的资金实力每年可以制作140部左右的影片，而大量独立制作商制作的电影数量更是要3倍于主流公司的制作数量。除了制作商这一主要投资主体之外，很多独立发行商也会将其触角延伸到电影制作这一上游领域，通过承担部分制作成本以获取部分区域乃至全球的电影发行权。而影院、电视台等放映终端为了确保稳定的影片来源，也会在电影制作这一产业链的前端进行投资。对于大量采用计算机数字特效的电影，因为在数字制作方面的费用比例不低，有些电影公司也会找视觉特效公司合作，让视觉特效公司以劳务作价的方式投资。

除了上述电影产业链中的各种投资主体外，行业外部资金也构成电影产业投融资的重要资金来源。从历史上看，美国行业外资金大量涌入电影业经历了四次大的浪潮。第一次浪潮出现在20世纪70年代初。当时的美国税法规定投入电影制作中的资金可以在短时间内提前折旧，同时可以作为报税时的预扣金额。这一税收优惠规定吸引了大量个人投资者将资金投入电影业，直至1986年美国税制改革堵住这一资金流向。第二次浪潮缘起于1995年证券市场上通行的投资组合理论在电影投资领域的应用。大量实践表明，如果将一笔资金分散投入到20～25部风格不同的电影项目中，可以大大降低投资风险，并可保证一定比例的回报。因此，保险资金和退休基金蜂拥而至。第三次浪潮出现于20世纪90年代末。德国当时的税法规定,公民投向电影制作的资金,无论是本国电影还是外国电影,都可以立即在税前预扣,并可延迟到未来相当长的时间后才缴纳税款。这一税收优惠政策极大地激发了德国公民投资电影的热情,并使德国成为美国电影投资资金的主要国外来源。德国政府在2003年前后修改了税法,弥补了这一漏洞,最终堵住了德国资金向好莱坞的流入。第四次浪潮始于2004年,发起者是来自华尔街的对冲基金和私募基金,主要以电影投资基金的方式出现。据美林证券的分析报告,目前好莱坞六大片厂及其旗下公司整体电影制作费中的至少30%即来自于此类电影基金,平均年资金额达25亿美元。总而言之,美国好莱坞存在着多元化的投资主体,这为好莱坞电影提供了充裕的资金来源。

(2)存在成熟的金融支持体系。在美国,电影故事片并不被视为文化艺术,而被划入商业活动的范畴。因此,美国政府并不给电影故事片提供任何直接的财政资助,即使是非商业性电影(纪录片、动画片、试验性艺术影片),也只是通过国家艺术基金会提供有限资助,规定申请资助额最高不超过影片摄制资金总额的1/3,对非故事片的资助年均不超过200万美元。美国电影产业能始终保持长盛不衰的态势,与美国存在针对电影产业的成熟的金融支持体系不无关系。

首先,银行可以为电影制作提供各种形式的贷款,包括一般抵押贷款、预售合同抵押贷款、交货合同抵押贷款、差额融资等。一般抵押贷款是常见的融资方式,由电影公司提供抵押品给银行或借款方以取得资金,并在影片上映后,优先偿还贷款,且加计利息。预售合同抵押贷款是指电影公司可以用与各地区发行商签订的预售发行权合约取得贷款。电影公司以预售合约向银行或借款方申请融资时,由于预售合约中会记载影片完成时发行商需给付电影公司的最低保证金,因此,银行或借款方会依据该发行商的信誉,核发贷款数额给电影公司。如果是声誉卓著的发行商,银行甚至会核定贷给电影公司100%的最低保证金额度。由于履行预售合约的一项重要前提条件是电影能够顺利完成,因此,银行或借款方除了要求电影公司提供预售合约外,也会要求进行完工保证,以确保影片将来若未能顺利完成,银行或借款方可以从完工保证公司获得赔偿。交货合同抵押贷款与预售合约抵押贷款类似。所谓交货合同,是指主要制片厂向电影公司承诺当电影完成时,将以一定的保证价格购买电影所签订的合约。而电影公司运用这份与主要制片厂签订的合约向银行申请的贷款即为交货合同抵押贷款。差额融资是指银行在没有任何抵押品的状况下,根据权威性的销售代理商给尚未完成的电影在全球各地可能的销售收入作出的评估,给电影公司发放一定额度的贷款。这种贷款一般来说额度不会太大 。

其次,保险公司为投资者提供了风险分担机制——完成保险。完成保险属于第三方责任险,它可以向电影投资者提供担保,保证一部电影会严格按照投资者与制片人协商确定的预算和计划来完成。虽然完成保险既不给电影的成功提供担保,也不提供电影的资金来源;但是,它转移了电影制作的风险,通过为投资者提供保险以保障电影能够并将会在预算和规定的计划之内完成,防止投资人因影视制作方和相关人员工作失职、由于不可预知的情形导致的错误判断以及对工作进程或预算的估计不足等原因而遭受损失。当一部电影超出预算,完成保险会支付超出预算的部分。完成保险的费用包含在电影的制作预算中,通常会占到一部电影预算的2.5%~5%,同时在没有“索赔”要求的情况下,也就是说一旦电影在没有需要保险公司支付超额预算的情况下成功完成,完成保险还有50%的佣金回报。另外,产业投资基金为个人投资者的闲置资金提供了进入电影制作行业的机会。一般而言,制作一部电影需要高额的资金,这是普通投资者力所不能及的,而电影产业投资基金一方面为零散的资金提供了化零为整的机会,丰富了电影制作领域的资金来源;另一方面又可以将集中起来的资金分别投资于不同的电影,实现了风险的分散化,从而使电影产业投资基金成为拥有较稳定收益率的投资工具。总而言之,这些银行信贷产品、保险产品以及基金产品扩大了电影制作行业的资金来源,为电影制作的顺利开展提供了金融保障。

(3)形成了广泛的投资回收渠道。从20世纪80年代以来,美国电影业早就形成了一种"大电影产业"的概念。电影的市场是一种可扩展市场,能通过不同的发行"窗口"(Windows)在衍生市场获得高额回报。这些市场按顺序一般包括"影院→电视计次点播→付费电视→音像租售→开路电视→衍生产品"等多级市场,此外还包括在海外发行的各个国家和区域同样的多级市场。而在这些市场中,影院特别是本国影院是电影的第一市场,虽然它的收入未必是最多的,一般来说,可能只占总收入的30%左右,但影院的重要性就像发动机,它决定了每部影片在以后的其他市场能够走多远,能够有什么样的表现。高额的影院票房是影片在其他环节成功发行的可靠保证。

(4)存在广阔的国内市场。美国国内存在庞大的观影市场。从表3-4可以看出,近10年来,美国年均观影人次达到了14亿以上,人均年观影次数达到4次以上。

表3-4 2003—2012年美国(含加拿大)观影人次统计

年份	2003	2004	2005	2006	2007	2008	2009	2010	2011	2012
总观影人次(亿次)	15.2	15	13.8	14	14	13.4	14.2	13.4	12.8	13.6
人均年观影次数	4.9	4.8	4.4	4.4	4.4	4.2	4.3	4.1	3.9	4.1

资料来源:2012 Theatrical Market Statistics,MAPP。

美国民众经常光顾电影院固然有电影本身吸引人方面的原因,另一个值得一提的重要原因则在于其低廉的票价。从表3-5可以看出,美国电影票价每年会根据通货膨胀率进行调整,在考虑了通货膨胀因素的条件下,2012年美国的平均电影票价也只有区区7.93美元,跟2011年美国36 300美元的人均收入相比是一个几乎可以被忽略掉的花费。尤其是跟主题公园、观看运动赛事等其他娱乐项目相比,电影票价的价格优势非常明显(见图3-3)。

表3-5 2003—2012年美国平均电影票价

年份	2003	2004	2005	2006	2007	2008	2009	2010	2011	2012
票价(美元)	6.03	6.21	6.41	6.55	6.88	7.18	7.50	7.89	7.93	7.96
年涨幅	4%	3%	3%	2%	5%	4%	4%	5%	1%	0%
CPI涨幅	2%	3%	3%	3%	3%	4%	0%	2%	3%	2%

资料来源:National Association of Theatre Owners (NATO) (Ticket price),Bureau of Labor Statistics (BLS) (Consumer Price Index),转引自2012 Theatrical Market Statistics,MAPP。

在价格杠杆的作用下,电影市场较之其他娱乐市场能吸引更多的消费者也就非常容易理解了(见图3-4)。

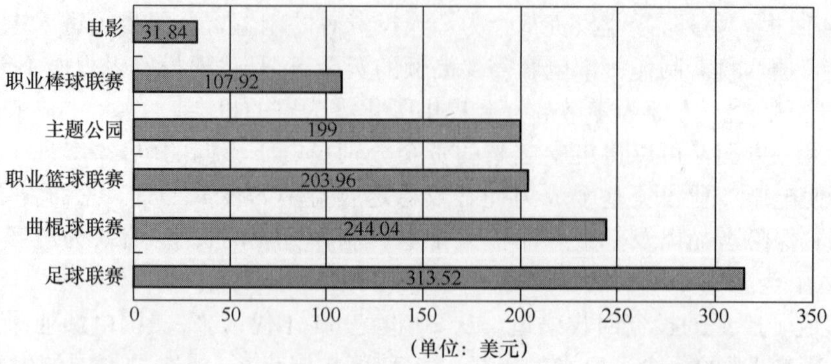

图 3-3　2012 年美国四口之家不同娱乐活动的票价费用

资料来源：NATO，Sports Leagues，International Theme Park Services，转引自 2012 Theatrical Market Statistics，MAPP。

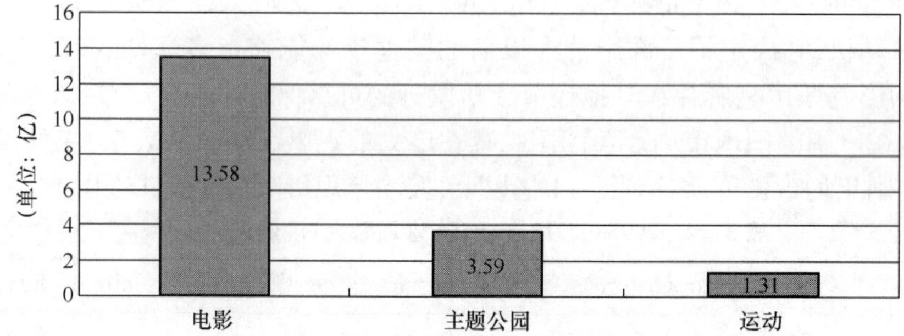

图 3-4　2012 年美国不同娱乐活动参与人次

资料来源：2012 Theatrical Market Statistics，MAPP。

电影产业存在着明显的规模效应。电影的第一个产品，即电影母版的制作需要投入大量的资金、人力和物力。目前，美国七大制片厂单部电影的平均制作费达到了 6 000 万美元以上[①]，而美国平均每份电影拷贝的成本在 2 000 ~ 3 000 美元[②]，跟庞大的电影制作费用相比，拷贝的复制成本极低，随着数字技术的应用，拷贝的复制成本更是进一步降低，因此，拷贝的投放量越大，单个拷贝所分摊的制作成本就越低，也就越容易成本回收。这很好地解释了好莱坞电影风靡全球的原因。可以说，美国庞大的国内观影市场为实现电影的规模经济提供了可能，这使美国制片商依靠国内市场即可回收巨额电影制作成本，从而支持美国制片商斥巨资打造场面宏大、制作精良的“重磅炸弹”式的商业大片。在国内市场回收成本后，美国制片商可以以较低的价格在国际市场上出售电影版权，从而以明显的价格优势以及上乘的制作水平占据绝大部分国际市场。可以说，正是电影所具备的明显的规模经济的特点，使美国电影在充分利用国内庞大的电影市场的基础上形成了高投入、高回收的良性循环，造就了美国电影在国际市场上的一枝独秀。

① 唐玲玲. 电影经济学[M]. 北京：中国电影出版社，2008：91.

② 同上。

3.2.2 印度电影市场

3.2.2.1 印度电影市场的规模

从电影产量上看,印度是当之无愧的世界第一电影大国。印度每年的电影产量在1 000部以上,以数百部的差距遥遥领先美国、中国等电影大国。从观影人次上看,印度以每天1 400万的观影人次雄冠全球。从票房收入上看,根据2012年美国电影协会发布的报告,2012年印度的国内票房达到了14亿美元,全球排在第六位。

在印度,不论国有公司、私营公司还是外国公司,只要拿到进口许可都能进口影片,并且国家对进口外片没有指标限制,然而除了《泰坦尼克号》和《阿凡达》,能在印度引起轰动的好莱坞大片可谓凤毛麟角。在全球电影市场形成席卷之势的好莱坞,平均每年在印度所取得的票房成绩大概只占印度总票房收入的5%左右。

21世纪以来,印度也积极改变了以国内观众为主的策略,开始积极探索向海外发行之路。现在印度的电影出口已仅次于美国排在世界第二位,英国和北美是印度最大的海外世界。而印度电影在美国取得的收入也是美国电影在印度所得收入的数倍。2010年,《风筝》在北美票房周末排行中冲入前十名,再一次证明了宝莱坞电影在北美开拓市场的勇气。2009年在印度打破多项票房纪录的《三个白痴》,其海外票房占到一半。

3.2.2.2 印度电影的生产

说起印度电影,人们自然而然就会想到"宝莱坞"。"宝莱坞"一词来自它的产业基地孟买"Bombay"与美国好莱坞(Hollywood)的结合,意为孟买电影产业基地可视作东方的好莱坞。"宝莱坞"已经成为印度电影工业的代名词,其电影年产量占印度电影总产量的60%~70%。"宝莱坞"主要生产印地语电影,类型以商业娱乐歌舞片为主,尤其受广大中下层民众的欢迎。此外,印度还有以泰米尔语为中心的"凯莱坞",以泰卢固语等为中心的"托莱坞",而其余近10种以地区语言为主的电影业也都有各自的受众群。这些构成了印度庞大的电影工业。从电影类型来看,印度电影基本上可以分为"马萨拉"电影和新浪潮文艺片。前者多见于宝莱坞和南部电影类型,融合歌舞、喜剧、动作等多种元素;后者则是印度新浪潮运动下产生的艺术电影。当然,宝莱坞式的歌舞片仍是印度电影的标志,它也促进了印度电影附属产业的发展,仅宝莱坞电影音乐便占印度全国音乐产值的48%①。

3.2.2.3 印度电影的特点及成功因素分析

(1)大量的歌舞场面。一直以来,人们往往把印度电影等同于歌舞片。在一般的印度片中,节奏分明的音乐,配上大段的舞蹈,总让人不禁产生脱离现实的感觉,不管片子中男女主人公正在经历着怎样的事情,这样的歌舞总能将观众从或黑暗或现实的世界带向一个童话世界。这就是印度的歌舞片,永远让人有着乌托邦式的向往与遐想。同时,

① 廖政军.来自印度电影的启示[N].人民日报,2011-04-11(12).

这种代表着希望与光明的歌舞表现,也成为印度电影的一种模式[①]。探究印度电影中歌舞片盛行的原因,一方面在于印度具有悠久的歌舞传统,在平时的聚会活动时,人们习惯用歌舞的方式表达欢乐,因此,把人们喜闻乐见的歌舞搬上银幕,契合印度人民的审美习惯,可以为电影赢得广泛的观众;另一方面,印度电影的放映时间一般都在 3 小时以上,观众的注意力很难集中如此之久,这时候就要靠在影片中间歇性地穿插若干次的歌舞以调节气氛、提振精神。

(2)对现实的客观映射。印度电影虽以载歌载舞的画面著称于世,但同时印度电影也敢于直面尖锐的社会现象并充满着人文关怀。进入 21 世纪,印度电影坚守其现实主义传统,从社会各个层面深刻反映了印度社会存在的问题和矛盾。如,电影《季风婚宴》,整部影片都充满了色彩和旋律,民族风格鲜明,但却在这样欢乐的氛围下揭示了一个印度中产阶级家庭讳莫如深的乱伦问题,从历史的高度对印度民族进行了自省。又如,电影《三傻大闹宝莱坞》,整部影片用乐观的态度调侃沉重不堪的教育话题,用简单的方式力图改变令人窒息的制度。除此之外,印度电影里大量流露出传统的人文精神,比如孝道、长幼有序的礼仪,比如那种以家庭为重的思想的坚守,比如对于惩恶扬善的看法,比如对于真善美的赞扬[②]。正是这种对人文精神的追寻,让印度电影在赢得本土观众的同时延伸了其国际影响力。

(3)独特的观影文化。印度幅员辽阔,人口逾 11 亿,境内阶级分明、贫富悬殊极大,多数民众生活穷困,观看电影成民众宣泄苦闷、暂时脱离生活中的苦痛的重要渠道。因此,在印度,看电影成了全民运动,电影的社会性功能被极度放大。像电影院这样的公共场所已成为群体活动的中心。印度民众经常和家庭成员、朋友以及同事一起,三五成群,甚至浩浩荡荡去往影院。在印度,看电影被认为是一种群体行为,独自观赏常会被看成具有反社会倾向。对印度人而言,单独看电影是不可思议的。因为他们认为家人和朋友关系如此紧密,一起去公共场所消遣才会获得真正的乐趣与感受。在印度人眼里,电影院内的社交活动比看电影本身重要得多。看电影是一种集体体验,相互影响是体验的中心。由于印度电影放映时间长,因此每部影片都有 10 ~ 15 分钟的幕间休息。幕间休息是印度观众与朋友或家人进行交谈的好机会。他们倚靠在零售摊位旁,聚集在正厅通道中,谈笑风生,孩子们则嬉戏追逐,直到铃响召唤大家各就各位[③]。正是这种集体体验式的观影文化,每天吸引着 1400 多万印度观众进入影院,造就了世界上最大的国内电影市场,促进了印度电影市场的繁荣。

(4) 低廉的票价。印度国内的电影院通常被分为 A,B 和 C 三类。A 代表城市,B 代表市镇,C 代表乡村。电影院收费非常便宜,A 类电影院每场电影收费通常不超过 40 卢比(约 1 美元),C 类电影院一般不超过 10 卢比(约 25 美分)[④]。低廉的票价使得观看电影成为印度人民最平常的娱乐形式。

(5)鼓励性的政府政策。印度政府采取了一系列优惠政策来扶持印度电影产业的发展。2000 年,印度政府将电影业纳入官方认可的产业范围内,制片人可以通过申请获取

① 张静婧,底悦. 论印度电影特点及借鉴意义[J]. 攀枝花学院学报,2011(2).

② 石帅. 浅析印度电影对我们的启示[J]. 电影评介,2012(24).

③ 顾钢. 印度电影与别具一格的电影观众[J]. 视听纵横,2009(3).

④ 张慧瑜. 印度宝莱坞电影及其对“中国大片”的启示[J]. 文艺理论与批评,2011(3):37.

银行贷款,这一新政推动了印度电影业的公司化发展和整合。2001 年 4 月,印度工业发展银行成为第一家开办目的是为电影业提供融资服务的银行。迄今为止,这家银行已向 14 部宝莱坞电影贷款了 1 350 万美元。此外,新德里已经宣布了废除向新型的综合性影剧院征收高达 100% 的娱乐税,这意味着这些影剧院的票价将下降一半左右。2002 年,印度政府又解除了外国投资者在广告、电影和广播领域的股份限制,为外国制片商投资印度电影业打开了空间。迪士尼公司和华纳集团等海外巨头纷纷涉足印度电影业。目前,索尼、NBC 环球、维亚康姆和华纳兄弟公司已斥资逾 15 亿美元,用于购买印度本地电视频道的股份,或联合宝莱坞共同投资电影。在政府鼓励性政策的作用下,投资人视电影产业为摇钱树,国内外资金蜂拥而入,更使宝莱坞如虎添翼。

3.2.3 欧洲电影市场

如前所述,欧洲各国政府一直高举文化保护的大旗,为欧洲本土电影提供制度及资金上的支持。然而较之全球电影霸主美国电影市场及中国等新兴电影市场,欧洲电影市场的表现并不尽如人意。根据美国电影协会发布的报告,2012 年欧洲区电影市场(包括欧洲、中东及非洲)的票房总收入下降了 1%,2008—2012 年 5 年间的票房增长仅 10%,而北美市场的票房增长为 12%,亚太区的票房增长为 53%,拉美地区的票房增长为 73%。根据欧洲视听观察中心发布的数据,2012 年欧盟的观影人次下降了 2.2%,而同期北美市场的观影人次上升了 6%。在欧洲市场内部,观影人次下降最为明显的是南欧国家:意大利下降了 18.1%,保加利亚下降了 13%,葡萄牙下降了 12.3%,希腊下降了 8.4%,斯洛文尼亚下降了 5%,西班牙下降了 2.1%。当然,这些国家电影产业出现衰退与它们的总体经济陷入困境不无关系。欧洲电影市场观影人次下降的另一个原因则在于受到了电视台以及网络等其他观影渠道的冲击。收视率调查公司 Eurodata TV Worldwide 进行的一项研究表明,5 个主要西欧国家的前五大主要免费开路电视台播映影片的时长从 2008 年占电视播映总时长的 8.8% 上升到了 2012 年的 9.9%,而观众收看通过电视播放的影片的时长占总收视时长的比例则从 2008 年的 9.4% 上升到了 2012 年的 10.4%。除了在开路电视中受到欢迎之外,电影还是付费电视中广受欢迎的节目形态。欧洲视听观察中心的 MACISE 数据库显示,欧盟拥有 352 个以上的付费电影频道。在欧洲经济陷入衰退的大背景之下,2012 年主要依赖广告收入的电视集团的收入下降了 0.9%,而欧盟 12 个主要付费电视平台的收入却增长了 3.9%,这在很大程度上依赖于付费电视中的电影节目对收入的拉动作用。

虽然欧洲电影面临着来自好莱坞电影、经济衰退以及其他电影播映渠道的冲击,但总体而言,欧洲电影市场仍然在全球电影市场中占据重要的地位。就艺术影响力而言,欧洲三大国际电影节在国际上享有盛誉;就票房收入来看,在全球十大电影市场中,西欧国家稳占三个席位。从银幕数量来看,全球十大电影市场中,西欧国家更是占据了五个席位。下面我们对这五个进入全球十大电影市场行列的西欧主要电影市场——法国、英国、德国、意大利及西班牙电影市场进行介绍。

3.2.3.1 法国

法国是世界电影的发源地。1895 年,法国卢米埃尔兄弟在巴黎公开放映了他们自己制作的电影，由此正式宣告了电影的诞生。在电影诞生后最初的20年间，法国电影因其先发优势风靡全球，成为世界电影的主导者。然而好景不长，在第一次世界大战之后，法国电影就因为在电影技术和设备上的投入不足、第一次世界大战的影响以及法国大电影制片厂对电影生产的赢利能力缺乏信心等原因逐渐丧失了其领先地位，被美国、德国等国家迎头赶上①。而在第二次世界大战之后，好莱坞电影更是像潮水般涌入法国。为保护法国文化，抵抗好莱坞电影的入侵，法国政府采取了一系列旨在保护法国电影产业的措施。具体包括：在1948年废除 Blum－Byrnes 协议②，规定电影院在13个星期中至少要有5个星期用于放映法国电影，并恢复了战前每年最多进口120部美国电影的进口配额；建立了向电影产业提供直接财政资助的基金等③，由此拉开了法国政府长期以来努力支持电影产业的序幕。

目前，法国电影产业资助与监管体系中最重要的机构是法国国家电影中心（the Centre National de la Cinématographie，CNC）。该机构成立于1946年，既是法国文化部直属机构，又是电影行业的协调组织，具有法人资格和财政自主权，其主要功能是管理财政资助资金和进行市场监管，具体包括：草拟及实施影视法律规章，资助电影、电视的制作、发行与播映，资助电影推广和影展以及拓展发行网络，保存电影文化资产。CNC 管理的财政资助资金并非来自财政预算，而是来自对影视产业进行征税而提取的专项基金，具体包括电影院票价收入11％的税金（放映美国影片的纳税率为14.5％）、电视台营业额5.5％的税金（在法国本土播出、有足够多的营业额并定期播放影视剧、纪录片、科幻节目和动画节目的电视台，专业性的新闻或体育频道不在此列，也不能享受扶持基金）、音像出版2％的税金（现新增 DVD 一项）④。也就是说，法国的财政资助体系是建立在以服务消费为基础的“强制储蓄”的原则之上的，属于产业内部的重新分配⑤。CNC 提供的资助具体分为自动性资助和选择性资助两种形式。自动性资助（Soutien Automatique）是指影视作品在各个载体所产生的税金按规定比例纳入扶植资金体系后由 CNC 根据特定条件分配和偿还给制片、发行和放映三个环节，用途严格限定在电影行业内的持续生产和经营。比如，一部国产长故事片或合拍片在影院发行、电视播映、音像市场所产生的税金将由 CNC 设立专款账户，用于资助制作人或导演拍摄下一部影片时使用，偿还额可高达50％。致力于发行国产长故事片或合拍片的发行商在连续发行同类影片时也可以享受国家资助，其专款资助账户上的金额数与其发行上一部影片的收入成正比。放映商则可以得到一笔扶持补贴金用于影院设备和现代化更新或者新建影院，补助金额与影院票房收入所产生的税金成正比。选择性资助除重点面向长故事片制作外还包括改写剧本、外语片、国际合拍、短片和独立影片的发行等，由 CNC 下属的8个委员会每年在全国范围内接受500个候选剧本，审阅后从中挑选出30个剧本，给予部分制作资金帮助。通常来说，

---

① Susan Hayward. France[M]//The International Movie Industry. South Illinois University Press. 2000：196－197.

② Blum－Byrnes 协议是美国政府与法国政府于1946年5月签订的协议。该协议废除了法国政府在第二次世界大战后对美国政府的部分负债（20亿美元），并为法国政府提供了条件优惠的贷款，作为交换条件，美国国务卿拜尔尼斯要求法国电影院在13周中最多只能有4周时间仅供法国电影放映，其余时间都要允许放映美国电影，希望借此推进美国文化在法国的传播，并促进美国电影产业的发展。

③ Susan Hayward. France[M]//The International Movie Industry. South Illinois University Press. 2000：199.

④ 法国政府为本土电影保驾护航[OL]. http://www.tfol.com/10445/10484/2005/8/24/10022411.shtml.

⑤ Olivier Debande，Guy Chetrit. The European Audiovisual Industry：An Overview. EIB Sector Papers. 2001：80.

CNC仅扶持有长期生命力和文化增值价值的制作,商业化程度高的电影类型和潮流性视听节目很难得到资助。对电影艺术创新的推崇和对新人新作的扶植,是法国电影产业政策的另一核心内容,CNC对处女作影片的经济倾斜还延伸到许多鼓励发行商多发行处女作电影的激励措施,从根本上催生了法国电影的新兴力量,而帮助法国电影不同于好莱坞模式别样生存的关键正是这种对新人新作的"召唤"制度①。从总体上来看,这些财政资金的分配主要是通过自动资助机制来完成的(约70%),而即便如此,法国通过选择性资助方式分配的资金还是要多于其他欧洲国家②。

1983年,法国成立了信用保证履约公司(Institut de Financement du Cinéma et des Industries Culturelles,IFCIC),为电影制作企业申请银行贷款提供了信用保障。在电影制作商确定了与其他合作者(例如,与电影制作者签订了预售合同的发行商或电视频道)以及政府资助机构的合同之后,他们可以把这些合同作为抵押,向银行申请贷款。此时,IFCIC即可以为借款者向银行提供信用保证。但是,IFCIC最多只能为银行承担55%的风险,并且只负责赔偿在穷尽了其他所有可能回收贷款的途径之后仍存在的损失。

1985年,在法国电影市场因受到美国电影的强力冲击而使本土电影市场占有率急剧下降之后,法国政府推出了一项新的投资机制,利用税收减免政策吸引私人和社会资本进入电影产业。具体的运行机制为:任何个人或企业只要将其不超过25%的应纳税收入投入影视专项投资公司(Sociétés de Financement des Industries Cinématographiques et Audiovisuelles,SOFICA)管理的基金便可享受减免税优惠,对个人免征全额税,但每户免税金额总计不得高于12万法郎(1.8万欧元),企业则可以执行额外的折旧,额度为购买SOFICA基金的资本的50%。而投资者享有这种税收优惠的前提条件为,他们持有SOFICA的时间至少应该达到5年。SOFICA可以运用两种形式实现投资:将资金投入专业的电影制片公司或直接参与电影片制作。SOFICA投资的影片不得超出由国家电影中心审批立项的范围,其投入每部电影的资金不得超过总投资的50%,对合作拍摄的外语片投资不得超过其年投资总额的20%,另外,他们必须将至少35%的资本(所募集资金的80%)提供给独立制作者。这套机制的最大优点在于透明。政府通过在全国范围内建立的投资合同存放系统和电脑售票网络对影片票房收入及电视台播放次数分成细账等硬性指标进行严格监控,确保了投资人的利益。1991—2000年间,法国故事片融资的52%来自SOFICA投资基金。2004年,SOFICA投资了61部影片,投资总额近4 000万欧元,它的出现迅速提升了法国电影在制片和发行方面的国际化速度。在20世纪90年代,法国的合拍片数量最高时一度达到年产量的50%,美国影片受到阻击,本土影片的市场份额很快回升并基本稳定在25%-35%,其中,2001年为41.5%,2002年为34.2%,2003年为34.8%③。

另外,法国政府还通过立法规定,电视必须承担起扶持本国影视产业发展的责任,无论商业或公共电视台都必须以年度收益的15%投资法国或欧洲的电影,并且一年需播映120小时的首播电影,这也在一定程度上保障了法国电影产业的电影投资规模以及投资回收渠道。

---

① Olivier Debande, Guy Chetrit. The European Audiovisual Industry: An Overview. EIB Sector Papers. 2001:80.

② Olivier Debande, Guy Chetrit. The European Audiovisual Industry: An Overview. EIB Sector Papers. 2001:81.

③ 同上。

从20世纪90年代开始，法国电影的投资模式大体固定下来：制片人筹资（境内及境外）+电视台投资+国家资助。以2003年为例，31.3%的经费来自于制片人本土筹资、14.9%为国外资金、30.1%来自电视频道，CNC资助体系虽然退居末尾，但它对于前几个层面的激励作用是显而易见的①。

2012年，法国电影票房的总收入达到16.8亿美元，法国成为全球第五大电影市场，其中法国本土电影的票房占40.2%，美国电影占45.3%；观影人次达到2.03亿次，人均观影次数为3.2次。在法国十大卖座电影中，法国本土电影占4部。截至2012年，法国共有银幕5 575块，其中数字银幕5 150块，3D银幕2 851块。法国的数字化渗透率已经超过90%，80%以上的影院部分或全部配备了数字银幕。根据法国国家电影中心公布的数据，2012年法国共生产了279部电影，是到目前为止产量最多的一年，总投资达13.4亿欧元，其中大约25%的资金来自于国外。法国影片的生产数量在2009—2012年间持续上升，这意味着电影制作的平均成本有所下降。具体而言，2012年法国电影平均制作成本为510万欧元，较2011年下降了6.5%。从成本规模的分布来看，100万欧元以下的小成本电影数量有所增加，另外1 500万欧元以上的大制作电影达到18部，较2011年的12部增长了50%，在电影制作成本上呈现了两极分化的趋势。2012年，有84位导演完成了他们的电影处女作，另外合作拍片的数量也创下了30年来的新高，与来自37个国家（主要来自比利时、德国和意大利）的合作者拍摄了129部电影。数据显示，法国电影产业正在转向更高效、成本更低的数字制作。2012年，有87%的电影是数字电影，而2011年这一数字是72.5%，另外平均拍摄天数也较上一年度下降了12%，仅为37天。

3.2.3.2 英国

在1992年之前，英国电影产业的公共资助体系存在多头管理的现象。后来，英国政府对这些机构进行了重组，将其整合成一个单一的机构——电影委员会，并由后者接管原先由英国艺术委员会管理的用于支持电影业的福利彩票。从2000年4月开始，电影委员会负责所有来自文化、传媒与体育部的对电影的直接的政府资助。与资助体系的内部重组相对应，英国政府还逐步将支持电影生产的责任转移给了地方性的机构，而各地区也表现出了对音像产业日益增长的兴趣，把音像产业作为一种促进当地经济增长的潜在工具②。

英国政府除给予电影产业直接的财政资助之外，还通过税收减免计划鼓励电影投资。根据1992年《金融法案》第42条，总支出在1 500万英镑以上的电影可以获得相当于制作费用7%～10%的税收减免；而第48条则规定总支出在1 500万英镑以上的电影可以获得相当于制作费用12%～14%的税收减免。在1999—2003年这5年间，英国政府给予电影产业的税收优惠总计达到了8.6亿英镑。③

2012年，英国电影票房收入达到18.68亿美元，英国成为全球第四大电影市场，但其本土电影市场份额只有31.9%。而这31.9%的份额的取得，还得感谢"007邦德"电影的大获成功。2012年的"007电影"是英国电影史上最卖座的电影，票房收入首次突破1亿英镑大

---

① Olivier Debande, Guy Chetrit. The European Audiovisual Industry: An Overview[J]. EIB Sector Papers, 2001: 81.

② Olivier Debande, Guy Chetrit[J]. The European Audiovisual Industry: An Overview[J]. EIB Sector Papers, 2001: 83.

③ Julian Petley. Is There a British Film Industry? [J]. Journal of British Cinema & Television, 2004, 1(1): 130.

关。但“007 电影”并不是真正意义上的英国本土电影,其主要投资方是美国大制片商米高梅公司。因此,从严格意义上来讲,真正完全由英国独立生产的电影的市场份额只有 9%(较 2011 年 13.5% 的历史高点有所下降),其余的电影基本上都是美国大制片厂的作品。虽然 2012 年英国十大卖座影片中英国本土影片占了 3 部,但实际上都是与美国大制片商的合拍片,真正主要由英国自己投资影片的最好票房成绩仅仅在票房排行榜上排到第 16 名的位置。2012 年,英国观影人次达到 1.725 亿人次,人均年观影人次达到 2.8 次。截至 2012 年,英国共有银幕 3 817 块,其中数字银幕 3 538 块,3D 银幕1 564块。

在 2011 年英国电影生产创出新高之后,2012 年英国的电影投资规模下降了 28.5%,总投资额为 9.27 亿英镑。同样,电影产量也有所下降。2012 年英国电影的总产量为 223 部,比 2011 年减少了 96 部。减幅最大的是低成本电影,仅生产了 94 部,较之 2011 年下降了 40%。电影产量下降的部分原因要归咎于英国海关与税务部和一些具备避税功能的电影产业投资基金之间的分歧。英国海关与税务部认为,投资者通过投资电影产业基金获得税收减免属于逃税行为,目前英国法院倾向于支持英国海关与税务部的观点,虽然到现在为止尚无定论,但这已大大挫伤了投资者将资金投入电影投资基金的热情。在这场税务风暴中,政府宣布将电影制作者的税收优惠期限延长至 2015 年。另外,英国电影协会还启动了一项新的 5 年期的电影资助计划,预计在 2012—2017 年间每年对电影产业的资助将达到 1 亿英镑,其中大约 1/4 的资金将投入电影制作。

3.2.3.3 德国

1895 年 11 月,德国电影史上的第一部电影在柏林冬宫首映,之后诞生了德国的第一批电影制作和传播公司①。目前,德国有约 70 家制片公司,但大多数是小公司,还有 50 余家电影发行公司。21 世纪以来,德国每年出品的长故事片不足百部。本土电影份额仅为 15% ~20% ,70% 左右为美国片,其余为西欧各国影片,德国片在欧盟 25 国电影市场份额仅为 4.5% 左右。全德拥有 4 000 多家影院,每年上映影片 400 部,观众为1.2 亿 ~1.5 亿,总票房约为 8 亿 ~10 亿美元②。

为了促进德国电影业的发展,德国政府在 1967 年就颁布了《电影促进法》,迄今已建立了联邦和州两级电影促进基金。其中,地区性的电影促进基金构成德国电影公共资助资金的主体,而德国最大的联邦资助机构——国家电影资助机构(Film Förderungs Anstalt, FFA)则提供了大约 28% 的财政资助。FFA 是德国经济部控制下的公共机构,每年为德国电影的制作、发行与保存提供近 3 000 万欧元的财政支持。德国电影资助机构主要提供项目赠款与基础基金两类资助措施,对德国国内符合条件的电影(包括制片商必须是德国居民或在德国境内设有分公司或派驻商务代表、所有的成品电影中必须有德语版本、影片的前期制作工作至少有 30% 在德国完成等)给予资助。项目赠款实际上是一种无息贷款,各个接受赠款的机构或个人必须在一定的期限内按时归还,具体的归还日期视其所资助电影的市场投放效果而定。基础基金则在更大程度上属于一种奖励措施。按照德国电影资助机构的规定,除了同时需要符合申请项目赠款的条件外,观众人

---

① 刘硕. 两德统一后德国电影的发展概况[J]. 电影文学,2010(23):12.

② 占喆,汪少明. 新世纪以来的德国电影[J]. 电影文学,2011(20):10.

数还必须达到一定的比例(最低不得少于5万人),制片商才可以向德国电影资助机构申请一笔“基础基金”,用于接下来两年新的德国电影的制作。单笔“基础基金”的最高限额是200万欧元。

2004年元旦,德国新电影促进法生效,政府每年给本国的优秀故事片和纪录片颁发120万美元高额奖金,以刺激和繁荣德国电影市场。2007年,德国设立了“德国电影促进基金”,为电影业提供雄厚的财力支持,该基金每年支配的资金在6百万欧元以上,迄今已向179个拍摄计划发放了1.1亿欧元的促进资金①。德国现在仍存在很多资助性的电影资金,一些基金在2011年还加大了支持力度。2012年,联邦议会批准德国电影基金的有效期延长3年至2015年底。从总体上看,德国对电影和电视制作的财政资助资金在3.4亿欧元左右,国家电影资助机构FFA与德国电影基金DFFF各贡献了30%左右的份额。另外,外国投资也是德国电影制片业重要的资金来源。2012年,德国与来自38个国家的合作者拍摄了68部电影,创下了合拍片的历史新高。2012年年底,国家电影资助机构FFA还建立了数字化信托基金,意在为小型影院实现向数字化转型提供支持。

2012年,德国票房收入第一次突破10亿欧元的大关,达到10.33亿欧元(13.27亿美元),这一方面归功于观影人次的增长,2012年,德国总观影人次达到1.35亿人次,较2011年增长了4.2%,人均年观影次数达到1.8次;另一方面,还要归功于2009年以来电影票价的大幅上涨,在3D电影的推动下,德国电影票价在2009年和2010年出现了跳跃式上涨,近两年上涨速度有所放缓,2012年的平均票价为7.65欧元,票价涨幅控制在了正常的范围之内。就市场份额而言,德国本土电影的票房收入仅占18.1%,比2011年的22%有所下降,而美国占据了60.8%的市场份额。在2012年德国十大卖座影片中,仅有1部德国电影榜上有名。截至2012年,德国共有电影银幕4 617块,其中数字银幕3 134块,3D银幕1 686块,数字化渗透率仅为65%,低于欧洲72%的平均水平②。尽管德国有意走在欧洲数字化的前列,但前几年一直没能在如何对数字化提供融资支持方面达成共识,这在一定程度上阻碍了德国电影数字化进程的推进。

3.2.3.4 意大利

在意大利,从中央政府到地方政府都会对电影产业提供财政支持。其中,中央财政每年向电影产业提供6 040万欧元的预算,而各地区资助的金额在260万~520万欧元之间。意大利的电影生产活动主要集中在罗马,而那不勒斯、米兰和都灵等地方当局也都表现出对发展电影生产的兴趣。一些地方政府建立了电影委员会为电影制作公司提供支持和激励措施。另外,意大利公共广播公司(RAI)在电影制作和发行中扮演着重要的角色。负责管理电影产业的政府机构是表演艺术部。自1985年以来,对电影产业的财政资助都是通过一个专门针对表演艺术的基金发放的。在预算法案通过以后,基金管理的金额每年都会修改。由于预算限制,分配到这一基金的资源是十分有限的。从资金的流向上看,电影产业的制作部分吸引了最大部分的公共资助(58%),电影推广只占13%,剩下的29%投入了中央电影机构。

---

① 占喆,汪少明.新世纪以来的德国电影[J].电影文学,2011,20:11.

② Focus 2013:World Film Market Trend,European Audiovisual Observatory.

除了由国家及地方财政直接以补贴形式向电影产业提供资助以外,意大利还通过国家劳动银行电影信贷部管理的资金以信贷形式为电影产业提供支持。这种信贷资金的分配要遵守特定的规则,并受到表演艺术部电影咨询委员会和电影信贷委员会的控制。前者负责对电影进行定性评价,以判定其是否因具备"国家文化利益"而享有特殊的贷款资格,后者则负责评估递交申请的电影项目在商业上的可行性。这种以贷款形式分配的资金必须偿还给电影贷款部,而具备"国家文化利益"的电影在获得保障基金资助的情况下可免除其还款责任。这就是说,在市场回收不足以偿还贷款时,保障基金可以为这一类型电影的申请者偿还贷款。

意大利电影数字化的发展速度较慢,截至2012年年底,全国影院数字化率在65%左右。2012年,意大利观影人次为9 130万,较之2011年减少了1 000万,为2005年以来观影人次最少的年份。另外,当年电影票价的涨幅仅为2%,低于通货膨胀率。从票房收入来看,本土电影的市场份额在2012年下降了30%,仅达到26.5%,略低于过去5年的平均水平。美国电影的市场份额超过了51%,来自其他欧洲国家的电影则出现了强劲增长,票房收入较2011年增长1/3,市场份额达到18.34%。从电影生产数量来看,2012年意大利本土电影的产量为166部,比2011年增加11部,其中国际合拍片的数量增长比较明显。2012年,意大利与法国、比利时、西班牙等20个国家合作拍摄了37部电影,大大高于2010年的23部与2011年的27部。

3.2.3.5 西班牙

和德国一样,西班牙也存在中央及地方两级的电影产业财政资助体系。在全国层面,由文化部监管之下的电影与音像艺术协会(the Institute for Cinema and the Audiovisual Arts, ICAA)管理电影产业资助体系;而在地方层面,很多独立的团体建立了它们自己的电影和音像产业支持机制。

跟其他欧洲国家一样,西班牙的公共财政资助机制主要针对电影制作,发行与放映领域得到的资助相对较少,具体的支持形式也包括选择性资助机制和自动资助机制两种。选择性资助机制适用于那些年轻的电影制作者(已经制作的电影在3部以内)。这一机制旨在促进西班牙电影制作的复苏以及试验性电影的创作。而自动资助机制则是指以票房收入为计算基础给予电影制作者的财政支持。这就是说,西班牙电影的制作者有权获得相当于电影在西班牙放映最初两年的总收入的15%的补贴资金,但补贴总额不得超过制作费用的50%或601 012欧元。另外,对不具备申请选择性资助资格的制作者,存在另外两种资助机制,即补贴相当于电影放映前两年票房收入的25%或对于票房收入在300 506欧元以上的电影的制作成本的33%(对于投资预算在120万欧元以下的电影的补贴金额为180 304欧元)。[①] 显然,自动资助机制使制作者可以回收电影制作上的部分投资。然而,由于这些财政资助机制的预算没有与通货膨胀相联系,也没有反映出20世纪80年代末以来电影制作费用的增长,因此这些公共财政支持机制对电影产业的贡献越来越小。

除了直接的财政资助外,西班牙政府还实施了税收减免计划以支持音像作品的生产。公司税的纳税人可以就投入西班牙电影或电视节目的所有投资免税,因税收优惠获

① Oliver Debande, Gruy Chetrit. The European Audiovisal Industry: An Overvrer[J]. EIB Setor papers, 2001.

得的资金节余最多可以达到资本投资的20%，这大大促进了电影产业的投资增长。

另外，电影与音像艺术协会（ICAA）还和阿根塔利亚银行（Argentatia）达成合作协议，为电影制作以及电影院的翻修提供优惠利率的贷款，即由阿根塔利亚银行按莫斯科银行同业间基准利率（mibor）加2%的利率向符合资格的企业发放贷款，由ICAA负担其中5.5%的利率。

2012年，西班牙的观影人次为9 360万，较之2011年下降了4.8%，但西班牙本土电影取得了27年以来最好的成绩，观影人次达到将近1 800万，占据国内19.3%的市场份额，并且第一次在国内十大卖座影片中占据了3个席位。西班牙的电影发行市场具备较高的市场集中度，前五大发行公司占据了全国45%的市场份额。在电影产量方面，西班牙2012年的电影产量为182部，较之2011年下降了9%（西班牙历史上电影产量最高的年份为2010年，达到了200部）。根据电影及音像艺术研究所发布的数据，在这182部影片中，完全由西班牙制片商独立制作的影片数量为126部，较前一年有所下降，而与国外制片商合作的影片数量则有所上升，达到56部，合作者主要来自法国、阿根廷、巴西以及美国。在国内电影总产量有所下降的同时，电影制作的平均预算也有所下降，从2011年的220万欧元降到了2012年的180万欧元。这在很大程度上与财政资助资金的削减有关。2012年，财政资金对电影产业的资助为7 100万欧元，较之2011年下降了40%。在这182部电影中，西班牙语电影占2/3左右。西班牙电影的数字化程度较低，仅达到了46%，低于欧洲的平均水平①。

3.3 中国电影产业走出去

3.3.1 中国电影产业现状

通过中国电影产业的收入规模、电影生产数量、影院数及银幕数这些具体的指标，可以大致勾勒出中国电影产业的现状。

3.3.1.1 中国电影产业的收入规模

2012年中国电影产业总收入达到209亿元人民币，第一次突破200亿元人民币大关，年增长率为18%。2012年我国电影产业的收入主要来自票房，增长也主要来自票房增长。2012年我国票房收入为170.73亿元人民币，同比增长30.18%；非票房收入仅为29亿元人民币；海外收入进一步下降，仅为10.6亿元人民币。根据艺恩日票房智库的研究，预计2013年中国电影产业收入将超过290亿元人民币，票房收入有望突破230亿元人民币（见图3-5）。

3.3.1.2 中国电影生产状况

2012年我国故事片产量达到745部，创历史新高。全年在影院上映的国产影片达到231部，占总产量的31%，在国产电影上映数量上较2011年也有大幅度的提升（见图3-6）。在影片产量上，我国已经与美国基本持平，但考虑到我国银幕数量远远落后于美国，现有的电

---

① Focus 2013：World Rilm Market trend，Curopen Audiovisual Observatry.

影产量已经超过了电影银幕的承载能力。以后的发展方向应该是努力提高影片品质，而不是盲目追求数量的扩大。

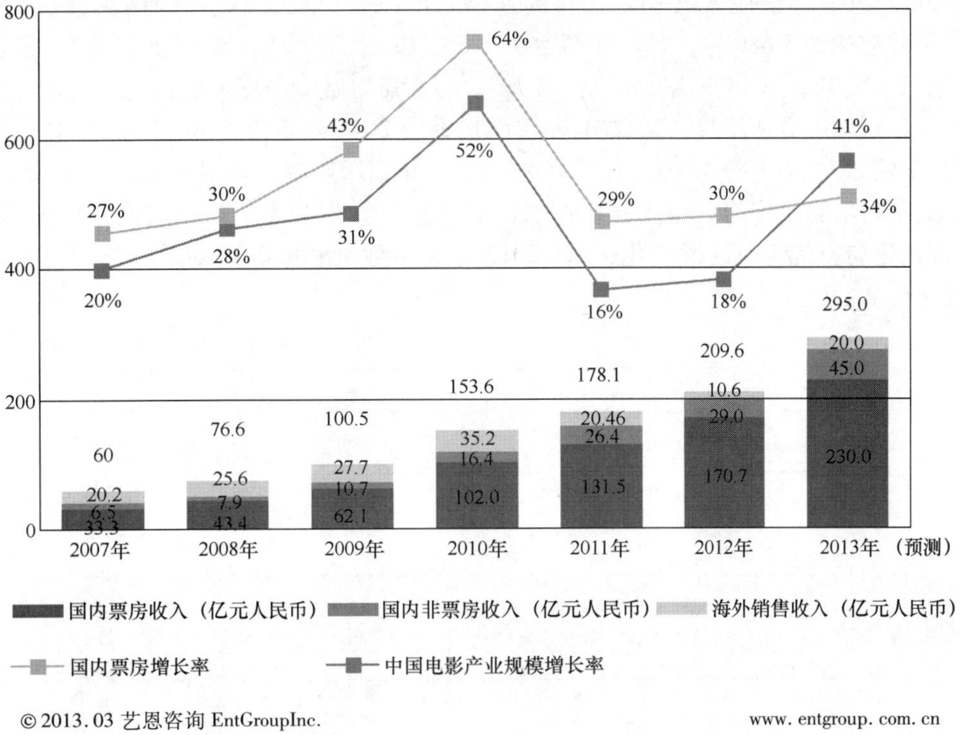

图 3-5　2007—2013 年中国电影产业规模及增长趋势

数据来源：艺恩日票房智库。

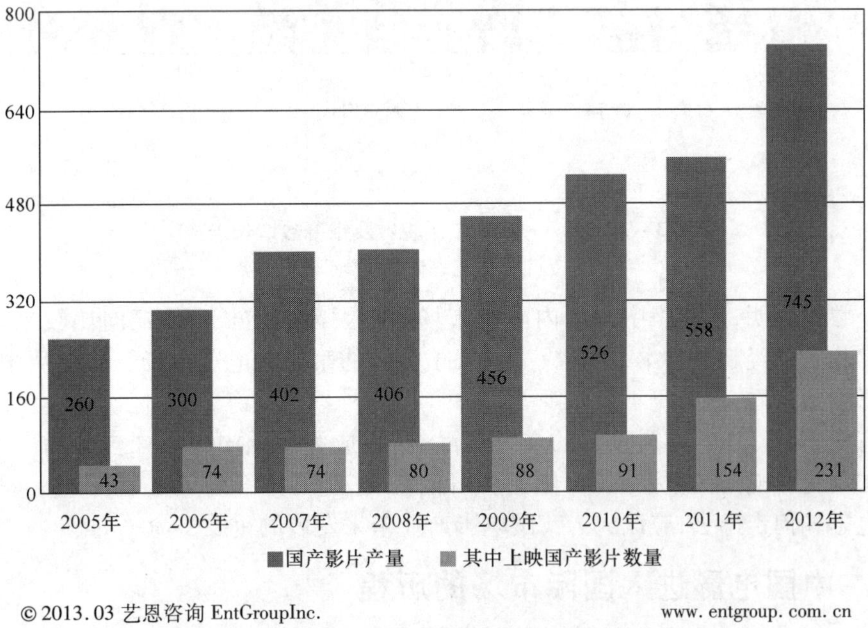

图 3-6　2005—2012 年国产故事片总量及上映国产片数量

资料来源：艺恩日票房智库。

3.3.1.3 中国影院数量与银幕数量

2012 年中国电影院发展仍然保持高速增长的态势，全国院线范围内新建影城 880 家，总影院数达到 3 680 家。新增银幕数为 3 832 块，平均每日新增 10.5 块银幕，总银幕数达到 13 118 块，中国电影银幕成功“破万”。尽管影院数量与银幕数量的绝对增速仍然很高，但相对增速有所下降。2012 年影院增长率较 2011 年下降 8.6%，为 31.4%；银幕数增长率较 2011 年下降 4.5%，为 42.6%。2012 年新增影院平均银幕数为 4.8 块，这表明 2012 年新增影院多为大型综合多厅影院。艺恩日票房智库的研究表明，随着市场投资的理性化与影院竞争的激烈化，预计 2013 年银幕数量和影院数量增长速度会进一步放缓（见图 3－7）。

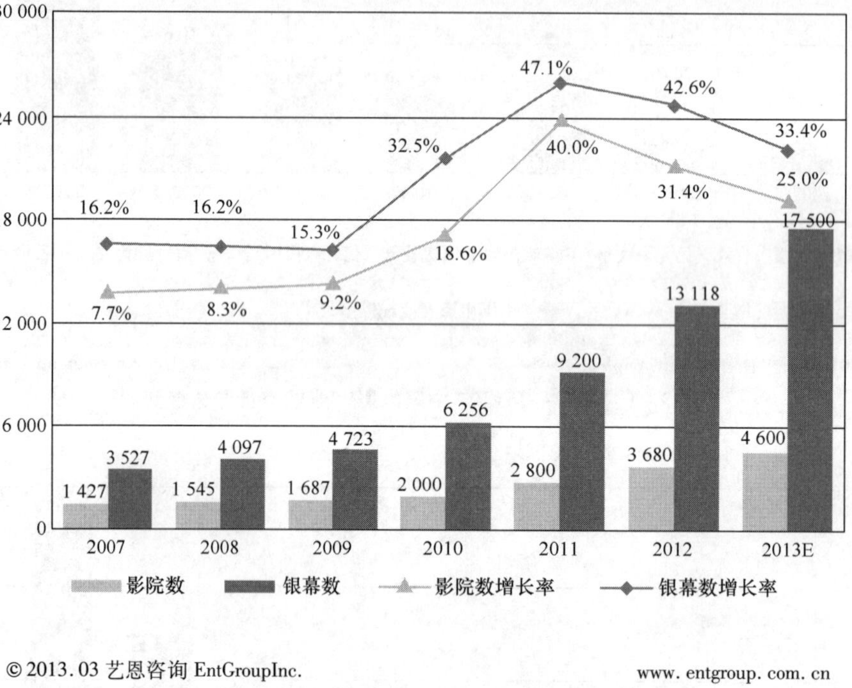

图 3－7　2007—2013 年影院数及银幕数增长走势

资料来源：艺恩日票房智库。

以上数据表明，近年来中国国内电影市场实现了高速增长。从横向比较来看，中国国内票房收入已经超越日本，中国成为仅次于美国的第二大电影市场。然而从中国电影的国际影响力来看，形势仍不容乐观。2012 年的海外票房仅有 10.9 亿元人民币，比 2011 年甚至有所下降。电影作为重要的文化产品，应该成为我国向国际社会传播中国文化、提升我国文化影响力的重要载体，然而从目前来看，我国电影还无法胜任这一职能。探索中国电影如何走出去，应该成为我国电影产业未来发展的重要使命。

3.3.2 中国电影进入国际市场的历程

中国电影在 20 世纪二三十年代的初创阶段就有了“走出去”意识，许多电影都配有英文字幕。20 世纪 20 年代，“中国国内一共有 150 家电影院，而在印度尼西亚和马来西亚却有40家华人经营的电影院,在南美洲各共和国,华人开设的电影院也有10余家,在美国,华人影院数目也大致相同,而且在纽约、芝加哥、旧金山的唐人街还有小规模的影片生产"[①]。"1938—1940年的3年间,仅中国电影制片厂在海外就发行了183个拷贝,共有18部影片在全球92个城市放映过"[②]。随后,战争因素和政治因素使得"走出去"的萌芽被迅速扼杀。

新中国成立以后,从1950年起,我国正式开始对外商业性输出影片,中国电影发行公司设置了输出输入处作为专门的电影进出口机构。新中国电影的对外合作与交流,开始是在苏联和东欧社会主义国家之间进行。随着我国外交战线上取得节节胜利,我国电影的对外交流也越来越频繁,影片输出输入的范围从苏联等国家发展到亚洲和欧洲等地的资本主义国家。到1965年年底,中国已同近90个国家和地区的680多个电影公司及有关机构建立了贸易和非贸易的往来关系;通过商业途径,向84个国家和地区输出长短影片1 200多个,7 700多部次。而在"文化大革命"期间,中国内地的电影对外交流工作基本处于停滞状态[③]。

中国电影进入国际主流商业市场得益于香港地区电影的繁荣。香港曾是继美国和印度之后,全球第三大电影制作中心,是世界上仅次于美国的第二大电影出口地,被誉为"东方好莱坞"。1949年年底到1966年中,香港电影已经迎来其繁荣时期,十六七年间共拍摄了4 000多部电影,平均每年的产量达到200多部,并出现了一批有影响、实力雄厚的电影制片机构。但是在20世纪70年代以前,香港电影也只能发行到亚洲及西方的唐人街。一直到1972年嘉禾公司的邹文怀挟着两部李小龙影片在戛纳市场曝光后,才在全球掀起一股中国功夫片的热潮。李小龙曾是香港粤语片的著名童星,后来到美国读大学、开武馆。1971—1973年间与嘉禾公司合作拍摄了《唐山大兄》《精武门》《猛龙过江》《龙争虎斗》4部电影。在这些影片中,李小龙塑造了一系列要求平等尊严、不受歧视欺凌、疾恶如仇的中国人的英雄形象。这些影片发行到全世界140多个国家和地区,单在美国就奇迹般地获取近千万美元的票房。这股功夫片的热潮让很多香港公司受益,及至1973年年底,不少欧洲影院每周皆放映功夫片。亚洲电影破天荒在美国众多影院放映,此情况持续了差不多十年,功夫片使香港电影真正进入全球商业市场,甚至在宗教禁忌森严的中东地区,在伊朗、阿富汗等国家,至今还有人对李小龙、成龙的电影津津乐道。香港商业电影类型多样,一方面,电影公司拍摄大制作且制作精良的电影;另一方面,也拍摄一些低成本、制作周期短、轻剧情的武打片、鬼神片、赌博片等,专门供给美加地区的录像带市场。香港电影中的黑帮片、赌博片、僵尸片等也广泛发行到世界各地。"20世纪90年代初,香港热挥之不去。在欧洲,Cult电影热潮渐炽[④]。自资出版的影迷杂志充斥市面:英国有《东方英雄》(Eastern Heroes)及《电影极端》(Film Extremes);美国有《香港电

① 乔治·萨杜尔.世界电影史[M].徐昭,冯承伟,译.北京:中国电影出版社,1995:558.

② 范志忠.百年中国影视的历史影像[M].杭州:浙江大学出版社,2006.33

③ 杨步亭,周铁东.60年来中国电影海外推广工作的繁荣与发展[J].当代电影.2009(10).

④ Cult电影(Cult Film),译为邪典电影,是属于非主流领域却能在特定的年轻族群中大受欢迎的电影作品。往往拍摄手法独特、题材诡异、剑走偏锋、风格异常,通常是低成本制作,不以市场为主导的影片。它的另一个特点是类型多元化:暴力片、科幻片、恐怖片、黑色喜剧、西部片、实验电影等各种标榜着另类和决不妥协口号的电影,都可以成为Cult电影。

影联系》(Hong Kong Film Connection)及《香港电影杂志》(Hong Kong Film Magazine)……那些年间,出现了很有生气的影迷文化,他们的园地公开,投稿的年轻男女仿佛只为追看港片而活,对港片赞个没完。”直到今天,“只需稍微留意任何一种流行媒介,几乎都可发现,影响西方文化最深的亚洲电影就是香港电影”①。可惜,进入 20 世纪 90 年代,尤其是自 90 年代后期开始,香港电影盛极渐衰。如表 3－6 所示。

表 3－6　香港电影在各主要国家所占的进口电影比率②

年份 国家	1977	1978	1980	1982	1983	1984	1988	1989
新加坡	29.2	30.9	36.3	34.3	25.5	26.1		
缅甸	30.0	37.4		41.2				
菲律宾			39.0				25.9	18.6
泰国		40.1					52.0	52.4
印度尼西亚	20.1		17.0	26.3	30.7	33.0		
马来西亚	52.6	40.5	48.5	32.0	38.6		13.5	29.9
韩国	4.8	3.2	10.3	13.8	11.5		36.1	37.1
巴基斯坦		7.9					34.1	50.6
法国		9.5	17.0	17.9	14.9	13.3		3.7
德国	11.2	11.0	18.2	6.9	1.6	2.1	1.4	1.1
澳洲	11.0	12.4	17.5	16.9	17.9	14.8	16.3	13.4

20 世纪 80 年代,改革开放后的中国内地又开始向国际市场发行中国影片。这一时期,中国电影输出输入公司跟世界上 100 多个国家和地区的 400 多家电影公司建立了业务关系。其中,有 72 个国家和地区的 270 个电影公司与中国有经常性的业务往来,不过中国电影的海外营销额多年仅在 10 万～15 万美元之间徘徊。1985 年 1 月 2 日中影发行公司在洛杉矶成立了子公司,同年 2 月至 7 月,经美国世界娱乐公司策划,《茶馆》《邻居》等 10 部中国影片在旧金山莱姆利文艺院线上映,9 月至 12 月又移至西雅图、圣地亚哥、伯克利等城市,这是中国内地电影首次在美国商业院线公映。1985 年陈凯歌导演的影片《黄土地》在香港国际电影节引起轰动,被西方媒体赞誉为开启了新中国电影的时代。其后 20 多年,张艺谋、谢飞、吴天明、姜文、霍建起、张元、张扬、贾樟柯、王小帅等一批中国电影导演在国际 A 级电影节获奖,因此有机会被国际发行商推广到西方各国的艺术院线。根据美国 boxoffice 网站的统计资料可以看到,陈凯歌拍摄的《霸王别姬》于 1993 年在美国 3 家影院上映,票房收入达 522 万美元;张艺谋拍摄的《大红灯笼高高挂》于 1992 年在美国 40 家影院上映,票房收入达 260 万美元。

2000 年,在好莱坞发展的华人导演李安以《卧虎藏龙》开创了华语大片进入美国主

---

① 大卫·波德威尔. 香港电影的秘密[M]. 何慧玲,译. 海口:海南出版社,2003:107.

② 李丁赞. “边缘帝国”:香港、好莱坞和(殖民)日本三地电影对中国台湾扩张之比较研究[J]. 台湾社会研究季刊,1996(21):147.

流商业院线的时代,该片在美国2 027家影院上映,获得了1.28亿美元的票房收入,居美国放映的外语片票房之首。拍摄资金来自美国、欧洲和亚洲各地,主创团队由来自中国内地、中国香港、中国台湾、美国的工作人员组成,后期制作分别在香港、北京、洛杉矶、纽约完成。2002年张艺谋导演的《英雄》紧步《卧虎藏龙》后尘,取得了在国际市场上的空前成功。美国的Miramax公司以3 000万美元取得《英雄》海外版权,2004年该片在美国2 175家影院上映,获得5 371万美元的票房收入。《英雄》海外票房收入迄今已逾11亿元人民币,成为2004年全球非英语片最上座影片。《卧虎藏龙》和《英雄》的市场成绩鼓舞了国际电影发行商和制作商,开创了国际化华语大片的制作、营销模式,成为其后10年华语古装武侠大片进入国际商业市场的典范。

2003年我国有25部(次)影片销往海外,销售收入冲刺到5亿元人民币,后来呈逐年递增趋势,直至2010年,达到历史最高值。2010年共有47部国产影片销往61个国家和地区,海外销售收入达35.17亿元人民币。遗憾的是,自2010年后,由于种种原因,中国电影的海外销售收入锐减,2012年中国有75部影片销往80多个国家和地区,海外票房和销售收入却仅达10.63亿元人民币(见表3-7和图3-8)。

表3-7 2003—2012年中国电影海外销售收入 (单位:亿元人民币)

年度	2003	2004	2005	2006	2007	2008	2009	2010	2011	2012
海外销售收益	5.00	12.00	16.50	19.00	20.20	25.30	27.59	35.17	20.46	10.63

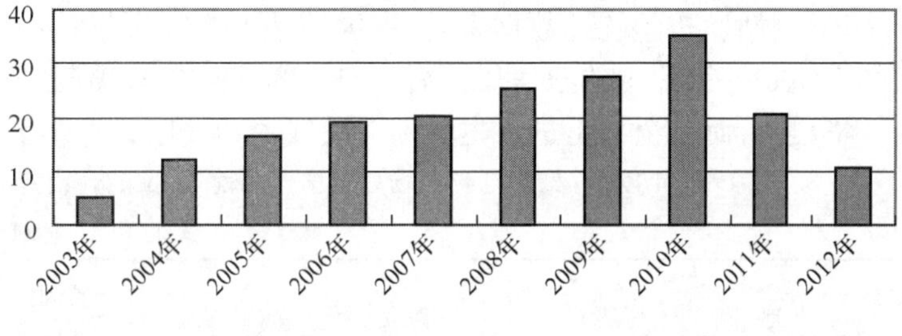

图3-8

资料来源:国家广电总局公布的官方统计数据。

3.3.3 中国电影进入国际市场的平台类型

电影的国际销售主要以三大国际市场为中心:美国电影市场(AFM),每年2月在加利福尼亚举行;国际电影市场(MIF),每年5月在法国的戛纳与戛纳国际电影节同期举行;米兰电影市场(MIFED),每年10月在意大利的米兰举行。这三大交易会吸引了代理商的目光,因为这里最大限度地提供了电影展示的舞台。

据身处电影行业30多年的国家广播电影电视总局对外宣传专家介绍,中国电影目前主要以电影海外推广有限公司作为海外发行渠道——1996年首届"北京放映"活动在中影集团揭幕,2004年国家广电总局成立会员制非营利机构中国电影海外推广中心,2006年6月,该中心改制成股份制公司。自此"北京放映"交由中影集团公司和中国电影海外推广中心联合承办,迄今已举办了14届,成为国内最具影响力的中国电影对外推广活动。2000 年后,民营影视企业破土而出,华谊兄弟、新画面、保利博纳、银都机构等纷纷成为中国电影"扬帆出海"的重要力量。由政府部门主办的国内电影节或电影季也为国产电影"出海"创造了良好条件,如上海电影节、长春电影节以及 2011 年举办的首届北京国际电影季等。此外,美国好莱坞、加拿大、巴黎、悉尼等地也都先后举办"中国电影节",为中国电影"走出去"开辟了新渠道①。

中国电影进入国际市场的平台,主要可以分为以下四大类。

3.3.3.1 主流商业院线

到目前为止,中国电影能够进入国际主流商业院线的主要是投资巨大、有明星阵容的功夫类型影片。继《英雄》之后,张艺谋导演的《十面埋伏》(2004 年)、周星驰导演的《功夫》(2004 年)、陈凯歌导演的《无极》(2005 年)、冯小刚导演的《夜宴》(2006 年)、于仁泰导演的《霍元甲》(2006 年)、吴宇森导演的《赤壁》(2008 年)、陈嘉上导演的《画皮》(2008 年)、袁和平导演的《苏乞儿》(2010 年)、陈可辛导演的《武侠》(2011 年)、成龙导演的《十二生肖》(2012 年)、王家卫导演的《一代宗师》(2013 年)等都是这种类型的影片。由于影片制作之初就瞄准了国际市场,后来的整体营销操作都能适应海外市场,不少影片确实在国际主流商业院线颇有收获。《十面埋伏》海外票房收入超过 5 亿元人民币;《夜宴》在英国、法国、西班牙、意大利等国的销售额都在 100 万美元以上,在日本的销售额为 500 万美元;《一代宗师》在美国首周末票房收入达 245 万美元,位居全美历年外语片首周末票房第十名。

从美国 boxoffice 网站发布的统计数据来看,中国的功夫大片不仅是中国电影出口的主力,在北美市场上也是外语片中的票房佼佼者。自 1980 年以来,美国外语片总票房的前 25 名中有 6 部华语片,而且全部是进入主流商业院线的功夫题材电影大片。

表 3-8 自 1980 年以来,美国电影市场总票房排名前 25 位的外语片

(金额单位:美元)

排名	影片	产地	总票房	影院数	首周末票房	首周末影院数	上映日期(月/日/年)
1	卧虎藏龙	中国台湾	128 078 872	2 027	663 205	16	12/8/00
2	美丽人生	意大利	57 563 264	1 136	118 920	6	10/23/98
3	英雄	中国	53 710 019	2 175	18 004 319	2 031	8/27/04
4	非常父女档	墨西哥	39 259 274	978	7 846 426	348	8/30/13
5	潘神的迷宫	西班牙/墨西哥	37 634 615	1 143	568 641	17	12/29/06
6	天使艾米丽	法国	33 225 499	303	136 470	3	11/2/01
7	霍元甲	中国	24 633 730	1 810	10 590 244	1 806	9/22/06
8	邮差	意大利	21 848 932	430	95 310	10	6/16/95
9	情迷巧克力	墨西哥	21 665 468	64	23 600	2	2/19/93

① 特稿:努力走向世界的中国电影[OC]. 新华网. 2011-11-02. http://news.xinhuanet.com.

续表

排名	影片	产地	总票房	影院数	首周末票房	首周末影院数	上映日期（月/日/年）
10	一笼傻鸟	法国	20 424 259	–	18 709	5	3/30/79
11	功夫	中国	17 108 591	2 503	269 225	7	4/8/05
12	摩托车日记	阿根廷	16 781 387	272	159 819	3	9/24/04
13	铁马骝	中国香港	14 694 904	1 235	6 014 653	1 225	10/12/01
14	季风婚宴	印度	13 885 966	254	68 546	2	2/22/02
15	衰仔失乐园	墨西哥	13 839 658	286	408 091	40	3/15/02
16	回归	西班牙	12 899 867	689	197 703	5	11/3/06
17	月光浪子	日本	12 590 147	454	2 769 655	266	3/19/08
18	天堂影院	意大利	12 397 210	124	16 552	1	2/2/90
19	拳霸	泰国	12 044 087	1 541	5 034 180	1 541	9/8/06
20	从海底出击	德国	11 487 676	2	26 994	2	2/10/82
21	别人的生活	德国	11 286 112	259	213 589	9	2/9/07
22	狼族盟约	法国	11 260 096	405	475 181	21	1/11/02
23	十面埋伏	中国	11 050 094	1 189	397 472	15	12/3/04
24	玫瑰人生	法国	10 301 706	178	179 848	8	6/8/07
25	无法触碰	法国	10 198 820	194	103 507	4	5/25/12

数据来源：http://www.boxofficemojo.com。

功夫大片虽然是目前为止最具国际市场竞争力的华语片类型，但是最近几年也有遇冷趋势。曾在好莱坞取得显著成绩的吴宇森2009年专门为北美市场剪辑了148分钟版的《赤壁》，但影片2009年在美国上映19周后，票房收入仅为62万美元。会聚中日影星的《刀见笑》(2011年)更是以5万美元创下了华语电影北美发行的票房新低。有行业人士认为，经过近十年的古装大片风潮后，欧美观众对此类影片必然产生审美疲劳，同时华语片缺乏创造力也让其国际市场表现变糟。“从广电总局目前公示的电影拍摄许可立项中就能发现，2011年‘五个关云长、四个孙悟空、三个穆桂英、三条白蛇、三桌鸿门宴’同时开拍，中国电影题材严重雷同情况可见一斑”①。

也有导演在最近几年制作其他题材、类型的中国大片，并且在国内票房成绩斐然，例如姜文导演的《让子弹飞》(2010年)，冯小刚导演的《唐山大地震》(2010年)、《一九四二》(2012年)，张艺谋导演的《金陵十三钗》(2011年)等，但是这些影片在国际市场上表现并不理想。《让子弹飞》和《唐山大地震》在北美只收入6万美元；《金陵十三钗》花2 000万美元请好莱坞影星贝尔主演，但北美票房收入仅20多万美元；《一九四二》也邀请布洛迪和蒂姆·罗宾斯两大好莱坞明星参演，但在北美只收获1万多美元票房。

其他一些国内票房表现优异的中等成本商业电影，在国际市场上更是毫无影响力。国内票房超过12亿元人民币的《人在囧途之泰囧》(2012年)在美国上映的票房收入只有5.7万美元，在泰国的票房收入不到4万美元。国内票房收入超过7亿元人民币的《致我们终将逝去的青春》(2013年)在美国市场票房收入只有9 990美元。国内票房近

① 中国电影海外搁浅[N/OL].深圳商报，[2011-6-14].http://www.dmcc.gov.cn.

5 亿元人民币的《小时代》(2013 年)在美国发行,票房也没有过万(美元)。

3.3.3.2 艺术片院线

在欧美市场上,除了好莱坞电影能大行其道外,主流市场上的电影更多是本国电影,外语片通常进入的是艺术片院线。中国一些导演的作品在海外的艺术片院线也产生过不错的反响。例如:陈凯歌导演的《霸王别姬》(1993 年获戛纳电影节金棕榈奖)在美国 3 家影院上映,票房收入达到 520 多万美元;在国内发行票房收入几乎为零的《那山那人那狗》(霍建起导演,1999 年),2001 年在日本的岩波影院(日本最著名的艺术影院)持续上映半年,后来因为反响好又扩展放映范围至大阪、神户、京都等地,票房收入超过 5 亿日元,又被日本国家电影奖评为最佳外语片。内地票房收入仅 200 万元人民币的《三峡好人》(贾樟柯导演,2006 年获威尼斯电影节金狮奖),海外有 40 多个国家购买版权,在法国 59 个艺术院线放映,票收入房超过 100 万欧元。具体如表 3 - 9 所示。

表 3 - 9 部分华语电影在美国艺术院线上映的票房统计

影　片	上映影院数	票房(美元)	上映时间(年)
霸王别姬	3	5 216 888	1993
花样年华	74	2 738 980	2001
大红灯笼高高挂	40	2 603 061	1992
活着	67	2 332 728	1994
摇啊摇摇到外婆桥	43	2 086 101	1995
菊豆	39	1 986 433	1991
秋菊打官司	35	1 890 247	1993
2046	61	1 362 110	1993
我的父亲母亲	37	1 280 490	2001
洗澡	46	1 157 764	2000
春光乍泄	47	1 151 941	2003
变脸	23	1 113 103	1999
风月	46	1 100 788	1997
天浴	22	1 010 933	1999
重庆森林	20	600 200	1996
一个都不能少	24	592 586	2000
巴尔扎克与小裁缝	22	497 400	2005
千里走单骑	13	252 325	2006
幸福时光	14	240 093	2002
那山那人那狗	7	203 975	2003
十七岁的单车	9	66 131	2002
世界	3	60 688	2005
十七岁的天空	1	11 165	2005
三峡好人	2	76 983	2008
旺角卡门	1	9 456	2008
向日葵	1	23 919	2008
卧和园	3	63 045	2008

资料来源:www. boxofficemojo. com,www. the - numbers. com。

一些有影响力的国际电影节是中国电影走进欧美艺术院线的重要渠道。如今中影海推公司和12个常规参加的A类国际电影节(柏林、戛纳、蒙特利尔等)、近30个常规参加的非A类国际电影节(多伦多、罗马、釜山等)都有密切合作,并已为国产电影建立了一些常年性的展示和交易平台。据国家广播电影电视总局国际处李永全介绍,中国走向世界各大电影节的渠道早已打通,能针对不同电影节选送参赛作品。例如,素有"大师摇篮"之誉的威尼斯电影节以"新、奇"见长,李安、张艺谋、贾樟柯等人都曾在此大放异彩;戛纳电影节则历来高扬艺术大旗,陈凯歌、王小帅、姜文也一度风光无限;柏林电影节则较注重意识形态,早期张艺谋和王全安也曾备受青睐。三大电影节仍然是我国输出电影的重要渠道,上述这批导演的作品都是通过电影节销往海外的,也多是华语文艺片,这些影片在一定时期内形成了很大的影响力①。

但是近几年中国电影在世界主要电影节上均缺乏令人惊喜的表现,海外艺术院线放映的票房收入也令人担忧。2012年华语电影在国际三大电影节上接连失利:第62届柏林电影节,核心奖项的入围作品铩羽而归;戛纳国际电影节主竞赛单元,中国影片销声匿迹;9月的威尼斯国际电影节主竞赛单元,华语电影10年来首度无缘……有行业人士认为,最近几年国内电影票房的爆发式增长可能有损于制片方对艺术电影的追求。因为国内市场"捞金"貌似更加方便快捷,而且国内新开院线多分布在二三线城市,观影人群以年轻人为主,这种受众群体的电影消费导向更注重娱乐,而电影制作人,迎合市场的浮躁心态很难再在海外艺术院线精耕细作。也有人发现,最近几年国际三大电影节开始对很多小国家电影青睐有加,与当年对边缘的中国电影给予关注如出一辙,如泰国电影、越南电影、非洲电影就连获大奖。中国经济的快速发展,也已经拉动中国成为世界第三大电影生产国和全球第二大票房市场。有人说:"过去电影节给中国电影人颁奖,有一定的同情弱者心态,现在中国电影市场变得这么强,人家对你的态度当然变了。"②

3.3.3.3 电视台与录像带、DVD音像市场

在国际电影市场上,中国电影进入院线的机会并不多,电视台与DVD市场是更广阔的采购放映平台。在本项研究的《中国电视节目的国际市场》部分,我们可以了解海外电视台对中国影视产品的需求情况。无论电影还是电视节目,电视台与DVD音像市场都是中国影视产品的传统市场平台。

根据中国文化国际传播研究院发布的《2011年度"中国电影文化的国际传播研究"调研分析报告》③,外国观众选择收看中国电影的平台分别是:买/租电影DVD或录像带占55.1%;网络在线观看占42.1%;电视播放占39.5%,电影院观看占32.2%④。影院成为可能性最小的收看平台(见图3-9)。

---

① 中国电影海外发行之惑[N].瞭望.2011-08-29. http://www.gmw.cn.

② 广电领导批大多国产片幼稚 电影节被指有猎奇心理[OL].[2013-09-04]http://news.mtime.com.

③ 该研究抽取美国、英国、法国、德国、加拿大、澳大利亚、印度、日本、韩国等国家的1 308名外籍人士进行问卷调查。

④ 黄会林等.2011年度"中国电影文化的国际传播研究"(上)[J].现代传播,2012(1).

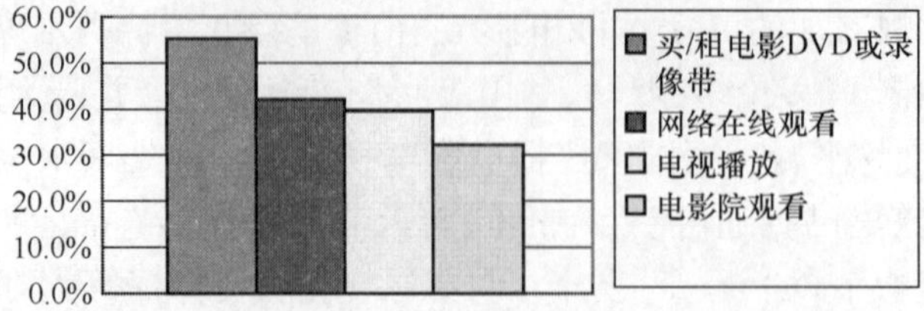

图 3-9

在美国,录像带与 DVD 的邮寄租赁业务非常发达。Netflix 是美国最大的在线 DVD 电影租赁服务商,用户每月只要交纳固定的费用,就可以通过网络选择自己喜欢的影片,然后由 Netfilx 通过邮寄方式把影碟寄到用户家中,看完后再把碟片邮寄回 Netflix。尽管流媒体电影日益普及, Netflix 公司 CEO 瑞德·哈斯汀(Reed Hasting)却在 2009 年预测 DVD 电影租赁服务还能火爆 20 年。理由有二:一是许多用户都是技术"落伍者",并不习惯于在线观看;二是好莱坞工作室出于营收目的,并不情愿全力支持在线流媒体①。

Lovefilm 公司在欧洲开展电影租赁业务,是一家领先的欧洲订阅娱乐服务商,被看做欧洲的 Netflix。其服务集在线 DVD 和游戏邮寄租赁以及在互联网上向 PC、互联网电视机和 PS3 游戏机即时传送电影和电视节目于一体。在 2006 年,Lovefilm 公司曾经与其竞争对手 Video Island 和 Screen Select 公司合并组成欧洲最大的在线 DVD 租赁业务服务商。Lovefilm 公司声称它拥有大约 6.5 万个 DVD 和游戏。Lovefilm 公司 2008 年收购了亚马逊欧洲 DVD 租赁业务,亚马逊公司因此获得 Lovefilm 公司 42% 的股份。

在日本由于版权保护严格,购买、租赁 DVD 也一直是日本电影观众的习惯性消费。据 ORICON(日本公信榜)公布的市场报告显示,2009 年日本影像市场总销售额达到 2 737.2亿日元,其中 DVD 销售额为 2 480.3 亿日元,BD 销售额为 257 亿日元。据 CNN 报道,"日本人对 CD、DVD 等实物媒体内容的偏爱有增无减",日本唱片协会执行董事 Kotarao Taguchi 认为"作为一个民族,日本人对实物产品有着强烈的钟爱"②。2006 年《夜宴》在日本的 DVD 版权收入接近 200 万美元。(当年《夜宴》入围加拿大多伦多电影节,试图打开北美市场,却没能进入院线,最后只是进入 DVD 市场。)

不过从未来的发展趋势来看,DVD 租赁市场终将被流媒体点播取代。无论是 Netflix 公司,还是 Lovefilm 公司,都在发展自己的流媒体业务,并与 hulu、youtube 等视频网站竞争。电视这一传统媒体也可能在未来与网络的接收终端进一步融合。全媒体时代的到来正为中国电影开拓国际市场提供更多的平台选择。

3.3.3.4 网络、手机等新媒体

据中影海推公司总经理周铁东介绍,在 2009 年的戛纳电影节上,买卖双方所谈论的

---

① DVD 电影租赁还能火爆 20 年 2030 年前不被淘汰[EB/OL].[2009-12-13].http://news.ccidnet.con/art/11103/20091231/1970793_1.html

② 日本人钟情实物媒体 去年 CD 销售额全球领先[EB/OL].[2013-08-20].2013-08-20,http://finance.sia.com.cn/world/yzjj/20130820/103016502787.shtml.

已经更多是如何利用新媒体为独立电影创造新的市场空间。中影海推公司正在尝试建设海外新媒体“点击监控”的分账平台,包括与美国华纳合作,在对方的数字网络平台上提供60部中国影片,收益实行四六分账:中方拿四,负责提供影片;美方拿六,负责提供播放平台和宣传。不过因为是初期尝试,影片的收集和配备英文字幕的工作都因为缺乏资金而难以操作,目前这个平台的收益还是微不足道的。

《2011年度“中国电影文化的国际传播研究”调研分析报告》显示,网络不仅是外国观众收看中国电影的主要平台,也是外国观众了解中国电影的主要渠道。调查数据显示,外国观众了解中国电影的途径排在前三位的情况分别是:第一是“身边的人推荐”,占60.2%;第二是“互联网”,占46.7%;第三是“电视/广播”,占41.3%(其中,部分受访者进行了重复选择)。相比其他年龄群,25~45岁人群对“互联网”的选择最多。

新媒体的成长必然为中国电影提供更多的海外市场空间,但是在不同的播放平台上适销的电影形态也会是不一样的,影片的长度、节奏、镜头语言、题材、类型都会有显著区别。适应院线播放的电影并非可以自然赢利于新媒体平台,随着国内新媒体平台与海外新媒体平台的共同成长,未来可能会有新兴形态的中国电影更加适合于在这类平台上销售、播映。

3.3.4 中国电影的国际市场区域特征

3.3.4.1 亚洲市场

亚洲地区的电影票房占据我国电影海外市场的大部分份额,而在亚洲地区,又以东南亚和日、韩市场为主体。日本已成为华语片最大的海外市场。

华语电影在亚洲拥有较大的市场,除了地理位置、文化因素和政策优势以外,还有赖于中国香港与亚洲其他国家长时间以来建立起来的电影合作关系以及顺畅的发行渠道。港台明星在东南亚甚至在日本、韩国都有着一定的观众缘和票房号召力,所以大多数的影片很容易被这些国家的发行放映市场看好;再加上合作方本身具有一定的业务市场,所以影片就可以顺利地在当地发行。

香港影人通过几十年的艰苦奋斗,在亚洲建立了较完善的发行网络,邵氏、寰亚、嘉禾等电影公司在东南亚等地区和国家仍具有较大的影响力。至1973年,“邵氏兄弟”在亚洲直接拥有戏院141家,与其签约合作的戏院则有350家。在印度尼西亚,“中国商人继续控制着主要的影院网,并为这些电影院摄制了大部分的商业性影片,这些影片成本低廉,制作人员同时兼任各种工作”,在新加坡和马来西亚,“国泰公司和邵氏公司的放映网控制着这个新联邦在1964年拥有的481家电影院中最好的影院”[①]。1991年,嘉禾公司在新加坡建了一座电影城,城内设有10间戏院,是当时亚洲最大的电影中心。1994年该公司又在泰国投资建设了14间连锁电影院,是当时世界最大戏院群的“曼谷嘉年华影城”。

2011年中国内地的传媒机构也开始进入韩国运营电影院线。2011年3月,中博传媒宣布将在韩国直接运营4家电影院,还将通过釜山国际电影节构建一条联盟50家影院的

① 李友平. 香港电影影响研究[D]. 上海:华东师范大学, 2007:123.

院线。中博传媒董事长陈伟明介绍,此前中国电影在韩国的市场份额只占到2% ~3%,此后中国电影每年可望在韩国的市场份额增至5% ~10%①。

但是作为华语电影长期海外票房保障的东南亚市场,近年来也在渐次缩水。单就马来西亚而言,从官方公布的不完全数据统计,2012 年除了《十二生肖》取得票房突破外,《寒战》《大魔术师》等一众影片严重退化,甚至同2011 年前三季度的累积票房相去甚远。中国电影海外推广公司的工作人员认为原因在于:“之前东南亚的高票房主要凭借香港本土电影,打开市场并形成影响力,特别是在香港电影的黄金年代,鼎盛时期的成龙、吴宇森、周星驰等明星在东南亚地区非常受追捧。但随着香港影片进入内地,在尝试适应内地标准后,纯粹的港式味道慢慢消失,连香港本地区的票房和口碑都已经丧失了,东南亚就更不用提了。”东南亚观众比较喜欢中国的功夫片和时尚片,“但这两年该类优秀的电影实在太少”②。

3.3.4.2 欧美市场

进入欧美主流市场的中国影片虽然已经出现但是不成规模,在欧美市场,中国电影票房依靠的主要力量还是海外华人而非其他族裔观众。

在2008 年,美国曾经超越日、韩,一跃成为我国电影海外销售的第一大市场,全年共有《功夫之王》《长江7 号》《木乃伊3》(合拍)等八部影片销往美国,销售总收入为7.58 亿元,占全年海外销售总额的29.98%。当年国产影片在欧洲地区的销售收入也有明显增长,全年共有18 部影片销往欧洲,票房发行总收入为2.60 亿元,占全年全部海外销售总额的10.28%;国产影片在欧美市场的销售收入占据当年全部海外销售总额40% 以上的市场份额。可以说,欧美市场已经成为国产影片海外销售的重要市场。不过受到欧债危机的影响,海外片商特别是欧洲片商在挑选中国影片时已变得格外谨慎,诸如西班牙、希腊等国甚至停止了进口中国电影。

2010 年10 月致力于国产片海外发行的华狮公司成立,该公司总部设立于美国加州洛杉矶,在多伦多、悉尼、北京、奥克兰等地均开设分处。2011 年10 月31 日,华谊兄弟传媒股份有限公司及博纳影业集团共同参股北美华狮电影发行公司,进一步推进中国电影在国际市场的同步上映。2010 年,华狮电影发行公司与美国AMC 影院公司(北美第二大院线)建立独家合作伙伴关系,长期在北美地区同步发行华语电影。从2010 年《唐山大地震》开始,公司其后还同步发行过《非诚勿扰2》《我知女人心》《建党伟业》《全球热恋》《逆战》《Love》《春娇与志明》等多部华语电影。截至2013 年,华狮已经把30 多部国产片推向国外,在北美、澳大利亚、新西兰等多个国家开拓市场,主要针对海外华人观众。

中国电影要进入欧美主流商业市场,合拍片仍然是唯一渠道,目前只有海外公司直接投资并拥有电影海外发行权的合拍片能获得发行优势。为了更好进入欧美主流市场,推进合拍已成为现阶段中国电影发展的一项战略举措。2008 年的《木乃伊3》和2010 年的《功夫梦》,已将深入合作的触手伸到了A 级好莱坞制作领域。美国创新艺人经纪公司(CAA)2005 年进驻中国,成了中美合作的重要契机之一。这家全球排名第一的艺人经纪

---

① 中国传媒机构首次进军韩国运营电影院线[OL].[2011 -03 -21].中国新闻网.http://www.chinanews.com.

② 中国电影海外生存之困[J/OL].新金融观察报.[2013 -01 -14].http://business.sohu.com.

公司先后对《面纱》《黄石的孩子》《谍中谍3》《功夫梦》等片做过各种协调工作，在《双枪科恩》《欲望大明宫》《太极》中也是重要的中介力量。不过，目前合拍片有点“悲哀”的现状是，随着海外投资方的加入，电影的版权也进行了分割，海外发行利润大多与中国制片方无关。未来合拍片的发展方向是，怎样逐渐加强中方的主导地位，使中方能够获得更多的海外市场利润。

3.3.4.3 澳洲、南美、非洲等地市场

中国影片在澳洲、南美、非洲等地市场目前所占份额并不大，属有待培育的潜力市场。

在澳洲和南美，目前能够公映的中国大片主要出现在唐人街的影院。澳洲也有电视频道偶尔播映中国电影，澳洲本土观众喜欢的中国电影类型也只有功夫大片。

非洲城市的一级影院放映的主要是美国电影和法国电影，香港出品的功夫片曾经大量进入非洲城市的二三级影院。在中国内地电影进入非洲市场之前，香港地区的功夫片在非洲市场已有很大知名度。20世纪80年代，中影公司借助香港电影创下的声势，挑选了《武当》《武林志》《侠女十三妹》等功夫片配译成英、法语版本重点向非洲推出，几乎走遍非洲40多个国家，上映效果良好。后来，一些非动作类型的影片也都陆续走进非洲市场，很多也受到非洲观众喜爱，例如《红高粱》在非洲输出的拷贝数仅次于《武当》[①]。

2012年10月中国国际广播电台成立“影视译制中心”，其主要职能是具体组织、实施由国家立项，每年出资5 000万元推动的“中非影视合作工程”——每年用6个非洲当地主流语种译制国内精选出的10部电视剧和52部电影，并在非洲发行、播出。这6种语言分别为英语、法语、斯瓦希里语、豪萨语、阿拉伯语和葡萄牙语。这项工程将为传播中国文化、培育中国影视产品的非洲市场打下良好基础。

3.3.5 中国电影进入国际市场的问题与对策

中国电影在国际市场的业绩经历了近十年突飞猛进的发展后突然急转直下，其未来发展不能不令人担忧。中国电影在进入国际市场方面普遍存在哪些问题，可能的解决对策有哪些？在此可稍作总结探讨。

3.3.5.1 产品的问题与解决对策

华语电影进入国际市场并不是件容易的事，20世纪福克斯公司的代表温煦宇先生曾经说过：“外商购片的标准是：高质量（High Qualit）、精制作（Well Produced）、国际性（International Qualication）和高商业价值（Good Commecial Value）。”[②]

中国电影现在虽然产量很高，但是高质量的精品力作并不多，大量电影并不具备国际卖相。即便是在国内市场表现良好的影片，在进入国际主流商业市场时，也常常因为“文化折扣”的问题而销售受挫。

中国电影一方面要提高制作质量和创新能力；另一方面，试图进入国际主流商业市

① 陆孝修，陆懿. 中国电影非洲市场回顾[J]. 世界电影，2004(6).

② 李渊. 电影文化交流：外国片商的独特见解[M]//中国电影年鉴，北京：中国电影出版社，2002:39.

场的电影要学习国际制片经验,努力讲述能被国际观众理解和喜爱的故事。可以采取的规避"文化折扣"的文本策略包括两点:[①]一是创造易读性文本。学习好莱坞的"透明叙事"策略,降低电影故事的理解难度。二是创造可读性文本。为电影观众营造惊奇(surprise)、悬念感(suspense)和满足感(satisfaction)。

在现阶段,也可以采取与国外片商合作的方式,让中国故事更加国际化。好莱坞制片人汤姆·德桑托2012年来中国,计划开发《封神榜》三部曲,斥资10个亿,到现在还在开发。梦工场将和中影合拍《藏地密码》。法国名导吕克·贝松加盟了中外合拍片《狼图腾》。选择合拍,拍出来就会是全球化的电影产品,而不仅仅是个中国故事。但是,在采用合拍策略时,我们一方面要积极向合作方学习,积累经验;另一方面要逐渐找到未来能够发挥主导作用、在国际市场能够分得合理利润的方法。

3.3.5.2 发行渠道的问题与解决对策

中国电影的海外自主商业渠道还很滞后,没有自己的发行渠道,自然就没有能力参与电影收益的分成。目前很多中国电影仍从电影节上寻求发行渠道,成功的机会过于偶然而不具备可复制性。一些合拍的大片,被海外发行方以相对较低的价格买断全球版权,结果以后无论在国际市场获得多少票房,中方都无权分羹,缔造海外市场传奇的《卧虎藏龙》《英雄》《功夫梦》都有类似遭遇。

发行渠道建设滞后,最根本的原因还在于中国电影的资本不足,企业规模较小,与国外电影公司动辄斥资好几十亿美金的情形相比,国内最大的中影集团也只有十亿人民币的规模,还远远不足以影响到渠道。目前华谊、博纳等已经上市的大型影视企业正在建设自己的海外发行渠道,而很多小型企业就很难获得海外发行渠道。

中国电影目前主要依赖广电总局的海外推广公司作为输出渠道,这一机构因为没有影片的版权和专项资金支持,在海外推广过程中只能起助推作用而并非主体。很多合拍大片,海外推广公司都拿不到海外营销的代理权,而大量的中低成本影片在国际市场的潜力又非常小,"走出去"的真正主体——拥有电影版权的制片单位对海外市场的态度也不够积极,缺乏"走出去"的动力。

未来中国应鼓励通过资本输出,在一些关键的海外市场输出资本和服务,通过拥有国际化公司整合资源,让中国电影真正参与国际竞争。2012年大连万达集团以26亿美元并购北美第二大院线AMC。并购后,万达或将成为全球最大的电影院线运营商。这对中国电影的海外输出无疑是一个利好的消息。此外,中博传媒在韩国运营院线,俏佳人传媒在美国购买电影频道也都有利于中国电影海外渠道的发展。

3.3.5.3 营销的问题与解决对策

中国电影在国际市场的营销能力也亟须提高。据中影海外推广公司的总经理周铁东介绍:在高度全球化的今天,电影已经有了一套全球通行的规则,包括素材、宣传品的制作、营销语汇的表达等。现在的营销情况是,有时我们花费大力气把影片销售出去了,而片方却无法提供符合国际使用规格的素材(如国际声带、数字Beta带等)。

① 薛华.中美电影贸易中的文化折扣研究[D/OL].中国知网,2009http://cdmd.cnki.com.cn.

这是一个致命的问题,已经严重影响到中国电影的出口。我们和最受欢迎的视频网站Hulu谈合作,他们挑中了几十部中国电影,但我们却无法提供对方所需的影片高清带,不能满足对方的播出要求。这样一来,原本计划要建立的长期合作关系也就没了下文。

一些在海外市场获得良好票房表现的电影,不仅影片本身达到了一定的制作水准,其配套的营销推广方案也与当地观众需求准确对接,发挥推波助澜的促销作用。2002年米拉麦克斯发行张艺谋的《英雄》,至今还被认为是海外营销的成功案例。他们为影片设计的海报中心是李连杰——北美观众熟知的武打明星;宣传语"一个人挑战一个帝国",突出个体反对极权的价值观念;请美国导演昆汀·塔伦蒂诺担任发行监制,因为昆汀对北美动作片市场的号召力要远远超过张艺谋。2013年韦恩斯坦公司发行王家卫的《一代宗师》,北美海报上的关键词是:"功夫往事"——《美国往事》是人尽皆知的经典;"根据李小龙师傅的真实故事改编"——李小龙是美国人最熟知的中国人之一;"马丁·斯科塞斯力荐"——这一标语被醒目地打出。最终《一代宗师》在美国首周末票房收入达245万美元,位居全美历年外语片首周末票房第十名。《那山那人那狗》在日本发行时营销操作丰富而熟练,日本发行人着手搜集了有关这部电影的所有资料,连一个配角的生日也不放过。为了配合宣传,《旬报》专门印制了精美的小册子,而岩波影院还从原作者彭见明手中买下了6个短篇的版权,与《那山那人那狗》一起出了一本日文版彭见明小说的合集。现在,这本书已经加印了5次,每次印1万册。导演霍建起和编剧思芜又被请去参加东京电影节,为影片上映造势,还参与了影片公映前的宣传。

中国需要培养能够适应海外市场的国际电影营销人才,也要把国际电影营销标准和惯例更多地介绍到国内。但是,还有一个问题是,对于大量不以"走出去"为诉求的中低成本电影而言,进入国际市场的营销成本是制片方不愿承担的。有些影片可能具备一定的海外营销潜力,但是制片方对于海外市场缺乏足够的信心,可能就不愿意在影片配译、制作数字播放带、制作海外宣传品等方面过多投入,如此也就丧失了在海外市场试水的机会。因此,中国电影在海外市场营销方面还需要更多的国家政策扶持。目前,政府每年都会拨出不少于300万元的经费扶持中国电影走向海外市场,以制片人协会会员为主体的单位可以享受到免费印制英文拷贝、免费印制海报宣传品和租用展台等优惠待遇。如果想要更多地推动中低成本影片走进海外市场,扩大中华文化的海外影响力,可能需要政府提供更多的专项资金资助优秀影片出口。

3.4 小结

本章首先回顾了世界电影市场的发展历史,指出世界电影市场中心经历了从法国到美国的历史变迁;然后,从电影票房收入及电影银幕数量这两个方面,对目前国际电影的市场规模及发展趋势进行了描画,并指出目前国际电影市场呈现出美国电影独霸国际市场、欧洲电影努力保护国内市场、中韩电影市场异军突起的竞争态势。

本章第二部分对美国电影市场、印度电影市场、欧洲电影市场的特点进行了深入的分析,并详细介绍了这些电影市场的发展现状。

本章第三部分首先从中国电影产业的票房收入、中国电影生产状况、中国影院数量与银幕数量等方面勾勒出了中国电影市场的发展现状,然后回顾了中国电影进入国际市场的历程,指出中国电影进入国际市场的途径主要包括主流商业院线、艺术片院线、电视台与录像带、DVD音像市场以及网络、手机等新媒体这四种平台,并分析了中国电影的国际市场区域特征,最后从中国电影产品、发行渠道以及营销这三个方面分析了中国电影进入国际市场遇到的问题,并提出了相应的对策。

本章最后通过对韩国电影产业发展的案例分析,揭示了韩国电影产业迅速崛起背后的深刻原因,指出了韩国电影产业发展对于我国电影产业的借鉴意义。

3.5 案例:电影“韩流”涌动的背后——看得见的手

20世纪90年代中后期以来,韩国电影产业在全球电影舞台上异军突起,受到世人瞩目。1996年韩国文化产业的海外收入还是零,而韩国银行2012年2月6日公布的国际收支统计数据显示,2011年韩国电影、电视剧和唱片等文化和娱乐服务领域的出口额达7.94亿美元,比2010年增加了25%,创历史新高。

韩国电影产业的迅速崛起有着政治、经济、社会、文化各方面的原因,而韩国政府层面的大力支持就像一只“看得见的手”,对韩国电影产业的发展起到了强有力的推动作用。韩国作为中国的近邻,其社会、文化等各方面环境与我国更为接近,因此,研究韩国政府这只“看得见的手”对于电影产业的作用,可以为我国电影产业的发展提供更多的启迪。从韩国政府的具体实践来看,韩国政府对电影产业的支持主要体现在以下几个方面。

3.5.1 韩国政府通过制定法律为电影产业的发展保驾护航

一方面,韩国通过《文化产业振兴基本法》《电影振兴法》等法律确立电影产业的重要地位,为电影产业的发展营造了良好的生态环境;另一方面,这些法律还明确了韩国政府对电影产业的资助义务。根据《文化产业振兴基本法》,韩国政府在1999年成立了文化产业基金,提供新创文化企业贷款,基金规模从1999年的549亿韩元增加到2002年的2 329亿韩元,4年间增加4倍。根据《电影振兴法》第7条,韩国政府于1999年成立了韩国电影振兴委员会,由后者管理分配政府对电影产业的财政资助预算。电影振兴委员会是韩国非官方性质的最高电影主管机构。委员会主要资金来源含电影票税收及政府每年约4 200万美金的预算。该委员会主要负责相关电影政策拟定、提振电影产业、辅助金的审批使用、人才培育、教育研究和国内外营销推广等业务。对于一般商业电影,韩国电影振兴委员会所编列的财政补助并非无偿给予,而是以无息或低息融资方式贷款给国产商业电影制作商。片商可以以房地产向电影振兴委员会抵押借款,金额最高为6亿韩元,每家公司1年最多申请3部电影,期限2年,到期必须偿还。此外,电影公司也可以用抵押著作权的方式申请,最高可达5亿韩元,电影上映结束后半年清偿①。

---

① 董则平.新创风险事业创业财务策略之研究——以独立制片人电影专案筹资为例[OL]//刘立行.韩国电影辅导法规、机构与投融资现况之探究.(2006)国家政策研究基金会网站.http://www.npf.org.tw/post/2/1390.

3.5.2 政府通过提供电影辅助资金推动韩国电影业的发展

电影辅助资金是韩国政府交给电影振兴委员会分配的用于辅助电影拍摄的资金。辅助资金的主要发放对象是电影学院学生和进行独立电影制作的导演,支持他们进行实验短片、纪录片和独立艺术电影的制作,资助额度最高达4亿韩元(约合人民币240万元人民币)或电影总体制作费30%的辅助金,资金无须归还,也不需要以奖项和内容上的附和为回报。电影辅助资金的主要目的是增加年轻电影人成长学习的机会。一般商业电影则没有机会申请辅助金,但可以以申请无息或低息融资贷款的方式从政府设立的文化产业基金"借"钱。这种以促进电影的多元化生产为目的的无偿资金支持能鼓励电影工作者大胆尝试先锋性的艺术形式,从而为韩国高品质的艺术电影的生产提供良好的基础。

3.5.3 韩国政府积极推动电影产业投融资方式的创新

例如,韩国政府推出了以知识产权为担保的融资方式,即以技术信用保证基金(Korea Technology Credit Guarantee Fund)对技术成果进行鉴价,然后再配合担保服务,为包括作品版权在内的技术成果搭建有效的融资平台,即售后回租融资制度。此外,政府还强化了以制片人为导向的签约融资制度,引导制片人和创投机制相互结合,引入资金。例如,官方机构文化产业振兴院和民间创投公司IMM就曾合作一起推动影视产业创业投资,韩国政府也成立了几个投资电影业的基金,由韩国电影委员会(KOFIC)以及中小型商业投资管理委员会(SMBA)管理。2000年来自各种渠道的组合基金投资电影行业的总额达到9 200万美元。2001年4月有6个总额为3 920万美元的基金由SMBA代管,有3个总额为2 400万美元的基金由KOFIC管理[①]。

3.5.4 韩国政府通过优惠税收引导企业投资电影产业

韩国政府通过以大幅减税为主的种种政策鼓励韩国国内大企业对电影事业进行直接投资。在政府优惠税收政策的引导下,大企业把电影事业当做一种"准制造行业",并采取了一种精明而渐进的投资方式,从最初的录影带版权经营,到投资电影院建立院线,再到直接对电影作品投资,稳妥的方式和政府的支持使大投资商们逐渐看到了良好的前景。表3-10列出了截至1995年韩国五大企业集团所涉足的电影业务。

表3-10 韩国五大企业集团所涉足的电影业务

集团名称	业　务
三星	电影的进口、制作、电影院
大宇	电影的进口、制作
现代	电影制作
LG	电影进口、制作
SK	电影进口、制作和发行

① 王沛娣,杨继群.文化是门好生意?探讨韩国政府如何透过政府政策力量逐步扶持韩国影视产业[R].第十四届广告暨公共关系国际学术与实务研讨会.国立政治大学,台北(2006)

虽然在1997年的东南亚金融危机之后,这些企业财团大幅收缩乃至放弃了电影业务,但他们曾经的参与还是给韩国电影的复兴奠定了坚实的基础。通过举办独立电影节和各种电影剧本竞赛,这些企业财团吸引了大量人才进入电影产业,并使年轻的导演有了前所未有的大展拳脚的机会。另外,这些企业财团中的很多杰出人士进入电影产业,把他们的系统规划、营销、财务透明等先进的经营理念移植到了电影产业中,从而改变了电影产业原先落后的运营方式。虽然这些企业后来退出了电影行业,但很多人才还是继续留在了电影领域,成为韩国电影复兴的中坚力量①。

3.5.5 政府通过银幕配额制(义务上映制度)保护本土电影的市场份额

为保护本国电影的发展,韩国政府曾强制规定韩国电影院每年每个厅都必须上映满146天的本土电影,全国电视台也必须播放一定时数比例的国产电影。后来由于韩国与美国就自贸协定进行谈判,2006年7月1日,韩国实行新的国产影片配额,韩国电影院每年必须将播放国产影片的天数从146天减少到73天。为此,韩国电影界人士还举行了各种抗议活动。无论如何,可以肯定的是,屏幕配额制为韩国电影快速发展起到了不可磨灭的作用。

综上所述,韩国政府通过立法保障、资金支持、税收优惠、配额保护等种种政策措施为韩国电影产业的发展创造了良好的外部环境,成为推动韩国电影产业发展背后那只"看得见的手"。我国电影产业近年来发展形势喜人,连续几年国内票房以两位数的增幅实现了高速增长,但我国电影在海外市场的表现却不尽如人意。通过对韩国政府的管理实践的梳理,希望能为我国政府出台切实有效的政策措施,推动更多的优秀电影作品走出国门提供借鉴。

---

① 本部分根据以下内容整理:Doobo Shim. The Growth of Korean Cultural Industry and Korean Wave[C]//East Asian Pop Culture. Hong Kong University Press,2008:15-32.

4 国际图书出版市场

4.1 国际图书出版市场发展状况

4.1.1 国际图书出版市场发展历史及规模

19 世纪中叶,随着国际货物贸易的快速发展,图书进出口贸易也随之在欧洲开始形成,为 20 世纪典型的国际出版业奠定了基础。进入 20 世纪后,英、美、法等西方国家的出版业得到迅速发展,这些国家的出版商越来越重视从海外出版物的贸易中获取贸易利润。由于历史、地理、文化、政治、经济以及科技等诸多因素的综合作用与影响,世界上逐渐形成了以七种语言为主要出版语言的七大出版板块,这七种主要语言是:英语、法语、汉语、西班牙语、德语、俄语和阿拉伯语。由于英语这一语言在国际上被广泛使用,特别是很多国家都将英语作为官方语言之一,因此,英语无疑成为世界上最主要的出版语言,从而形成了世界上最重要的英语出版市场。据统计,20 世纪全球图书出版品种总量超过 300 万种,图书市场总值近千亿美元。全世界每年出版的图书品种有 86 万种,其中有 1/4 的图书是用英语出版的。世界上十大图书出版集团占据了总销售额的 26%。2011 年,全世界图书出版业的销售额约为 1 170 亿美元。无论从出版规模、市场规模,还是以出版技术发达程度来看,以美国为首的西方发达国家占据着出版大国、出版强国的位置。而其中,英美两国的出版业尤为发达。

在世界出版历史进程中,平装书革命、超级连锁书店的产生、现代企业制度的创立、出版技术的腾飞以及出版国际化等事件对国际图书出版业产生了极其重大的影响。

20 世纪 30 年代后期到 50 年代的平装书革命对世界出版业、战后西方阅读大众化和消费化倾向具有绝对重要的意义,它在很大程度上塑造了我们今天所看到的出版业态。首先,它为出版商们创造出了前所未有的全球规模的阅读市场,它的低价策略把借阅图书的读者转变成图书的购买者,并首次把读者的购买行为改造为“冲动”购买。其次,它涉及的内容类别非常广泛,几乎所有类别的图书都可以以平装本的形式出版,其中包括大量的文学经典读物。

在 20 世纪大多数时期,图书发行业在营销模式上没有重大变化:批发—零售格局是历经多年稳定不变的图书发行模式。批发商和零售书店一直以来都是图书发行的主要渠道。直到 20 世纪 80 年代超级书店的出现和繁荣,才使这种状况得以改变。所谓超级书店,是指连锁书店中超大规模的分店甚至中心店或旗舰店。超级书店在满足日益扩大的阅读市场的同时,很大程度上也解决了图书零售网络覆盖不足、品种选择有限等图书零售业的难题。

20 世纪的国际出版业依然以家庭作坊式的经营模式为主要经营方式。到了 20 世纪 40 年代,随着科技的发展和发行手段的进步,一些出版公司开始有能力发行平装书;大量资金的流入使一些公司有机会扩大编辑和商业运营规模,这样到了60年代,图书产业发生了根本性的变化,一种全新的与传统的家庭作坊式出版社不同的现代图书出版企业应运而生。其标志就是查尔斯·斯克里伯纳父子出版公司(Charles Scribner Sons)的出现。在21世纪,国际上主要的出版集团公司均采用现代出版企业制度。它们内部分工明确,大多采用股份合作制,具有成熟的市场营销理念,善于开拓不同文化背景的市场。

技术的变革始终是图书出版业的推动力。在技术的推动下,国际出版业不断前进发展。造纸术的发明为出版活动提供了相对廉价方便的载体,成就了出版的第一次大进步和大革命,并被人们沿用至今;印刷术的发明则使出版活动告别手抄时代,带来历史性的信息复制革命,使出版活动迎来第二次大发展。进入20世纪之后,科技的飞速发展更对出版业形成空前的甚至是颠覆性的影响和冲击,使出版从"铅与火"进入到"光与电"时代,这被认为是继活字印刷术后出版业最大的一次革命。20世纪60年代中期,将文字与图像存贮在电磁软片上的电子出版物随着各种新型电子设备的发展而陆续出现,从此,出版业逐步跨入电子出版时代。2000年美国畅销小说家斯蒂芬·金(Stephen King)的小说《骑弹飞行》(Riding the Bulet)的出版发行方式使电子书(E-Book)受到业界的普遍关注。在这次称之为"第三次浪潮"的图书业革命中,计算机信息技术的发展,使得出版数字化、网络化成为现实,大大提高了图书编辑、生产、校对、印刷、销售等环节的工作效率,同时也使读者能够获得新颖的多媒体阅读体验,增加了读者的阅读乐趣。

出版的国际化是图书出版业进入20世纪的重要特点之一。第二次世界大战以后,出版业的竞争越来越激烈,主要表现在两个方面:一是出版公司并购激烈;二是出版公司国际化。20世纪下半叶,西方国家的出版公司并购风潮涌动。这些大公司往往通过并购具有一定知名度的本国与外国出版公司,不断扩大自身的出版市场,并以此逐渐在国内外获得更多的经济利益,进而改变了其国内的出版市场格局。这些并购活动有三个特点:一是金额特别巨大,动辄几千万至几亿美元,有的甚至高达数十亿美元;二是参与并购的企业不仅有出版公司,还有大量的其他媒介公司;三是并购范围超越了国界①。在21世纪,随着数字出版的兴起,出版集团并购和国际化战略,越来越重视对出版类技术服务公司的并购,出版集团的并购策略出现了全媒体集团的趋势。

4.1.2 国际图书出版市场竞争格局

国际图书出版市场同世界总体经济格局一样,也存在着地区发展不均衡的状态。近年来,从图书出版品种来看,欧洲居首位,占47%;亚洲次之,占25%;居第三的是美洲,占17%;大洋洲占1%。从出版业生态结构来看,欧美出版发达国家的图书出版业呈哑铃形状:一端是出版集团和大型出版公司,它们是出版业的中坚力量和主力军;另一端是数量众多的小出版社,它们是出版多样化的原动力。而居中的中等规模出版社数量不多,并一直处于动荡状态,因为它们是大型出版集团并购的对象。这些国家的图书零售业也呈现同样的格局:一端是大型连锁书店,另一端是形态各异、数量繁多的小书店,中等规模的书店数量相对较少②。从图书出版地区来看,2011年欧洲图书市场占全球图书市场总

① 杨贵山. 国际出版业导论[M]. 北京:北京大学出版社,2010.

② 杨贵山. 国际出版业导论[M]. 北京:北京大学出版社,2010:1-2.

值的 30%,美洲占全球图书市场总值的 24%,世界其他地区占全球图书市场总值的 46%①。

在图书进出口方面,根据2000 年联合国教科文组织公布的100 多个国家和地区的图书进出口数据,世界上主要的图书出口国家和地区分别是美国、英国、德国、法国、意大利、西班牙、新加坡、中国香港地区、比利时、荷兰和中国;主要的图书进口国家和地区分别是美国、加拿大、英国、法国、德国、瑞士、比利时、澳大利亚、奥地利、日本和中国。从世界范围来看,在出版产品对外贸易中居于顺差地位的国家和地区主要集中在欧美,亚非拉的广大发展中国家多处于逆差地位。

4.1.3 图书出版业具有二重性

1972 年是联合国教科文组织规定的国际图书年。为此,图书促进委员会于 1971 年 10 月 22 日在布鲁塞尔制定并通过了《图书宪章》。宪章第六条对图书发行的作用作了清晰的阐述,指出:"图书发行者在联结出版者和读者双方,在促使人们养成读书习惯的努力方面,起着十分重要的作用。为将大量精心选择的图书送到读者手中,图书发行者同时肩负着文化和教育的责任。"联合国教科文组织 1984—1988 年中期计划的第三部分"服务于人类的传播"中,为促进图书出版及图书在各种社会的发展,制定了广泛的项目。这些项目特别注重帮助具有初等或中等文化程度的读者,同时也有益于图书的国际性传播。可见,图书与其他商品不同,除了具有经济属性,还具有文化属性。

4.1.3.1 图书的文化属性

图书作为一种典型的文化产品,具有文化属性。图书是各种思想、信息、娱乐的源泉,无论是古代还是现代,无论是国内还是国外,任何一个人都是从图书中开始对世界的认知。同时,图书本身还体现了人类的文化选择、文化创造、文化传播和文化积累。人类创造了光辉灿烂的文化,并在对自然界的认识与改造中不断发现、发明和提高自身的科学技术水平,人类在社会科学和自然科学方面取得的优秀成果,都是靠图书将其记载、传播并留给后人的。图书在沉淀、传播、积累人类文明和文化方面功不可没②。从古代传统的以竹、锦帛、毛皮等为载体的图书,到当代的纸质图书,再到日益增多的以电子终端为载体的电子图书,虽然随着历史发展与经济科技的变化,图书的形式会不断变化,但图书作为一种文化载体,其承载人类文明、进行文化传播的性质与作用永远不会改变。因而,我们说图书具有文化属性。

4.1.3.2 图书的经济属性

在现代社会,贸易领域中的图书作为一种价值和使用价值相统一并可以进行交换的商品,具有经济属性。并且,与一般的商品相比较,图书最突出的特点在于它是一种文化商品。此外,从整个图书出版业来看,图书的经济属性还体现在图书出版业本身已发展成为一些国家或地区重要的产业形态,成为国民经济的重要组成部分。在过去,人们往

① Robert Hucker. Book Publishing[M]. Key Note,2012.

② 李新祥. 出版传播学[M]. 杭州:浙江大学出版社,2007:134.

往忽视图书的经济属性,而是过分强调它的文化属性,强调它的文化传播功能。在经济文化化和文化经济化的今天,我们应该重视图书的经济属性,认真研究图书的经济属性。开发图书的经济功能对更好地推进图书出版业的发展有着非常重要的现实意义。

4.1.4 图书市场渠道模式

从国际出版发行业总体上看,“出版社—批发商—零售商—最终读者或消费团体”的模式是出版物发行的主要销售渠道。图书发行较适宜采用垂直的营销系统,该系统是由生产者、批发商和零售商组成的统一的整体,连锁经营、超级书店和出版社直销是垂直营销的三种具体模式。

4.1.4.1 连锁经营模式

连锁经营模式有直营连锁和特许连锁两种主要连锁方式。一般来说,直营连锁便于统一的控制和管理,但需要较多的资金投入;特许连锁可以充分利用社会上的资金实现迅速扩张,但管理控制相对于直营连锁来说就比较松散。由于连锁经营较易增加连锁店的数量,所以便于统一经营管理、实现规模效益、提高竞争力。

4.1.4.2 超级书店模式

从某种角度讲,超级书店模式属支配式垂直的营销系统。但美国的超级书店多采用连锁模式。超级书店往往占据优越的地理位置,一般都具有相当的规模和良好的形象,同时还能在选题策划、促销宣传等方面给出版社一定的支持,有利于规范出版与发行市场,提高图书的文化品位和社会效益。但由于城市容量的限制。一般在一座城市内,不可能拥有多家超级书店,所以超级书店通常会在规模上取胜,在数量上则会有所限制。

4.1.4.3 出版社直销模式

出版社直销属团体式的垂直营销系统。从营销总体布局看,出版社直销模式应处在补充地位①。

目前,随着网络信息技术的迅速发展,网上书店、书友会等无店铺营销方式已被越来越多的出版商、发行商采用。特别是网上书店,因为其不需要物理意义上的库存,没有库存成本压力,又不受到国界的限制,因而在很多国家都被广泛采用。随着电子图书的普及,网上书店将会获得较大发展。

4.1.5 主要国际图书书展

国际书展是由中世纪欧洲地区的商业集市逐步发展而来的。近代国际书展起源于19世纪初叶德国莱比锡书展。当时书展的功能仅是书业界、书商、出版商与印刷商洽谈生意的地方,直到第二次世界大战结束之后才发展成为既可卖书又可以增进国际关系的场所。1948年莱比锡成功举办书展,成为工业展览的一部分,但1949年德国一分为二,书展改在法兰克福举行。这一重要改变,使法兰克福成为国际出版商购买不同国家语言

---

① 张志林,包蕴慧.从国际经验看我国图书发行渠道整合的路径选择[J].出版发行研究,2007(9).

版权的场所。1950 年之后，由于法兰克福地处欧洲中心，金融、航空以及交通运输均十分发达，书展逐渐由德国国内书展扩大为欧洲地区书展，并进一步成为国际书展。现在，国际书展已经成为出版业的一项重要活动，每年举办的有影响的国际书展就有几十个，在这些国际书展中，最有影响的当属法兰克福书展、伦敦书展和美国书展[①]。

国际书展对各国出版业发挥着至关重要的作用，它有利于各国书业同行交流信息，增进彼此的了解，学习对方的出版发行经验，有利于各国文化的交流。此外，国际书展还为各国提供了图书贸易、版权交易、合作出版的有效直接平台，促进了国际图书出版业的发展。

4.1.5.1 法兰克福书展

作为世界上最大的图书博览会，法兰克福书展（Frankfurt Book Fair）向来有出版业的"奥运会"之美称，被认为是出版人朝圣的"麦加"，对世界图书出版事业具有极大的影响。法兰克福书展的历史可以追溯到中世纪，也就是古登堡在距法兰克福数公里之外的地方发明出金属活字印刷术的时候。法兰克福书展是由德国书商及出版商协会的子公司法兰克福书展会展公司负责筹办的。该书展自 1949 年起每年举办一届，目前已有 50 多年的历史。自 1988 年开始，法兰克福书展每年选择一个国家作为主宾国。法兰克福书展每年吸引着来自世界十多个国家和地区的 16 万多出版界人士参加，其盛大的规模（展厅面积达 19 万平方米）、丰富的展品和先进的服务设施堪称出版界活动之冠。根据会展方的统计，每届书展约有 30 万名参观者，其中约 12 万名出版界人士是为寻求合作机遇而来的。法兰克福书展于每年 10 月的第一个星期三至第二个星期一在德国法兰克福举行，为期 6 天，其展览的宗旨是：允许世界上任何出版公司展出任何图书。参展者的主要活动是洽谈版权贸易、展示图书等。

4.1.5.2 美国书展

美国书展被誉为全球最大的英文书籍展示活动，是全美最大的年度书展，其前身是 1947 年创办的美国书商协会会议与贸易展销会，即 ABA 书展，1996 年更名为美国书展，每年于 5 月至 6 月召开，地点不定，为期四天。该书展原本仅是美国书商针对全美书商设立的一项采购性书展，后发展为所有英语国家共同参与的书展，进而演变为具有版权洽购及图书订购双重功能的书展。每年来自世界 80 多个国家和地区的出版界业内人士云集于美国书展，进行业务交流与合作。该书展为各国参展商们提供了进入国际出版市场的机会。

4.1.5.3 伦敦国际书展

伦敦国际书展是世界著名的图书博览会之一，于 1971 年由英国工业与贸易博览会公司创办，是每年欧洲春季最重要的出版界盛会。伦敦国际书展属于版权型博览会，是各国出版商进行版权洽谈的重要活动场所。参加展览的人员以业内人士为主，资深人士主持的专题讲座、多种学术交流活动、最新论题的研讨会等更强化了其专业氛围。伦敦

---

① 杨贵山. 国际出版业导论[M]. 北京：北京大学出版社，2010：205.

书展于每年3月举行,为期三天,它不仅展出各种类型的图书,还为图书经销商、版权商、出版商和印刷商提供了一个完美的贸易和信息交换平台,是西欧各国出版商进行版权交易的重要活动场所①。

4.1.6 国际图书出版业SWOT分析

4.1.6.1 国际图书出版业的优势

(1)书籍是人类文明传承的载体,世界主要国家都具有相对稳定的庞大人群进行图书消费。

(2)图书业根据不同的标准具有不同的分类,图书的内容丰富多彩,读者可以根据各自的兴趣和爱好选择不同的图书种类和内容进行阅读。

(3)世界主要出版语言——英语、法语、汉语、西班牙语、德语、俄语和阿拉伯语都具有固定的读者群体,图书生产和进出口贸易规模相对稳定。

(4)图书具有实体店和网络书店等多种销售渠道和阅读渠道,读者可以非常便利地获得自己需要阅读的图书。

(5)图书具有礼品功能,在世界上很多国家,作为一种传统消费者会在特定的节日或假期购买图书作为礼物送给亲朋好友,这在一定程度上促进了图书的季节性销售。

4.1.6.2 国际图书出版业的劣势

(1)随着数字技术的不断发展,电子图书和在线阅读等大大普及,这使得纸质图书销量日益下降。特别是在未来,年轻的一代更愿意接受电子阅读这种模式,纸质图书销售下降的趋势将会更加明显。

(2)受到近年来经济危机以及未来经济预期不确定性的影响,很多国家的读者群减少了图书购买的行为,特别是削减了非必要图书的购买。

(3)网络销售商和超市大多进行打折销售,一些中小型书店的生存面临严重威胁。

(4)超市等一些图书销售商更愿意推荐促销那些本身已经具有较大销量的畅销图书,而一些优秀的销量小的图书却变得更加不为人知。

4.1.6.3 国际图书出版业面临的机遇

(1)图书承载的文化内容,容易被改编成电影或电视剧等文化产品形式,随着电影、电视剧的热播,有利于该原始图书的畅销。

(2)全世界范围内,家长日益重视孩子的教育,因此,相对于其他种类的图书,儿童类读物、教学和学术图书的销售需求稳步增长。

(3)数字技术的发展使得图书出版与发行的效率不断提高,图书生产和销售的成本大大降低。

(4)很多国家的电视台和电台都设有专门的读书频道或读书栏目,媒体的宣传能够让读者及时获知最新出版的优秀图书。

---

① 杨贵山.国际出版业导论[M].北京:北京大学出版社,2010:207-210.

(5)各国政府重视图书出版业的发展,在政策和资金等方面都给予本国图书出版业一定的发展支持。

4.1.6.4　国际图书出版业面临的威胁

(1)电子图书对于传统图书业的发展已经构成巨大的威胁,电子图书的销售使得传统纸质图书的销售量大幅度下降。

(2)以亚马逊为代表的新兴网络书商对传统的图书销售渠道环节产生了重要的影响,特别是图书销售的中盘环节未来面临严峻挑战。

(3)全球范围内新一轮的大学学费增长,某种程度上抑制了学生对学术类图书的购买消费,学生转而习惯于在网上获得免费的最新学术信息。

(4)经济危机使得多国政府缩减了对于图书馆、科研机构等的财政采购预算,一些专业领域、学术领域的图书销售形势不容乐观。

(5)大学和科研机构的图书馆越来越愿意采购数字形式的图书,以供读者在线阅读,这使得传统纸质图书的销量进一步下降。

(6)各国读者的休闲时间更多花费在网络或电视等其他媒体上,图书阅读时间的不断下降,使得图书出版业面临更加严峻的威胁。

4.1.7　国际图书出版业未来趋势

4.1.7.1　传统的纸质图书出版业放慢发展脚步

2008 年以来,国际金融危机笼罩全球,传统的纸质图书出版业受到整体经济走势的影响,销量下滑,图书出版单位面临融资困难、裁员节流等严峻形势。受经济危机影响,各国物价持续上涨,消费者对于图书的消费意愿和消费能力降低。经济发展的放缓以及未来经济预期的不确定性,使各国政府开始压缩对公共图书馆、大学图书馆、科研机构等的公共预算,很多中小型出版企业不得不结束营业,大型跨国出版传媒集团也不得不在人员、物流、活动等方面最大限度地节约成本。在未来一段时期,经济危机的影响还将持续存在,传统的纸质图书出版业发展受到诸多负面影响,发展速度将持续放缓。

4.1.7.2　网络给图书业带来机遇与挑战

虽然各国的统计数据都表明,国民用于读书的时间越来越少,但另外一个现象值得各国图书出版业关注。有学者提出,关于阅读时间的减少只是指分配在传统纸质出版物上的阅读时间减少,而各国国民在线阅读、阅读电子书等数字阅读的时间在不断增长。网络的发展为数字阅读带来了机遇,未来基于网络的数字阅读方式将会改变读者的传统阅读习惯,更多的读者将会进行在线阅读。

2006 年,克里斯・安德森(Chris Anderson)撰写了《长尾理论》(*The Long Tail*)一书。在这本书中,Anderson 认为目前图书出版市场和以音乐、电影为主的娱乐市场已经进入长尾时代。在图书销售方面,一家大型书店通常可摆放 10 万本书,但亚马逊网络书店的图书销售额中,有 1/4 来自排名 10 万以后的书籍。这就意味着那些不在一般书店里出售的图书要比那些摆在书店书架上的图书形成的市场更大。这为一些名不见经传的作者以及他们的图书作品带来了福音。同时销售商对于一些小众的图书也更加愿意投入时间和精力进行销售,这使得读者具有更为广泛的阅读选择空间。网络销售和数字出版模式使得小众图书和绝版图书的生命力更加长久。此外,由于按需出版已经成为现实,任何人都可以通过电子技术将自己的文章、书籍印刷出来,图书出版已经变得更加简单,出版和库存成本将大大降低。未来越来越多的作者和出版商会选择按需出版这种出版方式。

数字技术使当前的图书出版业正在进入一个崭新的"全传媒时代"。出版载体的数字化为其他行业进入出版产业提供了一个难得的空间和契机,这将吸引大量的社会资本迅速参与到出版领域中来。特别是拥有高新技术的新兴信息科技公司以及电视台、网站、电影制作机构等,它们之间将会进一步并购或开展全媒体的战略性合作。

4.1.7.3　保护作者的知识产权成为严峻的问题

侵权盗版问题依然是数字出版业发展进程中最大的制约因素。数字技术为出版发行带来便利的同时,也对作者的知识产权保护提出严峻的挑战。各国都面临着盗版这一严峻的问题。当前,以美国为代表的出版业发达国家都采用了数字版权管理(Digital Rights Management,DRM)这一方法来保护作者的知识产权,该方法就是通过标示数据文件来识别用户身份、控制文件的获取和使用系统,从而有效保护作者的作品在数字环境下不被盗版侵权。

然而,数字化的易复制性、黑客技术、蓄意盗版牟利等行为还是使得知识产权保护受到了挑战。特别是在一些发展中国家和经济不发达国家,作者的数字版权由于没有相关的法律进行保护,或者保护技术落后、保护意识欠缺等原因,在市场利益驱使下,盗版现象极其严重。这在很大限度上制约了作者数字作品的创作和开发。从长远来讲,全球出版数字化环境下的知识产权保护将是一个严峻的问题。

4.1.7.4　电子书市场销售增长,与实物图书销售并存

从20世纪90年代RocketBook和SoftBook电子阅读器出现后,电子书市场发展迅猛。特别是2007年11月上市的亚马逊Kindle电子阅读器更为国际电子书市场带来了发展的契机。目前,开发研制电子阅览器的企业数量逐渐增多,产品的种类也日益丰富,市场竞争越来越激烈。2010年,美国电子书批发额占贸易类图书市场的比例从2009年的3.2%上升到了8.32%。2010年,美国电子书销售增长了400%。据预测,2010—2015年,电子书销售额将达30亿美元。在亚洲的韩国,2010年电子出版产品销售额占整体销售额的比例更是超过了5%,近年的年平均增长率超过了50%。目前,虽然电子图书的销量占各国图书销售总额的比例并不大,但从未来发展趋势看,各国的出版商都非常重视这一市场。电子图书相比纸质图书来说,更加环保,信息量更大,生产和销售的成本更低,更便于携带。电子图书已经成为未来图书出版业发展的重要趋势之一。

从目前的发展情况看,美国是电子书市场成长最快的国家,而亚洲则是电子书发展的关键市场。目前电子书的使用者已经扩大到以中青年为主要对象的各个年龄层。专家分析未来出版商一半的销售收入可能会来自电子书,但是由于当前人们阅读习惯以及电子书格式标准等问题,电子书仍不可能完全取代传统书籍,二者将会长期并存。

4.2 国际主要图书出版市场分析

4.2.1 美国图书出版市场

4.2.1.1 美国图书出版市场概况

美国出版业起源于19世纪早期,最初是以家庭为单位的个体经营,第二次世界大战结束后大量平装本的引入使美国出版业迅速繁荣起来。从20世纪50年代开始,美国出版业经历了飞跃式发展。尤其是在20世纪八九十年代,随着大型出版集团的崛起和外资的大量涌入,美国出版业增添了强劲的发展动力。从20世纪80年代开始,德国、荷兰、法国、加拿大、英国和澳大利亚的主要出版公司都陆续投资美国市场。在美国,政府主要通过法律手段调控出版业发展。美国对出版单位的创办实行登记制,管理相对松散。

美国不仅是全球印刷业最发达的国家之一,其图书出版业在全球也名列前茅。虽然近年来受到网络技术、数字技术的冲击和影响不小,但美国的图书出版业依然坚挺。美国是全球图书销售金额最大的出版国家,每年新出版图书都在20万种以上。目前,美国拥有出版机构约8.7万家,但最主要的出版机构只有6家,它们是兰登书屋、企鹅集团、西蒙与舒斯特、阿歇特图书集团、哈泼柯林斯和麦克米伦。中型出版机构有300~400家,小型出版机构超过8.6万家。其中有九成的出版社属于小型图书出版业者,每年出版图书仅在10本以内。规模位居前50名的出版机构收入总和却占整个美国出版行业总收入的80%左右。新增图书出版业者大多数是以小规模企业形态为主。

在2011年美国图书博览会上,美国出版商协会的成员之一Book Stats公司,根据收集到的2008—2010年不同规模、不同类别的近2 000家出版机构的数据发布了一份报告。在报告中,Book Stats公司将美国图书出版业细分为5类,即贸易类(为成年和青年消费者出版的小说、非小说和宗教内容的图书)、中小学教育类、高等教育类、专业类(为科学、医药、商业、法律、人文专业人员出版的图书、数据库和其他数字内容)和学术类。

报告指出,2008年,参与调查的1 963家出版机构的销售总额为264.53亿美元,2009年为271.03亿美元,2010年升至279.41亿美元。从类别上看,2008年,贸易类图书的销售额在图书出版市场销售总额中所占比例最大,占到49.8%,2008—2010年该类图书也一直呈现上升趋势,2010年销售额为139.40亿美元,较2009年增长0.2%;中小学教育类图书2010年的销售额为55.07亿美元,较2009年增长7.21%;高等教育类图书市场也是2008—2010年美国图书出版业中增长较快的市场,2010年销售额为45.52亿美元,较2009年增长6.6%;专业类图书2010年的销售额为37.51亿美元,较2009年增长4.3%;2010年学术类图书的销售额也略有增长,为1.91亿美元,较2009年增长3.6%[①]。

根据美国赢船公司(InforTrends)出具的报告——《2009—2014年美国出版及印刷市场》,2008年之前,美国出版、印刷和相关服务业一直处于持续稳定的增长状态,但在2007年开始的金融危机之后经济衰退的巨大冲击下,营收状况出现较大下滑。2009年

① 张桂兰.美国图书出版市场前景看好[J].印刷技术,2012(8).

美国出版、印刷和相关服务业的总营业收入达到3 910亿美元,比2008年的4 250亿美元下滑8%,比2007年高峰期时的4 410亿美元减少了11.34%。预测今后几年将稳步小幅增长,但仍无法恢复到经济危机之前的水平。2009—2014年间美国出版、印刷和相关服务业营业收入复合年均增长率预计为0.17%,到2014年,将达到3 940亿美元。

4.2.1.2 美国图书的销售渠道

美国图书的销售渠道主要有以下五种:

(1)传统书店的销售渠道。传统销售渠道力量雄厚,历史较悠久。最初它们仅仅是一些零散的小书店,随着连锁书店图书销售量的提高,这些零散小书店为了与之抗衡,就联合形成了"美国书商协会"。这个组织的主要作用是代表会员书店争取法规等支持,并为会员提供一些相关的服务。该组织有力地保护了各会员书店的利益,提高了它们的市场竞争力,是美国图书业的中坚力量。

(2)连锁书店销售渠道。在美国,连锁书店大而多,覆盖面广,它们起步晚,但发展速度快,图书销量较大,现已成为美国书业界中的生力军。巴诺书店是较著名的连锁书店之一,其连锁店达550家,还有400家大学教材书店,每年销售码洋达50亿美元。连锁书店实力雄厚,已和美国书商协会一起成为美国书业界的两大巨头。

(3)超市书柜销售渠道。在美国的大型超市里一般都设有图书专柜,在美国,人们对待图书像对待普通商品一样,图书是商场中众多商品的一种。人们在超市购买其他物品的时候,可以顺便购买喜欢的图书,超市图书商品销售量呈逐渐增长势头。

(4)学校书店销售渠道。学校书店一般设在学校周边,专业性、学术性很强,主要以学校的学生和老师为主要销售对象。

(5)网上书店销售渠道。随着互联网技术的快速发展以及人们网购消费习惯的形成,网上书店随着社会进步应运而生,更多的读者喜欢采用这种省时省力的图书购买方式。同时,书商也非常重视这种便捷的图书发行方式。网上书店的图书销售量不断攀升。

4.2.1.3 美国图书市场的划分

美国图书市场复杂而有序。根据市场需求及图书品种,大体可以划分为四大块①。这四大块分别是:

(1)一般图书市场,包括小说、生活用书,即我们说的一般读物。这类图书市场很广,销量很大,供应给零售商的折扣为40% ~50%。

(2)专业图书市场,主要指专业性很强的书,像航空航天、地理、矿产等。此类图书供应给零售商的折扣一般为33%左右。

(3)短版书,主要指为大学、科研单位、图书馆出版的图书。供应给零售商的折扣通常为20%左右。

(4)旧书市场,美国的旧书市场非常活跃,它以其优越的折扣吸引了广大读者。

---

① 龙晓君.我看美国图书营销[J].出版科学,2001(5).

4.2.1.4 图书进出口额

出口方面,美国是全球最大的图书出口国,根据《出版者周刊》的报道,2010 年前 6 个月美国图书出口额较 2009 年同期下滑 0.9%,为 9.11 亿美元。其中,图书出口额涨幅最大的是墨西哥,涨幅为 20.6%,其主要需求为专业图书。加拿大是美国最大的图书出口市场,出口额同比增长 2.7%。英国是美国图书出口的第二大海外市场,图书出口额下降最明显,同比下降 11.0%,主要需求为专业和宗教类图书。

进口方面,2010 年上半年美国图书进口额增长 7%,为 8.43 亿美元。中国是美国 2010 年上半年的第一大图书进口国,进口额为 3.43 亿美元,同比增长 16.4%,主要进口的是制造类图书。英国是美国第二大图书进口国,2010 年上半年的进口额为 1.12 亿美元,同比增长 19.3%。美国第三大图书进口国是加拿大,其 2010 年上半年的进口额为 1.05亿美元,同比下降 11.9%。

4.2.1.5 数字印刷与按需出版日益盛行

美国 Bowker 公司公布的统计数据显示,从生产方式来看,2010 年美国采用传统印刷方式生产的图书种类比 2009 年增长了 5%,达到 316 480 种;采用数字印刷方式生产的图书种类比 2009 年增长了 169%,达到 2 776 260 种。这些采用数字印刷方式生产的图书几乎全部在网络上销售,通常由一些再版公司和个人出版机构按需出版。

2008 年,采用数字印刷方式生产的图书种类首次超过了采用传统印刷方式生产的图书。自那以后,数字印刷方式便在美国出版市场获得广泛应用。目前,采用数字印刷方式生产的图书种类几乎是采用传统印刷方式生产的图书种类的 8 倍。

2010 年,一个名不见经传的出版公司 BiblioLife 竟然一年出版了 27 万种书,而一直占据美国出版业主导地位的几家世界级传统出版强社却让位于这家新型出版公司,年出版品种数未进入前三强,这一事件成为世界出版业的一大新闻。BiblioLife 公司的取名源于丹麦语,隐含着“图书生命”之意,其主要业务是将图书馆和档案馆中的 6 000 万 ~ 9 000万种绝版图书数字化,再把它们所包含的数据和描述提供给有需求的受众。由纸质走向数字化,再由数字化变为纸质,BiblioLife 不但支持数字化图书发行,而且相信作为一个长期以来形成的内容载体形式——纸质图书会依旧坚挺。在整个过程中,BiblioLife 公司是出版资源整合中关键的一环①。

在竞争激烈的图书出版市场中,单一的出版方式已经不再具有优势,传统出版社出书供读者在市场上选购也不是出版社唯一的出路。随着阅读碎片化、专业化日益成为一种趋势,按需出版更符合阅读发展形势,对于出版社本身减少出版风险、提升品牌效应、赢得更多读者起到重要的作用。

4.2.1.6 电子书发展迅速

随着电子书和相关应用程序的日益普及,2010 年电子书销售额在美国出版业销售总额中所占的比例已从 2008 年的 0.6% 增至 6.4 %,达到 1.14 亿美元。美国《出版者周

---

① 邵盼盼,尤建忠. 对美国电子图书出版变局的新思考[J]. 出版参考,2010(12).

刊》统计的数据显示,2011 年,美国有 76% 的出版机构生产电子书;20% 的出版机构在电子书方面的收入占到总收入的 10% 以上;同时,87% 的出版机构除了印刷图书之外,正在或计划生产电子书;10% 的出版社正以电子书取代印刷图书。

亚马逊公司在美国电子书销售市场占有领导者地位。大约有 70% 多的美国消费者使用亚马逊网上书店购买电子书。截至 2011 年第二季度末,亚马逊网上书店销售总收入增长 51%,已经达到 99.1 亿美元。亚马逊网上书店可以提供 95 万多种使用 Kindle 浏览器阅读的电子图书,其中有 80 多万种电子书售价为 9.99 美元或者更为便宜,亚马逊网上书店提供的电子书多为畅销书。

亚马逊公司的成功经营对于中国的图书出版以及图书销售企业具有很大的启示作用。亚马逊公司充分开发和利用互联网技术的优势,规避空间障碍,使可销售的图书数量远远超过了实际书店可以摆放的图书数量,大大满足了不同消费者的消费需求。在亚马逊的图书网站上,消费者不仅可以找到当今最流行的畅销书,同时还可以购买到多年前出版的某一小众书籍。此外,亚马逊公司还非常注重公司网站页面的友好设计。亚马逊公司认为只有让消费者在购物中体验到乐趣,消费者才会继续光顾。所以,亚马逊公司在网站页面的设计上,非常注重用户的使用体验,消费者在网站上可以充分和公司互动,在公司的页面指引下选择产品和服务以及对公司提出具体要求。在亚马逊公司的成功之道中,尊重客户需求无疑占据了非常重要的地位。亚马逊公司非常重视客户反馈系统的开发,公司利用电子邮件、用户调查表、网站论坛等多种方式为客户提供售后销售服务,通过倾听消费者的声音来不断完善升级自己的服务。客户反馈系统的开发不但是一种售后服务活动,它更为亚马逊公司进行市场预测以及制定未来的发展战略提供了精准的一手资料。与传统的图书销售商不同,亚马逊公司非常注重技术的创新。传统的图书销售商重视的是场地,而亚马逊公司认为网络销售图书最为重要的是技术以及技术的不断创新。在传统的书店中,最多的员工是书店的销售店员,而在亚马逊公司中,最多的员工却是软件工程师。2005 年 11 月,亚马逊推出了名为 Amazon Page 的新型数字图书服务。通过这项新服务,消费者既可选择取得对某本书全部内容的在线访问阅读,也可选择仅仅购买其中的部分章节或特定片段的页面。也就是说,消费者为了阅读图书的某一段,再也不必像以往一样必须购买下整本书籍。这样大大降低了消费者的费用,同时也大大吸引了更多的消费者来光顾亚马逊网上书店。

4.2.2 英国图书出版市场

4.2.2.1 英国图书出版市场概况

英国现代出版业开始于 15 世纪。1476 年,印刷出版业的奠基人威廉·卡克斯顿(1424—1491)在科隆学习印刷术之后返回英国,并在伦敦西敏斯特创办了英国第一家活字印刷厂,从而开创了英国现代印刷出版业。1534 年,剑桥大学出版社成立;1586 年,牛津大学出版社创办。这两家大学出版社奠定了英国现代印刷出版业的基础。16 世纪末到 17 世纪初,被称为英国现代出版业之父的雅各布·汤逊(1656—1736)和伯纳德·林托特(1675—1735)在伦敦分别创建了自己的出版社。世界文豪、英国诗人威廉·莎士比亚的不少诗歌和剧作就是在这个时期出版的。

进入18世纪后,世界上第一部版权法——英国《版权法》的颁布进一步推动了印刷出版业的发展。在这个时期,各种类型的出版社相继出现。例如,以出版英语教科书和语言工具书为主的朗曼·格林出版社,当今英国最大的出版社——英国皇家出版局,目前英国最大的连锁书店——W. H. 史密斯图书公司等,它们的成立,进一步为英国图书印刷、出版、发行奠定了坚实的基础。18世纪末到19世纪初的产业革命大大促进了英国科技、文化、经济和出版业的发展。英国书商协会(1895年)和英国出版商协会(1896年)的相继成立,以及这两个协会于1900年签订的《实价书协议》,开创了英国图书出版与发行业的新纪元。进入20世纪,出版业已经成为英国的一个重要产业部门。轰动世界的英国平装书革命就是在这个时期兴起的。自20世纪50年代以来,以英国大型出版集团之一的培格曼出版公司为代表的一大批现代出版社的出现,为繁荣英国现代出版业发挥了巨大作用①。

英国图书市场中所销售的图书大致分为三类:大众图书、学术与专业图书、教育与培训图书。2011年12月,英国国内对图书购买者进行统计发现,读者购买图书受到几个方面因素的影响。23%的受访者表示会根据图书的主题内容以及作者这两个因素来购买图书,17%的受访者表示会考虑图书的价格以及同期销售的其他图书来选择购买图书,而4%的受访者表示会根据图书是否被改编成电影或电视剧等来考虑是否购买,3%的受访者表示他们购买图书的行为会受到出版商宣传的影响。这一统计也表明了大多数英国图书消费者更会根据作者而不是出版商来选择自己所购买的图书②。

同世界其他国家一样,英国受世界金融危机影响,经济发展速度放缓,加之受电子图书的冲击,英国消费者也减少了对纸质图书特别是非必需的纸质图书的消费,纸质图书销售额逐年下滑,详见图4-1。根据英国出版商协会(The Publishers Association)的统计,2011年英国出版业总销售额为141.2亿英镑,其中以最终销售价格计算的图书销售额为31.2亿英镑,占整个出版行业的22.1%,详见图4-2。图书销售中主要的部分为大众图书。

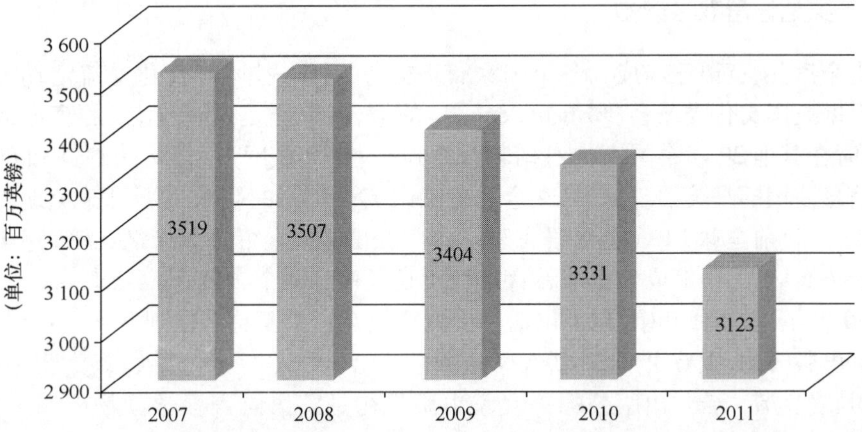

图4-1 2007—2011年英国纸质图书市场销售额

资料来源:2011年英国出版商协会统计年鉴。

① 杨贵山. 国际出版业导论[M]. 北京:北京大学出版社,2010:106.

② Robert Hucker. Book Publishing[M]. Feddington:Key Note,2012.

书,学术和专业类书籍的销售近年来有所下滑。然而,教育与培训类图书的销售量保持稳定,并且2009—2011年间还保持了小幅上升。这可能与家长们越来越重视孩子的教育以及英语学习和培训行业日益升温有关。

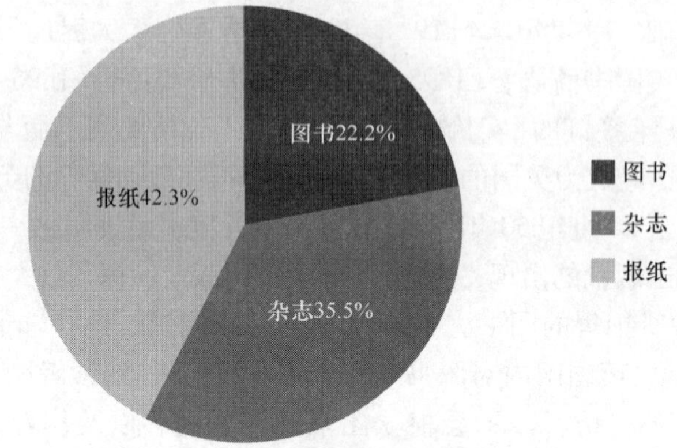

图4-2　2011年英国出版业市场份额

资料来源:2011年英国出版商协会统计年鉴。

从图书出版的品种来看,2007年英国出版和再版图书达到124 918种,2008年增加到135 006种,2009年增加到157 039种。然而,从2010年开始,新增图书品种下降到151 969种,2011年下降到149 800种。

据Key Note调查机构预测,未来几年,英国的纸质图书出版市场的发展将继续放慢脚步,销售额将持续下降。据预测,2013年英国纸质图书出版市场销售额将为29.65亿英镑,2014年为29.1亿英镑。同时,根据对英国国内经济的分析,2015年英国纸质图书市场有可能止跌回弹到29.25亿英镑,2016年有可能增长到29.55亿英镑①。

4.2.2.2　英语语言教学读物

在当今世界,英语已经成为各个国家商贸交易、科学、技术和文化交流活动最主要的语言。根据英国文化委员会(British Council)的报告,英语是75个国家的官方或半官方语言,同时在其他20多个国家中占据着重要位置;在互联网上,75%的邮件和80%的电子存贮信息使用的是英语。这样,在全球范围内英语学习的需求也不可避免地得到了增长。据统计,目前全球ELT(英语语言教学读物)市场总值约为150亿英镑,每年的读者数量约为7.5亿人,ELT成为全球教育市场增长最快的一个领域。

从20世纪90年代开始,ELT市场最大的变化在于垄断趋势出现并不断加强。目前,培生教育出版公司、兰登书屋、剑桥大学出版社、牛津大学出版社、汤姆森集团、麦克米伦出版公司、麦克劳·希尔出版公司等九家出版机构是英语语言教学读物市场最具实力、最有影响力的公司。其中,培生教育出版公司通过20世纪90年代中期的几起重大并购活动确立了自己的领头羊地位。目前该公司在美国、拉美和亚洲市场均保持领先地位。牛津大学出版社是全球ELT市场的第二强社。由于欧洲主要是一个英式英语主导的市

① Robert Hucker. Book Publishing[M]. Feddington:Key Note,2012.

场，所以牛津大学出版社一直在欧洲市场保持领先地位。

作为世界第三大 ELT 出版商的麦克米伦出版公司，一直在不同国家和地区开发 ELT 产业。这些国家和地区有墨西哥、巴西、南非、日本、阿联酋和东欧。收购海纳曼 ELT 出版公司之后，新组建的麦克米伦 · 海纳曼 ELT 出版公司得以将分散在不同地区的力量组合起来，形成一股巨大的势力。剑桥大学出版社一直在稳步发展自己的 ELT 产业，继《新剑桥英语课程》获得巨大成功之后，出版社又在中小学教科书出版领域进行了大力的拓展。现在，培生教育出版公司、牛津大学出版社、麦克米伦 · 海纳曼 ELT 出版公司和剑桥大学出版社构成了控制全球 ELT 市场的四大巨头①。

4.2.2.3 电子书市场

随着亚马逊公司推出的 Kindle 阅读器 2008 年在英国上市。英国的电子书市场近年来发展迅速，很多电子书公司都在致力于占领英国市场。特别是苹果公司相继在英国推出了 iPod、iPhone、iPad Touch 等电子设备，进一步丰富了英国的电子阅读市场。目前，英国市场中，亚马逊的 Kindle 阅读器占据 14% 的份额，索尼的 eReader 占到 6% 的份额，苹果的 iPad 占到 5% 的份额，苹果的 iPhone 占到 12% 的市场份额。越来越多的英国电子书消费正在逐渐瓜分着传统纸质书的潜在市场。特别是英国年轻的一代，他们更习惯于电子阅读、在线搜索、在线购买等消费阅读方式。电子书的读者可以通过互联网很便利地购买和获得电子书，多本电子书籍可以储存到一个电子书阅读器中，在价格方面，部分电子书的价格比同期出版的同种纸质书更为便宜。由于电子书的日益普及，传统纸质书市场受到了很大冲击。

据统计，2012 年第一季度，图书市场中的主要销售种类平装书，其销售量下降到 1 130万册，而 2011 年同期平装书的销售量为 1 490 万册。也就是说，平装书的销售发生了约 24.2% 的下降②。2011 年，英国大众图书市场 35% 的销售额以及 31% 的销售数量都是通过互联网渠道实现的。这表明，在 2011 年，互联网销售首次成为大众类图书的最主要销售渠道。从某种程度来说，电子书的发展带动了网络销售渠道的发展。同样，网络渠道的完善也为电子书的普及提供了有力保障。在英国还出现了一个现象，电子书阅读器日益流行，大家纷纷在圣诞节期间购买电子书阅读器作为礼物送给亲朋好友。2011 年的圣诞期间，英国大约销售了 130 万台电子书阅读器。购买电子书阅览器和阅读电子书已经成为英国中、青年人的新时尚。

4.2.2.4 图书进出口

在图书进出口方面，2011 年英国图书出口额达到 17.4 亿英镑，相对于 2010 年来说，增长了 3.3% 。在众多出口图书中，儿童画册、美术绘画书、地图类图书、地理类图书、旅游向导手册、字典词典、英语教育、百科全书等图书出口数量较大，这些图书更受世界各国的读者欢迎。从出口的地区来看，51.1% 的图书出口到了欧洲其他国家和地区，21.1% 的图书被出口到亚洲和大洋洲，15.2% 的图书被出口到了美国市场，其余的

---

① 杨贵山. 国际出版业导论[M]. 北京：北京大学出版社，2010：109.

② Robert Hucker. Book Publishing[M]. Fedington：Key Note，2012.

12.5%被出口到了中东和非洲等地区,详见图4-3。可见,由于文化需求相近、地理优势等原因,英国图书出口的主要地区还是欧洲各地区和国家。在进口方面,据统计,2011年英国从世界各地共进口了3.2亿英镑的图书,其中主要是一些学术和专业性较强的图书。

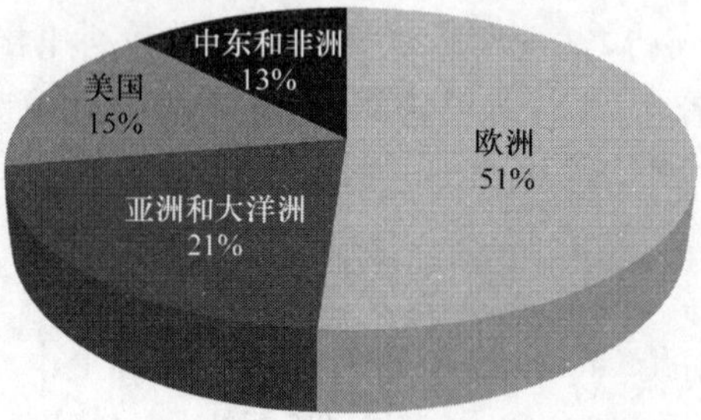

图4-3 2011年英国图书出口区域图

资料来源:2011年英国出版商协会统计年鉴。

4.2.3 德国图书出版市场

4.2.3.1 德国图书出版市场概况

德国是世界上出版图书最多的国家之一,出版业在德国文化产业中占据重要地位。15世纪中叶,德国人谷登堡发明铅活字印刷,掀起了一场出版业革命,使德国很早就成为欧洲出版和印刷中心。在德国的出版业宏观管理体系中,政府控制和行业协会颇具权威性是两大特色。虽然整个行政管理体系比较分散,但德国政府对于出版行业的行政管理力度却比较强,管辖范围也比较大。德国出版行业协会的权威性是绝无仅有的,即使是政府的相关行政干预措施和立法程序也往往在很大程度上受到协会决策的影响①。尽管经历了金融危机和经济危机,德国图书市场依然发展稳定。2006年德国的图书市场总额为72.365亿美元,2007年为80.746亿美元,2008年增加到85.766亿美元。在金融危机和经济危机之后,受到经济不景气的影响,2009年图书市场总额下降到75.571亿美元,2010年又增加到78.66亿美元,2011年更是达到82.602亿美元。德国图书市场已经逐渐恢复到金融危机和经济危机之前的图书市场状态,详见表4-1和图4-4。

表4-1 2006—2011年德国图书市场总额 (单位:百万美元)

	2006年	2007年	2008年	2009年	2010年	2011年
市场总额	7 236.5	8 074.6	8 576.6	7 557.1	7 866.0	8 260.2

资料来源:Euromonitor研究机构。

① 杨贵山.国际出版业导论[M].北京:北京大学出版社,2010:45.

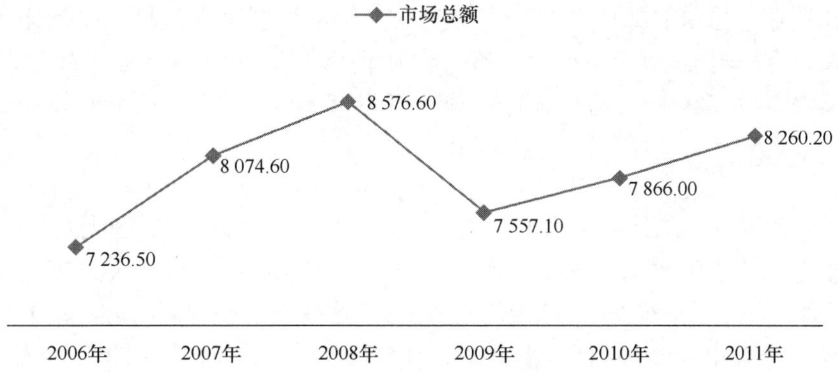

图 4-4　2006—2011 年德国图书市场总额趋势(单位:百万美元)

资料来源:Euromonitor 研究机构。

2006 年德国共有图书出版从业公司 2 847 家,2007 年为 2 840 家,2008 年为 2 791 家,2009 年为 2 764 家,2010 年为 2 782 家,2011 年为 2 788 家。在德国,250 人以上的大型图书出版企业在 2006 年为 22 家,2007—2011 年间该数字一直保持在 21 家。数人或数十人的中小型图书出版企业占据德国图书出版公司结构的绝大多数比例,详见表 4-2。在德国有 5 家大型的图书出版集团,它们是贝塔斯曼直接集团(DirectGroup Bertelsmann)、兰登书屋出版集团(Verlagsgruppe Random House GmbH)、霍尔茨布林克出版集团(Verlagsgruppe Georg von Holtzbrinck GmbH)、世界图像出版集团(Verlagsgruppe Weltbild GmbH)、克莱特出版集团(Ernst Klett AG),这 5 家图书出版集团占据德国大约 60% 的图书出版市场份额,详见图 4-5。

表 4-2　2006—2011 年德国图书出版企业情况　　(单位:家)

	2006 年	2007 年	2008 年	2009 年	2010 年	2011 年
总企业数	2 847.0	2 840.0	2 791.0	2 764.0	2 782.0	2 788.0
1~9 人企业	2 468.0	2 462.0	2 420.0	2 397.0	2 419.0	2 425.0
10~19 人企业	223.0	223.0	219.0	217.0	215.0	215.0
20~49 人企业	87.0	87.0	85.0	84.0	83.0	83.0
50~249 人企业	47.0	47.0	46.0	45.0	44.0	44.0
250 人以上企业	22.0	21.0	21.0	21.0	21.0	21.0

资料来源:Euromonitor 研究机构。

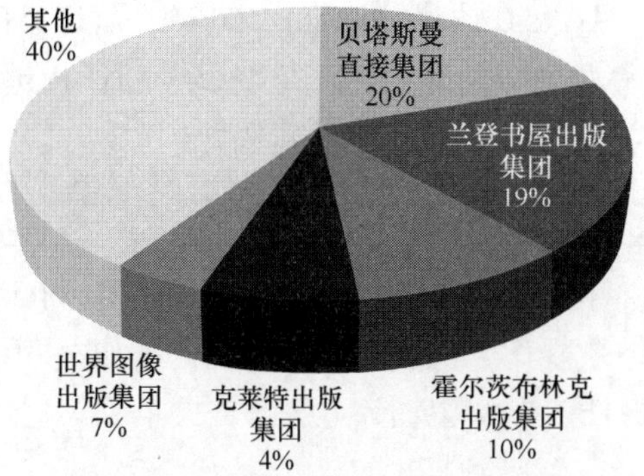

图 4-5　德国主要出版公司市场份额

资料来源:Euromonitor 研究机构。

图书出版业是德国重要的传统行业,相对于其他欧洲国家,德国从事图书出版业的人员较多。2006 年,德国从事图书出版业的人数为 39 097 人,2007 年从业人数为 39 138 人,2008 年为 38 928 人,2009 年为 38 580 人,2010 年为 38 805 人,2011 年为 38 835 人。

4.2.3.2 电子书市场

2009 年,德国首次统计电子书出版概况。有关数据公布以后,德国大众媒体认为,与美国、英国、法国以及其他欧洲国家相比,德国电子书市场的发展还处在初级阶段。2010 年,大约有 200 万电子书被 54 万德国消费者购买,这些电子书价值约为 2 120 万欧元,占到了德国图书消费市场的 0.5%。据预测,2015 年德国电子书销售额将占到整个图书市场的 9.2%。在德国,7% 的图书增值税率并不适用于电子书,电子书被认为是一种服务的提供,其增值税率为 19%。据统计,德国有 35% 的出版社现在都提供电子书业务。40% 的新版图书在纸质印刷版本图书发行的同时也发行电子书。几家大型的出版集团还提供电子书的直接网站下载服务。

2011 年 4 月,亚马逊为德国 Kindle 用户服务的网站上线。2011 年夏季,该网站提供了大约 4 万部德语电子书。2011 年 7 月,Kobo 公司也大力拓展德国电子书市场,并宣布与 Libreka 公司合并致力于电子书业务。Libreka 公司自 2009 年提供电子书以来,现可提供 8 万种电子书。其中,2.8 万种为德语电子书,4 万多种为英语电子书,1.8 万多种为法语电子书。在德国电子书市场上,绝大部分电子书都采用了数字版权管理(DRM)方式来保护作者的版权,除了亚马逊的 Kindle 阅读器提供的是 Mobipocket 格式外。大多数的电子书都是 PDF 或者 ePub 格式。2011 年 8 月,一项网络调查显示,德国电子书阅读器市场,索尼公司的 eReader 阅读器占有 25% 的市场份额,亚马逊的 Kindle 阅读器占有 18% 的市场份额,而苹果公司的 iPad 占有 8% 的市场份额,iPhone 占有 3% 的市场份额。目前,亚马逊公司非常重视德国电子书市场的开发,在技术更新和内容提供方面已基本与美国本土市场同步。Libreka 公司也进一步加大了电子书的开发力度,该公司计划在 2015 年占有 15% 的德国电子书市场。

4.2.3.3 出版巨人——贝塔斯曼集团

1835 年,卡尔·贝塔斯曼在德国创办了一家出版社,成为今天贝塔斯曼集团的开端。从 20 世纪 50 年代,贝塔斯曼开始飞速发展,创立了图书俱乐部的基本概念,并从家族式公司向规模化发展。1962 年,它在西班牙成立图书俱乐部,这是向国际化迈出的第一步。到 20 世纪 70 年代时,贝塔斯曼已经成为一家集音像制品俱乐部、音乐、影视和出版四大经营板块于一身的股份公司,奠定了向综合文化媒体前沿挺进的基础;80 年代初,全球经济出现衰退,贝塔斯曼抓住机会,进军美国;90 年代,其战略重点转入东欧和远东地区。至此,贝塔斯曼全球化、多媒体发展的战略格局初步形成。2004 年,在伦敦《金融时报》和普华永道公司联合完成的“全球最受尊敬的公司”调查中,贝塔斯曼在“传媒和娱乐公司”中排在第五位[①]。贝塔斯曼作为德国历史上著名的传媒公司之一,在过去的 170 多年中为员工肩负着特殊的责任。事实上,传统意识是贝塔斯曼企业文化中不可动摇的基

---

① 魏佳.贝塔斯曼的经营之道[J].新闻爱好者,2006(5).

石,而企业文化则努力将历史中沉淀下来的价值观与现代企业政策有机地结合起来。只有正视历史,一家公司才能在自身历史的基础上制定前进的决策,从而赋予它坚实而持久的基础。

虽然贝塔斯曼集团在全球媒体市场中有着非常出色的表现,但是在向中国图书市场的进军中的确遇到了不小的障碍。1995 年,德国贝塔斯曼集团旗下的直销集团与中国科技图书公司成立合资公司,开始步入中国的图书市场。贝塔斯曼集团在进军中国市场时采用了集团一直引以为豪的传统书友会、目录行销和实体门店三种模式。然而,2008 年 7 月,贝塔斯曼不得不关闭设在中国 18 个城市的全部零售门店,中国书友会也停止运营。至此,贝塔斯曼全面退出在华图书销售业务。在德国,贝塔斯曼书友会是德国人购买图书的重要渠道。这种方式是通过吸纳付费会员形成读书社区,之后编辑通过推荐书目的方式促使会员购买书目中自己想要阅读的图书。贝塔斯曼书友会在不同的国家推广时都会根据当地具体情况作出适当的调整,然而,这种调整并未在中国出现。中国消费者已经习惯了免费成为会员的模式,对于贝塔斯曼书友会 20 元的入会费并不十分赞同。同时,强制会员在一个季度内必须消费买书的规定,也使得中国的消费者非常反感。越来越多的中国消费者对贝塔斯曼书友会失去了兴趣。此外,在互联网技术飞速发展的今天,众多的销售公司都把网络作为产品和服务的主要销售渠道,然而,贝塔斯曼集团在中国依然大手笔地投资开发实体书店,轻易地放弃网络销售平台的发展,因而高昂的店面租金、员工费用等成本使得贝塔斯曼书友会的图书价格远高于国内外的图书网络销售价格。在这种情况之下,中国的图书消费者渐渐对贝塔斯曼书友会的图书销售模式失去了信心,转而纷纷投向了图书的网络销售商。在管理层面,贝塔斯曼集团在中国的员工 99% 是中国人,然而高管都是外国人。这些具备海外管理经验的高管并没有认真研究中国员工以及中国消费者的心理特点和行为特点,而是将自己成功的海外经验简单地在中国复制,最后出现了管理混乱矛盾等水土不服的现象。目前,中国的图书文化企业正在积极地实施“走出去”战略,贝塔斯曼集团在中国败北的这一案例确实值得我们深思。无论集团的实力有多么强大,只有认真研究当地市场,积极满足当地消费者的需求才是企业获胜的法宝。

4.2.3.4 图书进出口

2008 年,德国图书进口额为 6 亿欧元,图书出口额为 12.9 亿欧元。德国的书刊进出口对象国以德语区国家以及英国、美国、中国等大国为主,近年来由于欧盟东扩,波兰、捷克、俄罗斯等中东欧国家也成为德国重要的书刊进出口对象国。在版权输出方面,2008—2009 年德国输出版权数量以每年 17% 的速度缩减,2008 年输出版权由 9 225 项减至 7 605 项,2009 年数量继续减少,为 6 278 项。排名前面的德国版权输出对象国主要有波兰、捷克、俄罗斯、乌克兰等中东欧国家,荷兰、法国、意大利等德语区国家,中国、韩国等亚洲国家。波兰自 2007 年起连续三年排名第一,中国、捷克 2008 年和 2009 年连续两年分列第二位、第三位①。

① 郝振省. 国际出版业发展报告 2010 版[M]. 北京:中国书籍出版社,2012(7).

4.2.4 日本图书出版市场

4.2.4.1 日本图书出版市场概况

日本是世界上最重要的图书市场之一。早在1993年,日本的图书出版总量就在全球排名第二,仅次于美国。不过,它的人均售书量排名第九,在德国、奥地利、丹麦、挪威、美国、西班牙、瑞典、瑞士之后。自1950年以来,日本出版态势总体上处于上升之中,每年出版的新书品种约为6.3万种,印刷总量为15亿册;每年新出期刊300余种,印刷总量约为51亿册。从20世纪90年代末期开始,日本出版业逐渐走上了"下坡路"。《出版大崩溃》的作者小林一博曾指出,由于出版销售额连年减少和退货的不断膨胀,日本每年有上千家的书店和出版社破产倒闭。2001年图书销售总额退回到9年前的水准,为9 456亿日元①。

到了20世纪90年代中期,虽然日本已经进入世界出版强国之列,但却从此转入饱和期,伴随日本经济泡沫的破灭,出版产业首次进入负增长时代,并一退再退,连续六年下跌,直到2004年才触底反弹,但很快又进入连续下跌状态。

在日本图书进出口的产品结构中,日本出口图书多数是漫画类书籍,进口的绝大多数是教育和专业出版物。日本出版产业的过分娱乐化,使其大众娱乐出版极度发达,却把专业图书市场和高教图书市场拱手让给了国外出版社。这两个市场在很大程度上都依赖图书进口,而没有着力培育国内的专业出版社和教育出版社,所以,日本的专业出版和高教出版力量十分薄弱。根据日本财务省关税局各年度的《日本贸易统计》,排在日本图书对外出口第一位的国家主要是美国,但近年来日本对美国的出口额锐减,对欧洲各国的出口额也呈下降趋势,不过对近邻中国和韩国的图书出口有所增加。

持续了近半个世纪高速发展的日本出版产业之所以在近年来陷入连续的倒退,其原因是复杂的。首先,日本经济的泡沫危机以及世界经济的不景气是日本图书出版乃至图书贸易衰退的主要原因。其次,日本出版产业长期以来自身发展的各种问题也造成了近年来日本图书出版的衰退。此外,传统的电视媒体以及近年来兴起的网络和手机等媒体也给日本出版业带来了很大冲击。由于英语为世界主要通用语言,近年来,英美文化也成为世界强势文化,日本文化以及日语使用范围上的限制也使得日本图书的进出口贸易受到很大影响。

在图书业持续低迷的情况之下,日本政府也通过多种渠道鼓励培养国民的阅读习惯,鼓励国民增加阅读书籍的时间,并大力发展数字出版技术等推动图书出版业的进一步发展。日本将2010年定为"国民读书年",举办向国民赠送图书、举办论坛等活动,以振兴读书和铅字文化。近年来,日本图书出版出现了回暖的迹象。据统计,2006—2011年间,日本图书出版市场的规模逐年扩大,总额逐年递增,详见表4-3和图4-6。

① 杨贵山.国际出版业导论[M].北京:北京大学出版社,2010:128.

表 4 -3　2006—2011 年间日本图书出版市场　　（单位：百万美元）

	2006 年	2007 年	2008 年	2009 年	2010 年	2011 年
市场总额	9 256.6	9 222.3	10 353.5	10 720.1	11 301.5	12 627.8

资料来源：Euromonitor 研究机构。

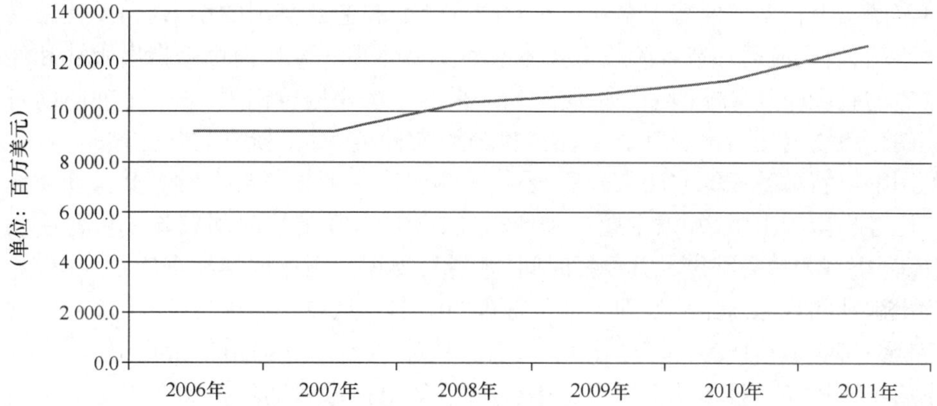

图 4 -6　2006—2011 年间日本图书出版市场规模

资料来源：Euromonitor 研究机构。

目前，日本的图书出版市场上主要有五家大型的图书出版集团，他们分别是贝乐思通讯教育公司（Benesse Corp.）、角川书店（Kadokawa Grouo Publishing Co.，Ltd.）、集英社（Shueisha Inc.）、讲谈社（Kodansha Ltd.）、小学馆（Shogakukan Inc.）。这五家图书出版集团占据日本 42.5% 的图书出版市场，其他中小型出版公司占据约 57.4% 的图书出版市场，详见图4 -7。在图书从业人员方面，2006—2011 年间，日本图书出版业从业人员逐年减少：2006 年为 69 277 人，2007 年为 66 848 人，2008 年为 64 748 人，2009 年为 63 540 人，2010 年为 63 165 人，2011 年为 62 860 人。

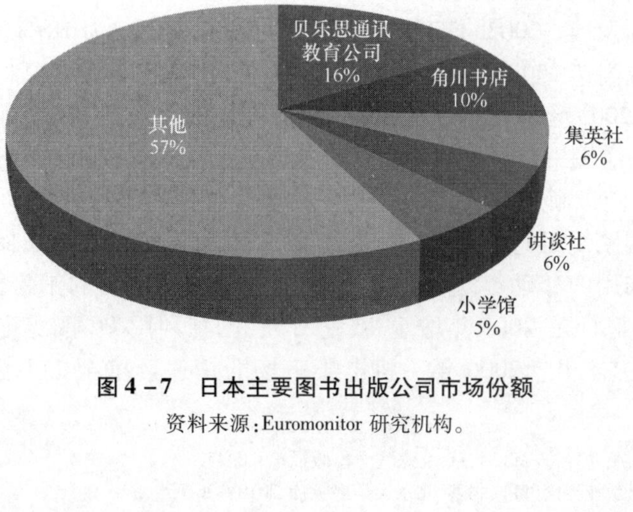

图 4 -7　日本主要图书出版公司市场份额

资料来源：Euromonitor 研究机构。

日本没有专门的管理出版事业的独立机构，而是根据出版工作的不同方面，由分散且众多的不同政府部门分别进行管理。完善、先进的法律体系为日本政府对出版业进行直接行政干预和联合行业协会间接管理出版业提供了可靠、科学、有效的法律依据，使出版业管理形成以法律为核心，以各方面管理力量为主体的管理系统①。

4.2.4.2 图书发行模式

日本图书发行系统的特点是强大有效的分销商和遍及全国的小书店、委托销售制和定价销售制，以及流通环节各阶段折扣体系和交易体系。委托销售是指出版社和经销商根据书店的状况向其分配图书。书店对分配来的出版物进行销售，在一定期限内可将销售不完的出版物退还给出版社。委托销售分为三种类型：①新书委托。这是指对新版、重版的图书以新版委托的方法来分配，委托销售时间一般是三五个月。②长期委托。这是指对已经出版的出版物，以主题或季节来成批销售，其委托时间较长。售完后没有补充，售完为止。③常备寄售。其委托时间为一年，委托的图书即使在书店中，在税务上还是作为出版社的在库商品来处理。常备寄售的图书一旦在书店中售完，出版社应立即送货。定价销售制是指作为厂家的出版社，有权决定本社图书的销售价格，并要求经销公司和书店予以遵守。日本几乎所有图书(杂志)都根据出版物定价制在固定的价格下销售。这套制度有效地防止了损失惨重的灾害削价，从某种程度上使图书出版物贸易具有了一定的稳定性②。

经过战后的短暂调整，日本的出版产业获得了较快的发展，日本的人均图书消费水平居世界前列。日本的书刊主要通过东京贩卖株式会社(简称"东贩")和日本出版贩卖株式会社(简称"日贩")两大批发商批发给各零售店销售，它们规模之巨大，实力之雄厚，设备之齐全，功能之完备，堪称世界之最。两家的发行量总和几乎垄断了整个日本图书市场，虽然近年来有所下降，但还是占据了日本书刊市场70% ~80%的份额。

4.2.4.3 手机阅读

从1999年日本"电子图书国际财团"率先开展电子图书出版尝试算起，电子图书在日本已有十多年的发展历史。虽然日本整体图书出版业连年不景气，但是日本的电子图书出版还是在不断发展。2003年日本电子图书的销售额还仅为18亿日元；2004年增加为45亿日元，增幅高达150%；2005年跃增为94亿日元，比2004年翻了一番多；2006年达182亿日元，比2005年增长近一倍；2007年的销售额增加到335亿日元，比2006年增长84%；2008年电子图书市场增到464亿日元，增幅为39%；2009年日本手机电子图书市场增长了27%，销售额达510亿日元，电子图书全部销售额约为560亿日元。

与其他欧美国家使用电脑或者电子阅读器不同，日本国民在电子阅读时非常喜欢选用手机这一方便实用的移动终端。2003年手机电子图书市场的销售额不到2亿日元，2004年猛增到12亿日元，2005年增至46亿日元，已与利用PC阅览电子书籍的市场规模(48亿日元)相差无几。2006年手机电子市场的销售额增至112亿日元，2007年为

① 杨贵山.国际出版业导论[M].北京:北京大学出版社,2010:45.

② 杨贵山.国际出版业导论[M].北京:北京大学出版社,2010:136.

283 亿日元,2008 年增至 402 亿日元,2009 年达 510 亿日元。手机电子图书销售额占日本电子图书总销售额的比例,由 2004 年的 27% 分别提升到 2005 年的 49%、2006 年的 79%、2007 年的 80% 和 2008 年的 87%,2009 年已超过 90%①。

4.2.4.4 成熟的漫画书出版

在全世界的漫画业中,最成功的应该是日本的漫画文化。日本的漫画出版占其全国出版物的 30%,而且种类繁多、分类详细,儿童、白领人士、学生、老人等不同的人群都有属于自己的漫画读物。可以说,日本的漫画文化早已经浸透到日本人生活和工作的每一个角落,从生活哲学、日常工作到政治主张、专业知识等,漫画几乎无处不在。日本漫画业的发达,使得日本漫画产品作为文化产品被广泛地推广到海外,漫画成为日本文化中不可分割的一部分,日本在世界范围内获得了"漫画王国"的美称。

日本近十年来漫画家与出版社或杂志社之间的关系发生了很大的变化。以前,漫画的编辑出版流程主要是出版社的编辑部委托漫画家进行选题,漫画家自己选好合适的题材之后,根据自己的选题进行具体的漫画创作。漫画家完成创作之后,将作品寄给编辑部,由编辑部进行编辑、校对,最后由出版社或杂志社开展漫画发行工作。现在,首先由出版社和杂志社的漫画编辑自己进行选题的大致范围界定和筛选、确定工作,再由漫画作者根据编辑的选题画出简单的草图并写上说明文字;然后,将选题和草图以及说明文字提交出版社编辑委员会进行集体讨论;经过讨论后,由出版社的主编最终决定选题采用与否;选题决定后,选题人员才对漫画家正式进行选题委托工作,在漫画家完成创作后再进行相应的编校等相关工作②。

近年来,日本漫画书的出版非常重视与互联网高新技术的融合,很多漫画书不但推出了在线阅读模式,还大力推广手机或电脑下载阅读等阅读模式,以适应不同读者的阅读习惯,最大限度地服务于广大漫画爱好者。漫画爱好者可以非常方便地选择自己喜欢的漫画随时随地阅读。此外,日本的漫画书产业现在非常注重漫画的延展性,积极推进漫画衍生产品的开发,很多漫画被改编成了电影、电视剧,或者被开发成网络游戏,很多漫画中的人物形象还被开发成各种卡通玩具,深受各国漫画爱好者的喜爱。

4.3 中国图书出版产业"走出去"

4.3.1 中国图书出版概况

新中国成立以来,中国的图书出版业获得了不断的发展,取得了各种喜人的成绩,全国图书出版总量不断增加(除个别年份之外),各类图书的出版数量也在不断上升,出版业呈现出了蓬勃发展的局面。2011 年,全国共出版图书 369 523 种(初版 207 506 种,重版、重印 162 017 种),总印数为 77.05 亿册(张),定价总金额为 1 063.06 亿元。与上年相比,图书品种增加 12.53%(初版增长 9.62%,重版、重印增长 16.48%),总印数增长

① 陈镜波. 2010 年日本出版业继续下跌[J]. 今日印刷,2010(10).
② 杨贵山. 国际出版业导论[M]. 北京:北京大学出版社,2010:129-131.

7.64%,总印张增长4.65%,定价总金额增长13.57%。截至2011年年底,全国共有出版社580家(包括副牌社33家),其中,中央级出版社有220家(包括副牌社13家),地方出版社有360家(包括副牌社20家)。

2011年,图书出口878 174种次、855.76万册、3 276.61万美元;与上年相比,种次下降3.85%,数量增长21.00%,金额增长1.38%。图书进口1 042 288种次、754.85万册、11 666.91万美元;与上年相比,种次增长29.30%,数量增长32.76%,金额增长24.09%。

4.3.2 中国图书出版业“走出去”应对分析

在经济全球化以及文化全球化浪潮的深入影响下,中国与其他国家之间的图书进出口贸易逐年深入,图书进出口贸易量和贸易额不断提高。对于中国来说,中国图书“走出去”在塑造良好的国家形象、提高中国文化贸易竞争力以及增强中国国家软实力方面都有着极其重要的作用。在政治、文化、经济及商业操作等领域,中国同其他国家特别是欧美国家在意识形态、政治体制、文化背景、阅读心理、商业操作等具体方面都存在着巨大的差异。这些差异给中国图书的对外贸易造成了图书贸易逆差、贸易品种单一、图书定价不科学、贸易区域不均衡、版权贸易比重小等一些现实的问题。中国图书贸易面临的诸多问题是综合性的,这些问题背后的原因也是复杂的,因而中国图书贸易面临的诸多问题的解决需要政府和相关图书企业通力配合,共同寻找到一条现实可行的整合型的解决路径。

4.3.2.1 发挥政府的引导作用

(1)政府加大政策支持引导力度。中国加入世界贸易组织(WTO)之后,经济运行机制逐步同国际接轨。中国政府在经济贸易中扮演的角色由原来的以行政干预为主变成现在的以政府引导为主。市场在我国经济贸易中的地位日益重要,政府部门在经济贸易中主要起到宏观调控和政策引导的作用。对于中国的图书对外贸易来说,由于图书是一种特殊的贸易商品,图书产品具有经济属性和文化属性的二重性,因此图书的生产和贸易活动也具有经济效益和社会效益的二重性。但是,由于图书的相关对外进出口企业注重的主要是经济效益,因而也就导致我国图书进出口中存在贸易逆差、版权贸易比重小、贸易品种单一等诸多问题。从微观投资收益的角度来讲,我国对外图书贸易相关企业的管理者作为理性的投资人,他们在管理时更愿意选择短期内能够使企业得到良好经济收益的决策,而不是在长期甚至自己任期之后才能见到收益的决策,因而在我国对外图书贸易中更常见到的是一些具有短期性的注重经济效益的决策行为,而不是具有长期性的注重社会效益的决策行为。

从经济学的角度来说,图书是一种具有外部性的公共物品。对于具有外部性的公共物品,政府应该采取措施支持公共物品的发展,最大化地实现公共物品正的外部效应,限制其负的外部效应,最终实现社会效益和经济效益的有机结合。因此,我国政府应该加大对我国图书对外贸易特别是出口贸易的扶持力度,通过奖励图书出口、减免图书贸易企业税收、推动图书业国际合作等途径,给我国图书外贸企业以政策支持,深入落实中国图书“走出去”的宏观战略。政府在支持中国图书对外贸易的时候,应该特别关注中国图书对外贸易环境的营造,除了以上提及的给予国内贸易政策支持之外,还应该特别关注国外贸易环境的构建。对中国政府而言,一个最为直接有效的管理方法就是在世界范围内大力推广汉语学习,进而拓展和平衡中国图书对外贸易的区域,促进中国图书的对外贸易。此外,汉语学习在世界范围内的推广还将进一步提升我国在政治、经济、文化方面的影响力和感召力,有利于我国"软实力"的提高。我国"软实力"的提高反过来又会带动中国图书等相关产品的对外出口销售,这是一种良性的循环。

(2)政府搭建图书贸易平台。在促进中国图书的对外贸易方面,政府应该为中国图书的进出口积极搭建图书贸易平台,向国外宣传介绍最新的中国图书作品,促进中国图书对外贸易的发展。为此,政府应着重在两个层面搭建中国图书的贸易平台:一是建立健全中国的图书贸易信息系统平台;二是继续办好各类图书贸易博览会平台。政府引导企业搭建好这两个平台,才能解决我国图书对外贸易中所产生的贸易信息不对称的问题,进而提高我国图书对外贸易的贸易效率和贸易质量。

政府应该组织相关的图书企业,利用互联网等高科技手段建立健全一个全国性的图书贸易信息系统平台。互联网是目前世界上最为便捷快速的传递图书贸易信息的平台之一,互联网可以让国内外企业及时准确地了解到其他图书企业的动态和最新的图书信息。政府应鼓励我国图书企业走上数字化、网络化经营之路,引导企业重视开发网络资源,搭建全国性的图书贸易信息平台。该平台可通过政府引导、行业协会促成等方式,本着"谁参与、谁受益"的原则,鼓励相关图书企业参与该平台的建设和信息的不断更新。针对我国图书贸易的主要对象国家,该平台可视情况设置中文、英文、德文、法文、日文、韩文等不同语言的界面,以方便不同国家的图书贸易企业进行浏览。在平台的内容方面,可对国内外相关的图书企业和图书贸易政策进行介绍,提供相对完整的中国图书可供出口目录。通过该平台的查询,国外的图书企业可以及时地了解最新的中国图书可供目录,寻找合适的书目进行贸易,了解到中国图书企业的动态,进行洽谈版权等国际合作事宜。

政府在搭建贸易平台的工作方面,除了应建立健全中国的图书贸易信息系统平台之外,还应该继续构建图书贸易博览会平台,引导图书企业积极参加各类图书博览会,积极进行图书推广。一方面,政府应组织广大出版社和图书贸易单位参加国外有影响力的国际性书展;另一方面,政府还应加大力度组织举办好本土化的国际性书展,如北京国际图书博览会(BIBF)等书展。北京国际图书博览会创办于1986年,是全国以版权贸易为主,同时集图书贸易和图书订货为一体的国际性书展。该书展的宗旨是"把世界图书引进中国,让中国图书走向世界",培养版权贸易市场,促进图书版权输出,推动国际出版业交流,达到繁荣我国民族出版业的目的。经过20多年的实践和努力,北京国际图书博览会已经成为与法兰克福图书博览会、伦敦图书博览会、波洛尼亚儿童图书博览会、开罗国际图书博览会、巴黎图书博览会、莫斯科国际图书博览会、东京国际图书博览会、西班牙国际图书博览会、美国书商协会年会与贸易展览会、澳大利亚国际书展等齐名的世界上最重要的国际书展之一。近年来,该书展的规模逐渐扩大、成效显著,它为国内出版社提供了不用出国就能与海外书商面对面交流的机会,该书展越来越为国内外书业所重视。

(3)鼓励版权代理机构的发展。在发展图书对外贸易方面,我国政府还应该鼓励图书版权代理机构的发展。国际上版权贸易发达的国家,都是普遍采用代理制来推进本国的版权贸易发展。代理制形式具有很大的灵活性,为版权的供需双方提供了多样化的合作模式,版权代理机构可以协调各方关系,平衡各方利益,促成贸易合作,有利于对外版权贸易经营秩序的建立,有利于一国扩展海外图书市场。然而,我国目前图书版权代理机构数量较少,服务能力有限,远远不能满足我国对外版权贸易快速发展的需要。政府应当落实相关政策,鼓励我国图书版权代理机构的发展。

版权代理是作品的版权人将其所拥有版权的某些经济权利,授权给某个机构或个人,让其代表自己行使。版权代理的内容早期仅限于文学作品,发展到今天,其内容已经很广泛了,涉及文学、艺术等各个领域。版权代理机构最早产生于法国。图书版权代理机构是连接图书版权贸易双方的重要纽带,而我国目前版权代理机构的数量和服务能力都不能够在真正意义上构成我国版权贸易产业链的一环,无法满足我国对外版权贸易快速发展的需要。为了节省10%左右的版权代理中介费用,我国的出版社更愿意同国外出版社直接联系,进行图书版权的贸易洽谈。由于国内大多数出版社不了解对方国家图书版权贸易的相关政策,对于图书版权贸易的操作流程不熟悉,以及对图书所具有的版权价值不了解等原因,我国的出版社在对外版权贸易中常常处于劣势地位,版权贸易(特别是版权输出贸易)收益不高。其实,图书版权贸易是一项交易内容复杂、利润较高的贸易。专业的图书版权代理机构凭借自身的专业知识和丰富经验可以帮助版权所有者找到合适的贸易伙伴,并且针对版权价值进行多种用途、多种形式的充分开发,可以将图书版权的不同使用权分别有偿转移给不同的使用者,为版权所有者创造更大的版权价值。图书版权同实物图书不同,同一作品版权的不同或相同使用权内容被不同国家和地区的人同时或不同时使用,可以大大增加该图书版权的价值。例如,同一部作品的文字出版权可以出售给某出版社,该作品的网络信息传播权可以出售给某网站。此外,一部作品的某一种使用权利还可以在不同的国家和地区授权给不同的使用者。然而,目前我国国内大部分出版社在进行对外版权贸易时,并不能靠自身力量充分开发版权的价值,很多优秀图书作品的版权没有产生应有的经济价值。在这种情况下,政府应该建立健全相关政策,鼓励和支持我国图书版权代理机构的发展,引导图书版权代理机构保护我国版权所有者的合法权益,增进我国对外版权贸易合作与交流,促进中国对外版权贸易的健康发展。

(4)组建行业协会、建立出版社信誉等级评估制度。中国图书对外贸易相关单位在对外进行图书实物贸易和版权贸易的过程中,经常会遇到各种各样的困难和问题,这些困难和问题图书企业无法独立解决,从而无法维护自己应有的贸易利益。在另一方面,中国图书对外贸易还存在着企业不遵守规则,为了争取贸易机会竞相压价、无序竞争的现象,导致我国图书对外贸易利益受损、贸易质量不高。此外,我国的少部分图书对外贸易企业由于本身工作效率低下或者为了谋取利益,还出现过不遵守贸易约定,导致外方公司无法与其继续合作等现象。这些情况都严重影响了我国图书对外贸易的良好形象,影响了我国图书"走出去"的贸易质量。这些情况的产生主要是由于我国的图书对外贸易在具体的贸易过程中还不规范,图书对外贸易企业缺乏相关的组织和约束,没有相应的机构和制度在贸易中维护和监督图书外贸企业的行为。

因此,我国政府应当引导图书外贸企业组建相应的图书对外贸易协会,建立出版社信誉等级评估制度,维护和树立我国图书对外贸易的良好形象,促进我国图书对外贸易的进一步规范性发展。其实,行业协会在我国的其他外贸行业已经非常普遍,这些行业协会无论是在推动本行业的对外国际贸易发展,还是在促进国内行业规范化方面都起到了很大的作用。此外,信誉等级评估制度也在我国旅游饭店等行业广为使用。我国的图书外贸行业可以借鉴其他行业协会和信誉等级评估制度的宝贵经验,积极引导我国图书对外贸易的健康发展。

(5)积极培养图书贸易人才。中国图书“走出去”如果想获得进一步的发展,图书贸易人才的培养至关重要。随着对外图书贸易的日益发展,我国出现了对外图书贸易人才严重短缺的现象。目前,我国的对外图书贸易人员素质参差不齐,能够懂专业、懂编辑、精通外语,同时又具有丰富图书贸易经验的专业人才凤毛麟角。特别是在图书版权贸易方面,版权贸易专业人才的匮乏已经成为制约中国图书版权贸易发展的瓶颈之一。图书贸易人才的培养需要政府加大投入力度,相关政府部门应该与高等院校以及出版企业联合进行各种学历和非学历教育,并且为在职人员创造更多的培训机会。

在对外图书贸易人才的培养过程中,政府应重点培养以下几类人才:一是管理人才,图书贸易的管理人才应具有高度的市场敏锐性和前瞻性,能够立足国内市场,面向国外市场,善于结合自身优势和品牌特点对国内外优秀的图书资源进行综合利用和开发,能够策划外向型选题,能够组织图书的国际出版发行;二是创作人才,图书对外贸易中的创作人才能够处理好作品内容本土化与全球化的关系,对特定的海外文化有所了解,能够创作出适销对路的外向型作品;三是编辑人才,对外图书贸易要求编辑人员了解特定国家的文化背景、读者阅读心理和阅读习惯,成为能够掌握选题、策划、宣传等多方面知识的复合型人才;四是版权贸易人员,进行对外图书贸易的版权贸易人员需要精通外语,熟悉相关国家的法律,掌握贸易规则,熟知版权从出版到发行的全过程等。英国著名的版权经理人莱内特·欧文认为版权贸易人员应该具备以下 12 项素质:①能判断每个出版项目的销售潜力;②增加并积累他们要销售的项目的具体信息;③增进并保持对外国市场的了解;④热情与技巧;⑤版权知识;⑥语言;⑦出色的人际交流能力;⑧熟悉整个出版流程;⑨具备卓越的计算能力;⑩同时处理一系列不同的谈判;⑪记忆力和统筹安排工作量的能力;⑫投入、耐心和活力[①]。总之,中国图书“走出去”的每一个环节都离不开优秀的人才,人才培养是解决我国对外图书贸易中面临诸多问题的关键,是增强我国对外图书贸易竞争力的首要因素。

4.3.2.2 出版企业积极应对

(1)研究海外读者心理,重视图书内容开发。首先,图书出版企业应根据我国图书“走出去”的受众认真开发适销对路的外向型图书,增加图书内容的创新力度,满足不同读者的阅读需求。广大海外华人购买中国图书的主要目的在于使自己和子女继续保持和国内的文化联系,他们主要购买有关中国传统文化的书籍和中国最新热销图书等。中国图书的另外一类受众就是国外的汉学家。这些汉学家们阅读中国图书的主要目的是为了研究中国问题。以前,汉学家们的研究方向主要是中国历史和传统文化等方面,从而较为青睐中国历史和传统文化类的图书。近年来,国外汉学家们的研究方向发生了一些变化,从研究中国历史和传统文化转变为研究中国现实问题,因此,他们更希望能够阅

① 李建伟,王志刚.版权贸易基础[M].郑州:河南大学出版社,2006:8-9.

读到一些能够反映中国当代政治、经济、文化的书籍。然而,我国图书外贸相关企业对于这部分书籍的开发状况并不理想,这部分需求并没有引起相关企业的足够重视。此外,对于日益扩大的海外中文学习者来说,他们的年龄构成主要以青少年为主,他们对中国的认知对我国来说具有潜在的战略性意义。他们阅读中文图书的主要目的在于进行汉语学习,掌握中国文化等相关知识,为以后来华留学、来华工作做好准备。因此,这部分受众也是未来扩大中国图书出口的关键部分,伴随着中国经济的强大以及中国政府海外汉语学习推广计划的深入,这部分受众的数量具有不断增加的巨大潜力。出版企业应该针对这一需求,开发出不断更新的汉语学习书籍、汉语等级考试辅导书籍以及相应的知识拓展阅读书籍。

其次,在具体的图书内容开发方面,相关的中国图书出版企业应充分考虑到"文化折扣"和"文化接近"等相关原则,特别是一些非学术类的大众书籍的内容开发更应该充分考虑到对方国家读者的文化背景、阅读心理和阅读习惯,大力开发内容具有普遍意义的外向型图书,加大对于人类社会普遍关注的情感、环境、和平与发展等题材的内容开发。我国比较成功的一部小说作品是《狼图腾》,它讲述了一个没有文化差异的动物故事,映射了人与动物如何相处、传统文化与现代文化如何对接等具有普遍价值的话题,同时该小说还具有鲜明的中国文化特点,因而受到西方国家读者的欢迎。我国的图书企业在对外向型图书进行内容开发时应该借鉴这种做法,在立足于图书内容本土化的同时,还应适当加入其他国家的文化元素,让国外读者在阅读图书时有一种内容上似曾相识的阅读感受。这样可以减少我国图书出口到国外的"文化折扣",增强中国图书与外国读者的"文化接近性",让国外受众能够读懂中国图书,能够有更多的意愿去购买中国图书。中国具有辉煌灿烂的五千年文明史,有着博大精深的文化积淀,中华文化是世界文化之林中一颗独具魅力的璀璨珍珠。在我国的图书对外贸易中,我们应该以更加开放的眼光来重新审视我国的传统文化,处理好中国文化与全球化的关系,处理好传统文化与流行文化的关系。在全球化的背景下,整合文化资源,开发出海外受众能够接受和欣赏的图书内容是我国书业工作者面临的一项光荣而艰巨的任务。

(2)积极重视图书的营销推广。在具体的对外图书营销推广中,相关图书外贸单位应该充分认识到图书营销推广是贯穿于图书的前期市场调研、选题策划、出版宣传、促销推广以及售后反馈等整个过程的一项系统工程。图书外贸企业应该树立起以消费者为中心的整体营销意识,而不是局限于"出版后的销售与促销"这一狭隘理解。在对外图书营销推广中,出版社首先应该明确自身的市场定位。目前的国际出版业已经开始走专业化、个性化的经营路线,国际知名的出版机构大都是凭借自己在某一领域的专业特长来分割市场的。例如,德国的出版社大多有较为明确的出版领域,有的只涉足科技类图书,有的只出版医药卫生类图书,有的则以出版语言文字类图书为重点。明确的出版领域增强了德国出版社的出版优势,促进了德国图书在世界范围内的发行销售。出版社有了明确的市场定位之后,就可以不断积累某领域的出版资源与经验,增强优势和专业实力。资源积累多了,出版社就会具有规模效应,从而更好地出版发行某一领域的作品。此外,我国的出版社在国际版权贸易中也应该注意把版权定位与出版定位统一起来,出版社引进或输出的版权是与自身出版定位相一致的,出版社要在版权贸易中逐步树立起自己独特的出版定位和出版优势,通过版权引进与输出确立自己的品牌形象,增强自身的国际影响力。

在有了明确的市场定位之后，我国图书贸易的相关单位应该通过多种方式注重打造自身的品牌形象，从初级的图书产品营销阶段过渡到高级的品牌营销阶段，借助自身的品牌优势提高自身图书产品在对外图书贸易中的附加值，进而提高我方在对外图书贸易中的经济效益。然而，我国的大多数图书贸易相关单位在品牌建设方面处于缺失状态，还没有认识到品牌的巨大价值。因此，我国的图书对外贸易相关单位应该采用概念营销、事件营销、作者营销、网络营销等多种不同的营销推广手段，注重运用海外发达的大众传媒体系，打造自身的图书品牌。此外，鉴于我国相关图书外贸单位品牌建设经验不足，海外品牌知名度不高，我们可以通过与现有品牌信誉度较高的国外企业进行合作，借用外方的已有品牌和销售渠道提升自身的品牌知名度，扩大海外市场占有率，最终实现以品牌扩张带动贸易扩张的目的，提高我方在图书对外贸易中的经济效益。品牌建设是中国图书业进入国际市场的重要手段之一，关系到中国图书在国际上的形象以及贸易利益等多方面的因素。出版社应重点开发和宣传品牌图书，进而以品牌图书树立出版社的品牌形象，同时促进品牌图书与出版社品牌形象之间的良好互动，扩大贸易利益。

(3)扩大图书版权贸易份额。图书版权贸易的展开有利于为版权所有者创造更大的价值，有利于加快中国出版业的国际化进程，有利于优秀文化和科技成果的中外交流，是我国图书“走出去”的一个重要方面。但是，我国目前图书版权贸易量和贸易额在全国图书贸易总额中比重不大。此外，同图书版权贸易发达国家相比，我国图书版权的贸易量和贸易额都较小，同时存在着引入多、输出少、版权贸易质量不高的现象。相关的图书外贸单位应当充分重视和开发图书版权贸易的价值，提高我国图书对外版权贸易质量。

图书的版权贸易同图书的实物贸易存在着很大的区别：第一，贸易标的物不同。版权贸易的标的物是无法衡量的无形财产权，可重复出售，而图书贸易的标的物则不行。第二，贸易支付标准不同。版权价格的确定是以引进方经济效益的高低为依据的，而图书价格是根据成本加利润的方式制定且多采用确定的价格。第三，交易过程的复杂程度不同。版权贸易涉及版权保护等复杂问题，而普通图书贸易的过程相对简单。第四，贸易双方当事人不同。购买版权的是他国出版同行，而实物图书的最终购买人主要是一般读者①。从以上几点来说，图书的版权贸易相对于图书的实物贸易在某种程度上可以为版权所有者创造出更大的经济价值，但是其开发过程也较为复杂。这就需要我国相关图书贸易单位重视图书版权贸易，积极开发图书的版权价值，通过参与国际版权贸易不断积累贸易经验，提高版权贸易在我国图书对外贸易中的份额比重。

近年来，在“中国图书海外推广计划”和中国文化“走出去”战略的推动下，我国的图书版权贸易获得了较快的发展。然而，大部分国内出版社仍然没有树立海外推广观念，图书版权贸易意识薄弱。特别是广大西部地区，图书版权贸易意识缺失，贸易量较小。在这种情况下，我国大量优秀的文化资源都没有得到较好的开发②。在世界图书贸易发达的国家，版权贸易是图书进出口贸易的重要组成部分。然而，目前我国版权贸易还处于一种不完善、不成熟的阶段，而且版权引进和版权输出之间存在着严重的逆差，相关图

---

① 徐建华. 版权贸易新论[M]. 苏州：苏州大学出版社，2005：9－10.

② 王娟. 中国图书版权贸易问题研究[J]. 现代传播，2010(01)：157.

书企业还没有意识到图书版权贸易具有的巨大经济价值。对此，我国的相关图书企业应当大力发展图书对外版权贸易，提高我国版权贸易的经营水平以及版权引进输出的质量。在具体的贸易操作中，我国的出版企业应尽量采用对外合作出版方式，减少使用版权转让贸易方式，增加使用版权许可贸易方式，积极提高我国出版物的经济效益和社会效益。

(4)通过国际合作拓展海外市场。目前，我国进行图书对外贸易的方式主要为实物图书贸易和版权贸易两种，采用国际合作的较少。由于一些主客观原因，我国的外销图书在图书出版前期没有做好充分的市场调研，选题策划无法真正满足海外受众需求，图书在完成贸易过程后又无法准确了解到读者反馈，导致中国出口的图书没有进入到国外的主流市场，版权贸易的成交量也较小，中国图书贸易的收益很多只是象征性的。中国图书要想真正“走出去”，就必须了解海外读者的阅读心理和阅读需求，了解国外书店、出版社的运作规律，了解他国的出版程序和营销方法，才有可能成为他国的主流出版物。然而，我们目前图书出版与发行的市场化运作还不完善，有待提高，短期内无法独立解决对外图书贸易中面临的诸多问题。这就非常需要我国相关图书出版企业积极进行国际出版合作，通过多种国际合作方式拓展海外市场。

我国一些图书贸易的从业者针对中国图书对外贸易的国际合作提出过“三船理论”，即“借船”“租船”以及“造船”。首先是“借船”，即与国外的出版社合作、与国外的书店合作以及与国外的批销商合作。该层面的合作是比较浅层次的，主要是通过与国外相关机构的合作，利用国外的图书发行体系，利用国外的市场渠道，进而打入国外的主流书店。此外，我们还可以通过国外的出版社来找到适合的国外翻译人才，把中国图书按照国外受众的文化背景和阅读习惯进行翻译。其次是“租船”，即通过深入合资合作的方式，使我方的合作份额逐渐加大。可以选择具有版权交易特征的对外合作出版方式，我方可将版权转让费作为出版投资进行合作出版，适当扩大版权许可的范围，尽量少使用版权转让的方式。采用对外合作出版能够充分利用国外的发行渠道，扩大我国图书的对外发行地区和发行数量。国外出版社具有熟悉本地市场情况和营销推广方面的优势，同时它们还可以通过在图书中增加外文注释、加大图片容量等方法编排国外读者感兴趣或可以接受的内容等。同国外进行合作出版有利于我方减少投入成本、降低风险、提高运作效率，我方与外方在出版过程中目标相同，利益均分。此外，通过深层次的合作出版交流，我国出版社可以在合作中学习借鉴国外同行在图书编辑、装帧、编排、制版、印刷以及市场发行中的运作经验，进而提高我国图书的出版质量，为未来中国图书的进一步“走出去”打下基础。最后是“造船”，即成立海外分支机构。该层面的合作是最深层次的国际合作，是一种资本运作的方式①。该种方式有利于我方规避国外图书贸易壁垒，更好地掌握海外的各种资源，增强对海外经营管理以及各种信息的有效控制。在该层面的国际合作中，我们应注意发挥企业、个人的积极性，可以根据资金等具体情况通过不同渠道在国外建立出版发行机构。在海外建立出版机构的方式主要有三种：①派人到海外建立出版机构；②收购国外一些市场价值比较高的出版机构，如在特定教科书出版领域的权威出版商；③寻找合适的资助对象，如由国内去海外从事文化、出版行业的人士。无论哪种方式

---

① 部分内容根据2009年3月26日对中国图书进出口(集团)总公司出口部聂君庆主任的访谈整理。

都必须发挥企业的积极性,特别是民营企业的积极性,以企业为主导。政府对积极开拓海外出版市场的企业给予某种资助,但是不直接投资①。在海外分支机构的地点选择上,我方可以选择出版资源比较集中的国家和城市以及对中国文化接受程度较高的国家和城市。多种方式的国际合作可以很好地避免和解决我国图书对外贸易中遇到的一些问题,有利于提高我国图书出版业的出版水平,加快我国图书出版业的国际化进程。我方应根据合作双方的具体条件,选择恰当的合作伙伴与合作模式,待条件成熟后再进行合作模式的升级,同时重视对于收购、参股和注资等资本运作手段的运用,在实践中逐步探索各种有效的合作模式,增加合作的成效。

4.4 小结

金融危机导致近年来全球经济衰退,各国经济正在经历着新一轮的调整与转型,国际图书市场同样受到了严重冲击与影响。各国物价上涨,未来经济不稳定的预期,使得消费者对于图书,特别是对于传统的纸质图书的消费热情减退,消费能力也普遍下降。在公共购买方面,经济危机导致多国政府紧缩预算,即减少对公共图书馆、大学图书馆等的公共预算投入,使大规模的集中购买行为受到限制。在销售业绩不佳的情况之下,图书出版业不得不通过降低运营成本、裁退人员等方法应对危机。很多中小型图书企业在危机中不得不结束经营,大型图书企业凭借着自己的实力依然探索着新的销售增长点。

技术的进步无疑为国际出版市场提供了新的发展方向。2007 年亚马逊 Kindle 阅读器的推出以及 2009 年苹果公司 iPad 的推出,为出版业注入了新的活力,并为图书的未来发展指引了方向。现在,电子书、数字出版这些词语已经不再是新鲜词语,数字阅读方式也从过去的“小众”变成了逐渐普及的图书阅读习惯,各国都在加紧推行图书数字化发展战略,积极开发各种数字图书。随着电子书的流行,各国的网络书店在销售收入和市场份额方面不断攀升。传统的书店销售渠道以及图书经销方式已经越来越不适应数字技术的变革。在数字技术的冲击下,出版的编辑、发行、销售等各个环节都在不断改革创新。英美等图书出版业发达国家目前依然领导着世界图书市场的走向,以中国为代表的发展中国家在世界图书市场中将发挥越来越重要的作用。各国已经做好了准备,全面迎接图书出版数字化的新纪元。

目前,中国的图书出版业正在大力实施图书“走出去”战略。中国图书“走出去”在塑造良好的国家形象、提高中国文化贸易竞争力以及增强中国国家软实力方面都有着极其重要的作用,因此中国的图书业应当继续加快图书“走出去”战略的实施步伐。在图书“走出去”的过程中,中国的图书企业应该积极地研究海外的消费市场,研究海外消费者的消费行为习惯,充分尊重当地的消费者,通过多种手段满足当地消费者的需求,避免贝塔斯曼集团在中国败北的事件重演。中国的图书企业还应该积极学习借鉴国外成功图书出版企业的管理经验,注重中国高管层与本土化员工的管理配合,培养适合本图书企业的企业文化,重视文化的融合,打造优秀的整合型员工团队,提高企业的运营效率。此外,中国图书企业在“走出去”的过程中,还需要重视技术因素在图书推广销售中的作用,

① 魏玉山.关于中国出版走向世界的思考——一种跨文化传播的方式[J].中国编辑,2005(02).

应该与国内外科技型公司合作,大力开发数字出版、网络营销平台、数字化书目信息检索等技术,注重满足海外消费者的数字化购书体验,并通过技术的不断创新,引导和满足消费者的购买习惯,使消费者最终成为忠实的购买者。对此,中国政府和相关图书企业需要通力合作,寻找到一条现实可行的整合型的解决路径,更好更快地将中华文化在世界范围内传播。

4.5 案例:数字出版的未来——施普林格出版集团

施普林格出版集团(Spring Group)是国际著名的科学、技术、医药(STM)出版集团,20世纪70年代就开始与中国出版界进行版权贸易与合作。1993年,施普林格出版集团开始信息化建设,并于1996年启动网络出版,1998年完成了内容管理数据库的建设,2006年其技术支撑与信息资源平台获得了最佳STM信息产品大奖。施普林格出版集团还积极通过资本运作进行并购与技术升级。施普林格出版集团从1996年正式推出全球第一个电子期刊全文数据库Springerlink开始,已有十多年的数字出版经验,完成了由传统出版向数字出版的成功跨越,并且目前其收入主要来自数字出版业务。2004年,它在欧洲市场上的在线出版销售额已经超过印刷版销售额。

诚如有研究者指出的那样,在传统出版商纷纷向数字出版转型的过程中,施普林格出版集团呈现出良好的发展态势。这主要得益于其建立了以数据库为基础的较为成熟的数字出版模式。施普林格每年出版5 000多种科技图书和1 800多种科技期刊。这些图书和期刊既以纸质形式出版,也以数字化的形式在全球领先的在线出版平台——Springerlink上出版发行。从施普林格的发展经验来看,数字出版要实现赢利有两个关键条件:一是大规模的内容,这是数字出版的基础;二是大规模的使用,这是数字出版实现赢利的保证。当然,实现大规模内容和大规模使用,还需要许多支持系统,例如先进的技术、销售网络、营销策略和定价机制等。

施普林格把在线期刊、电子书和参考书全部放在一个平台上实现互联。同时,在"在线优先出版"这一理念指导下,实现了网上出版早于纸质出版。施普林格在专业出版领域专注于在科学、技术、医学领域发展,在数字出版方面有超过10年的经验。所有图书和期刊的内容都集成在名为Springerlink的数字出版平台上,在Springerlink上共有350万篇期刊文章或图书章节,并且实现了二者之间的链接。目前,这个平台上的内容仍呈快速增长的趋势。

施普林格数字出版业务有十多年的探索和发展经验,1996年6月,施普林格数字出版业务启动Springerlink项目;1998年2月,实现在线优先出版功能,用户能够使用可播放视频;2000年5月,获得巴黎科学大奖;2005年,并购Kluwer学术出版公司,由此建成期刊回溯数据库,拥有240万篇期刊文章;2006年12月,在伦敦获得年度最佳SIM信息产品大奖。目前,Springerlink的内容规模为350万篇文章,分别来自于1 600多种期刊和1.65万种图书。仅2006年,施普林格数字出版平台就增加了47.5万篇文章,其中32万篇文章来自于期刊和回溯数据库,15.5万篇文章来自于图书章节。

施普林格是第一家把图书和期刊集成在一起的出版商。Springerlink现有超过1.65万种电子书,每年以4 000种新电子书的速度增加。这些电子书涵盖13个学科领域,电子书与在线期刊实现了无缝集成。与此同时,施普林格还简化了搜索功能,用户可以按章订阅,这个平台可实现 Counter 标准使用量统计。值得一提的是,由于电子书和期刊的无缝集成和可按图书章节搜索,实现了信息的片断化,可以按章销售,用户可以自由组合成一本书来购买。这可以使科学家和研究人员在各学科领域中找到更多的内容,用户可以在界面上进行电子书的定制和集成。Springerlink 还为图书馆管理员提供了很好的服务,有特定的图书馆目录,使用与图书馆书目完全契合的 MARC 码等。所有权模式,使图书馆像保存纸本内容那样永久性保存它所购买的数字内容,并允许图书馆让多个终端同时使用同一内容。

施普林格的内容管理系统(SpAce)平台是基于 OnlineFirstTM 的生产流程,在这个平台上能够完成内容的创造、加工和发布,是一个完整的产业链条。数字出版要有技术支持系统,例如数字版权管理系统、内容管理系统。施普林格的生产技术人员和作者共同构成内容的来源,生产技术人员要负责对文字进行加工、关键词的标引等工作。此外,施普林格还需要通过一些外包服务,包括录入、校对等来完成数据库的建设,最终实现平台的发布和内容的管理。

在出版在线科技期刊方面,施普林格在行业中提出了"在线优先出版"的概念。因为很多科研人员需要第一时间发布自己的科技论文,以便得到同行的认可或者评价。图书和一般期刊的出版周期长,因此在线优先出版的功能对科学家有很大的吸引力。通过"在线优先出版"的概念,施普林格实现了网上出版早于纸质出版。

施普林格在线出版平台,包括在线期刊、在线丛书、在线参考书、在线电子书等产品线。施普林格把在线期刊、在线电子书和在线参考书全都放在一个平台上以实现互联(Intertwine),用户既可以按在线电子书、也可以按在线期刊、还可以按在线参考书来挑选内容,就像大树的根在泥土底下交织在一起。例如,看到在线期刊的一篇文章,有"埃博拉病毒"这个词,单击这个词,就可以出现所有关于这个词的参考书目录,同时,也可以参阅到相关文献。同时,通过 CrossRef 的国际性组织,施普林格的内容可以和另外 300 多家出版商和图书馆的内容互联。Springerlink 2.0 已于 2006 年 8 月开始运行,这个平台不仅是完全集成几种在线产品的数字出版平台,还与全球最大的搜索引擎——谷歌对接,通过搜索引擎的拉动,大幅度提升使用量。在这个平台上,用户可以同时搜索所有的内容,对图书和期刊都没有搜索限制。Springerlink 提供了易于使用和灵活精准的工具,用户可以按图书或期刊的类别来挑选内容,也可以按学科、日期、语言和出版物类型来挑选内容。Springerlink 实现了多语种的界面,目前有英语、中文、韩文、德语的界面。接下来,还会开发更多的语言界面。Springerlink 还提供了多种优化的内容表达方式以及多种浏览路径,可以给作者更多选择。例如,在 Springerlink 上,既可以选择作者付费的模式进行优先出版,也可以使用用户付费的模式进行出版。

随着数字技术的飞速发展,只建立足够多的链接,还不足以使特定的内容被发现。数字出版的价值,要通过高质量的内容、现实的需求、便于获取的途径、读者的阅读使用和容易找寻这几个方面去实现。数字出版者的使命之一,就是要在众多的内容当中,让读者可以找到所需要的内容。可以说,"找得到"成为数字出版的竞争优势所在。

在传统出版市场的推动式营销策略中,链接越多,被看到的可能性就越大。但进入数字出版时代,尤其是在功能强大的搜索引擎出现的时代,施普林格更强调使用拉动式营销策略。施普林格减少主动发送宣传手册,而是通过和主要的搜索引擎建立技术合作关系,通过搜索引擎把终端读者拉到平台上来,这样的营销策略目的性非常强,效果也非常好,营销资源没有被大量占用和浪费。

施普林格配合搜索引擎,着力做好数据优化的工作。按照搜索引擎的技术标准,优化其数字化内容,以便提高排名位序,让更多的读者到施普林格的平台上去。2006 年 10 月,施普林格开启了与谷歌公司的合作。目前,谷歌搜索引擎已经是 Springerlink 最大的访问者来源,2006 年第四季度,通过谷歌搜索引擎访问施普林格的用户已经占到所有用户的近一半,直接访问施普林格的用户占 9%,以后这个比例还会继续上升。

过去几年当中,通过优化数字平台的数据,施普林格提供了更多拉动式营销的手段。例如,全文下载量在过去几年实现了飞速发展,2006 年与 2004 年相比,增长 300%,全文下载量 2007 年一季度已经与 2006 年全年持平。总体而言,全文下载量平均每年以百分之百的速度增加。

Springerlink 在内容互联方面,致力于实现参考书和期刊的互联,进一步增加图文并茂的内容(流媒体)。例如,增加具有缩放功能的高清晰度图片,连接图片库,提供可运算的表格,还有建立更多语种的语意链接功能,以便实现显示同一个关键词在不同语言中的语意,帮助用户发现相近内容,增加有词典支持的浏览。另外,增加三维动态化学结构显示,还有动态图形、数学公式运算、从图表中输出数据等功能,这些都是施普林格致力添加的功能,以期使这个平台始终保持在行业中的领先性,并最终实现其商业价值①。

当今的图书出版业已经不仅仅是内容制胜的产业,更多的技术因素在出版企业的成败中占据着越来越重要的权重。施普林格出版集团的成功让我们更加明白技术在出版企业中的重要性。施普林格出版集团强大的数据库为用户提供了传统出版业无法想象的海量信息,使得用户可以获得自己需要的信息。此外,施普林格出版集团与谷歌搜索引擎的合作,为用户提供了更为便捷精准的信息获得渠道,大大节省了用户查找信息的时间。集团推出的“在线优先出版”这一理念,为科研人员第一时间发布科研论文提供了极大便利,有效地吸引并稳定了科研人员这一消费群体。总之,中国的图书出版企业在国际竞争中,需要大力借鉴国外成功企业的经营经验,转变现有固化的管理模式,认真研究国际图书出版市场和不同地区消费者的消费行为模式,并积极与技术型企业联合,加大相关出版科技的研发与合作,增强自身的国际竞争力。

---

① 左文:文化全球化视野下的中国数字出版业[M].北京:清华大学出版社,2012:30-33.

5 国际游戏市场

5.1 国际游戏市场发展状况

5.1.1 国际游戏市场中游戏的分类与历史

德国诗人和剧作家席勒认为:"人类在生活中要受到精神与物质的双重束缚,在这些束缚中就失去了理想和自由。于是人们利用剩余的精神创造一个自由的世界,它就是游戏。这种创造活动,产生于人类的本能"。

当今世界,电子游戏作为互动娱乐媒体的先锋代表,处于科学和艺术的交汇点,在其几十年的发展历程中将计算机技术、3D 制图、动画、音乐、摄影、建筑、布景、装饰、互动媒体技术等进行了完美的融合,成为娱乐产业的主要支柱,同时成为人类在现实世界之外休闲娱乐社交的虚拟空间。正如美国前副总统戈尔所说,"游戏如今是世界级艺术设计,是其他领域所无法比拟的……显然这是全球经济中发展势头良好的领域……我相信人类,相信人类本性。若在游戏过程中,他们能够获得富有建设性、有价值的经验,那么这就是好的"。法国文化部长密特朗认为:"(电子游戏产业)是近十年来增长最为强劲的文化产业……是最具有创新能力的产业之一,它的经济量使我们无法低估。"他还提到了电子游戏的教育功能,认为不应该妖魔化电子游戏,而应该因势利导,使电子游戏从正面发挥效用。尽管世界各国对电子游戏依然有着基于社会各层面的认识和异议,但是电子游戏产业仍然在各种争议中,在与前沿科技、文化、艺术等多元结合中继续飞速发展,以之为重要代表的新媒体技术对社会、大众生活方式产生的影响研究也越来越被重视。2011 年 5 月 9 日,美国联邦政府下属的美国国家艺术基金会正式宣布"电子游戏是一种艺术形式",电子游戏因此可以与广播、电视等项目一起竞争申请最高 20 万美元的基金赞助。同年 6 月 28 日,美国最高法院裁决加州禁止向未成年人出售含有暴力内容的视频游戏产品的法律因违反美国宪法而无效,其中,大法官安东尼・斯卡里亚宣称电子游戏是艺术,它应像书籍、漫画、戏剧和其他艺术形式一样受到美国《第一修正案》的保护。大洋彼岸的美国所发生的来自国家层面的一系列有关游戏产业的政策和决定,都在表达该国人民对电子游戏是一种艺术形态的认知。具有世界最大博物馆体系之称的美国半官方性质的史密森尼博物馆也支持电子游戏是一种新型艺术的观点[①]。在人们公认的绘画、雕塑、建筑、音乐、文学、舞蹈、戏剧、电影八大艺术形式之外,电子游戏获得了"第九艺术"的称谓。

电子游戏的分类繁杂,为了更好地对游戏产业进行介绍和分析,为读者展示电子游

---

① 刘瑾. 电子游戏的第九艺术之说[N]. 中国艺术报,2012-08-27.

戏世界的基本图谱，本章首先将电子游戏的分类进行梳理总结①。

5.1.1.1 按电子游戏内容目的进行分类

(1)RPG(Role - Playing Game)：角色扮演游戏。这是指由玩家扮演游戏中的一个或数个角色，有完整的故事情节的游戏。一般来说，RPG 可分为日式和欧美式两种，主要区别在于文化背景和战斗方式。日式 RPG 多采用回合制或半即时制战斗，以感情细腻、情节动人、人物形象丰富见长，如《口袋妖怪》系列、《最终幻想》系列、《XX 传说》系列，大多国产中文 RPG 也可归为日式 RPG 之列，如大家熟悉的《仙剑奇侠传》《剑侠情缘》等；欧美式 RPG 多采用即时或半即时制战斗，特点是游戏有很高自由度、严谨的背景设计和开放的地图和剧情，耐玩度较高，如《创世纪》系列、《暗黑破坏神》系列。

RPG 游戏是最能引起玩家共鸣的游戏类型。它能给游戏玩家架构一个完整丰富的世界，让玩家在里面尽情冒险、游玩、成长，感受制作者想传达给玩家的观念。RPG 游戏没有固定的游戏系统模式可寻，因为其系统的目的是构建制作者想象中的世界。但是，所有的 RPG 游戏都有一个标志性的特征，就是代表了玩家角色能力成长的升级系统，而程序构建的世界就是各个 RPG 游戏的个性所在。与其他游戏类型不同，虽然 RPG 游戏的表现是立体多元的，但其根本都是为故事情节的表现。根据战斗形式的不同，RPG 还可以分为依照《勇者斗恶龙》《龙与地下城》等游戏的回合制战斗系统发展而来的正统 RPG，融合 ACT(动作游戏)要素的如《塞尔达传说》《辐射》等的 A · RPG，还有融合 SLG(策略游戏)要素的如《火焰之纹章》《魔法门》等的 S · RPG。此外，欧美式 RPG 元素较多系统比较复杂，特征不算明显，争议较大，还有游戏内容皆即时进行的即时 RPG 的类别如《上古卷轴 4》。

(2)ACT(Action Game)：动作游戏。这类游戏是玩家控制游戏人物用各种方式消灭敌人或保存自己以过关的游戏，不刻意追求故事情节，如《超级玛丽》《星之卡比》等。电脑上的动作游戏大多脱胎于早期的街机游戏，如《魂斗罗》《吞食天地》等，设计主旨是面向普通玩家，以纯粹的娱乐休闲为目的，一般有少部分简单的解谜成分，操作简单，易于上手，紧张刺激，属于“大众化”游戏。ACT 游戏讲究打击的爽快感和流畅的游戏感觉，2D ACT 游戏代表作有《恶魔城》《快打旋风》。3D ACT 代表作有《鬼泣》《忍者龙剑传》《战神》，这三个系列形体动作逼真，打斗效果火爆，操作手感良好，攻击组合华丽，因此也被称为三大 ACT。

(3)AVG(Adventure Game)：冒险游戏。AVG 是由玩家控制游戏人物进行虚拟冒险的游戏。它与 RPG 的不同之处在于，AVG 的故事情节往往是以完成一个任务或解开某些谜题的形式来展开的，而且在游戏过程中着重强调谜题对于推进游戏进程的重要性。AVG 可再细分为动作类和解谜类两种，解谜类 AVG 纯粹依靠解谜拉动剧情的发展，难度系数较大，经典代表作品有《神秘岛》系列、《寂静岭》系列；而动作类 AVG 可以包含一些 ACT、FGT、FPS 或 RCG 要素，如《古墓丽影》《生化危机》《恐龙危机》等。

---

① 游戏分类内容参考百度百科：http://baike.baidu.com/link？url = lbCWBIQuexZ94V2G - Q5gOLaIPJ4f7rk0DK14L9d3-Go_uCC01XyctZR0SYxuq3JhqAFRv4ZCC3iFtZqg3qniJGcbud26ocAtUm7IZczNlvcKCkzascD712d6 - yoHaTLVPFKYKnHzC1-o8zbbdSH - K4sK.

(4)FPS(First Personal Shooting Game):第一人称视角射击游戏。FPS 游戏的独特魅力,在于给予玩家极其强烈的代入感。《毁灭战士》的诞生带来了 FPS 类游戏的崛起,却也给现代医学带来了一个新的名词——DOOM 症候群(即 3D 游戏眩晕症)。随着 3D 技术的不断发展,FPS 也向着更逼真的画面效果不断前进。代表作品有《虚幻竞技场》《半条命》《彩虹六号》《使命召唤》《雷神之锤》。

(5)TPS(Third Personal Shooting Game):第三人称射击类游戏。TPS 是指玩家在游戏画面里能真切地观察到自己操作的人物,从而进行射击对战的游戏。与 FPS 的区别在于 FPS 游戏里屏幕上显示的只有主角的视野而看不到主角本人,而 TPS 游戏中主角在游戏屏幕上是能看见的。这样可以更直观地看到角色的动作、服装等第一人称游戏中表现不出来的部分,更有利于观察角色的受伤情况、周围事物和弹道情形。TPS 游戏比 FPS 游戏增加了更多的动作元素,如翻滚、攀爬、疾跑、格斗等,在使用各种技能的同时,玩家还能观察到自己角色流畅的动作,增加了游戏整体的流畅感与爽快感。FRS 游戏的角度是以自身为基准,视野覆盖比较小,虽然真实代入感更强,但是由于视野狭窄,在战斗中经常无法看见处于自身视野死角的敌人,而 TPS 游戏,可以在视野上提供更多的选择——能看见来自后方的弹道,当自己身处掩体后面,还能从更广阔的角度观察处于第一人称死角的敌人等。代表作有《细胞分裂》《无间地狱》《失落的星球》《马克思佩恩》等。

(6)FTG(Fighting Game):格斗游戏。由玩家操纵各种角色与电脑或另一玩家所控制的角色进行格斗的游戏,游戏节奏很快,耐玩度非常高,可分为 2D 和 3D 两种.2D 格斗游戏有著名的《街头霸王》系列、《拳皇》系列等;3D 格斗游戏如《铁拳》《死或生》等。此类游戏不讲求剧情,场景布置、人物造型、操控方式等也比较单一,但操作难度较大,对技巧要求很高,主要依靠玩家迅速的判断和微操作取胜。2D FTG 游戏系统的设计规划就是在固定背景画面下的活动块碰撞计算,是动作游戏的战斗部分的进一步升华。现今的 2D FTG 系统可以说是由 CAPCOM① 的《街头霸王》系列定义的。《拳皇》系列成功地定义了"超必杀技"系统,玩家在达到某种相对而言比较苛刻的条件后就可以使出有可能逆转对战结果的"超必杀技",增加了对战结果的多变性。

(7)SPT(Sports Game):体育类游戏。在电脑上模拟各类竞技体育运动的游戏,花样繁多,模拟度高,广受欢迎,如《实况足球》系列、《NBA Live》系列、《FIFA》系列、《2K》系列、《ESPN 体育》系列等。

(8)RAC(Racing Game):竞速游戏(也有的称作 RCG,还有的称作 Driving Game)。在电脑上模拟各类赛车运动的游戏,通常是在比赛场景下进行,非常讲究图像音效技术,往往代表着电子游戏的尖端技术,惊险刺激,真实感强,深受车迷喜爱,代表作有《极品飞车》《摩托英豪》等。目前,RAC 内涵越来越丰富,出现了另一些其他模式的竞速游戏,如赛艇、赛马等。

RAC 以体验驾驶乐趣为游戏诉求,给予玩家在现实生活中不易实现的各种"汽车"竞

---

① CAPCOM 是一家日本电视游戏软件公司和发行公司,以制作动作游戏闻名世界,被业内称为"动作天尊"。Capcom 公司凭借其《街头霸王》《街头霸王 II》《洛克人》《生化危机》《鬼武者》等系列作品使公司在游戏界享有着非常重要的地位。并发展到街机、FC(Family Computer)、超级任天堂、Playstation、Playstation 2、Game Boy Advance、XBox 等多个版本和平台上。

速体验，玩家在游戏中的唯一目的就是“最快”。2D RAC 的系统就是在系统给定的路线（多为现实中存在的著名赛道）内，根据玩家的速度值控制背景画面的卷动速度，让玩家在躲避各种障碍的过程中，在限定的时间内，赶到终点。由于 2D 的制约，很难对“速度”这一感觉进行模拟，所以成功的作品相当有限，日本任天堂公司的《F ZERO》应该是其中最有代表性的作品。到 3D RAC 时代，RAC 在 3D 技术构建的游戏世界中终于充分发挥了其速度的魅力。代表作品有 EA 的《极品飞车》、NAMCO 的《山脊赛车》、SCE 的《GT 赛车》。

（9）RTS（Real – Time Strategy Game）：即时战略游戏。RTS 本来属于 SLG（策略游戏）的一个分支，但由于其在世界上的迅速风靡，使之慢慢发展成了一个单独的类型，知名度甚至超过了 SLG，有点像现在国际足联和国际奥委会的关系。RTS 一般包含采集、建造、发展等战略元素，同时其战斗以及各种战略元素的运用都采用即时制。其代表作有《星际争霸》《魔兽争霸》《帝国时代》等。后来，在其基础上又衍生出了所谓的“即时战术游戏（RTT）”，即 RTS 的各种战略元素不以或不全以即时制进行，或者少量包含战略元素。RTT 多以控制一个小队完成任务的方式突出战术的作用，其代表作为《盟军敢死队》。

RTS 游戏是战略游戏发展的最终形态。玩家在游戏中为了取得战争的胜利，必须不停地进行操作，因为“敌人”也在同时进行着类似的操作。就系统而言，因为 CPU 的指令执行不可能是同时的，而是序列的，为了给玩家造成“即时进行”的感觉，必须把游戏中各个角色的操作指令在极短的时间内交替执行。因为 CPU 的运算足够快，所以交替的时间间隔就非常小。RTS 游戏的代表作品有 WESTWOOD 的《命令与征服》系列、《红色警戒》系列，BLIZZARD 的《星际争霸》系列、《魔兽争霸》系列，目标的《傲世三国》系列。

（10）STG（Shoting Game）：射击类游戏。这里所说的射击类游戏，并非是类似《VR 战警》的模拟射击（枪战），而是指纯粹的飞机射击，或者在敌方的枪林弹雨中生存下来，一般由玩家控制各种飞行物（主要是飞机）完成任务或过关的游戏。此类游戏分为两种：一种叫做科幻飞行模拟游戏（Science – Simulation Game，SSG），以非现实的、想象空间为内容，如《自由空间》《星球大战》系列等；另一种叫做真实飞行模拟游戏（Real – Simulation Game，RSG），以现实世界为基础，以真实性取胜，追求逼真，以求获得身临其境的感觉。如《皇牌空战》系列、《苏 – 27》等。另外，还有一些模拟其他战斗武器的游戏也可归为 STG，比如模拟潜艇的《猎杀潜航》、模拟坦克的《野战雄狮》等。STG 也可以按照视角版面分为纵版、横版、主观视角。纵版最为常见，如街机中的《雷电》《鲛鲛鲛》《空牙》等都堪称经典之作。横版指横轴射击，如《沙罗曼蛇》系列、《战区 88》。主观视角更为仿真，模拟战机就属此类。

STG 现在一般指的是卷轴式射击游戏。纯 2D STG 的系统设计规划是在卷动的背景图片上，玩家自机的活动块与敌方子弹（和战机）的活动块，自机子弹的活动块与敌战机的碰撞计算。玩家在游戏中的目的就是获得最高分数，或者是在敌方的枪林弹雨中成功存活。其代表作品有彩京的《194X》系列、CAVE 的《首领蜂》系列、IREM 的《雷电》系列。伪 3D 的作品有《R – TYPE》系列、《雷霆战机》系列。

（11）SLG（Simulation Game）：策略游戏。SLG 是指玩家运用策略与电脑或其他玩家较量以取得胜利的游戏，在游戏中玩家或统一全国，或开拓外星殖民地。SLG 的设计思路为探索、扩张、开发和消灭（Explore、Expand、Exploit、Exterminate，即 4E）准则。SLG 可分为回合制和即时制两种。回合制策略游戏如《英雄无敌》系列、《三国志》系列；即时制策略游戏如《文明》系列、《命令与征服》系列、《帝国》系列、《沙丘》系列等。广义概念下的 SLG 是非常庞大的，模拟类游戏亦在其广义范畴之内，但有别于 SIM（生活模拟）。经过长时间演变，现在的 SLG 包含四类，即战棋类①、回合制类、即时制类和模拟类②。

（12）MSC（Music Game）：音乐游戏。MSC 游戏要求玩家在精确的时间点做出指定的输入动作，结束后给出玩家对节奏把握程度的量化评分，旨在培养玩家音乐敏感性，增强对音乐的感知，表达对音乐的热爱。伴随各种流行音乐，或要求玩家用身体起舞，或要求玩家做手指体操，代表作品有《太鼓达人》《DJ》、人气网游《劲乐团》《劲舞团》，还有大家都熟悉的跳舞机也属其列。

（13）SIM（Simulation Game）：生活模拟游戏。与 SLG（策略游戏）不同，SIM 游戏高度模拟现实，能自由构建游戏中人与人之间的关系，并如现实中一样进行人际交往，且还可联网与众多玩家一起游戏，如《模拟人生》。

（14）EDU（Education Game）：养成游戏。养成游戏就是玩家模拟培养所玩角色的游戏，如《美少女梦工厂》《明星志愿》《零波丽育成计划》等，玩家以女性为主。

（15）CAG（Card Game）：卡片游戏。CAG 是玩家操纵角色通过卡片战斗模式来进行的游戏。丰富的卡片种类使得游戏富于变化性，给玩家带来无限的乐趣，其代表作有著名的《信长的野望》《游戏王》，包括卡片网游《武侠 Online》，从广义上说《王国之心》也可以归于此类。风靡全国的《三国杀》也属此列。此外还有 TCG 游戏，TCG 全称是“Trading Card Game”，即“集换式卡牌游戏”，是把特定主题的卡牌构成自己的卡堆，利用各种卡牌和战略跟对方进行对战的卡牌游戏。目前全世界最热门的 TCG 当属威世智公司所出品的以西方神话传说为背景的纸牌游戏《万智牌》③。

（16）LVG（Love Game）：恋爱游戏。LVG 是模拟恋爱的游戏，玩家可在游戏中“回味”初恋的点点滴滴。恋爱类游戏主要是为男性玩家服务的，玩家可以训练追求的技术，学会忍耐等恋爱必备技能。代表作有日本的《心跳回忆》系列、《思君》，国人的《青涩宝贝》《秋忆》等。

（17）GAL（Girl And Love）：美少女游戏。GAL 是一类走极端的游戏，它几乎放弃了所有游戏性，而仅以剧情取胜，其在人物塑造、情节张力方面有着其他游戏难以企及的高

---

① 战棋类游戏的系统设计规划主要是在模拟地图（棋盘）上，玩家根据行动的顺序指定自方角色行动，与敌方角色进行虚拟战斗。代表作品有《梦幻模拟战》《风色幻想》、INTELLIGENT 的《火焰之纹章》、ENTERBRAIN 的《泪之指环传说》、宇峻的《超时空英雄传说 3 狂神降世》等。

② 飞行模拟类代表作品有微软《模拟飞行》、KONAMI 的《空中三角洲》、NAMCO 的《皇牌空战》等，经营模拟类代表作有大宇的《大富翁》《卧龙吟》、微软的《动物园大亨》等。

③ 万智牌（Magic The Gathering）是世界上第一个集换式卡牌对战游戏，亦是目前全球最多人参与的同类型游戏，估计参与者约有 1 200 万人，还有万智牌世界杯，2009 年 11 月中国国家队曾赢得在意大利罗马举行的世界冠军赛（万智牌世界杯的前身）团队冠军，创造了黑马传奇。1993 年由美国数学教授理查·加菲设计，并经由威世智（Wizards Of The Coast）公司发行。

度，如《AIR》《Fate/stay night》[①]《School Days》等。GAL 还可以细分为纯电子剧本类如《秋之回忆》等、半电子剧本半其他类如《传颂之物》（半 SLG）等。GAL 盛产于日本，在中国少女玩家中也颇为流行，由于该类游戏具有两极特性，游戏玩家要么极端喜爱，要么极端厌恶。

（18）MMORPG（Massively Multiplayer Online Role Playing Game）：大型多人在线角色扮演游戏。MMORPG 是非常流行的游戏类型，市场占有率极大，用户 ARPU 值[②]也很高。它分为客户端和服务端两部分。玩家从客户端通过互联网连接，登录服务器端后才能进行游戏。玩家的资料保存在服务器端。在游戏过程中，某一玩家扮演的角色和其他玩家控制的角色在网络虚拟空间中实时互动。而非玩家扮演的角色（即 NPC）往往在游戏中提供特殊服务，如销售虚拟物品、提供任务等。游戏开发商或者代理商提供服务器供玩家游戏，负责管理游戏中的虚拟世界，并不断为游戏作出更新，以便留住玩家以及吸引其他人来玩这款游戏。其代表作有《网络创世纪》《无尽的任务》《A3》《魔兽世界》《轩辕Ⅱ》《永恒之塔》《上古世纪》等。

（19）ARPG（Action Role - Playing Game）：动作角色扮演类游戏。动作角色扮演类游戏的代表作有《暗黑破坏神》《泰坦之旅》《龙与地下城》等。

（20）其他类游戏。除前述游戏外，还有一类玩家互动内容较少或作品类型不明了的游戏，常见于种类丰富的家用机游戏，如音乐小说《恐怖惊魂夜》系列等。

（21）动漫游戏。以同名动漫为原型而制作的游戏，但也有一些动漫游戏纯粹以动漫人物与类似动漫的情节为主板；其中以同名动漫为原型而改编的游戏可能占的比例多一些，例如《手机少女》《新世纪福音战士——钢铁的女友》《致命伪装》以及《狼与香辛料——我与赫萝的一年》等；而另外一些纯粹以动漫人物与类似动漫的情节为主板的游戏有《大剑女仆》等。

5.1.1.2 按游戏终端分类

（1）单机游戏。单机游戏是指仅使用一台电脑或者其他游戏平台就可以独立运行的电子游戏。区别于网络游戏，单机游戏不需要专门的服务器便可以正常运转游戏。模式多为人机对战，部分也可以通过局域网或者战网进行多人对战。简单地说，单机游戏就是游戏玩家不连入互联网即可在自己的电脑上玩的游戏。

单机游戏因其不必连入互联网也可进行游戏，从而摆脱了很多限制，只需要一台计算机即可体验游戏，同时也可以通过多人模式来实现玩家间的互动，因此很多单机游戏都是精工细做而成的，更能呈现较好的画面、优良的游戏性和丰富的剧情，往往给人一种身临其境的感觉，相比网络游戏而言更有可玩性，游戏的种类更加丰富，各种游戏类型数不胜数。而且很多发展至今已经有多部作品的单机游戏系列，大多如电影般讲述一个剧

---

① 《Fate/stay night》（フェイト/ステイナイト）是由 TYPE - MOON 于2004 年1 月30 日发售的PC 平台文字冒险游戏，也是TYPE - MOON 商业化后初次亮相的作品。由于广受欢迎，2005 年10 月28 日发售《Fate/hollow ataraxia》。2006 年1 月播放动画版。2010 年1 月23 日剧场版 Fate/stay night - Unlimited Blade Works 在日本本土上映，BD - DVD 于2010 年9 月30 日正式发行。同时已推出前传小说《Fate/Zero》，在中国也受到欢迎，演员陈坤曾在微博推荐。

② ARPU（Average Revenue Per User）即每用户平均收入。ARPU 注重的是一个时间段内运营商从每个用户所得到的收入。很明显，高端的用户越多，ARPU 值越高。

情波澜起伏的精彩故事,并且让玩家将自己融入故事中,去闯荡属于自己的另一个世界,打造自己的史诗与传奇经历。

当今主要单机游戏出品商有 EA①、Activsion、Blizzard、任天堂、2K Games②、KONAMI③、光荣④、CAPCOM、THQ⑤、Infinity Ward⑥、Ubsoft、falcom 等公司。

(2)网络游戏。网络游戏,缩写为 Online Game,又称"在线游戏",简称"网游",是指以互联网为传输媒介,以游戏运营商服务器和用户计算机为处理终端,以游戏客户端软件为信息交互窗口,旨在实现娱乐、休闲、交流和取得虚拟成就,具有相当可持续性的个体性多人在线游戏。

2008 年至今,第四代网络游戏,又称次世代网络游戏迅速崛起。和传统网游相比,次世代网游把次世代游戏开发技术融入网络游戏之中,通过增加模型和贴图的数据量并使用次世代游戏引擎改善网络游戏的画面效果,使网络游戏可以达到主机平台游戏的画面效果⑦。其代表作品有《战地之王》《剑灵》《醉逍遥》等。

除大型网游之外,随着 WEB 技术的发展,国外已经开始兴起许多"无端网游",即不用客户端也能玩的游戏,也叫网页游戏或 webgame,被称为"老板眼皮底下也能玩的游戏"。网页游戏是依靠 WEB 技术支持就能玩的在线多人游戏类型,受到办公室白领一族的追捧。从 2007 年开始,中国内地也陆续开始运营较大规模的网页游戏,网页游戏作为网络游戏的一个分支已经逐渐形成。其代表作品有《神仙道》《热血战纪》《问剑》《天地伏魔》《大闹天宫 OL》等。

(3)卡牌游戏。卡牌游戏又被称为纸牌游戏,属于桌面游戏的一种。其中,集换式卡牌游戏(Collectible card game,CCG or Trading card game,TCG)是以收集卡牌为基础的游戏,游戏者需要透过购买随机包装的补充包收集卡牌,然后根据自己的策略灵活使用不同的卡牌去构组符合规则的套牌,进行游戏。由于每个人的套牌均不相同,每一局抓到

---

① EA 公司代表游戏:《极品飞车》系列、《战地风云》系列、《模拟人生》系列、《模拟城市》系列、《NBA LIVE》系列、《FIFA》系列、《泰格伍兹的高尔夫球》系列(家用机独占)、《拳击之夜》系列(家用机独占)、《战地双雄》(家用机独占)、《战地:反叛连》(家用机独占)、《教父》、《命令与征服》《红色警戒》《将军》《叛国者》等,都属于《命令与征服》系列。

② 仟游软件科技有限公司成立于 2006 年 1 月,是美国 Take Two 公司在中国的全资子公司,Take Two 是全球顶尖的互动性娱乐软件开发商和发行商,仟游软件隶属于 Take Two 旗下的 2K Games 品牌。2K Games 总部位于加州诺瓦图,主要制作和发行个人电脑、游戏机和掌机上的娱乐软件。旗下的产品主要有三大类:体育游戏、版权游戏和原创游戏;主要的作品有 Civilization4(文明 4)、RailRoads(铁路大亨)、BioShock(生化奇兵)等。2K Games 的体育游戏种类繁多,主要有 NBA 篮球、MLB 棒球、NHL 冰球、TopSpin 网球等。

③ KONAMI(科乐美)是日本最具影响力的游戏软件商之一,KONAMI 几乎在所有主流游戏类型上都有响当当的经典游戏系列:《合金装备》《恶魔城》《寂静岭》《实况足球》《心跳回忆》《魂斗罗》《忍者神龟》《沙罗曼蛇》《幻想水浒传》《游戏王》《游戏王 GX》《DDR》。

④ KOEI 是日本一家著名的游戏软件公司,也简称"光荣",以历史游戏闻名,代表作品有《真·三国无双》系列、《信长之野望》系列、《太阁立志传》系列、《三国志》系列、《提督的决策》系列、《钢铁的咆哮》系列、《大航海时代》系列。

⑤ THQ 也是和 EA 类似的游戏制作/代理公司,主要作品:《战锤 40K:战争黎明》系列、《英雄连》系列、《前线:战火之源》、《泰坦传说》系列、《全能战士》系列、《最高指挥官》系列、《极品醉车》系列。

⑥ Infinity Ward 是一家电子游戏开发公司,成立于 2002 年,初始 22 名员工均来自开发《荣誉勋章》(Medal of Honor)系列游戏的 2015 工作室。2003 年,Infinity Ward 被美国动视收购,成为美国动视的子公司。以其开发的《使命召唤》系列游戏而闻名,但部分《使命召唤》游戏作品并非由 Infinity Ward 制作。

⑦ 中国网游第四代:次世代网游来临. http://games.sina.com.cn/y/n/2009-12-22/1430362139.shtml.

卡牌的次序也有不同,无穷无尽的变化由此而起。无论是准备还是进行游戏的过程中,都需要玩家不断开动脑筋去思考。一般地说,这些卡牌都有一定的价值,玩家之间可以交易交换自己的卡牌。集换式卡牌游戏的代表作品有:《万智牌》(美国,1993 年)、《游戏王》集换式卡牌游戏(日本,1999 年)、《三国智》①集换式卡牌游戏(中国,2009 年)。非集换式卡牌游戏(Playing cards)的代表作品有:扑克牌游戏("桥牌""21 点""梭哈""斗地主"等)、《塔罗牌》。

(4)网页游戏。网页游戏起源于德国,是利用浏览器玩的游戏,它不用下载客户端,任何地方、任何时间、任何一台能上网的电脑就可以让用户快乐地游戏。只要能打开网络浏览器,10 秒钟即可进入游戏,不用下载庞大的客户端,更不存在机器配置不够的问题,最重要的是关闭或者切换极其方便,很适合上班族玩。

(5)街机游戏。街机,是一种放在公共娱乐场所的经营性的专用游戏机,起源于美国的酒吧。在街机上运行的游戏叫街机游戏。一般常见的街机,基本的形式即由两个部分组成:框体与机版。街机模拟器通常是指在其他计算机平台上,通过将街机平台的程序指令转换成本机可以识别的指令,来运行街机游戏程序的软件。从 1997 年以来迅速发展起来的各类街机模拟器就成了拯救和保存这些珍贵流行文化的希望,其中最重要的,莫过于复合式大型电玩模拟器 M. A. M. E.(Multiple Arcade Machine Emulator)。通过街机模拟器,玩家已经可以在个人电脑上重温一些老旧的游戏。目前街机游戏已经是江河日下,随着街机大厂 CAPCOM 在 2003 年宣布退出街机市场,街机发展的契机更显黯淡。

(6)家用主机游戏。"主机"(Console)是最常见的游戏平台,运行在主机上的电子游戏被称作"主机游戏"(Console Game)。雅达利的雅达利 2600 是公认的第一个最成功的商业化的专为游戏所设计的平台。它确定了一个主机、分离的控制器以及可更换游戏内容的存储器(卡带)。此后的任天堂的 FC② 皆是此架构的延续。初期的雅达利 2600 画面相当简陋,主机内存也不过 4K,而此类平台发展至今,运算效能已经远远超过当初,向着更加逼真的画面发展。而且后来的 XBOX360 与 PS3 已经不再是单纯的游戏主机了,而是希望成为每一个家庭的客厅的多媒体娱乐中心,包括游戏、视频、图片、音乐、网络等。

需要注意的是,虽然"掌上游戏机"(Handheld Game Console)也是"游戏主机"(Game Console)的一种,但是通俗用语中的"游戏主机"都是指体积较大、放置于家中或专门游戏店内的家用主机。掌上游戏机则因为便携的特点被单独列为"便携游戏机"的一种。

(7)掌机游戏。便携式游戏机,又名掌上型游乐器、掌机游戏,是便携掌机游戏的一

---

① 《三国智》是由四川省前景文化传播有限公司全程开发的一款成长型集换式卡牌游戏。《三国智》使用通行的 TCG 规则框架。游戏背景取材于汉晋间百年历史,严格按照《三国演义》中的故事,结合《三国志》史实及其他文史资料。从黄巾起义到三分归晋将产品按时间阶段进行设计。游戏中玩家将率领那些耳熟能详的将领与对手进行战斗,结合《三国智》特色的事件系统,可以让玩家在享受集换式卡牌游戏乐趣的同时,对三国历史获得新的了解。

② FC(Family Computer,简写成 Famicom)即红白机,是日本任天堂公司 1983 年生产的游戏主机,现在很多游戏的前身就是来自于 FC,FC 为游戏产业作出了相当大的贡献,甚至可以说 FC 游戏机是日本游戏产业的起点,FC 也曾在 20 世纪八九十年代风靡中国内地,很多人都有在童年时代玩红白机游戏的经历。Nintendo 在 1996 年 1 月官方宣布终止 FC,当时该游戏机的全球销量已经超过 6 000 万台,其中日本 1 800 万台,如果算上盗版或兼容机的话,数量更是惊人。FC 出了不少经典的游戏,如《魂斗罗》《坦克大战》《忍者龙剑传》《超级玛丽》《冒险岛系列》《街霸系列》《恶魔城》《三国志英列传》《双截龙》等。

类,是指使用专门的小型游戏机运行,可以随时随地使用的视频游戏软件。最早的掌机游戏可以追溯到任天堂的 Game & Watch 系列。

掌机游戏一般具有流程短小、节奏明快的特点。由于其目的是供人们在较短时间内(如等车、排队的过程中)娱乐,所以不会像一般视频游戏那样具有复杂的情节;同时,由于硬件条件的限制,一般掌机的画面和声音都不如同时期的家用游戏硬件,但这种情况随着任天堂 NDS 和索尼 PSP 的推出而有所改变。这就对游戏设计者提出了更高的要求。

在亚洲地区,特别是日本和中国,掌机游戏具有大量的用户群,并带动了大量相关软、硬件产业的发展。这是因为掌机游戏具有便于携带和随时娱乐的特点,同时近年来掌机游戏加入的收集、交换等要素进一步提升了这类游戏的魅力,例如著名的《口袋妖怪》①游戏,已成为一种文化现象和符号,其每一新作都已成为青少年群体的话题。

(8)手机游戏。手机游戏顾名思义,指在手机等各类手持硬件设备上运行的游戏类应用程序,这类游戏需要以一定的硬件环境和一定系统级的程序作为运行基础。常见的智能手机系统有 WindowsPhone、安卓、IOS、塞班系统、MTK(Nucleus OS)等。手机游戏随处可玩,且操作简单、趣味性强,深受游戏轻度玩家欢迎。最受欢迎的手机游戏种类,益智类比率最高,其次依次为动作类、战略类、模拟类、射击类。也可细分为单机手游和手机网游两类,单机手游的代表作品有《植物大战僵尸》《愤怒的小鸟》《水果忍者》《temple run》等,手机网游的代表作品有《我叫 MT》《仙战》《三国风云》等。

移动互联网的崛起是手机网游发展的大背景。伴随着中国 3G 网络的迅速发展与普及,网络社交活动也逐渐向移动平台转移,社交 + 移动成为移动互联网市场最热门的话题之一,移动互联网正朝着运用游戏化、网络社区化的方向发展②。对此,盛大游戏董事长兼 CEO(首席执行官)谭群钊表示,伴随着移动互联网的快速崛起,传统 PC 终端受到了手机和各类移动终端的蚕食,以网络游戏为代表的互联网内容公司应当紧紧抓住平台开放和全新终端的机遇,广泛合作,推动各个平台终端上的文化内容大繁荣③。与此同时,网络游戏正呈现两极化发展:一方面,游戏品质越来越高,内容越来越丰富,呈现"大作化"趋势;另一方面,其产品形态越来越轻量化、社交化、随身化,WEBGAME 和手机游戏开始获得新一轮的快速发展。谭群钊认为,面对中国网游的新一轮变化和挑战,网络游戏的自主知识产权和研发技术积累是一切变化的核心基础和深层驱动力,也是开放和创新的基础①。

---

① 《口袋妖怪》(Pocket Monsters)系列,台湾译作《神奇宝贝》,香港译作《宠物小精灵》,中国内地于2010 年底以《精灵宝可梦》作为官方译名,推测因与其他译名已被抢先注册有关。《口袋妖怪》最早是由日本 Game Freak 代表田尻智于 1995 年开发的,日本任天堂株式会社于 1996 年推出的一款 Game Boy 的游戏。其独特的游戏系统广受大众的欢迎,年度产品销量过千万。任天堂趁此热潮,推出后续的一系列游戏、漫画、书籍、对战卡片及周边产品,还联合日本东京电视台推出电视动画以及一年一度的剧场版动画电影,1998 年成功进军美国,并拓展至世界各地。成为世界闻名的卡通形象和日本的国民动画。相关产品销售额达数十亿美元以上。目前《口袋妖怪》已经独立成为公司——The Pokémon Company,为任天堂旗下的子公司之一。《口袋妖怪》系列游戏以角色扮演(RPG)为主,辅以战略和动作游戏。在这一系列的游戏中,玩家总是作为一位 PM(pokemon)训练家到各地旅行,完成各种交付的任务,并沿途与 PM 训练家挑战,不断提升自己的战斗能力,打败八大会馆的首领和四大天王,最终与冠军战斗,取得最后的胜利。当然,游戏最大的乐趣并不只是在战斗,而是收集、捕捉各种各样可爱的精灵,完成《口袋妖怪》图鉴。由于许多精灵在游戏中只有 1 只,而且一旦捕捉失败就没有第二次的机会,可以说非常珍贵,加上每部作品的最后一只精灵要通过特殊的方法才能得到,因此,精灵的捕捉成为游戏的一大乐趣。

② 庄周. 2012 年中国移动社交游戏市场盈利模式探讨[OL]. 艾媒网. http://www.iimedia.cn/27929.html.

③ 盛大旗下两款社交游戏接入新浪开放平台[OL]. http://tech.sina.com.cn/i/2011-11-21/13476357820.shtml.

5.1.2 国际游戏市场规模

5.1.2.1 行业收入

电子游戏行业的产值甚至可与好莱坞相匹敌，2009 年电子游戏的总收入达 770 亿美元（其中，硬件收入为 220 亿美元，软件收入为 550 亿美元），而全球电影业的收入为 850 亿美元。每个游戏约 60 美元的价格和 10～20 美元一张的电影票或 DVD 相比，不难看出游戏行业确实是是一个高收入的行业。事实上，日本游戏巅峰时期其产值能够达到国民生产总值的 1/5。韩国游戏产业 2010 年创造了 15 亿美元的出口经济效益，占到了整个韩国文化产业总收入的 58.05%[②]。美国游戏销售总额已成娱乐业龙头，美国人 2012 年在电子游戏上的消费达到 148 亿美元。

市场研究公司 Newzoo 发布报告称[③]，全球游戏市场（含所有地域和平台在内）2013 年总营收将会达到 704 亿美元，比 2012 年的 663 亿美元增长 6%。其中，增长速度最快的是亚太市场和拉美市场，其增长率将达到 11%；与此相比，北美和欧洲市场的增长率则要低一些。报告还指出，按设备划分，今年增长速度最快的设备类别将是智能手机和平板电脑，预计其增长率将达到 35%，市场总额将达到 123 亿美元。2012—2016 年间，预计

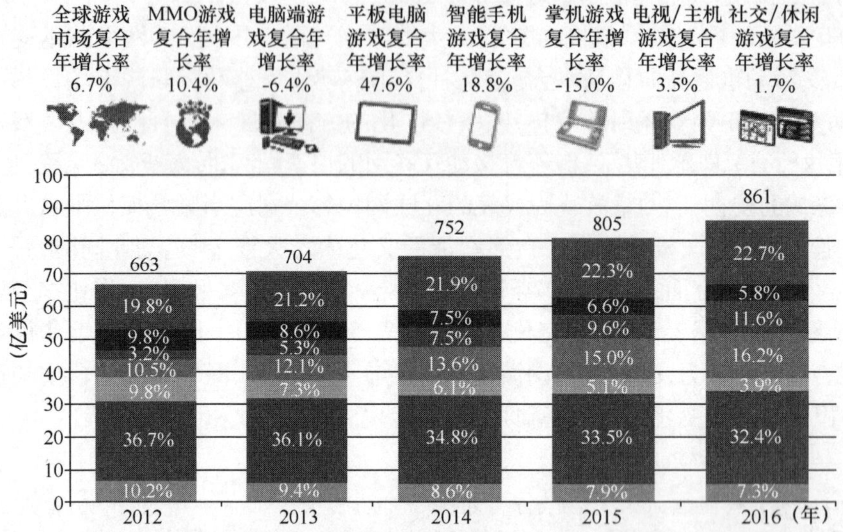

图 5-1 全球游戏市场（2012—2016 年）[④]

① 盛大游戏董事长兼 CEO 谭群钊在 2011 年第九届中国国际网络文化博览会的开幕致辞. http://games.sina.com.cn/y/n/2011-10-31/1031543701.shtml

② 文化产业将成国民经济支柱 游戏引领作用明显[OL]. 中国新闻网. http://www.chinanews.com/it/2011/11-01/3428519.shtml.

③ NEWZOO. 2013 Global Games Market Report[OL]. http://www.newzoo.com/products-page/reports/global-games-market-reports/2013-global-games-market-report/

④ 2012—2016 年的全球游戏市场发展趋势.（图片来自腾讯科技）

全球游戏市场的复合年增长率将达到6.7%，市场总额将达到861亿美元。但在这个市场内部将发生很多转变，原因是智能手机和平板电脑游戏业务正在强劲增长，而游戏机游戏业务所占有的市场份额正在下滑。Newzoo还预计全球游戏用户总数将从2012年的12.1亿人增至2016年的15.5亿人。在这一时间段中，智能手机移动游戏的平均年增长率预计将达到19%，平板电脑移动游戏的平均年增长率预计高达48%。预计到2016年，智能手机游戏收入总额会达到139亿美元，平板电脑游戏收入总额则将达到100亿美元。报告还称，到2016年，智能手机和平板电脑游戏在全球游戏市场上所占份额会达到27.8%，比2013年的预估份额增长10个百分点。

Newzoo还预计，2012—2016年间，大型多人在线游戏的复合年增长率将为10.4%。到2016年，电脑游戏市场总额将达到309亿美元，在全球游戏市场上所占份额预计为35.8%；下一代游戏机游戏的全球增长率预计将为3.5%，但从整体上来说其所占份额将有所下降。从地区来看，到2016年亚太地区在全球游戏市场上所占份额预计将达到37.9%①。

而根据英国投资研究机构Digi－CaPital的预计，2014年全球游戏市场规模将扩大至870亿美元，收益堪比好莱坞。Digi－Capital常务总监Tim Merel称，电子游戏市场总额将增长到870亿美元，网络/手机游戏会占其中50%的收入分成，达到440亿美元（2009—2014财年：复合年均增长率达到18%），而传统强势的单机游戏行业将面临低迷态势。亚太地区和欧洲应该会占网络/手机游戏90%的收入分成（2014财年：中国占49%，欧洲占17%，日本占14%，韩国占11%），北美地区也还会占十分重要的地位。中国的国内增长使其出现了很多用户量大（如腾讯公司高峰时拥有达2 000万的用户群）、平均用户收入低、成本低的网络/手机游戏公司，它们的运营利率高达50%，并在海外市场有重大的投资活动②。

5.1.2.2 投资规模

近年来，全球游戏行业快速增长，发生了根本性的变化。电子游戏投资和并购加速，2010年融到的资金量比2009年高52%，并购额比2009年增长60%，而且这是在总投资笔数降低的情况下实现的；资金量占前十位的投资额约占2010年总投资额的60%，并明显地转向了网络/手机游戏公司。见图5－2。

网络/手机游戏对投资和并购的估值都有所增长，重要合同的签署也吸引了多方对这个市场的注意。但是，由于普通的风险投资市场本身存在弱点，对网络/手机游戏这一复杂并快速发展行业的知识匮乏，以及对其中关系的无法把握等原因，普通风险投资公司对这一市场的投资存在很大的顾虑。主要单机游戏发行商仍然很难适应网络/手机游戏，这一现象产生的原因是主要发行商的大部分精力都用于管理超过2 000万美元的一系列高风险、复杂化的游戏研发、发行和商业化。而网络/手机游戏需要快速、多个、小型并存的投资研发平台，这与主要发行商的商业文化完全不同，因此导致它们无法将网络/手机游戏放在首要位置。主要发行商也很清楚地意识到网络/手机游戏行业的并购仍在初期阶段，主要市场的划分还不明显。

---

① 2016年全球游戏市场规模将扩大至861亿美元[OL]. 腾讯科技. http://tech.qq.com/a/20130607/003873.html.

② 分析称中国将取代美国成全球游戏领导者[OL]. 百度游戏. http://07073.baidu.com/chanye/guowai/443571.html.

为了加强网络/手机游戏企业增长的多元化,主要收购企业越来越重视外部资金、收购、合资及战略合作,而且,来自亚洲国家(中国、日本和韩国)的主要企业非常积极地寻求外国机会,以加强它们的全球实力,并借此寻求国际知识产权和技术来满足国内市场。

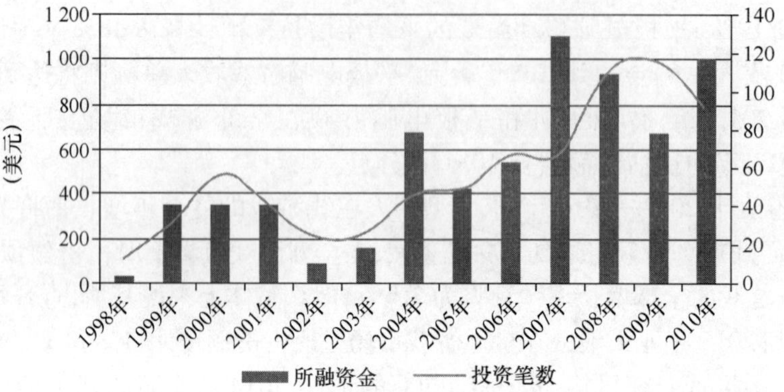

图 5-2　全球电子游戏直接销售

对于高质量投资的需求仍然大于供给,高质量、高成长(年收入增长达 100%,运营利率达 20% ~50%)的网络/手机游戏公司正在寻求投资,以加速其增长。除了重要的投资合同,网络/手机游戏公司希望找到主要发行商/媒体集团之外的高质量投资商(见图 5-3)。其中,Electronic Arts 收购 Playfish 花费 4 亿美元,迪士尼收购 Playdom 花费 7.63 亿美元,DeNa 收购 Ngmoco 花费 4 亿美元,腾讯收购 Riot 花费 3.5 亿 ~4 亿美元,盛大收购美国游戏分销和内置广告平台 Mochi Media 花费 8 000 万美元①。

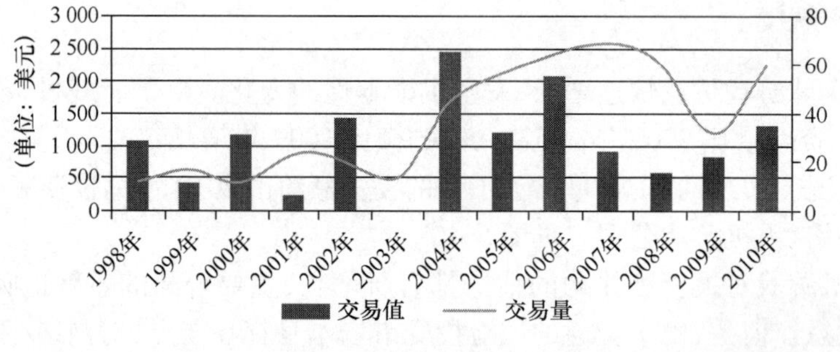

图 5-3　全球电子游戏并购

Digi - Capital 发布的《2012 年全球游戏产业报告》显示②,2012 年国际游戏业的并购交易额高达 40 亿美元,创历年最高纪录,也较 2011 年 34 亿美元的整体交易额增长了 18%。与此同时,2011 年国际游戏业交易总额下降了 27%,且重磅交易减少。报告显示,亚洲市场已成为游戏市场中收购方的最大来源地。2012 年,10 个最大的游戏交易中有 7 个由中国、日本或韩国买家发起。这份报告还预测,到 2015 年,亚洲和欧洲在网络游

① 分析称中国将取代美国成全球游戏领导者[OL].百度游戏. http://07073.baidu.com/chanye/guowai/443571.html.

② DIGI - CAPITAL. GLOBAL GAMES INVESTMENT REVIEW 2012. http://www.digi-capital.com/.

戏和移动游戏收入中将占87%的比例,且中国份额会最大,约占32%。

5.1.2.3 市场结构

(1)电子游戏市场的每个领域都在改变。网络/手机游戏不断增长,并成为游戏市场的一个重要部分,在高成长、高利润的商业模式的支持下,投资网络/手机游戏界最优秀的独立公司对投资公司来说有巨大的机会。中国的腾讯和盛大都投入了游戏资金,其他企业和金融投资商也在寻找投资、并购、合资、战略合作方面的明显机会。电子游戏市场划分如图5－4所示。

图5－4 电子游戏市场划分

(2)单机游戏市场。如今的单机游戏市场已经真正成为大制作的市场,大型游戏的发行使得剩下的市场只能每次容纳一个重要的产品。即使不考虑消费者向网络/手机游戏转移的倾向,这个市场的商业机会也是十分有限的。单机游戏投资在增加,这是因为游戏开发的平均成本在提高(Xbox360、PS3 达1 500 万～3 000 万美元,Wii 达500 万～700 万美元)。强大的项目管理团队十分重要,而且市场营销的费用可能会和研发费用一样高昂或更高。

目前主要的单机游戏发行商的战略似乎是向更少的经销商和更高的营销预算转变。然而要适应网络/手机游戏行业更苛刻的投资和收购,纯单机游戏公司需要证明它们的重新定位可以带来可持续的利润(见图5－5)。而一个多元化的公司将有多方面的收入来源,转而投资网络/手机游戏也会更加容易。例如,迪士尼公司2010年对Playfish的社交游戏投入了巨大的资金,也完成了Tapulous智能手机游戏的收购,显示了对单机游戏减少投资的意向。微软公司在研究和发行Kinect(上市2个月即售出800万台)方面的投资,使得Xbox360及其相关游戏软件的销售额和市场份额重获提升(销售额在2010年比2009年增长42%)。

未来,单机游戏还会呈低迷的态势,如果对下一轮(2014—2016年)的硬件发展报以希望(如果会出现的话),或将挽回颓势。历史表明,硬件的发展推动了整个单机游戏行业的发展。无论如何,单机游戏的开发商们需要转变。

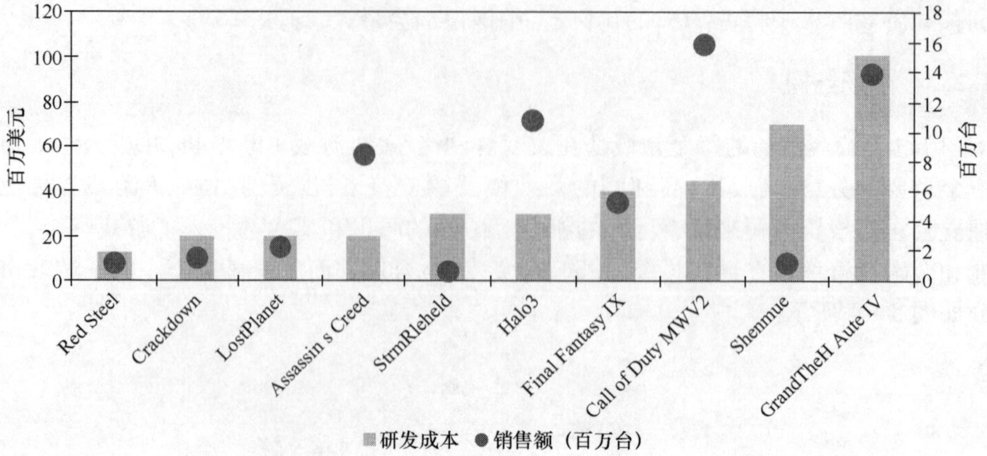

图5－5　单机游戏研发成本和销售额对比图(Grand Theft Auto Ⅳ)

(3)网络/手机游戏市场。网络/手机游戏市场有高成长的趋势(见图5－6),但是并未整合,包括超过2亿的网络休闲游戏用户、超过7亿网络社交游戏用户和超过2 000万的多玩家网络游戏用户,以及超过100亿的iPhone应用程序下载量。进入这个市场的门槛较低(Facebook的社交游戏除外),市场竞争较激烈,不过主要竞争者对这个市场的控制程度仍十分有限。电子游戏市场的整合情况如图5－6所示。

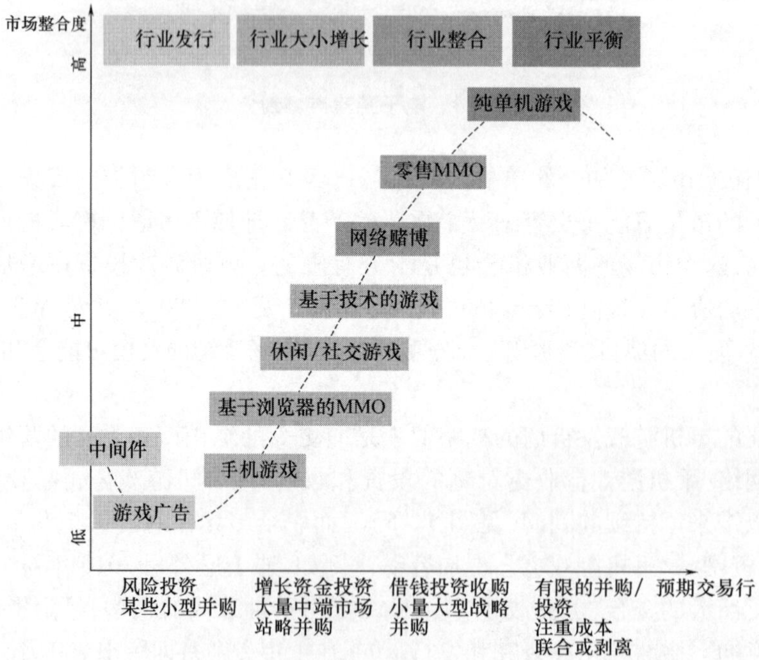

图5－6　电子游戏市场整合曲线[①]

① 图5－2、图5－3、图5－4、图5－5、图5－6资料来源:《分析称中国将取代美国成全球游戏领导者》,百度游戏,http://07073.baidu.com/chanye/guowai/443571.html。

(4)网络游戏市场玩家规模。Newzoo 以图表形式发布的关于美国、欧洲、波兰、土耳其、俄罗斯、巴西、澳大利亚地区网络游戏市场的调查简报显示:2012 年全球范围内网游玩家总数为 4 亿,付费玩家数量为 1.8 亿,消费总额为 130 亿美元,与 2011 年相比增长 21%。Newzoo 称本次简报所涉及的 7 个国家及地区占据全球网游市场的一半份额,并在简报中标记了各地网游玩家总数、付费玩家数量以及热门游戏题材和类型。美国拥有5 000万网游玩家和 2 300 万付费玩家,与 2011 年相比,玩家在网游中的消费总额增长 14%,最热门的游戏题材为奇幻(Fantasy),最热门的游戏类型为角色扮演(Role – playing)。欧洲拥有 4 970 万网游玩家和 2 350 万付费玩家,与 2011 年相比,玩家在网游中的消费总额增长 28%,最热门的网游题材及类别与美国相同。欧洲的网游玩家数量已基本与美国持平,而付费玩家数量和消费增长速度正在全面超越美国,有望成长为全球最大的网游市场。

波兰拥有 550 万网游玩家和 210 万付费玩家,54% 的玩家年龄在 30 岁以下,最热门的游戏题材为写实(Realism),最热门的游戏类型为角色扮演。土耳其拥有 980 万网游玩家和 480 万付费玩家,有 52% 玩家既玩网页游戏也玩客户端游戏。最热门的游戏题材为写实,最热门的游戏类型为多人在线竞技场(MOBA)。俄罗斯拥有 2 160 万网游玩家和 870 万付费玩家,与 2011 年相比,玩家在网游中的消费总额增长 19%,最热门的游戏题材为写实,最热门的游戏类型为角色扮演。巴西拥有 1 920 万网游玩家和 910 万付费玩家,与 2011 年相比,玩家在网游中的消费总额增长 16%,最热门的游戏题材为写实,最热门的游戏类型为即时战略(Real – timestrategy)。

澳大利亚拥有 360 万网游玩家和 180 万付费玩家,其中有 30% 的付费玩家为女性玩家,最热门的游戏题材为奇幻,最热门的游戏类型为角色扮演。在 65 亿美元的消费总额中,付费网游(含客户端一次性收费及月费)与免费网游分别占据 47% 和 53% 的份额。Newzoo 提到 2011 年的这一统计数据中两者的比例为各占一半,而 2012 年的风向已经倒向了免费运营一方。2009 年,免费网游在美国市场所占的份额仅有 39%,如今其比例已经达到 50%①。

5.1.2.4 市场趋势

(1)游戏主机领域前景不明。② 提到游戏主机领域,首先来回顾一下最近一代主机大战,2005 年末微软先发制人率先发售了自己的新一代主机 Xbox 360,任天堂在痛定思痛后决定放弃主流市场而推出了 Wii,而当时业内的霸主索尼则动作迟缓,直到一年之后才推出 PS3。PS3 由于售价高和理念偏差导致市场恶评如潮,使得占据了天时地利的 Xbox 360 掠夺走了巨大市场份额。

多年过去,这一代主机大战已经可以盖棺定论,任天堂在非主流领域取得了巨大的成功,但同样付出了失去主流市场认可的代价,股价一路走高又在近年迅速暴跌;索尼的 PS3 与 PS2 的战绩对比失败已成定局,但其核心软件仍然有强大竞争力;微软 Xbox 360 不仅积累了巨大的市场份额和良好的口碑,更将整个欧美的游戏软件商带回了业内的主

① Newzoo 网游产业状况调查:全球网游玩家总数 4 亿[OL]. 网易游戏. http://game.163.com/12/1215/10/8IOQ3UN900314K8I.html.

② 本部分引用参考《游戏机大战,三巨头启示录》. 虎嗅网. http://www.huxiu.com/article/10417/1.html.

流位置,成为这一代主机大战中最大的赢家。

这几年,游戏主机销量逐年减少已经成为不争的事实,用户不再选择游戏机作为主要娱乐手段,取而代之的是更方便的手机和平板电脑以及社交游戏(见图 5-7)。

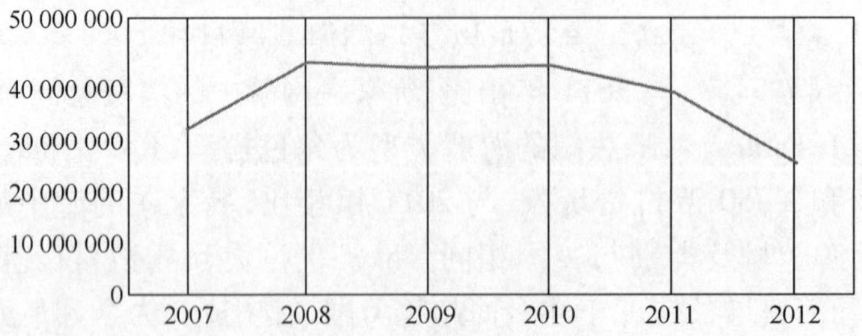

图 5-7 PS3、X360、Will 三大游戏主机历年总销量

资料来源:整理自 VGChartz。

游戏机厂商的主要收入为两部分:一部分是游戏机本身硬件上的收益;另一部分是软件商的分成,即每卖出一款游戏,游戏厂商要付给硬件厂商 5-10 美元的权利金,大多情况下游戏的售价是 59 美元(X360、PS3)或 49 美元(Wii)。所以很多游戏厂商初期会采用硬件赔钱的方式占领市场,通过游戏销售的权利金获利,并等着硬件降价再逐渐通过硬件赢利。其他的一些在线服务,如 Xbox live 的会员卡(可以享受在线服务和玩在线游戏),以及在线销售游戏(一般为价格低廉的小游戏)的分成也构成了收入的一部分。下面分别列出微软、索尼、任天堂十年来游戏部门的历年收入情况①(见表 5-1、表 5-2、表 5-3)。

表 5-1 微软游戏部门历年收入 (单位:百万美元)

年份	2000	2001	2002	2003	2004	2005	2006	2007	2008	2009	2010	2011
收入	-1 090	-1 660	-866	-938	-1 001	-464	-1 329	-2 016	426	169	679	1 324

资料来源:美国网友总结自微软财报。

表 5-2 索尼游戏部门历年收入 (单位:百万美元)

年份	2000	2001	2002	2003	2004	2005	2006	2007	2008	2009	2010
收入	-463	664	925	599	402	77	-1 989	-1 093	-585	-890	429

资料来源:美国网友总结自索尼财报。

表 5-3 任天堂游戏部门历年收入 (单位:百万美元)

年份	2000	2001	2002	2003	2004	2005	2006	2007	2008	2009	2010
收入	1 307	767	954	822	955	1 039	800	1 935	4 278	5 553	2 450

资料来源:美国网友总结自任天堂财报并折算为单元。

传统游戏机的劣势主要有两点:一是需要系统操作,便捷性差。主机游戏往往需要花费时间调整电视设置才能玩,而手机、平板电脑等便捷设备的游戏却可以随时随地操

① 游戏机大战,三巨头启示录[OL].虎嗅网.http://www.huxiu.com/article/10417/1.html.

作,也更容易上手;二是价格差异。传统游戏售价在 39 ~ 59 美元之间,而在线销售的小游戏一般也是至少 10 美元。而对手机、平板电脑的游戏而言,10 美元都算是很贵的,而且不少游戏都是免费的,于是,便捷和便宜成为休闲游戏的制胜法宝。另外,还有 Facebook 等网络社区上的那些社交游戏,造就了 Zynga 等公司,吸引了大量黏性用户。过去,游戏产业的竞争更多的是内部竞争,而现在,更多的是外部力量给游戏主机业带来不安。这些外部力量是谁? 是苹果、三星这样的手机厂商? 是 Facebook 这样的社交网络商? 还是暴雪这样的网络游戏运营商? 在 2005 年和 2006 年,iPhone 尚未发售,社交网络尚不成气候,网络游戏质量无法和主机游戏质量相媲美。但这一切在近年来发生改变,主机游戏需要更多的持续时间和更大的用户黏性,这在今天的碎片化时代多少显得有些不合时宜。

从产业方面观察,对主机游戏业的担心目前仍有些杞人忧天,在这一代主机中,行业诞生了多项可以载入历史的世界纪录:《光环》《使命召唤:现代战争 2》相继成为世界最畅销的娱乐产品,游戏业的总产值也超过了电影业。就行业地位来说,在欧美制作商的努力下,游戏业的地位正处于历史上最风光的时期,游戏主机销量见表 5 - 4,而行业内的精品也多是主机平台的游戏。

表 5 - 4 游戏主机销量表 (单位:百万美元)

最新一代		第四代		第三代		第二代		第一代	
任天堂 Wii	98.81	索尼 PS2	153.68	索尼 PS	104.25	任天堂 SPC	49.18	任天堂 FC	61.91
微软 Xbox360	74.25	微软 Xbox	24.65	任天堂 N64	32.93	世嘉 MD	28.54		
索尼 PS3	72.62	任天堂 NGC	21.74	世喜	8.82				
		世嘉	8.20						

资料来源:Vechartz.

但我们仍需要认真考虑游戏主机的未来。在整个产业链打通的今天,游戏主机已经变得越来越像 PC,"单独的设计还有无必要"的争论在业内四起。从历史看,如果失去上游厂商的把控,游戏产业必将陷入混乱,雅达利过于纵容软件商导致美国游戏业的崩溃便是一例。以此看来,游戏主机的产业格局在短期不会发生变化;但几年以后,游戏主机是否存在仍是一个未知数。近年来,云游戏的概念在逐步兴起,随着网络条件的成熟,全部在云端进行游戏并不是奢望。在本代主机中,由于游戏可以安装到主机自带的硬盘,光驱的作用已被大大削弱,媒介变化成为产业格局变化的前兆。

在各方虎视眈眈的背景下,游戏主机业即将迎来一个新的周期,这有可能是一个产业的新征程,也可能是游戏主机产业的最后一程。在目前的情况下,传统的游戏格局和思路被逐渐摒弃,新的游戏主机将带给人们怎样的娱乐方式,将颠覆怎样的产业格局,还需要时间去检验。但这个曾经群雄逐鹿的战场,如今只剩下几家在厮杀,多多少少显得有些凄凉①。

具体到中国的主机市场,情况非常特别。自 2000 年《关于开展电子游戏经营场所专项治理的意见》发布后,所有国内的电子游戏设备及其零、附件生产、销售被叫停。长达

① 傅嘉. 游戏业七年之痒 产品大战一触即发[N]. 中国证券报,2013 - 04 - 27.

10余年的游戏机禁令让索尼、微软、任天堂等厂商被拒之门外。2013年1月28日,中国日报援引中国文化部相关人士的话,称相关部委正在审视游戏机销售禁令并考虑重新开放游戏机市场,“已经做了一些调查,并与相关部委讨论开放市场的可能性”。不过随后文化部文化市场司娱乐演出艺术品市场管理处相关人士回应称,文化部并未研究过取消游戏机禁售令,并称这不是仅由文化部就能决定的。由于对游戏机设备的禁令,中国内地就只有少数游戏发烧友在购买和使用,游戏主机在中国市场的发展前景相当暗淡。

2013年9月27日,国务院批准了《中国(上海)自由贸易试验区总体方案》(以下简称《方案》)并正式印发,根据《方案》,上海自贸区允许外资企业从事游戏游艺设备的生产和销售,通过文化主管部门内容审查的游戏游艺设备可面向国内市场销售。这意味着中国从2000年开始的长达13年游戏主机禁令基本解除①。对此,相信各大游戏主机厂商会快速做出反应。在此之前,微软和百视通在国内成立合资公司,可能计划将XBOX游戏机和相关产品引入国内。从《方案》来看,这也是外资企业进入自贸区,进而辐射整个中国市场的一种尝试。微软的尝试给其他游戏机厂商做了一个范例。对于索尼、任天堂来说,新一代主机的竞争刚刚开始,面对中国这一巨大市场,没有人会愿意放弃。复制微软的合作模式,或者采用其他模式到自贸区注册,都是这些游戏主机大厂可能考虑的方式②。

(2)端游、页游遭遇瓶颈。中国版协游戏工委(GPC)、国际数据公司(IDC)发布了时间段在2012年1至6月的一项报告——《中国游戏产业报告》,报告显示,2012年上半年,中国PC网络游戏市场实际销售收入为235.5亿人民币,比2011年上半年增长了16.9%。同期,网页游戏市场的实际销售收入达到38.2亿元人民币,比2011年上半年增长了46.7%③。二者的增长率相差近三倍。这些数据意味着,占据国内游戏市场80%份额的客户端网游,毫无疑问遇到了发展瓶颈。在网易公司创始人兼首席执行官丁磊看来,端游现状比较乐观,他认为,行业增长出现下滑,只是进入一个短暂的自我调节阶段,只有泡沫被挤走,行业才能真正走上正轨。西山居首席执行官邹涛甚至认为,随着硬件升级,端游和页游的用户体验将越来越趋同,用户群逐渐融合,端游和页游最终会合二为一④。端游遭遇瓶颈,各大游戏厂商开始寻找新的振兴元素,“巨人网络”、“完美世界”开始曝光页游战略,盛大游戏手游布局阵营初现,人人公司的董事长、首席执行官陈一舟表示,非常看好手机游戏的前景,应和陈一舟的思路,人人公司的游戏开始力推“跨屏力量”战略目标⑤。而近年来被视为吸金器的网页游戏也开始遭遇瓶颈。网页游戏一直存在产品生命周期短、风险高、利润率低等隐患,2013年网页游戏市场的增长速度必将放缓。有业内人士指出:2012年一些厂商的投资商已经到了回报期,他们投资的团队和公司如果没有上市希

---

① 自贸区解禁游戏主机 微软索尼等或迎春天[OL].21世纪经济报道.http://finance.qq.com/a/20131001/001161.htm.

② 上海自贸区总体方案印发13年游戏机禁令破冰[OL].腾讯科技.http://finance.qq.com/a/20130927/015989.htm.

③ 中国版协游戏工委(GPC)、国际数据公司(IDC).2012年1月至6月中国游戏产业报告[OL].http://wenku.baidu.com/view/6385772e647d27284b735113.html.

④ 中国端游企业遭遇瓶颈面临转型 页游战升级[OL].IT商业新闻网.http://news.itxinwen.com/2012/0726/419246.shtml.

⑤ 李立.网游突进打响跨屏战争[N].中国经营报,2012-08-05.

望,可能会出现转让、并购等行业大幅洗牌的局面。

在端游、页游时代,游戏业已陷入获取用户成本大幅飙升的陷阱之中不能自拔。对于端游来说,获得一个用户的成本往往是几十元,甚至是上百元,为了实现公测日导入几十万的用户,需要付出的是数千万元的营销成本,否则市场将听不到产品的声音。对页游而言,时时刻刻需要花钱已成惯例,并且 PC 平台流量从 2011 年已开始走入下行通道,流量下滑的同时,广告费用还在飙升。

在端游时代,大多数策划被逼入一个死胡同,只有 MMORPG 能够成功,很多休闲类、低 ARPU 类型的游戏因为生存的压力、高用户量的要求根本无法成功。而 MMO 类型已经到了一个极限,无论是玩法、收费模式还是用户体验和操作,都很难再出现革新性的核心玩法,开发商被逼入了拼 IP、拼美术、拼内容深度的怪圈。页游实质上还是在走端游的老路,其核心玩法目前来说只多了 SLG 一个大类,策划依旧难以走出类型相似的思路,最后拼的是数值、ARPU①。

未来短期内的端游和页游市场还将是游戏产业收入的主要来源,游戏厂商进行积极创新,提高制作和运营水平,创造新型赢利方式,收益应该可以稳中有升。

(3)移动游戏领域机遇与挑战并存。在规模达 660 亿美元的视频游戏行业,从老牌游戏公司 EA 到行业新星 Supercell,无不争相开发游戏并尝试用各种方式吸引下一代玩家。这些玩家在移动设备上比在电脑或游戏主机上花的时间更长。移动游戏前景看好,日本移动游戏公司 GungHo 是一个典型的例子,仅凭旗下一款游戏《Puzzle & Dragons》,其股票自 2011 年 10 月以来就上涨了 10 倍,市值直逼任天堂。

但移动游戏领域也浮现隐忧。行业内充满了 OMGPOP② 这样只有一款热门游戏《你画我猜》③的公司,大多数公司成就甚微。甚至 Zynga④ 这样的知名公司也在衰退, 2013 年 6 月份 Zynga 为了节省 8 000 万美元而裁员 18% 并进行重组。最近几年,移动游戏的模式大多是免费提供,然后鼓励玩家进行游戏内购买。例如由 PopCap⑤ 工作室制作,美商艺电(Electronic Arts)发行的著名塔防游戏《植物大战僵尸》是付费游戏,采用“额外加

---

① 许来. 中国游戏出口 35 亿 手游成主力[J/OL]. IT 时代周刊. http://www.ittime.com.cn/index.php? m=content&c=index&a=show&catid=55&id=3331.

② Omgpop 一度举步维艰濒临倒闭,但在推出了一款名为《你画我猜》(Draw Something)的手机游戏后,一炮打红,继而被 Zynga 以 1.8 亿美元收购。当时正值 Zynga 移动游戏业务遭受重创,该公司希望借助《你画我猜》在移动游戏领域有所斩获。根据 Zynga 的一贯风格,“如果你不能打败对手,就买下它”,如果交易不成,只好“复制一款类似的游戏”,这诠释了很多公司的竞争理念。可惜风靡一时的《你画我猜》却不断走下坡路,《你画我猜 2》也没有预期中那么受欢迎,未能给 Zynga 带来预期的收益。目前,Omgpop 已在 Zynga 裁员重组风波中被关闭。

③ 《你画我猜》是一款画图猜单词的小游戏。玩家安装手机客户端后,根据软件提示,以速写的方式画一张图片来描述某个单词,如“猫”、“汽车”等;随后,这幅图片会被发送至另一个玩家,后者将根据图片猜测并拼写单词。如果解答正确,两位玩家均会获得“金币”奖励。

④ Zynga 是一个社交游戏公司,于 2007 年 6 月成立,公司的总部在美国旧金山。Zynga 开发的游戏多半是网页游戏,并发布于 Facebook 以及 MySpace 一类的社交网站,zynga 在 Facebook 游戏前 10 位中占据了 6 位。Zynga 推出的《珍宝岛》(Treasure Isle)、《德州扑克》(Texas Hold'em)、《群殴》(Gang Wars)和《傻瓜大战》(Dope Wars)等游戏均受到大量用户的追捧,Zynga 主要收入来源是通过社交游戏向用户出售虚拟物品赚钱。

⑤ Popcap Games 是世界领先的休闲游戏的开发商和发行商,在 2000 年由 John Vechey, Brian Fiete 和 Jason Kapalka 共同建立,总部位于美国的西雅图。Popcap 第一款游戏是 Bejeweled(宝石迷阵),在 2002 年获得了 CGW Hall of Fame 奖项。该公司已被美国艺电收购。

值模式”。①;而《植物大战僵尸2》就是免费游戏,采用“免费增值模式②”。同属EA出品的竞速游戏《Real Racing》系列,玩家能先免费下载游戏程序,但若欲快速赚取RS币购入高档跑车或改造新配备,玩家就得自行通过刷卡购买虚拟钱币。根据国外网站统计,若《Real Racing 3》玩家想购入所有赛车,至少需花费503.22美元。Zynga的网络游戏也充分完善了这一模式,但一年以来它迅速衰退,这表明吸引新玩家和让玩家付费遇到了困难。

业内高管表示,随着行业的爆发,现在移动游戏玩家面临的选择过于丰富。2007年苹果推出iPhone时,移动游戏开发商屈指可数,而现在有成百上千家。日本网络游戏巨头Nexon公司CFO(首席财政官或财务总监)欧文·马奥尼(Owen Mahoney)认为:“业内一些公司突飞猛进,无须多少资金便可开发一款简单的休闲游戏,而且能迅速获得用户。然而,由于不付费便无法继续过关,用户变得厌烦或愤怒起来。”

为了从众多公司中脱颖而出,大小开发商都在寻求如何建立可持续发展的业务。作为资金最雄厚的竞争者之一,EA开始利用数据分析跟踪玩家的游戏模式和行为。日本游戏巨头DeNA正在试验由员工根据玩家的操作现场调整游戏。加拿大独立工作室Noodlecake效仿航空公司推出客户忠诚度计划,每天为新玩家和忠实玩家提供虚拟货币奖励。其他公司采用季节性优惠、节日主题内容等方式,在关键的假期内提高应用程序下载排行榜上的排名。GungHo则是通过昂贵的电视广告推广自己的品牌。Rovio报告称,该公司现在45%的营业收入来自毛绒玩具、杯子和其他商品。独立开发者道格·史密斯(Doug Smith)说:“人人都想要一本获取用户的秘籍。”但他失望地发现,“新进入者没有庞大的预算越来越难以入行”。

研究机构DFC Intelligence分析师大卫·科尔(David Cole)表示,2013年移动设备和便携设备游戏营收有望增长约38%,达到80亿美元,2018年将达到200亿美元,因此移动开发者不会放弃。

移动游戏营销公司PlayHaven欧洲区总经理维尔·赫雅里(Ville Heijari)表示,游戏发行商正在抢夺具有数据科学和分析技能的人才,专门用来获取用户并分析他们的行为。主管EA各大游戏工作室的弗兰克·吉博(Frank Gibeau)透露,EA已经投资数据分析领域,意图开发一套专有的后台软件,按地区和偏好细分玩家,为开发新游戏提供帮助。吉博称:“移动游戏就算不是行业未来几年的增长驱动力,也绝对是至关重要的。”③

种种迹象表明,移动游戏将取代PC端游戏成为游戏界的主流。不光是中国市场反映了这一信息,国际市场也是一样。2013年6月4日,知名社交游戏公司Zynga就宣布重大改组,计划削减约520名员工,占其员工总数的18%,未来其将关闭包括位于纽约、达尔斯和洛杉矶的多个工作室,集中精力发展该公司的移动游戏业务。而在此之前,这家公司主要的游戏都是在Facebook等社交网络做页游。

有相关行业数据显示,目前游戏市场上网页游戏与手机游戏的平均利润率分别为

---

① 额外加值模式(Premium)意味着玩家仅需一次付费,即可玩遍所有关卡,其中包含更新的下载内容。

② 免费增值模式(Freemium = Free + Premium),即“道具收费”模式。免费增值模式下,玩家同样能免费下载游戏,不花钱玩遍整个游戏,但也可付费进行升级,或购买植物及道具快速破关。

③ 路透社:移动游戏行业困难与机遇并存[N/OL].新浪科技.http://tech.sina.com.cn/i/2013-06-09/22238429952.shtml.

22%与45%,可以看出,手机游戏利润同比网页游戏要高出近80%。

5.1.3 国际游戏市场竞争格局

从国际游戏市场发展来看,其格局呈现如下特征。

5.1.3.1 地区格局

在北美、欧洲和日本,单机游戏(尤其是主机游戏)占据绝大部分游戏市场,中国和韩国的情况则正好相反,网络游戏几乎垄断游戏行业。全球游戏产业竞争力六强为美、日、韩、加、英、中(见图5-8)。而在全球网络游戏行业中,美、中、韩分别占据29%、27%、21%的份额。权威市场调研机构国际数据集团(DFC Intelligence)2010年发表报告预测,随着主机、掌机、PC和在线游戏市场的增长,全球游戏产业产值到2015年将达到700.1亿美元。

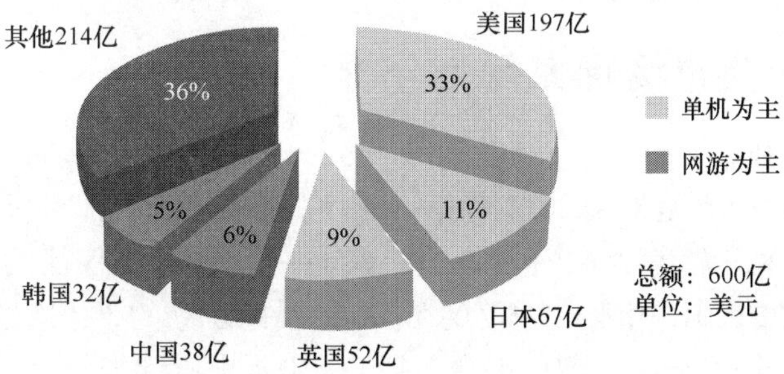

图5-8 2009年全球游戏行业概况

5.1.3.2 市场处于过渡期,各细分市场表现各异

由于年龄、就业情况和收入结构的变化,互联网用户的网上娱乐时间呈现碎片化趋势,导致游戏时间和玩法上更加灵活的网络游戏受玩家日益青睐。因此,一方面,大型多人在线角色扮演类游戏(MMORPG)市场规模增长日趋放缓,抑制了整体网游市场的增长;另一方面,高级休闲游戏、网页游戏和手机游戏市场则进入快速扩张的通道,未来空间巨大。当然这些新兴的细分市场仍处于各自发展周期的早期阶段,对整体网游市场的贡献有限。

5.1.3.3 同业、异业合作逐渐增多,并购成为外围企业进入及原有网络游戏公司扩张的主要途径之一

国际投资公司Digi-Capital发布的《2012年全球游戏产业深度报告》称,2012年国际游戏业的并购交易额高达40亿美元,创历年最高纪录,也较2011年34亿美元的整体交易额增长了18%。与此同时,2012年国际游戏业交易总额下降了27%,且重磅交易减少。报告显示,亚洲市场已成为游戏市场中收购方的最大来源地。2012年,10个最大的游戏交易中有7桩由中国、日本或韩国买家发起。这份报告还预测,到2015年,亚洲和欧洲在网络游戏和移动游戏收入中将占87%的比例,且中国份额会最大,约占32%。该报

告还对各类型游戏进行了统计调查。从并购交易额来看,大型多人在线游戏 2012 年增长了 38%,在各类游戏中位居首位;紧随其后的是移动游戏,占 27%;社交和休闲游戏占 18%;中间件、游戏机和广告则处于落后地位。从交易量来看,移动游戏类排名第一,占 28%;大型多人在线游戏紧随其后,占 20%。从投资领域来看,2012 年全球游戏行业总投资 8.35 亿美元,比 2011 年的 20 亿美元下降 57%。其中,中间件和游戏化的投资交易额占 35%,大型多人在线游戏占 18%,社交、游戏机和广告等类份额较低。社交游戏类别的投资额减少了逾 10 亿美元,这主要是由多数风险投资公司认为社交游戏领域泡沫破裂进而放弃投资所致,但社交博彩游戏除外。意料之中的是,游戏市场竞争将继续朝免费公共游戏及商业模式发展,网络游戏和移动游戏继续保持强劲增长和回报。

Digi - Capital 预计,2016 年由网络游戏和移动游戏带来的收入总额将会达到 830 亿美元,占游戏市场总额的比例将超过 55%。报告发现,2005—2012 年间,游戏并购交易市场和 IPO 市场的投资回报率都高于 600%,尽管 2012 年 IPO 市场表现疲弱,但 Digi - Capital 预计并且相信它会在 2013 年和 2014 年中有所增长①。

5.1.4 国际游戏市场玩家行为分析②

2013 年 5 月,Playnomics③ 公司发布了报告——《Player Engagement Study for Q1 2013》④,这篇报告的重点是根据 2013 年第一季度的数据进行"街机风格游戏"⑤(Arcade Games)与"非街机风格游戏"⑥(Non - arcade Games)玩家行为特征的对比,数据来源是 PlayRM 平台所记录的 2013 年第一季度的 5 000 万活跃玩家的 3 亿次游戏过程和 82.4 亿次游戏事件(In - game Events),硬件平台包括 PC、平板电脑和智能手机,游戏类型包括社交、休闲和移动游戏。

5.1.4.1 2013 年第一季度玩家参与时长研究

报告显示,对于全部的游戏种类,土耳其玩家拥有最高的参与度(Engagement Levels),人均每次游戏时长为 45.9 分钟;日本游戏玩家拥有最多的平均游戏次数,人均游戏次数为 22.5 次。

---

① Digi - Capital. 2012 年全球游戏市场调查报告[R/OL]. 爱范儿. http://www.ifanr.com/news/235594.

② 本部分数据、图表来源均为《社交、休闲及移动游戏玩家参与度报告》. JOYNEWS. http://data.eguan.cn/hudongyule_165342.html.

③ Playnomics 成立于 2009 年(前身为 Turiya Media),致力于社交、移动游戏平台的休闲游戏玩家的游戏及消费行为调研,其数据来源为旗下面向游戏开发商提供的玩家数据管理分析平台 PlayRM,在为开发商提供分析服务及运营建议的同时收集消费者行为数据。Playnomics 未曾公开过游戏开发商合作伙伴的身份(但已经与 Unity 引擎达成公开合作关系),其公司介绍表示:"PlayRM 平台记录着超过 1 亿玩家的行为动态数据,范围遍及全球各大流行网络游戏及知名品牌。"

④ Playnomics. Player Engagement Study for Q1 2013. www.playnomics.com/wp.../Playnomics - Q1 - Engagement - Report.pdf.

⑤ Playnomics 对"街机风格游戏"的定义是:游戏设计的目的是为玩家提供短期的、即刻的娱乐(short - term and immediate entertainment),玩家的单次游戏时长为半小时或更短,在首次进行游戏之后,只有少数玩家会回归游戏之中。因此,"街机风格游戏的本质属于休闲类"。

⑥ 与"街机风格游戏"相对,"非街机风格游戏"的定义是:以更长时间的游戏体验为设计目的,通常以关卡、战役(Campaigns)和可收集要素为特征。

街机风格游戏玩家的平均游戏次数为 1.4 次，单次游戏时长为 16.7 分钟；非街机风格游戏玩家的平均游戏次数为 17.9 次，单次游戏时长为 28.8 分钟，意味着非街机风格游戏能够带来更高的参与度和更高的留存率（Retention Rates）。

非街机风格游戏的平均每名玩家的单次游戏时长在 2013 年第一季度增长了 13 倍。每名玩家平均首次游戏时长与平均总体游戏时长的比例也大约是 1:13。

消费最高的 1% 玩家贡献了产品赢利总额的 32.68%，其余 99% 的付费玩家为游戏提供了 67.32% 的收入。

非街机风格游戏所创造的用户终身价值（Lifetime Value，LTV）符合幂次定律分布（Power Law Distribution，这里所提到的幂次定律主要是指那条标志性的长尾曲线，见图 5 –9），极少数大户（Whales Account）提供了绝大部分的游戏消费。

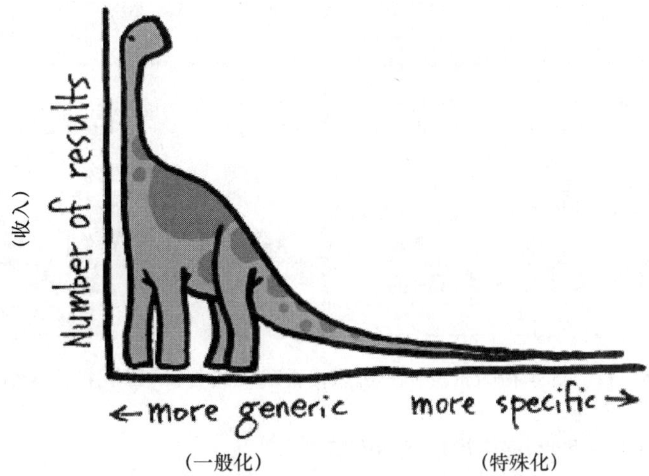

图 5 –9　游戏领域的幂次定律长尾曲线

幂次定律分布的长尾曲线在不同的领域有着不同的意义，在本报告中意味着极少数玩家创造绝大多数消费。

在 2013 年第一季度前两周内接触非街机风格游戏的新玩家群体中，共有 0.77% 进行了付费，总消费额约为 60 万美元。

2013 年第一季度，玩家消耗在街机及非街机风格游戏中的平均单次游戏时长为26.7 分钟，平均游戏次数为 5.9 次，人均总游戏时长为 157.6 分钟，见图 5 –10。

图 5 –10　街机及非街机风格游戏参与度统计（2013 年第一季度）

图 5 –11 显示，对于街机风格游戏：玩家在首日平均单次游戏时长为 15.5 分钟，平均游戏次数为 1.1 次，人均总游戏时长为 16.8 分钟；玩家在首季度平均单次游戏时长为

16.7 分钟，平均游戏次数 1.4 次，人均总游戏时长为 23.9 分钟。

对于非街机风格游戏：玩家在首日平均单次游戏时长为 26.3 分钟，平均游戏次数为 1.4 次，人均总游戏时长为 36 分钟；玩家在首季度平均单次游戏时长为 28.8 分钟，平均游戏次数 17.9 次，人均总游戏时长为 517.9 分钟。

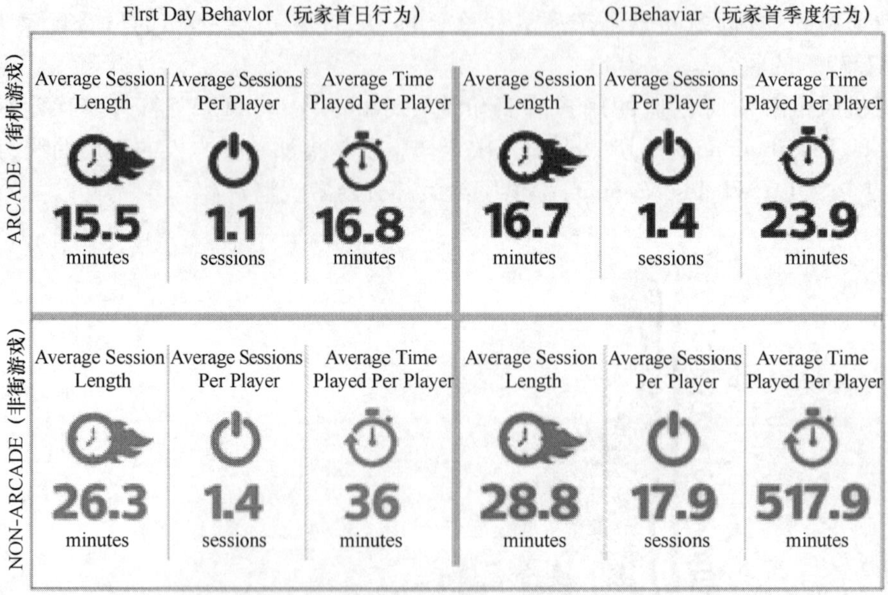

图 5-11　玩家在街机及非街机风格游戏中的首日/首季度行为统计

5.1.4.2　2013 年第一季度玩家消费行为研究

基于对 2013 年第一季度的 5 000 万活跃用户的行为记录，Playnomics 公布了该季度前两周内首次接触非街机风格游戏的 170 万名玩家的消费数据，这部分玩家在整个季度内共有 13 454 人进行了消费，比例约占 0.77%，图 5-12 所示是这部分玩家在首季度提供的整体价值（该部分 LTV 统计仅限于首季度，部分玩家可能会在首季度结束之后付费，已付费玩家也可能会在首季度结束之后继续付费）。

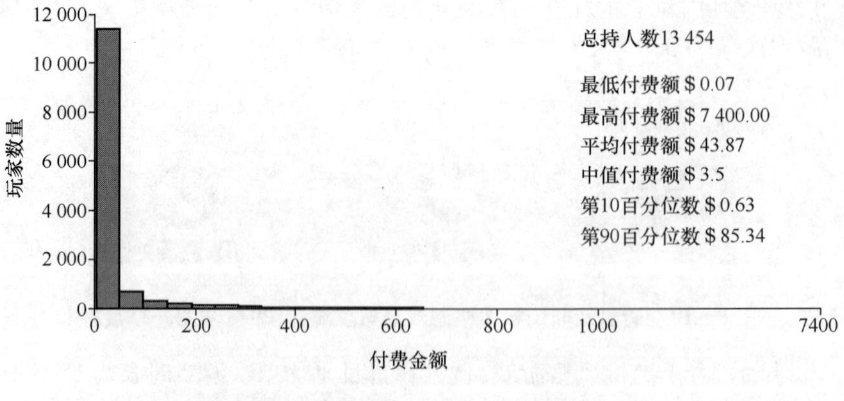

图 5-12　首次接触非街机风格游戏玩家 LTV 统计 2013 年第一季度

图 5-12 显示:总付费人数为 13 454,最低付费额为 0.07 美元,最高付费额为 7 400 美元,平均付费额为 43.87 美元,付费中值(median)为 3.5 美元,第 10 百分位数(10th Percentile)是 0.63 美元(意味着如果玩家消费 0.63 美元,即多于 10% 的玩家的消费额),第 90 百分位数(90th Percentile)是 85.34 美元(意味着如果玩家消费 85.34 美元,即多于 90% 的玩家的消费额)。

LTV 分布的集中趋向不仅仅适用于 13 454 位付费玩家,还同样适用于占总比例 1% 的付费额最高的玩家。

图 5-13 所示为付费排行前 1% 玩家的总消费数据,纵横坐标与图 5-13 相同。

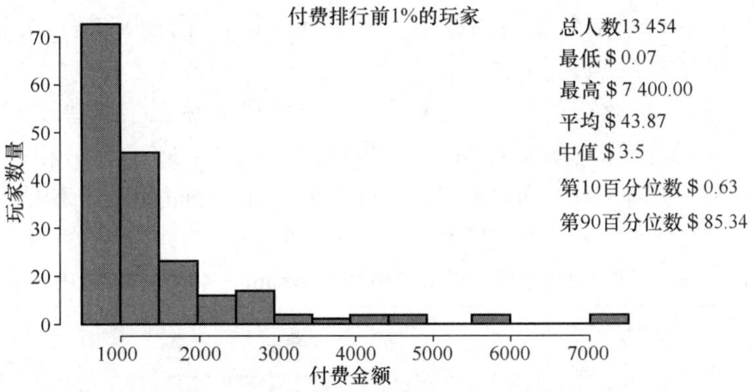

图 5-13 付费排行 1% 玩家 LTV 统计

图 5-13 显示,付费排行前 1% 玩家的总人数为 134,最低付费额为 692 美元,最高付费额为 7 400 美元,平均付费额为 1 439.36 美元,付费中值为 1 047.45 美元,第 10 百分位数为 740.58 美元,第 90 百分位数为 2 588.00 美元。

图 5-12 与图 5-13 的内容显示,在长时间内,LTV 的集中趋向非常符合幂次定律分布(也被称为 80/20 法则,如"20% 的原因造成 80% 的结果"或"20% 的人占有 80% 的财富"之类),Playnomics 原本期待约 20% 的用户产生总 LTV 的 80%。13 454 位付费玩家在 2013 年第一季度总付费额为 590 239.48 美元。

其中:

- 付费排行前 1% 玩家的总消费为 192 874.28 美元,占整体的 32.68%。
- 付费排行前 20% 玩家的总消费为 534 148.89 美元,占整体的 90.50%。
- 付费排行前 50% 玩家的总消费为 580 990.68 美元,占整体的 98.43%。
- 付费排行前 60% 玩家的总消费为 584 897.11 美元,占整体的 99.09%。
- 数据内容显示:付费排行前 20% 的玩家的总消费占了 2013 年第一季度整体消费额的 90%。

在介绍接下来的内容之前,需要先介绍 Playnomics 引入的标准:参与分数(Engagement Scores)系统。Playnomics 通过三个评分指标(注意力分数、忠诚度分数、热情度分数)衡量玩家对一款游戏的参与程度,分值范围为 0~100。所获数字均来自于 Playnomics 通过自己的 PlayRM 工具所收集到的数据表示如下:

参与分数总评(Total Engagement Score):总评是基于下列三个分数(注意力,忠诚度和热情度）综合考量所得出的分数。

注意力分数（Attention Score）：该分数所测量的是玩家当前对游戏的参与程度，主要评分标准是玩家消耗在游戏中的时间和进行游戏的次数。当前和近期的活跃玩家数量与该分数成正比。

忠诚度分数（Loyalty Score）：该分数所测量的是玩家参与游戏的频繁和规律程度，取决于有意义的回归模式以及对游戏的整体投入程度。在长时间内坚持回归游戏的玩家数量与该分数成正比。

热情度分数（Intensity Score）：该分数所测量的是玩家在近期与游戏的互动过程的品质和深度。玩家在单次游戏进程中对游戏操作的次数与该分数成正比。

基于这一标准和第一季度收集的数据，Playnomics 制作了三张图表，文字描述仅提及表格中的粗体标记及排名领先部分。

对街机/非街机风格游戏整体而言：土耳其是全世界最热衷于这些游戏的国家，绝大多数分数皆位于前列，土耳其玩家在对游戏的忠诚度方面略逊于英国和丹麦，但在平均单次游戏时长（45.9 分钟）和人均总游戏时长（705 分钟）方面远胜于其他国家。日本的人均游戏次数最多（22.5），英国次之（22.2）。见表 5－5。

表 5－5　街机/非街机风格游戏整体的 Playnomics 参与分数系统排名

排名	国家	平均参与度分数	平均注意力分数	平均忠诚度分数	平均热情度分数	人均游戏次数	平均单次游戏时长	人均总游戏时长
1	土耳其	49	47.6	32.6	73.7	15.4	45.9	705
2	英国	48.3	46.3	38	68.1	22.2	21.2	470.4
3	丹麦	46.2	42.9	35.4	67.2	20.9	21.2	422.8
4	马其顿	46.1	43.1	30.1	72.3	14.2	34.2	486
5	冰岛	43.3	39.7	30	66.8	16.2	21	341.4
6	爱尔兰	42.1	39.1	30.1	62.6	15.1	20.9	316.8
7	挪威	41.8	39.5	29	62.6	18.1	27.6	499.2
8	阿尔巴尼亚	41.8	37.3	25.2	68	11.4	36.9	418.8
9	加拿大	41.1	38.7	30	60.2	16.5	19.9	328.2
10	黑山共和国	40.9	37.2	25.6	65.5	11.9	34.5	411
19	法国	40.2	37.6	26.8	63	13.1	23.3	305.4
20	日本	39.8	37.9	29.7	58.6	22.5	30.4	—

对街机风格游戏而言，南美洲国家普遍热衷于此类游戏，参与分数总评排名前五的国家中有四个位于南美（智利、哥伦比亚、巴西、阿根廷），阿尔巴尼亚排名第四。但在该部分排名第 124 的澳大利亚拥有最高的平均单次游戏时长（27.4 分钟）和最高的人均总游戏时长（37.8 分钟），排名第 175 的俄罗斯对此类游戏拥有最高的忠诚度分数和最多的人均游戏次数（2.1）；但对游戏本身的设计思路而言，街机风格游戏在各方面参数皆逊于非街机风格游戏，其休闲的本质及“短平快”的特性注定能够吸引更多玩家，但留存更少，同时也导致计算得出的平均值更低。见表 5－6。

表 5－6　街机风格游戏整体的 Playnomics 参与分数系统排名

排名	国家	平均参与度分数	平均注意力分数	平均忠诚度分数	平均热情度分数	人均游戏次数	平均单次游戏时长	人均总游戏时长
1	智利	32.8	21.2	11.3	66.7	1.3	16.1	20.4
2	哥伦比亚	32.2	21	10.9	65.2	1.2	14.5	17.4
3	巴西	31.1	22.8	11.5	59.9	1.3	16.9	22.2
4	阿尔巴尼亚	31.1	21.6	11.4	61.1	1.3	16.4	21
5	阿根廷	30.9	22.2	11.3	60.2	1.3	17.7	22.8
6	突尼斯	30.9	21.5	11.6	60.7	1.4	14.7	19.8
7	菲律宾	30.3	24.8	11.7	55.5	1.3	22.3	29.4
8	约旦	30.2	21.9	11.4	58.2	1.3	15.9	20.4
9	墨西哥	30.2	20.4	11.3	59.8	1.3	13.9	18
10	南非	30.2	23.8	11.8	56.1	1.4	20.4	28.8
22	土耳其	29.8	18.7	11.3	59.9	1.3	10.3	13.2
49	意大利	28.2	21.6	11.7	52.3	1.4	15.8	21.6
63	法国	27.9	20.1	12.3	50.2	1.6	16.8	27
90	英国	26.9	20.9	11.5	49.1	1.3	19.1	25.2
116	美国	26	21.7	11.8	46.1	1.5	21.8	31.8
124	澳大利亚	25.8	23.3	11.7	43.7	1.4	27.4	37.8
125	加拿大	25.8	22.2	11.5	44.5	1.4	23.2	33
175	俄罗斯	20.5	21.6	12.4	28.7	2.1	16.8	31.8

对于非街机风格游戏而言，我国香港地区市场对此类游戏的爱好最为突出，几乎所有数据都保持遥遥领先，特别是人均游戏次数(48.9)和人均总游戏时长(1171.2 分钟)，唯一的例外是平均单次游戏时长的冠军由土耳其(46.3 分钟)取得。见表 5－7。

表 5－7　非街机风格游戏整体的 Playnomics 参与分数系统

排名	国家/地区	平均参与度分数	平均注意力分数	平均忠诚度分数	平均热情度分数	人均游戏次数	平均单次游戏时长	人均总游戏时长
1	香港	56.8	52.7	53.8	78.2	48.9	23.9	1171.2
2	加拿大	54.2	52.6	45.4	73.2	29.4	19.7	579
3	澳门	52.8	48.3	48.5	74.2	38.5	23.2	894.6
4	土耳其	52	52.1	35	75.9	17.6	46.3	813
5	英国	51.7	50.3	42.2	71.1	25.5	21.2	540.6
6	美国	51.6	50.7	41.9	71.9	28.9	21.8	629.4
7	丹麦	50.7	48	41.1	71.4	25.5	21.2	539.4
8	马其顿	50.7	48.8	35	76.6	17.7	34.6	613.8
9	日本	50.6	48.2	41.4	72.5	36.5	30.7	—
10	韩国	49.2	46.3	39.4	72.1	34.4	29.5	—

5.2 国际游戏市场国别比较

5.2.1 美国游戏市场

5.2.1.1 美国游戏市场概况

美国在全球游戏市场一直扮演着重要的角色。例如,能在电视游戏市场上同日本任天堂和索尼进行游戏主机大战的就只有美国微软。美国有众多游戏开发公司,其中享誉世界的有EA、动视暴雪、微软等。美国在游戏载体和操作方式上的不断创新、在游戏产品营销模式上的不断变革、美国政府和民众对游戏相对宽容的态度使美国游戏产业日益成为推动美国经济发展的一个新的增长点。美国游戏产业主要实行行业自律管理。在游戏的生产和销售两个方面都分别有着各自的行业组织。如,"娱乐软件联合会"(Entertain ment Software Association,简称ESA)、"娱乐软件评级委员会"(Entertainment Software Rating Board,简称ESRB)、"互动娱乐经销商联合会"(Interactive Entertainment Mer - chants Association,简称IEMA)、"国际游戏开发者联合会"(International Game Developers Association,简称IG DA)等。根据2010年美国娱乐软件协会(ESA)关于《21世纪的视频游戏》的报告,在游戏软件行业直接和间接的就业人员已超过12万人;2005—2009年间,在电脑和电视游戏软件出版行业的就业人数每年以8.65%的增长率上升;2010年电脑和电视游戏软件产业给国内生产总值(GDP)49亿美元增值;2005—2008年间,电脑和电视游戏产业的年增长率为16.7%,而同期美国经济总增长率仅为2.8%。可见,美国游戏产业已经成为推动美国经济发展的一个新的增长点[①]。根据市场调研机构NPD[②]最近公布的数据,美国人2012年在电子游戏上的消费达到了148亿美元,它已经比2011年低了9%。

NPD总结的《2012年美国游戏市场报告》中显示,2012年,美国实体游戏销售总额为88.8亿美元,其中70.9亿为新游戏购买,17.9亿是旧游戏租赁和购买。而2011年,美国实体游戏销售总额为112.5亿美元。美国实体游戏销售额大幅度缩水的原因为实体盒装游戏销量大幅下降,且下降幅度达到21%。在实体游戏市场加速衰退的同时,数字版游戏消费为59.2亿美元,高于2011年的50.9亿美元。NPD统计的美国数字、实体游戏百分比(2009—2011)见图5-14。

NPD在2012年9月公布,当时美国游戏人口约为2 115万,较2011年同期减少5个百分点。其中,玩家的分类也发生了转移,手机玩家数量首次超过核心玩家数量。这反映了美国游戏市场玩家构成的变化:重度玩家在减少,轻度玩家在增加,手机娱乐成趋势[③]。

---

① 梁维科.试论美国游戏产业发展对我国的启示.黑河学刊.2011(09).

② The NPD Group,Inc. (formerly National Purchase Diary) is a leading global market research company founded in 1967 and provides consumer and retail information to manufacturers and retailers.

③ 美国2012全年游戏相关消费148亿手机玩家成最大头[OL].游迅网. http://www.yxdown.com/news/201302/83859.html.

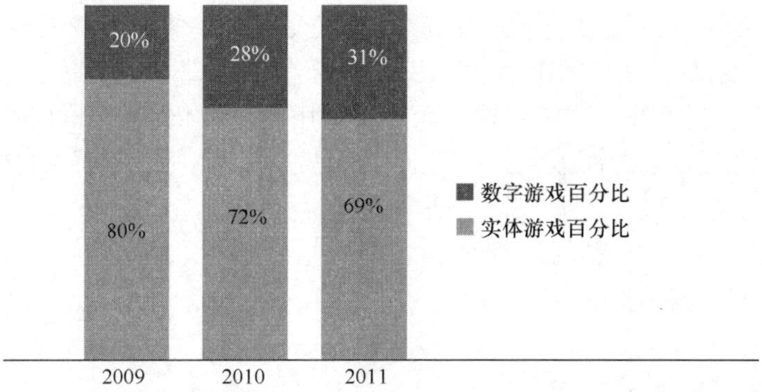

图5-14 美国数字、实体游戏百分比[①]

资料来源:The NPD Group/Games Market Dynamics:U. S

中国版协游戏工委(GPC)、国际数据公司(IDC)、中新游戏(伽马新媒CNG)发布的《2012年中国游戏产业海外市场报告》(摘要版)数据显示:从全球市场占有率来看,美国仍旧是全球最大的游戏市场,占据约26%的市场份额(Digi-Capital的调查数据)。其中,网络游戏市场呈现上升趋势,2012年收入达到了29亿美元。在网络游戏中,采用免费运营模式的网络游戏产品总销售收入占了美国网络游戏市场销售总收入的50%,而2010年这笔收入只占销售总额的39%。

根据调查,在2012年美国1.57亿的游戏用户中,有8 600万用户在不同的游戏中进行过消费。而这一数字相比2011年上涨了33%,相比之下在欧洲,涨幅仅为17%。

2012年,美国用户玩游戏的时间也有较大幅度增加,相比2011年上涨26%,美国全部游戏用户每天花费在所有类型游戏中的时间总共为2.71亿小时。其中,用户花费在主机游戏上的时间为6 233万小时、网络游戏为2 710万小时、移动设备游戏和社交游戏均为4 336万小时、休闲页游(以下简称"页游")为4 878万小时、PC/Mac单机游戏为4 607万小时。其中,页游在美国的增长率较为明显。有数据显示,美用户每天花4 878万小时玩页游,占到全部游戏耗时的18%,远超网络游戏耗时。美国拥有4970万网络游戏用户,其中付费用户比例占46%,共有2 303万。由于家用游戏主机(Console)及掌机(Handheld)的传统积淀,有81%的网络游戏付费用户同时也是掌机或主机游戏的消费者。2012年,在美国的4 970万网络游戏用户中,共有2 300万用户为月付费(Subscription)或微支付(Microtransaction)用户,较2011年增长了3%,年内人均消费总量为127美元。总体来看,美国用户单付费用户平均收入(ARPU)较以往有所下降,以2012年5月的统计为例,单款游戏的单付费用户平均收入(ARPU)为17美元,相比2011年10月的27美元降幅显著。很多用户同时为多款游戏付费,尽管付费更为频繁,但游戏产品基数也在同步增加,平均到每款游戏上的收入因此而减少。

美国同样也是休闲及社交游戏的最大市场,热衷于此类游戏的用户约有1.3亿,但

① http://www.citealike.org/user/tnhh/article/11727180/.

付费用户比例仅有23%。社交游戏的崛起令传统网页休闲游戏的商业模式发生了巨大转型，休闲游戏由之前完全依赖广告点击的赢利模式变成直接面向消费者的业务，得益于免费运营模式的普及，尽管昔日迅速崛起的社交游戏行业巨头Zynga于近年迅速衰落，但更多新兴的社交游戏企业填补了这一空缺。社交游戏用户总数仍在上升，但如何留住更多用户、如何将用户数量更有效率地转化为产品收入，是这一行业所需要面对的严峻问题①。

NPD统计的美国2012年游戏销量前10位是：

第一名，《使命召唤9：黑色行动2》。

第二名，《疯狂橄榄球13》。

第三名，《光晕4》。

第四名，《刺客信条3》。

第五名，《舞力全开4》。

第六名，《NBA 2K13》。

第七名，《无主之地2》。

第八名，《使命召唤8：现代战争3》。

第九名，《乐高蝙蝠侠2》。

第十名，《FIFA 13》。

5.2.1.2 美国游戏市场特点

美国之所以称得上世界第一大游戏市场，有以下自身特点。

(1)美国游戏业所建立的是以开发商为核心的商业链条。发行是美国游戏产业链的核心环节，风险很大，相应利润也很高。发行商在投资开发时通常采用版税金预付的方式，投资后发行商获得对该项目的一定的控制权，资金并非一次到位，而是安排专门的项目经理监控游戏的开发进度，根据进度注入资金，如果开发状况与预期偏差太大，发行商可以要求返工或终止投资。母盘制作完成、开发工作结束后，发行商通常还要承担本土化、生产、市场推广、公关、分销等后续工作。跨媒体评分网站Metacritic根据2012，年业界各大小游戏发行商的年度整体平均游戏表现，发布了一份绩效排名，其中，EA排名第一，微软第二，索尼第三，华纳兄弟第六，动视暴居于第十位②。

发行商支付给开发商的版税率通常在15%~25%之间，低可至10%，高可达45%，这一比率通常以产品的净营业额为基础。版税率的高低一般受到发行商的投资额度、产品潜在销量、知识产权归属等因素的影响。通过版税金预付的方式，开发商降低了风险，但回报也相应变小。这种商业模式使得众多开发企业甚至小的开发团队没有经营方面的后顾之忧，有助于规避不必要的风险，令其能够将全部精力投入游戏开发这一最重要的任务上。而发行商在承担巨大风险的同时，也能够享受到少数极为成功的产品所带来的巨大收益，使产业良性循环下去③。

在次时代的游戏机，游戏预算通常需要1 500万~2 000万美元。例如，美国动视的

---

① 中国版协游戏工委(GPC)、国际数据公司(IDC)、中新游戏(伽马新媒CNG).2012年中国游戏产业海外市场报告(摘要版)[R/OL].http://wenku.baidu.com/view/fd5a59176bd97f192279e95a.html.

② 游戏发行商总排名！EA居榜首[OL].游侠网.http://www.ali213.net/news/html/2013-2/66717.html.

③ 美国、日本、韩国游戏产业状况简述[OL].百度文库.http://wenku.baidu.com/view/b4e7eec7aa00b52acfc7ca2c.html.

《蜘蛛侠3》,开发成本为3 500万美元,不计算交易和销售的成本①。每个游戏的投资就像一个未知的赌博,并且取得成功的压力很大。

(2)市场容量大。美国是世界上最大的消费品市场。第一是因为美国人人均年收入高,消费能力强。第二是美国人消费意识强,不但储蓄较少,而且喜欢超前消费,许多人都拥有多张信用卡。第三是美国人对消费品的更新快,很多日用品使用都不超过一年,他们往往不是因为旧的坏了而买新的,而是因为"喜新厌旧",遇到新鲜时髦的商品或节假日商品打折都会引起他们的购买意愿②。

根据分析公司Nielsen的2011年的调查,56%的美国家庭拥有一台第七代(当前世代)的游戏主机,其中65%的人将它们放在客厅(如果单独统计Wii主机的数据的话,该数值高达75%)。放在卧室的则占13%。高达45%的游戏主机都连接到了互联网,被作为家庭娱乐中心使用,家用机的网络流媒体业务较2010年出现了明显业绩增长。此外,2012年人们花在游戏上的时间也越来越多,2011年比2010年同期增长了7%,平板和手机迅猛发展,但是Wii主机下降了22%。Nielsen调查指出,这种上涨是通过增加接触面体现的,一半以上的玩家都接触过多个游戏设备。这家研究公司的报告中还体现,游戏开销和2010年比起来基本持平,但是其中各平台的份额发生了变化。XBOX360的份额增加了10%,同时其数字业务增加了8%,而Wii则下降了10%,游戏和二手游戏的成交量下降了8%。Nielsen指出,6~12岁的所有孩子中,一半的人有NDS游戏,39%的美国家庭有一台iOS设备,66%的家庭的孩子有一台游戏掌机或iOS设备。Android游戏在25~34岁的人群中很受欢迎,但是iPhone游戏的受欢迎范围则扩大到全年龄段③。

(3)市场法规健全、行业协会左右市场。美国的市场经济比较成熟,政府对企业的经营范围与经营方式限制较少,但对各行各业产品进出口以及批发、零售均有极为详尽的法规与执照要求,尤其在商标、环保、安全、税务、劳工方面,执法十分严厉。

此外,美国各行各业都有协会,美国的行业协会作用相当大,甚至可以左右政府决策与市场。为维护本行业利益,他们游说政府制定有利的政策、为行业发展举办各类研讨会、进行行业统计、发布行业报告、为开拓市场组织展览、出版杂志以及向会员提供市场资讯。美国一些行业性法规也往往都是由这些协会提出与起草的④。

例如,美国的娱乐软件协会(ESA)2008年在影响游戏行业政策上的直接花销超过了360万美元,主要精力都用于处理与版权、游戏分级和言论自由方面的事宜。ESA将"媒体暴力、维护'第一修正案'、娱乐行业分级、父母控制技术、内容/游戏销售控制及零售商强制分级等"列为该年度的工作重点⑤。

(4)市场销售季节性强。美国消费品市场对各种商品的需求均有较强的季节性,通常分春季(1-5月)、夏季(7-9月)和节日季(11-12月)。每个季节都有商品换季的销

---

① Activision exec prices PS3 games. dGamespot. http://www. gamespot. com/news/activision - exec - prices - ps3 - games - 6157548

② 美国市场的五大特点. 百度文库. http://wenku. baidu. com/view/51731af34693daef5ef73ddf. html

③ 2011年美国游戏娱乐设备占有率调查分析报告[R/OL]. 电玩巴士. http://wii. tgbus. com/news/Pnews/201202/20120208153857. shtml.

④ 美国市场的五大特点[OL]. 百度文库. http://wenku. baidu. com/view/51731af34693daef5ef73ddf. html.

⑤ 美国娱乐软件协会为政府公关年花费360万元[OL]. 新浪. http://newgame. duowan. com/0902/97410030232. html.

售高潮，如感恩节（11 月底）开始便是美国人冬季节日购物的季节，特别是圣诞节，是美国商品全年销售旺季，通常要占全年销售额的 1/3①。

因此，大多数的游戏主机和游戏大作都会选择在 11 月左右的时间推出。而对有些需要在全球统一时间发行的产品，本可以在 6 月、7 月间发行的，公司都会推迟产品的发行期，以迁就美国市场的这个销售特点。

5.2.1.3 代表性企业

（1）动视暴雪公司。动视暴雪（Activision Blizzard，简称 AB）是一家由法国维旺迪②集团控股的美国电子游戏开发和发行商，是全球最大的游戏开发和发行商，世界第一个第三方游戏发行商。动视暴雪由美国动视和维旺迪游戏部门暴雪娱乐于 2007 年 12 月 2 日合并，并于 2008 年 7 月 9 日完成，总资金运转约为 189 亿美元③。

大家耳熟能详的暴雪，全名暴雪娱乐，前身是"硅与神经键"，1993 年更名为 Chaos，后因商标权问题改为 Blizzard，也就是我们熟知的《魔兽争霸》《魔兽世界》《暗黑破坏神》等的发行商。

动视，在与暴雪合并前是全球第二大游戏开发发行商，开发了《使命召唤》系列、《吉他英雄》及《毁灭战士》系列游戏，与暴雪合并后被称为动视暴雪，虽然二者资产合并，但业务发展实则分开进行。如图 5－15 所示。

图 5－15　动视暴雪组成直观图

① 美国市场的五大特点[OL]. 百度文库. http://wenku.baidu.com/view/51731af34693daef5ef73ddf.html.

② 维旺迪是法国一家巨型媒体跨国集团，业务范围包括音乐、电视、电影、出版、电信、互联网和电子游戏等行业。维旺迪 1999 年收购暴雪娱乐，2007 年通过收购股份的方式控股美国游戏发行商动视 Activision，将暴雪娱乐和动视合并，更名为动视暴雪 Activision Blizzard。2013 年又将动视暴雪售出。

③ 动视暴雪[OL]. 百度百科. http://baike.baidu.com/view/2380673.htm.

按照市值来看，动视暴雪 2012 年居于全球游戏公司市值第五位，前四位分别为苹果、微软、腾讯、索尼。

2013 年 7 月 26 日，美国最大的游戏视频发行商动视暴雪宣布，投入总价近 82 亿美元，重新成为一家独立游戏公司。法国娱乐集团维旺迪达之前一直持有动视暴雪 61% 的股份，并在之前多次寻求出售，但没有找到合适的买家。

动视暴雪以 58.3 亿美元自行回购近 4.3 亿股股份，同时由动视暴雪总裁 Bobby Kotick 与副主席 Brian Kelly 领导的 ASAS II LP 投资集团以 23.4 亿美元从威望迪购得动视暴雪 1.72 亿股股份，现占后者 24.9% 的股份。交易完成后，维旺迪仅持有动视暴雪 12% 的股份，该集团将直接退出动视暴雪董事会。值得注意的是，腾讯作为 ASAC II LP 投资集团的成员之一，也间接参与了此次股份收购①。

(2)EA 公司。美国艺电(Electronic Arts，简称 EA)，是全球著名的互动娱乐软件公司，主要经营各种电子游戏的开发、出版以及销售业务。美国 EA 公司成立于 1982 年，是现今全球最大的互动娱乐软件独立开发商和发行公司。EA 公司拥有 EA Sports、EA Games 和 EA. Com 三个世界性品牌，旗下 EA Sport 是知名专业游戏公司、运动系列电脑和电视游戏以及娱乐软件开发商和发行商。EA 总部设在加州雷德伍德市。EA 的产品范围广泛，包括个人计算机游戏 Personal Computer、Sony Play Station 1 2 & 3 、Xbox & Xbox360 电视游戏软件、任天堂 Wii、GameCube、Game Boy Advance 游戏软件等②。2011—2012 财年(2011 年 4 月 1 日—2012 年 3 月 31 日)EA 游戏的财报显示，公司收入 41.4 亿美元，成功扭亏为赢，赢利 7 600 万美元③。如图 5 – 16 所示。

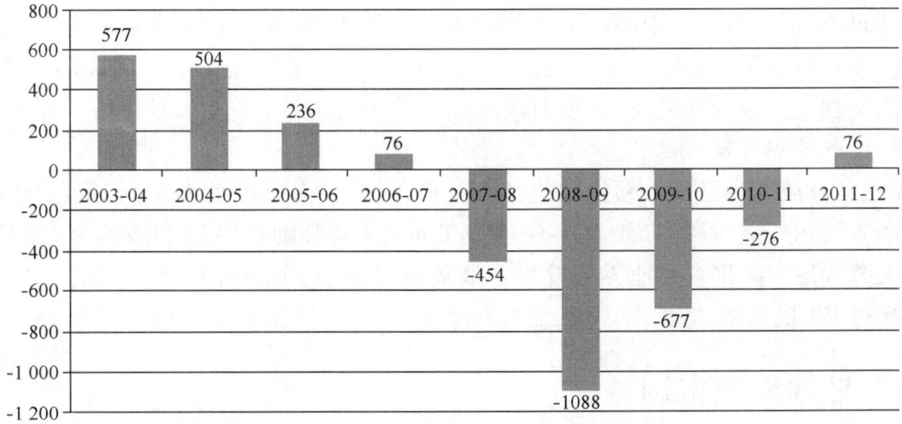

图 5 – 16 EA 公司近年来赢利情况

2006 年，EA 公司落户上海张江高科技园区，成立艺电计算机软件(上海)有限公司，

---

① 动视暴雪斥资 81.7 亿美元脱离维旺迪重新独立[OL]. 网易游戏. http://game.163.com/13/0726/15/94NHT25G00314K8I.html.

② EA. 百度百科. http://baike.baidu.com/subview/8588/7747431.htm? fromId = 8588&from = rdtself.

③ 2011—2012 财年财报游戏行业龙头 EA 扭亏为盈《叛逆连队 2》卖 1 300 万《战地 3》破 1 500 万. 零 zXr0. http://hi.baidu.com/dicezxr0/item/4667454bfb33460ec11613db.

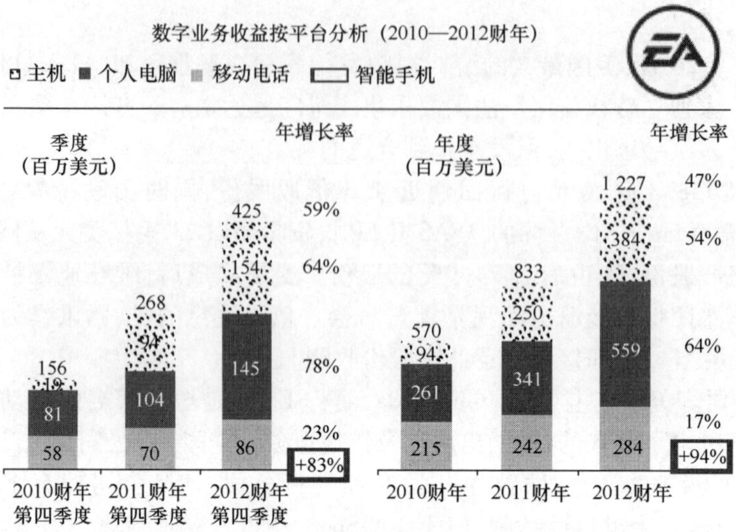

图5-17 EA历年数字发行业务的各平台发展情况[①]

进军潜力巨大的中国游戏市场。艺电计算机软件（上海）有限公司的成立，表明EA已正式启动在华业务拓展计划，以期在国内游戏市场大展宏图，并将中国市场打造成EA全球业务不可或缺的重要组成部分。EA全球发行业务高级副总裁、EA中国执行总裁韩力克（Erick Hachenburg）表示："中国游戏市场拥有无可匹敌的勃勃生机和无限潜力，正日渐向全球网络游戏的领军地位迈进。我们计划通过投资建立游戏制作室，引进EA在全球的成功经验和世界级的顶尖技术，吸引国内优秀的创意人才，通过众多的培训课程，精心培养新一代的游戏开发人员。"[②]

EA在国际游艺界已确立领先地位，旗下《FIFA》《NBA》《极品飞车》《模拟人生》《老虎伍兹职业高尔夫巡回赛(Tiger Woods PGA Tour)》《荣誉勋章》《哈利波特》等系列游戏备受广大游戏用户的推崇和业界的首肯。最新资料显示，平均每4个中国玩家中就有3个曾经玩过EA的游戏。

5.2.2 日本游戏市场

5.2.2.1 日本游戏市场概况

日本一度是世界游戏产业的霸主。从20世纪60年代初的街机，到六七十年代的家用游戏机，再到八九十年代的掌上游戏机，日本经过30多年的耕耘，终于把电子游戏产

① 图5-16，图5-17出自《2011—2012财年财报游戏行业龙头EA扭亏为盈 叛逆连队2卖1300万战地3破1500万》。零zXr0. http://hi.baidu.com/dicezxr0/item/4667454bfb33460ec11613db.

② 美国EA公司抢滩中国游戏市场 成立艺电上海公司[OL]. 天极网. http://biz.163.com/06/0205/11/296OCC1I00021GLM.html.

业培育成第一时尚娱乐产业，垄断全球业界长达十余年。对于日本来说，电子游戏产业已是国家经济的重要支柱之一，在国民生产总值(GNP)中占有1/5的举足轻重的地位。日本游戏业在最辉煌的1998年，曾经占领全球电子游戏市场硬件90%以上，软件50%以上，主导着世界游戏市场的潮流。在1998年，日本最著名的游戏公司任天堂曾占据美国游戏市场25%的份额，在世界前十位游戏生产商中销售额排在第五位[①]。但是近年来，随着网络游戏产业的风生水起，电视游戏与掌机游戏市场逐渐萎缩，日本的游戏产业也开始走向没落。2002年日本的游戏产业占世界游戏市场50%的份额，而现在这个数字已经跌落到了10%。根据日本FAMI通杂志出版商和游戏市场调研机构Enterbrain每年发布的报告，日本传统电子游戏市场规模已连续萎缩5年(2007—2011年)[②]。与此同时，另一家调研机构Yano的报告显示，日本社交游戏市场自2009年至今一直在迅速增长。

日本的游戏市场是一个比较复杂的市场，家庭游戏占据主导。随着近年来的发展，网络游戏市场(PC端、Web端、移动端)在日本市场上的需求已经变得非常大。但是基于日本老龄化的社会问题，整个人口基数是在越变越小的。从目前看，日本游戏市场主流的游戏机有PS3、Wii和PSV、3DS等掌上游戏机。日本最有代表性的游戏作品有《勇者斗恶龙》《最终幻想》《塞尔达传说》《超级玛丽》《口袋妖怪》等系列。

据Enterbrain公司的数据，2011年内日本游戏硬件和软件市场规模为4 543.8亿日元(约合人民币373亿元左右)，约为2010年的92%左右。硬件市场方面，2011年的内规模为1 797.4亿日元(约合人民币147亿元左右)，是2010年的102.4%，主要原因是任天堂（微博）新掌机3DS和索尼新掌机PS Vita的发售。游戏市场方面，由于缺少像2010年发售的《口袋妖怪 黑/白》和《怪物猎人P3》这样的大作，2011年规模只达到2010年的86.3%，为2 746.4亿日元(约合人民币225亿元左右)[③]。

Enterbrain发布的2012财年(截至2013年3月31日)日本电子游戏市场调研报告显示，日本电子游戏市场在2012财年中实现了小幅度增长，总额为46亿美元，其中软件销售额增长幅度同为1.2%，总额为28亿美元，硬件销售额增长幅度略高，为5%，总额为18亿美元，任天堂新主机Wii U的发售、新版3DS的上市和索尼为旗下主机和掌机降价促销的举措推动了硬件市场的增长。增长幅度虽然看上去并不理想，但这是日本电子游戏市场在持续5年的萎缩中(2007—2011年)迎来的首次反弹。

如今日本的传统电子游戏市场与新兴的社交游戏市场规模已经非常接近，根据日本矢野经济研究所日前发布的日本社交游戏市场2009—2013年的统计数据，2012年日本社交游戏市场规模为43.3亿美元。而2013年行业收入规模预计将达到48亿美元，日本社交游戏将快速转向智能机平台，行业整体增速迅速放缓。2012年年底日本智能机保有量达4 000万部。智能手机的迅速普及，使社交游戏延续了良好的发展势头。

5.2.2.2 日本游戏市场特点

(1)优势。日本游戏市场有以下几方面的优势：

---

① 西门孟. 游戏产业概论[M]. 上海：学林出版社，2008(12)：202.

② Enterbrain定义的“电子游戏”为基于零售业的传统PC、主机游戏软硬件市场，不包括移动平台和社交游戏。

③ 特报：2011年日本游戏市场规模373亿元[OL]. http://games.qq.com/a 20120105/000437.htm.

第一，市场容量大，消费者购买力相当可观。据 Marvelous AQL[①] 欧洲区 CEO 哈里·赫尔姆伍德（Harry Holmwood）指出，一款 iOS 免费游戏在日本单次下载产生的后续收入（平均值），高达全球其他国家的 3 倍以上。"为什么？因为市场成熟——日本玩家对免费增值游戏习以为常。"据他透露，MAQL 旗下产品每月"每付费用户平均营收"ARPL 达 250 美元，多款游戏的留存率在 60% 及以上[②]。

第二，以游戏硬件的创新保持主机市场的优势地位，拉动游戏软件销售。当今世界游戏主机研发商有日本的任天堂与索尼和美国的微软。在世界游戏硬件市场上，任天堂有 WIIU、NDS Lite，索尼有 PS4、PSV，而微软有 XBOX ONE。日本厂商的游戏硬件在世界市场上仍然占据着相当大的份额，特别是在掌机硬件市场，日本的硬件仍处于垄断地位。游戏主机拉动了游戏软件的销售，任天堂充分利用新游戏主机的特性制作的游戏软件取得了惊人的销量，《锻炼大脑的 DS 训练》《WII Sports》等游戏品牌销量均在千万套以上，实现了硬件与软件的良性循环。游戏硬件与软件是游戏产业的两大支柱，日本游戏产业在软件创作上落后于欧美，但在硬件上还是有一定优势的。能否抓住新主机的特性开发出有足够吸引力的软件，实现软硬件良性循环是关键[③]。

第三，网络及 3G 的高度发达。日本的移动端网络游戏市场非常火爆，很多年轻人和上班族都会用手机玩网络游戏，而日本国内 Mixi、Gree、DeNa 三大社交网站的发展这几年也主要得益于社交游戏的蓬勃发展。在移动和社交领域，无论是市场环境还是用户消费水平，日本市场都有很好的基础。

（2）劣势。日本游戏市场有以下几方面的劣势：

第一，日本本土游戏市场逐渐萎缩。日本的游戏市场在经过 20 多年的发展后已经达到基本饱和的状态，而始于 20 世纪 90 年代初的持续经济低迷限制了日本本土游戏市场进一步发展的空间。另一方面，日本社会越来越严重的少子化与高龄化趋向也导致日本游戏消费者的减少。

第二，游戏老牌强国，玩家对游戏的要求非常高。日本本土游戏玩家在 20 世纪 90 年代对于《勇者斗恶龙》《最终幻想》这两大国民游戏的消化量在 400 万 ~600 万套之间，开发商仅仅依靠日本本土就能收回成本并赢利，而近年来日本市场的萎缩让众多开发商耗时多年花费重金开发的游戏大作甚至连回收成本都变得困难。SE 公司历时五年开发、于 2009 年发售的《最终幻想 13》本土销量不到 200 万套，为史上最低。KOEI 的《真·三国无双》系列游戏品牌在 PS2 时代每个游戏销量都是百万级别，2008 年发售的《真·三国无双 5》销量仅为 50 万套，这对于针对日本市场的游戏品牌与厂商无疑是巨大的打击。软件与硬件是与游戏市场的关系是一荣俱荣、一损俱损[④]。

第三，视频游戏发达，网游的接受度不高。从用户层面讲，日本的游戏产业发展了几十年，大多数游戏玩家都是 TV Game 的玩家，在接受了太多高品质游戏的洗礼后，网络游戏如果不是足够优秀确实很难吸引本国的用户，而日本国民对舶来品的态度又不太热衷，所以日本本国的 MMORPG 市场也一直不是十分火爆。

---

① 日本一家影音及电子游戏软件公司。

② Marvelous. 游戏黄金国日本玩家观念落后[OL]. 太平洋游戏网. http://news.pcgames.com.cn/287/2874294.html.

③ 郑义炜. 国际市场结构变化与日本游戏产业创新[J]. 日本研究，2011（1）.

④ 郑义炜. 国际市场结构变化与日本游戏产业创新[J]. 日本研究，2011（1）.

(3)现在和未来。如今日本游戏厂商已将世界游戏市场霸主的宝座让出。不但日本本土游戏市场出现萎缩,其在欧美市场的占有率也自2001年起一路下滑,而与此同时,欧美市场和中国、韩国市场份额显著提升,这就注定日本游戏产业改革的核心是扩大海外游戏市场占有率,实现游戏内容提供上的国际化。日本游戏开发商为了维持生存,进而追求业绩的增长,迎合欧美消费者的口味,其游戏产品打上了深深的国际化烙印。KONAMI的重头作品《合金装备4》在开发过程中最终倒向欧美化的电影表现手法,全球销量超过400万套,其中海外销量占80%。据报道,在美国2010年11月9日率先发售的《使命召唤:黑暗行动》首日销售额即超过3.6亿美元,成为有史以来首日销售额最高的娱乐产品,超过所有电影、电视、小说和唱片。日本游戏厂商以传统的RPG游戏见长,但海外市场的需求发生了重大转变,这就需要迅速调整战略跟进市场变化,才能保证业绩和销量。在以海外市场为重的开发导向下,日本的CAPCOM走在了同行的前列,早在2003年,CAPCOM就在关注次时代游戏市场的转变,在日本业界还在重复制作同一类型的游戏时,CAPCOM就加大面向欧美的游戏作品的投资力度,其完全针对欧美市场开发的《丧尸围城》与《失落的星球》都取了极大成功,不仅帮CAPCOM度过了金融危机的最困难时期,还在欧美游戏市场上树立了自身的品牌形象。

当今日本大型游戏企业的战略重点是以欧美为重,日本次之。曾经垄断世界游戏市场的日本游戏产业已经由业界的领导者转变为追赶者。在新的世界游戏势力版图下,日本游戏产品不只要跟欧美游戏企业竞争全球市场,还要跟新晋的中国、韩国游戏企业竞争亚太市场,如果战略恰当、措施得力,日本游戏产品在全球游戏市场的占有率可能会逐渐回升。

随着数字技术和互动娱乐版图的拓展,2001年后日本游戏产业的内外环境都发生了巨大的变化,从市场对象到开发体制都逐步发生了深刻的变革。当今世界游戏产业重心已逐步转移到了欧美地区,日本游戏产业还将发生哪些变革值得关注。而诸如任天堂式的根本改变游戏方式与体验的思路,其意义将不只在于争夺市场,或许将会给数字内容的互动娱乐形态带来一次革命①。

5.2.2.3 日本网络游戏出口情况

在日本,兼营软硬件的游戏制造商只有任天堂和索尼两家,但二者在世界上占有绝大多数的市场份额,并在海外设立了当地法人,从事销售业务。软件专营制造商中的大型企业也在海外设立了当地法人,销售自我品牌的软件。没有在海外设立当地法人的软件制造商,通过向拥有海外基地的软件专营制造商或软硬件兼营制造商销售权利以及委托进行商品化而获得相应的收益。软件专营制造商或软硬件兼营制造商的海外当地法人,是通过批发商或直销方式将商品提供给大型零售店。在软件开发方面,过去往往是将为日本市场开发的作品原封不动地变成海外版,但随着市场规模的扩大和用户群的多样化,为迎合日本、北美和欧洲等各地区用户的不同喜好,也逐渐开始采用在世界各地同

① 郑义炜.国际市场结构变化与日本游戏产业创新[J].日本研究,2011(1).

时开发的模式①。

日本网络游戏的海外市场开发较为滞后，但以 2003 年进入中国市场的日本游戏《CrossGate》打入排行榜前十名为标志，日本网络游戏在东亚的地位开始得到认同。网络游戏的运营有两种方式：一种是通过代理店向海外企业销售运营权；另一种是由日本企业在海外设立子公司提供相关服务。KOEI 已将本公司的《大航海时代 Online》的相关权利出售给韩国。在为日本企业的海外子公司提供支持方面，有 Excite 在新加坡设立的海外法人，它通过给用户出租服务器来支持服务运营，并从 2005 年开始向东南亚六国提供相关服务。见图 5－18。

（1）按国别，由本公司的海外子公司销售游戏软件。

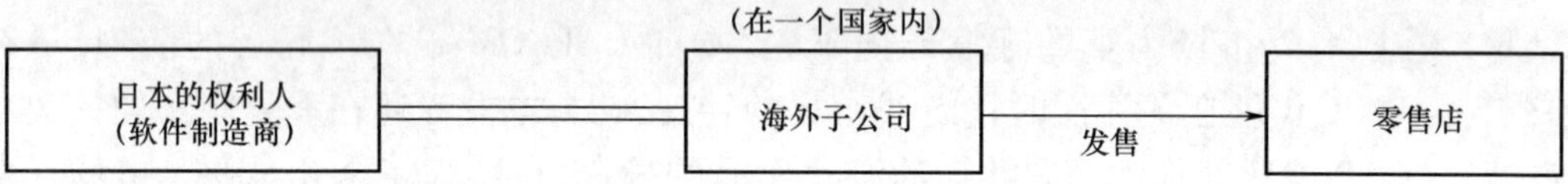

（2）按国别，由其他公司的海外子公司委托发售游戏软件。

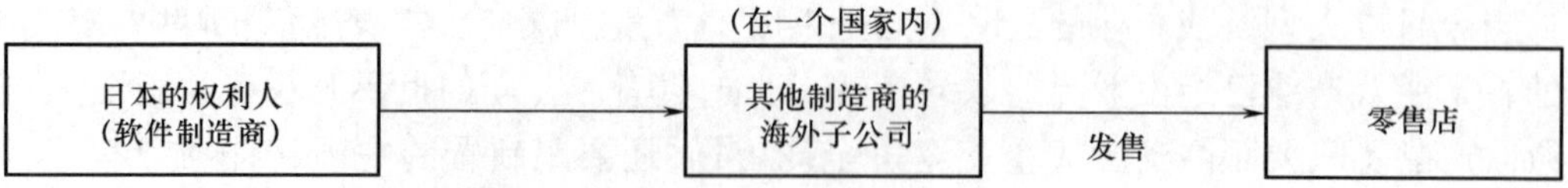

图 5－18　日本游戏海外销售主要途径

（3）按国别，由本公司海外子公司为网络游戏提供服务。

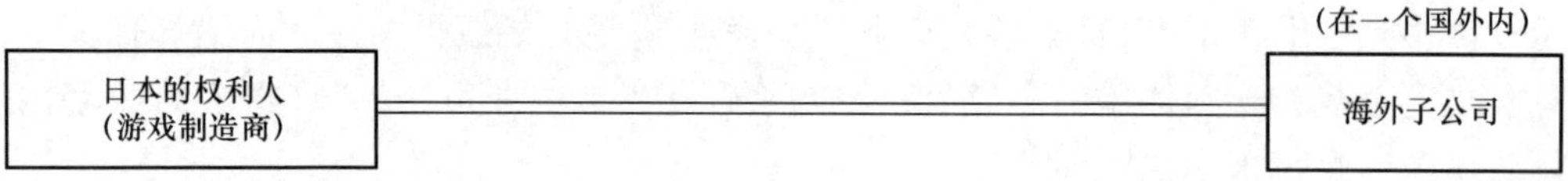

（4）按国别，将网络游戏服务业务托给海外服务运营商。

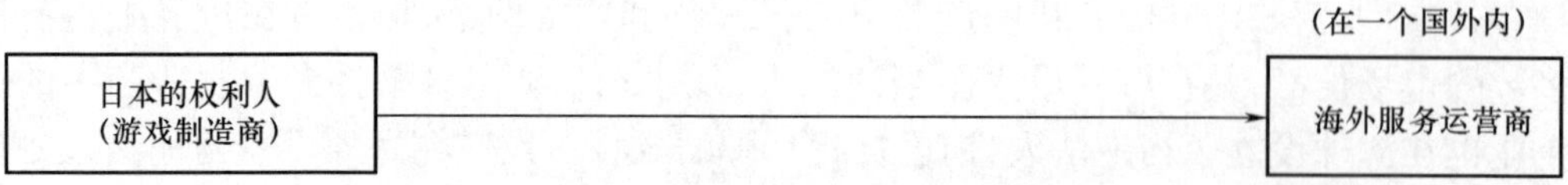

图 5－19　日本网络游戏海外销售的主要途径①

日本游戏 2011 年度出口额为 6.8 亿日元，折合为人民币 5 500 万元，比上年增长了 141%。

---

① 日本贸易振兴机构. 日本文化产业介绍报告[R/OL]. 百度文库. http://wenku.baidu.com/view/8862ad6ea98-271fe910ef96a.html.

5.2.2.4 代表性企业:GungHo Online Entertainment

日本手游公司 GungHo Online Entertainment 成立于 1998 年,是一家日本社交游戏开发公司。2013 年 GungHoQ1 季报①发布直接导致公司股票的飞速上涨。DrSerkanToto 称,GungHo 的股价在财报发布几分钟之内就暴涨 28.8%,最终股价稳定在 134.2 万日元(约合 14 000 美元)。其当时市值也达到 1.546 万亿日元(约合 165.5 亿美元),超过了任天堂的 1.539 万亿日元(约合 164.7 亿美元)。GungHo Online Entertainment 业绩暴增则得益于 GungHo 公司在 2012 年 2 月 20 日发布了一款名为《Puzzle&Dragons》(《智龙迷城》)的游戏。Puzzle&Dragons 的下载量已超过 1 000 万次,其长期霸占日本 APPStore 收入榜第一,是日本最成功的智能机移动平台游戏。Puzzle&Dragons 是一款非常有新意的消除类游戏,游戏规则简单,非常具有创意,是一个使用消除游戏形式进行战斗的 RPG 养成游戏。Puzzle&Dragons 不是一款简单的三消游戏,拥有大量既可爱又华丽的宠物设定,充分结合了收集和养成要素。玩家需要对宠物耐心捕捉与悉心培养,需要呼朋唤友、互帮互助、需要根据宠物的属性和技能操刀编队并合理组建冒险队伍,还需要掌握一定的消除手法。总之,该游戏是一款饱含技巧、热情与耐心的游戏。GungHo 在推出《Puzzle&Dragons》之前,是一家拥有 15 年历史的公司。GungHo 开发过多款游戏,但销售业绩一直反响平平。智能机的兴起与 iPhone 在日本的流行让 GungHo 看到新的机会,在 Puzzle&Dragons 开发之前,GungHo 开发了一款智能机游戏叫《PrincessPunt》,这款游戏上线也颇获好评,但是并未获得轰动效应。而 GungHo CEO 森下一喜(KazukiMorishita)在最近一次访谈中提到游戏公司在开发游戏时应该回归本源:"在制作游戏方面,我认为日本的开发人员们需要回到起点,好好想一想他们当初为什么要制作游戏,为的就是能制作出好游戏。在 GungHo,我们就是这样做的。我们思考与游戏有关的问题,提出好的创意,然后用我们的最大努力,尽可能地将这些创意以最佳的方式表达出来,我们所要做的就是继续保持这种做法。迟早有一天,你所做过的一切都会有所回报。""我们希望在未来,在世界的任何一个角落,全球各地的人都在玩我们的游戏,都喜欢我们的游戏,而这也差不多就是我们可以继续前进的主要目标。至于要怎么做到这一点或者说要用什么样的策略,我们要回归到基本的原则上,那就是,让游戏给每一个人都带来快乐。老实说,我唯一在考虑的事情就是:如何制作出有趣的游戏来。"森下一喜在多款产品运营和开发失利后,以开发新产品为契机改变公司制度,亲任游戏制作主管,主导游戏开发。GungHo 开发的移动互联网游戏,单个用户的月充值付费额大致在 50 美元左右,通过不断吸引付费用户达到收益的增长。GungHo 还将推出《Puzzle&Dragons》国际版,另外《智龙迷城》将推出 3DS 版游戏《智龙迷城 Z》,同时进行漫画化。此外,《智龙迷城》还将在游戏中与 EVA 合作推出 EVA 主题关卡。GungHo 期望推出围绕《Puzzle&Dragons》主题相关的业务以期拓展公司的收益流。当然,一款游戏有其生命周期,GungHo 需要推出更多高质量的游戏来维护公司未来的可持续增长。GungHo 的《公主蓬特 2》也在近日创下系列

---

① GungHo Online Entertainment 第一季度营业额达 309 亿日元(约合 3.35 亿美元),同比增长 839%。净利润 123 亿日元(约合 1.33 亿美元),同比增长达 5 307.7%。据该公司最近的财报显示,GungHo 仅 4 月份一个月的收入就达到 120 亿日元(约 1.18 亿美元),同比增长幅度达到 1142%。

累计下载次数 500 万次的成绩。GungHo 业绩暴增除了运气的因素外,也与多年的技术积累以及与公司管理层技术至上的理念分不开。GungHo 在智能机普及、移动互联网的爆炸式的增长背景下,在群雄争鹿中抢占先机,树立了良好的口碑,建立了公司品牌知名度,然而游戏市场优秀作品层出不穷,玩家偏好的转换节奏较快。GungHo 要想维持目前的市场地位,仍需持续不断的努力创新,以开发更符合消费者口味的产品①。

5.2.3 韩国游戏市场

5.2.3.1 韩国游戏市场概况

韩国文化体育观光部、韩国文化产业振兴院发行的《2012 韩国游戏百科》②提供的数据显示,2011 年,韩国国内游戏市场的规模为 8.804 7 兆韩元(折合人民币约为 498 亿元),同比增长 18.5%。预计到 2014 年,韩国国内游戏市场规模会接近 15 兆韩元(折合人民币约为 849 亿元)。该书指出,2011 年,网络游戏仍主导韩国游戏市场。网络游戏在 2011 年创造了 6.236 9 兆韩元(折合人民币约为 353 亿元)的销售额,占韩国国内游戏市场的 70.8%。若不计网吧和街机游戏厅等,只算游戏开发部分,网络游戏占 88.9% 的市场份额,在韩国国内游戏产业中居于核心地位。

2011 年韩国国内的游戏出口总额为 23.780 7 亿美元(折合人民币约为 149.448 7 亿元),同比增长 48.1%。2011 年,韩国游戏主要的出口国(以出口额为基准)为中国,占整体的 38.2%。其次为日本,占 27.4%,东南亚占 18.0%,北美占 7.6%,欧洲占 6.4%,其他地区占 2.4%。而在 2007 年之后就持续减少的进口额,2011 年继续减少 15.5%,仅为 2.498 亿美元(折合人民币约为 12.881 9 亿元),这使得进口额还不到出口额的 1/10。另外,在游戏出口总额中,网络游戏的出口额达到整体的 96.2%,为 22.887 5 亿美元(折合人民币约为 143.835 4 亿元),起到了主导作用。

2011 年,韩国国内游戏市场的销售额为 63.97 亿美元(折合人民币约为 402.165 亿元),占据全球游戏市场销售额 1 081.13 亿美元(折合人民币约为 6 794.310 7 亿元)的 5.9%。

2011 年,韩国国内的游戏产业从业人数为 9.501 5 万人,其中,54.6%(5.19 万人)就职于开发和运营公司,45.4%(4.32 万人)就职于流通公司。相比流通公司的从业者人数减少,制作及运营公司的从业者数则同比增加 6.7%。

此外,韩国文化体育观光部公开了 2013 年文化体育观光部预算。据此次公开的资料显示,游戏产业相关基金比上年减少了 35 亿韩元,共为 183 亿韩元。关系到手机游戏的手机内容产业基金,也比上年减少了 8 亿韩元,共为 102 亿韩元。韩国文化体育观光部正在大幅减少对游戏相关产业的支持③。

---

① TESLA MOTORS 与 GungHo,业绩暴增之谜[OL]. 钛媒体. http://www.tmtpost.com/41175.html.

② 韩国文化体育观光部,韩国文化产业振兴院:《2012 韩国游戏百科》。该书由 30 多位游戏专家参与编撰,通过对韩国国内 438 家游戏开发及运营公司、700 家网吧、176 家街机游戏厅、56 家游戏教育机构、1 700 名玩家进行调查,综合分析了 2011 年韩国内外游戏市场动向、玩家现状以及与游戏相关的文化、技术、法制及政策等内容。

③ 程佳编译.《2012 韩国游戏百科》分析市场动向[OL]. 中国文化报. http://miit.ccidnet.com/art/40769/20121017/4364433_1.html.

韩国公开的调查数据显示,MMORPG 玩家在网吧玩游戏的占总体的 18.4%,而 FPS 玩家选择在网吧玩游戏的却占总体的 34.4%,远多于前者。游戏时间方面,MMORPG 玩家大部分为 3 ~4 小时/天,FPS 玩家为 1 ~2 小时/天,可以看出 MMORPG 玩家平均游戏时间是 FPS 玩家平均游戏时间的两倍左右。

韩国政府在 2011 年修改了游戏监管的政策后①,移动游戏在韩国迅猛发展起来,预计 2013 年移动游戏收入将比上年增长 41%左右,预计到 2015—2017 年进入成熟阶段后的混合年增长率将在 12%到 18%之间。据韩国开发银行报告显示,全球手机游戏市场营收在 2007—2012 年间的平均增长率将达到 14.3%,预计到 2012 年其市场规模将达到 110 亿美元,占整个游戏产业的 8%。韩国本土手机游戏市场去年营收也增长了 22%,达到 4 000 亿韩元(约合 3.66 亿美元)。

韩国的移动游戏市场有较快增长。2011 年,韩国手机移动游戏市场规模约为 6 328 亿韩元,移动游戏市场规模比上年增加 50%,各大知名企业都纷纷将触角伸向移动游戏市场。纳克森、网禅等知名网络游戏企业正积极将本企业的人气产品开发为移动版本,依靠强大研发实力进攻移动游戏市场。韩国知名的网络游戏《Kart Rider》和《R2Beat》都已经开始进入手机游戏市场,与呈现爆发性增长的智能手机企业合作,带动了整个游戏市场的扩大。

5.2.3.2 韩国游戏市场特点

(1)优势。韩国游戏市场有以下优势:

第一,基础设施和互联网发展高度发达。高度发达的互联网通信基础设施为韩国游戏的发展提供了重要的基石。韩国是全球互联网最发达的国家,宽带平均速度高达 16.7Mbps,网民数量超过 4 200 万,占到国民人口的 82.5%。根据思科和牛津联合发布的调查报告,韩国家庭宽带覆盖率在 2011 年年底达到了 100%(2010 年 99.55%),宽带下载速度较上年增长 55%。全球知名的云平台公司 Akamai Technologies, Inc. 发布的《2012 年第四季度互联网状况报告》(State of the Internet Report for the Last Quarter of 2012)②显示,韩国该季度继续领跑全球互联网平均网速③,在居民网速超 10Mbps 的占比统计中,韩国和日本同样分居榜单前两位,分别占该国总网络人口的 49%和 39%;美国仅有 19%的用户网速可达 10Mbps 以上,但同比增加约 90%,几近翻倍。

第二,移动互联网正呈爆发式增长。2012 年韩国超越日本成为全球手机用户访问移动互联网比例最高的国家,63%的数据使韩国取得移动互联网渗透率全球第一。这个趋势将持续到 2014 年,届时韩国移动互联网市场逐渐成熟,这个优势可以被韩国保持直至

---

① 在此之前,韩国政府坚持对本地化经营的应用商店提供的所有游戏进行审核,这就意味着对于各种新游戏很感兴趣的玩家们必须在外国应用商店注册一个账号。

② 同往常一样,Akamai 的这份报告涵盖了全球互联网连接速度、互联网安全、现有 IPv4 地址数量以及其他一些常见的互联网状态衡量指标。

③ 报告显示,虽然第四季度 2012 年韩国平均速率达到了 14.0Mbps,但却出现环比减速 4.8%、同比减速 13%的倒退现象。而全球互联网平均速度在第四季度则总体出现了 25%的同比增幅。网速排在第二的是日本,平均速率可达 10.8Mbps,这一表现较上季度增速 2.7%,较上年同期增速 19%。不过即使保持这样的表现,日本也需要再过两年才能追上韩国。中国香港的网速排名第三,但平均速率已低于 10Mbps,为 9.3Mbps。美国平均网速较上一年大幅增长(28%),达到 7.4Mbps。

2016 年。2012 年韩国智能机更换率达 67.8%,居全球第一。战略分析公司调查了 88 个国家的手机市场,结果显示,2012 年,韩国超过 2/3 的智能手机用户更换新款,而美国的更换率为 55.2%。根据韩联社的数据,2012 年 8 月,韩国智能手机用户数量超过 3 000 万,而同年 6 月韩国人口总数为 5 000 万。韩国拥有三星、LG 等多家全球主要智能手机生产商。韩联社评述,智能手机更换率超过 50% 意味着许多用户在合同到期前便更换产品。在韩国,客户购买手机时大多与移动运营商约定使用两年。

战略分析公司预测,韩国手机更换率 2013 年会继续上升,增至 70%。但由于智能手机市场饱和,这一趋势从 2014 年开始会有所下滑,到 2017 年将降至 62.9%。YeahMobi① 认为韩国是目前硬件条件最好的手游市场之一。因为在上述两个"全球第一"之外,2013 年下半年韩国将取得另外一个"全球第一"——4G 网络的"全球第一",这项技术能够为手游市场带来的优势现在还无法估量,但是可以肯定在游戏品质越来越与文件大小成正比的年代,4G 网络可以为我们创造太多的想象空间。

韩国 16 岁以上手机用户智能手机普及率达到 67%,而相关数据却显示美国只达到了 53%。在大部分国家中,智能手机的普及率最高的年龄群是 25 ~ 34 岁之间,韩国仍然以 86% 的普及率高居榜首。16 ~ 34 岁是游戏的重度年龄阶段,虽然喜好种类存在差异,但是这并不妨碍这个阶段产生出最具价值的 20% 客户。从韩国文化部与韩国产业振兴院发布的 2012 年第一季度消费者购买指数的调查报告可以了解,韩国的手机游戏用户比例高达 64%。

韩国是世界公认的游戏大国,尤其在网游时代,韩国可以说在一段时间内独领风骚。但说到手游,韩国的早期实力并没有想象中那么强。在 2011 年中期以前,移动游戏行业在韩国还只是小打小闹,原因很简单,因为韩国政府坚持对本地化经营的应用商店提供的所有游戏进行审核,这就意味着对于各种新游戏很感兴趣的玩家必须在外国应用商店注册一个账号,这实在是太麻烦了。

不过韩国毕竟拥有雄厚的游戏产业基础,对于游戏产业的发展方向调整得很快:2011 年韩国政府修改了游戏监管的政策,移动游戏产业在韩国迎来了迅猛发展的浪潮,预计 2013 年移动游戏收入将比 2012 年增长 41% 左右,而从 2015 年至 2017 年韩国的移动游戏产业会进入成熟阶段,这期间的混合年增长率将在 12% ~ 18%(这一数据并未添加 4G 的可变性)。

朴槿惠时代,因其主张创造经济,把地下经济活性化,原移动游戏脱离了文化部门的监管,放任民间协会进行审查。这一措施更是加大了市场自由度,无论是外资或外部产品的进入,还是韩国企业的国际化进程都获得了空前利好的机会。

目前韩国移动游戏产业并未进入成熟阶段,这正是进军韩国游戏市场的大好时机,如果等到 2015 年韩国移动游戏产业进入了成熟阶段,并逐步完善其产业链,配合三星等智能手机生产商,那么这个拥有 3 000 万智能手机用户的市场将是世界上最难搞定的市场之一②。

---

① YeahMobi 是西安点易信息技术有限公司旗下专门从事国内手游海外推广的国内第一品牌,其团队来源于 2009 年在美国成立的 NDP media CORP,作为海外 mobile marketing 内地发起人,YeahMobi 通过长期专注发展,开拓丰富的手游海外推广渠道,积累众多的手游海外渠道人脉,拥有无可比拟的手游海外推广优势。

② YeahMobi. 一个真实的韩国手游市场[OL]. 上方网. http://game.donews.com/201307/1546698.shtm

第三，端游和页游的制作运营明显领先。凭借高度发达的互联网基础设施和移动互联网的跟进、网络游戏市场和智能手机的普及，韩国游戏无论从质量还是数量上来说近年都一直走在世界的前列，早在20世纪90年代的时候，在端游领域韩国就一直处于世界领先水平，如《劲舞团》《传奇》《地下城勇士》等优秀网游就出自韩国，绚丽的界面、优美的配乐甚至让整个亚洲的年轻人都追捧不已，其中，《传奇》可说是中国 MMORPG 游戏市场的鼻祖，这款游戏直至今日仍是盛大公司的重要收入来源，培养了第一批国内网游玩家，它的各类私服被打击了十年仍然存活，而这款游戏的制作水准在韩国本土只能算作二流水平。2012 年中国年度十大网游排行榜前五名就有三款韩国游戏，其中腾讯代理的《穿越火线》（韩国 Smile Gate 公司开发）和《地下城与勇士》（韩国 NEOPLE 公司开发）分列前两位。此外，韩国玩家的网游消费能力也很高，2010 年，Nexon 和 NCsoft、Neowiz Games 这三家韩国最大的游戏公司年度收入总和就达到 120.64 亿元人民币。有着如此丰富的游戏制作经验，加上 2000 年就开始起步手游的十几年时间沉淀，韩国的手机游戏从类型的丰富度到技术水平的高超都丝毫不逊于国外大作，而且由于在用户习惯和语言方面的不适应，国外游戏作品很难打开韩国的游戏市场。

韩国游戏的制作比较精心，网游平均开发时间超过四年，63% 的网游从立项到最终上市，需要五年以上的时间。倘若是 3D MMORPG 的话，五年只不过是开发时间的一个底线。因为“在韩国的游戏开发者眼中，保证足够长的开发时间，无关乎市场及收益，只是一种基本的态度”①。

第四，国民对游戏的认同度高。韩国是一个电竞王国，竞技游戏和网络游戏的战略地位堪比三星电子。例如，WCG（World Cyber Games，世界电子竞技大赛）的星际争霸比赛中，就出现了韩国一家独大的局面。韩国的星际争霸职业联赛始于 1999 年，其职业化程度非常之高，可以和韩国国内的足球、篮球等主流体育项目职业联赛相媲美。据华尔街日报报道，优秀的职业选手可以拿到数十万美元的年薪（以韩国的经济标准衡量，他们的收入是非常可观的）。一名韩国议员在 Slayer_Boxer 获得 WCG 世界总决赛星际争霸冠军之后曾经说过一句意味深长的话：“《星际争霸》将成为韩国的国技。”韩国在搞市长竞选的时候，候选人为了博得年轻人的认同感，甚至会在宣传台上现场玩一盘星际。从这些可以看出，韩国国民和主流社会对于游戏的认同度很高，这是韩国游戏能够蓬勃发展的很重要因素。

（2）劣势。韩国游戏市场也存在如下劣势：

第一，市场竞争激烈。作为一个相对成熟的市场，韩国网游市场竞争激烈，市场饱和，韩国中小开发商纷纷转战海外。有的韩国游戏开发商抛弃了正在开发中的 MMORPG 的国内（韩国）运营，而决定首先到国外去运营。虽然他们也希望先在韩国运营，只是韩国游戏运营商们对于一般水准的新作不给予太多关注，或者就签约一事考虑很久，以拖延时间。由于游戏开发商自身没有运营能力，加上每个月都需要投入大量的开发费用，那么干脆就首先在国外开始运营，如果运气好，在国外获得了成功，就不一定回韩国运营。由于竞争激烈，失败的新网游比成功的新网游更多，甚至连投入数十亿韩元的巨额

---

① 阵痛中寻找机遇 韩国游戏产业链生态调查[R/OL]. http://news.17173.com/content/2013-05-22/20130522171517321_1.shtml

开发费用和宣传费的所谓的“大作级”新作,在目前的环境下,也很难保证成功。因此,如果不是被得到充分验证的新游戏,运营商就不愿意签协议①。

第二,本地法规。韩国对于网络游戏方面的法规较为严格。2012 年,韩国网络游戏市场新网络游戏的的比例同比下降 31%。网络游戏 2012 年上半年审核 385 件,全体用户体验网络游戏的比例是 55.3%(213 件),禁止青少年用户体验网络游戏的比例是 29.9%,12 岁以上用户体验网络游戏的比例是 9.1%(35 件),15 岁以上用户体验网络游戏比例是 5.7%(22 件)。这主要是因为韩国国内游戏等级审核比较 2011 年出现了下降趋势,但是“青少年禁止体验网络游戏”审核比例较 2011 年增长了 10%。韩国游戏等级审核委员会负责人表示:“韩国国内游戏企业都在观察网络游戏市场动态,因为正在施行的禁止青少年深夜登录网络游戏条例是让游戏企业比较忌讳的事情。所以无奈之下就把游戏等级申请为禁止青少年用户试玩网络游戏。这也是导致新网络游戏推出数量减少的原因。”

此外,韩国还在 2011 年实施了由妇女家庭部提交的《网络游戏防沉迷法案》,法案的核心内容是限制 16 岁以下(含 16 岁)青少年的在线游戏时间,具体说来,就是在零时到 6 时之间,强制禁止 16 岁以下玩家玩线上游戏。这对韩国的网游产业也有负面的影响②。

5.2.3.3 韩国游戏产业出口情况

韩国文化体育观光部和韩国资讯振兴院 2013 年 2 月 4 日发表的报告显示,2012 年,韩国信息产业国内销售额为 88.67 万亿韩元,同比增加 6.9%;出口额为 48.03 亿美元,同比增加 11.6%。其中,游戏产业国内销售额为 10.53 万亿韩元(约 603 亿元人民币),同比增加 19.6%;出口额为 27.87 亿美元(约 173.64 亿元人民币),同比增加 17.2%。报告预计 2013 年韩国信息产业国内销售额将达到 97.05 万亿韩元(约 5 555 亿元人民币),出口额为 52.32 亿美元(约 326 亿元人民币),国内销售额和出口额将分别同比增长 9.5% 和 8.9%。韩国游戏产业贸易收支连续 11 年保持顺差,主要出口对象是日本、中国和美国。

韩国游戏出口值得我们借鉴的经验有:

(1)良好的网络游戏产业发展土壤。一是政府支持,这是其最大的特征,可以说这样的支持在世界各国都是极为罕见的。二是国内产业环境成熟,这里边包括游戏制作及经营企业数千家、韩国政府部门下属的韩国尖端游戏产业协会 KESA、韩国游戏支持中心 KGPC、游戏协会、在大学中由政府指定赞助的数十家游戏大学及研究院,还有包括 onGameNet、GameTV 在内的有线电视和卫星广播专业游戏频道等组成的庞大游戏产业群体。

(2)系统化的产业发展路径。从微观的角度来看,在韩国,游戏真正是被作为一项系统化发展的产业来看待,游戏行业本体的发展与韩国的游戏大学、游戏大赛、游戏电视台等相关事业的运营有着密不可分的联系。多方面、多层次地配合推动了行业本身的健康

---

① 韩网游市场竞争激烈 中小开发商转战海外[OL].腾讯游戏. http://games.qq.com/a/20100813/000072.htm.

② 2012 年中国游戏产业海外市场报告(摘要版)[R/OL].中国版协游戏工委(GPC)、国际数据公司(IDC)、中新游戏(伽马新媒 CNG). http://wenku.baidu.com/view/fd5a59176bd97f192279e95a.html.

运营,而由行业衍生出来的其他相关产业也创造了许多增值利润,提供了更大范围上的就业机会,从而营造出了一个良好而有序的发展空间。

(3)传媒的营造。韩国的电视和报纸一直将游戏产业作为战略性产业进行宣传,将游戏开发作为信息技术的前沿阵地,将游戏出口作为国民经济发展的重要领域,受此积极影响,公众媒体在消除人们对游戏的负面印象、促进其良性发展的过程中也扮演了重要的角色,游戏出口在韩国国内也成为一个积极的贸易方向。

(4)教育的配合。出于对韩国现有游戏设计人才缺乏的考虑,游戏院校大批成立,大学也开设了游戏相关专业课程,以大力培养游戏专业人才。

(5)社会和企业的支持。韩国人对复杂游戏情节的喜爱以及倾向于团队合作的偏好,使得网络游戏不再专属于孩子们而在全社会盛行开来。因此,网游如同其他体育竞技行业一样,也得到了韩国企业的关注,一些大企业纷纷成立了自己的游戏队伍并赞助各类游戏比赛,甚至游戏精神也成了企业文化的组成部分①。

5.2.3.4 代表性企业——Kakao Games②

Kakao Games 于 2012 年 7 月在韩国发布,同年 12 月在全球发布。它是由 Kakao 运营的一个移动游戏网络,Kakao 同时还运营着韩国最流行的 OTT 消息应用 KakaoTalk,KakaoTalk 的全球下载量已经超过 6 500 万人次,在韩国智能手机市场的渗透率达到了 95%。

Kakao Games 的运营模式与其他游戏平台一样。用户可以从短消息应用内部下载和发布游戏,通过挑战或联机合作等方式与好友互动。那些游戏本身是通过用户设备上安装的应用商店如 iOS App Store 或 Android 的 Google Play 下载的,Kakao Games 通过它自己的虚拟货币来处理游戏付费问题,它在支付了平台服务费之后与游戏开发商分成,它的抽成比例为 30%。这就意味着,对于一款 iOS 游戏来说,苹果将抽取 30% 的平台服务费,Kakao 再在剩下的收入中抽取 30% 的分成收入,最后剩下的收入归游戏开发商。

Kakao Games 在韩国发布后取得了惊人的成绩。该网络发布了 3 个月后,便获得了 2 300万独立用户,下载量超过 8 200 万人次,Kakao Games 获得的收入达到 5 160 万美元,其中有 3 530 万美元的收入是在 10 月份也就是 Kakao Games 在全球发布的前一个月获得的。

在韩国 App Store 的 10 款毛收入最高的 iPhone 游戏中,有 5 款游戏是为 Kakao Games 发布的,在 Google Play 商店里,这样的游戏更是高达 9 款之多。在 Kakao Games 网络上发布的 3 款游戏即《Anipang》、《CandyPang》和《Dragon Flight》,在不到两个月的时间里取得了 1 000 万人次的下载量。在韩国以外的地区如日本,Kakao Games 拥有 900 万用户。Kakao 计划于 2013 年在平台上再发布 100 款新游戏。

据说腾讯拥有 Kakao 13.84% 的股份,而韩国网络游戏公司 WeMade 也拥有 Kakao 3.8% 的股份。Kakao 还获得了 Ncsoft、NXC 和 Neowiz 等游戏公司的 CEO 们提供的天使投资。

---

① 韩国网络游戏产业发展规模探秘[OL]. 太平洋游戏网. http://wangyou.pcgames.com.cn/yjzh/chang/0510/728356_1.html.

② 韩国移动游戏市场:Kakao 今年将发布百款游戏[OL]. 腾讯科技. http://tech.qq.com/a/20130408/000063.htm.

5.3 中国游戏产品“走出去”

作为一种新兴的文化创意产业，游戏产业经过十多年发展，已经发展成为直接市场规模超过600亿元人民币、消费人数上亿的巨大产业。在这个过程中，网络游戏产业不仅在国内逐渐受到认可，逐渐夯实了其主流文化地位，同时“走出去”的发展也非常快速。一方面，网络游戏产业已经成为近年来中国文化“走出去”收获真金白银最多的一个行业；另一方面，网络游戏产业走向海外也成为提升中国文化全球影响力的最主要渠道之一。中国共产党第十八次全国代表大会特别提出：“促进文化和科技融合，发展新型文化业态。扩大文化领域对外开放，积极吸收借鉴国外优秀文化成果。”中国网络游戏产业在走出去的过程中，其发展特点恰好与中国共产党第十八次全国代表大会提及的内容不谋而合。2012年，中国网络游戏产业通过整合全球网游资源，利用互联网等前沿科技，将中国优秀文化与海外文化相融合，努力打造适应全球用户需求的网游大作，真正做到了“文化和前沿科技融合、创意与全球市场对接”。

5.3.1 中国游戏市场概况

由中国版协游戏工委（GPC）发布的《2012年中国游戏产业报告》（以下简称《产业报告》）提供的数据显示，2012年中国游戏市场实际销售收入达602.8亿元人民币，同比增长35.1%。其中，网络游戏市场实际销售收入为569.6亿元人民币（占94.5%）、移动游戏市场销售收入为32.4亿元人民币（占5.4%）、单机游戏市场销售收入为0.75亿元人民币（占0.1%）[①]。

单从网络游戏市场来看：客户端网络游戏市场实际销售收入为451.2亿元人民币，同比增长23%，其中，MMORPG类端游收入达307.8亿元人民币，休闲端游收入为143.4亿元人民币；网页游戏市场实际销售收入为81.1亿元人民币，同比增长46.4%；移动游戏市场实际销售收入为32.4亿元人民币，同比增长90.6%；社交游戏市场实际销售收入为37.3亿元人民币，同比增长101.6%；单机游戏市场实际销售收入为0.75亿元人民币，同比增长23%，值得一提的是，2012年新单机游戏仅5款，比2011年减少了2款。

据《产业报告》预测，2017年中国游戏市场实际销售收入有望达到1 352.2亿元人民币，同比增长12.4%。2013—2017年间的年复合增长率预计为12.3%。

而从由17173[②]与游戏工委共同发布的《2012中国网络游戏研发力量调查报告》（以下简称《研发调查》）来看，2012年国产游戏总量达到440款，同比增长3%，中国研发力量仍呈增长态势。其中，广东地区一枝独秀，产品数量达到150款，同比增长23%[③]。

---

① 中国版协游戏工委（GPC）.2012年中国游戏产业报告.

② 17173是一家服务游戏玩家和游戏企业的领先在线媒体及增值资讯服务提供商，是玩家获得游戏资讯、交流沟通的网站，也是游戏供应商信任的宣传平台。

③ 17173，游戏工委.2012中国网络游戏研发力量调查报告.

5.3.2 中国游戏市场趋势[①]

5.3.2.1 行业转型，细分市场出现分化

（1）网游市场增速放缓。中国版协游戏工委（GPC）和国际数据公司（IDC）所做的联合调查显示，中国活跃 PC 网游用户数（不包括手机网游用户）已从 2003 年的 1 380 万激增至 2011 年 1.2 亿，年均复合增速达 31.1%；付费网游用户也从 2004 年 1 030 万攀升至 2011 年 6 630 万，年均复合增速为 30.5%。GPC 和 IDC 所做的联合调查显示，2004—2011 年间，中国 PC 网游市场（包括客户端游戏和网页游戏）年均复合增速高达 50.3%，2011 年全年市场规模达到 429 亿元，但增速下滑至 32.4%。另外，每付费用户平均收入（ARPU）增速也呈现下滑趋势。虽然网游市场年度 ARPU 从 2004 年的 240 元升至 2011 的年 646 元，年均复合增速达到 15.2%，但 2009 年、2010 年、2011 年年均复合增速只有 2.3%。由于网页游戏的市场规模增长较快，而网页游戏的 ARPU 低于客户端游戏，故 2011 年市场整体 ARPU 同比下降 11.2%。如图 5－20 和图 5－21 所示。

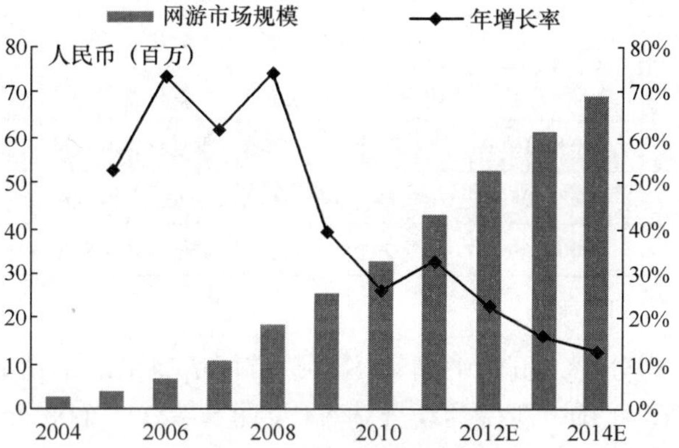

图 5－20 网游市场规模

资料来源：GPC & IDC，中金研究部。

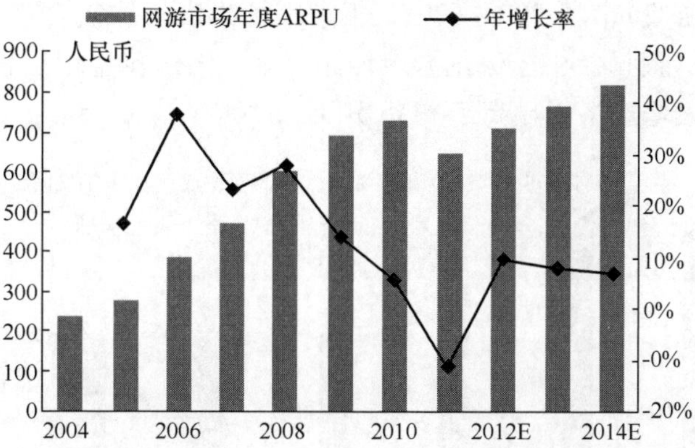

图 5－21 网游市场年度 ARPU

资料来源：GPC & IDC，中金研究部。

① 本部分数据图表内容引自《中国网络游戏行业深度分析报告》. 中国国际金融有限公司（CICC）研究部.

(2)热门经典游戏在网游市场中仍然引领风骚。热门网络游戏的生命周期通常比较长久,例如《热血传奇》等热门游戏的营运周期可以长达 10 年甚至更长时间。更重要的是,热门经典游戏通常是网易、盛大和巨人网络等主要网游企业的网络游戏业务的最大收入来源,某些经典网游组合甚至可以占到这些公司季度净收入的 50% 以上(如表 5 - 8 所示)。这是因为,用户一旦习惯了一款成功网游的玩法、画面设计和游戏内生态系统,往往有很强的意愿长期玩此游戏;同时,这些游戏往往会成为用户的重要社交平台,反过来又有助于提高用户对该款游戏的忠诚度,展现了高用户黏性。

表 5 - 8　收入占比最高的主要热门经典游戏

运营公司	游戏名称	上线时间	运营历史	对公司净收入贡献
腾讯	穿越火线	2008 - 07	3 年 8 个月	净收入贡献排各游戏第一名
	地下城与勇士	2008 - 06	3 年 9 个月	净收入贡献排各游戏第二名
	QQ 炫舞	2008 - 05	3 年 10 个月	公司净收入主要来源之一
	QQ 飞车	2008 - 01	4 年 2 个月	公司净收入主要来源之一
网易	梦幻西游	2004 - 1	8 年 2 个月	净收入贡献排各游戏第一名
	大话西游Ⅱ	2002 - 08	9 年 7 个月	净收入贡献排各游戏第一名
盛大游戏	热血	2001 - 11	10 年 4 个月	净收入贡献排各游戏第一名(44%/3Q11)
	传奇世界	2003 - 10	8 年 5 个月	净收入贡献排各游戏第一名(44%/3Q11)
畅游	天龙八部	2007 - 05	4 年 10 个月	净收入贡献排各游戏第一名(70% ~75%)
巨人	征途	2006 - 01	5 年 2 个月	净收入贡献排各游戏第一名(60% ~65%)

资料来源:公司数据、中金研究部。

(3)细分市场出现分化。虽然中国整体网游市场增速呈现下滑趋势,但细分市场间持续分化。根据 GPC 和 IDC 所做的联合调查(见图 5 - 22),2008 年大型多人在线角色扮演类游戏(MMORPG)细分市场规模同比增速高达 81%,2011 年增速则降至 20% 左右。2011 年 MMORPG 市场规模为 251 亿元人民币。相比之下,休闲游戏(主要包括高级休闲游戏和棋牌游戏)市场 2004—2011 年间市场规模年均复合增速为 61%,在 2011 年攀升至 116 亿元人民币。由于休闲游戏增添更多休闲内容且玩法较简单,中金公司预计休闲游戏市场规模增速将明显高于 MMORPG 市场。

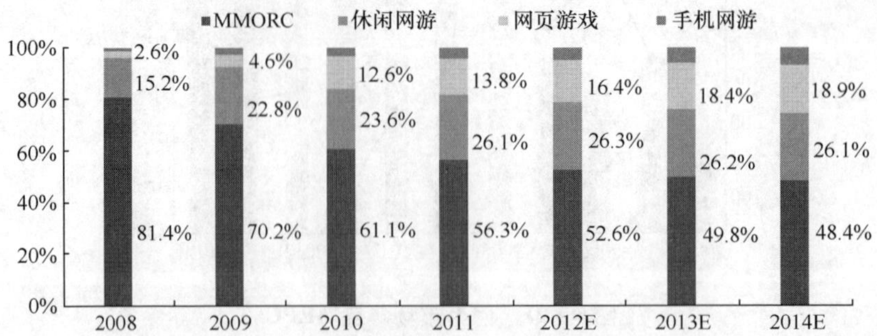

图 5 - 22　主要细分市场在整体网游市场中的收入占比

资料来源:GPC & IDC,中金研究部;E 表示预测值。

网页游戏和手机游戏市场近几年呈现高速增长。GPC 和 IDC 所做的联合调查显示，网页游戏(包括高级网页游戏、社交游戏和单机网页游戏)市场 2008—2011 年间市场规模年均复合增速高达 134%。这一方面得益于网页游戏对软硬件配置要求较低，同时也因为相对客户端网游，网页游戏更符合网游用户的新需求。另外，手机网游市场也已步入快速增长轨道，2011 年市场规模增速高达 87%。

未来网页游戏和手机网游市场的快速增长将大大提升其在整体网游市场中的份额。不过，就收入而言，客户端游戏(包括角色扮演类游戏和休闲游戏)仍将是最主要的游戏形式，尽管在未来几年，其市场规模增速可能明显低于网页游戏和手机游戏。中金公司预计 2012—2014 年间客户端游戏仍将为整体网游市场贡献约 70% 的收入。

5.3.2.2 网游用户兴趣发生改变

网游用户兴趣发生改变也是导致中国网游市场整体增速放缓和出现结构性变化的一个主要因素。网游用户兴趣发生变化的主要原因是国内网民和网游用户年龄结构出现变化。

(1)中国网游用户年龄出现结构性变化。2004—2010 年间，中国网民年龄结构出现明显变化。在 2004 年，20 ~ 29 岁网民人数在互联网用户中占到 40.0%；但六年后其占比仅为 29.8%。与此同时，30 ~ 39 岁和 40 ~ 49 年两个年龄段网民人数的占比分别上升 3.0 和 4.2 个百分点。另外，儿童和青少年用户(0 ~ 19 岁)在所有网民人数中的比例也从 2004 年的 26.5% 上升至 2010 年 28.4%。从某种程度上来说，互联网已逐渐成为所有网民日常生活中的一部分。

随着中国网民年龄结构的变化，网游玩家的年龄结构也有所变化。2006—2010 年间，高中前网游玩家(0 ~ 15 岁)和岁数较大玩家(31 ~ 40 岁及超过 41 岁)的比例分别从 1.9%、10.5% 和 0.7% 大幅升至 10.0%、16.9% 和 5.5%。从中可以看出，中国网游玩家不再主要局限于高中生、大学生和刚参加工作不久的年轻人。

(2)网游用户兴趣发生变化。第一代网游用户年龄增长是导致中国网游用户年龄、就业状况和收入结构近期出现变化的主要因素。第一代玩家 2000 年前后开始玩网络游戏，目前已经超过或接近 30 岁。一般情况下，随着年龄增长和收入增加，这些用户通常需要承担更多社会、职业和家庭责任。这一情形导致这些用户可用于网上娱乐(包括网络游戏)的闲暇时间更为零散。

艾瑞咨询公布的一项调查结果显示，放松身心是人们玩网络游戏的最主要目的，有 78.5% 的被调查者将“调剂生活”作为他们玩网络游戏的首要原因，较第二大原因所占比例高出 62 个百分点。由于网游用户未来的闲暇时间将更为零散，因此游戏时间更灵活而且玩法更为简单有趣的网络游戏将更受欢迎。

GPC 和 IDC 近期所做的联合调查显示，第一人称射击(FPS)游戏、赛车类游戏、即时制 MMORPG、音乐游戏和网页游戏是 2010 年最受玩家欢迎的五大游戏类型。其中，FPS 游戏排在首位，有 72.3% 的被调查者在 2010 年将其作为他们玩网络游戏的首要选择之一。另外，在五大类游戏中，有四类属于非角色扮演类游戏(提供更为快捷的回合制游戏体验且玩法更为简单)，2010 年它们在网游玩家中受欢迎程度的比例扩大了 60% 以上，而即时制 MMORPG 受欢迎度仅上升 8%。在所有网游用户中，有很大一部分玩家，尤其是新手们，现在更喜欢游戏时间更灵活、玩法更为休闲的网络游戏①。

5.3.2.3 端游未冷，轻游正热

虽然网页游戏和手机网游正在发力，但在未来几年，客户端网游仍将是国内网游市场的核心组成部分。中金公司预计到 2014 年客户端游戏将为中国网游市场贡献超过 70% 的收入，按市场规模衡量 MMORPG 仍将是最重要的网游市场细分依据。

前文提到许多网游用户的兴趣正转向游戏时间更灵活的休闲类游戏。传统 MMORPG 难以完全满足这一新需求。虽然开发商和运营商为适应新需求正在扩展和调整现有 MMORPG 的内容，并推出玩法更为简单的新款 MMORPG，但内容更具休闲性的网游细分市场（主要是高级休闲游戏市场）具有更大的增长潜力。高级休闲游戏（包括 FPS 游戏、动作及格斗游戏、即时战略游戏、音乐游戏、赛车游戏和其他角色扮演类客户端游戏等）不仅能提供与多数 MMORPG 相同的高质量游戏界面和体验，而且游戏玩法更为简单，时间可灵活控制，能再现经典单机游戏，可以满足网游用户的新需求②。其中，《地下城与勇士》和《穿越火线》等杰作备受玩家青睐。

5.3.2.4 网页游戏前景乐观

中国网页游戏市场（包括高级网页游戏、社交游戏和单机版网页游戏三个细分市场）2008—2012 年间市场规模复合增速高达 134%，在一定程度上弥补了客户端游戏市场增速下降趋势对整体网游市场增长的拖累。中金预计网页游戏市场未来数年将延续高速增长势头，中国网页游戏市场在整体网游行业中的占比到 2014 年将达到 18.9%。

百度数据中心 2011 年 1 月份的一项调查显示，国内 40.5% 的网页游戏用户为女性，较客户端游戏市场女性占比高出 15.5 个百分点，与女性在全部网民人数中比例相比仅低了 3.7 个百分点。另外，0 ~ 19 岁、30 ~ 39 岁和 40 岁以上人群在网页游戏用户中的比例分别为 41.3%、21.3% 和 11.6%，比客户端游戏市场中相同年龄段用户占比分别高出 6.3、6.3 和 1.6 个百分点。淘米的《赛尔号》和腾讯的《洛克王国》等儿童类娱乐型网页游戏的市场渗透率不断上升，导致低龄玩家占网页游戏全部玩家的比例近年来明显上升。同时，社交游戏迅速发展也使得玩家中女性比例有很大提高。网页游戏覆盖人群扩展至女性和低龄玩家等非传统网游用户群，为网络游戏开发商和运营商提供了收入的潜在增长机遇。

随着社交网络服务（SNS）和社交媒体过去几年在中国的快速增长，作为中国网页游戏行业三大细分市场之一的社交游戏市场在运营和收入方面成绩斐然。除了推动整个网页游戏市场增长的各种因素以外，社交网络蓬勃兴起、运营商开放平台战略以及社会化媒体营销手段的运用三个特殊因素也是推动社交游戏快速增长的主要动力。如图 5 – 23 所示。

伴随着社交游戏用户群逐步扩大至非传统网游用户中，社交游戏用户的平均消费额也明显低于传统的客户端网游用户。CNNIC 所做的调查显示，96.2% 的国内社交游戏用户每月消费不到 50 元，月消费超过 100 元的用户的比例只有 1.8%，而客户端游戏用户

① 中国网络游戏行业深度分析报告[R]. 中国国际金融有限公司（CICC）研究部.
② 中国网络游戏行业深度分析报告[R]. 中国国际金融有限公司（CICC）研究部.

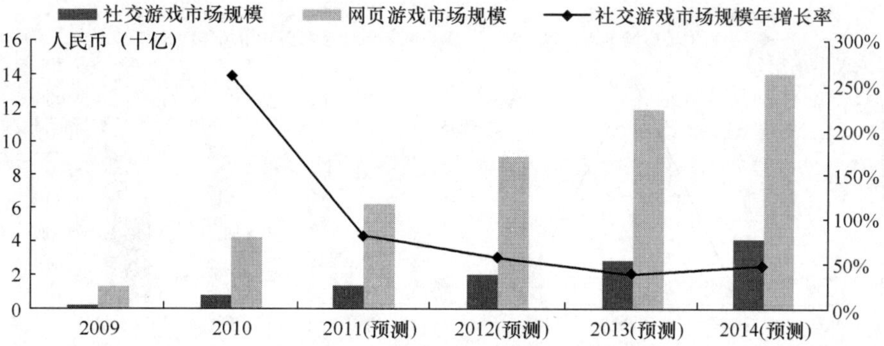

图 5－23　中国社交游戏市场规模

资料来源:GPC & IDC,易观国际,中金研究部。

月消费高于 100 元的比例则超过 18.6%（如图 5－24 所示）。美国市场情况也大同小异，多数知名社交游戏月度 ARPU 值仅为 1～4 美元。另外,基于艾瑞咨询 2011 年 1 月份的一项调查,我们认为社交游戏较低的付费率和 ARPU 值也与 SNS 用户相对节俭的行为习惯有关。国内 52.7% 的 SNS 用户在使用社交网络服务时未进行任何消费,而每月消费额超过 50 元的用户比例只有 5.2%。SNS 用户低消费对社交游戏运营商和开发商在社交游戏中更多地获取收入构成了挑战。

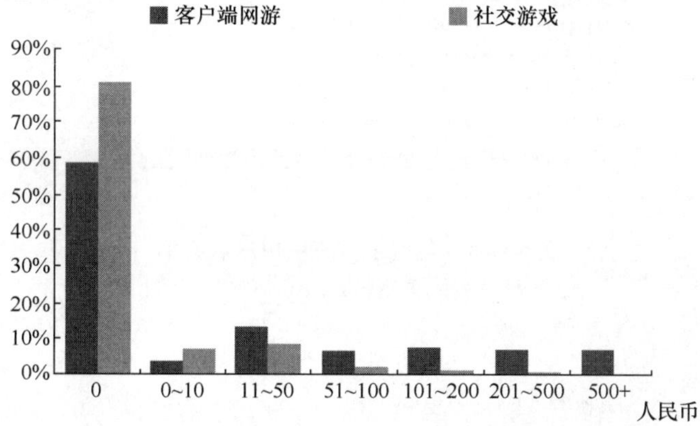

图 5－24　社交游戏和客户端游戏用户的月度消费额

5.3.2.5　手机游戏市场快速增长

手机游戏主要分为手机网络游戏和手机单机游戏。手机网游可以支持多用户同时在线玩游戏;手机单机游戏则一般不需要互联网。在多重因素的推动下,手机游戏市场快速增长。根据艾瑞咨询与 GPC 和 IDC 所做的两项调查,2011 年中国手机游戏市场和手机网游市场收入分别达到 39 亿元和 17 亿元,同比增速分别为 51.6% 和 86.8%。未来三年将延续高速增长趋势。如图 5－25 所示。

来自于易观国际的信息显示,手机游戏是国内移动互联网用户中最受欢迎的免费/

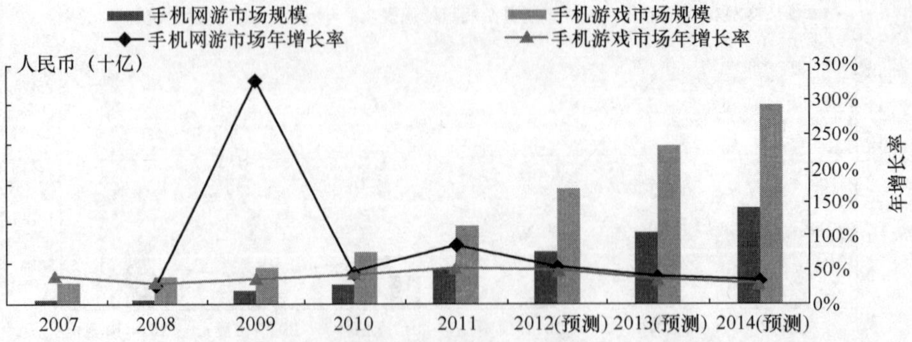

图 5－25　中国手机游戏市场和手机网游市场规模

资料来源：艾瑞咨询，GPC & IDC，中金研究部。

付费应用。78.4%的移动互联网用户曾玩过手机游戏，在付费用户中，有 46.9%的用户购买过手机游戏。具体比例见图 5－26 和图 5－27。

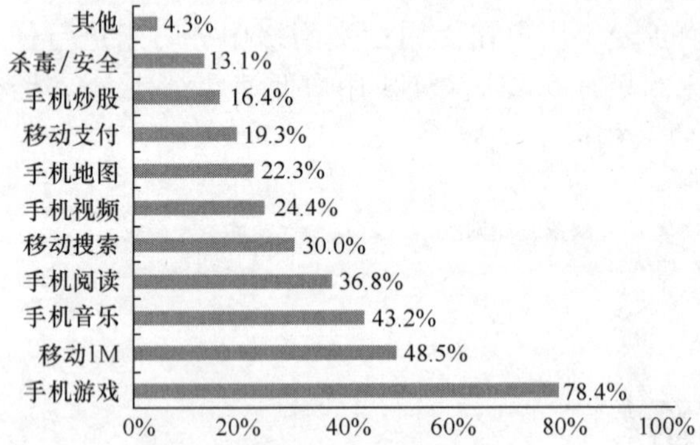

图 5－26　免费手机应用用户渗透率

资料来源：易观国际，中金研究部。

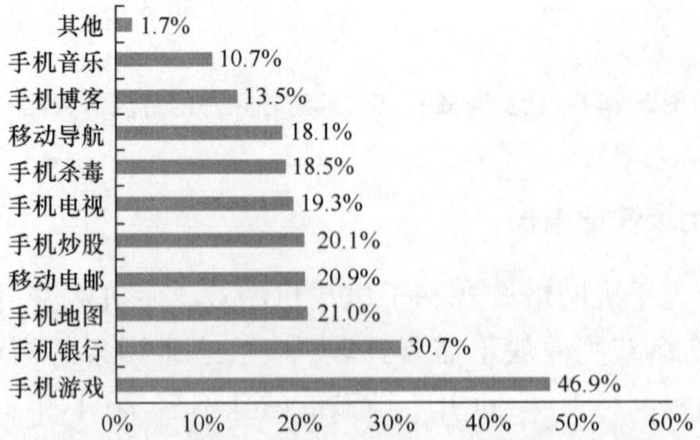

图 5－27　付费手机应用用户渗透率

资料来源：易观国际，中金研究部。

5.3.3 中国游戏出口情况

中国游戏产业已经成为中国文化“走出去”收入真金白银最多的文化产业。据《2012年中国游戏产业海外市场报告》(以下简称《海外报告》)公布的数据,2012年中国原创网游市场实际销售收入为368.1亿元人民币,比2011年增长35.6%,占中国网游市场实际销售收入的64.6%。而中国原创网游的海外出口也保持着持续的增长,2012年海外出口实际销售收入为5.7亿美元(约35.5亿人民币),较上年增长57.5%①(如图5-28所示)。我们将这个数据与电影业作一下对比,广电总局最新数据显示,2012年中国电影全年海外票房和销售收入仅为10.63亿元人民币,在国内狂揽10多亿票房的《泰囧》,2月9日在北美上映,三天票房仅为3.2万美元。可见游戏产业已成中国文化产业“走出去”相当重要的一支力量,兼具创收和文化传播的双重责任。正如完美世界CEO萧泓坚信的那样,人们可能很快就要重新审视游戏产业的价值和意义,因为它将会成为中国文化产业发展和中国文化“走出去”最重要的力量之一②。

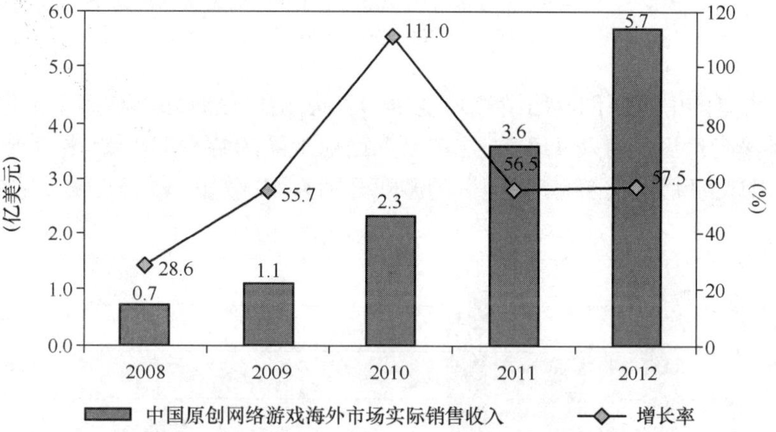

图5-28 中国原创网络游戏海外市场实际销售收入

以下为2012年中国网游海外出口详细数据③:

2012年中国自主研发网游海外出口呈现整体规模化增长趋势,2012年共有40家中国网络游戏企业自研产品进入海外市场,出口企业较上年增加17.6%。

2012年总计有177款游戏进入海外市场,其中客户端游戏有65款,总销售收入为3.31亿美元,较上年增长46.5%。

2012年中国原创网游出口主力军为页游,总数量达到103款,海外总收入达到2.28亿美元,较2011年增长78.9%。

---

① 中国版协游戏工委(GPC)、国际数据公司(IDC)、中新游戏(伽马新媒CNG).2012年中国游戏产业海外市场报告(摘要版)[R/OL].http://wenku.baidu.com/view/fd5a59176bd97f192279e95a.html.

② 孙冰.网游已成为中国文化产业出口的绝对主力——专访完美世界CEO萧泓[J].中国经济周刊,2013(16).

③ 中国版协游戏工委(GPC)、国际数据公司(IDC)、中新游戏(伽马新媒CNG).2012年中国游戏产业海外市场报告(摘要版).

2012 年有 13 款移动游戏出口，实际销售收入为 0.08 亿美元，较上年增长 33.3%。见图 5-29。

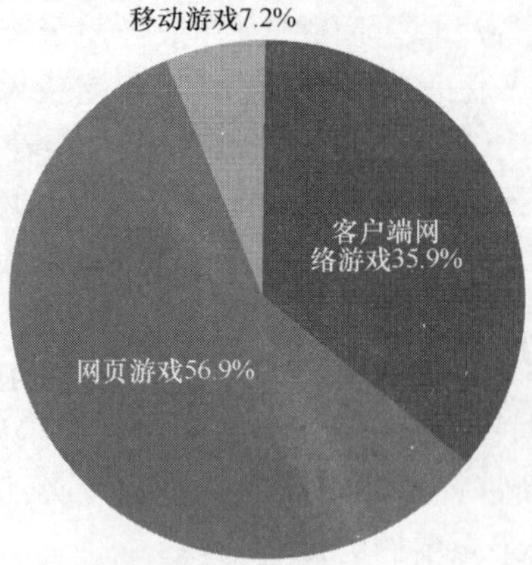

图 5-29 2012 年出口的中国原创网络游戏类型构成比例

数据来源：GPC，IDC & CNG 2012。

2012 年出口的中国原创网络游戏总量为 177 款，出口至海外 100 多个国家和地区。其中，出口到港澳台地区的游戏 113 款，出口到东南亚地区的游戏 110 款，出口到日本、韩国的游戏 79 款，出口到欧洲、北美、南美地区的游戏分别为 50 款、37 款、11 款。见图 5-30。

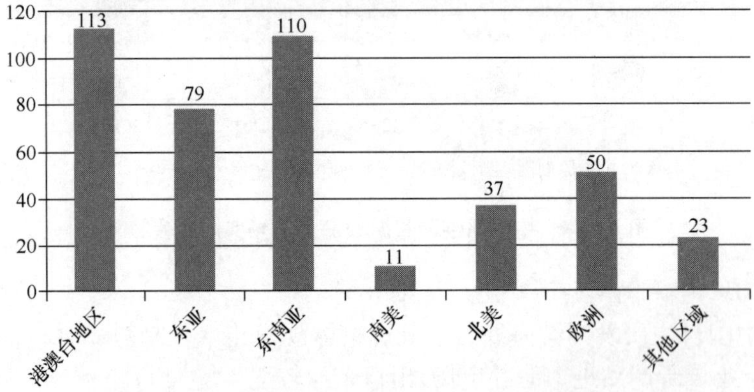

图 5-30 2012 年出口的中国原创网络游戏数量及市场分布

数据来源：GPC，IDC & CNG 2012。

2012 年，中国原创客户端网络游戏海外出口实际销售收入为 3.3 亿美元。较上年增长 46.5%。见图 5-31。

2012 年，中国原创网页游戏海外出口实际销售收入为 2.28 亿美元，较上年增长 79.5%。见图 5-32。

2012 年，中国原创移动网络游戏海外出口实际销售收入为 0.08 亿美元，较上年增长 33.3%。见图 5-33。

报告显示，2012 年中国企业的海外扩张增速也非常明显。17173 在研发调查过程中

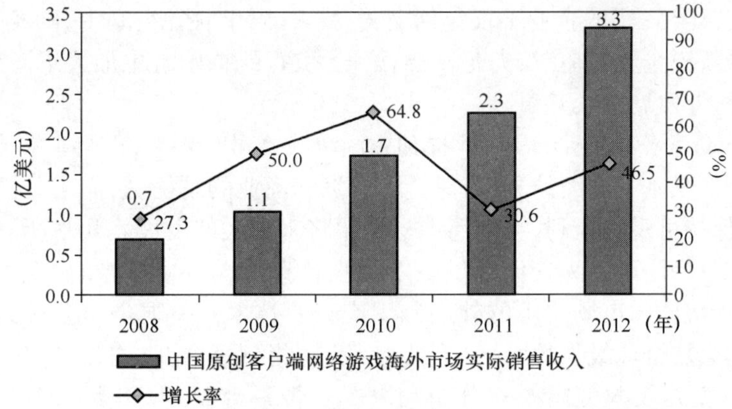

图 5－31　中国原创客户端网络游戏海外出口实际销售收入

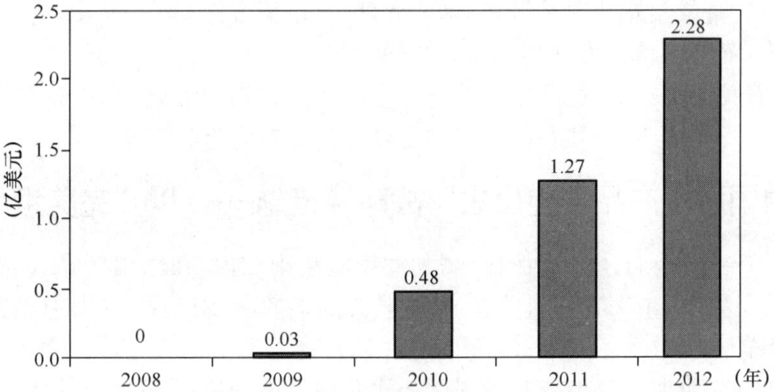

图 5－32　2012 年中国原创网页游戏海外出口实际销售收入

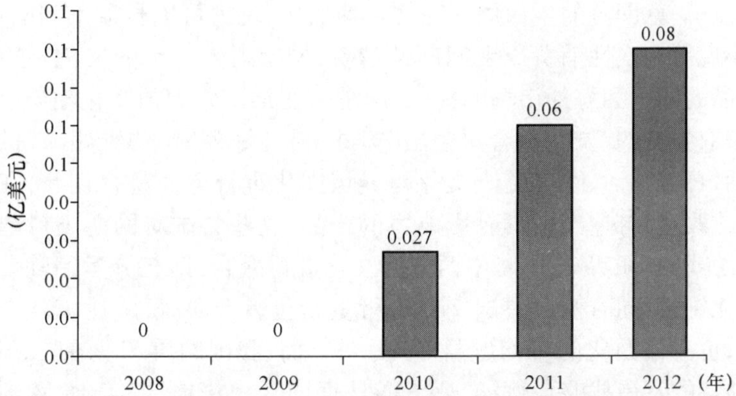

图 5－33　中国原创移动网络游戏海外出口实际销售收入[①]

① 图 5－28、图 5－29、图 5－30、图 5－31、图 5－32、图 5－33 出自《2012 年中国游戏产业海外市场报告(摘要版)》。

发现,现在"走出去"的企业不仅包括完美、盛大、腾讯、畅游、蜗牛、网龙、金山等传统大型企业,一些新锐企业如趣游、炎龙科技、第七大道、凯特乐游也加大了海外拓展力度,使得中国网游海外发展持续升温。

Digi - Capital 常务总监 Tim Merel 提到中国游戏公司时认为,它们非常清楚自己的目标,它们的方法都是基于全面的分析,保持了研发和商业的平衡,它们十分懂得如何在收入壮大的同时保持可观的赢利,它们还十分渴望将来更大的发展。几乎所有中国公司都在寻求两种投资:一是可以为它们提供一个加强自身国内市场强势的外国公司;二是可以让它们用于加快国内市场需求的外国知识产权及技术。中国公司会成为游戏市场的重要玩家,它们会从全球最强的网络/手机游戏公司得到资金,收购、合作和授权[①]。2010 年盛大 8000 万美元收购美国游戏分销和内置广告平台 MochiMedia,2011 年腾讯收购 Riot Games 约 3.5 亿美元,显示了中国公司在全球游戏市场上的强大实力和巨大的潜力。截至 2012 年前三季度,在全球游戏厂商营业收入排名中,腾讯在微软、索尼、任天堂之后,名列第四位,略微领先动视暴雪和 EA。此外,在市值方面,2012 年全球游戏公司市值前五名分别为:苹果、微软、腾讯、索尼和动视暴雪。

未来,随着我国游戏研发、运营等综合水平的不断提高,出口到海外市场的网络游戏产品质量、数量及业绩还将不断提升,中国游戏海外影响力将日渐增强。

5.3.4 中国游戏产品"走出去"战略及措施——以"完美世界"为例

中国游戏产业拥有自主知识产权、高利润率和高附加值,在输出产品、品牌的同时输出文化影响力,这使得本来并不是很主流和很被推崇的游戏产业,成为中国文化产业发展中的"好榜样"[②]。

我国网游领先企业完美世界互动娱乐公司总裁竺琦曾说:"相对于其他文化载体,网游独特的文化输出能力,在走向海外的过程中展现出独特的魅力。届时,网游无疑将会成为我国文化出口的一面旗帜。"在竺琦看来,一方面网游汇集了文学、影视、音乐等诸多文化形式的特点,一款网游的生命周期往往长达数年,玩家可以长期不间断地深入体验。相对于电影、小说等一次性消费或者间断性消费,网游对人产生的文化辐射和影响力更深。伴随着产品的输出和海外市场的扩张,网游也在推动着中国文化输出。以完美世界为例,该公司采取独特的"文化整合再输出"方式,借助好莱坞"功夫熊猫"的文化输出模式,将希腊神话、日本神话、欧美骑士文化等异域文化进行全面整合创新,在尊重原著前提下进行中国式改造,打造出了具有影响力的产品,这些尝试对网游出口起到了积极的作用。而盛大游戏的《魔界 2》则将中西方的文化进行融合,即充分运用欧美市场熟悉和认可的本地文化符号,同时植入中国文化进行重新包装推向海外,让该款游戏既有中国传统文化元素,也有偏西化的奇幻题材[③]。另一方面,我国网游产业在"走出去"的过程中,也形成了独特的发展战略。例如,盛大游戏面向大中华地区、美国、欧洲和东南亚着

① 全球游戏投资报告公布 中国将成为全球领导者[OL]. 腾讯游戏. http://games.qq.com/a/20110223/000068.htm

② 游戏促进国际文化交流亟须提升行业层次[/OL]. 中国新闻网. http://finance.chinanews.com/it/2013/05-16/4825716.shtml

③ 奇嵘. 我国网游出口规模 5 年翻 6 倍[N]. 新民晚报,2012-04-20.

手建立起四大全球服务平台，并在海外的运营模式上不断探索，创造出包括独立自主研发、联合自主研发、合作开发、投资开发等多种形式，通过多种形式去获取新的、优秀的海外研发团队和优秀产品。

中国网络游戏走向海外，经历了“产品授权，代理运营”、“自建公司，独立运营”、“合作研发，联合运营”以及“海外研发，全球运营”四个不同发展阶段。其中，前三个阶段是游戏运营企业较为常见的出口运营方式，而第四阶段——“海外研发，全球运营”则是近两年才出现的一种全新的海外运营模式。而这种全新的海外运营模式的创始者正是完美世界[①]。我们将以完美世界为例来探讨中国游戏走出去的战略和措施。

完美世界（北京）网络技术有限公司是中国领先的网络游戏开发商和运营商之一。公司成立于2004年，致力于以自主原创为根本，以研发优质的精品网游为宗旨，以推广东方文化于世界为长远目标。完美世界现主要基于自主研发的Angelica 3D游戏引擎、Cube引擎以及Eparch 2D引擎为平台开发各类网络游戏，陆续推出了《完美世界》《武林外传》《完美世界国际版》《诛仙》《赤壁》《热舞派对》《口袋西游》《神鬼传奇》《梦幻诛仙》《降龙之剑》《神魔大陆》《神鬼世界》《倚天屠龙记》《神雕侠侣》《圣王》《圣斗士星矢online》等网络游戏产品。凭借强大的技术实力及富有创意的游戏设计能力，完美世界迅速推出广受大众欢迎的游戏产品，以满足全球用户不断变化的需求及市场发展。作为网络游戏产品提供商，完美世界正面向全球开展业务，全面拓展海外市场。同时，完美世界在全球建立了自己的运营平台，在北美、欧洲和亚洲设有全资子公司自主运营游戏，并已成功将旗下游戏授权至亚洲、拉丁美洲、澳大利亚、新西兰、俄罗斯联邦及其他俄语地区等多个国家和地区的主要游戏运营商，为全球用户提供优质的互联网娱乐服务内容。2007年7月26日，完美世界成功登陆美国纳斯达克股票市场（NASDAQ：PWRD），并于2009年1月2日登陆纳斯达克全球精选市场（NASDAQ Global Select Market）挂牌交易，成为中国最出色的互动娱乐企业之一[②]。

2012年，完美世界海外收入超过1.1亿美元，超过其总收入的25%，蝉联了中国游戏出口产值的第一名，出口已经覆盖超过100多个国家。2012年客户端网游海外出口中，完美约占36%的市场份额。完美世界联席CEO萧泓在2012中国游戏产业年会上发言：以中国目前的发展状况而言，虽然在电影、篮球等领域暂时无法与美国竞争，但游戏公司却可以，中国业者走向世界需要有“大国心态”。首先要大气、有眼光；其次要抱团出海；最后是要开放和融合。完美世界作为中国网游海外出口的领军者，其独特的“海外研发，全球运营”模式以及“整合全球资源”“抱团出海”等发展方式更是受到了广泛认可，成为2012年中国网游海外出口最大亮点之一。

第一，海外研发，全球运营。近两年来，完美世界通过收购海外游戏企业等方式，整合全球游戏产业设计、生产、运营、IP等资源，建立全球产业链，以全球化研发方式进行海外拓展。海外分支机构完全实行本地化发展，不仅帮助母公司进行产品研发和运营，同时还在本地进行产品研发。研发出的产品不仅在当地运营，还会同时在全球范围内推

---

① 中国版协游戏工委（GPC）、国际数据公司（IDC）、中新游戏（伽马新媒CNG）. 2012年中国游戏产业海外市场报告（摘要版）[R/OL].

② 完美世界公司官网. http://www.wanmei.com/enterprise/company.htm.

广。比如,完美世界北美研发团队 CrypticStudios 研发的《无冬之夜》,是一款由美国人开发的典型的欧美游戏,其版权却属于中国企业,这款产品不仅会在海外进行运营,同时也会引入中国,进而在全球推广。这种全新的海外运营模式的产生,正是完美世界近年来力推的"全球资源整合战略"的一种产物。其最大的优势在于可以整合全球范围内的人才和技术资源,开发出真正符合全球市场口味的精品大作①。完美公司希望将游戏打造成为承载中国文化的高科技产品,出口全球,从而做大做强中国文化产业,扩大中国文化的世界影响力。

第二,整合全球资源。除了对外出口拥有自主知识产权的网游产品,完美世界还通过收购海外游戏企业等方式,整合全球游戏产业链,充分利用专业的技术实力、稳固的协作关系、丰富的运作经验及雄厚的研发资本,实行全球化生产,从而具有了国际化游戏制作水准。"我们海外分支机构不仅会帮助母公司进行产品的研发和运营,同时还在本地进行产品研发"。萧泓说。完美世界在北美、欧洲和亚洲设有全资子公司自主运营游戏②,构建全球发行网络,通过大量招聘当地员工和管理者、学习和融合本土文化,少数企业通过外国工作室开发适合当地市场的游戏,使得当地分支机构不仅能更好地在本土推广中国游戏,更能开发出符合本土需求的游戏精品大作。

在走向全球的过程中,完美世界不仅实现了从代理到自主经营的突破,更逐渐以一种国际化的视角,力图整合全球资源,形成全球化的研发、推广能力。借助这种资本化的运作,整合全球游戏产业设计、生产、运营、人才等资源,构建全球化产业链条,以全球化研发方式进行产业发展。比如旗下游戏《圣斗士星矢 Online》为解决中国游戏海外文化认同的问题,通过购买日本知名漫画"圣斗士星矢",借由国外的文化形象,在其中融入中国文化元素。这种方式巧妙利用了圣斗士星矢在海外的广泛影响力来推广中国文化,就很好地解决了文化差异问题③。这也是一种全新的"文化引进再输出"的方式,借助了全球资源整合,这种创新在未来全球市场的竞争中会显示出更多优势。

第三,抱团出海。完美世界在业界首次提出"抱团出海"发展战略,企业可以共享资源,更多实力和经验不足、在海外没有建立成熟渠道的网络游戏企业得到更多"走出去"的机会。完美世界为网络游戏产品进出口打造了一个 PWIE 平台(Perfect World Import & Export Platform,完美世界海外进出口平台),以帮助国内的游戏厂商实现游戏产品的进出口。截至 2012 年年底,入驻 PWIE 平台的产品超过 180 款,这在很大程度上加快了中国网游"走出去"的步伐。

萧泓认为,这只是产业发展的开始,"网游属于文化创意 + 高科技的行业,它以软件为基础,同时又有很多文化基因和娱乐元素。这个市场很可能成为千亿元级的大市场,我们希望这个产业能够逐渐地升级"④。

---

① 中国版协游戏工委(GPC)、国际数据公司(IDC)、中新游戏(伽马新媒 CNG).《2012 年中国游戏产业海外市场报告(摘要版)》[R].

② 完美世界:成为全球领先的在线游戏供应商[N/OL].中国经济导报. http://www.ceh.com.cn/jjzx/2013/09/241524.shtml.

③ 中国版协游戏工委(GPC)、国际数据公司(IDC)、中新游戏(伽马新媒 CNG).2012 年中国游戏产业海外市场报告(摘要版)[R].

④ 网游已成为中国文化产业 出口的绝对主力[N].中国经济周刊,2013 年第 16 期.

中国共产党第十八次全国代表大会提出“促进文化和科技融合,发展新型文化业态,提高文化产业规模化、集约化、专业化水平。构建和发展现代传播体系,提高传播能力。扩大文化领域对外开放,积极吸收借鉴国外优秀文化成果”。完美世界通过全球资源整合、全球文化整合创新再输出等多项内容,将中国传统文化以网游的形式,通过海外渠道传播到全球,并且用网游产品的天然优点,持久、正面地将中国文化传播到全世界。

5.4 小结

《2011 年全球游戏业投资报告》显示,2014 年全球游戏市场规模扩大至 870 亿美元,收益堪比好莱坞;届时中国将取代美国,主宰全球游戏市场。

2012 年全球游戏市场发展仍保持上升趋势,在消费、用户数量和游戏时间等诸多方面皆有显著提升。欧美国家曾在 2010 年出现一次消费能力的显著下降,但在 2012 年又恢复了增长势头。数字下载版游戏的销售、额外下载内容(DLC)的销售、网络游戏市场和移动游戏市场的普遍增长推动了整个游戏产业消费。

免费运营模式在欧美市场成为主流,并被广泛应用于各种涉及网络连接功能的产品内容中,在移动游戏领域表现尤其突出,2012 年有高达 80% ~90% 的移动游戏消费产生于自游戏内置的消费项目,这一比例较 2011 年增加了一倍。

平板电脑和智能手机对全球游戏市场造成了巨大冲击。由触屏带来的全新游戏体验拓展了新的市场,也随之创造了新的赢利空间。大量传统游戏开发商都需要慎重考虑如何处理旗下的流行品牌——是继续面向家用游戏主机和 PC 市场,还是面向移动平台开发新作。目前约有 40% 的移动平台游戏收入来自面向“中坚”用户群体(Mid - core,指定位于休闲与核心用户之间,较为青睐具备显著特色的游戏、不打算在游戏上消耗大量时间的用户)的产品。

由于市场环境发生的巨大变化,传统的游戏发行商(如任天堂和 Take - Two)和零售商(如 GameStop)皆遭受巨额亏损,与此同时,受益于免费运营模式的网络游戏开发商(如《英雄联盟》开发商 RiotGames 和《坦克世界》开发商 Wargaming. net)的收益获得显著提升。高速发展的亚洲游戏企业正在加快向海外拓展的步伐,通过在西方市场当地设立分公司或收购当地公司等方式推出符合西方用户口味的产品。

欧美游戏企业正积极探索新兴的游戏市场,除了巴西、俄罗斯、波兰之外,还包括土耳其及中东地区市场。免费游戏用户中的付费用户数所占的比例仍然相当可观,美国、西欧和土耳其的网络游戏用户付费大致相同,分别为 46%、48% 和 49%,波兰网络游戏付费用户比例稍低,付费用户占整体的 39%。2011 年的三个新兴市场——巴西、墨西哥和俄罗斯的付费比例同为 46%;美国 46% 的比例较 2011 年有所降低。部分网络游戏用户会同时投入多款游戏之中,包括免费游戏和收费游戏。目前有超过 90% 的网络游戏用户在玩免费网络游戏,2011 年的这一比例美国为 81%,欧洲为 85%。全球范围内有 27% ~31% 的网络游戏用户仍留在收费网络游戏中,在新兴市场的波兰,这一比例较低,仅有 16%。

社交游戏的整体用户数量仍在增长,整体看来,付费用户比例并未与这一增长幅度保持同步,平均消费额也因此降低,但此类产品在新兴市场仍然有着相当出色的表现,尤其是在土耳其和巴西，当地的网民数量正在迅速增长，有大量用户选择以社交网站作为他们进入互联网的主要入口。

2012 年，包括印度尼西亚、马来西亚、菲律宾、新加坡、泰国和越南六国在内的东南亚游戏市场销售收入超过 5.6 亿美元。其中，免费端游 MMO 以及休闲游戏成为东南亚市场的主流产品。而社交游戏在除印度尼西亚之外的所有东南亚国家基本都失去了市场。越南仍旧是东南亚最大的游戏市场，用户数量接近 2 000 万，产值接近 1.5 亿。预计到 2016 年，东南亚六国的用户将超过 1.17 亿人。游戏市场销售收入届时将超过 10 亿美元。其中，印度尼西亚在线游戏用户增长将是最多的，而菲律宾游戏业收入增速将领先其他五国。

5.5 案例：Rovio 公司如何占领国际市场[①]

近年来，移动游戏市场日渐火爆，大量的创业工作室、传统游戏公司甚至上市企业都参与进来，想要在电子游戏最新发展中分得一杯羹。其中最能够代表 IOS 平台游戏实力的还是开发《愤怒的小鸟》的 Rovio 公司，目前该游戏下载量已经达到 17 亿次之多，经过多个版本的包装和更新，《愤怒的小鸟》依然是 IOS 拥有最多下载次数的付费应用。通过研究 Rovio 公司成功之路，重温《愤怒的小鸟》攻占全球市场的方式，我们希望从中得出一些有益的借鉴，助力中国游戏“走出去”。

2003 年，来自芬兰赫尔辛基理工大学的三名学生成立 Rovio 公司。2009 年，Rovio 公司发布了《愤怒的小鸟》游戏，这是一款基于智能手机触摸屏的休闲解谜游戏，开发费用为 10 万美元。该游戏一经推出，在本地 AppStore 立即占据排行榜首位。其实，由于当地市场实在太小，《愤怒的小鸟》仅仅获得数百个下载量之后，就登上了畅销榜。虽然在随后丹麦、瑞典等地表现抢眼，但进入英美这样的大市场后却前景不明。

2010 年 2 月，Rovio 带着北欧市场一夜登顶的业绩，找到苹果应用商店和发行商 Chillingo。前者答应在英国市场的首页推荐《愤怒的小鸟》一周时间，后者则承接了《愤怒的小鸟》第一版在北美的分销。《愤怒的小鸟》开始不断刷新自己创造的最短时间收益、最短时间下载量等各种纪录，迅速从 App Store 应用商店第 600 位左右排名攀升到第 1 位。到 2010 年 4 月份，其已经在美国 App Store 应用商店里跃居首位。Rovio 根据每次小规模更新游戏后收集的用户反馈做出决策，不去另外寻找创意和分散精力，而将全部注意力集中在已经成功的作品之上，因此除了原版，还发布了季节版，该版本每逢重点节日都会更新一些新的符合节日气氛的关卡，如万圣节版本、情人节版本等，另外还推出《愤怒的小鸟：太空版》《捣蛋猪》《愤怒的小鸟：星球大战》《愤怒的小鸟：里约版》《愤怒的小鸟：社交版》等。截至 2012 年 12 月，该游戏全平台月活跃玩家数达到 2.63 亿。同样翻倍增长的还有公司人数，Rovio 的雇员从 2011 年的 224 人增长到了 2012 年的 518 人。

《愤怒的小鸟》是游戏开发公司 Rovio 的第 52 款游戏，主要开发人员有 4 名，历时 8 个月，总投入 10 万多美元。它的成功，不仅化解了 Rovio 的破产危机，也创造出一个神话。根据 Rovio 公司发布的 2012 年度财政业绩，该公司年度总收益为 1.52 亿欧元，较

---

① 手游启示录 3：愤怒的小鸟成功之道及 Ravio 困境[OL]. 腾讯游戏. http://games.qq.com/a/20130524/010003.htm.

2011 年的 7 560 千万欧元增长了整整一倍;息税前利润达 7 680 万欧元,增长 64%;净利润为 5 550 万欧元,增长 57%。

在《愤怒的小鸟》获得空前成功之后,开发商 Rovio 曾在多个场合表明自己并不是一个单纯的游戏开发公司,而是一个娱乐公司,《愤怒的小鸟》也不仅仅是一个游戏,而是一个品牌。在品牌运营方面,Rovio 公司创意迭出。2011 年 3 月 Rovio 推出了以 20 世纪福克斯的最新动画片"里约大冒险"为主题的游戏,动画片中的人物也出现在游戏之中。这样的合作带来的好处可以简单用数字总结一下:根据公开资料,Rovio 在 2010 年全年利润为 1 000 万美金左右,到了《里约大冒险》发布的 2011 年,全年利润为 1 亿美金。无论移动游戏市场多么火爆,其针对的用户群体总数是相对固定的,这对任何行业都通用。当《愤怒的小鸟》通过与动画电影的合作进入另一个领域后,往往会产生非常强的互相拉动作用。

Rovio 的目标是成为像迪士尼一样的"全球娱乐巨头",这意味着"愤怒的小鸟"也将成为与米老鼠和唐老鸭一样的全球动画品牌。Rovio 首席财务官赫尔科 · 索尼宁(Herkko Soininen)表示,Rovio 未来的成功并不仅仅取决于新游戏,还包括该公司"维护并加强与粉丝之间关系的能力,以及新项目取得成功的速度"。其具体产品则包括基于《愤怒的小鸟》的动画片和剧情电影。《愤怒的小鸟》动画版已经开播,而由《钢铁侠》《卑鄙的我》的制作人制作的电影版将于 2016 年与玩家见面。

除此之外,"小鸟们"在周边销售领域也赚得盆满钵满。Rovio 在 2011 年品牌授权的收入占总收入的 40%。愤怒的小鸟每月光 T 恤和玩具的销量就高达 100 万件。

目前中国已是《愤怒的小鸟》第二大市场,Rovio 公司也启动了"愤怒的小鸟"品牌的中国市场运作计划。2012 年 6 月 14 日,在赫尔辛基之外,Rovio 公司在上海建立它的全球第二个办事处——中国办事处,并宣布了在中国的活动公园和零售店的计划。Rovio 公司与 PPW 香港山成集团合作开办周边产品零售店,上线淘宝商城网店。一家位于四川境内的公园,在未经授权的情况下,使用"愤怒的小鸟"作为题材制作了一个实体游戏。Ravio 公司得知这一情况后,并未追究其任何责任,反而主动找到这家公园寻求合作。就像他们一直以来所做的那样,Rovio 没有放过任何有效而无须怎么花钱的推广机会。Rovio 从一家游戏公司成功转型为娱乐公司,从中我们可以借鉴的是,对于具备了一定实力的开发商可以考虑打造品牌效应,将自己虚拟游戏的形象、概念延伸到现实中来。

Rovio 公司的成功可能具有一定的偶然性,但一路走来,游戏制作的精良、游戏旨趣的适宜、合适发行商的选择、品牌形象的打造升级、衍生产品的推广等等因素都为《愤怒的小鸟》加上了有形的翅膀,助其一飞冲天并且越飞越高,这其中包含的思维逻辑值得我们深思和借鉴。

6 国际动漫市场

有人认为动漫的开端始于英国的著名画家贺加斯1743—1745年间创作的世界最早的漫画《时髦婚姻》,也有人认为应该始于1906年美国人图尔特·勃莱克顿摄制的动画片《一张滑稽面孔的幽默姿态》,但如果把中国的皮影戏算作世界最早的卡通动画的话,那么动漫这种艺术形式经存在近千年了,在此期间,动漫由少数人的痴迷爱好变成一种家喻户晓、喜闻乐见的大众娱乐方式,乃至成为一种产业。尤其在今天,其经济和文化地位已发生了巨大的变化。

6.1 国际动漫市场发展状况

6.1.1 动漫市场的规模

从全球及主要国家来看,动漫产业已经成为一个庞大的朝阳产业。据统计,截至2006年,全球动漫产业的产值已达2 228亿美元,与动漫产业相关的周边衍生产品产值则在5 000亿美元以上。世界主要的动漫产业国家是美国、日本、韩国和英国。其中,20世纪90年代中期,美国动画产品及其衍生产品的出口就超过了传统的工业产品,成为贸易的重要支柱,其动画产品及其服务在国民生产总值中(GNP)已占到第6位。日本动漫产业的收入占其国民生产总值的近1/5,在国民经济中位列第六。其游戏市场每年创造着2万亿日元市值规模;目前,漫画杂志及单行本的发行量已占杂志和图书发行总量的45%,营业额在230万亿日元以上;日本销往美国的动画产品出口额是钢铁出口额的3.4倍,达到43.6亿美元。在日本电视节目出口总量中,动画产品占60%。韩国政府将动漫产业确立为“战略出口产业”,韩国的游戏产业在政府的大力支持下,近年来已达到每年10%的增长速度。其市场规模已经达到3 000亿韩元以上。韩国动漫业产值占全球的30%,动漫产业已成为韩国国民经济的六大支柱产业之一,韩国已成为世界第三大动漫产业国①。英国数字娱乐产业年产值占国内生产总值(GDP)的7.9%,成为该国第一大产业。由此可见,动漫产业已经由各国经济生活中的边缘产业跻身于国民经济的支柱产业。

6.1.2 动漫市场的产品结构

动漫产业(Cartoon Industry)是以ACG(Animation,Comic,Game),即动画、漫画、游戏为核心展开的,外延涉及所有动漫作品和相关衍生品以及一些动漫文化现象。动漫产业的基本产品主要有动漫作品,其载体包括电视和电影、图书和杂志、各种VCD和DVD光碟产品,以及网络、手机等媒介。本章涉及的动漫市场的产品主要是动画片和漫画。其中包括以下几部分。

---

① 2005—2006年中国动漫产业分析及投资咨询报告(上中下卷)[OL].[2005-06].http://www.164.com.cn/(中国投资咨询网).

(1)电视动画。电视动画是指在电视频道上播映的动画作品，包括虚拟形象动画、真人实景动画以及两者的结合体。典型代表作品包括《喜洋洋与灰太狼》和《天线宝宝》。

(2)动画电影。动画电影是以动画制作的电影，如《喜洋洋灰太狼之虎虎生威》《魁拔》等。动画电影的定义有狭义和广义两种。狭义上动画电影只通过电影院放映，广义上动画电影除通过电影院放映外，还通过剧场和 DVD 发售。本章所指的动画电影为广义定义，包括剧场版和 OVA①。但是严格意义上的动画电影与剧场版电影动画不同，动画电影的故事取材不是从电视动画或者 OVA 取材，从电视动画或 OVA 取材的称为剧场版或电影动画。近些年出现的真人实景拍摄与 3D 动画制作相结合的影片也属于此类。

(3)手机动漫。手机动漫是指将动画元素融入 MMS、WAP 等各类移动增值产品，并兼容 MFLASH 的动漫产品，通过移动运营商(中国移动、中国联通等)的手机终端将该动画产品提供给消费者。

(4)网络动漫。网络动漫是指以专业的动漫网站为载体，通过互联网制作和传播的动漫作品，它以动画和漫画形态提供各种增值应用服务，并从中获得收益。

6.1.3 动漫市场的主体结构

随着经济全球化步伐不断加快，各国文化产业壁垒不断被打破，一批规模庞大的跨国文化产业集团涉足文化产业的众多领域，成为文化产业领域中的“巨无霸”，占据国际文化贸易的主体地位。全球 50 家娱乐传媒公司占据了世界文化市场 95% 的份额。目前传播于世界各地的新闻，70% 由跨国公司垄断，世界最有影响力的文化企业巨头都是大型跨国公司。从事动画制作与发行的文化娱乐公司主要有：迪士尼、Viacom 公司、索尼公司、福克斯娱乐集团公司、时代华纳公司、NBC Universal 公司、贝塔斯曼公司、EMI 集团工业公司。其中，迪士尼公司作为行业老大，具有无可争议的垄断地位。此外，成立于 1986 年的能够自主研发多项动画制作软件、以技术见长的皮克斯于 1991 年 5 月与迪士尼签订具有历史意义的协议，皮克斯负责制作，迪士尼负责发行，两大动画巨头联合生产了一系列经典动画形象，刷新了动画史上多项纪录。成立于 1994 年的新兴计算机动画领先公司梦工厂，由原迪士尼公司高层领导人卡赞伯格、音乐界泰斗大卫·格芬以及著名大导演斯蒂文·斯皮尔伯格共同组建，从 1998 年开始陆续推出非常有票房号召力的大型动画片，堪与迪士尼公司分庭抗礼。工业光魔公司(ILM)是卢卡斯数字影音公司的子公司，拥有一支为《星球大战》等票房大片工作计算机特技团队，是世界上最大的数字生产公司。太平洋光魔公司(PDI)为商业界和娱乐界提供高端动画和视觉效果。皮克斯动画工作室开发了拥有自主知识产权的软件，涉及的领域包括模型、动画、灯光、制作管理和图像着色。华纳兄弟公司成立于 20 世纪 20 年代，20 世纪三四十年代开始制作动画短片，1962 年关闭了动画部门，直到 20 世纪 90 年代，又开始重新制作动画片。

日本从事动漫产业的主体则是由成立于 1956 年的东映动画公司、成立于 1961 年的手冢制作公司、成立于 1985 年的宫崎骏和高烟勋的吉卜力工作室以及众多分工严密的

① OVA(Origenal Video Animathin)意为“原创动画录影带”，是与动画电影和电视动画相对的一个概念，其既不在电视公演也不在电影院里公演，而是以录像带和 DVD 的形式限量销售，通常不会再版。相对二维动画电影和电视动画，OVA 动画只在商店内发行和销售。画面较电视版制作精良，分级制度没有电影、电视严格。OVA 的长度不受限制，比较自由，一部动画，长篇 40 ~ 50 分钟，短片 20 ~ 30 分钟。

小动漫制作公司组成。

中国动漫市场除了大约十个实力雄厚的大公司之外，其他公司规模都偏小，基本上处于“有量无质”的局面，产业集中度低。

6.1.4 国际动漫市场的竞争格局

从国别分析来看，世界主要动漫国家是日本、美国、韩国和加拿大，以及一些专门承接动画片外包业务的像中国内地、中国台湾地区、印度、菲律宾等一些发展中国家和地区。

20 世纪 70 年代，日本承接了美国的动画制作加工转移；80 年代日本经济开始腾飞，动漫原创也得到迅速发展，日本逐渐成为动漫大国。2003 年，日本销往美国的动漫产品是其钢铁出口的 4 倍。目前，日本仍然是高水平动画外包的承包国。日本的动漫产业是日本文化产业中最为突出的亮点，涉及影视、音像、出版、旅游、广告、教育、服装、玩具、文具、网络等众多领域，并以超过 90 亿美元的年营业额使日本一跃成为世界第一动漫大国。日本的动漫内容产业市场的总体规模估计已占日本国内生产总值(GDP)的 10% 强，其已经发展成为日本的第三大产业。平面书籍领域，日本的漫画也占到了世界市场半数以上的份额。据统计，目前日本动画片占据全球 60% 以上的市场份额，欧洲动漫产品的 80% 来自于日本。长期以来，日本形成了销售集团垄断，创作和制作企业小、散、多，原创为主、外包为辅的产业结构，国际化和市场化并举的市场结构。

美国是动画产业的发源地。20 世纪初，动画电影在美国面世并形成产业，至五六十年代进入繁荣时期，美国动漫产业在几十年的发展中，依托发达的经济力量、雄厚的创作和技术力量、完备的市场化组织力量，始终处于世界领先地位。美国动漫产业在发展中形成了几大动漫垄断企业集团。这些集团对动漫产品进行大投入、大制作、大产出、大运作，形成进行独立开发和市场独立运营、比较单一的原创产业结构、国内外并举的市场结构，其产品处于向国际社会强势输出的地位，并主导国际动漫产业的发展。此外，美国将大量的中低档次的动画制作和衍生品的设计和生产发包给其他国家，降低了成本，同时还承接世界上三维动画高水平制作的服务外包。有数据显示，2004 年美国动漫产业产值达到 183 亿美元，其中动画产值 50 亿美元，游戏软件产值为 73 亿美元(计算机游戏软件 11 亿美元，游戏机软件 62 亿美元)，游戏机及其接口设备产值为 37 亿美元，漫画产值为 23 亿美元。但据业界人士估计，美国动漫产业产值远大于此，加上漫画、动画、游戏的衍生产品及其出口收入，总产值至少也有 2 000 亿美元。

20 世纪 80 年代，韩国承接了日本的动画制作加工转移，从简单的上色到承接整套工程，在外包中积累了动漫制作的理念、管理和技术，成为世界上最大的动画加工厂。韩国以数码动画技术为突破口，提高三维以及三维与二维技术的合成能力，以计算机及其网络为基础，实施动漫产业特别化战略。在衍生产品的开发上，韩国也坚持了同一战略理念，将动画衍生产品的开发集中在网络游戏上，完成对内容资源的深度开发和对目标消费群的再利用。同时，承接外包仍然是其产业发展的主要支撑。20 世纪 90 年代后期至今，韩国经济崛起，韩国动漫原创迅速发展。2006 年，韩国国内市场动漫产业销售额为 116 亿美元，而出口竟达到 294 亿美元，占国际市场近 10% 的份额，成为第三动漫产业大国。

加拿大从 20 世纪 80 年代开始承接美国动画加工，90 年代开始发展动漫原创，采取原创和外包同时发展的模式，方式灵活。主要发展方式有三种：一是合作制片。这种方式主要是指国际合作，产权大部分由加方控制。这样做既有利于分享更丰厚的市场回报，又能通过合作方有效地拓展国际市场。二是本土原创。这样做市场回报高，但市场销售由自己独立完成。三是承接外包。加拿大拥有世界上一流的动画制作技术和企业管理，拥有多个著名企业，承接美、日、欧外包项目，形成原创与外包相结合、国际与国内市场并举的结构。

我们以动画产品生产和销售最活跃的国家——日本为研究对象，探寻动漫产品国际贸易的基本规律：日本从1951年开始进口美国的电影和电视动画产品，并在20世纪60年代达到高峰；50年代后期日本开始为美国动画产品做外包，一直持续到70年代初期；20世纪60年代前期，日本开始向美国出口电视动画产品；70年代前期，日本向韩国和我国台湾地区出口过时动画产品，同时将动画产品的中期制作向韩国和我国台湾地区转移。再来看看韩国和我国台湾地区动漫产业发展状况：韩国和我国台湾地区的动漫产业是几乎同时起步发展的，二者均在20世纪50年代末和60年代初引进美国和日本的动画产品，在70年代初为日本和美国进行外包，90年代中期后开始向整片出口转换，并将中期制作部分向中国内地、泰国、菲律宾等劳动力更便宜的国家转移（见表6－1），90年代，中国内地和印度加入动漫国际贸易队伍。在此过程中，美国、日本这两个动漫强国居于国际动漫产业发展的领先地位，对国际动漫产业的创作、制作、生产和市场起着主导作用。此外，从单个国家的角度看，在进入国际市场的过程中，除了美国是动漫产业的发源国，并且其原创占主导地位外，其他国家都是从外包做起，基本上都有大约十年的大规模承接外包经历。外包不仅为发包国带来了利润，也为接包国传授了技术和管理以及市场运作经验，使接包国积累了资金、培养了人才，为其原创的大发展奠定了基础，有力地推动了接包国动漫产业的快速发展。

表6－1 主要动漫国家和地区加入国际动漫市场的历程

模式	美国	日本	韩国和中国台湾地区	中国内地和印度
整片进口	20世纪60年代初期	20世纪50年代初期	20世纪60年代初期	20世纪80年代初期
外包出口		20世纪50年代后期	20世纪70年代初期	20世纪90年代初期
整片出口	20世纪30年代	20世纪60年代初期	20世纪80年代后期	
外包进口	20世纪50年代后期	20世纪70年代初期	20世纪90年代初期	

资料来源：苏锋博士论文《动画产品国际贸易模式研究》112页。

6.2 国际主要动漫市场分析

6.2.1 美国动漫市场

6.2.1.1 美国动漫市场的发展概况

从1907年第一部动画片《一张滑稽面孔的幽默姿态》诞生至今，美国动画产业已经历了五个发展阶段；第一阶段是：1907—1937年间，为“菲利斯猫”等初具个性魅力的动画角色的开创阶段。第二阶段是：1937—1949年间，如《白雪公主》等动画长片的初步发展阶段。第三阶段是:第二次世界大战后,美国动画产业迅速恢复,在1950—1966年形成第一次繁荣时期,推出《爱丽丝梦游仙境》等著名经典动画片的迪士尼公司,成为动画电影业的超级霸主。第四阶段是:随着1966年华特·迪士尼的去世,1967—1988年间,美国动画产业发展进入蛰伏期。此时电视动画如《猫和老鼠》等登上历史舞台,数字技术开始运用,电影动画产业处于新旧结合期。第五阶段是:1989年至今,其中,1989—2002年间,是美国动画的第二次繁荣期,各大制作公司纷纷涉足动画界,同时诞生了华纳兄弟、梦工厂等动画制作界巨头;近十年来,美国动画界异军突起,竞争激烈,诞生了索尼娱乐动画公司、蓝天工作室等一系列新兴动画生力军,打破了迪士尼、华纳等老牌动画巨头的垄断局面。

6.2.1.2 美国动漫的特色

美国动漫的特点是商业气氛浓厚,且多以角色为中心,当一个角色成功打入市场,那么该公司会长期开发该角色形象,不断给该角色增加新故事、新特色或新能力。因此,美国漫画角色丰富生动、生命力强、生命周期长。

美国的动漫也体现了其垄断经济特色,世界上知名度最高的漫画角色大多出自美国最大的两家动漫公司——DC和Marvel,如DC公司的超人(Superman)、蝙蝠侠(Batman)、蜘蛛侠(Spiderman)、猫女(Catwoman)等,Marvel公司的超胆侠(Daredevil)、神奇四侠(Fantastic Four)、X战警(Xman)、绿巨人(The Hulk)等。两家动漫娱乐公司的业绩已经占据美国动漫市场的7成份额。

在取材上,美国动漫主人公大多是一些超级英雄,故事也趋于简单化,多以绝对力量拯救世界或强大的力量从困惑到被社会接受的过程等为题材,并且一直以这些超越常人的能力作为动漫的看点,长久以来没有进行全面的突破。

数字视听技术为美国动画产业带来巨大革新,采用计算机制作的动画影片在美国电影市场中占有重要份额。由表6-2和表6-3可以看出,在美国2010年电影票房排行前十名中,完全意义上的三维动画影片共有五部,即《玩具总动员3》(Toy Story3)排名第一位,《卑鄙的我》(Despicable Me)排名第七位,《怪物史莱克4》(Shrek Forever After)排名第八位,《驯龙记》(How to Train Your Dragon)排名第九位,以及《长发公主》(Tangled)排名第十位。与2009年票房相比,三维动画影片数量显著上升(2009年票房前十中的三维动画影片仅有《飞屋环游记》排名第五位)。另外,传统二维动画几乎销声匿迹,排名靠前的基本为运用数字合成技术制作的影片。

表6-2 2010年美国电影销量排行榜

排名	片 名	北美票房(美元)	全球票房(美元)	发 行
1	玩具总动员3	415 004 880	1 063 171 911	迪士尼
2	爱丽丝梦游仙境	334 191 110	1 024 299 904	迪士尼
3	钢铁侠2	312 433 331	623 933 331	派拉蒙
4	暮光之城3:月食	300 531 751	698 491 347	顶峰娱乐
5	哈利·波特与死亡圣器(上)	295 983 305	956 399 711	华纳兄弟
7	卑鄙的我	251 513 985	543 113 985	环球
6	盗梦空间	292 576 195	825 532 764	华纳兄弟

续表

排名	片 名	北美票房(美元)	全球票房(美元)	发 行
8	怪物史莱克4	238 736 787	752 600 867	派拉蒙、梦工厂
9	驯龙高手	217 581 231	494 878 759	派拉蒙、梦工厂
10	长发公主	200 821 936	590 721 936	迪士尼

表6-3 2010年美国电影销量排行榜

排名	片 名	北美票房(美元)	全球票房(美元)	发 行
1	阿凡达	760 507 625	2 782 275 172	福克斯
2	变形金刚2:卷土重来	402 111 870	836 303 693	派拉蒙、梦工厂
3	哈利·波特与混血王子	301 959 197	934 416 487	华纳兄弟
4	暮光之城2:新月	296 623 634	709 827 462	顶峰娱乐
5	飞屋环游记	293 004 164	731 342 744	迪士尼
6	宿醉	277 322 503	467 483 912	华纳兄弟
7	星际迷航	257 730 019	385 680 446	派拉蒙
8	弱点	255 959 475	309 208 309	华纳兄弟
9	鼠来宝2:明星俱乐部	219 614 612	443 140 005	福克斯
10	大侦探福尔摩斯	209 028 679	524 028 679	华纳兄弟

6.2.2 欧洲动漫市场

6.2.2.1 欧洲动漫市场概况

1980年之前的欧洲动画虽已形成一定的产业规模,但企业生产能力有限,产量低、规模小、组织结构分散、赢利状态较差。1980年之后,随着计算机技术的普遍应用,欧洲动画企业规模日益扩大,动画产量呈几何式增长,作品进入商业领域并开始赢利,产业结构日趋合理,发展模式开始形成。1997—2008年间,欧洲共出产播映157部动画长篇电影,而1997年之前,整个欧洲只有150部(见表6-4和表6-5)①。相比以前每年2~3部的产量,现在欧洲动画长篇产量已达到每年20部左右,本土产长篇放映总量大于非欧洲片(见表6-5),电视动画系列亦占全球产量的11%②。法国大片如雨后春笋般涌现,《青蛙的预言》《疯狂约会美丽都》《男孩变成熊》《茉莉人生》等佳片获得多项世界大奖;英国的幼儿、少儿、青少年频道受众定位明确,《天线宝宝》《小小建筑师》等引领学前动画;德国成人动画开始发展,《小私生子》以独特的德式幽默创下票房奇迹,《和尚与飞鱼》《父亲与女儿》《彼得与狼》等一系列获奖短片使欧洲的动画生产掀起新一轮的高潮;西班牙、东欧等地则以相对廉价的劳动力成本成为动画作品的主要来料加工地。

---

① Animated Movie. US and European Market Assessment[J]. Screen Digest, Nov 2004:44.

② Animation Production in Europe. A market driven by video opportunities[J]. Screen Digest, January 2004.

表 6－4　1997—2008 年欧洲各国动画长篇产量(包括合拍)

国家	数量	国家	数量
德国	53	卢森堡	6
法国	44	瑞士	4
西班牙	38	芬兰	2
英国	16	葡萄牙	3
意大利	16	俄罗斯	3
瑞典	15	捷克	2
丹麦	15	爱沙尼亚	2
比利时	10	希腊	1
挪威	9	匈牙利	1
爱尔兰	6	拉脱维亚	1

资料来源:Cartoon,2002 & Animationeurope,2008. 因合拍片较多,故实际产量小于本表各国数量之和。

表 6－5　1997—2001 年欧洲上映的动画电影总量

	1997 年	1998 年	1999 年	2000 年	2001 年	总计
欧洲产	10	8	13	14	11	56
非欧洲产	6	7	11	8	11	43
总计	16	15	24	22	22	99

资料来源:Lumiere/Cartoon,2002。

6.2.2.2　播映平台

政府、媒体的大力资助使欧洲动画播映平台渐成规模,欧洲各国公共频道延长动画节目播出时间,瑞士、奥地利、法国、西班牙、比利时、英国等国均已超过 500 小时(见表 6－6)。随着产业地位的日益牢固,一些国家公共频道动画播出时间逐步减少(英国 BBC2 减少了近一半),而建立儿童频道或动画频道等子频道,甚至针对不同的受众群再进行细分,使电视播映体系更加专业化,英国 BBC 下属的三大儿童频道 CBeebies、CBBC 和 BBC Switch 分别针对 0～6 岁、6～12 岁、12～16 岁的青少年播放动画节目。为提高欧洲原创节目地位,动画频道大力播映欧洲本土动画节目。

表 6－6　欧洲公共频道 2001—2002 年播出动画时间　　（单位:小时）

频道	国家	2001 年	2002 年
SRG－SSR SF2	瑞士/德语	1 491	1 699
Network2	爱尔兰	n. c.	1 393
ORFI	奥地利	1 373	1 284
France 3	法国	1 056	969
La 2(TVE 2)	西班牙	n. c.	862
VRT－ketnet/Canvas	比利时	713	754

续表

频道	国家	2001 年	2002 年
RAI 2	意大利	993	717
BBC 2	英国	1 332	634
France 5	法国	387	532
TVP 1	波兰	268	462
HRT 1	克罗地亚	333	413
TVR 2	罗马尼亚	255	367
CT 1	捷克	349	350
STV 1	斯洛伐克	331	330
BBC 1	英国	628	277
DR 1	丹麦	280	277
TVE 1	西班牙	n. c.	248
TRT 1	土耳其	335	242
NRK 1	挪威	143	240
YLETV 2	芬兰	263	229
ZDF	德国	257	226
HRT 2	克罗地亚	82	204
RAI 3	意大利	188	204

资料来源：UER – EBU – ISN /Mediametrie – INA(France)。

影院方面，众多动画大片在欧洲地区上映并取得不菲票房，《疯狂约会美丽都》在法国取得 80 万张入场券，并在荷兰、意大利、英国上映；《叽里咕与野兽》票房收入直逼 1 200万欧元；730 万美元成本的《茉莉人生》在法国票房收入达到 947 万美元；《小小北极熊》在德国获得 250 万入张场券，在英国获得 50 万英镑票房收入；《复活森林》在西班牙取得 80 万张入场券的好成绩。除了欧洲地区，众多影片还在北美院线及全球播映，《小鸡快跑》以 1.06 亿美元的美国票房收入位居北美动画电影票房榜第 36 位，欧洲动画大片正在走出欧洲，走向世界①。但除了以影碟方式观看，这些动画片在亚洲国家上映非常有限，近年来只有法国的《亚瑟和他的迷你王国》在中国上映，很多优秀影片只有在国际交流或动漫节期间才得以一见。从票房来看，与美国合拍的影片更具票房优势，这一方面是由于美国在制作方面的介入使影片内容更符合美国受众乃至全球观众的胃口，另一方面则是由于美国大型媒介集团的发行优势。但无论怎样，与美国的合作使欧洲各国积累了丰富的市场经验，开始积极进军亚洲市场，一个更广阔的动画播映平台正在形成。

6.2.2.3 需求条件

悠久的动漫传统使动画产品在欧洲的需求相当旺盛，欧洲观众对动画影视作品有极

① 见北美票房网，电影资料完网，http://www.boxofficemojo.com，http://www.imdb.com.

高的热情。尤其是法国,动画片五年内拿到三个年度票房冠军,分别为《美食总动员》(2007)、《史莱克2》(2004)和《海底总动员》(2003)。《冰河世纪2》和本土巨作《亚瑟和他的迷你王国》分获2006年亚军和季军。2007年法国票房榜的前十名中,居然有三部动画片,《茉莉人生》获得接近1 000万美元的票房收入。而英国则是学前动画的主要消费市场。据调查,65%的英国儿童每天上学前看电视,83%的儿童放学回家后看电视,50%以上的儿童吃晚饭时“离不开电视”,68%的儿童躺在床上看电视入睡。目前英国学龄儿童平均每天看电视时间长达2.6小时,10%的儿童每天看电视时间超过4小时,巨大的儿童消费市场是欧洲儿童电视动画迅速发展的主要动力。

随着《威尔纳》(Werner - Beinhart,1990)与《小私生子》(The Little Bastard,1997)在德国的成功,成人动画在欧洲开始兴起,甚至连英国传统的戏剧频道 Paramount Comedy Channel 都开始播放成人动画节目。成年人厌倦了超人、蜘蛛侠式的英雄,不会为甜美虚幻的迪士尼影片哭泣欢笑,转而喜欢那些有缺点甚至是失败的现实形象。的确,浓厚的文化积淀注定了欧洲人对深度主题及深刻表现手法的青睐,《疯狂约会美丽都》(The Triplets of Belleville,2003,法)、《茉莉人生》(Persepolis,2007,法)等优秀影片突破了迪士尼、皮克斯惯用的童稚化形象,以成人视角审视社会,心理刻画细腻,音乐、色彩的运用带有某种怀旧的风格,深受成年人喜爱。《吉米闯天关》(Free Jimmy,2006,挪威/英国)、《复活》(Renaissance,2006,法)、《公主追杀令》(Princess,2007,丹麦/德国)、《白雪公主的结局》(Snow White the Sequel,2007,英/法/比利时/波兰)等一系列带有黑帮、悬疑、色情等性质的另类成人动画成功开辟出又一细分市场,开拓了动画发展的新领域。

6.2.2.4 企业竞争格局

欧洲各国的相互竞争构成良好的竞争环境,表6-7列出1997—1999年欧洲顶级的30家顶级动画公司及其生产能力。近年来,随着经济的进一步发展,各公司之间进行着不同程度的重组与兼并,尤其是德国、英国一些跨媒介集团开始介入动画产业,欧洲动画公司的制作能力大大提高,发行能力渐成规模。但总体而言,缺乏压倒性的动画产业集团是欧洲动画产业发展的极好竞争动力。

表6-7 1997—1999年欧洲30家顶级动画制作公司及其生产能力

公司	国家	平均制作量(小时)
D'ocon Films	西班牙	52
Neptuno Films	西班牙	38
France Animation	法国	36
Carrete	法国	34
Neuroplanet Benelux	法国	30
Ellipscanime	法国	29
Saban International	法国	28
BRB	西班牙	27
TV Loonland	德国	27
PMMP	法国	21

续表

公司	国家	平均制作量(小时)
Cromosma	西班牙	17.5
Animage	法国	16.5
Eva Entertainment	英国	16.5
Millimages	法国	15
TFC	德国	15
HIT Enterainment	英国	15
Aries Animation	法国	14
Marathon	法国	14
Egmont Imagination	丹麦	12.5
Cosgrove Hall	英国	11
Tele Image	英国	11
Alphanim	法国	10
Rosster Studio	法国	10
Varga	英国/匈牙利	8.5
Cartoon Productions	西班牙	7.5
Hahn Film	德国	7.5
Les Film do Triangle	法国	7
Cymax	法国/比利时	6.5
Colligwood O'hare	英国	6
Telemagination	英国	

资料来源;Cartoon/Screen Digest,2002。

6.2.3 韩国动漫市场

6.2.3.1 韩国动漫市场概况

经过多年的振兴与发展,韩国动漫的产量在亚洲仅次于日本,动漫产业现已成为韩国国民经济的六大支柱产业之一。目前,韩国的动漫制作公司不断开发原创项目,同时也进入国际市场参与制作。例如,在美国 Cartoon Network 上播放的动画片《乡下人》,其制作过程全部在韩国完成,绘画与创作风格也颇受韩国动漫的影响。韩国还争取与迪士尼等传媒巨头合作,签署双边或多边联合制片协议,利用外方的资金、渠道、技术等,从而减少"文化折扣"和壁垒,获得"国民待遇",共享资源和收益。

2008 年韩国国内动画销售总额达到 4 047 亿韩元,其中,动画制作、流通、供应以及网上动画流通销售规模约为 3.2 亿韩元,占 75.5%;影院票房收入约为 690 亿韩元,占 17.1%;广播公司出口额为 61 亿韩元,占 1.5‰。此外,动画产业的出口量大幅提升,尤其是广播公司的出口增长 1 055.2%,影院票房收入则增长 224.7%,动画流通和供应出口销售额的增长也达到107.0%。这种增长趋势若在一段时间内得以继续,那么在短期内就会大大增加整体销售份额①。

表6-8　2007—2008年度韩国动画产业销售现状　(单位:百万韩元)

分类	销售额		比率(%)	增幅(%)
	2007	2008		
动画制作	274 160	305 632	75.5	11.5
动画流通及供应	7 517	15 558	3.8	107.0
网上动画流通	7 691	8 407	2.1	9.3
影院票房	21 269	69 052	17.1	224.7
广播公司出口销售	529	6 111	1.5	1 055.2
总计	311 166	404 760	100	30.1

数据来源:2009韩国动漫产业白皮书。

值得瞩目的是,韩国原创动画产品在整体份额中占据最大比率并远远超出外包制作的份额,这表明韩国动画产业性质逐渐由外包向自我创制进行转变。

6.2.3.2　各产业形态的销售规模

除了票房收入及广播公司出口以外,根据产业规模可进行如下分类(见表6-9):其一,原创份额约为2 734亿韩元,所占比率(82.9%)最大;其次是流通、供应,规模约为361亿韩元(11%);再次是制作支持,约为110亿韩元(3.4%);其他约为816亿韩元(2.5%)。这表明制作销售多样性不够,说明目前还是主要依靠基本制作。因此,为增大销售额,需要分散各个事业领域的重点。

表6-9　韩国动画产业形态分类销售现状　(单位:亿韩元)

原创及制作	支援制作	单纯复制	流通/供给	其他	总计
273 390	11 089	842	36 117	8 159	329 597
82.9%	3.4%	0.3%	11.0%	2.5%	100.1%

数据来源:2009韩国动漫产业白皮书。

6.2.3.3　影院动画市场规模

2008年在韩国影院放映的动画影片一共为21部,观众数量大约为10 560 082人次。与2007年度相比,放映动画影片在数量上减少了两部,但在观众数量上与2007年的观众数7 028 859名相比增加了一些。相比2007年、2006年的23部,2008年放映量大致相近。另外,韩国动画影片与外国动画影片放映数量比率也差异不大,如2008年放映的韩国动画作品为2部、海外动画作品为19部,2007年为3部和20部,2006年也是3部和20部。如此看来,在韩国影院里放映的动画片一半以上来自海外,到目前为止这种倾向依旧没有得到改观(见表6-10)。

① 数据来源:2009韩国动漫产业白皮书。

表 6-10 2008 年韩国动画放映数量和票房人数

	放映数量(部)	票房人数(人次)
韩国动画	2	6 336
海外动画	19	10 533 746
总计	21	10 560 082

数据来源:2009 韩国动漫产业白皮书。

6.2.3.4 电视动画市场规模

目前韩国有四家主要电视台,即 KBS,SBS,MBC 和 EBS。2008 年这四家电视台播出动画总时间为 128 725 分钟,大约为 2 145 个小时。这些时间还包括韩国与海外动画的播放时间。其中,韩国动画播放时间为 49 470 分钟(大约 825 个小时),占全体动画播放时间的 38.43%。与此相比,海外动画播放时间为 79 255 分钟,占 61.57%。具体见表 6-11与表 6-12。显然,海外动画电影播放时间比韩国动画播放时间长得多。施行“动画播放总量制度”政策后,动画节目的播放时间总体上得到提高,并且韩国动画播放时间由此得到相应的增加,但总的来讲还是存在对海外动画作品的依赖性。

表 6-11 2008 年韩国广播电台动画播放总时间(占比) (单位:分)

	全体	国内	海外
比率(%)	100	38.43	61.57

数据来源:2009 韩国动漫产业白皮书。

表 6-12 2008 年韩国各广播电台动画播放时间 (单位:分)

电视台	KBS1	KBS2	MBC	SBS	EBS
全部动画	7 240	5 995	8 295	101 350	128 725
电视台	KBS1	KBS2	MBC	SBS	EBS
韩国动画 (占比,%)	6 150 (84.94)	5 310 (88.57)	5 145 (62.03)	27 020 (26.66)	49 470 (38.43%)
海外动画 (占比,%)	1 090 (15.05)	685 (11.43)	3 150 (37.97)	74 330 (73.34)	79 255 (61.57%)

数据来源:2009 韩国动漫产业白皮书。

6.2.4 日本动漫市场

6.2.4.1 日本动漫特色

由于日本动漫作者相对较自由,与动漫娱乐企业的联系不是很固定紧密,于是漫画作者不愿意、也很难对自己所创作出的漫画角色进行长久的开发拓展。受此限制,故事的续集部分往往花样不多,当一部漫画获得成功后几年时间,很少再推出新版本,漫画作者和公司也都投入到新作的创作和销售阶段了。例如,美国的著名漫画角色超人(Superman),在其诞生 60 多年后,经无数次改编,最后,制作出电影《超人归来》,从而将超人再次搬上银幕。而在日本，与漫画《机器猫》同时代的漫画作品，除《圣斗士星矢》由法国公司推出其后续篇以外，其他漫画作品大部分都只剩下一个形象，甚至只剩残存在记忆中的一点印象了。这些漫画的周边产品也几乎停产，市场上也很难再找到。

日本漫画在题材上较丰富，漫画以小人物寻找人生目标、实现人生价值的热血系最为多见，表现手法比较细腻，注重刻画角色内心世界，情节人物错综复杂，具有一定的文化深度。

但是，日本漫画家相对比较独立，内容也比较复杂，因此一些宣扬颓废主义、色情、暴力、犯罪等不被大多数人所接受的世界观也掺杂在动漫作品中，并且这些作品的作者通常都是知名的漫画家，其影响力也是不容忽视的。

6.2.4.2 日本动漫产业结构

日本动漫产业主要依靠于单行本漫画与动画 DVD 的销售赢利，通过漫画杂志与动画播出建立品牌形象后，再通过动漫及其衍生品的销售达到赢利的目的。漫画的发表平台多为杂志，以周刊为主。而动画则主要以电视作为传播手段，每周制作一集电视动画，当周播出，同时推出该动画的 DVD、蓝光光盘、主题曲 CD、原声音乐、小说、漫画、玩具、游戏等衍生产品。在日本，受欢迎的动漫形象还会被应用在日常用品、食品等其他领域，甚至开发出具备混合消费模式的主题园区或主题店。大量周边产品的开发提高了动漫产品的知名度和附加价值，为动漫产业创造了可观的效益。

以市场为导向是日本动漫产业成功的另一重要原因。2010 年，日本电视动画的播出模式是在每季度初播出新作，每周一集，长度分为一季度（13 集）、半年（26 集）与一年（52 集）三种。如果播出效果不佳就会被停播，或者换到收费频道播出。剧场版动画则主要集中在 6 月、7 月、8 月播放。以电影形式发行的动漫作品多选择在暑期上映，以期取得最大的票房收益。以市场来决定作品的播出方式，及时统计市场的反馈信息并迅速作出调整等，这些做法成为日本动画取得商业成功的关键。

日本动漫公司非常注重市场的广度开发。动漫周边产业融入了日常生活的每个角落，如音乐、电影、小说、游戏、广播剧、玩具、游乐园等。在日本，动画、漫画、游戏三者被称为“ACG 产业”，它们相辅相成，共同发展。优秀的动画会被制作成游戏，有些动画则是为宣传游戏而制作的。此外，动漫作品的广告作用也越来越大，对其他领域的影响力呈不断扩展态势。以 2009 年的电视动画《轻音》为例，动漫迷疯狂抢购片中角色佩戴的某款耳机，导致该耳机市场价格飞涨至 870 美元（约合 8 万日元）并几近脱销，从而吸引了越来越多的公司开始投资、赞助动漫产业。

日本动漫将作品所涉及的一切周边产品尽可能多地提供给消费者，以市场为导向，充分开发动漫产业丰富的商业价值。动漫早已渗透到日本人生活的每个角落，潜移默化地影响着日本人的生活习惯。据三菱研究所的调查，日本人约有 87% 的人喜欢漫画，84% 的人拥有漫画人物模型及其他动漫相关产品。动漫作为一种国民文化，已经与日本民众的生活融为一体。动漫产业在日本已经形成了一种全民动漫文化。日本除纯商业化的动漫产业外，还拥有独特的同人动漫产业。从 1975 年开始，日本每年举行两次名为 Comic Market 的大型同人作品贩卖活动，吸引大量动漫爱好者参加。2010 年 8 月举办的第 78 届 Comic Market，三天总计到场 56 万人。同人作品贩卖会的举行大大激发了民众对动漫的热情，创造了良好的动漫文化氛围。在同人作品贩卖会上，有潜力的作者会被商业公司发掘并签约,从而为日本动漫产业输送大量优秀人才。日本作为世界上最成功的动漫大国之一,其动漫产业的发展在人才培养、资金运作、市场开发等诸多领域都有示范作用。

但是,日本的动漫市场也在面临调整。日本数字娱乐协会发布的《数字娱乐白皮书2009》显示:动画方面,TV动画的制作数量自2006年达到顶峰之后就一直呈减少趋势,DVD等影像软件市场也在缩小。受经济不景气的影响,各电视台也在考虑削减高成本动画的制作部数。此种状况下,剧场版动画的票房成绩呈现强势。2008年剧场版动画总票房收入超过300亿日元,受同年7月上映的宫崎骏动画《悬崖上的金鱼公主》的影响较大。该作品的票房成绩达155亿日元,占同年所有剧场版动画票房收入总数的一半以上。漫画方面,杂志、单行本的销售金额减少,市场规模呈萎缩趋势。小学馆、讲谈社等知名出版社的杂志也相继停刊,并发生了一些作家和漫画杂志社不和的事件。与传统的纸质漫画相比,以电子漫画、手机漫画为代表的新型漫画市场在2008年迅速崛起,一些大型出版社纷纷推出自己的漫画阅读网站,甚至连掌上游戏机也有自己的漫画平台。

6.2.5 加拿大动漫市场

早在2007年,加拿大就成为全球播放动画电视节目时间最长的国家,到2009年就达到了382小时的电视频道播出量,超过美国330小时的播出时间。加拿大动画产量处于世界领先水平。在全球知名动漫工作室的年产量排名中,加拿大的动漫工作室名列前茅。

在全球动漫迅速发展的20年时间里,加拿大作出的贡献有目共睹,尤其是在动画电影的发展历史中,加拿大动画先驱们的影响力深远。现今动漫产业在世界范围内多以赢利、票房收入为衡量动漫作品的主要标准,动漫的制作方式趋于市场主导与分工量产,这些因素都决定了动漫作品在商业体制下更多的是工业品而非艺术品;而加拿大的动漫作品仍然每年推出品位非凡、独具个人风格的动漫艺术作品,不断开拓新的动画电影领域。与此同时,加拿大也培养了优秀的动漫人才,正是这些思维鲜活大胆的年轻人使得加拿大动漫作品保持着独特的魅力。由于具有丰富的优秀人才资源,加拿大涌现出相当多独立动漫工作室,为加拿大动漫提供了源源不断的灵感和创意。但值得注意的是,这些独立工作室并未形成具有影响力的产业链力量。

20世纪80年代,加拿大开始承接美国等动漫输出大国的动漫加工项目;90年代,加拿大重归原创之路。这种不拘泥于单纯创作、原创与外包同时发展的模式十分灵活,不仅可依托邻国美国成熟的动漫业,而且还能推动加拿大动漫制作能力的提升,尤其是在三维技术方面可以不断累积经验。但如今,加拿大的动漫产业也遇到了一定的发展瓶颈,动漫作品受到诸如EA,UBISOFT等其他大公司的上游控制,知识产权基本上是归跨国公司所有,本土公司并非最大获益者。独立工作室虽多却未形成有足够控制力的规模。

加拿大动漫市场的另一大亮点是举世瞩目的渥太华国际动画电影节。自1976年开始创办的渥太华国际动画电影节是北美洲最大的动画电影节,也是全球四大动画电影节之一,每年吸引来自世界各地的业界人士参加。此活动由加拿大电影学院主办,旨在推广动画艺术并对动漫界的杰出表现者予以肯定。从2005年开始,渥太华国际动画电影节由两年一届改为每年一届，学生奖成为主奖项之一。电影节始终致力于动漫产业的发展，发掘极富创造力和原创性的作品，为青年动漫工作者提供交流展示的国际平台。

6.3 中国动漫产品“走出去”

6.3.1 中国动漫产业概况

6.3.1.1 市场规模

相比日本、美国，中国动漫产业起步很晚，直至2000年左右，动漫才作为一个整体产业进入政府和社会的视野，而日本、美国的动漫产业已经有了近百年的发展历史，基础弱、时间短决定了中国动漫产业在产值、效益上与世界动漫强国有着很大的差距。但动漫作为我国的新兴产业，极具爆发力和后发优势。2010年动漫产业总产值达470亿元人民币；国产电视动画达597部，22万分钟；截至2010年，全国动漫企业数量已达8 360家，从业人员达33.4余万人。如表6－13所示。

表6－13 中国动漫产业规模

项目	2006年	2010年
动漫产业总产值	80亿元人民币	470亿元人民币
动漫企业数量	1 400家	8360家
动漫从业人数	6.2万人	33.4万人
漫画出版物发行总规模	8 200万册	3.47亿册
电视动画生产分钟数	82 300分钟	22万分钟
电视动画片数量	339部	597部
动画电影上映数量	12部	27部

2011年，我国动漫产业产值增加到621.72亿元人民币，在不考虑主题公园行业的情况下，漫画产业、动画产业、新媒体动漫产业、动漫衍生品产业和动漫延伸产业产值分别为48.59亿、141.35亿、35.34亿、162.55亿和53.89亿元人民币，占比分别为11.0%、32.0%、8.0%、36.8%和12.2%。其中，动漫衍生品产值比重最大，而新媒体动漫占比虽最小但较往年有所提升。特别是，从2009年至2011年，我国动漫产业出口额从3.19亿元人民币增至7.14亿元人民币，连续两年增速超过40%。2011年，我国制作完成的电视动画片产量高达26万分钟，远远高于第二名日本的9万分钟。2012年我国制作完成的国产电视动画片共395部，时长为222 938分钟。

6.3.1.2 播映平台

我国动画播出体系主要由央视少儿、北京卡酷少儿、上海炫动、江苏优漫、湖南金鹰、广东嘉佳6个上星少儿/动画频道，32个省市地面少儿频道，以及部分综合性频道的动画时段构成。其中,6 个上星频道年国产动画片播出时长合计超过 30 000 小时,各地面少儿频道年播出国产动画片平均达 3 000 小时。2012 年动画节目播出总时长为 117 193 小时,较 2011 年增长 4.24%;人均年动画节目收视时长为 38 小时,较 2011 年增长 11.76%。全国电视动画片与所有电视节目平均播出时长比为 2.8%。

2012 年,我国获得公映许可证的国产动画电影有 33 部,其中通过院线进入市场的有 25 部,公映比率显著提升。国产动画电影的生产与制作连续三年保持 30% 以上的增速,但是相较于 2011 年 50% 的增速,2012 年国产动画电影的生产在增长速度上放慢了脚步。2012 年动画电影票房总收入约为 30 亿元人民币,约占全国电影票房总收入的 17.7%,较 2011 年有极大的增长,但国外动画电影占动画电影票房总收入的绝大部分,国产动画电影仍处于劣势地位。国产动画电影票房排名前十的电影票房收入均超过 1 000 万元人民币,总计超过 4.5 亿元人民币。相较于《喜羊羊与灰太狼之虎虎生威》在 2010 年中一枝独秀的局面,2012 年排名前十的国产动画电影在票房收入上则呈现出分庭竞争的新特点。

网络、移动新媒体也开始成为动画的载体形式。目前,优酷、爱奇艺、搜狐、腾讯等各大视频网站中都设有"动漫"专栏,栏目内容日益丰富。从日韩动画到欧美动画再到国产动漫,各网站的整体构架都越来越精细,甚至还有网友原创动漫频道。各家更是为了收购热门动画的播放版权而不惜一掷千金,爱奇艺收购《熊出没》系列就是其中的典型案例。

6.3.1.3 拓展海外市场层面

目前,我国利用交易节展、专业论坛、合作拍摄、寻求代理等方式,积极探寻国产动画海外发行和营销的渠道,逐步扩大我国动画产品和服务在国际市场上的份额。2009 年,我国动漫出口总收入为 4 984 万美元,2010 年动漫出口收入为 7 968.8 万美元,较 2009 年增长 60%。2011 年我国核心动漫产品出口收入达 11 156.3 万美元,较 2010 年增长 40%。2012 年,我国动画片出口销售额达 3273 万美元,增幅明显。比出口额更值得欣喜的是,我国动漫产品的主要出口对象由 2009 年的中东、非洲、南美等欠发达地区,转变为欧洲国家、美国、韩国等动漫发达国家和地区。

从版权输出来看,我国动漫产品版权输出规模稳步提升,越来越多的中国动漫企业和品牌走向世界。从衍生品授权看,我国动漫品牌授权也在不断扩大,比如山猫动画公司的"山猫吉米"品牌系列衍生品出口到美国、日本、俄罗斯等 50 多个国家和地区,累计出口创汇超过 2 000 万美元;中南卡通作品进入 63 个国家和地区,海外销售额达到 500 多万美元。① 我国动画参与国际产业分工,也逐步从以外包加工服务为主向以自主原创为主转变。

6.3.1.4 国家政策层面

中国加入世界贸易组织之后,国外的动漫产品迅速涌入国内市场,中国市场面临被蚕食的危险。在应对国际动漫市场竞争的同时,将我国民族特色融入动漫创作中,创作出有中国特色的动漫产品,是我国动漫市场面临的新课题。2006 年财政部等十部委发布《关于推动我国动漫产业发展的若干意见》,首次从国家层面明确提出要发展动漫产业,这是中国发展动漫产业的一部纲领性文件。

---

① 向勇,范颖.对外文化贸易七产业势头喜人[N].中国文化报,2012-12-03.

一是鼓励国产优质动漫创作。在支持动漫原创方面,2002—2004 年间,国家先后出台了《影视动画业"十五"期间发展规划》《关于加强动画片引进和播放管理的通知》等相关文件,积极扶持国产动画片,鼓励境内外合作制作动画片,并规定所有境外动画片的引进须经国家广电总局审查通过,获得发行许可证后,方可发行播出。在每个播出动画片的频道中,国产动画片与引进动画片的播出比例不低于 6:4;自 2006 年 9 月 1 日起,全国各级电视台所有频道在每天 17:00 至 20:00 之间,均不得播出放映境外动画片和介绍境外动画片资讯的节目或展示境外动画片的栏目。

二是实施国产动漫产品"走出去"工程。为支持动漫产品"走出去",拓展动漫产业发展空间,建立健全动漫产业海外服务支撑体系,支持我国动漫企业开拓海外市场,适当补助动漫产品出口译制经费;通过"中小企业国际市场开拓资金"渠道,积极鼓励和支持优秀国产动漫作品和产品到海外参展;中国进出口银行可以为动漫企业出口动漫产品提供出口信贷支持,积极利用国家出口信用保险促进动漫产品海外市场营销;企业出口动漫产品享受国家统一规定的出口退(免)税政策,企业出口动漫版权可适当予以奖励。对动漫企业在境外提供劳务获得的境外收入不征营业税,境外已缴纳的所得税款可按规定予以抵扣。此外,2009 年出台的《关于扶持动漫产业发展有关税收政策问题的通知》中提出,动漫企业自主开发、生产动漫直接产品,确需进口的商品可享受免征进口关税和进口环节增值税的优惠政策,大力推动了我国动漫"走出去"。

6.3.2 中、日、韩动漫产业国际合作

在过去的十几年中,在中、日、韩三国关系中,经济关系的相互依存度最为显著。中、日、韩三国之间的经贸联系十分紧密,三国间贸易呈快速增长趋势。2007 年中日贸易额达 2 360 亿美元,超过日美贸易,中国成为日本的第一大贸易伙伴,中国也成为日本产品的最大出口目的地。而据 2007 年韩国关税厅统计数字,韩国从中国进口的商品总额达到 630.43 亿美元,大大超过从日本进口商品的 562.55 亿美元;而中国进口韩国商品的总额也达到 819.88 亿美元,成为韩国商品的最大买家,至此,中国首次在进出口两个方面同时成为了韩国的第一大贸易伙伴。日韩双边贸易额占日本贸易总额的比重历年来一直保持在 5% ~6% ,在韩国对外贸易中也占据重要地位,日本是韩国的第二大贸易伙伴、第一大投资国。

长期以来,尽管中、日、韩的文化交流活动在不断增加,但较之于经济领域的相互合作来说,依然存在"经济合作强、文化合作弱"的现象。

因此,如果中、日、韩三国能够各自扬长避短,发挥各自优势,在一个相对宽松的贸易环境中组成战略联盟,进行动漫各个领域的竞争与合作,无疑对于三国来说是一个"三全其美"的机会。

6.3.2.1 中、日、韩三国在动漫领域合作的可行性

(1)国际动漫行业面临洗牌。目前,欧美凭借其先进的信息技术和文化产业的强大实力,强势将其数码动画产品推向世界各地,这也促使动漫领域的国际分工体系发生改变。同样,以中、日、韩为首的东北亚动漫市场也正经历一个重新调整的时期,日本动漫频道和节目的收视率逐步下降,动漫产业处于结构调整阶段。而韩国的动漫产业在国内

市场的份额也呈下降趋势。相反,中国的动漫市场需求却不断增加,但中国动漫产业目前资金匮乏、产业链不成熟、产业规模小。尽管如此,随着中国经济的进一步走强和对文化产业的大力扶植,中国动漫市场呈现上行走势,成为振兴亚洲动漫产业的希望,正是由于中、日、韩三国在动漫产业的发展特点不同而使得三国开展动漫产业的国际合作成为可能。

(2)三国间产业结构互补。就目前中、日、韩三国的动漫产业现状来说:中国经济保持了持续良好的发展势头,但中国动漫产业的市场供给不足及产业链不完整使得有效投资缺乏,同时中国动漫产业在整合产业链的过程中需要优秀的策划创意,而且中国有日韩两国所不能比拟的丰富的历史文化资源和文化题材,有庞大的消费市场,有丰富的人才;而日本是经济强国,有尖端的技术,有动漫策划创意的丰富经验;韩国有把内容产业化的速度优势。这些优势使得三国联合开发动漫作品成为最大的可能。

此外,依据弗农的国际产品生命周期理论,处于不同发展阶段的国家,其相同产品的国际产品生命周期不同,产品往往有一个由最发达的国家到经济较发达国家再到发展中国家的循序渐进的过程,由此可以延长产品的生命周期,而以往的国际动漫产业的发展规律也遵循这一原理。中、日、韩三国经济发达程度各自不同,三国可以在动漫领域进行有效的国际分工协作,以最大限度地实现动漫产业资源的最佳配置。

(3)中、日、韩三国文化同源。中、日、韩三国同处于东北亚地区,在地缘上有一种亲近感,在长期的交往过程中,作为中国主流文化的儒家思想也对日、韩两国文化产生了深刻的影响。三国在动漫文化贸易上的"文化折扣"很小,中国人看韩国和日本的动漫作品都有一种熟悉的感觉①。因此,纵然在今天日本和韩国同属经济发达的资本主义国家,尽管人们的价值观念、思维方式和行为模式有了很大的变化,但总体上仍受到传统儒家思想的深刻影响。这样,东北亚共同的"汉文化圈"更容易克服文化差异这个巨大障碍,从而开发出三国都感兴趣的动漫作品。

(4)政府提供大力支持。中、日、韩作为东北亚地区的经济大国,经历了亚洲金融危机的冲击后,三国政府对区域经济合作的态度变得越来越积极,各个层次和领域的对话机制正在建立。考虑到发展文化产业的重要性,中、日、韩三国政府也在积极推动三国在文化领域的合作与共赢,相继举行了多次中、日、韩文化产业论坛,取得了积极效果。

6.3.2.2 中、日、韩区域经济一体化对三国动漫贸易的经济效应

目前东亚区域经济一体化发展的形式主要有四种;东盟自由贸易区、"10+3"、"10+1"、"3"(中、日、韩三国合作对话)。目前三国虽然还没有正式建立任何形式的经济合作组织,但是在客观上已经初步形成了由贸易和直接投资所带动的区域内市场。中、日、韩三国首脑已经就在经济贸易、信息科技、环保、人力资源开发和文化合作五大重点领域建立合作机制达成共识。区域经济一体化对于参与各国势必会产生一系列的影响,

一般来说,区域经济一体化带来的经济效应可以分为静态效应和动态效应。其中,静态经济效应主要是指贸易创造效应和贸易转移效应。因为动漫贸易的标的是内容作品,主要表现为版权贸易,属于服务贸易的范畴,也就是无形贸易,是不通过关境的,因此

① 郑成宏.中韩儒学文化的民间交流[OL].[2003-03-25].http://eonfoeian.ruc.edu·cn/chn/.

关税同盟所带来的贸易创造这种良性经济效应以及贸易转移这种导致参与国福利水平下降的副作用在动漫贸易中难以体现。所以组建中、日、韩三国的区域贸易集团,更看重的是动态效应当中的规模经济效应、市场结构效应以及投资扩张效应。

(1)规模经济效应。成员国内部商品的相互贸易创造了一个超越国界的一体化大市场,而这种市场容量的扩大有利于厂商扩张其生产规模、降低生产成本、实现规模经济效应。

(2)市场结构效应。各成员国的国内生产者失去之前贸易壁垒的保护,必将面对更大范围的挑战,挑战有助于打破垄断,实现平等竞争。而市场结构的改善,又会增强生产要素的流动性,促进新技术的开发和利用,从而优化资源配置,提高生产效率,实现市场结构效应。

(3)投资扩张效应。经济一体化会刺激生产者扩大投资,同时由于区域经济组织的排他性质,使得非成员国为避免歧视性贸易限制而倾向于绕开贸易壁垒,选择直接投资方式进入区域经济市场,这带来了投资的扩张效应。

对于现在所谓的中、日、韩"3"的模式,更多是从三国建立自由贸易区角度来谈的,而对于动漫产业来说,要更好地实现中、日、韩三国的动漫资源有效配置,比较理想的区域经济一体化形式是共同市场(Common Market, CM),也即达到区域内各成员在实现共同对内对外关税政策的基础上,建成一个统一的大市场,实现各成员之间商品、资本、人员和劳务等生产要素的自由流动,并力图实现各成员在若干重要经济领域协调并制定共同的经济政策。因为对于目前中、日、韩三国动漫产业的合作来讲,最迫切需要解放的恰恰就是资本、人员和劳务的自由流动。

6.3.2.3 中、日、韩动漫领域的国际合作——国际战略联盟

国际战略联盟是指来自不同国家的企业为了实现优势互补、提高竞争力及扩大国际市场的共同目标而进行的双边或多边长期或短期的合作。其合作范围已从制造业拓展到服务业,从传统产业发展到高新技术产业,再到现在的文化产业,乃至动漫产业。笔者认为,在当前阶段,对中、日、韩三国企业来说,比较适合采取的战略联盟方式有以下几种。

(1)纵向的生产联盟方式。纵向联盟是指与处于价值链中不同环节的企业建立的联盟。例如,2005 年 9 月,日本从事玩具企划、制造的知名企业 WIZ 联同中国 SMG(上海文广新闻传播集团)、韩国同友动画共同将中国台湾地区的人气漫画作品《折纸战士》投资改编成动画,并面向以东亚为主的地区进行周边商品的开发和推广。其中,中国台湾地区提供漫画的改编权利;日本 WIZ 负责企划设定、系列构成、动画脚本、登场角色设定、美术及色彩设定、分镜等;中国 SMG 负责部分动画制作工作;韩国同友动画负责实际的大部分动画制作工作。

在这次战略联盟中,中、韩提供的是日渐成熟且成本低廉的动画制作,而日本 WIZ 公司看中的则是可以轻易进入市场准入严格的中韩动漫市场。

(2)市场营销联盟。实际上,从 20 世纪 90 年代起,上海美影就开始了这方面的尝试,先后与加拿大、法国、澳大利亚、德国等国合拍了多部各种类型的动画片,如《牙刷家族》《鸭子侦探》《天才发明家》等。这些动画片由双方共同策划创意、共同投资、协同制作,并通过外方的发行渠道进入国际主流市场,取得了较好的经济效益,也为中国动画走

向国际、培养队伍积累了有益的经验。

2007 年 11 月 17 日，中国企业盛大互动娱乐有限公司通过战略联盟方式成功取得韩国领先的游戏开发商和发行商 NCsoft Corporation 开发的 3D 大型网络游戏《AION》在中国内地的独家运营权。在这次合作中，韩国的游戏巨头看重的是盛大在运营大型游戏方面的经验以及在中国拥有遍布全国的广泛渠道和出色的市场营销能力，而盛大公司则看重的是《AION》出色的内容品质以及未来 NCsoft 对盛大的产品线支持。

在漫画行业中，类似的联盟也在不断建立。2008 年 9 月，华语漫画第一品牌——漫友文化传播机构，与日本最大出版企业角川控股集团正式签订中国漫画国际产业平台战略合作协议。此次战略合作协议除在成丁冰“走出去”之外，还将角川旗下的《新世纪福音战士画集 DIE STERNE》及《七濑葵画集 Angel Flavor》这两本畅销画集的简体中文版引进到中国内地市场。

6.3.2.4 技术知识联盟

2008 年 7 月，英特尔公司与梦工厂动画公司宣布结成战略联盟，共同推动 3D 电影制作技术的革命。在这次联盟中，英特尔将向梦工厂动画公司提供最新的高性能处理器技术，英特尔软件工程师还将帮助梦工厂团队优化其应用。这一战略联盟将结合英特尔在可视计算产品和工具领域的优势以及梦工厂动画公司在内容制作方面的专业技术，共同为观众带来超凡的剧院式影音娱乐体验。

中、日、韩三国同样可以结成技术知识联盟。中国可以通过与韩国企业结成战略联盟，学习韩国的网游技术；与日本企业结成战略联盟，学习日本如何在传统的二维动画基础上结合运用三维技术的动画表现技术，以及将动画应用于新媒体（比如手机）的先进技术。

6.3.2.5 国际合资联盟

动画片生产投入非常大，对资金要求非常高，所以建立成熟完善的产业链至关重要。中国动漫产业链并未成形，也没有形成类似于日本的成熟的风险分担机制。而且我国的多元化投融资渠道并不成熟，这严重制约了我国动漫产业的发展。为了解决资金问题，中国动画制作方已经开始广泛融资，对象不乏国外的文化企业巨头。例如：维亚康姆公司已与上海文广集团成立东方尼可电视节目制作公司；三辰公司与台湾专门制作三维动画的西基公司合资，成立了绿手套数字技术有限公司，制作全三维环保卡通《青青号》；三辰还和台湾智冠公司的“中华网龙”成立了合资公司“三辰网龙”，将蓝猫形象加入到电子游戏中；中韩合资企业“村人（天津）漫画有限公司”也在运营当中。

6.3.3 中国动漫产品“走出去”战略及措施

作为一个重要的新兴朝阳产业，动漫在我国的产业基础还很薄弱，产业环境还不成熟，国际竞争力还很弱小，要想在国际动漫行业争得一席之地，找出一种有中国特点的动漫发展模式还尚需时日。在看到与欧美、日韩有巨大差距的同时，也要看到中国在某些方面也具有很大的优势，只要我们能学习动漫强国的优势，取其所长，补我所短，中国的动漫产品一定会成功走向世界。这需要政府、业界和学界的共同努力。当然，中国动漫“走出去”离不开国内动漫市场的大力培育。

6.3.3.1 政府层面

(1)实施战略性的国家贸易政策。传统的国际贸易理论认为各国充分发挥自身的比较优势,就可以取得双赢甚至多赢的国际分工格局,政府无须对国际贸易进行干预。然而,20世纪70年代末以来,许多经济发展水平相当、自然资源相似的国家,相互之间的贸易却发展迅速,这是传统的国际贸易比较优势理论所不能解释的。于是,以保罗·克鲁格曼为代表的经济学家开始运用规模经济与不完全竞争等经济理论,来解释产业内贸易和第二次世界大战后国际贸易领域出现的新现象并提出了著名的战略性贸易政策。战略性贸易政策的核心内容是:由于当代国际市场存在不完全竞争,如果政府对大企业采取补贴等战略性贸易扶持政策,就可以影响企业的国际竞争力,帮助本国企业战胜国外竞争对手,从而占领国际市场,获取垄断利润,以达到增进本国福利的目的。

相对于比较优势等传统贸易理论,战略性贸易政策切合了发达国家的当前实际,欧美和日本等资本主义国家在战后正是由于实行了战略性贸易政策,大兴贸易保护主义,从而牢牢占据了世界经济的前列地位。

当然,实行战略性贸易政策的重要前提是政府能够识别出战略性产业部门,也即有产业吸引力的行业,这样才能有针对性地采取战略性贸易政策。依据科特勒的产业吸引力因素理论,一个国家现在或未来的产业吸引力反映在以下几个因素;高附加值;产业关联度高;具有未来竞争力;产业专门化强;出口潜力大;本国需求前景良好。

从以上几种因素的选择标准看,动漫产业完全可以成为战略性贸易政策扶持的战略性产业。首先,动漫产业的发展前景已经被各国普遍看好,被誉为21世纪的“朝阳工业”,成为各国竞相发展的战略性产业和提升国家“软实力”的重要路径。其次,席卷全球的金融危机迫使各国寻找新的经济增长点,而经济萧条之时恰是文化繁荣之日。

战略性贸易理论有两大内容;利润转移理论和外部经济理论。利润转移理论指的是在寡头竞争的国际市场上,存在着因产品价格高于边际成本而形成的租金或超额垄断利润。一国政府可以通过对出口或进口的贸易干预,影响本国企业及其国外竞争者的行为,改变国际竞争的格局,从而从国外寡头厂商抽取租金或向本国企业转移利润,以达到增加本国净福利,促进本国企业和产业发展的目的。利润转移论表现在贸易政策上可以制定包括战略性出口政策、进口政策和以进口保护促进出口的政策。战略性出口政策是指以出口补贴支持本国寡头厂商扩大国际市场份额。战略性进口政策是指用关税抽取外国寡头厂商的垄断利润。以进口保护促进出口的政策,则主要是指通过国内市场保护使本国厂商获得规模优势,进而扩大在国内外市场(主要是没有保护的国外市场)的份额。

外部经济理论则是指由于外部规模经济效应的存在,厂商不能独享投资带来的收益,且投资的风险很大,打击了私人投资的积极性,而这些行业又往往具有战略性,其创造的知识、技术、产品对国家的发展和社会的进步有不可低估的作用,所以政府要选择适当的产业加以扶植,降低其投资的风险,吸引私人资本投入该行业,推动战略性产业的成长。

作为世界贸易组织(WTO)的成员国,中国用提高关税和进口配额的办法来阻止国外商品进入已经不合时宜,那么只有借助于补贴这种手段来帮助本国产品进入国际市场。

然而我国在加入 WTO 时曾承诺:取消所有属于《补贴与反补贴措施协议》禁止的出口补贴,在加入之前,停止维持先前所有的出口补贴计划,自加入时起,停止在此类计划下做出额外支付或支出,也不再免除税收或授予任何其他利益。这一承诺涵盖了各级政府所给予的补贴。那么我们是不是就没办法实行战略性贸易政策呢?回答当然是否定的。世界贸易组织《补贴与反补贴措施协议》将补贴分为三类:禁止性补贴、可申诉的补贴和不可申诉的补贴。禁止性补贴通常被称为“红色补贴”,是成员方不得授予或维持的补贴,包括出口补贴和进口替代补贴。可申诉补贴通常被称为“黄色补贴”,是指在一定范围内允许实施,但如果在实施过程中对其他成员方的经济贸易利益产生了负面影响时,受影响的成员方可对其补贴措施提出申诉。不可申诉补贴通常被称为“绿色补贴”,是指不具有专向性的补贴,或虽具有专向性但符合《补贴与反补贴措施协议》中的一切条件的补贴,包括研发补贴、贫困地区补贴和环保补贴。对于绿色补贴,WTO 成员方不得提出申诉或采取反补贴措施。

对于动漫产业来说,我们可以充分运用好 WTO 规则允许的绿色与黄色补贴,逐步取消容易引起贸易争端的红色补贴。可以逐步采取以下做法:

一是调整补贴方向。动漫企业在前期内容创意、技术开发期间,会发生较大的费用,对这方面的补贴是不受世界贸易组织限制的。因此,对于动漫产业基础理论研究、关键的技术研发、文化内容原创等创新项目,政府要增加更多的财政投入,尽快缩短我国动漫产业在创新能力上跟国外的差距。同时,对于容易形成文化折扣的部分予以补贴。比如,韩国政府特别成立影音分轨公司,对韩文翻译为外语和制作的费用几乎给予全额补助。这些举措在很大程度上弥补了文化折扣对文化贸易的负面影响,促进了韩国影视作品在国际市场上的拓展,刮起了韩流世界风。我们同样可以借鉴韩国的做法,在容易引起文化折扣的语言翻译环节给予动漫企业补助。另外,增加对西部落后地区的财政资助,尤其是要支持西部地区积极开发本地区的文化资源,形成特色动漫产业群和特色动漫品牌,把民族风情浓厚的西部文化传播到世界各地,并且还可以通过此种举措鼓励东南沿海动漫企业向西部渗透,带动西部动漫产业的发展。

二是改变补贴的策略,变明补为暗补。出口退税并不违反世界贸易组织规则,可以有效促进文化产品出口。因此,要提高出口退税率,给予动漫产品出口更多税收政策上的支持,因为只要出口退税不超过在原产国实际征收的税款,就不应被视为出口补贴。

外部经济理论则是要充分发挥规模经济效应,并鼓励企业自主创新,重点培育和发展一批实力雄厚、具有较强竞争力和自主创新能力的大型动漫文化企业和动漫企业集团,参与国际动漫市场的竞争。具体表现在以下几方面:

第一,在财税支持方面,要严格执行和贯彻《关于推动我国动漫产业发展若干意见》的规定,即经认定具有国产动画片制作资质的动画企业,自主开发、生产动画产品,将可享受国家关于鼓励软件产业和集成电路产业发展所给予的增值税和所得税优惠政策。生产动画产品涉及营业税应税劳务收入以及增值税和进出口关税等的,也将享受减免优惠。

第二,积极推进动漫基地建设,构筑产业集群,发挥产业集聚效应。1996 年,中宣部和国家新闻出版总署联合启动“中国儿童动画出版工程”(即“5155”工程),建立起华东、华北、中南、东北、西部五个动画出版基地。目前发展比较好的动漫基地主要是以长三角和珠三角为中心的基地群。产业集群所具有的规模经济性、范围经济性、知识积累性和学习创新性将对文化产业集群的发展产生巨大的推动作用,而文化产业集群的发展又将反过来强化文化产业集群所具有的各类天然优势①。因此,动画产业的主要生产国家和地区无不具有动画产业的集中地和产业集群。日本的430家动画制作公司中,有359家集中在日本首都东京,特别是集中在中央线、西武新宿线及西武池袋线等几条主要铁路沿线。其中,练马区杉并区就有近150家,已形成规模较大的卡通产业集群地。韩国的动画产业主要集中在春川和富川两地②。我国台湾地区的南港软件工业园区也是一个重要的动画产业集群地。我国的长三角和珠三角分别形成了以日本和台湾地区为主要销售市场的动画产业集聚地。如果我们有意识地为上述地区的动画产业提供配套产业和服务设施,产业集群则有望形成,从而提高我国动画产业的国际竞争力。另外还可以尽快扶植基地内的几个龙头企业做突破口,专门面向国际市场。在此基础上,以龙头企业为主,成立"动漫出口联盟",进而不断巩固和扩大国际市场上中国动漫作品的市场份额。

(2)培养和引进动漫相关人才,促进人才对外交流。我国在自己培养人才的同时,应积极实施文化人才引进战略,吸引国际动漫游戏高端创意人才、高级运营和管理人才。为改善人才匮乏这一动画业发展的瓶颈,我国可以与日、韩两国进一步加强合作,积极组织动画专业人才交流与互访。中、韩、日文化产业论坛目前已经成功举办了七届,实践证明,中、韩、日三国在文化产业领域有很强的互补性,合作前景十分广阔。在论坛上,三国主要侧重于商讨如何组织技术及管理人才、研究人员、教师和学生进行大规模的交流与互访。

韩国政府每年派遣学生到 Cal - Art 等世界动画名校留学,这不仅可以培养大量原创企划、提案、行销、管理等方面的人才,改善长期承接外包业务造成的人才结构不合理状况,还可以与其他国家建立很好的人脉关系。这对加强韩国与其他动画产业先进国之间的沟通和合作以及进入更大范围的国际市场有很大好处。我国政府可以借鉴韩国政府的做法,派遣学生到欧美等地进行学习交流,促进我国动漫业人才的对外交流。

(3)借鉴日本政府做法,给国外提供免费午餐。目前我国动画片播出环节的价格偏低,影响了成本的回收,以至于动漫制作企业不得不借助于其他渠道广开财路,维持生存。但是由于尚未形成统一有效的产业链,很多动漫企业难以为继。反观我们的近邻日本,日本外务省曾利用"政府开发援助"中的24亿日元"文化无偿援助"资金,从动漫制作商手中购买动漫片播放版权,并无偿地提供给发展中国家的电视台播放,等这些国家对这种"免费午餐"形成依赖后,再实现从低价位到正常价位的出口。中国政府同样可以设立类似专项基金,购买国内动漫生产商的播放版权,免费提供给非洲及拉美各国电视台播放,培育这些国家观众对于中国动画片的需求,为进一步开发动漫链条中最有利可图的动漫衍生产品市场打下良好的市场基础。

6.3.3.2 企业层面

(1)大力重视和培育国内市场。主要应做到以下几个方面:

---

① 康小明,向勇.产业集群与文化产业竞争力的提升[J].北京大学学报(哲学社会科学版).2005,(2):17-21.

② 安宇,沈山.日本和韩国的"文化立国"战略及其对我国的借鉴[J].世界经济与政治论坛.2005,(4):114-117.

一是重视漫画市场的培养。动画产业的基础是漫画,日本漫画业经过几十年努力培养出了高度成熟、层次分明的受众市场,由漫画到动画也就水到渠成了:既有现成的故事脚本,又大大避免了商业风险,更培养了大批忠实观众。以漫画培养读者,以读者培育市场,以市场打造品牌,以品牌推动动画,形成良性循环。在日本和美国,动漫产品无处不在,消费动漫产品的人群也涵盖十分广泛,日美发达的动漫产业正是根植于良好的漫画市场这块肥沃的土地才枝繁叶茂,国外的《超人》《蝙蝠侠》《蜘蛛侠》等动画大片无一不来自于漫画市场。

在国内现行的行业管理政策下,投资动画生产的审批程序更加严格,产品出口难度大,而投资漫画生产则相反。投资漫画成本较低,有利于动漫公司在积聚足够的实力和经验后向动画领域发展。而且漫画作品确实是动画片优秀剧本的一个直接的和现成的来源渠道,在漫画环节就优胜劣汰,可以避免资源浪费。漫画还拥有稳定的忠实读者,漫画比动画更能给予我们更多的亲近感、更大的想象空间、更长的回味体验。漫画的传播渠道也可以不局限于专业漫画杂志、期刊和专业网站,适当刊载于大众出版物和网站也能扩大读者群,建立广泛的受众基础,同时试探市场。例如,《新京报》的漫画版很受年轻人关注,但是漫画质量和创意都需要改进,这样才能使这个平台价值最大化。

二是目标消费群的调整。目前国内的动画制作企业把目光都放在了低幼动画的制作和市场的开发上,但动画不是儿童的专属,动漫行业产品消费者可以来自儿童市场、青少年市场、成人市场等。不同年龄结构的市场,其购买动机、行为、习惯、偏好都各不相同,对产品的质量、商标、广告的依赖程度,对价格变动的敏感程度,购买商品所追求的利益等都有极大的区别。而在日本或其他国家,动画片的受众群体是 15 ~ 35 岁。目前中国还没有一部真正的成人动画电影,基本上该领域的电影均是从国外引进,衍生品市场的情况也与此类似,针对儿童和青少年的衍生品开发较多,比如蓝猫、流氓兔等的系列衍生品都开发得比较成功,但是成人动画领域却几乎是空白。

应该说,低幼儿童动画市场确实不容忽视,但就动漫的发展趋势来看,中国乃至世界最大的动漫市场应该是青年动漫市场。从中国目前人口结构来看,总人口中 15 岁以下青少年占 22.89%,约 3 亿左右,35 岁以上人口大约 5.3 亿左右,65 岁以上人口占 6.96%,我们可以估算出 16 至 35 岁之间的成年人大约在 4 亿以上。而从消费质量上来说,16 至 35 岁这一阶段,正是一个人对各种媒介产品消费的旺盛时期,这部分人有一定的文化程度,对媒介产品有自己的看法和欣赏能力。由此可以看出,成年人市场是一个巨大且尚未得到开发的市场,具有极大的市场潜力。当前中国经济发展迅速,一方面青少年的视野空前广阔,丰富的物质生活大大提高了他们的消费能力,使得他们有需求去消费大量动漫产品;另一方面上班族的压力与日俱增,他们需要动漫产品减压和唤起愉悦感。尤其是年轻的女性消费者很喜欢选取动漫造型的挂饰、用品和礼品,而且往往会产生冲动型购买行为。这些都为动漫产品提供了创作灵感和产品开发方向。

因此,企业要根据市场的特点,适时地调整产品内容,把销售重心转移一部分到青年市场来,逐步去抢占进口动漫成人作品的市场份额,同时还可以把动漫市场这块"蛋糕"越做越大。

三是改变制作与播出方式。以动漫大国日本为例,日本动画片的制播方式类似欧美的肥皂剧的制播方式,就是先期制作好影片或者几集成品,然后拿这些完成的作品与播出机构谈判播出事宜。如果样片能吸引播出机构，就会提上播出日程，但是，基本的播出速度是每周一集。日本动画《死神》《火影忍者》都是采取这种播出方式，使产品火热程度和影响周期大大延长，影响范围也大大增加。

四是重视宣传推广。宣传推广是动漫产品走向市场不可或缺的一环。从传播学角度讲，文化消费品在受众的传播过程中需要一定时间，系统化的推广和宣传本质上就是将作品根据制定好的传播和宣传策略逐渐打入市场，这一过程要符合作品本身的特点和传播特征，符合市场接受的节奏。

例如，迪士尼公司每推出一部新片之前，整个集团上下一致全力配合，利用所有宣传机器和设施：频道、电视网、乐园、专卖店、网站、电影院，甚至麦当劳和可口可乐公司，这种整合营销方式是美国动画产业牢牢占据市场的法宝之一。这样声势浩大的宣传可以勾起受众的好奇心，扩大影响面。因此，我们绝不能忽视宣传的力量。具体来说，可以与电视台、影院、网络等播出平台合作，除了运用播放广告和预告片、发送手机信息等商业营销手段，还可以与播出平台达成战略合作关系，共同以市场为导向，开展有计划的宣传工作。

对影院动画这种依靠票房打拼、竞争最激烈、受关注最多的作品，尤其有必要理性面对商业规则，向进口大片学习，做好做足商业宣传。因为院线公司是以赢利为目的的，谁的票房高就分给谁的时间多。宣传不够，面对票房低迷的国产动画影片，投资人不敢轻易介入，院线也不会大力支持国产动画大片了。另外，内容上如果无法实现赢利，就很难做出衍生产品，打造出产业链。因为在同样的收益率下，这样的风险太大，而且整个产品都在市场不可控范围内，所以理性的厂商宁可高成本制作、销售迪士尼的授权产品或者冒险仿制，也不会接受风险转嫁。

同时，企业还要有选择地参加国际知名的文化节、动漫节，宣传国产动漫作品，借机将公司的漫画版权和衍生产品版权向海外推广。

迪士尼公司在长期的激烈竞争中钻研出了独特的经营之道，它每隔七年便向新一代儿童放映以前制作的经典动画片，而新一轮的票房收入会更高。菲利浦·科特勒的营销理论提出：不要去考察产品的生命周期，而应该去考察市场的生命周期。迪士尼就充分了解了市场周期规律并加以利用。我国可以借鉴这种循环播出的方式，当然前提是确保作品是有旺盛市场生命力的精品，并且要掌握好循环周期。

五是拓展营销渠道。新媒体的兴起是巨大的机遇，短小精悍的动漫作品可以在分众电视、网络视频、手机上一展身手，正像美国人克里斯·安德森提出的“长尾理论”所认为的，由于成本和效率的因素，人们通常只关注需求旺盛的重要的产品，而忽视看似没有多少需求的非重要的产品。但是当商品储存流通展示的场地和渠道足够宽广，商品生产成本急剧下降以至于个人都可以进行生产，并且商品的销售成本急剧降低时，几乎任何以前看似需求极低的产品，只要有卖，都会有人买。这些需求和销量不高的产品所占据的共同市场份额，可以和主流产品的市场份额相比，甚至更大。

动漫作品也是如此，一般说来，动漫制作公司往往考虑推出观众反映强烈的大众化动漫作品，而忽视某些动漫爱好者的“小众需求”。因此，对于动漫作品来说，可以借鉴“长尾理论”，很好地利用网络这一波及面广、营销成本低的营销平台。动漫公司可以组成动漫联盟，统一建立网上动漫营销平台，就是类似于“亚马逊”和“当当网”这样的网络平台，也可以考虑与现有营销平台展开合作，借助它们已经成熟的网络营销模式。所有联盟成员的动漫产品制作伊始就推出多种语言版本,放在网络上销售;或者将一些由于历史原因已经制作完成但一直没有机会播出的动漫作品重新包装放在网络上进行销售;也可以将以前市场反应平平的动漫作品,稍加变化后拿到网站销售,以期能满足消费者小众化需求的同时,实现企业的利润最大化。但是采用这种方式宣传要特别注意知识产权保护问题,因为网络由于传播速度快,易复制,很容易出现盗版现象。

(2)创作有吸引力的动漫产品。具体应做到以下几点:

一是立足本国特色,融入国际成功经验,发掘有吸引力的题材内容。

第一方面是认真挖掘中华民族丰富的文化资源,注意表现和发扬中国文化。要突破国产动漫内容选材注重说教、表现手法单调的局面,开阔创作者的视野和思路,激发创作灵感。要还原动漫内容的多样性和趣味性,掌握"寓教于乐"中以"乐"为基础的文化商品交换规律,紧紧抓住消费者本质,以保持本色文化根基为前提,深度挖掘人性中真善美的东西,剖析文化共同性,从而架起沟通桥梁,顺利使本民族的文化向外传播。受众并不是不加区别地对待任何传播内容,而是更倾向于选择接触那些与自己的立场、态度一致或接近的内容。在挖掘共性方面,日本动画大师宫崎骏的《千与千寻》可以给我们启示。在这部奥斯卡最佳动画片中,讲述了一个小姑娘的心灵历险故事,其画面制作和场景设置虽然是在日本本土文化范围之内,但是该片关注的却是人类共通的东西即成长的烦恼,影片主人公心灵上经历的东西,无论哪个国家的孩子都有可能碰到,这就是艺术能够引起共鸣的本质特征,也是中国国产动画在进行文化输出过程中保持本民族特色的同时所应借鉴和学习的地方。

因此,中国动漫作品不必盲目跟风,去跟美国比技术,跟日本比策划,2006 年,中国原创 CG 动画片《魔比斯环》携带着"中国动画百年巅峰巨制""中国首部拥有百分百自主版权的全 3D 动画电影""填补中国原创空白""打破国际动画市场西方垄断历史"的呼声高调进入市场,却不幸遭遇了"滑铁卢"。这部耗资 1.3 亿元人民币,历时五年、凝聚来自法国、美国、英国、加拿大、马来西亚以及中国 400 名动画师心血的大制作,虽然抢走了众多的"中国第一"①,却最终没能赢得票房的成功和观众的认可,反而成为中国动画片失利的又一典型案例。

第二,将题材赋予独特的表现形式,以区别竞争对手的作品。中国的动漫作品艺术创作可以从多方面运用中国传统文化的多种表现形式,如水墨画、皮影戏、木板版画以及京剧和地方剧种等的表现形式等,都可以融入动漫的创作元素。当然,创作富有民族文化特色的作品并不是说完全采纳中国元素,而是要以开放的眼光包容异质文化。日本动画经常借用外国的称谓、术语、元素等。例如,炼金术和魔法这些欧美的神话和哲学传统就在日本动画中被发挥得淋漓尽致。以这些形式变化产生出各种世界观和另类的故事情节模式,使得动画故事变得更加精彩、更多元化、更炫目和华丽。而且许多中国人都不知道的东西却被日本动画加以变化使用,成为日本动画制胜的法宝,这不得不让我们反省深思。我们要学习这种创新意识,赋予古代文明新的概念,形成新的文化,展示我们的巨大想象力。

因此,发展我国动漫产业首先要特别注意因地制宜、因势利导,根据各地的丰富文化

---

① 魔比斯环:中国动画百年巅峰巨制[J]. 电影世界,2006(7):58.

遗产和人文积累,将中国的文化宝库认真地整理研究、规划利用,可以将易于理解并且民族特色浓厚的题材定位于海外。

二是精益求精,提高作品质量。质量是一部动漫作品好坏的关键,它直接影响到一个动画公司发展的多个方面,对于风格的树立、品牌的创立、受众的挖掘、影响的扩大等都有着巨大影响。质量的改进需要考虑以下两个方面:

一方面是纯熟的技法、精细的画工。多年的承接外包业务,使很多中国的动画公司可以说在技术上与动漫强国不相上下,中国在技术上完全可以达到日美画面的精美水平。我们所要做的就是沉下心来,认真做好每一个动漫画面,结合中国特色的表现形式,潜心改进国产动漫的画面线条,争取制作出既满足市场需求又有鲜明中国特色的形象。另外,还可以借鉴国外在作品上的一些处理方法,如在镜头上,一些反传统手法的运用则可能会带来完全不同的效果,日美的作品中可见不少新创镜头的运用,甚至使用电影中的蒙太奇手法。

另一方面是细微之处的雕琢和创新。首先,动漫角色造型不能一成不变,要随着情节需要而变化,甚至丑化,用服饰、五官、动作、表情等细节的刻画和特写来表现人物内心和故事发展;其次,要表现出人物个性的完整性,即要表现出人身上的许多缺点和不足。没有人是真正完美的,人都是矛盾和独特的,这样的形象才接近现实,才容易被接受,因此主人公的塑造要有一定的复杂性和真实感;再次,在动漫作品中,细微的表情能够表现出人物复杂的内心活动,细微的动作也能给人很大震撼。例如,日本动画片中主人公拉小提琴的片断连专业演奏家也挑不出破绽,足以见细节的功力。

三是树立动漫作品的整体概念意识。一部成功的动漫作品绝不仅仅是故事本身演绎的内容以及作品所呈现的精美画面,绝对不能忽视的还有动漫作品的主题曲、插曲、片头片尾曲、台词、结尾字幕甚至片花的打造。好的配音、好的音乐可以打动人,在人们的记忆中永存,更可以为 CD 制品、彩铃等的畅销奠定基础,日本动画片的配音演员“声优”的魅力往往可以大大提升一部动漫作品的感染力。因此,企业必须与优秀的配音演员、音乐创作人、音乐制作公司和一线歌手通力合作,为作品量身打造脍炙人口的配乐。很多观看《满城尽带黄金甲》的观众不是直到听完《菊花台》后才舍得离开电影院的吗?提到《舒克和贝塔》,你最先想到的不是它的歌曲吗?还有在观看《怪兽电力公司》时,很多观众印象最深的除了作品中超乎寻常的想象力和画面的细腻之外,就是片头动画和片尾片花的精妙设计。在片尾,模仿真人电影,制作者特意做出了很多拍摄过程中出现的搞笑穿帮镜头,就是这些细节吸引观众看到字幕滚动完的最后一秒。

四是产品类型多样化。中国现在的动画作品主要是指电视动画和电影动画,其中以电视动画为主,而日本的动画作品还有 OVA,即剧场动画,而且近年来,日本 OVA 的市场份额在不断加大。中国的消费者众多,DVD 的家庭拥有比例非常高,由于影院基础设施的局限性以及动画片进入电视频道播出平台的种种限制,中国的动画企业完全可以制作类似于 OVA 这样的动画作品,以开辟新市场。此外,由于技术的进步,手机动漫和网络动漫正在兴起,企业还可以进一步开发适合在手机、网络上播放的动漫作品,充分利用新媒体这一传播平台。

(3)促进合并,形成规模经济,并进一步形成范围经济。20 年代末 30 年代初,好莱坞的五大电影制作公司完成了由规模经济向范围经济的转化。90 年代,迪士尼公司兼并

ABC 电视网就是为自己的动画产品找到电视出路,这是规模经济向范围经济转变在电视领域的体现。规模经济意味着企业可以同时创作、制作多部作品。即使其中有不成功者,也可以保持总体上的经营运转正常进行。范围经济意味着,不仅制作,而且发行,都可以控制销售渠道,可以在自己控制的院线或电视广播网播出自己的作品,可以在第一时间将自己的产品推向市场,销售渠道的重要性已被好莱坞的实践所证明。反之,企业规模小,只能将资金、人力集中放在一个项目或一部作品上,无力顾及销售渠道,经营风险极大。当然,对于美国来说,由规模经济向范围经济的转化是一个自然的历史过程。一旦当我们掌握了这其中的规律,就可以有意识地创造条件完成这一转变。这一点对于我国的动画产业有着极为重要的意义。我国动画产业的企业规模小,经营风险大,且电视播出价格低,因此赢利的重头戏就放在衍生产品的销售上。但同时,我国地域广阔,人们的知识产权意识薄弱,因此侵权现象严重。在这种情况下,三辰公司的做法给我们提供了成功的例证。三辰公司依靠自身的规模,主动建立起自己的销售体系,经销自己的衍生产品,防止侵权事件的发生。目前,该公司的衍生产品已达到 6 600 个品种。但并非所有的企业都具备三辰公司的规模和条件,这就需要我们的企业决策者打破门户之见,摒弃“宁为鸡头,不当凤尾”的狭隘思想,促进企业间的合并与联盟,扩大经营规模。

(4)展开国际合作。目前动画片制作的国际惯例是先制作片花,通过预售取得预计成本的 60% ~70% 再开拍。但是这样执行起来难度很大,因此广泛开展国际合作也就势在必行。这里所说的国际合作是狭义的,或者是指低层次的合作,即仅指利用外方的销售网络,是国际联合制片的一部分。典型的例子是获得广泛好评的《宝葫芦的秘密》,它就是一部中美合拍动画巨作。这是迪士尼、中影和先涛数码三家公司第一次的电影制作合作,也是迪士尼公司第一次参与中国电影的拍摄。电影由先涛数码负责前期策划、拍摄和后期制作,中影集团负责中国国内的发行,迪士尼负责海外发行,朱家欣担任影片的监制和总导演,为《功夫》和《无极》做电脑特效指导的钟志行担任执行导演。这部电影的素材是当代中国童话的优秀作品,1963 年曾被改编为黑白故事片搬上中国银幕,现在又被融入现代电影技术、国际艺术手法和时尚现代元素,使它的价值和生命力超越时空。广义的国际联合制片是指任何一种建立在不同国家组织间的合作基础上的制作组合或商业组合,范围从联合融资(即一方合伙人主要是提供资金支持)到整体联合制作(即合作方在艺术创作、资金等各方面的投入基本相当),是一种利用影视节目共同消费和文化贴现特性赢利的策略。国际联合制片的基本原则是在资源共享的基础上由不同的制片方提供各自独特的优势资源。因此,国内大型动漫制作机构可以积极寻求与国外有实力的企业联合制片,如法国和加拿大,它们是联合制片的热情支持者和参与者,还要争取与迪士尼这样的传媒巨头多合作,签署双边或多边联合制片协议,从而减少文化折扣和壁垒,获得“国民待遇”,共享资源和收益。

(5)树立保护知识产权意识。不同于传统的以交换有形物质商品为特点的商品经济,动漫产业属于创意产业,靠卖知识产权获利。这个产业能否做好,知识产权保护在其中起着至关重要的作用。一个成功的动漫形象会衍生出一个庞大的消费市场。然而,如果没有知识产权的法律保护,创作者花费巨大精力、财力打造的动漫形象所延伸出来的庞大市场,就有可能会被侵权产品所蚕食。所以中国的动漫企业一定要树立保护知识产权的意识。

在保护动漫的知识产权方面,日本有许多经验可供我们学习。以《铁臂阿童木》为例,《铁臂阿童木》在播放的过程中带动了漫画图书、漫画杂志和阿童木相关衍生商品的不断开发,在形成动漫产业链的时候,由作者、出版社、动画制作公司、动画赞助商、玩具制造商签了一篮子版权保护合同。开发《铁臂阿童木》,首先明确从漫画杂志开始,一直到形象符号商品开发出来,都有形象授权。比如,授权给棒球队做队标,授权给银行做银行卡的标志,授权给某一个大学作为吉祥物等,都要经独家版权代理机构认可。我国企业在动漫作品诞生之初就要考虑到产品的知识产权问题,并联合各方签署授权协议,形成版权和专利保护网,防止盗版和竞争者仿用。

此外,为防止卷入版权纠纷案件,在引进境外版权时,一定要签署有效的版权合同,以维护企业合法利益,即要找到作品原始权利人,遇到中间商则要请其出示原始授权证明,第三者授权还要看是否在授权范围和期限内,之后才可以签署有关交易合同。

6.4 小结

动漫产业被誉为"无烟的朝阳产业",正在迅速成为世界范围内迅猛发展的新兴支柱产业之一,在经济全球化的广阔背景下,动漫国际贸易成为动画产业经营模式的重要组成部分。我们殷切希望中国的动漫产业能尽快"走出去",在创造经济效益的同时,彰显中国文化特色,提高中国的"软实力"。

探索我国动漫的发展之路不能不仔细研究动漫强国的经验,它们的发展模式中有很多值得我们借鉴和学习的地方。成为美国那样的文化贸易大国是我们的最终目标,但由于欧美国家与中国的文化渊源较浅,文化折扣较大,短期内借鉴美国的经验,大力发展中国的文化贸易并让中国的文化软件产品大量进入欧美发达国家市场尚不具备条件。而反观与我们地缘与文化比较接近的近邻韩国和日本,尤其是韩国,近年来在发展动漫产品的文化贸易方面让世界刮目相看。研究欧美、日、韩、加等动漫发达国家的动漫产业发展历程,学习它们在海外市场中的成功经验,对于动漫产业尚处于起步阶段的我国来说,势在必行。

6.5 案例:日本动漫作品《交响情人梦》

6.5.1 作品内容简介

《交响情人梦》为中文译名,日文原名《のだめカンタービレ[①]》,意为"如歌的野田妹",是一部以古典音乐为主题的女性长篇漫画,作者为日本著名漫画家二之宫知子。作品讲述了一群热爱古典音乐、立志成为优秀古典音乐演奏家的年轻人追逐梦想的故事。

男主人公千秋真一是音乐学院钢琴科的一名学生,梦想成为优秀的交响乐指挥家,但因无法赴欧洲深造开始自暴自弃。一个偶然的机会,千秋真一认识了性格古怪、却极

① のだめ为作品主人公的昵称野田妹;カンタービレ来源于意大利语 Cantabile,意思是"如歌一般"。由于意义较为抽象,华语地区依据作品内容译为《交响情人梦》。

有钢琴天赋的后辈野田惠（昵称“野田妹”），即作品的女主人公。在两人后来的相处之中，野田妹帮助千秋真一重拾对音乐的信心，同时千秋真一也挖掘出野田妹的音乐天赋，鼓励野田妹走上职业音乐家的道路。最终千秋真一成功获得国际指挥比赛冠军，成为法国著名交响乐团的常任指挥。而野田妹则获得国际知名指挥家的赏识，开始了职业钢琴生涯。在长时间的相处中，两人相互理解、相互支持，最终成为一对美好的恋人。

漫画全篇以古典音乐为主题，着重刻画了一群年轻人朝着梦想不断努力、不断进步的历程，是一部充满青春气息、积极向上、催人上进的励志作品；同时，作者凭借自己的女性视角，细腻地描绘了各个角色之间的亲情、爱情和友情，让读者产生强烈的情感共鸣；另外，作品涉及大量古典音乐元素，对音乐爱好者有很大吸引力，作品的热销也掀起了一股追捧古典音乐的热潮。

6.5.2 作品发行销售情况介绍

《交响情人梦》这一漫画于 2001 年刊载于日本女性漫画杂志《kiss》，连载近 9 年。作品全篇共 133 集，连载漫画集结成册后，由日本讲谈社发行漫画单行本，总共发行 25 本单行本和 1 本角色资料手册。漫画曾于 2004 年获得第 28 届讲谈社漫画赏少女部门大奖。《交响情人梦》的漫画已在多个国家和地区发行不同语言的翻译版本，包括美国、法国、德国、韩国、泰国、中国台湾地区、中国内地等。截至 2012 年，《交响情人梦》漫画单行本销量累计已超过 3 100 万册。

2006 年 10 月至 12 月，作品被改编为真人版电视剧，由日本富士电视台制作播出，全剧共 11 集，平均收视率达 18.5%。电视剧播出不久，由新日本爱乐乐团演奏的贝多芬《第七交响曲》（电视剧片头曲）的手机下载量急升 20 倍，新日本爱乐乐团定期演奏会门票开售不久也很快售罄。《交响情人梦》的播出使静寂的古典音乐界再次热闹起来，被日本新闻称为野田妹现象（のだめ現象）。电视剧版除在日本本土播出外，韩国、中国台湾地区、中国香港地区和马来西亚的电视台也都有引进播出。

由于真人版电视剧大受欢迎，因此电视剧完结一年后拍摄了电视剧特别篇——《交响情人梦 · 巴黎篇》上下部，于 2008 年 1 月 4 日、5 日连续两晚播出。应广大《交响情人梦》粉丝的要求，作品又于 2009 年推出了电影版。电影分上下两部，分别于 2009 年 12 月 19 日和 2010 年 4 月 17 日在日本上映。除日本之外，电影版《交响情人梦 · 最终章》上下篇还分别在中国香港地区、中国澳门地区、中国台湾地区、新加坡和韩国上映，并取得了不错的票房成绩。电影上篇首周票房在中国台湾地区票房周榜中排名第五、在中国香港地区票房周榜中排名第七。下篇首周票房在中国台湾地区票房周榜中排名第三，在中国香港地区票房周榜中排名第二①。

另外，《交响情人梦》在真人版电视剧取得巨大成功之后，还推出了电视动画版。动画版《交响情人梦》共分三部，分别于 2007 年、2008 年和 2010 年在日本各地电视台播出。除动画版和真人版的改编外，《交响情人梦》还推出了大量的衍生产品，包括以真人版电视剧剧情为基础的小说、以《交响情人梦》为主题的电子游戏、收录漫画中出现的古典音乐曲目的音乐 CD 以及以《交响情人梦》为主题的交响音乐会等。

---

① Mtime 时光网。

6.5.3 《交响情人梦》成功原因分析

6.5.3.1 清晰的市场细分

(1)日本漫画市场细分标准。日本动漫能够获得巨大成功,很重要的一点就是日本动漫在创作之前就明确了消费对象,根据对象的不同特点来确定漫画的主题及内容,以实现动漫作品较高的市场占有率和多层次消费群体的覆盖。与中国不同的是,日本的漫画市场非常成熟,漫画读者并不仅限于儿童。据日本三菱研究所的调查,日本有87%的人喜欢漫画,有84%的人拥有与漫画人物形象相关的物品,可见日本漫画消费群体之广。

日本漫画市场主要有两种分类方法:

一种是根据读者的年龄和性别分类。可分为:①:儿童漫画(面向小学生读者)、少年漫画(面向小学到高中的男性读者)、少女漫画(面向小学到高中及部分成年女性读者)、青年漫画(面向高中生以上读者)、女性漫画(面向成年女性读者)、成人漫画(面向18岁以上成年读者,可涉及少儿不宜的内容)。

按照日本漫画的产业链模式,新漫画首先在专门的漫画杂志上连载。日本的漫画杂志主要按照以上分类标准分类,如专门连载少年漫画的《少年JUMP》《少年Sunday》,专门连载少女漫画的《LaLa》《花与梦》等,可以说日本漫画从产业链的第一环就已经进行了清晰的市场细分。

另一种分类方法是按照漫画题材进行分类。日本漫画的题材极其丰富,涵盖各个领域。比较常见的漫画题材有体育漫画(如《灌篮高手》《网球王子》)、推理漫画(如《名侦探柯南》《侦探学院Q》)、恋爱漫画(如《吸血鬼骑士》、《好想告诉你》)等。丰富的漫画题材,一方面满足了不同兴趣不同爱好读者的需要;另一方面也使得漫画作者可以在自己擅长的领域进行创作,专心对某一领域的专业知识进行取材研究。

(2)《交响情人梦》的市场细分情况。根据读者的年龄和性别划分,《交响情人梦》属于少女漫画。日本专门连载少女漫画的杂志根据不同年龄段又有更加细致的分类。除面向中小学生之外,还有一个特殊的分类叫做"年轻女性漫画",《交响情人梦》即属于此类少女漫画。这类漫画主要面向经历从学校迈入社会这一特殊成长阶段的女性,作品主人公一般为20~30岁的女性,以她们的恋爱与生活为主题。

与其他少女漫画所强调的唯美主义以及理想化的恋爱故事不同,这类漫画由于面向较为成熟的女性群体,作品内容更加偏重实际,一般多以刻画年轻女性对爱情、事业和梦想的困惑与烦恼为主,让读者与故事中的人物产生充分的共鸣。《交响情人梦》这部作品正是抓住了这一读者群体的心理,塑造了野田妹这一极易与读者产生共鸣的主人公形象,通过描绘野田妹的追梦旅程和爱情经历,让阅读漫画的年轻女孩从中获得对爱情与梦想的感悟,对主人公和漫画情节产生极大的认同感。明确的读者群无疑对《交响情人梦》的成功起到了至关重要的作用。

---

① 此方法按照不同漫画类别的主要消费对象分类,其消费对象并不绝对。例如,很多女性也会选择阅读男性的作品,尤其是少年漫画拥有大量女性读者。

根据漫画题材划分,《交响情人梦》属于典型的音乐题材漫画。音乐漫画也是日本漫画中非常重要的一个类别,除《交响情人梦》外,较为有名的音乐漫画还有《NANA》《BECK》(两部作品均以摇滚音乐为主题)等。古典音乐是非常重要的一种音乐形式,拥有大批的乐迷,《交响情人梦》的主题正好迎合了这些乐迷的兴趣,并且对其他音乐爱好者也有一定吸引力。

6.5.3.2 合理、完整的产业链模式

(1)日本动漫产业模式简述。漫画连载→选择优秀作品出版单行本→改编成影视动画片→电视台和电影院播出和放映→音像制品发行和游戏产业→形成版权的授权代理→衍生产品开发和营销——这是日本已经形成的产业模式,也是典型的以漫画为基础的产业模式①。日本动漫有着整套的产业模式,整个产业的运转如同一个有序链条,产业链中的环节环环紧扣,不仅实现了动漫产业的良性循环,同时也是迅速实现资金回收的渠道。

日本动漫的产业链模式可以说是一个筛选机制。漫画首先在杂志上连载,读者反响不错的漫画可以进行长期连载。之后是第二轮的筛选,即动画化或真人化。漫画作品在通过市场的考验之后,一部分作品会改编成动画或真人影视剧。动画化和真人化一旦成功,就会吸引更多人关注漫画原作本身,对作品产业链的拓展起到极大的推动作用。最后,漫画和动画化或真人化都大受欢迎的作品就可以推出游戏、玩具、服装等衍生产品,进一步完善产品的产业链,达到产品效益的最大化。

(2)真人化改编。日本漫画真人化的改编,包括真人电视剧、真人电影、舞台剧和音乐剧的改编。由于女性漫画一般较贴近生活,更易由真人出演,所以日本漫画的真人化改编多以女性作品为主。日本杂志《ORICON☆STYLE》曾通过网络调查评选出"真人化最成功的漫画作品 top10"榜单,《交响情人梦》2010 年、2011 年连续两年获得榜单第一,说《交响情人梦》是真人化最成功的日本动漫作品也不为过。

《交响情人梦》的真人版电视剧由日本富士电视台制作和播出,于每周一晚 9 点黄金档②播出,在这个档期播出的电视剧都是富士电视台当季度电视剧中的重头戏。电视剧一经播出就产生了巨大反响。全剧收视率一直保持在 18% 到 20% 之间,最终达到最高收视率 21.7%③,成为当季日本最受欢迎的电视剧。《交响情人梦》电视剧改编的极大成功大大拓宽了这部漫画作品的产业链。2008 年富士电视台又播出了《交响情人梦巴黎篇》的电视剧特别篇,共两集,分别获得了 18.9% 和 21% 的高收视率。

在《交响情人梦》粉丝的要求和呼吁下,《交响情人梦》又制作了电影版。2009 年 12 月和 2010 年 4 月,电影版《交响情人梦 · 最终章》上下篇在日本上映,取得了相当不错的票房成绩。电影上篇累计票房收入为 41 亿日元(约合人民币 2.6 亿元),在 2010 年日本电影总票房(包括海外影片和本土影片)排名中位列第十,日本本土电影票房排名中位列第六;下篇累计票房 37.2 亿日元(约合人民币 2.3 亿元),在 2010 年日本本土电影票房

① 李金良.我国动漫产业链及衍生品开发问题研究[D].上海师范大学硕士学位论文,2012.

② 这一档期播出过许多高收视率的经典日剧,例如《东京爱情故事》《Hero》《求婚大作战》《神探伽利略》等。

③ 维基百科。

排名中位列第八①。

比起原创作品,由漫画改编的影视剧失败的风险要小很多。日本连载中的漫画数量非常庞大,能被挑选出进行真人化改编的作品都是通过市场和读者认可的作品。一方面,这类漫画的作品质量比较有保证,剧情内容非常成熟,剧本改编较原创剧本要容易很多;另一方面,漫画在连载过程中已经积累了一定数量的消费群,在开播之前相较原创作品关注度更高。并且,比起原创作品对受众和市场接受度的不确定性,漫画改编的影视剧可以对读者的反响有一个先行的了解,有利于真人化作品对受众和市场的控制。

《交响情人梦》真人化的成功对漫画本身的销售以及作品产业链的拓展起到了非常大的促进作用。《交响情人梦》真人版电视剧播出之后,原作漫画的销量有了巨大的提高。2006 年电视剧播出后,原作漫画第一次进入 oricon 漫画单本销量排行榜前十名,位列 2006 年度 oricon 漫画单本销量排行榜第十。2007 年漫画 17 卷在单本排行榜中更是位列第三位,超过了《火影忍者》《死神》等多部热销漫画。真人电视剧的播出使得《交响情人梦》一跃成为日本最受欢迎的女性漫画之一。

(3)ACG(动画、漫画、游戏)。AGG(Animation,Comic,Game),即动画、漫画和游戏,这三个环节是日本动漫产业链的基本环节。日本动漫的产业链模式以漫画为基础,漫画首先在专门的漫画杂志上进行连载,受到读者欢迎的作品会推出动画版,漫画和动画积累一定人气之后再推出电子游戏等相关衍生产品。

《交响情人梦》的漫画于 2001 年开始在漫画杂志上连载,2010 年才结束。由于日本的漫画都是以连载的形式推出,一旦反响不好可以立刻停载,将损失降到最低,只有像《交响情人梦》一样受欢迎的作品才有可能进行长期的连载。《交响情人梦》的漫画在连载了五年之后才被改编为真人版电视剧,作品经过了相当长时间的市场考验。在日本诸多连载的漫画中,只有很少一部分通过市场考验的人气漫画才有可能被改编为动画或真人影视剧。由于作品已经积累了相当程度的人气,由漫画改编的动画失败的风险就要比原创动画小很多。

《交响情人梦》的漫画单从作品的绘画效果来看,可以说并不是一部合格的女性漫画作品。作者的画风简单朴素,甚至带着几分怪诞的味道。漫画能够受到读者的喜爱,主要取决于漫画的故事和内涵。由于漫画是用静态和黑白的形式表现故事,无法像动画一样用绚丽的视觉效果吸引受众,漫画吸引读者主要依靠具有吸引力的故事情节。因此,成功的漫画往往在故事创意和情节设置上有较高的水平。比起原创动画,由漫画改编的动画作品更容易保证作品的质量。

由于受众群比较特殊,《交响情人梦》并没有像大多数日本漫画一样先推出动画版,而是首先进行了真人电视剧的改编。《交响情人梦》真人电视剧的巨大成功,大大地延伸了作品的产业链,促使动画版得以推出。《交响情人梦》的动画版共分三季,在 2007 年推出第一季后,于 2008 年和 2010 年又相继推出第二季和第三季。三季共 45 集,包含漫画全部剧情,这在女性漫画中非常少见。只有人气高的作品才有可能追加集数,《交响情人梦》的动画版能够连出三季,说明动画版反响很好。动画第二季第六集的收视率达到 6.6%,在当时创下了有史以来深夜动画的最高收视率。

① Mtime 时光网。

日本的游戏产业也非常发达,除制作原创游戏外,日本还制作了大量以人气动漫为主题的电子游戏。在《交响情人梦》真人版和动画版获得极高人气之后,游戏公司也相继推出了以《交响情人梦》为主题的音乐节奏游戏。2007—2010 年间,先后发售了以任天堂 DS(便携式掌上游戏机)、PS2(索尼家用游戏机)和 Wii(电视游戏机)为平台的多款《交响情人梦》主题游戏,在《交响情人梦》的忠实粉丝和音乐爱好者中很受欢迎。

(4)创新的衍生产品。动漫关联产品和衍生产品的开发可以说是日本动漫产业成功的关键所在。日本产业集中并且产业之间关联度高,在协作经营方面已经有很成熟的操作经验,日本卡通形象发展战略是把漫画、动画、音乐和玩具、文具、食品包装,甚至主题公园、网站资源等看成是一个完整的产业链[①]。除了玩具、文具、日常用品等一般的动画衍生产品外,不同主题的动画还可以根据作品的特点推出创新的衍生产品。

《交响情人梦》就是成功进行衍生产品创新的典型案例。《交响情人梦》的真人电视剧取得极大反响之后,在日本掀起了一股古典音乐的热潮。受《交响情人梦》电视剧和动画的影响,古典音乐 CD 的销售量在日本急剧攀升。乘着这股古典音乐的热潮,《交响情人梦》先后发行了多张收录漫画、动画和电视剧中出现的曲目的音乐 CD。早在真人电视剧播出之前,《交响情人梦》就已经于 2003 年、2005 年和 2006 年发行了四张音乐 CD,收录了漫画中出现的古典音乐作品。电视剧播出之后,又于 2006 年、2007 年发行了五张 CD,特别是这些 CD 中除了收录作品中出现曲目的原始版本之外,还特别收录了电视剧和动画中出现的改编版本,满足了电视剧和动画爱好者的需要。

《交响情人梦》的真人版电视剧开播后,日本几个交响乐团的定期演出门票基本上场场售罄,座无虚席。《交响情人梦》充分利用其音乐资源,开办了多场以《交响情人梦》为主题的交响音乐会,音乐会上主要演奏《交响情人梦》电视剧中出现过的、观众广为熟知的曲目。到今天,《交响情人梦》主题音乐会已演变成定期音乐会的形式,每月都有固定的演出。并且,《交响情人梦》的主题音乐会不仅在日本国内举办,在中国台湾地区、中国香港地区甚至内地都有举办。

另外,《交响情人梦》也同大多数动漫产品一样推出了饰品、文具等衍生产品。由于《交响情人梦》的受众主要为女性,所以开发了许多适合女性使用的产品,如挂饰、贴纸、手提包等。在日本很多地区还经营着多家《交响情人梦》主题商店,商店中销售种类齐全的《交响情人梦》官方周边商品,并且商店内部仿照漫画中的场景进行装饰,可供粉丝拍照留念。主题商店不仅销售商品,还成为《交响情人梦》粉丝旅行必去的旅游景点。

6.5.3.3 漫画作者具有较高综合素质

(1)兴趣广泛、知识贮备丰富。《交响情人梦》的作者选择以古典音乐为漫画主题实际上是一个很大的挑战。首先,作品以音乐为主题,作者本身至少要对音乐有一定的了解和感悟,在此基础上才可能有好的创作。尤其古典音乐相比较流行音乐更加严肃、严谨,涉及很多专业的音乐知识,无疑更提高了创作难度。这就说明优秀的动漫创作者要有广泛的兴趣和丰富的知识储备,在此基础之上才能创作出主题丰富的动漫作品,满足不同爱好的受众群。

① 叶常青. 日本动漫产业国际化分析[D]. 长春:吉林大学,2011 年 4 月。

《交响情人梦》创作的契机源于作者无意间在博客上看到的一张照片。照片中一个钢琴专业的女生坐在脏乱的房间中弹钢琴，这个女生就是《交响情人梦》主人公野田妹的原型。正是由于作者二之宫知子平常对于古典音乐的兴趣和关注，在看到这张照片的同时，才萌生了创作一部以古典音乐为主题的漫画作品的想法。随后，在进行《交响情人梦》创作的时候，作者专门学习了古典音乐的知识，查阅了大量关于古典音乐的相关资料，并咨询了很多专业演奏家和音乐专业教授，使得漫画中涉及古典音乐的内容具有很强的专业性和准确性。由于作品涉及古典音乐的内容具有很强的专业性，整部漫画作品可以说称得上是古典音乐的入门教科书，获得了包括专业音乐人士在内的众多音乐爱好者的肯定。

(2)具有极强的艺术表现能力。古典音乐似乎一直给人一种曲高和寡、晦涩难懂的印象。而《交响情人梦》的受众群恰恰是年轻人，年轻人大多热衷于流行音乐，对古典音乐的了解和兴趣甚少。所以作品通过怎样的方式去引发年轻人的兴趣也是一个很大的挑战。为了使作品获得年轻人的接受和喜爱，作者二之宫知子在作品的艺术表达方面下了很大工夫。

作者将作品定位为喜剧的形式，以愉快轻松的笔调诠释古典音乐，使之不再严肃沉重。与其他日本漫画作品不同，作者用自己独特的幽默方式和夸张的、“不合逻辑”的表现手法营造出极强的搞笑效果。但同时作品又不脱离现实生活，紧扣古典音乐的主题，将搞笑与真挚巧妙地结合在一起，幽默又不乏深度。借助作者极强的艺术表现能力，《交响情人梦》大大打破了人们对古典音乐的刻板印象，成功地让读者在欢笑中了解古典音乐、领略古典音乐的魅力。

(3)思想有深度。《交响情人梦》能够取得巨大成功并拥有大量成年读者，除了充满吸引力的故事情节和轻松幽默的表现方式，还有很重要的一点便是作品故事内容有内涵、有深度，能够吸引人思考。

《交响情人梦》这一中文译名可以说很形象地概括了这部漫画的三大主题：音乐、爱情和梦想。在音乐方面，作者以艺术无国界为主旨，描绘了不同国籍不同性格的人们通过音乐相遇相识，并通过音乐互相理解、互相认同的过程。在感情的描写方面，作者细腻地刻画了角色之间的亲情、爱情和友情。尤其对爱情的描绘传达了作者独特的爱情观，引发人的思考。同时，《交响情人梦》还是一部很好的励志作品，主人公的追梦过程也对年轻人有很强的激励作用。要想创作出有思想、有内涵、对成年受众有吸引力的动漫作品，就要求动漫创作者有一定的思想深度。

(4)消除文化折扣。消除文化折扣表现在以下几方面：

第一，文化折扣现象简述。文化折扣亦称“文化贴现”，是指因文化背景差异，国际市场中的文化产品不被其他地区受众认同或理解而导致其价值减低。加拿大学者霍斯金斯和米卢斯在1988年发表的论文《美国主导电视节目国际市场的原因》中首次提出此概念。霍斯金斯等人认为，跨境交易后的电视节目或电影的文化折扣的产生是因为不同地域的观众具有不同的文化背景。扎根于一种文化的特定的影视节目，在国内市场很具有吸引力，因为国内市场的观众拥有相同的常识和生活方式；但在其他地方的吸引力就会减退，因为那里的观众很难认同这种风格、价值观、信仰、历史、神话、社会制度、自然环境和行为模式等。

日本动漫在创作的过程中非常注重文化折扣问题。《交响情人梦》在创作过程中就将文化折扣问题考虑在内,最大限度地减少文化折扣问题的影响,为作品未来的国际化推广打下了基础。

第二,创造亲近性文本。体现在以下几点:

• 故事元素。首先,《交响情人梦》以西方古典音乐为漫画主题,从题材上大大降低了文化折扣的影响。

西方古典音乐源于中世纪的欧洲,经过几百年的发展逐步推广到世界各地,成为世界范围内的主流音乐,具有较高的普及度和接受度。在很多国家的音乐教科书中,西方古典音乐都是重要的学习内容之一;很多国家都有专业的交响乐队并经常举行交响音乐会;钢琴、小提琴等古典音乐表演使用的西洋乐器在世界范围内也有很高的普及度。因此,以西方古典音乐为漫画主题有利于获得各国读者的理解与接受。

• 故事背景。《交响情人梦》的漫画单行本(正篇)总共 23 本,随着故事情节的发展,作品从第 11 本开始将故事舞台转移到了欧洲,以欧洲为主要故事背景。

作品后半部分中出现大量有关欧洲音乐学院、欧洲交响乐团、世界古典音乐演奏比赛等内容,这些内容的描写均紧密结合欧洲现实情况,使得漫画情节非常贴近实际。作品中渗透了大量欧洲各国的风俗与文化,这就使得作品更容易受到西方读者尤其是欧洲读者的认同,使西方读者产生较强的亲近感,以此削弱文化折扣的影响。

• 角色设计。日本很多动漫中都出现过中国人、印度人以及欧美人的人物角色,这也是削弱文化折扣的一个策略。

《交响情人梦》后半部在将故事舞台转移到欧洲之后,出现了很多外国人的角色,包括野田妹在欧洲音乐学院的同学和老师,以及千秋真一担任指挥的交响乐团的成员等。这些来自不同国籍角色的登场,使作品增添了不同国家的文化元素,易使不同国家的读者对故事情节产生亲近感。例如,漫画中出现了两个中国人的角色,在塑造这两个角色的过程中,作者结合了中国的实际情况(包括中国的社会状况和教育理念),使得中国读者在阅读漫画的时候对角色的故事能感同身受,也对漫画内容有了更深刻的理解。

第三,传达人类共同价值。人类共同价值泛指那些不分领域,超越宗教、国家、民族,只要本于良知与理性几乎被所有人认同的价值、理念。从心理学对人类普遍需求的研究成果来看,人类共同价值应该包括倡导有意义的社会人际关系和人类潜能的发展、自尊与自我实现。从联合国教科文组织对全球伦理的研究成果来看,人类共同价值还应该包括人权与责任、民主、平等、和平与维护少数人的权利。不少日本动漫作品能够以较低的文化折扣获得各国受众的认同,主要是由于其传递了人类共同价值。

艺术无国界、音乐无国界,人们对于美的追求与享受往往能够跨越国籍、民族的界限;爱情、亲情、友情则是全人类共有的感情,真挚的情感往往能唤起所有人的共鸣;而对于梦想的追求和自我价值的实现也是全人类共同的目标。漫画中多次着重描写了交响乐队的排练过程,细致地描绘了排练时人们由于生活背景、性格甚至是国籍的不同而产生的不和谐与摩擦,通过不断地磨合最终演奏出完美的音乐的过程。人们通过音乐相遇、相识,并通过音乐互相理解、互相认同。可以说作品通过音乐传达了一种万物和谐的普世情怀,这使得作品很容易引起各国读者的共鸣,被不同国家的读者所理解和接受。

7 国际艺术品市场

7.1 国际艺术品市场概况

7.1.1 国际艺术品市场的历史发展

在国际艺术品市场范畴内，可以追溯到的艺术品市场行为其实很早。在古希腊时期就有很多的雕塑家和画家专门为贵族和富人制作雕像和画像，以及为城市公共建设、建造神庙等公共事业服务。同时在罗马帝国时期，很多战争掠夺的财富，包括大量的艺术品，都被公开地拍卖换成现金。据说罗马皇帝恺撒都曾经亲自主持过类似的艺术品买卖。在中国，相关的艺术品市场记录也很早，汉代已出现“佣书”“佣画”市场，六朝形成了纯艺术性书法市场，唐代绘画市场形成，宋朝的时候出现了专门从事书画买卖的人，据记载，北宋汴梁“‘街北都亭驿，相对梁家珠子铺，余皆卖时行纸画’；东角楼街巷‘以东街北潘楼酒店，其下每日自五更市合，买卖衣物、书画、珍玩’；朱雀门外及州桥之西‘纸画儿亦在彼处，行贩不绝’，于卞梁大相国寺，庙会是定期的集市，‘相国寺每月五次开放，万姓交易，殿后资圣门前皆书籍、玩好、国画等’”①。明代中期之后，随着经济的进一步发展，艺术市场更是非常活跃。据相关资料记载，明四家之一的画家文徵明，由于要买他画的人实在太多，就找了大量的代笔者，且这些代笔者所画的画许多也能卖出高价，当时书画买卖的活跃可见一斑。

如今我们正处在一个变革的时代，学者更多是将国际艺术品市场界定在当下这个时代，虽然从某种意义上看，现代意义上的国际艺术品市场基本是18世纪之后开始出现的，在20世纪初得到了完善。一般来说，文艺复兴以后，西方出现了艺术家的觉醒和独立，这促使了西方艺术的再生。毕竟经过近千年的黑暗时代，中世纪对于文化艺术的敌视和摒弃是其艺术品市场不能繁荣的根本。所以，把艺术品市场的萌芽时代放在文艺复兴之后的一个或两个世纪之内，应该是比较合适的，毕竟艺术品市场的繁荣离不开中产阶级的壮大和商业交换的繁荣。这从油画的兴起就可以看出。相对来说，油画比雕塑更加容易携带和交换，同时价格也较为便宜，因此更加适合中产阶级的审美需要。值得注意的是，16世纪的凡·埃克兄弟所作的《根特祭坛画》是现代油画的先驱，他们所创新的技法引领油画进入了现代，同时也开启了现代艺术品市场，而这种情况恰恰是产生于中产阶级开始大量出现的荷兰。总之，应该有以下三个方面的原因促使现代国际艺术品市场的产生。

---

① 何元东. 中国书画市场发展源流[J]. 北方美术，2003(3)：70.

7.1.1.1 艺术家社会声望的提高，相应的创作热情高涨

毋庸置疑，无论中外，古代艺术家的地位并不突出，一般是属于劳动阶层，处于技术工人、匠人这个层面。他们的创作更多是依据雇主的喜好，受到雇主文化修养与审美意向的限制，因此相应的艺术家的社会地位从属于其他阶级。虽然在西方艺术品市场中，商业化认识普遍存在，古希腊的雅典就是一个典型的商业城市，作为技术工人的艺术家普遍比较自信，艺术家本人也很在乎自己的艺术作品，例如有“战争可以夺去生命但征服不了艺术”这类传说，但即使如此也改变不了艺术家的社会从属性，甚至之所以有这样的传说也只是因为艺术家对于技艺的执著而已，并不涉及文化的继承和传播。这个状态在西方尤其突出，以致中世纪时期，由于宗教势力的极端扩大，艺术品市场处于一个非常低的层面。

直至 14 – 15 世纪文艺复兴时代，画家开始根据自己的个性画画，并在画上署名。署名的出现反映了画家个人意识的觉醒，是对作为画家身份的认同与自己艺术个性的呈现。画家在画作上署名后，一方面督促画家提高自身的画技，具有了竞争意识；另一方面便于买画的人识别。而这点对于艺术市场的发展至关重要。当然，这种“版权”意识也跟艺术家的地位普遍上升有关。例如，拉斐尔在梵蒂冈宫画了《哲学》、《神学》和《法律》等巨大壁画，是受人尊敬的“艺术家”；列奥纳多 · 达芬 · 奇作为米兰公爵的客人，住在米兰，公爵不是把他当专门的画家相待。凡此种种，足以说明艺术家已经成为社会上层阶级所关注和吸纳的人物，因此，艺术家可以集合其他学者们，开始研究希腊艺术，参与罗马的都市规划，过着幸福富足的生活。这时候的艺术家具有自己的艺术个性已经不足为奇。而国际艺术品市场的发展和繁荣就是建立在艺术的自觉之上。

7.1.1.2 市民阶层的兴起是艺术品市场得以呈现的主要原因

随着文艺复兴的进一步发展，殖民经济、资本主义萌芽相继产生，西方社会出现了大量的中产阶级，也就是市民阶级，他们对于艺术的追求和消费直接导致了国际艺术品市场的产生。文艺复兴时代的艺术大多是壮丽的、宏大的作品，消费者集中在贵族和教会等机构，并不能完全形成一个完整的艺术品市场结构。

而市民阶级的壮大，使艺术交换成为一个普遍的商业存在。行会、经纪人、艺术评论家等现代意义上的艺术品市场因素就逐渐产生，一直到 19 世纪末，最终完成了现代意义上的国际艺术品市场架构的建设。例如，拉斐尔前派的艺术市场的形成，不仅仅得益于艺术家自身的创造性，更离不开艺术评论家的推介，尤其是著名评论家约翰 · 拉斯金(John Ruskin)在《伦敦时报》和《近代画家论》中的肯定，使社会大众逐渐接受了他们的艺术主张，更称许他们的观念非常新颖，最终使拉斐尔前派无论是在艺术领域内，还是在艺术市场层面都获得了社会承认。此外还有著名的巴比松派、印象派等诸多例子充分说明以经纪人、行会、艺术评论家等为主体的中产阶级文化代表人的重要性。因此，中产阶级的产生和最终确立是国际艺术品市场确立的另外一个必要因素。

7.1.1.3 商业的全面发展是文艺复兴之后艺术品市场全面繁荣的基础

仅仅有商品和消费者，对于构建一个完整和有体系的国际艺术品市场还不是很充

分,还必须有标准的商业规范和制衡原则。早期的艺术品市场之所以不能说具有现代意义,就是因为艺术交换行为本身不能安全和有效地进行。

在文艺复兴之后,商业得到了长足发展,各种商业标准和行业规范逐渐成为法律条文,有效保证了艺术商品交换的安全。这不仅极大地保护了艺术家的利益,同时也促使国际艺术品市场繁荣和稳定发展。例如,一次丁托列托的一个学生把画卖给了商人之后,商人嫌贵,要求丁托列托说情,结果丁托列托打了学生一耳光。但他并不是要求学生卖得便宜点,而是埋怨学生卖得太便宜了,还不够贵。我们可以思考一下,是什么样的环境导致艺术家可以有这样的自信?除了完善的市场经营机构和交易的保障措施之外,还能有什么呢?也就是说,艺术家有足够的市场环境来保证生活,那么他自然对于艺术的自信要更强一些。因此,商业规范的确立和艺术交换的顺利进行是国际艺术品市场形成的第三个重要因素。

随着上述三个方面的逐渐完善,国际艺术品市场中的其他诸多构成因素逐渐出现。例如,1610 年德·朗布依埃侯爵夫人,举办了第一个文学艺术沙龙,这实际是收藏家协会的滥觞;1667 年路易十四举办了最早的美展,这实则是现代展览会的开始;博物馆也开始举办由艺术家们自发组织的各种艺术个展,致力于推动一种有高度和被资助的艺术活动等等。

在世界经济全球化的今天,国际艺术品市场的全球化也是一个大的趋势,这其中涉及艺术乃至文化领域中的融合和冲突问题,并非一个很容易就能解决,或者可以说已经成为一个文明冲突的问题。国际艺术品市场中对于不同国家和文化的艺术品的销售和经营,往往带有更多的政治或者至少是民族主义的情绪。由于殖民主义时代的遗留问题,中国的很多国家文物出现在国际艺术品市场的拍卖场上,就比较突出地体现了种种冲突。同时,中国买家在各国的拍卖会上大量收藏中国元素的作品,也刺激了国际艺术品市场的进一步转化。但从整体的风向来看,这种变化只是一种商品种类的变化,不影响国际艺术品市场从收藏到资本化、证券化的转变。表面上看,这种转变对于刺激国际艺术品市场的交易有很大的提升作用,但问题的两面性却不得不使我们对以这种方式来经营艺术品抱有谨慎的态度,因为文化是否能通过虚拟的方式来进行消费还是一个有待整理和理解的问题。

7.1.2 国际艺术品市场的分类

一般来说,国际艺术品市场的分类不外乎两种。一种是根据地区分类。例如,以美国、欧洲、中国等艺术市场活动比较活跃的地区为主要研究对象,分析艺术品市场活动的产生、发展和完善。另外一种是根据商品的种类来分类。例如陶瓷、玉器、绘画、雕刻等类别,以分析某一类艺术品的市场状况,从而达到一个完整统一的理解。两种方式有时候也会统一在一个架构下进行艺术品市场的分析,即在地区分类之下再进行门类的区分,如中国艺术品市场研究下往往再细分为古代书画、近代书画、玉器、红木家具等。所有的分类当然有自己的特点和长处,但对于一个艺术品市场的研究者来说,研究的是市场规律,而非物品的属性。因此,为了更加贴合其市场的特质,本节在此进行了一些改变和创新,即按照参与市场方式的不同而展开。

按照参与市场的方式对国际艺术品市场进行划分,其优势显而易见,在市场规律面前,其实商品是什么已经不再重要,关键是其对于产品的理解、包装和服务等环节是否起到了完善文化的社会功能。这就从根本上颠覆了"文化搭台,经济唱戏"的概念,而转变为"经济搭台,文化唱戏"。因此,本文将国际艺术品市场分为:画廊、拍卖会、艺术博览会、艺术基金、博物馆及美术馆等。这样虽然对于艺术品本身的属性和地区的文化背景有所忽略,但对于抽象地了解国际艺术品市场的发展和完善却有极大帮助。

7.1.2.1 画廊

作为艺术品市场的基本细胞,画廊的功能是否完善直接决定着艺术品市场的成熟程度,因此画廊是研究艺术市场者必须要面对的一个重要领域。

严格来说,画廊在不同地区的发展情况是不一样的,虽然在中国宋代就出现了专门进行书画交易的中间商,明代中叶出现了专门销售字画为主的小门面,但现代意义上的画廊却是萌芽于西方。因为它必须满足几个条件:第一,经济支持上完全独立;第二,艺术判定上完全独立;第三,市场经营有法律保障。可以说,现代意义上的画廊是社会经济成熟发展的重要表现,同时也是社会文化繁荣存在的体现。国际艺术品市场中大部分地区都是以西方画廊模式进行拷贝,中国也不例外。但是,由于长期的文化存在和艺术品类的不同,中国的画廊从产生到发展还是有着与西方截然不同的特点。

在西方艺术品市场氛围中,画廊处于基础性地位,对于艺术家的宣传包括艺术品的展示、销售都起到了很大的作用,是一个重要的艺术中介机构。它联结着收藏家和艺术家,具有文化与经济的双重功能。我们知道画廊的主要职能之一就是发现优秀的画家,实行代理制,即画家与画廊之间是全权委托的关系,画家不需要与买家接触,购买者可以通过画廊购买画家作品。为了使得画家能够被更多人了解、接受,画廊需要进行一系列的宣传运作,如帮助画家举办展览、出版画册等,然后伴随着画家知名度的进一步打开,其艺术思想与技艺被更广大的人群所了解并接受。在这样的过程中,画家作品才能获得藏家的青睐,从而市场价格上涨,最终产生利润。接下来就可以在更高一级的平台上推广画家及作品。西方画廊在这样的运作模式中取得了很好的效果,他们与画家签约,画家相信画廊能够给他们带来一定的物质回报,保证他们生活和发展的需要,而藏家也相信画廊的良好信誉,愿意相信画廊的推荐,购买推荐画家的作品以收藏,从而达到资产保值和增值的目的。

当然,借助于资本社会的发展,画廊本身也存在不同的发展道路。高端画廊寻求与具有实力的集团合作。以日本东京银座日动画廊为例,它是"靠日本一家日动火灾保险公司为经济后援,故此日动画廊有强大的后源。其经营策略与销售对象主要针对贵族上流阶层或大企业、大财团,价位也远高出其他画廊"①。另外,顶尖画廊的集团化发展趋势也日渐形成。这类高端画廊的出现与社会经济发展密不可分,国际知名的画廊有:法国克洛德·贝尔纳画廊(Claude Bernard)、美国佩斯画廊(Pace Gallery)、英国白立方画廊(White Cube)、美国高古轩画廊(Gagosian Gallery)等。这些画廊主要集中在欧美发达国家,经济发展的成熟为画廊发展提供了所需要的资金,同时也保证了客源的稳定。我们说西方画廊普遍实行的画家代理制能够得以实现也有赖于资金的支持。所以,实力雄厚

① 顾颖.国外画廊管窥[J].上海艺术家,2003(Z1):150.

的画廊在挑选代理画家时往往相当严格,他们注重的是长远的回报。以法国法兰西画廊为例,该画廊70多年来只选择了28位画家。在对待已经被选择画家的态度上,他们体现出来的是责任感。“对每位画家的作品价格,严格遵守‘年年递增’,‘每年必增’的价格规则”①。

以上所谈到的西方画廊业的发展情况,与中国的实际情况相比还存在较大出入。在中国画廊业的发展过程中,我们应该考虑到中国艺术品的特殊文化地位以及相关的社会背景。以书画为例,书画艺术在中国文化中的地位完全不同于西方,对于中国书画而言不仅仅有技艺层面的要求,更有“技进乎道”的文化考量,因此这就使画廊的文化、艺术地位没有办法完全脱离文化艺术界而独立存在,这就间接地导致了中国画廊的附庸地位。因此,很多人认为中国画廊业应该落实的一个重要问题就是:如何在实际经济行为过程中,双方能够以诚信、互惠互利为指导思想,而不是毫无顾忌地损人利己。这个问题在西方社会来说不是问题,可以借助于法律、市场监管部门进行有效管理。但在中国社会,画廊业的管理往往会造成人员投入的巨大浪费和根本性无效果,所以这个问题的解决就不仅仅是法律和经济层面的行为,甚至,更多地要有赖于文化价值观的重新树立。表7-1是2011/2012年度中国十大影响力画廊②。这些画廊的实力是毋庸置疑的,但断然说他们是中国十大影响力画廊就显得不是十分准确,还有待进一步商榷。北京的荣宝斋、上海的朵云轩在很多方面的影响力都要超过这个数据中的许多画廊,至少并不比上面所提及的某些画廊差。之所以这么说,只是想要表明:以西方为标准的很多测评方式,在中国是没有多大参考意义的,只能让人们更加不信任相关数据,从而使艺术市场的管理越来越混乱。因此,如果完全按照西方的标准就会涉及巨大的资本和人员投入产出率不成正比的问题。那么无论政府有关部门,还是行业协会等机构,都没有办法对画廊业进行有效和有益的管理。而我们知道画廊业的良性运作的市场机制的培育是需要较长时间的。

表7-1 2011/2012年度中国十大影响力画廊

No. 1	香格纳画廊
No. 2	佩斯北京
No. 3	长征空间
No. 4	大未来·林舍画廊
No. 5	高古轩(香港)
No. 6	当代唐人艺术中心
No. 7	麦勒画廊
No. 8	偏锋新艺术空间
No. 9	诚品画廊
No. 10	星空间

① 顾颖. 国外画廊管窥[J]. 上海艺术家,2003(Z1):150.

② 孙国胜,张秀娟. 2011/2012年度中国十大影响力画廊[OL]. 雅昌艺术,http://gallery.artron.net/show_news.php?newid=268441&p=1.

在新时代文化大繁荣、大发展的背景之下，中华民族的伟大复兴在于文化强国的实现，文化产业的竞争力是一个国家综合实力的重要体现，在今天全球化的进程中也是我们参与国际竞争的不能回避的问题。所以，我们应该正视国际形势，结合自身国情，努力改善自身不足，迎接来自世界的挑战。

当然，这并不是说我们对外来的画廊理念要一味排斥，相反我们应该努力接纳和吸收他们所带来的先进理念和经营模式。对于产品的理解和包装等我们中国本土画廊原本并不注重，或者就是本不擅长的地方，应该积极学习、借鉴国外画廊的成熟经验与理念。我们不能否定国外画廊比较专业和规范，具有优越于画家的艺术独立性，而恰恰是艺术独立性才能导致画廊业的规范化和统一管理。所以，早期中国内地主要画廊的创办与外国人关系密切，比较著名的可见表 7－2①。

表 7－2　早期中国内地主要画廊的创办

名称	创办地	创办人	创办时间
常青画廊	北京	（意大利）马里奥・克里斯蒂亚尼（Mario Cristiani）	1990 年
红门画廊	北京	（澳大利亚）布朗・华莱士（Brian Wallace）	1991 年
香格纳画廊	上海	（瑞士）劳伦斯（Lorenz Helbling）	1995 年
四合苑画廊	北京	（美国）马芝安（Meg Maggio）	1996 年

不过，这些画廊也仅仅是反映出了画廊发展所需要的重要条件在于资金和运作，而且还不一定就完全具有代表性。在研究中国画廊业的生存状态时仅研究这些画廊是完全不可能知道其中奥秘的，因为在中国，艺术同时也与社会文化精神包括消费心理、购买习惯等要素相联系。因此，分析中国画廊业的实际还应该考虑到这些不同的社会、文化因素。

学者李万康在谈到为何中国画廊只具有西方式画廊的部分功能时说道："在中国，观赏性的'画廊'之所以不能顺延发展为经营性'画廊'，关键在于中国人所采取的欣赏方式是一种依托于书斋的慢悠品味、渐入佳境的审美方式。这种方式以案读欣赏为主，最大的特点是具有对多重选择的回避性、审美对象的专注性、空间的私密性、精神境域的超越性以及在消费形式上的高度休闲性等一系列特征。而'画廊'则因具有空间的公共性、选择的多样性、绘画本身的不可挪移性和欣赏的浮光掠影性，与书斋式欣赏方式存在严重的冲突。所以，市场也就难以将观赏性'画廊'顺延发展为经营性'画廊'了。"②但实际上，中国画廊跟西方画廊在艺术品交易过程中的市场角色的不同导致了两者之间的差异。中国画廊基本处于一种被动的第三方地位，对于绘画的创作几乎没有任何发言权。因此，它对于市场的发展只能是适应，而不是主导的作用。反之，在西方，画廊更多地处于一个主动出击的地位，他们不仅仅主动了解市场需求，更参与了画家的艺术创作，对于艺术主题、创作手法，乃至市场运作都有非常大的话语权。这种区别在今天一样很明显。例如，毕加索就经常跟自己的画廊老板，即艺术经纪人，进行探讨，从主题到市场运作，都是如此。

① 陶宇. 画廊，请不要失去你的本色——西方现代艺术运动中的画廊及其历史作用[J]. 美术观察，2011(5)：124.

② 李万康. 艺术市场学概论[M]. 上海：复旦大学出版社，2005：144－145.

对于一直为人们称道的“画廊代理制”也是存在着问题的。“代理20世纪60年代出生的美国具象油画家约翰·库林的格高仙画廊就为库林安排了一个长长的收藏者等候名单,但就是这个等候者名单,对艺术家像是一个自我束缚的牢笼一般,如果收藏者喜欢认定某种他们已经知道的类型的作品,艺术家如果想继续发展,他就会受到无形的巨大阻碍”①。从这个例子中可以看出,画廊的代理制一方面的确可以解决画家基本的生存问题,但另一方面在谋求更大利益的时候,画廊与画家的艺术追求之间的确也产生了不少的矛盾。这对矛盾是艺术市场中出现的新冲突的源头所在。对于如何调节好艺术与经济之间的关系问题,还需要较长时间的探讨。

7.1.2.2 拍卖会

拍卖会是随着艺术品市场的逐渐完善而出现的高端,或者说是第二级艺术市场,它的任务主要是推介艺术家和普及艺术审美标准。

“艺术品拍卖(Arts Auction)是指以委托寄售为业的商业寄生企业按一定的规章制度,以公开竞价方式将艺术品所有权转让至最高应价者的买卖行为。这一行为因最后的买卖成交以拍击手槌为宣告标志,故命之为‘拍卖’”②。一般的艺术品拍卖采用递增竞价的方式,程序包括总体策划、拍品组织、宣传预展、拍卖成交和交讫结清五个环节。艺术品拍卖的最后一道程序是钱货交讫。委托人结算时,一般以拍卖落槌价为基础。“拍品拍出后买卖双方都必须向拍卖公司交纳手续费,或称代理费、佣金。西方的惯例一般是买卖双方各交落槌价的10%。但在不同国家也有不同的规定。伦敦的拍卖规则是,一般买方(买受人)交纳8%,而卖方(委托人)交纳10%。德国的拍卖惯例是买方支付10%~25%,卖方支付10%~30%,而中国内地的惯例是佣金一律为10%,中国香港则有的可达15%。除了佣金以外,有时卖方还要支付给拍卖公司一定数额的杂费(保险费、运输费等)。”③相对画廊而言,拍卖会所接受的艺术家及作品应该是经过画廊运作并检验过的更具有价值空间的艺术家及作品。所以,我们通常将拍卖会称为二级市场,而画廊则是一级市场。

拍卖是一个古老而新兴的特殊行业。最早可追溯至公元前500年的古巴比伦,当时拍卖内容主要为妇女。而艺术品拍卖据史料记载,可追溯到古罗马时代。早在罗马共和时期(公元前510年至公元前27年)的中叶,因为受到古希腊文化的影响,罗马国内就存在比较稳定的艺术品市场,并呈现出多元化的发展倾向。这显然跟罗马帝国的经济长期稳定和强大有很大的关系。一般来说,凡是打了胜仗的罗马士兵,大多都掳掠了很多战利品,并且这些战利品完全归属于个人。为了携带方便,他们往往会因地制宜地将各种战利品拍卖给大批指望发财的随军商人,这些战利品中自然不可能缺少艺术品、首饰、雕像、挂毯、古董等。据说,就连罗马皇帝恺撒(公元前47年—前44年在位)也不能免俗,尤其是对艺术品拍卖十分热衷,为了筹集军费等原因,曾亲自主持过艺术品拍卖会,拍卖宫廷的家具、物品和一些传世之宝。英文“拍卖”(Auction)一词,源于拉丁语“Auctio”

---

① 徐刚.国际艺术品市场新动向简述[J].美术观察,2007(10):128.

② 李万康.艺术市场学概论[M].上海:复旦大学出版社,2005:165.

③ 陈长田.艺术市场纵横谈[M].济南:山东美术出版社,2010:42.

"Auctus",从中我们可以确定地说拍卖这种艺术品市场的行为由来已久。但是古罗马时代艺术品市场的繁荣并没有带来深刻的文化影响,因为随着欧洲中世纪的禁锢和保守,长达1 000多年的黑暗时代实则是欧洲艺术品市场的衰落时期,也是世界拍卖业包括艺术品拍卖业的衰落、萧条和停滞时期。

文艺复兴之后,资本主义经济逐渐抬头,商品经济的长足发展和艺术品市场的空前繁荣又促使相关的艺术市场活动活跃起来。现存英国的一份1689年2月的早期原始拍卖目录,记载着一次"绘画及手稿拍卖",地点是伦敦富有的绅士阶层经常光顾的"巴巴多斯咖啡馆"。同时这份记录中还明确记载:"近来由于社会名流参加拍卖活动,促进了拍卖制度的健全和发展。"拍卖规则也出现在上面,如"任何人不得竞价购买自己的作品",这些都长期被陈列于拍卖会上①。这就说明,随着经济的繁荣,专事拍卖的拍卖行也开始发展和完善起来,而且,规范拍卖的拍卖法令也不断出台,加强了艺术品市场的管理。同时,我们也应该注意到艺术家自己地位的上升,以及贵族阶层和中产阶级界限的模糊导致了艺术市场的极大繁荣。在这个基础上,现代意义上的艺术品拍卖行逐渐出现。

现代拍卖制度基本可以断定是在18世纪中叶前得到确立的。随着经济的长足发展和稳定,资本主义国家的财富通过贩卖黑奴、掠夺殖民地等行为大量原始积累,经济占据了主要的社会地位。在17—18世纪,"从英国伦敦到德国汉堡、从奥地利维也纳到荷兰阿姆斯特丹,直至美国的波士顿、纽约和费城,各类功能的拍卖行开始大量问世,悬挂独特拍卖标志——蓝白方格拍卖旗的门店随处可见"②。其中最负盛名的拍卖行有两家:索思比(又译为苏富比)和克里斯蒂(又译为佳士得)。于1744年成立的索思比拍卖行距今已有260多年的历史,其首次拍卖的是一位贵族收藏的457本珍奇书籍,拍卖成交额为826英镑。索思比的业务目前遍及全球34个国家,主要拍卖中心有2个:美国纽约及英国伦敦,在世界有13个主要的艺术中心联系业务,包括中国香港、新加坡、澳洲、法国、意大利、荷兰及瑞士等地。"20世纪90年代初,苏富比重要领导人之一的戴安娜·迪·布鲁克斯倡导了苏富比历史上一次有重大意义的财政革命——信用卡支付资金方式"③。戴安娜·迪·布鲁克斯倡导的财政革命把国际艺术品市场带到了一个新的高度。1989年苏富比拍卖公司与日本西武百货公司联合举办近现代版画拍卖,这种形式开创了拍卖行与跨国企业之间合作的新局面。

成立于1766年的克里斯蒂拍卖行至今也有近250年的历史,其业务范围主要定位在文物艺术品拍卖之上。目前在艺术品拍卖领域,两大拍卖行的拍卖行为,都不可避免地会对国际艺术品市场的走势产生重要影响。另外,其他世界著名的拍卖行还有:菲利浦德普瑞和鲁森宝拍卖公司、香港邮票及艺术品拍卖中心等。但总体来说,苏富比和克里斯蒂的拍卖业绩堪称国际艺术品市场的晴雨表。

另外,值得一提的是西方拍卖公司对拍卖师的要求也比较严格。"克里斯第公司便规定,该公司员工首先要经过长达10年左右的职业历练,再通过培训和考试,合格后方能正式成为一名拍卖师"④。苏富比对自己的鉴定专家有着非常严格的要求,通常情况下

① 艺术品拍卖的兴起和发展[OL]. http://www.gzhpm.com/news/html/? 477.html.

② 季涛.当代北京拍卖史话(二)[OL]. http://blog.sina.com.cn/jitao001.

③ 何鸿,何如珍.从海外艺术市场的走势看中国艺术市场[J].艺术探索,2001(3):64.

④ 陈江燕.英国拍卖业旺在何处[J].经纪人,2005(5):79.

需要进行10～20年的常规训练，而且公司随时准备有大量现金赔付不可避免的失误。

根据有限的资料，中国最早的拍卖活动可以发现在唐朝以前就有拍卖典当行过期财物的活动，但可以说，中国现代意义上的正式拍卖行一直没有在完全意义上得以建立。鸦片战争失败以后，西方先进的拍卖机制也被引入了中国。1874年，英国一家拍卖行在上海开设了远东子公司——鲁意斯摩拍卖公司。随后，许多外国企业在上海成立分支机构，开展拍卖业务。北京最早的拍卖行，是光绪末年出现在崇文门大街上的鲁麟洋行。1911年辛亥革命之后，清废帝溥仪为了维持生活，经常性地拿出清宫旧藏的瓷玉古铜物件进行拍卖，由内务府不定期举办。某种程度上看，这算是中国历史上最早的官方拍卖会了。我们看到虽然当时的拍卖也是程序井然，件件真货，中规中矩，公平竞争，但这实际上是一种地摊式的买卖，而非实际意义上推介和提升艺术审美的活动，从而使拍卖艺术品的活动一开始就具有极其强烈的中国特色。1959年之后，因为建设国家经济及文化战线的需要，我国取缔了所有的拍卖会。

改革开放之后，国家经济发展稳定有序，艺术市场重新活跃起来，拍卖行这种在国外已经实行了近300年的形式被介绍到了中国。1986年11月，新中国第一家拍卖行——国营广州拍卖行正式挂牌成立，中国拍卖业由此进入了恢复、试点阶段。1993年以后，拍卖业迅猛发展。1993年2月"朵云轩落户上海，并成功举办了首届中国书画拍卖会，共155件晚清迄近、现代名家书画精品亮相，港澳台及内地买家踊跃竞拍，拍出117件书画，成交额达829万港元，超过所有拍卖品估价总额的60%"①。同年5月，中国嘉德国际拍卖有限公司在北京正式成立，紧接着北京瀚海于1994年1月成立。1995年6月，中国拍卖行业协会在北京成立，1996年《中华人民共和国拍卖法》颁布。这些都标志着中国拍卖业进入了新的发展时期。截至2012年9月，我国共有拍卖企业5 781家，全国注册拍卖师总数达到10 444人，全行业从业人员5.5万人②。与发展了几百年的国外同行相比，中国拍卖业还有很多有待改进的地方，但是我们相信借助于国外先进经验，我国的拍卖业具有不断完善的可能性。我们一方面应该看到经济发展给我国艺术品市场带来的良好契机；另一方面也应该看到，拍卖市场是我国经济实力发展的晴雨表，它应该是与经济发展同步的。在艺术品的价值逐渐被人们发现并认可的时代，借助于传媒的强大力量，我们常常会被拍卖会上诞生的一个个天价所吸引，觉得艺术品市场是一个充满了能量的地方，但是，其实我们应该冷静地看待这些能量，分清楚哪些是正能量，哪些是负能量，从而实现我国艺术品市场的良性发展。

从国际艺术品市场的发展来看，近20年来，当代世界艺术品拍卖业的发展比较曲折多变，具体表现在以下几个方面。

其一是经营方式的全球化。经济全球化的一个直接结果就是文化交流活动急剧增加，科技的进步也使地球变成了一个村子，这就需要满足不同地区不同文化背景的市场需求。因为，无论是拍卖标的还是拍卖地点，都出现了分散的格局。从原来以欧美为中心，扩展辐射到任何经济长足发展的地区。例如：从20世纪80年代开始，两大拍卖行即

① 从1986到2006中国艺术品拍卖市场的昨天、今天与明天[J].艺术与投资，2006(5)：17.

② 中国拍卖行达5781家；去年成交超六千亿[OL]. http://finance.ifeng.com/collection/scyw/20121109/7276050.shtml.

开始关注中国港、台地区和东南亚市场,皆因此时此地经济快速发达,中产阶级群体的消费能力获得了长足的提高。于是,两大行先后在中国香港、台湾设立子公司,每年定期举办一次自己的春秋艺术品拍卖会,最终使港台地区成为国际艺术品市场最令人瞩目的拍卖重镇。

其二是市场竞争激烈化。随着经济的发展,拍卖行的成立此起彼伏,买家的口味多变且挑剔的程度与日俱增,拍卖行的生意也逐渐从店大欺客到客户第一。尤其是在世界艺术品拍卖市场领域,新兴的经济区就那么几个,客户群体重叠也很多。所以,拍卖行之间的竞争也不言而喻。在香港,成立只有20年的中国嘉德国际拍卖有限公司与已有200多年历史的苏富比展开了正面较量。而北京保利国际拍卖有限公司也参与到竞争中来,同样将目光锁在了香港。国内这两家拍卖公司与苏富比与佳士得相比还很年轻,国际上的影响力也不如两大行大,但进军香港、争取市场地位的决心却一点都不小,实力也不容小觑。“按拍卖成交额计算,保利国际拍卖有限公司是世界第三大拍卖行。该拍卖行周末首次在香港举办了一场国际拍卖会。该拍卖行说,在香港举行的为期两天的拍卖会创下了5.2亿港元(约合6 700万美元)的佳绩。主要拍品有中国画家张大千的《番女掣庬图》,该画以4 830万港元成交。”[①]“世界第四大拍卖行中国嘉德国际拍卖有限公司也选在香港举行首次境外拍卖会……此次拍卖会的拍卖成交额达到5 900万美元,比此前预计的拍卖成交额高出2.5倍。”[②]当然,在中国,拍卖行是此起彼伏,成立得快,破产的也多。

其三是拍卖价格的权威性被质疑。来回顾一下那些曾经给我们留下深刻印象的拍卖作品及其成交价格:1987年3月,梵高的油画《向日葵》以3 990万美元成交;同年11月,梵高的《鸢尾花》又以高达5 390万美元的价格在纽约索思比拍卖行成交,创下了当时全球单件艺术品的拍卖纪录;1990年5月,雷诺阿的《红磨坊街的舞会》也在索思比以7 810万美元的高价成交。同年,梵高的名作《加歇医生的肖像》又以创纪录的8 250万美元拍出。随着拍卖价格的节节攀升,过亿美元的艺术品也已经不再令人眩晕。然而,当遭遇到全球性的经济危机时,那些曾经的“天价”之作,即刻缩水,即使如此也乏人问津,直至堆放库中。艺术品的拍卖价格有多大的可信度成为人们思考的问题。在中国也有同样的问题,甚至有过之而无不及。有些在世的画家,作品价格在香港拍卖可以达到上亿元人民币。对于这样的拍卖价格,对于这样价格的可信性,都是有待考量的问题。根据相关资料显示,苏富比、佳士得、嘉德和保利在2012年春季拍卖会上共成交15亿美元,较2011年秋季拍卖会下降32%。因此,我们可以推算出世界领域内著名拍卖行的拍卖价位最高的世界名画的贬值的幅度在15.1%~42.3%,而考虑到中国拍卖行业还不规范这个主要原因,中国拍卖行价值最高的作品的贬值幅度往往会达到70%甚至更多。最后,需要特别说明的是在西方艺术品市场环境中,画家是不能够将作品直接送拍的,而需要有画廊的认可、运作。但这一点在中国却有着不一样的情景,事实上在中国,画家直接将作品送到拍卖会上并不稀奇,对此拍卖公司也不会断然拒绝接受其作品。由于这样一种情况的存在,使得我国的拍卖会多多少少呈现出类似大市场的感觉,拍品不仅数量众多而且鱼龙混杂,与西方拍卖会的概念存在一定差距。

---

① 中国拍卖行开始走上世界舞台[N].参考消息 2012-11-29(9).

② 中国拍卖行开始走上世界舞台[N].参考消息 2012-11-29(9).

相关资料显示,2010 年中国成为全球美术品拍卖第一大市场。中国艺术家在国际艺术品市场上也占有了一席之地。在 2011 年上半年最有价值的百大艺术家排行榜上,张大千与齐白石分别以 3.6 亿美元与 2.74 亿美元位居排行榜第一与第二①。但对待这样的市场状态,我们最需要做的是使之名副其实。

7.1.2.3 艺术博览会

艺术博览会起源于 17 世纪的欧洲,20 世纪 30 年代英国伦敦举办的格罗斯维纳商行交易会,展出不少绘画作品,被一些人视为艺术博览会。但真正的具有现代意义上的艺术博览会始于 20 世纪 60 年代。1967 年德国科隆创办了世界上第一个艺术博览会——科隆国际艺术博览会,正式拉开了世界艺博会的帷幕。艺术博览会(Art Fair)是世界上规模最大的一种艺术品展示和交易活动。目前在世界上具有重要影响的艺术博览会有“德国科隆国际艺术品博览会、瑞士巴塞尔国际艺术品博览会、法国巴黎国际当代艺术博览会、西班牙马德里国际现代艺术博览会及美国芝加哥国际艺术博览会”②。这些艺术博览会久负盛誉,号称“世界五大艺博会”。

在这五大艺博会中,最成功的当属创办于 1970 年的瑞士巴塞尔国际艺术博览会(SIFB),它是当今世人公认的世界最高水平的艺术博览会,且规模盛大,被誉为“世界艺术博览会之冠”。巴塞尔艺博会以其高质量的成交业绩赢得了业内的良好口碑。它每年 6 月举办一次,以高品位的作品及严格的审查评选制度著称于世,对参展画廊坚持严格的审查和评选,通常只有超过 3 年开办历史的画廊才具有申请参展的资格,因而参展巴塞尔博览会差不多成为代表画廊水准档次的一个标志。为了支持年轻的当代艺术家和年轻的画廊,2000 年起开辟了新的展馆,并举办题为“艺术无限”的高水平展示活动。2002 年开创了“艺术休闲厅”作为交流性平台,参观者可以在约定时间与画廊经纪人、参展艺术家以及收藏家会面,同时还安排了主要参展商聚会。“由于它能不断推陈出新,尤其是率先推动艺术博览会与学术机构及美术馆的互动合作,并利用优厚的减免税机制、发达灵活的私人金融业务、艺术品保险及大型艺术品仓储等连锁优质服务,从而集成了其他艺术博览会无法比拟的软硬件设施,吸引全球超级收藏家一掷千金。2006 年的巴塞尔艺术博览会总成交额约为 3 亿美金”③。一个博览会的成功,大多还是依赖于它作为成交平台的实际成绩。这一点在实际的艺术市场中是一个重要的原则。

“西班牙马德里国际现代艺术博览会又被称为‘ARCO’,中文的意思是‘拱之大展’。创办于 1982 年。该博览会已经从主要展示拉丁语系国家当代艺术品的博览会转向成为展示欧洲各国当代艺术品的重要舞台”④。首届展览在卡洛斯一世展览馆举办,并举办了“艺术论坛”,作为艺术博览会的组成部分,应邀参加者有许多外国前卫画廊和来自世界各地的有声望的艺术学者以及艺术批评家。2004 年,还与纽约“军械库展”达成了联盟,开创了跨大西洋的协作。

除去上面提到的五大艺博会以外,1988 年创立于荷兰南部小城马斯特里赫特的“欧

---

① Artprice:艺术市场 2011 年上半年总结[J]. 东方艺术,2011(19):22.

② 陈长田. 艺术市场纵横谈[M]. 济南:山东美术出版社,2010:52.

③ 陈长田. 艺术市场纵横谈[M]. 济南:山东美术出版社,2010:53.

④ 马学东. 十招玩转全球艺术博览会[J]. 东方艺术,2010(15):78.

洲艺术和古董博览会”(TEFAF),是欧洲乃至全球最重要的古董艺术博览会。举办地马斯特里赫特地理位置优越、经济发达、从业人员专业化水平高,有着深厚的历史文化传统,这些都是这座小城举办好艺术博览会的有利条件。“经过20多年的发展,TEFAF已经从一个地域性的小型艺术展会逐渐发展成为具有全球影响力的顶级艺术博览会,欧洲艺术博览会中展出作品的高质量甚至可以媲美博物馆,因此它有着‘可出售作品的博物馆’的美誉”①。TEFAF由欧洲艺术基金会(The European Fine Art Foundation)主办,之所以能够拥有世界性的声誉与其对参展作品严格的审查制度密不可分,“至2010年,已经有168名属于26个团队的国际专家组成的审核委员会对TEFAF参展作品的质量、真实性、起源等问题进行审核。审核委员会由知名艺术经销商(包括部分TEFAF参展商)、鉴定修复专家和艺术史家等相关专业人士组成。专家团队针对不同板块设立了严格的审核标准,对参加展览的每一件艺术品进行检查评估,任何一件不符合TEFAF标准的艺术品都将被移出展区,储藏封存直至展会结束还给参展商”②。

欧洲艺术基金会没有设立过博览会的组委员会机构,而是每次从参展商和相关协会中选出代表,组成执行委员会来运作。执行委员们大多是艺术经销商,如此执行委员会全面代表了参展商的利益,避免了参展方和主办方之间的利益冲突,保持了高端的艺术经销商对欧洲艺术基金会的追随。在参展商的选择上,声誉、影响力、经营时间、经营特色等都是考量参展商的重要方面。“除此之外,欧洲艺术基金会还设有TEFAF大使,处理相关问题,并且雇用了一批全职的工作人员,针对博览会设有完整的管理团队(分为团队管理、市场营销、媒体宣传、辅助设施、设计印刷、特别项目、合作项目和财政采购等部分),负责展览的相关策划工作和对执行委员会的上报工作,对展会进行有效全面的运营。”TEFAF的基本组织架构见图7-1③。

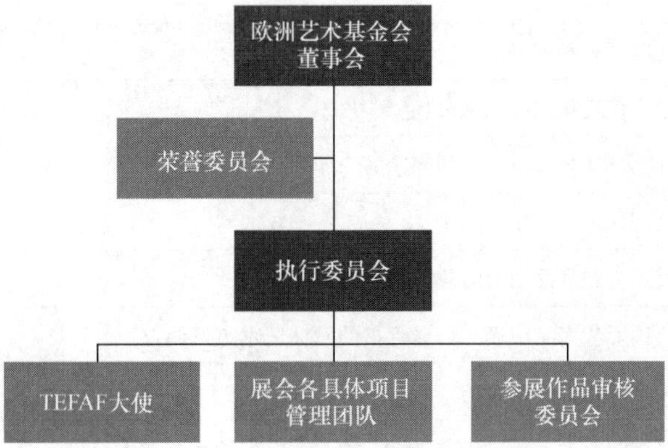

图7-1 TEFAF基本组织架构图

在1991年之前,TEFAF对早期大师绘画和古董经销商的挑选标准是从业20~50年,入选后可以获得长期参展资格,其他排队候选的申请者需要等到有参展商退出才能

① 马学东.十招玩转全球艺术博览会[J].东方艺术,2010(15):78.

② 徐丹丹.顶级艺术博览会个案研究TEFAF一座待售的博物馆[J].艺术与投资,2011(4):58.

③ 徐丹丹.顶级艺术博览会个案研究TEFAF一座待售的博物馆[J].艺术与投资,2011(4):57-58.

补入。严格挑选参展商保证了TEFAF本身的水准。

另外,TEFAF还建立了成功的商业赞助体系(见表7-3)①。我们以德意志银行赞助TEFAF为例,从2005年开始,德意志银行成为TEFAF长期赞助商。德意志银行在博览会上开设展厅,展出自身收藏的艺术品。通过这种方式,银行可以达到三个方面的目标:

表7-3 2010年TEFAF主要赞助合作伙伴

保险业(AXA保险、怡安保险)
银行业(德意志、巴黎、荷兰商业、比利时联合、荷兰万贝等银行)
交通(大众汽车、Thalys大力士调整列车等)
媒体宣传(国际前锋论坛报、阿波罗杂志、RTL-Z、artprice.com等)
运输保存(Q-park、新加坡自由港公司等)
酒店餐饮业(Relais & Chateaux、凯歌香槟等)
其他(马坡旅游局、中国嘉德、艺术丢失登记、阿姆斯特丹国立美术)

(1)通过与国际顶级艺术博览会合作,及时了解全球化的艺术动向,确立自己的艺术品国际化定位。

(2)在博览会上寻找新的优秀年轻艺术家,并给予赞助。

(3)"将展厅作为宣传银行业务、展开客户活动的场所,并作为招揽新客户的平台"②。

最后,还要强调的一点是从2000年开始陆续出版的艺术市场研究报告(见表7-4③),报告的出版深化了TEFAF的发展。

表7-4 TEFAF历年出版研究报告

年份	报告名称
2000	《欧洲艺术市场》
2002	《欧洲艺术市场研究》
2003	《增值税和欧洲艺术市场》
2004	论文集《艺术市场中的问题》
2005	《现代艺术市场》
2006	《成为经济推动力的艺术博览会》
2008	《国际艺术品市场·全球化下的欧洲艺术市场调查》
2009	《全球化和艺术市场》
2010	《国际艺术市场2007—2009·全球经济危机下的艺术交易趋势》
2011	《危机与复苏》
2013	《聚焦中国与巴西市场》

① 徐丹丹.顶级艺术博览会个案研究TEFAF一座待售的博物馆[J].艺术与投资,2011(4):60.

② 徐丹丹.顶级艺术博览会个案研究TEFAF一座待售的博物馆[J].艺术与投资,2011(4):61.

③ 徐丹丹.顶级艺术博览会个案研究TEFAF一座待售的博物馆[J].艺术与投资,2011(4):63.

“在英国还有一家新兴的艺术博览会——创办于2003年的伦敦弗雷兹艺术博览会(Frieze Art Fair),引起世人瞩目。弗雷兹艺术博览会每年在伦敦市区内最大的皇家公园——摄政公园内举行,是国际艺术博览会的新秀。2007年弗雷兹艺术博览会期间参观的人数达到68 000人,参展的世界顶级画廊一共有151家,分别来自28个国家。这样的明星阵容更加确立了英国伦敦弗雷兹艺术博览会作为国际当代艺术发展的最佳舞台的地位”①。

开启亚洲艺术博览会历史的是日本1990年3月的东京艺术博览会(Tokyo Art Expo)。有23个国家的画廊参展,历时4天,参观者5万多人次。后来因金融危机日本的经济萧条,东京艺术博览会在1993年举办完后停办。

相比较国外而言,我国的艺术博览会起步较晚。自20世纪90年代起,随着改革开放的不断深入和经济建设的高速发展,我国也先后涌现了不少艺博会。其中最具规模的当数广州国际艺博会(1993年)、北京中国艺博会(1995年)和上海艺博会(1997年),此外还有北京首都艺博会、杭州西湖艺博会、大连国际艺博会、烟台艺博会、河南郑州中原艺博会、香港地区的国际艺博会、台湾地区的台北画廊艺博会等②。中艺博国际画廊博览会(CIGE)创办于2004年,是国内创办最早的当代艺术博览会。艺术北京艺术博览会创办于2006年,每年4月举行当代艺术博览会,9月举办经典艺术博览会。目前已成为国内当代艺术博览会的重要代表。全球著名的艺术博览会及举办时间见表7－5③。

表7－5 全球著名艺术博览会举办一览表

艺术博览会名称	举办地	举办时间
西班牙马德里国际现代艺术博览会	西班牙马德里	每年2月中旬
欧洲美术博览会	荷兰马斯特里赫特	每年3月中旬
艺术北京艺术博览会	中国北京	每年4月下旬
中艺博国际画廊博览会	中国北京	每年4月中旬
香港国际艺术展	中国香港	每年5月下旬
巴塞尔国际艺术博览会	瑞士巴塞尔	每年6月中旬
上海艺术博览会国际当代艺术展	中国上海	每年9月中下旬
佛瑞兹艺术博览会	英国伦敦	每年10月中旬
巴黎当代艺术博览会	法国巴黎	每年10月下旬
迈阿密巴塞尔当代艺术博览会	美国迈阿密	每年12月初

那么作为西方文化的产物,博览会的性质是怎样的呢?“博览会是西方现代社会中一部精巧的文化生产机器,它不动声色地将精神追求兑换成物质资本,将价值理性(不计成败,只认道德义务)过渡(转换)为工具理性(讲求效益,追求利润),两大水火不容的系

① 陈长田.艺术市场纵横谈[M].济南:山东美术出版社,2010:53.

② 龚云表.灿若星汉各擅胜场——世界各国艺术博览会概览[J].艺术市场,2003(Z1):112.

③ 马学东.十招玩转全球艺术博览会[J].东方艺术,2010(15):76.

统理性，无间地化融一炉”①。在西方艺术市场体系中，博览会由于能够满足对经济与艺术理想的追求，所以占有了一席之地，在一定程度上也对西方艺术发展方向有着重要的作用。从市场本身的角度来考量，我们看到世界知名的艺博会的成交量是比较令人满意的，在艺博会上完成了艺术的展现与经济的收获。同时，更多人通过艺博会了解到了艺术发展的新趋势，应该说这是一个共赢的局面。当然，与西方的艺博会相比，我国的艺博会与我们的画廊发展一样，存在许多有“中国特色”的现象。其中主要表现之一就是，画家作为个体的参与。这是由于整个艺术体制与国外的差异及诸多方面原因所共同造成的。从艺博会的实际功能来说，它与拍卖会一样属于二级市场，因此，本身定位就是建立在一级市场基础之上的一个交流、交易平台。这种艺术品市场的分级体制的建立及和谐运转对于艺术家的培养与市场建设有一定的积极作用：一方面，可以让艺术家与市场保持一定距离，负责提供具有较高艺术表现力及文化内涵的作品；另一方面，也可以让艺术家通过艺术媒介更好地了解市场的动向，根据个人修养和审美，从而创作出大众喜闻乐见的艺术作品。

虽然中国艺博会与西方艺博会相比，更具“大卖场”的特色，但即使如此，我们也不能忽视西方艺术博览会的最终目的所在，它们只不过是更规范一些，或者目的性隐藏得更深一层。也就是说，两者的差异仅仅是一种深度的差异，而非本质的差异。很遗憾，中国艺术博览会还要在很多方面进行规范化，从产品的选择，到国民审美情趣的培养和再认识，都需要进行分析和整理。中国艺术博览会的主办者也应该从长远利益出发，不要急功近利、自以为是，要知道短视和缺乏真正的艺术修养将会是中国艺术博览会发展过程的最大问题所在。

7.1.2.4 艺术基金会

艺术基金会是以投资艺术品为手段谋取利益的投资团队，他们将艺术品视为衍生性金融商品操作，几乎只是注重收益和增值两个方面，对于艺术品的艺术性虽然有所关注，但实际并不在乎。所以，艺术基金会的运作方式是标准的金融操作，与其他基金的运作方式相比并无本质的区别。

具体的流程一般是：先是由基金经理人负责募集资金，同时聘请专门的艺术品专家指导投资。艺术投资基金是代客投资，未来的发展趋势应是与资本市场接轨，然后由专业的艺术经营机构来运作，包括艺术史家、艺术家、策展人、鉴定家、艺术机构、艺术顾问公司等，共同把握基金的投资方向。不过，无论是西方还是东方，艺术基金会的运作都带有投资人的强烈色彩，可以在艺术市场上起到推波助澜的作用，但并不能完全左右艺术市场，或者艺术发展的主要方向。同时，无论东方西方，都对艺术基金的使用有着自己的方式。

从表面来看，在国际艺术品市场中，艺术基金是一股不容忽视的参与力量。甚至有人说西方艺术市场的发展和健康完全因为有来自于艺术基金的支持。但其实这种判断并不十分准确，因为艺术和金融毕竟是两个领域中的产品，虽然两者有相通之处，但作为产品的艺术品首先得具有艺术性才能进行长期的储存和保值，一旦那些炒作成分太大的

---

① 武小川. 巴黎艺术博览会记[J]. 世界美术，2004(4)：16.

艺术品失去时间和地点等特殊因素，其价值往往会立刻下滑，乃至最终分文不值。所以，艺术基金如果满足于利用金融炒作进行击鼓传花似的推销，或许会取得一定的利益，但最终伤害的绝对不仅仅是文化本身。

当然，有一些艺术基金会在国外是受到了政府的支持而成立的，成为专门针对国外敌对国家进行文化侵略和文化腐败的工具。这往往是因为政治的需要而进行艺术品市场的操作，这种情况本身就是不规范的，有碍艺术品市场的正常运作。例如，已经披露的很多资料都指出美国中央情报局就有很多资金都投入到某个艺术基金会中，投资到很多其政府都不赞同的艺术品交易中，为的却是颠覆对方国的文化价值观。有一批人就是这样被派到中国来进行文化颠覆活动的，主要以资助先锋、前卫艺术家为主，无论是从艺术品的收藏还是艺术史的鼓吹上都是如此。作为中国艺术市场的研究者一定要认清楚这部分人，否则很容易被误导。

“有政府背景下的基金会都会有政府长期的拨款支持，这类款项来自于政府文化预算的一部分，其主要的职责是支持社会公益性文化项目，帮助政府完成文化发展策略，相当于政府机构的一种外延，几乎没有什么艺术收藏行为。但这和中国国内的政府背景下的基金会最大的不同就是其有着明确的目标和对象，分工明确，而且是社会文化项目的主要实施者，而不是如中国的类似的基金会一样主要是充当着‘协办’‘协助’者的角色”①。这也说明，很多艺术基金会实际是被强大的，正是如此，它对于艺术个性的摧毁也具有明显的效果。

事实上对于艺术基金会的使用，中国目前还没有很好地理解，主要是把其当做一个买空卖空的工具，甚至一部分人把它当做洗钱的机构，这很大程度上削弱了中国地区艺术基金会的市场影响力。鉴于中国传统文化相对于艺术品的复杂性，即一方面对其文化性极端重视，另一方面又视其为一种游戏文艺，使艺术的发展始终处于一种无为而为的状态。因此，艺术基金会想承担的社会功能就会出现水土不服的现象。这种现象在当代中国的一些前卫艺术家群体中表现得十分明显，当国外资金充足的时候，他们可以创作完全颠覆中国传统文化概念的作品，但一旦市场出现变化，他们很多人会立刻改变艺术风格，有的人甚至重新画传统书画。这就是说，国外艺术基金会想以艺术为工具来改变中国文化的根本构成，基本会遇到投入大、产出小的局面。

7.1.2.5 博物馆及美术馆

美术馆和博物馆的第一个意义，在于它有意识地接受了历史以来“艺术品”的传承，它的实物性使美术史的缩影变得可视、可思、可触摸。“实物传承”是美术馆和博物馆的特性。

在国际艺术品市场中，博物馆、美术馆越来越承担着一个非常重要的角色。主要表现在如下几方面。

(1)博物馆、美术馆体系是现代社会中进行文化艺术保护的核心机构。当前社会经济发展的需要，使艺术品的收藏和保护都需要投入极大的人力和资本，单独一个收藏家几乎不可能把数量巨大的艺术品珍藏据为己有，同时也不可能有足够的设备和场地来管

① 张天羽，吕文静. 海外艺术市场现状盘点之德国艺术市场现状调查(上)[J]. 艺术市场，2010(1)：59.

理和保护这些艺术品。因此,博物馆、美术馆体系的文化保护功能就得到了凸显,它是人类为了集中保护文化遗产而采用的最佳方式。

(2)博物馆、美术馆体系承担着现代社会进行公共文化艺术教育的职能。毋庸置疑,作为一种社会公共建筑,它必须有公益性的义务。博物馆和美术馆本身就应该有宣传文化、推广艺术的义务。文化艺术的传播是文化艺术市场存在的一个保障。每年由博览会方面举办的艺术展览数不胜数,这是国际艺术品市场繁荣的重要标志。同时,博物馆的大量资金支持,也是国际艺术品市场中的一个重要消费者,其指导性的作用不容忽视。

(3)博物馆、美术管体系还是一个学术研究的宝库。长期大量的历史资料被精心保护下来,对于历史研究者来说,这简直就是一个人类文明的宝库。任何一个称得上专业的学术报告,如果没有足够的资料支撑是很难被人认可的,而权威性的资料来源就具有举足轻重的作用。博物馆、美术馆因为有一个完整的专业梯队,对于文献资料的选择和保护都有个体难以比拟的优势,同时也因为具有团队优势,集中了大量专家和学者的意见,那么它所提供的资料的权威性就会获得大众的认可。

(4)博物馆、美术馆体系还是提升文化软实力、进行文化交流的主要阵地。当前国际艺术品市场中,文化艺术的交流日益频繁。例如,美国大都会在上海举办的馆藏中国美术精品展吸引了无数艺术爱好者前往观展,这本身的确促进了中美的文化交流,同时也展示了美国国家软实力的强大,他们不仅仅有麦当劳、肯德基、好莱坞这些快餐式的文化产品,也有那些人类精神领域的饕餮大餐,这与其常年的精心维护和经营有很大的关系。相比较而言,我国的博物馆、美术馆的建设还有很多问题有待解决。

当然,或许有人会提出疑问:既然是按照市场交易的方式分类,那么博物馆和美术馆又该如何看待呢?其实从交易本身来说,在国外,博物馆和美术馆都有大量的资金进行艺术品的收藏,甚至他们的收藏还被其他一些买家认为是一种收藏的风向标,因为他们的团队对艺术品的质量和交易额都具有非常前瞻性的考量。而在国内,目前博物馆和美术馆的资金虽然不如国外同行充裕,但也可以保证每年正常收藏藏品。毕竟现在已经不是当初那个要求所有者主动捐赠藏品的时代,因此收藏的费用也就是必要的。而恰恰是因为这个原因,博物馆、美术馆体系在艺术品市场中具有很重要的地位。美术馆区别于一般的展览会,它在传承中更重视变无序为有序,这是一种当代对历代的肯定和筛选。人类的美术资料浩如烟海,通过深入的美术研究,美术馆才能确立自己的学术地位。实现美术馆审美价值,方式应该丰富多彩,但无疑都应该是有意义的。

同时,我们也要注意到,博物馆和美术馆体系更在作为一个交易平台的方式出现在艺术品市场领域,众多的美术大展都优先选择这些场所,不仅仅是因为他们具有足够大的场地和设备,更因为他们有良好的文化声誉和口碑。而看着自己的作品被博物馆和美术馆收藏,对于很多艺术家来说,也是一件值得骄傲的事情。

但是在大力支持博物馆、美术馆的同时,我们也应该注意到几个问题:一是专业人才的培养;二是资源的利用不能浪费;三是艺术导向要正确向上。事实上无论博物馆、美术馆体系有多少优势,其藏品和文化取向才是最核心的。一旦这个方面不能有自己的特点,就很容易被艺术品市场所忽视,对于博物馆和美术馆体系来说,这种情况是最不想看到的。

至于其他形式和构成,限于篇幅便不再多讲。

7.1.3 国际艺术品市场的特点

7.1.3.1 艺术市场管理规范

这是西方艺术品市场的一个重要特点。“1998 年出版的《国际公共政策与管理百科全书》把艺术管理看做是 5 种传统管理的应用——计划、组织、实施、监督和控制,通过对艺术的有效管理有助于表演或者视觉艺术作品并把艺术家的作品展示给观众。艺术管理是指人类为实现艺术活动的目标而进行的计划、组织、协调、实施、监督和控制活动过程”①。在西方,行业协会组织发达,这些行业组织目的明确:保障其组织内成员的合法权益,为该行业的发展争取更大的空间。因此,具有较高的公信力。以德国为例,“1980 年成立的艺术公平协会,其成员画廊每年只需一次性缴纳一揽子销售税,一方面省去了转售权利金和艺术家福利税分别计算、分别缴纳带来的繁琐手续,另一方面也更有效地实现了艺术家的追续权和社会福利”②。“从 1991 年开始,德国画廊协会就在德国艺术交易协会工作联合会(ADK)中负责组织工作。ADK 作为德国艺术交易界的政治、经济利益总代表活跃在德国政界”③。西方艺术市场中,它的规范性还表现在相对独立的鉴定机构的存在。“美国国家税务局艺术品咨询专家小组是在国家税务局领导下的艺术咨询小组。该机构成立于 1969 年,其成员是那些精通古典大师及当今艺术家作品的专家人员。他们每年集中一至二次,对所提交的绘画、雕塑及其他艺术品,通过照片和所提供的有关艺术品的报价及完损状况出报告,作出客观的评价和鉴定”④。“从 1985 年开始,美国政府对艺术市场提出了明确的要求,即作为以退税补偿捐赠给慈善机构的艺术品,凡是价值等于或超过 5 000 美元的,都要提供有效的文字鉴定证明;凡是价值超过或等于 2 万美元的,则要由国税局艺术咨询专家小组作出鉴定和价值评估”⑤。对负责鉴定的专家而言,他们所给出的报价无论是低于或者高于作品的实际价值,都将受到一定的处罚,严重者还会受到法律的追究。这些制度所带来的高昂的违规成本,在一定程度上保障了艺术市场的良性运转,避免了违规行为的发生。在英国也有相应的政府机构来对艺术市场进行监督、管理,这就是“公司之家”⑥。

7.1.3.2 艺术市场运营方面标准化

在西方艺术品市场中,一级市场、二级市场各司其职。画廊处于基础地位,它负责发现优秀艺术家并帮助艺术家形成收藏群体。只有在得到画廊的认可并运作后,艺术家的作品才能够进入拍卖会中。所以,画廊业是整个艺术市场的基础环节。画家与画廊之间的关系也是非常明晰的,画家负责创作,画廊负责市场运作,包括对画家的宣传、包装等。

---

① 张伟. 艺术视界[M]. 沈阳:辽宁人民出版社,2007:94.

② 王文婷. 德国画廊与出版商协会(BVDG)的历史与作用[J]. 荣宝斋,2011(8):234.

③ 王文婷. 德国画廊与出版商协会(BVDG)的历史与作用[J]. 荣宝斋,2011(8):235.

④ 祁慧泉. 近年美英艺术市场瞭望[J]. 中国书画,2004(2):100.

⑤ 祁慧泉. 近年美英艺术市场瞭望[J]. 中国书画,2004(2):100.

⑥ 英国“公司之家”属于政府机构,主要的职责是监督、管理艺术市场运作的合法性,并且每年评选出 10 名销售最佳艺术商。见:祁慧泉. 近年美英艺术市场瞭望[J]. 中国书画,2004(2):100.

当然,在具体的市场行为中,画廊对于画家的创作往往也有一定的干涉力。西方社会中分工明确,艺术家的职业化明显,因此,对市场的依赖度可见一斑。而这点是东西方画家之间的重要区别之一。在中国,画家的社会身份往往是多重的,也就是说,他们可以任职于高校、国家事业单位、企业等,绘画并不是他们唯一的生活来源,对于市场的依赖并不明显,所以作为画家而言,在很多时候,对于画廊他们就缺少了依赖感和尊重感。画廊与画家之间,有时候甚至是不友好的关系。画家不单经常性地直接参与书画的买卖,而且可以将作品直接送入拍卖行,而拍卖行也接受画家的这种行为。在这样的一种状态下,我国艺术品市场出现一定程度上的混乱也就不难理解了。而在西方,拍卖行一般只接受经过一级市场画廊代理的画家作品,对于藏家而言,他们相信画廊给他们的建议,并愿意在画廊购买艺术品。因为,画廊本身的艺术眼光及实力在艺术品市场中具有相当的号召力,特别是一些久负盛名的大画廊。艺术家在经过一级市场的运作后,具有了一定的知名度,市场价格也初步形成。接下来的便是如何将画家推向更高一级的宣传平台——拍卖会。在西方,画廊与拍卖会之间是互相独立并认可的关系。

7.1.3.3 健全的法律监管、制裁体系

我们以赝品问题来说明这个问题,在西方艺术品市场的交易中,画廊如果销售赝品,拍卖公司如果拍卖有问题的作品,一旦被证实,那么法律对其的处罚将是十分严重的,有的甚至会为此倾家荡产。所以,经营者对此往往心存敬畏,不敢轻易违规。而中国的拍卖行、画廊等艺术品交易机构,由于缺乏外在的严格监管力以及相应的制裁措施,使得艺术品市场中对所销售艺术品的真假问题更多是处于一种随意的状态。知假卖假甚至造假卖假的现象并不鲜见。

从1710年的《版权法》开始,“随着世界各国对文化产业的越来越重视,许多国家都相继制定了与艺术相关的政策和法规,以利于艺术品市场的发展。1886年9月在瑞士首都伯尔尼签订了《伯尔尼保护文学和艺术作品公约》,成为第一部国际性的艺术法公约。1952年9月6日在日内瓦,《世界版权公约》签订,1971年于巴黎修订,一百多个国家加入公约,标志着知识产权作为一项人权其重要性已在全球范围内达成共识”①。这一系列的法律条例对于规范艺术品市场起到了积极的作用。1994年我国文化部颁布实施了《美术品经营管理办法》,1996年7月又通过了《中华人民共和国拍卖法》,并成立了文化部艺术品评估委员会。

从对西方艺术品市场特点的分析中,我们也发现了东西方艺术品市场的差异性这一基本的问题。

7.1.3.4 东西方艺术品市场具有差异

在西方艺术品市场的发展过程中,它的规范体现在买卖双方的关系在历史悠久的交易过程中经历了诸多的改变,因此相关市场准则、体系包括规范等较为完善,尤其重要的是其监督体制的完善,而这点恰恰是中国艺术品市场最缺乏的。

艺术品市场是有国别性的,它的这种国别性某种程度上也是不同文明之间冲突的产

① 李延. 中国艺术品市场的法学期待[J]. 美术研究,2008(4):80.

物。这里想说明的是:艺术是没有国界的,但艺术品市场有。我们今天常常谈论的一个话题就是西方艺术品市场如何规范。的确,相比较中国艺术的市场而言,西方艺术品市场的规范显而易见,西方艺术品市场的规范原因在于:第一,发展时间长;第二,文化与市场之间的契合度高。这就使得保证市场正常运作的一系列配套措施能够很好地发挥功能,从而使得其艺术品市场能够规范化运转。

可是如果我们将西方艺术品市场的经验完全运用到中国艺术品市场的发展中并不合适,因为二者艺术品市场的基准和文化底蕴并不相同。如果一味照搬,其结果就是出现种种"怪相"。比如:一级市场与二级市场倒置。所谓的倒置是指本该发挥基础作用的画廊,被二级市场拍卖公司所挤压,造成画廊生存空间变小,不能承担起发掘优秀艺术家并对艺术家进行宣传的功能。而二级市场拍卖会一枝独秀,成为高端与低端作品同时具有的大卖场。再比如,拍卖公司的"免责"条例。西方拍卖公司如果出现知假拍假的情况,将会受到严厉的制裁,高昂的违规成本使得他们对待拍品的态度较为严肃、认真。而中国的拍卖业由于"免责"条例的出现,往往对待拍品不十分严肃,许多小的拍卖会为了牟利往往知假拍假,并且可以成功逃脱法律的制裁。中国艺术品市场中还存在很多与西方艺术品市场相比极为不规范的"怪相"。从根本上来说,这都是文化本身的差异性所造成的,也是中西方文明冲突的表现。

西方艺术品市场发展比较成熟,中国艺术品市场也在不断的发展过程中,从拍卖会上传出来的数据也证明中国艺术品市场的良好发展态势,显示出了巨大的能量。相关资料显示,2010 年中国美术品拍卖已经位居世界第一。但是,不能否认由于文化差异造成的中西方艺术品市场的差异。因此,在西方通行的艺术品市场法则在中国并不能够完全被采纳。这也是研究世界艺术品市场时必须要注意的问题。对于中西方艺术品市场的差异,我们并不需要一味的排斥,事实上,世界艺术品市场中,中国已经成为不可或缺的参与者。

7.1.4 国际艺术品市场的重要性

虽然艺术品市场在中西方有不一样的发展背景、发展时间及发展阶段,但不能否认的是它与社会特别是文化、经济、政治的紧密关联度。只不过随着社会的不断发展,时代主题的变化使得艺术品的经济价值被人们更为普遍、积极地重视起来。艺术品已不仅仅是人们精神的需求,更多成为了人们一种新的投资理财方式。因此,从个人到机构都积极投入其中,这就使得艺术品市场成为多种力量的交汇场,在这个场中,借着文化、历史等因素,艺术品拥有了实际的经济价值。最直接的表现就是作为"风向标"的拍卖市场中的成交数据,除去世界性的金融危机等原因外,数据增长幅度惊人。而中国的艺术品市场,在面对金融危机等不利的社会因素时,却能够实现一定幅度的增长,这反映了中国艺术品市场的相对独立性。但仔细考究其中的原因,我们不难看出,这与中国艺术品市场的特性密不可分。我们都知道中国艺术品市场在一定程度上可以说就是礼品市场,礼品市场的特性使得它与全球性的金融危机并无十分重大的联系。另外,西方艺术品市场的基础是画廊,在遭遇金融危机时,画廊的融资就会发生困难,从而艺术品市场出现下滑也就情有可原。而中国,个人成为艺术品市场的重要参与力量,一般情况是个人有了剩余的钱之后,在房产、金融等投资出现不同程度盈利的困难时,就将钱投入到艺术品市场中。所以,金融风险使得人们更倾向于选择艺术品作为新的投资产品。国际艺术品市场的重要性主要表现在它与文化、经济以及政治的关系中，下面我们就具体谈谈这三方面的关系。

首先，艺术品市场与文化的关系。艺术反映了特定的文化、历史和社会的特点，因此它不仅是单纯的造型问题，更是一种文化的表达。而且艺术品最重要的价值应该是艺术品文化价值，这点毋庸置疑。文化价值是艺术品具有经济价值的基础，由此相应的艺术品市场才成为合理的存在。所以，对于艺术品市场而言，对文化的引领作用应该成为其重要的功能。真正的艺术品是人类智慧的结晶，它源于生活而又高于生活，对社会有着积极的观照。现代社会艺术品市场的发展，使得文化传播有了更加多样的途径，从而文化的公共性得以加强。具体来说，好的艺术作品在艺术品市场中经过流通、宣传、销售等环节，加上现代媒体的强大推动作用，其影响力得以扩大。使得原本属于小众的欣赏对象，大众化为更多人关注并喜爱的特殊商品。在这样的传播过程中，艺术品的价值得到了确认。

其次，艺术品市场的发展属于文化产业范畴，作为阳光产业，它蕴含着巨大的能量，同时它与整个世界的经济发展状态紧密相连。相关资料显示，目前艺术品市场发达的国家基本上都是发达的资本主义国家，雄厚的资金实力、规范的市场运作以及较为完善的法律制度，都是艺术品市场在西方得以发展的重要保证。需要特别指出的是，艺术品市场在西方有着较为完善的融资途径，稳定而丰富，表现之一就是西方艺术基金的发达，艺术基金的推动，使得艺术品市场的发展有了更足的底气，从而能够实现符合西方艺术特性的市场化模式，而这点与中国艺术品市场存在重要区别。在中国，艺术品市场更多是一种个人行为，是个人继房地产、金融等传统投资之外的又一投资新领域。所以，也就不难理解为什么西方艺术品市场受到金融危机的冲击很大，相比较而言中国受影响却要小了。西方艺术品市场强调的是市场性，在艺术品市场中更多的是利益集团体；而中国艺术品市场更多强调的是文化，是个人喜好的一种选择，并没有那么强的关联度。只不过伴随着中国整体国力的提高，富裕人群的增加，中国艺术品市场除去本国力量外也吸引到了更加多元的资本进入。但尽管如此仍不能改变中国艺术品市场的特殊的经济性。这是中西方艺术品市场经济性不同的地方，我们应该加以区别。

最后，从根本上来说，艺术与政治有着千丝万缕的联系，艺术品市场更是如此。在西方，艺术与政权的关系是密不可分的。我们都知道早期西方艺术的发展，离不开贵族、教廷等特权阶级的支持，一直到今天，这个特点也不曾改变，只不过随着时代的发展，早期的贵族性变成了资本性，赞助方由封建贵族变成了大资本拥有者。而且，不能忽视的是借助资本的力量，艺术被动地成为某些资本主义国家达到演变他国意识形态的工具，这就充分体现了它的政治性。“1945—1960 年，正是美苏‘文化冷战’最激烈的时期。‘抽象表现主义’，即所谓‘美国绘画’，正是借助强大的政治力量，作为‘冷战武器’而被推上历史舞台”[①]。事实证明，美国的“文化冷战”政策是非常行之有效的，它帮助美国更加便利地实现了对苏联的瓦解。这样的例子在艺术品市场的发展过程中并不少见，艺术品市场与政治之间这样的亲疏关系，实则是文化差异的反映。中国古代文人绘画要求远离政治，但文人本身很多就是政治家，这也是研究中西方艺术品市场区别时非常重要的一个方面。对于中国当代艺术而言同样存在这样的政治主导力量，在国外不明来源资金的怂恿下，个别艺术家创作的作品反道德、反人性、混淆视听，对青年一代起到了很坏的影响。

---

① 河清. 艺术的阴谋[M]. 桂林：广西师范大学出版社，2008：36.

艺术品市场在今天已经成为一支不可忽视的发展力量,它的存在为社会经济的发展贡献了力量,它的发展为全世界文化的交流提供了一条非常好的渠道。艺术品市场中经济、文化、政治等因素在不同程度地主宰着它的发展。中西方艺术品市场互相借鉴将会是未来发展的一个重要趋势。

7.2 国际主要艺术品市场分析

在政治、经济、文化等方面存在的诸多差异,使得各国在全球艺术品市场的地位不尽相同。分析其中具有代表意义的国家的艺术市场将会帮助我们更好地理解艺术品市场存在的必要性。

7.2.1 美国

美国是全球文化产业最为发达的国家。自美国国家艺术基金会1965年成立以来,美国的艺术业获得了长足发展。无论是内容生产还是经营理念,都领导着世界的潮流。美国艺术品市场的繁荣与其经济实力的增强密不可分。最好的例子就是20世纪绘画领域抽象表现主义的崛起。当时的社会背景是:美国在经济上的发展使得它需要在文化上树立自己的"品牌",于是抽象表现主义成为著名艺术流派横空出世。波洛克成为抽象表现主义著名的代表画家之一,他的作品在各种力量的综合运作下成为高价的艺术品,从而也就向世人传递了这样一个讯息:艺术中心已经发生转移,艺术市场也已经有了新的主力军。一直到今天,美国艺术品市场在国际上的地位,都未曾动摇。

当然,我们必须承认的是经济发展对于美国艺术品市场的影响体现在两个方面:一方面是经济的高速发展促进了艺术品市场的繁荣;另一方面就是经济的衰弱,也使得艺术品市场产生振荡,进入调整期。2008年世界性的金融危机,使得全球艺术品市场出现了较为普遍的下滑,美国的艺术品市场也不例外,这也反映了金融资本对艺术品市场的主导性:一旦出现金融危机,艺术品市场遭受打击在所难免。所以,今天我们才要强调安全有效的金融市场对于艺术品市场的积极作用。对于如何引导,这就需要国家出面实施有效的政策管理。这也是我们在对待发达国家艺术品市场经验时,应该注意到的问题。

作为西方艺术品市场发展较好国家的代表,美国艺术品市场有哪些好的经验值得我们借鉴呢?归结起来有如下几点。

第一,艺术市场中资金量充足。"据《美国新闻和世界导报》杂志披露,从20世纪60年代中期到80年代中期近二十年间,美国企业向艺术收藏领域投入的资金递增了22倍,1986年美国全国范围内达到7亿美元"①。美国艺术品市场中的资金来自于多个渠道,包括艺术基金会、政府部门等。美国艺术基金的发达使得其画廊能够担负起作为市场基础的功能,如发现并推广画家等。国家出面推广代表其核心价值观的艺术家及其作品,在其强大经济力量的助力下,使得代表美国精神的艺术家成为世界艺术市场中的宠儿。

第二,艺术市场内权责分工明确。画家、画廊、拍卖行、艺术博览会等这些艺术品市场中的构成要素,各自围绕自己的职责,互相配合,推动艺术品市场的发展。如美国的

① 陈长田.艺术市场纵横谈[M].山东:山东美术出版社,2010:72.

"Art Basel Miami Beach"的国际艺术博览会,这个新生的艺术博览会依靠美国资本雄厚的艺术市场迅速把世界各地的卖家和买家吸引到迈阿密来,成为美国乃至世界范围内另一重要的艺术博览会。

各行业均有自己的行业组织以保障本行业的发展,对于进入某些协会有一定的条件要求。以拍卖业为例,"美国拍卖行业的全国性协会有 2 个,即全美拍卖商协会和全美注册拍卖师协会"全。美拍卖商协会成立于 1948 年,它的作用主要在于:其一,代表拍卖商游说政府;其二,为拍卖商提供信用保险;其三,美国政府会周期性地向全国性社团询问该行业发展的情况及数据,全美拍卖商协会也会定期向会员发表进行统计以备政府查询。同时,全美拍卖商协会还为会员不定期地提供国家经济趋势等一些有关资料①。全美注册拍卖师协会成立于 1976 年,"它要求会员必须有两年的拍卖经验,是全美拍卖商协会会员,还要有良好的信誉。由本人提出申请经协会讨论通过以后,还要每年进行一个星期的培训,连续三年考试合格后才能取得会员资格"②。

第三,第三方机构的有力监管。作为市场经济行为的艺术品市场交易需要有第三方法律监管的存在,从而保护合理利益,打击非法暴利行为。这对于推动艺术品市场的良性健康发展十分必要。

7.2.2 欧洲

欧洲国家在国际艺术品市场中占据了重要地位,这里我们仅选取其中具有代表性的几个国家进行分析。

7.2.2.1 法国

法国艺术有着悠久的历史,涌现出了一大批世界级的艺术巨匠,这些巨匠及其作品成为艺术品市场上经得起时间考验的标杆。法国作为世界上艺术品市场发展较为成熟的国家之一,它的艺术品市场的主要特点在于:第一,税法严格。"在法国,卖出艺术品时,卖家必须付 4.5% 的资本收益税。对于进口艺术品要征收 5% 的增值税,这对于全国古董商联盟和艺术画廊协会来说都是一笔巨大的负担"③。此外还设立了转卖权税。苛刻的税法也使得法国在国际艺术品市场中的竞争力下降。第二,在国际艺术品市场所占份额较为稳定。相关资料显示,2010 年、2011 年法国占全球艺术品市场总值份额比例均为6% 。第三,拥有古典艺术品和 20 世纪装饰艺术品两个备受瞩目的领域。在拍卖行方面,2001 年 11 月 29 日,索斯比成为第一家成功登陆法国的外国拍卖行。

另外,从 1940—1965 年,"新巴黎画派"在法国成形,"新巴黎画派"是用来归类 1940—1965 年间生活在巴黎的一批抽象艺术家的创作。这其中包括了葡萄牙人维艾拉·达·西尔娃、俄罗斯人波利亚科夫、比利时人居斯塔夫·辛吉、德国人汉斯·哈同。在艺术评论家看来,他们和另一些被称为"不定型的艺术家",如苏拉奇、比西埃尔、佛特里耶等相比,有着相对一致的风格倾向。"新巴黎画派"的最高拍卖纪录是由"杜布菲、佛特里

① 覃业俊,张荣立,唐炜. 美国拍卖行业考察报告[J]. 中国商贸,1996(4):45.

② 覃业俊,张荣立,唐炜. 美国拍卖行业考察报告[J]. 中国商贸,1996(4):45.

③ 詹姆斯·古德温. 国际艺术品市场(上)[M]. 敬中一,赖靖博,裴志杰,译. 北京:中国铁道出版社,2010:183.

耶、史戴尔、哈同等人创造的。2006年杜布菲有两幅作品(作于20世纪60至70年代),拍卖价格突破了百万美元的大关。即便早在1989—1990年,他超过百万美元的作品就有23幅之多,然而在过去的五年之内(2001年5月—2006年5月),这种增长的趋势有所减缓——在此期间他的作品价格过百万的就只有9幅。与之相似,在1990年之后佛特里耶和哈同的作品就再也没有突破百万美元的行情”①。

在艺术市场化过程中,艺术品绝不是一般意义上的消费品,它可以说是一种精神性消费品。“艺术品的价值不是通过使用它的实用功能而体现出来的,人们往往是通过收藏和展示它来体现其价值和增值的地方,或者说是一个让艺术品价值呈现出来的媒介。艺术品价值与艺术品价格成为艺术品的衡量标准之一。然而,艺术品价格是由市场机制决定的,并由价格杠杆来调节”②。

7.2.2.2 英国

英国在工业革命后成为先进的发达资本主义国家,具备了相当的发展艺术品市场的实力,因此,很长一段时间内成为紧随美国之后的第二大世界艺术品市场。20世纪60年代中期以后,随着市场机制的推进和世界范围内的科技革命特别是信息革命的发展,文化艺术与经济在不断接近以后开始走向融合甚至重合。这一时期的标志性事件是英国寻求用文化重新界定商业产业,并通过实用艺术与商业的结合来刺激和促进城市的发展。“‘文化产业’开始进入国民经济的发展视野。90年代以来,英国艺术产业已经拥有170亿美元的规模,相当于其汽车工业,其旅游收入的27%直接来自艺术”③。

提到英国艺术品市场就不得不提到分别于1744年和1766年成立的索斯比和克里斯蒂拍卖行。直至今日,这两个拍卖行在艺术品交易方面仍处于无法撼动的地位,已成为世界艺术市场重要的“风向标”。虽然1983年索斯比因经营不善被美国房地产商陶布曼收购,但这还是没有阻碍索斯比前进的步伐。“英国拍卖业之所以能够领先于法国等其他欧洲国家,主要靠的是两点:一是英国对艺术品进出口的限制少,而其他国家管制较严;二是英国对拍卖业给予税收优惠。”④另外,政府部门的相关法律措施的出台也为艺术品市场的发展提供了保障。

在艺术品市场的案例中,英国铁路养老基金算经典案例之一。“英国铁路养老基金成立了专门负责监管的机构:艺术品小组委员会(Works of Art Subcommittee)。英国铁路养老基金的每一次采购,都必须事先由艾德尔斯坦向委员会提交详尽的购买计划,包括艺术品的清晰照片、价格比较资料以及投资分析报告,并接受严格的审查。这种方式体现了艺术品投资基金在操作过程中必要的监管机制,以及操作和监管相分离,并各自独立的基本要求,但是一定程度上也耗费了时间”⑤。

从英国铁路养老基金与苏富比的合作中,我们可以看出在具体的艺术品投资过程中有几个因素是必须要考虑的:第一,艺术品价格的公开性;第二,艺术品在市场上的流通

---

① 赵力.艺术财富→全球化与中国艺术市场[M].长沙:湖南美术出版社,2007:150.

② 王希俊,李精明.艺术管理[M].长沙:中南大学出版社,2012:203.

③ 张冬梅.艺术产业化的历程反思与理论诠释[M].北京:中国社会科学出版社,2008:2.

④ 陈江燕.英国拍卖业旺在何处[J].经纪人,2005(5):79.

⑤ 严青.个案:英国铁路养老基金的艺术品投资[J].艺术与投资,2010(5):71.

性;第三,对艺术品真伪的鉴别①。在与苏富比合作时,拍卖公司的优势被充分地发挥了出来,使得投资方的利益得到了切实的保证。英国铁路养老基金之所以能够成为艺术品市场中的经典案例,主要在于它为艺术市场中的具体投资提供了一个合理、理性、可行的事实支撑。另外,艺术市场的投资回报应该是建立在一定的资金投入及时间周期的基础之上的,买什么样的艺术品与卖掉这些艺术品的时机都是在具体的艺术品市场中应该特别关注的问题。

在20世纪五六十年代,英国美术馆的收藏传统建立,国立美术机构在当时制订了积极的收藏计划。近年来,英国的美术馆在策划各种大型艺术展览的同时还必须以有限经费经营馆藏,"但是现在,由于艺术市场过热,艺术品价格大幅上涨,收藏成本增加,导致各美术馆收藏计划捉襟见肘。泰特美术馆原本引以为傲的当代收藏已经赶不上当今艺术品创作的趋势,国立美术馆必须多花上千万英镑才能买下提香的作品,而身为美术馆龙头的国立肖像美术馆不用抛售藏品来维持营运已经算是万幸"②。

近几年来全球艺术市场过热,似乎预告了英国公立美术馆时代的结束,但是事实上面临的不单只是几个艺术品价格飙涨的问题,另一因素是全球经济危机更使预算大幅缩减。文化产业是英国最重要的支柱产业之一,根据牛津经济预报最新的研究报告得出,英国市区的画廊等艺术机构每年共提供了近8 000个工作机会,并创造了6亿美元的产值,而政府对公立美术馆的投入却在不断减少。"1980年,英国政府曾一度大幅度地减少了艺术类的预算,8个国立美术机构的收藏预算将为1 200万英镑,而V&A/MLA艺术购买基金会也只以160万英镑支持地区性美术馆的收藏计划,这样不充分的预算受到了严厉的批评。但是如果看一下2004年的预算,8个国立美术机构的收藏预算只剩下66万英镑,尽管再加上V&A/MLA艺术购买基金会或其他像古迹乐透彩基金会的经费支持,整个国家的艺术品收藏预算仍比过往减少44%"③。根据统计,英国美术馆最重要的收藏来源,是替代遗产税所捐赠的艺术品。这个称为替代遗产税的制度建立于1947年,以捐赠艺术品的方式替代遗产税的缴纳,替代金额为当时市场的全额价值。在去年重要的捐赠里,包括了透纳的水彩作品以及毕加索的稀有版画等具有分量的作品,总值约为2 520万英镑,高于国家编列的收藏预算。

7.2.2.3 德国

德国的艺术品市场与其政治体制的特殊性紧密相关,联邦体制是德国艺术市场与欧洲其他国家的艺术品市场存在不同的重要原因。"在别的国家,一个集中化的艺术品市场使得一个具有市场影响力的机构就能控制交易,而德国与之相反,不同组织结构和类型的博物馆藏品表达了各自的市场影响力和观点"④。所以,想垄断市场在德国而言并不容易。

在德国,浓厚的艺术氛围也反映在画廊、博览会及公共艺术机构等的数量上,这些艺术机构的广泛存在一方面为艺术交易提供了较为便利的平台;另一方面也为艺术市场发现并培养了稳定的客源。德国的画廊大多数集中于柏林、慕尼黑、科隆等地,其中重要的

---

① 严青. 个案:英国铁路养老基金的艺术品投资[J]. 艺术与投资,2010(5):71.

② 赵力. 艺术财富——全球艺术市场新格局[M]. 长沙:湖南美术出版社,2007:120.

③ 赵力. 艺术财富——全球艺术市场新格局[M]. 长沙:湖南美术出版社,2007:120.

④ 詹姆斯·古德温:国际艺术品市场(上)[M]. 敬中一,赖靖博,裴志杰,译. 北京:中国铁道出版社,2010:192.

代表之一为"Villa Grisebach"即格里塞巴赫拍卖行。该拍卖行成立于20世纪80年代,位于柏林,是德国目前的"四大拍行"之一,主要经营项目为油画、当代艺术等。该拍卖行注重自己的文化形象,在为顾客服务方面有着良好的信誉。在拍卖业务方面,实行一年春秋两季拍卖,业务范围明确,以本土客户为主要对象。从2004—2009年的拍卖交易额数据中(见表7-6),我们可以看出该行基本上(除去个别年份,由于非常规性的原因)是处在一个稳定发展的状态下,这也从另外一个方面说明了稳定是德国艺术市场发展的重要特点之一。稳定的发展局面与经济发展所产生的稳定的顾客群能够购买各种价位的艺术品关系密切。

表7-6 格里塞巴赫拍卖行2004—2009年成交额 (单位:万欧元)

2004	2005	2006	2007	2008	2009
1 513	1 596	2 451	1 659	1 630	2 465

上面说到德国特殊的政治体制对于德国艺术市场有着非常重要的影响,影响之一表现在赞助体制的非统一化。"因为联邦各州都自行决定各自州的文化事务。企业则是通过基金会,比如德国工业协会的文化圈基金会,来支持年轻的德国艺术家。一些公司有自己的文化预算来组织展览会和收藏艺术品。在过去20年里,商业银行也越来越喜欢投资于文化领域——一个典型例子是德意志银行及其古根海姆基金会。"[①]政府、企业与私人赞助体制为德国艺术品市场的发展提供了有力的保证。

另外,还要提到的一点就是德国博物馆的一种市场理念——博物馆的长夜。这是由许多博物馆和文化机构组织的文化活动,使得文化机构营业时间一直延到晚上。这使得观众观看展览更为便利,提高了公众对于艺术品的热情。在艺术家方面,对于那些未成名的艺术家而言,艺术协会为他们提供了初次展示自己作品的机会。所有这些措施都有力保证了德国艺术品市场的稳定发展。

7.2.2.4 意大利

根据有关资料,"意大利市场上的关键玩家是私人收藏家,占37.1%;其次是艺术品交易者、画廊和拍卖行,占23.8%"[②]。从数据中我们不难看出,在意大利艺术市场上个人收藏是重要的参与要素,这与意大利的整体文化氛围不无关系。作为文艺复兴发源地的意大利,其国民对于艺术有着较高的热情与感知力。2003年的一些数据也许能说明一些问题,"47%的成人在最近3年里至少一次参观过博物馆或一座艺术纪念物。41%的成人在最近3年里至少一次参观过展览会。展览会和博物馆的数量增长了10%以上。大多数意大利人认为私人公司对艺术和文化支持作出的贡献是必要的值得的"[③]。从意大利的相关情况中,我们能看出一个国家艺术品市场的整体运行的状态与该国全体国民参与艺术的热情及本国内部产生的消费关系密切,来自于本国的艺术消费可以对艺术品市场的发展起到积极的保障作用。

---

① 詹姆斯·德温.国际艺术品市场(上)[M].敬中一,赖靖博,裴志杰,译.北京:中国铁道出版社,2010:195.

② 詹姆斯·德温.国际艺术品市场(上)[M].敬中一,赖靖博,裴志杰,译.北京:中国铁道出版社,2010:253.

③ 詹姆斯·德温.国际艺术品市场(下)[M].敬中一,赖靖博,裴志杰,译.北京:中国铁道出版社,2010:257-258.

当然,意大利艺术品市场也有自己特殊的情况。由于艺术品市场的自由性,使艺术品市场的绝大部分无须上报,这就使得很多交易都没有遵照法律的程序。另外在成交物品的种类上,名画是意大利艺术市场中最为重要的交易品。在拍卖行方面,除去索斯比与克里斯蒂外,意大利本土的拍卖行 Finarte 与这两家国际拍卖行构成了三足鼎立之势。

画廊方面,意大利拥有"超过 3 000 家现当代艺术画廊,大约有 1 500 家古董交易商。其中约有 10% 集中在最繁荣的米兰市场"①。而主要的画廊均加入到了以下 4 家协会:"国家古董商和画廊协会(ANAG);国家现当代艺术画廊协会(ANGAMG),成员 200 个,该组织还负有鉴定艺术品的责任;意大利古董商协会(AAI),拥有 171 位交易商会员,并出版自己的杂志 Gazzetta Antiquaria,杂志每年出版两次,每次随刊附赠 Il Giornale dell' Arte(每期 25 000 份);意大利艺术品交易局(FIMA),它的成员包括 30 个协会和 1 068 位经营者。其主要职责是在国际上与意大利艺术与文化部合作推广意大利艺术,并在国内与意大利宪兵部队合作,保护意大利文化遗产的安全。"②

最后,应该强调的一点是作为国际艺术品市场中较为稳定的一支发展力量,意大利在税法方面的政策对于推动艺术品市场的发展十分有利。比如,意大利政府对任何通过出售艺术品而获得的收入不征收任何税款。

7.2.3 亚洲

亚洲艺术品市场的发展与各国经济发展水平紧密相连。同时,各国对文化事业的支持也进一步促进了艺术品市场的发展。亚洲艺术市场中中国艺术市场的崛起成为一支不可忽视的力量。在艺术品成交价格水平方面,"2011 年的亚洲艺术品拍卖市场,成交价在 10 万至 100 万美元的拍卖标的已经占到了 12%,远超过全球 2% 的平均水平。在纯艺术品拍卖均价前 5 位的国家中,亚洲国家占到了 3 席,分别是中国的 35 922 欧元/件、阿联酋的 28 398 欧元/件和新加坡的 17 456 欧元/件"③。

同时,我们应该认识到亚洲各国艺术品市场又各具特色。下面我们就选取较有代表性的国家来谈一谈亚洲艺术品市场。

7.2.3.1 中国

中国经济的大趋势正在推动着资本市场的扩张与投资环境的重塑。中国艺术品市场的地位直接反映了中国经济在亚洲乃至世界中的地位。高速增长的经济为中国艺术品市场走向国际提供了最为重要的保证。中国政府对于文化产业的大力提倡也从另一个方面为中国艺术品市场的发展提供了切实的可能性。在内外因素的共同作用下,中国艺术品市场在亚洲以及世界艺术市场中的地位逐渐得到认可与重视。今天,谁也不能忽视中国艺术品市场的国际地位。具体来说,中国艺术市场的国际地位主要表现在如下几方面(见表 7-7 至表 7-11)。

---

① 詹姆斯·德温. 国际艺术品市场(下)[M]. 敬中一,赖靖博,裴志杰,译. 北京:中国铁道出版社,2010:256.

② 詹姆斯·德温. 国际艺术品市场(下)[M]. 敬中一,赖靖博,裴志杰,译. 北京:中国铁道出版社,2010:256.

③ 文化部文化市场司. 2011 中国艺术品市场年度报告[M]. 北京:人民美术出版社,2012:64.

表 7－7　2011 年中国艺术品拍卖市场分类市场成交数据①

类别	上拍量(件数)	成交量(件数)	成交金额(元)
中国书画	239 866	180 363	59 344 425 420
油画及当代艺术	13 976	9 966	7 927 217 408
瓷器杂项	191 597	134 492	30 178 565 070
总计	445 439	324 821	97 450207 890

表 7－8　2011 年中国艺术品拍卖市场书画市场成交数据

类别	上拍量(件数)	成交量(件数)	成交金额(元)
古代书画	34 858	25 675	12 610 609 570
近现代书画	133 001	101 171	38 832 626 110
当代书画	72 007	53 517	7 901 189 732
总计	239 866	180 363	59 344 425 412

表 7－9　2012 年拍品成交价格总排名前 10②

排名	拍品名称	拍卖公司	成交价(RMB)
1	明初期　九龙纹大缸	澳门中信	897 552 000
2	李可染　1964 年作　万山红遍　镜心	北京保利	293 250 000
3	过云楼藏古籍善本一百七十九种(一百七十九种选三十)	北京匡时	216 200 000
4	佚名　文潞公耆英会图　立轴	隆荣国际	180 000 000
5	北宋汝窑天青釉葵花洗	香港苏富比	168 990 180
6	宋徽宗　1104 年作　瘦金千字	中翰清花	161 000 000
7	李可染　1974 年作　韶山革命圣地毛主席旧居　镜心	中国嘉德	124 200 000
8	八大山人　山水卷	广州皇玛	116 150 000
9	哈里温斯顿　彩色钻石戒指	香港佳士得	109 803 780
10	北宋　张公巷官窑洗	澳门中信	106 584 300

表 7－10　2013 年拍卖成交价格总排名前 10(截至 6 月 15 日)③

排名	拍品名称	拍卖公司	成交价(RMB)	拍卖日期
1	清乾隆紫檀高浮雕九龙西番莲纹顶箱式大四件柜	北京保利	93 150 000	2013－06－04
2	黎雄才长青不老松镜心设色纸本	北京荣宝	89 600 000	2013－03－30
3	张大千荷塘野趣四屏通景设色纸本	香港佳士得	80 510 000	2013－05－28
4	吴作人战地黄花分外香布面油画	中国嘉德	80 500 000	2013－05－10
5	崔如琢千山飞雪图(八幅)镜框设色纸本	香港佳士得	77 150 000	2013－05－28

① 文化部文化市场司.2011 中国艺术品市场年度报告[M].北京:人民美术出版社,2012:35.
② 张天羽,武文龙,陶莹等.盘点 2012 年中国艺术市场[J].艺术市场,2013(1):14.
③ 张天羽,山雨来兮·2013 年中国艺术品拍卖市场中期考核报告[J].艺术市场,2013(19):22.

续表

排名	拍品名称	拍卖公司	成交价(RMB)	拍卖日期
6	唐寅松崖别业图手卷设色纸本	北京保利	71 300 000	2013-06-03
7	张大千红拂女镜心设色洒金笺	中国嘉德	71 300 000	2013-05-10
8	75.36 克拉水滴形 D/IF Type IIa(极优打磨)钻石吊坠项链	香港佳士得	68 199 120	2013-05-28
9	清乾隆御制白玉交龙钮"自强不息"宝玺	中国嘉德	66 700 000	2013-05-12
10	清康熙御制胭脂红地珐琅彩莲花图盌	香港苏富比	59 380 080	2013-04-08

表 7-11　2013 年春拍中国书画板块成交价格总排名前 10(截至 6 月 15 日)①

排名	拍品名称	拍卖公司	成交价(RMB)	拍卖日期
1	黎雄才　1984 年作长青不老松镜心	北京荣宝	89 600 000	2013-03-30
2	张大千　1947 年作荷塘野趣四屏通景	HK 佳士得	80 510 000	2013-05-28
3	崔如琢　2005 年作千山飞雪图(八幅)镜框	HK 佳士得	77 150 000	2013-05-28
4	唐　寅　1508 年作松崖别业图手卷	北京保利	71 300 000	2013-06-03
5	张大千　甲申(1944 年)作红拂女镜心	中国嘉德	71 300 000	2013-05-10
6	张大千　1955 年作凤箫图立轴	HK 苏富比	58 521 216	2013-05-27
7	张大千　1966 年作招隐图镜框	HK 苏富比	56 750 720	2013-05-27
8	张大千　1948 年作峨眉华岩顶立轴	HK 佳士得	48 030 000	2013-05-28
9	张大千　1948 年作唐人秋猎图镜心	北京保利	42 550 000	2013-06-02
10	张大千　1535 年作长江万里图手卷	HK 佳士得	40 618 656	2013-05-27

(1)中国艺术家跻身最具有市场号召力的艺术家之列。"张大千、齐白石、徐悲鸿、吴冠中、傅抱石、李可染,进入到了'2011 全球十大最昂贵艺术家'之列。其中的张大千、齐白石,分别以 5.1 亿美元和 4.5 亿美元位居全球最贵艺术家前两名"②。中国艺术家在艺术市场中被认可是中国综合国力大幅提高的直接反映,也进一步印证了经济对于文化发展的推动作用。

(2)拍卖公司的崛起。中国拍卖公司与西方发达国家相比,存在着发展时间短、管理不够规范等问题,但是这些问题的存在并不妨碍中国拍卖业在艺术品市场中的发展态势。中国嘉德(图 7-2)、北京保利、北京匡时、北京翰海(图 7-3)都成为国际著名的拍卖公司。

(3)北京成为新的艺术品拍卖中心。此外,中国香港、上海、济南等城市均是著名艺术品交易城市。

在未来的艺术品市场发展中,中国将会继续保持其稳定的发展势头。具有中国民族特色的艺术品也会进一步在国际艺术品市场中得到认可。如,北京保利集团以 3 141 万

① 张天羽. 山雨来兮·2013 年中国艺术品拍卖市场中期考核报告[J]. 艺术市场,2013(19):23.

② 文化部文化市场司·2011 中国艺术品市场年度报告[M]. 北京:人民美术出版社,2012:64.

港币成功地买入了在香港拍卖的三件圆明园珍贵文物生肖铜器（牛首、猴首及虎首），竞投成功后，到各地巡展，使保利集团家喻户晓，以至于国内媒体蜂拥评论和报道。

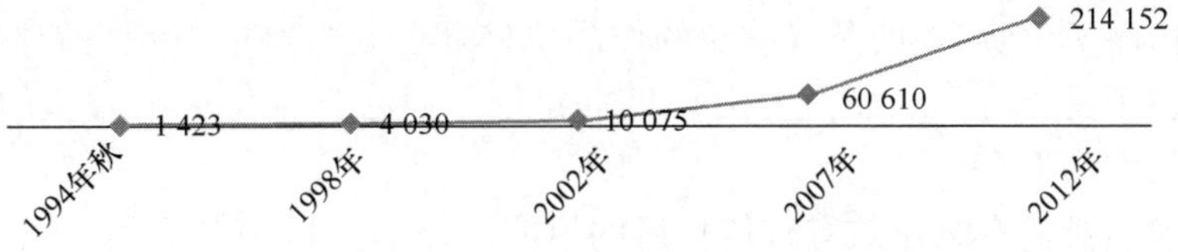

图 7－2 中国嘉德拍卖总成额成长意示图

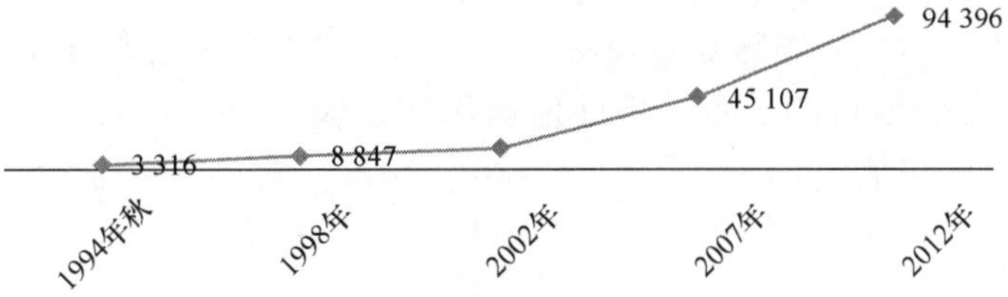

图 7－3 北京翰海拍卖总成额成长示意图

7.2.3.2 日本

日本东京安田火灾与海事保险公司以 2 475 万英镑拍得梵高的《向日葵》，日本纸业大王斋藤了英购入《加歇医生》，都极大地提高了公司的知名度。《向日葵》的拍卖价因创当时世界最高拍卖成交价而名噪一时。日本商人的购买力曾经让整个世界艺术品交易市场为之震惊，但随着日本经济的下滑，其艺术市场也受到了极大的冲击。尽管如此，研究日本艺术市场仍然具有一定的现实意义。我们先来看看东京艺术品市场的特点。作为日本政治、经济及文化教育中心，东京艺术品市场具有一定的代表性。东京艺术品市场的一个显著特征是，它拥有集中在东京艺术商人协会的商人网，并且这个协会还属于位于东京市中心的东京毕啾子俱乐部。该俱乐部是东京艺术品收藏家的中心组织。据其主管介绍，“活跃商人中大约 60% 参与古董生意，大约 40% 参与现代艺术品交易。商人与会员完成几年交往后，或者由会员介绍推荐方可成为会员。协会内的不同团体在俱乐部定期举办拍卖。这些拍卖不对外开放，只是商人间买卖艺术品的平台。每年有 33 个不同的团体组织 275 次拍卖”①。日本一些巨型企业也积极投资艺术品，有的企业集团每年购买艺术品耗资上百亿日元。公司企业投资艺术品，投资之巨甚至超过日本国立文化机构，已对公司企业的经营产生了积极的作用和意义。

百货商店作为艺术品推销、销售的重要渠道是东京艺术品市场的又一个特色。第一个销售艺术品的百货商店出现在 1906 年日本桥，这就是三越（Mitsukoshi）。自从 20 世纪以来，日本的百货商店内常开设许多展会，作为诱导消费者进店消费的吸引物。事实上，在日本，百货商店与拍卖公司的地位同样重要，百货商店在买卖过程中更多是运用其品

① 詹姆斯·古德温．国际艺术品市场（下）[M]．敬中一，赖靖博，裴志杰，译．北京：中国铁道出版社，2010：266．

牌的影响力。

另外需要强调的一点是,国民对艺术的热爱也是推动日本艺术品市场发展的重要因素。据1988年第12期《月刊美术》的介绍,“在日本美术市场,画富士山的作品明显要比画阿苏山的作品卖价贵,画两条红绸鱼的作品价格才能超过画一条鲤鱼的作品价格。这里原因主要在于民族习俗。如富士山是日本象征。而在日常生活中对鱼的欣赏时尚也反映到画鱼的作品上”①。

个人艺术品投资有时还兼有宣传自己的目的。比如,“1990年5月15日美国纽约克里斯蒂拍卖会上,日本造纸业大亨、收藏家斋藤了英以8 250万美元成交价拍得梵高的《加歇医生肖像》,创当时拍卖价的世界纪录。仅隔两天,5月17日,斋藤又以7 810万美元购下了印象派大师雷诺阿的名作《红磨坊街的舞会》。斋藤之举顿时成为新闻媒体报道的重点,他本人一时成为国际知名人物”②。艺术品的高价格往往使得艺术市场的新闻成为各社会阶层人们瞩目的焦点。巧妙地运用艺术投资这一手段,就可能造成轰动效应,达到宣传自己的目的。

7.2.3.3 韩国

韩国艺术市场形成于20世纪70年代。1970年,韩国最早的具有现代意义的画廊——现代画廊(Gallery Hyundai)成立,该画廊的成立对韩国现代艺术具有深远意义。“1972年8月14日,韩国的《文化艺术尽兴法》新增了一条关于建筑装修的法律(第2337条):‘国家和地方自治团体要奖励那些在修建总统所设定的种类或者规模以上的建筑时,把整个建筑所用的1%以上的金额使用在绘画或者雕塑等建筑美术装修上的费用’”③。此项法律“从1995年开始从鼓励变为义务,并在全国范围内实行”④。这一法律的实行,为韩国艺术市场的新发展提供了保障。

20世纪八九十年代韩国艺术市场继续发展,但1998年的经济危机使得其进入发展的停滞期。随后在政府等多方面的努力下,韩国艺术品市场进入新一轮的成长期。和中国的情况一样,由于对投资房产等的信心丧失,艺术品成为新的投资方向。

在韩国的艺术品市场中“贯穿于整个艺术品市场发展过程的是交易透明度以及定价系统的缺少,这仍然是最大的问题。艺术品的价格受到艺术家的控制,而非供求关系。艺术家给商品定的价格往往远远高于它们真正的市场价格。结果就是当画廊销售画作时会出现不同的价格,这些出售的价格往往低于官方的价格”⑤。

在谈到日本、韩国的艺术时,不得不提的是西方艺术对这两国的影响较大。所以,两国的艺术品市场与西方也有着很大的关联。“根据克里斯蒂在韩国的统计,2004年、2005年韩国当代艺术作品展销会的买家有95%不是韩国人”⑥。但随着国家经济的发展,韩国国内市场也逐渐发挥了较大的作用。

---

① 张冬梅.艺术产业化的历程反思与理论诠释[M].北京:中国社会科学出版社,2008:65.
② 陈长田.艺术市场纵横谈[M].济南:山东美术出版社,2010:73.
③ 金度延.当代韩国艺术市场研究[M].中央美术学院硕士论文.2011:11.
④ 金度延.当代韩国艺术市场研究[M].中央美术学院硕士论文.2011:11.
⑤ 詹姆斯·古德温.国际艺术品市场(下)[M].敬中一,赖靖博,裴志杰,译.北京:中国铁道出版社,2010:392.
⑥ 詹姆斯·古德温.国际艺术品市场(下)[M].敬中一,赖靖博,裴志杰,译.北京:中国铁道出版社,2010:399.

7.3 中国艺术品市场如何“走出去”

本节的目的落实在中国艺术品市场如何“走出去”,在国际艺术品市场中也拥有相应的话语权。虽然从表面的数字看来,中国艺术品的交易额已经排在了世界第一,但通过具体研究可以看出,消费的集中化是其弊端,所消费的艺术品过于集中在几大板块,如古代中国画、近代中国画、油画等,而雕刻和版画相对较少。因此,我们可以说,这无法说明中国艺术品市场已经成功地走了出去,这种情况与建设文化强国的目标还有相当长的距离。

7.3.1 中国艺术品市场情况

中国艺术品市场发展时间不长,从20世纪90年代算起,才不到30年的时间,但在这么短的时间内却创造了惊人的发展速度,直至2011年坐上世界艺术品交易额首位的交椅。这样的成绩,一方面与中国经济发展的良好态势密不可分;另一方面经济危机的影响使得国外艺术品市场出现一定程度的萎缩。于是,在正反两方面的作用力下,中国成为世界艺术品交易额最多的国家。

中国艺术品市场中,所占份额最大的是中国书画,特别是古代绘画和近现代绘画大家名作,成为艺术品市场中被争相抢购的作品。这一方面体现了国人审美情绪的传统化,作为中国人对自己的艺术还是有着天然的亲近感;另一方面也体现了艺术品价值的恒久性。作为中国艺术的优秀代表,中国书画在经历了时间的沉淀后,其价值并没有被人们所遗忘,而是越来越得到人们的认可。“2010年秋中国艺术品高价拍品前100名榜单中,38件为古代书画作品”①。相关资料显示,2010年中国书画版块更是达到了总成交额的60%,这样的数据标示了传统艺术在中国艺术品市场中的地位。

在画廊方面,全国呈现出分布地区不均的特点,北京、上海等经济发达地区依旧聚集了大量的画廊。根据相关数据,2011年全国画廊分布为:北京占至44%,上海占16%,港、澳、台占9%,其他地区31%②。

在艺术基金方面,据相关统计,“2011年我国艺术投资基金的数量大约在70家左右,基金初始资金总规模为63.7亿元,其中排名前20的基金公司所管理资金规模为56.5亿元。这些基金基本上可以分为两类:一是有限合伙型;二是信托型。有限合伙型的艺术品基金都是投资型,而信托型基金又可以分为融资型、投资型两类”③。与西方发达国家相比,我国艺术品投资基金起步较晚,因此还存在许多的问题,比如退出机制、监管等。但作为现代艺术品市场发展的一个重要尝试,艺术品投资基金的发展对未来我国艺术品市场的发展将会起到不可忽视的作用。

中国艺术品市场发展过程中,政府也曾进行过一些尝试,试图推动其发展。如“2010年4月,中宣部、财政部、文化部、央行、广电总局、新闻出版总署、证监会、银监会、保监会

① 尚艺.2010中国艺术品市场综述[J].上海艺术家,2011(1):31.

② 文化部文化市场司.2011中国艺术品市场年度报告[M].北京:人民美术出版社,2012:16.

③ 文化部文化市场司.2011中国艺术品市场年度报告[M].北京:人民美术出版社,2012:27.

九大部委联合出台了《关于金融支持文化产业振兴和发展繁荣的指导意见》。《意见》规定,要'积极培育流转市场,充分发挥上海文化产权交易所、深圳文化产权交易所等交易平台的作用,为文化企业的著作权交易、商标权交易和专利技术交易等文化产权交易提供专业化服务''"①。应该说文化产权交易所模式体现了交易主体和交易方式多样化。国家的初衷是想借用金融业的强大力量发展文化产业,但实际操作过程中,却出现了金融资本操控市场,从而不利于文化的事件。于是,在 2011 年 11 月 11 日,"国务院下发了《关于清理整顿各类交易场所切实防范金融风险的决定》[国发〔2011〕38 号],开始清理整顿从事包括产权交易、文化艺术品交易、大宗商品中的远期交易等内容的交易所。将艺术品拆分成'权益份额'的文化产权交易所面临整顿"②。

另外,"政府主管单位针对美术博物馆、民营非营利性艺术机构的收藏,给予了一定的政策倾斜和资金支持,但由于收藏资金明显不足,有关美术博物馆、民营非盈利性艺术机构的社会捐赠制度、免税扶持政策尚不完备,国内美术博物馆及相关艺术机构针对艺术品市场的购买力有限,因此无法像国外那样真正起到引领市场走向、确立价值标准、推动市场发展的标杆作用"③。当然,我们也要看到,随着我国经济的发展,国内有实力的大企业越来越多,而有些企业也愿意在艺术品领域投资,一方面借此构建自己的企业文化,另一方面,也是对企业资产保值、增值的一种尝试。比较有代表性的有大连万达集团、南京天地集团等。

在中国艺术品市场发展的过程中,我们看到出现这样或那样问题的根本原因在于对经济利益的追求大过了对文化的建设,但这并非唯中国独有,这是艺术品市场本身的基本矛盾的产物。只不过由于中国缺失相应的法律、法规,缺乏相应的监管机构,所以当矛盾爆发时,会有比较大的社会影响。但是,我们说中国艺术品市场为国际艺术品市场贡献的不仅仅是那些价值连城的精美艺术品,还应该有具有中国特色的艺术品交易模式的探索之路。

7.3.2 中西艺术品市场比较

在对中西艺术品市场进行比较之前,我们应该对中西艺术品市场的各自特点有深入的了解。我们说中西方艺术品市场发展的背景不同。西方艺术品市场的出现与特权阶层的没落、旧的艺术赞助机制的解体有着很大关联。在旧体制瓦解的情况下,画家为了生存走向了市场,于是画廊出现,它们代理画家,负责推销画家作品,并从中获利。随着艺术品市场的逐渐成熟,艺术经纪、艺术评论家、拍卖公司、艺术博览会等,都成为构成艺术品市场必不可少的因子。艺术家在这样的环境中,往往需要根据市场的要求来创作。尤其重要的是西方社会艺术家的职业化已经形成,所以对市场的依赖也就显而易见。特别是艺术家在未成名之前,往往是绞尽脑汁让自己被画廊接受,从而使得自己的作品能够进入市场流通渠道。其实即使是一些成名的艺术家也不能完全忽视市场的喜好,因为市场才是他们的衣食之源、生存之本。在市场氛围中,围绕在艺术家周围的,不光有画廊

① 赵力.整体复苏警惕泡沫——2010 全球艺术品市场走向分析[J].艺术市场,2011(1).

② 文化部文化市场司.2011 中国艺术品市场年度报告[M].北京:人民美术出版社,2012:68.

③ 赵力.中国艺术品市场购买力情况简析[J].荣宝斋,2010(4):278/279.

主,还有艺术评论家、收藏家、策展人等。针对市场销售领域而言,一二级市场分工合作,共同构建出成熟的艺术品市场体系。当然,艺术品市场要良性运转,缺不了法律制度的监督。对于那些违背市场运行规律、违背公平竞争原则的不法行为给予严厉的制裁,这是现代市场发展的要求。

西方艺术品市场在经历了数百年的发展后,产生了一整套成熟的市场运行机制。在这个成熟的机制下,西方艺术品市场经历了产生、发展、壮大、调整、稳定等一系列阶段。从目前国际艺术品市场的走向来看,发达国家的艺术品市场基本趋于平稳,比如法国、德国等。美国由于经济实力的增长,长期以来处于艺术品市场的领军地位。但我们也不能忽视一点,当面对金融危机时,美国艺术品市场往往也是受影响最大的,从而反映了其艺术品市场的高度金融化。

中国艺术品市场的出现经历了一个从非市场行为到市场行为转变的过程。有一个基本的事实大家不应该忽略,那就是早期的文物商店。当时的文物商店,作为国营事业单位,主要满足的是文物研究机构、博物馆以及文物爱好者等团体及个人的需要,同时还担有一定的对外展示的功能,它并不以营利为其主要目标,应该说,对文物的保护、传承起到了很大的作用。当然,文物商店也有一定的经济功能,按照当时的社会情况来说,"五六十年代,我国的社会刚刚发生极大的动荡与变革……在当时的旧书摊上、古玩铺里东西很多,价格非常便宜,尤其书画之中的书法作品,如字轴、对联、书札等,几块钱、十几块钱就能买到名家作品,如赵之谦、何绍基、康有为等名家的作品都能买到"①。到了80年代末至90年代初,中国艺术品市场初步形成,代表性事件为1994年春季的嘉德拍卖。这次拍卖会的巨大成功,一方面证实中国人在对待文物的态度上发生了转变,开始重视文物的价值;另一方面,金融界也尝试进入书画市场,并取得了成功。随后各地拍卖公司纷纷成立,艺术品拍卖渐渐被人们接受。进入新世纪,中国艺术品拍卖市场也经历了高速发展、回落、再发展这样一个大致的过程。除去受国际整体经济发展环境的影响外,中国艺术品市场的发展还受到国内购买力的强力影响,这也体现出了中国艺术品市场的特性。在中国艺术品市场中,我们之前也提到过,中国书画占有重要份额,而且中国书画的主要市场是在国内,所以,从目前来看,国内购买力的增加使得我国的艺术品市场形成了一股自我发展的力量,这股力量的存在使我们在面对外界经济形势的不利局面时,能够降低所受的不利影响,从而实现继续发展。事实上,近两年中国在世界艺术品市场中份额的变化就是这种状态的最好反映。

但相比较西方发达国家的成熟的艺术品市场而言,我国的艺术品市场还存在着很多不成熟的表现。这些不成熟的表现就是制约未来我国艺术品市场深入发展的障碍。表现之一:法律制度的滞后、缺失。缺少法律制度的规范使得我国艺术品市场乱象横生。从目前我国已有的规范艺术品市场的规则来看,明显规范力度不够,如拍卖行业的免责条例。该条例在我国艺术品市场中成为通行的条例,这就使得拍卖行对所拍物品的真伪可以不负任何责任而让买家承担相应的损失。表现之二:一二级市场权限不明。画家作为市场的销售主体直接参与书画买卖在中国被认为是合理的现象。一级市场不能很好地发挥或者根本就没有发挥其作为基本的市场参与者的功能。二级市场承担了部分本

---

① 陈岩. 往事丹青[M]. 北京:三联书店,2007:42-43.

属于一级市场的职责。中国艺术品市场的不成熟还表现在其他很多方面。尽管如此，我们也应该看到中国艺术品市场在未来发展的良好前景，世界艺术品市场离不了中国的参与。

7.3.3 中国艺术品市场“走出去”战略措施

中国经济近30年的发展有目共睹，这是中国艺术品市场的发展能够逐渐引起世界注意的最重要的原因之一。因此，在谈论我国的艺术品市场如何“走出去”时，应该明确以下几点。

7.3.3.1 建立在国内市场上的继续发展

由于文化差异包括沟通的不畅等诸多原因使得中国艺术品被世界了解的程度还远远不够，对于这个问题我们可以从国际艺术品市场上成交的中国艺术品的类型来探求原因。从类型上来看，器物类占了大多数，从年代上看古代艺术精品成为大家追逐的目标，而对于当前中国文化精神的最佳阐释——中国书画，还未能在国外市场上引起足够的重视，这部分的艺术品购买者仍是以国人为主。但是，随着我国国力的强盛，富裕的人群从数量到质量上都有了很大的提高后，加上国人本身固有的审美倾向，中国书画在市场中屡创高价也是情有可原之事。而且当市场价格达到一定高度后，必然会引起世界性的关注，从而也就提升了中国艺术在世界上的影响力。张大千、齐白石这两位中国传统画家如今在世界艺术品市场中的地位就是最好的例证。这里我们所要说的并非艺术价值与价格成正比，而是说经济是艺术发展的重要推动力。

7.3.3.2 建立适合中国国情的艺术品市场机制

针对中国艺术品市场的本身特性而言，闲散性是一个重要特点，这种闲散的特性也是我们文化观的一个反映。因此在实际的市场经营活动中，我们在对待艺术品的实际态度上是随意的，也就是说，艺术品在某些时候与普通商品并无两样。说明这种情况的最好例子就是我国画廊的经营状况。目前，存在于我国艺术品市场中的大量小型画廊，赚取中间差价是它们的生存之本，而这些小画廊的存在使得我国艺术品市场的不规范也就不足为怪了。这些画廊，一般没有专门的经营范围和文化理念，也就更谈不上艺术品市场的基础性功效了。但这类画廊的存在是目前我国艺术品市场一个不能忽视的状况，我们也认为市场的竞争机制最终会将这类小画廊淘汰，从而留下真正具有市场与文化价值的艺术品市场经营机构。可是在谈到当前如何“走出去”这个问题时，我们应该立足国情，而这类小画廊的大量存在就是基本国情之一。在国际化的进程中，一方面我们可以发展高端画廊经营模式，这类画廊应该具有现代市场条件下的画廊的功能，可以充分发挥发现画家、培养画家等作为艺术品市场机构所具有的基本职能，具备一定的经济实力，一定的融资能力；另一方面，市场竞争机制与国家规范管理共同作用下对那些不符合市场竞争规律的小画廊实现优胜劣汰。在这两个方面的努力下，优化我国艺术品市场结构是我国艺术品市场能够“走出去”最重要的一步。

7.3.3.3 国家层面的管理制度的出台

国家层面的管理制度中应该包括国家对艺术品市场发展的保护及支持政策。国外艺术品市场发达的国家有一个共同的特点就是艺术品市场的相关规章制度较为完善，从税收到立法，对于维护艺术品市场的正常、合理运作起到了很好的引导作用。而从中国目前相关的法律、法规来看，存在着一些问题，如法律法规适用性不够，并不能对出现的不合规范的活动进行有力的惩罚，这就造成了我国艺术品市场的违规行为时有发生。相关政策有阻碍艺术品市场发展的倾向，比如进口关税问题等。当然，国家也适时出台了相关政策以降低关税。2011 年 12 月 9 日，"国务院关税税则委员会下发了《关于 2012 年关税实施方案的通知》[税委会〔2011〕27 号]，决定自 2012 年起，将油画、粉画及其他手绘画原件，雕版画、印制画、石印画的原本，各种材料制的雕塑品原件的进口关税税率由 12% 降至 6%（暂行 1 年）"①。关税的下调，将有利于艺术品交易的进一步发展，使得我国的艺术品交易更加具有世界性。

7.4　小结

从以上对艺术品市场诸多方面的分析中，我们可以看出艺术品市场的发展与各国政治、经济、文化有着密切的关系。西方艺术品市场由于发展历史悠久、经济实力雄厚等原因走上了一条规范化的发展道路。规范化的发展一方面稳定了艺术品市场的发展，提升了艺术品市场的发展内涵；另一方面也使艺术品市场的功能有单一化之嫌。艺术品消费已经不仅仅是个人的爱好及审美表达，更多情况下有了资产保值增值的功能。现代艺术品市场发展的一个显著的特点就是金融资本的介入，这就使得经济的目的更为直接而明显。未来国际艺术品市场的发展将会呈现出更强的经济效能，而艺术品的文化效能便处于相对弱势的地位。在旧的消费群体已经饱和的状态下，开发新的消费群体成为必要。

中国艺术品市场要实现"走出去"的目标，在努力改善自身不足的同时应该探索适合自身国情的发展道路。必须要提出的是对于中国而言，树立一个健康正确的价值观导向是我们发展艺术品市场的重要目标之一，也是中国艺术品市场对世界艺术品市场的重要贡献。

7.5　案例：迈阿密巴塞尔艺博会和保利（香港）拍卖会

7.5.1　介绍

迈阿密巴塞尔国际艺术博览会（Art Basel Miami Beach，以下简称 ABMB）是瑞士巴塞尔国际艺术博览会与美国迈阿密海滩城市合作以便开发美国市场的大举动。一方面是成熟的博览会，急于打开新兴的美国艺术市场；一方面是旅游城市希望能扩大经济增长点，提高城市品牌。两者一拍即合，在 2002 年开始合作，每年在迈阿密旅游旺季的 5 月份举办，定期定点，主赞助商为欧洲最大的金融控股集团——瑞士联合银行集团（UBS）、Cartier（法国珠宝品牌）、NetJets（巴菲特旗下飞机租赁公司）、奥迪公司等。主办方为迈阿密海滩市市政府和巴塞尔方面的控股集团。自创办至今，ABMB 已发展为国际知名的艺术品交易盛会。即使面临金融危机，其他地区的很多国际艺术品市场风光不再，但 AB-

① 文化部文化市场司. 2011 中国艺术品市场年度报告[M]. 北京：人民美术出版社，2012：69.

MB 却一直保持着极高的关注度和受欢迎程度,人气颇高。这跟它处于一个新兴市场有很大的关系。

2012 年,保利(中国)拍卖公司(以下简称保利)进驻香港并举行拍卖会,这是继嘉德拍卖行后又一家中国的拍卖公司走出内地,走向国际艺术市场桥头堡之一的香港,目的自然是从此走向世界。2012 年秋季成立的保利(香港)首拍成交额为 5.2 亿港币,2013 年保利(香港)春季拍卖成交额为 6.4 亿港元。保利在香港还成立了"艺术空间",这如同是保利的艺术博物馆,可以举办各种艺术展览、讲座。保利(香港)将北京"拍卖 + 展览"的模式复制到了香港。

7.5.2 事件分析

之所以将这两个事情共同列出来分析,是因为两者中一者成功,一者尚在尝试;一者是国际艺术品市场中发达区域开发相对欠发达区域的成功案例,一者是中国艺术品市场中的骨干力量向外进行扩张的积极尝试。分析其中得失,必然对中国艺术品市场的完善和走出去具有积极的意义。

7.5.2.1 对于品牌的坚持是两者共同开拓新市场的基础

ABMB 对于艺术参展商的苛求是出了名的,所有主要参展商必须是经营至少 2 年以上且具有良好信誉的画廊或著名艺术品牌。它没有因为美国的招商等问题就放松对艺术参展商的要求,不会因为转移阵地就放松入场条件,这是建立高端艺术市场必然的规矩。更有甚者,它的邀请客户使 ABMB 成为"公共关系的梦幻世界"。

保利方面也是如此,为了提升在香港的品牌形象,一改北京方面入场条件宽松的规定,征集的作品要求保证 80% 的成交率,同时 20 万元以下的拍品几乎不再参与拍卖。这就是在拍品方面拒绝了很多艺术成就、市场价值不高的拍品,从内容上提高拍卖行的档次。显然保利方面认识到品牌的信誉在国际艺术品市场中非常重要,向苏富比、佳士得这些国际品牌看齐,这样才能更好地与国际市场接轨。

分析:首先,虽然都着重于品牌的维护和坚持,但巴塞尔方面的优势是一种从上而下的惯性坚持,而保利(香港)却是一种由下而上的提升,因此相对而言,保利(香港)要建设品牌的难度就会增大很多。同时,对于拍卖的设置也有问题,成交与否其实有很大偶然性,而 20 万的拍价限制可能导致一种追求市场利益的心理。实际上,保利(香港)之所以坚持高成交量,是担心流拍太多造成手续费的损失太大①。这就是说保利(香港)对于品牌的建立更多还是从经济利益来考虑的。

其次就是拍卖的选择,主要以国际的口味来选择拍品。虽然顾客是上帝,但迎合顾客和引导顾客是两个不同的商业境界。在这方面 ABMB 做得很好,完全是以我为主,创造了一个客户能积极参与和被逐渐引导的艺术品市场模式,始终采用展览内容的新鲜感来吸引客户的参与。而保利对于客户的引导则还是比较被动的。考虑到国际拍卖会大多是一种高端艺术市场的风向标,那么其引导作用是无论如何都不能缺少

---

① 郑晓芬. 进军国际艺术市场的桥头堡:保利的香港化实践[OL]. http://news.99ys.com/20130415/article—130415—125305_1.shtml.

的品牌建设软实力。

所以我们可以预见的是巴塞尔方面用了多年的时间终于将 ABMB 打造成了一个著名品牌,而保利(香港)第一次拍卖会的酒店和第二次的酒店、时间都有变化,说明其还在尝试,还需要坚持。

7.5.2.2 资金的大量投入是两者为了成功共同采取的前提

ABMB 对于场地的装潢和设计都是非常讲究的,力求给人以新鲜感和成就感。ABMB 的大量投资一方面由迈阿密海滩市市政府承担,迈阿密海滩市政府免费提供会展中心、会展的公共交通,为展览交易作品免税:这几乎是一个展览一半以上的实际开销,支持力度非常大;另一方面巴塞尔主办方对于客户的邀请、展览宣传上也不遗余力,投资巨大。而保利(香港)虽然也投资巨大,甚至想把北京的"展览—拍卖结合"模式复制到香港,但必然会面临资金压力过大的问题,因此其场地在北京可以利用保利艺术博物馆作为学术投资,用展览影响买家,费用虽然很高,但是有保利拍卖的支持,还可以承受。但是在香港的费用要高得多,仅仅用学术影响买家是不够的,因此还需要举办高质量的展览及售卖活动。

分析:ABMB 模式是一种共赢的经济模式,迈阿密方面需要一个文化品牌,而 ABMB 需要一个新的市场,两者一拍即合,而且恰恰因为有共同的利益追求,能保证两者在前进的道路上相互支持,而不是相互拆台。反之,保利(香港)是去了一个艺术品市场比较活跃的中心,与苏富比、佳士得等已经成熟的机构进行竞争,而在相关投入上又未必能比得了那些机构,从拍卖会时间的改动上我们可以看出,它是想借苏富比拍卖结束之后客户对于保利拍卖进行关注,这有点像广交会旁边的那些场外展馆,虽然有一定效果,但从一个立足自身品牌建设的机构来说,起步就显得有点低了。但是,对于保利作为一个国内企业的身份进行的勇敢探索,我们还是十分嘉许的,也希望它能成功。

7.5.2.3 运作人才是成功的关键

ABMB 为了确保迈阿密展览的成功几乎动用了全套的班子进行展览的设计、招展、邀请客户等,并没有因为相隔太远而大量启用当地的员工,其核心人员几乎都是欧洲方面的骨干。相比之下,保利(香港)则过多依赖于香港本地的人员及新聘任人员。半年时间内建立的 40 人的团队其实并不一定值得骄傲,尤其是在各个领域他们的工作效率及对业务的熟悉程度都在一个熟练的过程之中,这无疑将使保利(香港)花更多的时间培训人员。同时,北京人员和香港人员似乎比较隔阂,北京的熟练人员基本是一个帮忙和观战的作用。

分析:人才既然是关键,那么不能全力以赴地投入新项目的开发和运作就需要冷静对待,毕竟对于品牌的建设、资金的投入来说,怎么用好品牌、怎么打造品牌、怎么创作效益都离不开人的努力。相信巴塞尔方面充分认识到了这个层面的重要性,努力打造品牌的同时通过以老带新的方式又培养着人才梯队,这是他们能保证多年如一日,一直在提升品牌含金量的根本原因。保利(香港)去年首拍还完全是依赖于北京保利的资源和专家团队进行拍品征集及资料整理,包括客户的邀约等,今年就要求本地人员自己为主,速度可能有些过快了。

总结:相对于巴塞尔艺术博览会在美国迈阿密的成功,保利(香港)还需努力去适应国际艺术市场的规则和相关环境。我们确实也担心无论是在资金、当地政府支持和人才培养方面保利(香港)都有一些不足,但这些我们相信他们能克服,相信保利(香港),并希望它成为我们内地艺术公司进军国际艺术市场的象征和榜样。

8 国际数字音乐市场

近十几年来，作为新兴文化产业之一的数字音乐产业，发展非常迅速。随着网络技术的发展、电脑的普及，众多音乐爱好者采用 MP3 数字音乐的形式来保存音乐。他们从网上直接下载数字音乐，并频繁使用彩铃或更换手机铃声。数字音乐的快速性及便利性使 CD 唱片的需求骤然下降，但音乐产业技术的发展不是取代型的，而是叠加型的，技术上的进步给音乐产业带来了深层变革，使音乐市场也出现了变化。传统唱片发行渠道的地位逐渐衰落，而数字音乐成为主流。当音乐作品的乐谱层面、音响层面等各个层面转换为数字格式后，音乐艺术本体内容没有改变，但外在的表现形态发生了变化，这种与数字技术相结合形成的音乐传播标志着音乐复制行为的全新时代的到来。在音乐文化中，传播媒介的出现，标志着音乐传播中“管理”的出现①。

现在我们所说的数字音乐通常是指在音乐的制作与传播及储存过程中使用数字化技术的音乐。数字音乐产品包括歌曲、乐曲以及有画面作为音乐产品辅助手段的 MV、flash 等。行业内人士将数字音乐分为在线音乐和无线音乐。在线音乐指通过互联网在线视听或可直接下载到电脑中及传输到其他播放设备中视听的数字音乐。无线音乐，也称为手机音乐或移动音乐，指通过移动互联网获取的音乐服务，包括手机铃声下载、彩铃、IVR 中的音乐服务、整曲音乐下载及未来的无线视听等音乐服务。而作为数字音乐产业，就是从事数字音乐生产、传播、销售服务的企业及其生产经营活动的集合，并且涵盖了为数字音乐生产、传播、销售活动起到辅助和支撑作用的其他类型企业及其相关的生产、经营和管理活动，包括数字音乐创意、数字音乐服务的大量参与者，其核心是数字音乐产品的市场营销和流通，其方向和目的是数字音乐消费者。而数字音乐产品的生产，则是根据市场，即根据消费者的需求而生产。数字音乐②是音乐与信息技术的融合、与电信的融合、与互联网的融合以及与传媒的融合的产物，是数字娱乐产业中最活跃、最具发展潜力的创意产业。数字音乐的兴起，为传统唱片产业带来新的发展空间和转变的方向，并创造出新的业务和市场，前景非常广阔。

8.1 国际数字音乐市场发展状况

国际唱片业协会(International Federation of the Phonographic Industry，IFPI)2013 年的全球数字音乐报告显示，全球传统唱片行业连续 11 年下滑，但数字音乐却连续 10 年上涨。2012 年全球数字音乐的贸易总额达 56 亿美元，2011 年为 52 亿美元，2010 年为 46

---

① 曾遂今．音乐传播：观察、研究与教育——音乐传播的概念解读[J]．音乐传播学术前沿，2011(6)：26－27.

② 所谓数字音乐，目前有两种理解：一种是指以数字化方式进行音乐创作、音乐编辑、音乐存储及音乐传播等一系列过程的统称，它主要依靠电脑为中心进行操作处理，所以又称它为“电脑音乐”；第二种理解是指音乐行业人士所说的数字音乐，以在线音乐(在线收听或下载的音乐)和无线音乐(手机彩铃、手机铃声、手机 IVR)为代表，用数字格式存储音乐，可以用互联网和移动通信网络来传输的音乐。本书是指第二种理解的数字音乐。

亿美元,数字渠道收入占唱片公司全球收入的比例为 34%,2011 年为 32%,2010 年为 29%。2004—2010 年全球唱片业价值的跌幅达 31%,而数字音乐市场价值的增长超过 1 000%,全球合法的数字音乐服务商约 500 家。数字音乐零售商向全球范围扩展,2012 年初全球领先的数字服务已发展至 58 个国家[①]。由此可见,传统的唱片业不断地向数字音乐市场领域调整,数字音乐已经不仅是音乐产业发展的一个重要方向,同时也成为全球音乐产业发展的必然趋势。

8.1.1 国际数字音乐市场发展历史

在人类的音乐历史发展过程中,伴随人们生活形态的不断变化、精神境界的不断提高,新的音乐语言也不断地产生。比如,在欧洲,从中世纪发展到文艺复兴时期,从文艺复兴时期发展到巴洛克时期,再继续到古典主义时期和浪漫主义时期,人们总能看到音乐新风格、新感觉和新语言的诞生[②]。

20 世纪 90 年代中期 MP3 音频压缩技术诞生,MP3 是 MPEG AudioLayer 3 的缩写,此技术可以将一首 CD 音乐压缩到只有几个 MB 容量,使之能够在互联网上快速复制流传。该技术发明之后迅速流行,许多音乐爱好者将自己的 CD 音乐转成 MP3 格式,并放到互联网上供其他用户自由下载,这是当时 MP3 音乐最主要的来源。但由于互联网发展早期网络传输速度非常慢,通过互联网共享数字化的音乐被认为是遥不可及的事情。数字音乐信息交流的范围限于使用电脑的极少数多媒体 PC 用户,数字音乐处于一种自发、无序的状态。初始时数字音乐并不被著作权法所许可,唱片产业也没有充分重视,尚未意识到其蕴含的颠覆性力量,他们想象不到有朝一日音乐服务商和运营商可以通过销售在线音乐和无线音乐来赚取高额利润。

20 世纪 90 年代末,电脑大范围普及,互联网应用广泛开展,网络音乐传播影响的日益扩大使得专门的音乐下载网站开始出现,促进了数字音乐的发展,其中具有代表性的有 MP3. com、Napster 等。MP3. com 网站由罗伯森(Robertson)始于 1998 年,为具有潜力的艺人提供音乐作品发布,同时发布各项最新消息和提供免费音乐下载,在网站创办不到一个月的时间,许多广告商和投资方主动要求与其合作公司,MP3. com 很快成为数字在线音乐的领军者。而 Napster 网站建于 1999 年,由一个 19 岁的年轻人肖恩·范宁(Shawn Fanning)创办,他开发了在线音乐交换程序,运用 P2P(点对点)技术传播音乐,用户在自己的电脑上安装一个软件,可以连接到另一个也安装了该软件的电脑用户,凭借此平台就可以复制想要的歌曲。Napster 创新了互联网的沟通方式,音乐在网络中的流通范围和速度更加广泛、也更加便捷。免费的音乐共享体验和使用上的便捷性使 Napster 的用户数量呈几何级数增长,其知名度和影响力也迅速扩大。这种在线音乐下载平台的出现为全球的音乐爱好者共享音乐提供了极大便利。与此同时,RM、WMA 等音乐播放格式开始出现,随着技术的不断进步,数字音乐开始呈现多元化发展趋势,其发展进入了一个新阶段。但是,这个时候的数字音乐仍然是免费的,各网站多采用以免费音乐资源吸引受众而广告商投资的方式作为营利模式,与大多数传统媒体的营利模式没有实质不同。

---

① 数据来源于国际唱片工业协会(IFPI)2011 年、2012 年和 2013 年的数字音乐报告。

② 曾遂今. 音乐网络传播与当代人的音乐观[J]. 中国音乐,2006(4).

数字音乐的出现也催生了相关衍生业的发展,MP3 音乐的流行让一些硬件厂商嗅到了商机。其一是数字音乐播放器生产商,因当时的 MP3 音乐文件只能由电脑来播放,随着 MP3 的逐渐流行,用户对专门播放 MP3 音乐的设备需求越来越强烈,于是一些硬件生产厂商抓住这个商机,推出了可以随身携带的 MP3 音乐播放器。1998 年由韩国 Saehan(世韩)公司制造的世界第一台 MP3 随身听 MPman F-10 问世[①],同年年底,美国的帝盟(Diamond)公司推出了 Rio300 型 MP3 播放器,这是该领域中第一款具有影响力的产品。便携式数码音乐播放器的出现让消费者体验了一种全新的数字音乐欣赏方式,很快就获得了数字音乐消费者的肯定,同时也吸引了一批电子消费产品生产商的注意,三星、索尼等知名企业纷纷进入这个生产领域。2001 年,苹果公司推出了 iPod,这个划时代的产品使用的是移动硬盘作为存储介质,其大容量、创新设计和优良品质让它成为数字音乐播放器领域最杰出的代表。其二是终端设备生产商,也就是手机生产厂家。因手机越来越普遍,内置 MP3 播放器成为手机生产商们扩大市场份额、吸引消费者的一个灵感。2000 年,西门子公司(Siemens)推出首部内置 MP3 播放器的 6688 智能型 GSM 手机,之后摩托罗拉、诺基亚等手机生产厂家也纷纷推出了自己的音乐手机产品。现在几乎所有的智能手机都具有音乐播放功能,通过音乐来吸引客户的手段在市场销售中所占的比例越来越高。无论是数字音乐播放器还是带音乐播放功能的手机的出现其意义不可小觑,它不仅可以给人们带来聆听数字音乐的方便,而且使数字音乐从网络直接进入人们的生活,进一步扩展了数字音乐市场,音乐手机的使用和普及程度远远高于数字音乐播放器,二者共同刺激着人们对数字音乐的需求,让音乐爱好者产生欲望。数字音乐播放器和音乐手机的出现和发展同时也带动了互联网和无线平台上的音乐下载量。

对于数字音乐的冲击,传统唱片业最初非常排斥,加之数字音乐没有受到版权法的保护,导致 2000 年为用户提供网络唱片存储与下载服务的 MP3.COM 在环球、华纳、百代、索尼和 BMG 五大唱片公司的起诉下关闭了 MyMP3 相应的服务。而以 P2P 方式为用户提供免费音乐交换服务的著名网站 Napster 也遭遇了败诉的官司,并停止了为用户提供音乐下载的服务。数字音乐的发展冲击着传统唱片业,全球各大唱片公司与版权公司对其进行严厉打击。缺乏可行的营利模式使得数字音乐难以走入大规模商业化发展的轨道,数字音乐几乎代表着免费。正当唱片公司打击网上非法下载获得胜利的时候,苹果公司推出了"iPod + iTunes"模式。借助影响力巨大的 iPod 播放器,苹果公司于 2003 年创立了 iTunes 在线音乐商店,将播放器和正版音乐"捆绑"进行销售,iPod 使用者可在 iTunes 音乐商店下载歌曲,每首歌支付 0.99 美元的费用,其 iPod 音乐播放器的完美设计结合 iTunes 音乐商店的多种功能,几年之内便建立了数字音乐付费下载的成功模式,这一模式充分保障了音乐版权所有者的利益,成为了数字音乐史上第一个成功的商业模式,占据了全世界在线音乐绝大多数的市场份额。此种模式引领了数字音乐理念革命,为数字音乐获取利润提供了一个可操作的样板,增加了唱片公司、网络服务商、硬件生产商的信心,确定了通过网络销售正版音乐的可行性,有效地解决了数字音乐版权问题。现在这个收费下载模式在全世界流行开来,数字音乐由此进入了产业化发展的阶段。在

① MPman 这个名字是沿袭日本 Sony 公司 Walkman 和 Discman 的名称方式,希望这个名字能够成为便携式 MP3 播放器的代名词。

传统音乐产业中,产品的储存方式是模拟信号,需要物质载体,如录音带、CD 等。这种产品在包装、分销等方面与其他行业的产品包装销售方式非常接近,甚至完全一样,都是货架销售。在 IT 时代,由于数字化革命,音乐产品的包装存储方式变了,不再需要物理介质了,分发(传播)极为容易,所以产生了盗版横行的局面。iTunes + iPod 模式的成功,归根结底是它把数字音乐产品新的包装存储方式与渠道结合在一起进行捆绑销售,从而找到了新的商业模式。

如今,数字音乐已经在全世界各个国家普及,在数字化浪潮的冲击下,传统音乐产业日渐势微,毕竟针对传统音乐唱片"母版"的复制是有限的,并且常受音乐文化地域、语境、空间、大众音乐的流行时效性、制作成本等多方因素的物理制约而使得唱片的出版、发行、销售局限在一个有限的数量之内,这就使市场上 99% 的唱片产品不能陈列在音乐商店的货架上,绝大多数消费者想要的唱片不能唾手可得,而数字音乐的出现,网上虚拟的无穷无尽的无租金货架空间使得人们意识到数字集合论的一个原理:一个极大极大的数(长尾理论中长尾中的产品)乘以一个相对较小的数(长尾理论中每一种长尾产品的销量)仍然等于一个极大极大的数字①。传统音乐产业意识到唱片物质载体对于音乐产业已经渐行渐远,数字化变革已势在必行,与其被逐步边缘化,不如与数字音乐并存,共同构成多元化的传播模式体系。因此,现实使得传统音乐在与数字音乐市场竞争的同时也发生了一些嬗变,现在国际知名的大唱片公司都建立了自己的数字音乐网站,并积极参与到数字音乐市场链中来。唱片公司逐步依托新技术平台这个超强的传播效力来扩展音乐产品的销售面,提高销售量。而对于数字音乐服务商,其新技术平台如果拥有来自内容生产者的丰富资源,会吸引到更多的数字音乐爱好者,促使其消费。

8.1.2 国际数字音乐市场规模

音乐是领先进入数字时代的创意产业,全球的数字音乐市场规模十年来一直持续增长。2011 年,数字渠道在整个数字音乐产业的收入份额中占 32%,2010 年占 29%,2009 年占 25%,而新模式在电影和图书行业中的份额只分别为 1% 和 2%。尽管整个音乐产业的价值减少近 1/3,但数字收入 8 年来累计涨幅超过 1 000%。2011 年,全球数字音乐市场的价值估计为 52 亿美元左右,与 2010 年相比增长 8%。美国数字音乐收入规模占全球数字音乐市场规模的 39%,比重最大;其次是日本,占全球市场的 19%;英国、法国、德国的数字音乐收入规模分别占全球总规模的 16%、12% 和 9%;包含中国在内的其他国家和地区,数字音乐收入规模占全球市场的 5%②。2012 年唱片公司的数字收入约为 56 亿美元,比上年上升约 9%,占行业总收入的 1/3 以上,约为 34%。在越来越多的市场中,如印度、挪威、瑞典和美国,数字渠道在总收入中占着主要比重③。

全球数字音乐市场的总额超过图书、报纸和电影在线收入的 4 倍。许多国家数字音乐订阅用户都在持续增长,新的社交网络和推荐功能被添加到现有服务当中,新一代智能手机和应用程序使得很多数字音乐服务得以实现,唱片公司与服务提供商建立了新的

---

① 克里斯·安德森. 长尾理论[M]. 乔江涛,译. 北京:中信出版社,2007:第一章.

② 数据来源于国际唱片工业协会(IFPI)2009 年、2010 年和 2012 年数字音乐报告。

③ 数据来源于国际唱片工业协会(IFPI)2013 年数字音乐报告。

合作方式，众多的数字音乐消费者空前地通过各种平台（甚至在家里的电视上）享受他们喜爱的音乐。在一些音乐市场，超过一半的收入来自于数字音乐渠道，包括美国（52%）、韩国（53%），我国为71%（但99%都是盗版）。2011 年，全球范围内付费下载达36 亿次，单曲和专辑下载均计算在内，增长了 17%。截至 2011 年，全球的合法音乐服务商近 500 家，数字专辑销售的增长幅度超过了数字单曲，在美国，数字专辑销量占所有专辑销量的 26.5%，英国是 17.5%。纵观全球，音乐下载仍然是数字音乐收入的主要来源，iTunes 自 2003 年成立以来数字音乐下载收入超过 100 亿美元。其业务范围扩大到全球 50 多个国家，现在已达到 100 多个国家①。数字音乐的发展趋势，并不是单一业务，无论在线收听、下载、铃声还是像广告等其他收入来源，都是发展程度和速度各异的多个业务模式的组合。

8.1.3 国际数字音乐市场竞争格局

近几年来，音乐行业与服务提供商的合作风靡全球。合作主要遵循两种模式：一是音乐服务提供商（Service Provider，SP）开发自有品牌的音乐服务，如 TDC play，其购买音乐版权，提供音乐试听或下载等服务；二是与现有的音乐服务相结合，如瑞典的 Spotify 和 Sonos 的合作，Spotify 的付费用户可以通过 Sonos 的“家庭音乐系统”（Multi – Room Music System）在家中任何一个房间在线欣赏音乐，这项服务可以在欧洲 7 个国家使用。在瑞典和芬兰，Spotify 与 Telia 合作，可以实现音乐消费者通过电视机欣赏音乐等。市场调研机构高德纳公司（Gartner）调查显示，2011 年全球在线音乐销售额有望达到63 亿美元，同比增长 7%，其中 Spotify 和苹果等在线音乐服务提供商得到了长足的增长。以 Spotify、Last-fm. com 和 Pandora 为代表的大量音乐订阅服务数量在不断增加。这些服务通常由第三方提供，例如 Facebook 和移动运营商②。至 2011 年，下载服务 7digital 在澳大利亚、马来西亚、新西兰和新加坡推出新店，业务范围已达 37 个国家。订阅服务 Spotify、WiMP 和 Deezer 也在快速跨国扩张，Spotify 的业务范围达 12 个国家③。2011 年数字单曲下载的销售美国增长了 10%，英国增长了 8%，法国增长了 23%。数字专辑销售，美国增长了 19%，英国增长了 27%，法国增长了 23%。2011 年的全球音乐订阅用户数达 1 340 万，较 2010 年的 820 万增长了 65%④。图 8 – 1 所示为 2009—2012 年全球的数字音乐收入。

2010 年第三季度，美国 13 岁以上的网民中只有 16.5% 的人购买过数字音乐⑤，英国 16 ~ 54 岁的网民中只有 14% 的人经常购买数字音乐⑥，这说明数字音乐市场仍然有大量的上涨空间。音乐产业在某种程度上已经抓住了数字世界中的机会，远远超过其他创意行业，如电影、图书和期刊。自美国和欧洲出现第一家在线音乐商店以来的 10 年间，数字音乐单曲和专辑的下载都在持续增长，全球 500 家合法服务商提供超过 1 800 万首曲目。同时，“云播放”也进入音乐市场，其为音乐用户提供了存储和管理的新方式。

---

① 数据来源于 Nielson Soundscan（2013 年）。

② 数据来源于 http://tech. qq. com/a/20111108/000378. htm.

③ 数据来源于国际唱片业协会（IFPI）2012 年数字音乐报告。

④ 数据来源于 Nielsen Soundscan，official Charts Company/BPI，GFK 及 IFPI。

⑤ 数据来源于 NPDGroup 2010。

⑥ 数据来源于 Harris Interactive，2010。

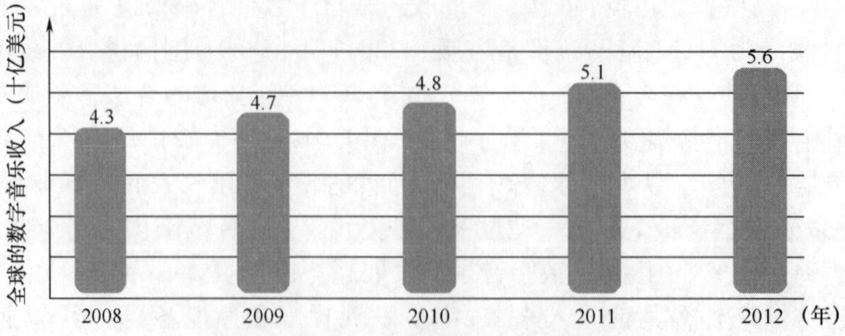

图 8-1　全球的数字音乐收入

下载销售在 2012 年增加了 12%，全球销售额达到 43 亿美元，其中包括数字单曲和数字专辑。数字专辑的销售增长速度是数字单曲的 2 倍以上。2012 年全球单曲下载量为 23 亿首，增幅为 8%。数字专辑销量为 2.07 亿美元，比 2011 年增长了 17%。由此可见，用户对数字专辑的需求高于数字单曲。最受欢迎的数字视频服务 YouTube 在全球范围内的活跃用户超过 8 亿，十个视频中有九个与音乐有关，专业音乐视频服务 Vevo 和 Warner Music Sound 在 YouTube 中排名前三①。

8.2　国际数字音乐市场主要区域研究

8.2.1　欧洲数字音乐市场

在欧洲，2010 年其数字音乐收入超过许多人的预期，增幅近 20%，在欧洲大部分市场都有近两位数的增长，这种增长不仅仅限于下载服务，也体现在订阅服务方面。比如：Spotify 是挪威和瑞典最大的数字零售商，也是欧洲排名第二的数字服务商，仅次于 iTunes，其服务已经进入 11 个国家，全球付费用户达 250 万。

Deezer 在法国取得了巨大成功，活跃用户中有 13% 使用这项服务。其与 Orange 在 2010 年 8 月建立合作，目前在法国就已有 2 000 万注册用户和超过 150 万的付费用户。在英国与 Facebook 进行战略合作，使艺人与音乐爱好者可以合法地共享音乐。至 2012 年 2 月底，Deezer 已将业务扩展到非洲、澳洲及拉美 80 个国家②。

沃达丰（Vodafone）是全球电信巨头，其移动领域在欧洲拥有最为庞大的数字音乐付费订阅用户（8 个市场超过 60 万用户），即使在盗版严重的西班牙，Vodafone 提供的无限下载音乐服务们吸引了 30 多万订阅用户，成为西班牙最大的数字音乐零售商。该公司目前开发 MP3 捆绑项目，用户可以使用订阅费换购歌曲（如 10 首歌 5.8 欧元），这种捆绑销售的方式在英国已经以 10 首歌为单位销售了 10 多万捆绑包。丹麦的 TDC 是第一个向其无线和宽带用户提供无限量免费下载的 SP。截至 2010 年 11 月，TDC 的客户已经下

---

① 数据来源于国际唱片业协会（IFPI）2013 年数字音乐报告。

② 数据来源于国际唱片业协会（IFPI）2010 年和 2011 年数字音乐报告。

载了2.5亿首歌曲，相当于全国每人下载45次。在线试听每月平均增加52%，这种数字音乐帮助TDC减少了约50%的客户流失。

在瑞典和芬兰，Telia向其签约的客户提供4个月的免费订阅，Telia曾在2009年的年度收益报告中称这种方式的合作是其成绩显著的主要因素之一。挪威的Telenor与挪威两家最大的音乐连锁店Aspiro、Platekompaniet一起合作推出了订阅服务WiMP，丹麦也可以使用这种服务。WiMP不提供广告支持的免费服务，只凭借免费试用期便成功将70%的试用用户转为了付费用户。这种合作方式的成功之处在于音乐服务的上乘品质，消费者只要尝试一次就会被音乐服务的内容吸引，对运营商来讲，他们可以在用户信任的环境中提供各种各样的音乐服务，使用户与其产生账务关系，从而推动了付费音乐订阅市场。现WiMP在挪威、瑞典、丹麦、葡萄牙的付费用户已超过35万，并与挪威的ISP Canal Digital合作、斯堪的纳维亚的ISP Telenor、葡萄牙的Portugal Telecom合作，向电视用户提供在线试听服务。

在爱尔兰，Eircom公司于2010年12月宣布启动音乐服务，MusicHub向Eircom用户提供不带广告的400万首免费无限试听歌曲，用户还可以每首32分下载无DRM限制的曲目，并且即使他们离开该音乐服务时依然保留这些曲目，同时可以建立播放列表、通过社交网络功能推荐歌曲。

在意大利，2010年FASTWEB公司与Dada合作一个音乐服务项目，音乐消费者每月付6欧元就可以享受数百万首歌曲，还可以下载15首高品质的单曲和免费在线试听全部曲目。

荷兰在订阅服务的带动下，2012年其数字音乐市场涨幅高达66%，位列西欧之首，其数字音乐收入占总收入的27%。近年来荷兰政府采取的一系列反盗版行动对合法数字音乐的发展起到了重要作用，采取的措施包括2012年关闭Megaupload、禁用或关闭Filesonic和Fileserve的网络存储网站分享功能，以及2012年5月ISP屏蔽荷兰最大的非法网站盗版港。此一系列举措效果显著。有数据显示，2012年1月，约有660万荷兰网络用户使用非法服务，而到2012年11月，这一数字降到610万，下降了4%。同时合法的订阅服务商与电信运营商的合作（如Spotify与KPN、Deezer与T－Mobile）使很多网络用户开始逐步使用合法的数字音乐服务①。

充分意识到数字音乐的前景可观后，音乐行业业界人士开始改善设备的兼容性、底层技术和宽带普及水平，像Rhapsody和Napster的订阅服务虽然存在多年，但只限于在某些设备上使用，改善技术后，2010年在音乐订阅模式上取得突破，现在服务质量和消费者体验大幅提升。Deeer、Spotify、Slacker和We7现向消费者提供两个选择：免费的受广告支持的流媒体服务和优质的付费服务，Spotify在2010年在两个层面的用户数都大幅增长，目前吸引了超过75万个付费用户。这种一个服务两个层面被称为“免费增值模式”。Rara.com在法国、德国、英国等全球20多个国家提供在线试听服务，由Omnifone提供网络支持，面向热爱CD但想通过浏览器获取数字音乐的用户，欧洲的惠普电脑大多预装了Rara.com，通过Android、ios等平台提供。国8－2所示为订阅服务与下载商店在欧洲的竞争情况。

---

① 数据来源于国际唱片业协会（IFPI）2013年数字音乐报告。

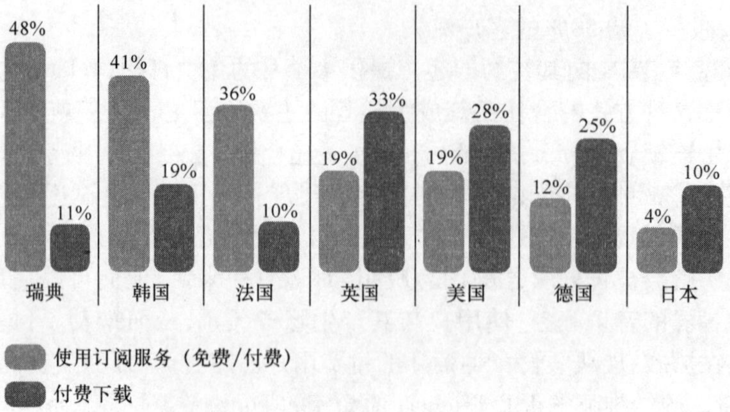

图 8－2　订阅服务与下载商店的竞争①

8.2.2　美洲数字音乐市场

在北美，美国是北美也是全球最大的数字音乐市场，其数字音乐销售占唱片公司在美国收入的近 50%。2010 年数字单曲的销量增加了近 1%，数字专辑增加了 13%，占美国专辑总销量的 26.5%。美国的手机铃声和彩铃业务呈下降的趋势，这一点与亚洲国家不同。音乐消费越来越多地使用 Sirius XM 卫星广播及 Pandora 等数字广播服务。Slacker 和 Pandora 是北美两大著名的数字音乐服务商，Slacker 的用户群从 2010 年 4 月以来增长了 7 倍，与 7 个最大的运营商中的 4 家建立了合作关系，其客户端被预制到数百万设备上，通过运营商收取订阅费用并进行该服务的市场营销，现 Slacker 付费用户在持续增长，已在北美名列前茅。Pandroa 现在的注册用户已达 7 500 万(2008 年只有 2 000 万)，其付费用户已达 50 万。该两家服务商都针对年轻用户提供了低价的入门级数字音乐服务。Rhapsody 与移动服务提供商 Metro PCS 的合作(主要形式为将 Rhapsody 捆绑到 60 美元每月的无限制流量的套餐中)，使得 Rhapsody 的付费用户已突破 100 万大关。美国 2011 年创新服务的推出(如 Spotify 和 Muve Music)、市场新参与者的加入、智能手机和平板电脑的增长，以及非法文件共享服务 LimeWire 的关闭，均有利于数字音乐市场的增长。

而拉美的数字音乐收入 2010 年增长了 50% 多，阿根廷、墨西哥和巴西三国占拉美地区数字音乐收入的 80% 以上，其中墨西哥增加一倍多，巴西增长超过 30%②。庞大的人口及日益普及的移动设备，使得巴西的数字音乐发展迅速，2012 年上半年增长了11.2%，2011 年全年增长率为 8.6%。iTunes 于 2011 年年底在巴西推出，数字音乐销售在 2012 年收入双倍增长。由于获得巴西移动运营商的支持，并采取商业模式差异化策略，基于订阅模式并与运营商的计费系统相捆绑，使得彩铃销售收入增长迅速。巴西现已经是拉美地区的门户，其智能手机销量上升速度极快，加之网络接入量不断增长，势必给巴西的数字音乐市场带来了良好前景。

---

① 数据来源于国际唱片业协会(IFPI)2013 年数字音乐报告，Ipsos MediaCT。互联网用户百分比，最近 6 个月内保持活跃。

② 数据来源于国际唱片业协会(IFPI)2010 年和 2011 年数字音乐报告。

8.2.3 亚洲数字音乐市场

在亚洲,日本数字音乐市场近两年不够乐观。与之相比,韩国的数字音乐收入增长强劲。早在2004年11月韩国SK电信就推出了包月数字音乐服务MelOn项目,该服务使得SK电信成为数字音乐领域的领航人。近年韩国的法律环境有所改观,韩国2009年针对数字音乐盗版通过一项法律,规定对首次违法的网络用户的账户(但不包括邮件)实施不超过1个月的暂时中断,对第二次违法的处罚时间为1-3个月,对第三次违法的网络用户处罚时间最高达6个月。同时韩国更新版权法,要求在线服务提供商必须应版权权利人的要求过滤不合法的内容;2011年颁布新法,要求网络硬盘和P2P服务向政府进行登记并实施过滤措施。根据韩国官方报道,分阶段响应措施的实施,70%的侵权者收到第一次通知后即停止了侵权行为。这些举措由韩国文化体育观光部(MCST)督导,由韩国著作权委员会(KCC)具体实施;一系列措施推动了2010年韩国音乐市场增长12%,Naver和Daum等门户网站数字音乐服务增强,其在网民中的占有率分别达22%和17%①。2011年上半年韩国的音乐市场又增长了6%,其数字音乐市场已排名全球第11位(2007年排名第23位,2009年排名第14位),韩国用于本土音乐的投资占到市场销售额的80%,K-Pop销售中约70%来自于数字音乐渠道,市场整体上看数字渠道占55%②。

2012年,印度音乐市场连续第三年增长,其发展主要依赖于数字音乐的移动渠道,在年轻消费者和逐渐增长的中产阶层的推动下,流媒体服务增长迅速。目前印度的手机用户已高达9亿。音乐在移动运营商的合作战略(如聚拢客户、品牌推广)方面起着非常重要的作用。Airtel、Vodafone、idea和Tata Docomo等是印度的主要运营商,他们提供包括铃声、彩铃、下载和移动电台流媒体服务等在内的音乐服务,并与订阅套餐捆绑在一起,为用户提供多方位的智能音乐服务。国际唱片业协会(IFPI)的报告显示,印度每月近54%的消费者非法使用数字音乐,印度采取了一系列行动制止此行为,2012年,加尔各答高级法院发布禁令,要求11家网络服务提供商屏蔽侵权网站songs.pk。并于同年判令387家网络服务提供商屏蔽104家侵权网站。这些举措初见成效,有千万用户停止访问侵权网站。2013年2月,印度法院下令要求ISP屏蔽另外的162家侵权网站。在印度,数字音乐销售额中,本地音乐占据着很大份额。有超过500个音乐厂牌发布20多种语言的音乐,传统的宝莱坞音乐日益开放,随着Gaana、Dhingana和Saavn等流媒体服务以及下载商店开始兴起,印度有望成为亚洲第二大数字音乐市场③。

8.2.4 其他区域数字音乐市场

在澳大利亚,电信集团AAPT与EMI合作,为固网用户和宽带用户提供订阅服务,提供来自多个厂牌的歌曲。2010年前10个月,受下载模式的驱动,澳大利亚的数字音乐收入增加了32%,但是由于实体销售的下滑和数字盗版的增加,该国唱片业整体收入还是

---

① 数据来源于Nielsen Company,2010年10月。

② 数据来源于国际唱片业协会(IFPI)2012年数字音乐报告。

③ 数据来源于国际唱片业协会(IFPI)2013年数字音乐报告。

呈下降趋势。现推出了一系列新服务和新应用,包括 AAPT 的捆绑式订立服务,Guvera 和 Bandit. fm 等。

数字零售商仍在继续着它们快速的全球扩张。在 2011 年初,主要的国际服务只出现在 23 个国家。两年后,这些服务已覆盖 100 多个国家。2012 年,许多国家出现了第一个数字音乐服务,如肯尼亚、斯里兰卡。数字音乐正在慢慢将市场渗透到以前基础设施欠佳的国家和地区,并将这些新市场的消费者作为主要潜在用户群。目前全球大约有 500 家获得授权的数字服务商,为消费者提供着 3 000 万首曲目①。

8.3 中国数字音乐"走出去"战略

作为文化产业重要组成部分的音乐产业,如何在数字音乐时代采取适当的应对措施,是音乐文化学者应当思考的重要问题。在中国数字音乐市场尤其是无线音乐发展迅速的背景下,发展融合型的数字音乐市场无疑是音乐产业当前的战略选择。为此,及时、系统地分析数字音乐市场,找出制约其良性发展的深层原因,从产业价值链的角度进行理论研究与总结,将有利于我国文化产业的进一步发展。

8.3.1 中国数字音乐市场概况

在全球数字音乐市场格局中,美国、日本、英国占据了前三位,市场份额分别是 39%、19% 和 16%②,中国的数字音乐市场在世界上所占份额极少,这与我国庞大的人口基数不成正比。在我国,由于盗版泛滥,数字音乐市场中的在线音乐发展不甚乐观。其实数字音乐的出现改变了原有唱片生产的流通方式,其造成的最大颠覆就是每个环节可能都存在无法营利的状况,从创作到最后听众消费,环节也在不断减少,中国未来的数字音乐市场商机无限,而对数字音乐市场的探析将有助于人们更好地了解音乐产业、开拓新的数字时代音乐文化。

我国的数字音乐已经有将近十年的发展历史,2004 年左右进入产业化阶段,基本上发展速度与国际保持同步,也同样经历了世界数字音乐发展史上的几个重要阶段。首先是百度、搜狐这类搜索引擎的出现使网络盗版音乐如病毒一样发展,人们可以随意在搜索引擎上任意下载歌曲,中国数字音乐开始其探索之路。之后,随着美国帝盟公司在 RIAA(美国唱片工业协会)诉讼其 Rio MP3 播放器案件的胜诉,作为数字音乐的载体 MP3 数字音乐播放器大范围兴起,MP3 播放器生产厂商一时生意兴隆,数字音乐播放器的出现在当时进一步推动了中国数字音乐的普及。随后,飞行网的 P2P 音乐软件酷乐(KURO)的出现,使一种新模式的 P2P 形式在中国的数字音乐市场兴起。业内人士都相继效仿飞行网的运营模式,一时出现众多与酷乐(KURO)类似的 P2P 音乐软件,如 Muper、酷狗等。与传统唱片业一样,数字音乐的版权保护一直欠缺治理,非法音乐下载大量存在,导致至今中国数字在线音乐都没有形成成熟的收费模式。

中华人民共和国文化部官方网站《2011 中国网络音乐市场年度报告(摘要)》显示,

① 数据来源于国际唱片业协会(IFPI)2013 年数字音乐报告。

② 数据来源于国际唱片业协会(IFPI)2009 年数字音乐报告。

2011 年我国数字音乐总体市场规模已达 27.8 亿元(以网络音乐服务提供商、内容提供商总收入计),较 2010 年增长 20.8%。获得文化行政部门审批、具有网络音乐业务经营资质的企业达到 452 家,比 2010 年增加了 28.7%。2011 年,在线音乐收入规模达到 3.8 亿元,比 2010 年增长了 35%。在线音乐用户规模为 3.8 亿,较 2010 年增长了 6.5%。中国无线音乐市场规模达到 24 亿元(以内容服务提供商总收入计),比 2010 年增长 18.8%。电信运营商无线音乐相关收入达到 282 亿元(包含功能费)。至 2011 年年底中国无线音乐用户数接近 7 亿,在移动用户中渗透率为 45.7%[①]。图 8-3 所示为 2007—2011 年中国在线音乐市场规模发展状况。

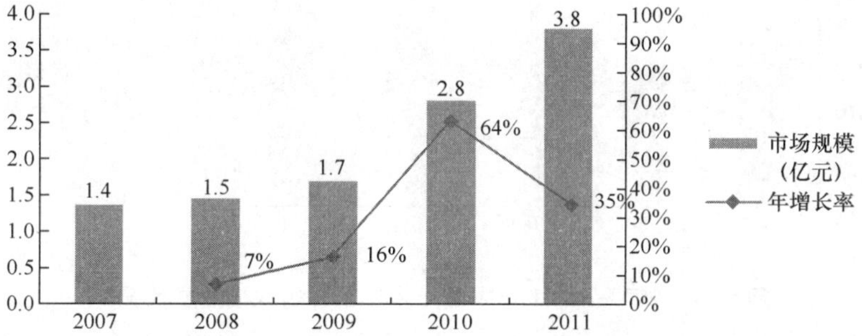

图 8-3 2007—2011 年中国在线音乐市场规模发展状况[②]

目前,中国的数字在线音乐仍处于艰难地探求发展模式的过程中。美国的 iPod + iTunes 模式的成功是建立在苹果公司对数字音乐版权的有力控制及整个市场的正版消费习惯基础上的。而中国的在线音乐首先缺乏成熟的数字版权保护技术和控制措施;其次,国内人似乎已经习惯于免费获取音乐,其付费消费意识有待提高;再次,中国政府的执行力度和管制措施还不够。因此,如果无法解决这三个问题,中国在线音乐很难获得健康发展的机会。中国唱片公司数字收入的百分比达到 71%,也就是音乐销售大部分来自于数字音乐,市场潜力巨大,然而多年来却一直受到高达 99% 的数字音乐盗版的困扰,中国互联网用户是美国的两倍,但人均数字音乐收入却只有美国的 1%。中国总的音乐销售额不如爱尔兰一个小国[③]。2011 年 7 月,百度和三大唱片公司(环球、索尼 BMG 及华纳)签署 One Stop China 协议,百度承诺会关闭深层链接的数字音乐侵权搜索服务,音乐用户可以通过受广告收入支持的合法服务"听"免费下载音乐。One Stop China 协议的破冰之举是中国最大音乐公司专业经验及创作能力与中国最大互联网公司影响力的深度结合,是中国音乐产业发展史上的里程碑事件,标志着中国合法在线音乐的进步与进展。

与在线音乐的困局相比,无线音乐业务自 2003 年在中国开展以来,展现了其巨大的市场潜力,市场规模在很短的时间内快速扩大,电信运营商及各大门户网站都参与其中。

---

① http://www.ccnt.gov.cn/xxfbnew2011/xwzx/gzdt/201203/t20120330_235405.html.

② 资料来源:中华人民共和国文化部官方网站,http://www.ccnt.gov.cn/xxfbnew2011/xwzx/gzdt/201203/t20120330_235405.html.

③ 数据来源于国际唱片业协会(IFPI)2012 年数字音乐报告。

中国无线音乐,尤其是开启彩铃服务之后,成为世界上繁荣程度绝无仅有的移动增值服务提供商市场,中国也成为世界上应用无线音乐最为广泛的国家。基于手机和移动通信网络的无线音乐顺应潮流,代表着一种全新的音乐消费形态,智能音乐手机不仅是人们24小时不离身的音乐终端播放器,而且成为音乐爱好者自主创造和传播音乐的全新方式,带给人一种独特的、便捷的音乐体验和享受。传统唱片公司也从无线音乐版权分成中改善了生存状况。图8－4所示为2007—2011年中国的无线音乐市场规模发展状况。

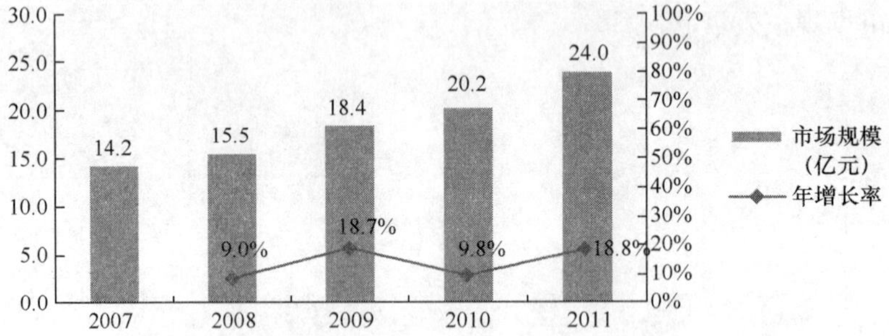

图8－4　2007—2011年中国无线音乐市场规模发展状况①

中国众多的手机用户无数次小额支付彩铃让音乐的消费者从之前购买唱片的核心消费人群扩展到了数以亿计的购买数字音乐彩铃或铃声的移动人群,大大拓宽了音乐产品的销售面。多年来,电信运营商依靠其垄断地位已经成功地培养了音乐用户的付费习惯,这与盗版横行的在线市场形成了鲜明对比。无线音乐的网络具有封闭的特征,音乐下载由电信运营商统一控制收费,并且用户支付费用方式简单,没有经过授权的音乐产品不能在其平台上销售,因而无线音乐的发展较少受盗版的困扰,其数字音乐正版率大概达到了80%以上。无线音乐的成功运作使网络运营商、唱片公司、数字音乐服务商、终端设备制造商等看到了数字音乐领域潜藏着的巨大商机,因此在我国虽然网络盗版音乐最先出现,但从产业的角度来讲是无线音乐的迅猛发展促进了在线音乐的成长,是无线音乐真正推开了中国数字音乐市场的大门。

未来几年,无线音乐业务仍将是电信运营商的业务重点,具有很大的市场潜力。电信运营商发展的重点将放在移动增值业务领域,而无线音乐应用作为最为普及的网络应用之一,将成为电信运营商的首要业务之一。在全业务竞争的情况下,电信运营商将发挥固网和移动网络的协同效应,为用户提供多种路径,获取无线音乐产品和服务,这一过程离不开CP、SP及终端厂商的参与。随着3G的普及、及电信运营商政策的调整,在努力加强无线音乐市场规范管理的背景下,无线音乐服务商开始转型,丰富业务类型,拓展营收来源。具体表现在两个方面:一是扩充以音乐为重点的业务服务内容,开拓其他增值业务;二是探索新的业务渠道,在电信运营商通道之外,尝试无线门户、移动终端软件等方式服务用户②。

---

① 资料来源:中华人民共和国文化部官方网站 http://www.ccnt.gov.cn/xxfbnew2011/xwzx/gzdt/201203/t20120330_235405.html.

② 艾瑞调查公司通过上市公司财报、行业访谈及艾瑞统计模型预测。

我国的数字音乐市场潜在用户群庞大,虽然中国数字音乐产业的市场条件仍不完善,数字音乐盗版泛滥,在线音乐销售额与美国等发达国家差距较大,但由于中国人口基数大,宽带的高速普及、与世界同步的移动通信基础设施的建设使得中国的数字音乐市场发展前景令人期待。

8.3.2 中国在线音乐市场发展建议

目前,在线音乐市场的价值创造模式是根据音乐内容提供商和音乐服务提供商之间的版权转让和收益分配方式,主要分为几种营利模式,包括:"保底+分成"歌曲下载收费模式、"不保底+分成"广告分成模式、在线音乐增值服务、游戏音乐及软件音乐服务模式等。

在歌曲下载收费模式下,音乐内容提供商,主要指拥有歌曲版权的音乐公司,通过签订契约将在线音乐产品授权给音乐服务提供商。音乐服务提供商除了向内容提供商支付固定的版权费用作为保底支付外,还要将在线音乐产品销售所得收入按一定比例支付给音乐内容提供商,通常这个分成比例是约定俗成的。这种歌曲下载收费模式因音乐内容提供商无法掌控服务提供商的具体歌曲销售数据,所以在我国在线音乐的产业价值链中并不多见。

广告分成模式是从音乐内容提供商处获得歌曲授权的音乐服务提供商向在线音乐用户提供该在线音乐歌曲的免费下载等服务,音乐服务提供商们利用注册会员数、用户流量、点击量等数据吸引广告商来投放广告,获得相应的广告收入后,再与音乐内容提供商按照一定的比例进行分成。这种模式不再是版权直接销售产生的收入,而是用户流量而带来的收入。在我国,现在的搜索引擎网站(如百度、谷歌)、门户网站(如新浪、搜狐)、专业音乐网站(如九天、一听)几乎全部向在线音乐用户提供免费下载服务,其收入来源于广告商投放的广告分成。

在线音乐增值服务营利模式是近年来新推出的,并在在线音乐市场中占有一定份额,主要代表是腾讯QQ的绿钻会员服务。腾讯基于QQ的庞大用户规模,于2007年开通了绿钻会员服务,其目标是针对个人音乐用户,通过提供高品质的正版音乐向绿钻会员收取费用。在保留原有Qzone音乐免费任用、QQ免费点歌等权限的同时,绿钻会员还新增了QQ音乐播放器音乐下载权限,下载音乐快速(是普通页面下载的5~10倍)而流畅,并支持多首歌同时下载、断点续传。增值服务还包括高清音乐视频观看和上传、播放器广告过滤、分享音乐给QQ好友等。据艾瑞调查公司统计,2009年这种在线音乐增值服务中用户付费收入占整个在线音乐市场规模的5.1%①。

游戏音乐及软件音乐服务模式现正成为在线音乐收入的增长点。由于很多在线用户是游戏的忠实玩家,随着游戏软件的层层升级,用户对游戏音乐的要求也越来越高,希望游戏拥有完美结合的音乐以满足其休闲娱乐的需求。因此游戏商们及第三方软件供应商从音乐公司、音乐版权人处获得音乐授权或者雇用团队专门制作游戏音乐后,与音乐服务提供商签约将其游戏加入网页中或音乐播放器中,或者在音乐播放器安装使用过程中捆绑第三方软件,支付音乐服务提供商一定费用。

---

① 资料来源于艾瑞市场调查公司,中国数字音乐行业发展报告2009—2010年。

除此之外还有许多其他营利模式。在国外 iTunes + iPod 模式获得极大成功，部分终端设备厂商也在仿效其营利模式以求在中国获得成功。比如，诺基亚在线音乐商店 Ovi Store，它搜集用户对于一些音乐服务的喜好，以此来改善 Ovi Store，并根据用户所在地贴心地提供一些建议，并与社交网站结合，为用户提供更受欢迎的甚至是量身订制的消费建议，通过一站式的音乐服务收取相关费用。

总之，在线音乐市场的链条环节组合，不同的策略会产生不同的营利模式，或者不同的策略产生不同营利模式的组合。无论采取哪种模式与模式的组合，都要从音乐消费者的角度出发。虽然数字在线音乐传播是音乐经济行为，音乐作为一种商品而存在，但是，音乐是一种特殊的商品，不但包含了一般价值，更重要的是承载了巨大的文化价值。只有音乐本身具有价值，采取相应的策略才能获得真正的艺术与商业的双营利，也才能建立一个健康的在线音乐市场。

虽然在线音乐市场问题很多，诸如盗版行为挤压了正版音乐网站的营利空间、消费者版权意识薄弱以及法律滞后等，但是在线音乐产业仍然蕴藏着巨大的市场潜力和商机。在国外数字音乐收入大部分来源于在线音乐下载，据国际唱片业协会（IFPI）的报告，2011 年全球数字音乐收入增长了 8%，数字音乐收入占唱片公司全球收入的比例已经为 32%，全球数字音乐的贸易值已达 52 亿美元①。与全球在线音乐市场相比，中国的在线音乐仍处于初级阶段，但发展前景同样广阔。鉴于目前中国在线音乐的特殊情况，短期内直接依靠音乐下载营利很难，但在线音乐的捆绑销售和一站式服务无疑将是今后的发展方向。在经济全球化和数字音乐无国界化的今天，如何发展我国的在线音乐产业，如何理顺在线音乐市场各主体之间的关系，如何平衡产业价值链上下游之间的利益，如何有效推进版权制度改革以激励音乐创作者推出有文化底蕴的音乐，等等，是音乐产业学界和业界人士应该认真探讨的话题。

在线音乐市场体现的是在音乐生产专业化分工的模式下，通过一定的价值传递机制，由处于价值链上不同阶段、相对固化的彼此具有某种专用资产的企业及相关利益体组合在一起，共同为音乐消费者创造价值。音乐产品或服务的价值是由每个价值链条上的成员共同创造的，每一个成员创造的价值都是最终价值不可分割的一部分。

8.3.2.1 重视在线音乐市场核心——音乐产品

虽然在线音乐传播是音乐经济行为，音乐作为一种商品而存在，但是，音乐是一种特殊的商品，不但包含了一般价值，更重要的是承载了巨大的文化价值。先秦乐记名句："凡音之起，由人心生也，人心之动，物使之然也。感于物而动，故形于声……""言之不足，故嗟叹之；嗟叹之不足，故咏歌之；咏歌之不足，不知手之舞之，足之蹈之也。"这些古代言论充分说明人们听音乐首先是对音乐本体艺术的追求，并非为物质利益。所以，只有音乐本身具有价值，采取相应的策略才能获得真正的艺术与商业的双营利，也才能建立一个健康的在线音乐市场。

在线音乐市场的音乐产品包括两个部分。

第一个是数字音乐核心产品，它是在线音乐市场上最重要、最基本的内容，是为满足

---

① 资料来源于国际唱片业协会（IFPI）2012 年数字音乐报告。

产业价值链下游音乐消费者需求所提供的利益和效用。音乐消费者欣赏音乐,并在线下载音乐,不是为了获得音乐本身各种声音的构成,而是为了满足特定的心理需求和精神需求①。尤其作为数字在线音乐产品,音乐消费者购买的不是有形的音乐实体,不是单纯听声音的发声方式和组合方式,而是由此得到的艺术享受,性情的陶冶和对美好事物的向往。对于人类生活经验的全部领域内的一切观念和事物,音乐几乎没有一样不能表现,当中世纪基督教精神或浪漫主义精神上升时,音乐在各种艺术中普遍地被视为艺术中的艺术②。这种核心产品作为商品形式进入在线音乐市场的流通领域,进行交换和交易。

第二个部分是数字音乐服务。音乐服务是在线音乐市场下游的音乐消费者购买音乐产品所获得的一种综合性服务和各种利益的总和,它可以带给音乐消费者更大的满足。比如:音乐消费者不仅想在线下载数字音乐,还想知道他所下载的音乐的背景资料,是否还有其他类似风格的歌曲供他选择。再比如:他在线下载完所想要的音乐后,还想获得音乐演唱者举办演唱会的相关信息,并想知道有谁跟他喜欢同一类型的音乐,他还想把此首歌曲作为电脑桌面背景音乐,等等。这种音乐服务作为音乐核心产品的延伸品,对在线音乐市场的发展创新都有至关重要的作用。音乐服务可提供一种全方位满足音乐消费者需要的保证,是保证在线音乐市场顺畅的客观要求,也是在线音乐市场各方不可忽视的重要因素。

数字音乐核心产品与数字音乐服务的整体构成了在线音乐市场的核心,健康发展在线音乐市场就应该充分重视音乐核心产品与音乐服务,并努力将其发展成为一种音乐品牌。这种基于专业判断而制定的音乐品牌系统策略,包括音乐品牌形式、音乐品牌架构、音乐品牌管理体系等,是围绕数字在线音乐市场的经营战略目标而制定的品牌发展方向。它针对在线音乐产品和在线音乐服务,与市场进行有效组合,实行经营环境、战略方向、管理组织相协调的策略,使在线音乐创作者和生产者从不同的方面创造出富有特色的音乐产品,以满足不同音乐消费者的不同需求。国外在这方面做得比较好的范例应属苹果公司。最近几年来,iPod + iTunes 迅速占有了全世界在线音乐市场的巨大份额,它巧妙地通过 iTunes 和 iPod 的完美结合,使得用户购买音乐更加容易。越来越多的用户开始习惯通过合法渠道下载音乐,因而唱片公司、版权公司、音乐制作人等的权益可以得到有效的保障,使得他们都愿意和苹果开展积极、深入的合作,共同推动合法在线音乐下载市场。

我国目前在线音乐市场最重要的核心——音乐产品既没有充分体现出其文化精髓与核心价值,更没有音乐品牌化策略,甚至有的音乐产品非常低级恶俗,如此,自然会影响到其在产业价值链的流通及传递。音乐消费者从音乐产品那里得不到精神的愉悦和满足,也就不愿意再花钱购买低级的音乐产品。一旦音乐消费者不再消费,音乐服务便不复存在,音乐产品和服务生产、销售过程就会停止,那么在线音乐市场也就不存在了。音乐产品是在线音乐市场价值传递活动的基本内容,同时也是连接在线音乐市场各主体

① 周洪雷.音乐市场营销及案例分析[M].上海:上海音乐学院出版社,2004,(3):193-197.

② 天津音乐学院,中国艺术研究院音乐研究所.缪天瑞音乐文存(第一卷)[M].北京:人民音乐出版社,2007;217-218.

的核心所在。高品质的音乐产品和音乐服务永远是在线音乐市场的核心。我们所倡导的音乐产品应该是市场经济与音乐艺术的结晶体,具有实实在在的欣赏价值,真正支撑在线音乐市场的是音乐创作者的真诚与激情,以及锐意突破的原创精神。唯有如此,才能保证在线音乐市场的价值流通顺畅。

8.3.2.2 透视在线音乐市场整合——音乐资源

在线音乐市场处于上游的音乐内容提供商(尤其是唱片公司)与音乐服务提供商因为版权问题产生一系列纠纷并且官司不断,但是在整个音乐产业尤其是传统音乐产业持续多年下滑的背景下,在线音乐产业价值上各主体及各环节之间由对抗走向协作是大势所趋,更是顺应音乐产业发展脉络的正确选择。在线音乐市场的存在本身就体现出音乐产业与其他通信、互联网等产业之间的合作关系,每一个环节都有其对应主体,上游的音乐版权拥有者、音乐公司,中游的音乐服务提供商、电信运营商或终端厂商,下游的在线音乐用户,每一个主体都在产业价值链的健康发展中扮演着重要角色;而盗版产业链就相对简单,非法在线音乐产品的生产者和传播者的角色在网络环境下发生了重合,降低了制作和交易成本,简化了非法在线音乐产品的传播环节,不用考虑与音乐公司和版权所有人利益分成问题。因此,产业价值链整合将是中国在线音乐产业的未来方向,调整各产业的企业和部门的资源,调动各方的积极性对在线音乐市场的发展至关重要。

在线音乐市场的整合既包括横向整合,也包括纵向整合。而多元化营销策略和多样化的商业模式就是在线音乐市场进行资源整合的典型特征。可借鉴国际上一些国家所作的成功尝试。各发达国家试图通过探索将各种音乐资源融入人们生活的方式来塑造在线音乐产业的未来。越来越多的音乐服务提供商与音乐公司结成商业伙伴,鉴于传统宽带市场在许多国家和地区已经接近饱和,在线音乐用户对音乐视频等内容需求的增长加大了服务提供商们的网络运营成本。因此,在线音乐市场上的音乐内容提供商与音乐服务提供商进行合作来增加音乐服务的附加值。音乐和其他的娱乐内容帮助服务提供商减少客户流失,并创造新的收入。如 TDC 推出 PLAY 音乐服务,该服务允许 TDC 在丹麦的宽带、移动和有线电视用户无须支付额外费用,即可获得无限收听多达 610 万首歌曲的音乐服务,这种服务帮助 TOC 减少了 50% 的客户流失。在巴西,电信公司 Telefonica 旗下的特拉网络(Terra Networks)推出索诺拉(Sonora)订阅服务,与音乐服务提供商的服务捆绑收费,提供无限的音乐在线试听和音乐增值内容服务,其在 2009 年推出在线用户可免费享受每月 20 小时的音乐试听后,不到一年时间里便吸引了超过 300 万用户①。

在我国,如果音乐内容提供商与音乐服务提供商(包括搜索引擎、专业音乐网站、门户网站、P2P 软件经营网站等)能够提高协作精神,加强合作范围,就会改变现有在线音乐市场利润收入几乎完全来自广告收入的状况,并可以实现音乐内容提供商与音乐服务提供商的双赢。音乐公司不但可以获得消费者付费下载带来的收入,还可以通过互联网平台来加强其音乐的影响力,带动其衍生产品的销售,如演唱会的门票收入,并逐步加强对数字在线音乐的内容生产环节的控制权。而数字音乐服务提供商可以借正版质优的

① 资料来源于国际唱片业协会(IFPI)2010 年数字音乐报告。

数字音乐进一步打造网络广告平台,还可以增加音乐视频、音乐游戏等用户流量。2011年7月,百度和三大唱片公司(环球、索尼BMG及华纳)签署One Stop China协议,成立一站式(One Stop)数字音乐服务平台,这是在线音乐市场整合的成功案例。资源整合是产业价值链各主体增强控制力,掌握话语权,争取更多利润的基础。消费者希望有一个智能快速的搜索引擎,有一个丰富的音乐娱乐平台,让他们能够最简单、最快速地找到想听的音乐,并有关键字的提醒以便他们能够探索到更多的音乐,在分享音乐的同时还可与他人进行沟通与交流,从而形成一个音乐社区。这种一站式的服务,包括提供更好质量和服务的音乐搜索,以及合法广告支持的免费音乐服务。一站式服务会不断提高互联网正版音乐下载的市场份额,并不断促进各种正版付费音乐产品和服务的增长,如音乐推荐包月服务、点歌送歌业务、铃声及演唱会包月观看,以及在中国各电信平台不断丰富的音乐增值服务,还有个性化服务等。三大音乐公司的联手体现了横向联合的力量,与搜索引擎的代表——百度的纵向联合,也给内容提供商、服务提供商带来了切实的利益。

另外,与终端设备的绑定也是在线音乐市场的整合方向之一。手机制造商提供与手机绑定的无限音乐服务风靡全球,并创造了巨大商机。像典型的iPhone生产商与iTunes的结合,其开创的照单下载模式是在线音乐领域最大的收入来源,在23个国家拥有超过1亿个账号。苹果公司在2009年年底宣布收购LaLa,以此计划进军在线音乐试听服务市场。诺基亚的"因乐而生"(Comes with Music,CWM)服务于2009年在11个国家推出,在拉丁美洲尤为成功,该服务推出后的前6个月,墨西哥的在线音乐下载量就达到1 000万①。还有其他类型的终端设备合作,包括戴尔电脑在美国与Rhapsody捆绑的订阅服务,以及在英国与Napster的捆绑订阅服务等。不同设备之间服务的整合有助于打破限制消费者使用多种服务的互用性障碍,消除在线音乐的增长瓶颈。由于音乐在不同的媒体和平台之间的转移和使用越来越便捷,在线音乐消费者可以获得更加完善的服务体系。

整合在线音乐市场的音乐资源,还包括切断广告主对侵权网站的资助,联合支付供应商以及托管服务提供商(其向网站提供服务器空间和网络连接)共同维护正版音乐,也就是使产业价值链上各个环节以及各不同主体相互衔接、相互融合,按照整体价值创造最优的原则进行动态互动。每个利益方在实现自身价值的同时,也同时关注产业价值链上其他环节与自身的联系,只有整合各方资源,才能打破价值链各环节之间的壁垒,并有利于在线音乐市场主体对价值创造的推动作用。

8.3.2.3 正视在线音乐市场激发环节——音乐价值

在线音乐市场中,音乐传播者和音乐使用者的地位明显提升,虽然内容提供商的主体(音乐公司)的收益在下降,但在线音乐市场的总体价值是呈增长态势的。比如:作为产业价值链条的在线音乐传播者的百度、搜狐、新浪等公司所获得的巨额广告收入;终端设备制造商苹果公司凭借其捆绑式的商业模式获得巨额利润,创造了在线音乐产业界的神话;在线音乐消费者可以享受到无处不在的海量音乐带来的乐趣。我国在线音乐市场是渠道为王,并非内容为王,众所周知的百度,其MP3搜索占百度流量的30%以上,其大

---

① 资料来源于国际唱片业协会(IFPI)2010年数字音乐报告。

而全的音乐曲库成为国内在线音乐用户的首选。因此,搜索引擎(如百度)、门户网站(如新浪)、专业音乐网站(如虾米)等音乐服务提供商仍然是发展在线音乐市场的重要环节,毕竟音乐服务提供商直接面对的就是在线音乐消费者。

如前所述,版权问题是影响在线音乐市场健康发展的最大障碍,解决在线盗版首先是政府制定或完善相关的著作权法和信息网络传播条例,但具体执行还得由音乐服务提供商配合其他环节来完成的。如何阻止在线侵权频发,如何激发在线音乐服务提供商配合政府打击盗版的决心和执行力,是在线音乐市场体现音乐价值、顺畅传递音乐价值的关键所在。解决盗版问题是充分发挥音乐价值的前提,在此笔者建议我国实行分阶段响应措施。分阶段响应是政府帮助音乐服务提供商建立的一种持续有效的反应机制,该机制是一种与侵权行为相对应、能有效制止侵权的方法。

分阶段响应措施是国际上解决在线音乐盗版问题、体现音乐价值的一个新兴措施,针对侵权者的持续侵权行为采取渐进升级的警告,如果侵权者拒不停止侵权,将暂时冻结其账户。它需要音乐服务提供商与音乐内容提供商联合起来共同参与。与进行大规模法律诉讼相比,分阶段响应措施显得更加有效而恰当。

在此系统下,如果版权人发现有人侵权,那么音乐服务提供商(SP)就会向这个侵权者发送警告通知,要求侵权者立即停止侵权并建议他们使用合法服务。对于多次接到警告通知仍然拒绝停止侵权的用户,其上网账号将会被暂停。该系统保护个人的匿名权,而且基本上实施的也是用户协议中的标准条款,该系统更加强调对法律的遵从,尤其是对版权的尊重。分阶段响应在2009年首次在法国作为法令确定下来,法国政府意识到这是保护法国艺人和本土文化的一种最为有效的方式。在法国进行的IPSOS调查表明,90%的消费者都会在接到音乐服务提供商的第二次警告后,停止非法文件共享。娱乐媒介调查公司(Entertainment Media Research)在2009年所作的一项调查表明,如果实施了分阶段响应措施,那么非法下载音乐的45%的消费者最终都会停止下载,更有35%的用户称他们将有可能停止。法国的立法在2009年10月正式生效,并成立了一个新的管理机构(HADOPI),由其要求音乐服务提供商向在线侵权者发送警告,在二次警告后,HADOPI会将重复侵权者的文件移交给刑事法庭,该刑事法庭的法官具有勒令侵权者的上网服务暂停多达一年的权力,并可予以一系列刑事处罚。

韩国以及中国台湾则通过立法将这个概念转变成了现实,确立了可致反复侵权者账户关闭的分阶段响应系统。英国在2009年11月也宣布了针对在线侵权的相关立法。其中确立的也是可导致反复侵权者账户暂停的分阶段响应系统,在线音乐服务提供商负责通知用户其账号已经被报告为用作侵权目的,并会被匿名记录下来。爱尔兰最大的音乐服务提供商是先与唱片行业达成协议后,再引入分阶段响应系统。在美国,一些版权所有人单独与音乐服务提供商达成引入分阶段响应系统的协定。德国、澳大利亚、巴西、中国香港和日本都鼓励音乐服务提供商与内容提供商之间进行谈判,并举办相关会议商讨具体事宜。

上述国家和地区由音乐服务提供商进行实施分阶段响应措施之后,对在线侵权起到了一定的遏制作用,音乐价值也因此而被正常传递到音乐消费者手中。我们知道,当音乐价值被创造出来后,必定要经由一定的环节或渠道逐级传达到音乐消费者,从而完成真正的价值实现过程。而音乐价值在传递的过程中,必然有一种推动作用,笔者认为在在线音乐市场中，充当这个推手作用的就是处于在线音乐市场的中游环节——音乐服务提供商，作为价值传递的激发环节，音乐服务提供商既要与内容提供商平衡好利益分成，又要自身开发多元化的商业模式（捆绑订阅服务或一站式服务等），以刺激在线音乐消费者的购买欲望，完成在线音乐市场复杂的价值传递过程。在现今数字音乐传播者、使用者地位不断提升的前提下，我们更有理由正视音乐服务提供商在在线音乐市场上的激发环节作用，充分调动其积极性，以促进其与内容提供商的合作、与音乐消费者的互动，促进整个在线音乐市场的协调与完善。

8.3.3 中国无线音乐市场发展策略

无线音乐市场的价值创新需要产业链各方共同努力，每个环节都必须致力于同其他环节紧密配合，最大限度地贡献价值和发挥特定作用，通过提升整个产业链的整体价值，来实现自己的最大回报。建立有利于产业链获利共赢的运营模式，对于构筑合作紧密、目标一致的完整产业链并满足消费者的个性化、深层次需求至关重要。

博弈论，亦名“对策论”“赛局理论”，是一种以数字为基础，研究对抗冲突中最优解决方案的方法。在博弈模型中有零和博弈与非零和博弈，这种分类方法是根据所有博弈局中人的支付总和是否为零来划分的；另一种分类方法为合作博弈与非合作博弈，这是根据博弈所有局中人是否合作进行划分的。对于第二种分类方法，合作博弈与非合作博弈的主要区别是在进行博弈时局中人能否达成协议，并且该协议是否具有一定的约束力。若能达成协议，此博弈就是合作博弈；若不能达成协议，此博弈就是非合作博弈。产业价值链的链条成员在合作中如果结成同盟，其目的是为了分享市场份额，从而提高自身在产业价值链中的竞争能力，用博弈论的视角去分析的话，这是一种非零和合作博弈①。

产业价值链的形成是企业为了实现链条成员利益最大化而采取的有效方式。从博弈论的角度来解释产业价值的形成，其根本原因是链条成员间的多方合作博弈，而博弈中合作策略的提出是建立在利益分配基础上的。如果产业价值链的形成是为了解决问题的话，那么这个问题就需要多方成员一起来解决，为使利益最大化以及多方共赢，产业价值链上各方成员会相互合作，即达到帕累托最优。

8.3.3.1 无线音乐市场各主体间的合作博弈均衡解

产业价值链的战略均衡状态并不一定是唯一的，因为价值活动的资源交易过程是路径依赖的，不同的资源交易过程产生不同的战略均衡②。资源主体通过不同的组合方式，产生不同的价值。最优的价值创造方式，可能不是通过一次性的最优规划而得到。我们可以把无线音乐市场上各主体之间的合作看做是合作博弈中的联盟，虽然在现实生活中经常看到的是非合作博弈，但是如果无线音乐市场中的各环节都能作出可信的承诺，那么我们就可以把链上各主体之间的合作看做是合作博弈中的联盟。

---

① 黄玲，王义华. 有关跨国战略联盟的理论及模型分析[J]. 企业活力，2004(11)：56－57.

② Makadok R. Toward A Synthesis of the Resource－based and Dynamic－capability Views of Rent Creation[J]. Strategic of Management Journal，2001，27：625－641.

该问题的解集包括两种可能的联盟结构（见表8－7），一个是大联盟（CP/SP、OP、终端厂商），另一个是第二行的（CP、OP）（终端厂商），总收益均为10，多于其他选择。在大联盟中，终端厂商可以选择退出联盟，演变成第二行的形式，获得的收益为4。类似，CP/SP和OP也可以分别选择退出。那么，为了保证三个主体联合在一起，必须使每个主体的收益都至少为4，但实际情况是总收益最多只有10，因而大联盟是不稳定的。

表8－1　中国无线音乐各主体间的博弈联盟①

联盟	收益	
1	（CP/SP、OP、终端厂商）	（10）
2	（CP、OP）（终端厂商）	（6）（4）
3	（CP/SP、终端厂商）（OP）	（4）（4）
4	（OP、终端厂商）（CP/SP）	（4）（4）
5	（CP/SP）（OP）（终端厂商）	（3）（3）（3）

在第二行中，由CP/SP、OP、终端厂商三个构成的群体被分成了两个稳定的联盟，我们称其为该博弈的“核”，合作博弈的核包括所有能使联盟保持稳定的结盟方式，在这种结盟状态下，任何参与者都不会因脱离现有联盟组成新的联盟（包括单个联盟）而获益。

实际情况是，现在运营商（OP）也在尽力跨过服务提供商（SP）直接和内容提供商（CP）合作，并积极取得手机及MP3播放器等终端厂商的支持。这个调整的过程最终会带来整个无线音乐市场上各环节利润的均势化。因此，无线音乐市场主体之间的合作博弈是一种参与者通过制定可信或具有约束力的承诺，产业链中的各个组成部分能够享受到无线音乐市场给它们带来的利润，才能达到相互之间战略选择的协调博弈效果，以此促进各环节的有效运作。因此，建立合理易操作的收益分配规则是协调产业链内部利益、促进无线音乐市场各环节共同推进产业发展的必要举措。

8.3.3.2　优化产业价值链，突出增值环节

在无线音乐市场中，可以将整条价值链的总客户价值弹性定义为1，各个环节的价值弹性为$\beta_i>0$，并且有$\beta=1$。价值弹性数值越高，意味着客户越重视这个环节的质量，因此这个环节在利润结果的分配所得就越大②。而当某个环节的价值弹性显著高于其他部位时，利润驱动使得大部分产业链中的成员从事该环节的生产，同时，整条产业价值链上其他价值弹性小的环节由于成员数量减少，从而增加了无线音乐市场成员的平均利润。

目前我国无线音乐市场中，虽然价值传递模式有几种，但是由于电信运营商处于产业链的核心地位，掌握网络通路的便利条件，并与用户存在比较成熟的账单支付关系，所以运营商目前仍然是整个无线音乐市场的核心以及最主要的驱动力量。现在电信运营

① 每一行代表一个可能的战略联盟结构，每一种联盟的收益有所不同，如第一行代表无线音乐市场上的主体——CP/SP、OP、终端厂商共同组成一个联盟，即大联盟，这种是理想方式，因此获得的收益是10。第二、三、四行为其中两个主体组成一个联盟，另一个单独行事，第二行因OP跨过SP直接和CP合作，因而在此行中省略SP。最后一行，三个主体各自形成单人联盟，也就是根本没有结成联盟。

② Susan Walsh Sanderson &Mustala Uzumeri, Managing Product families, U. S. Irwin, 1997.

商已经在运筹跨过服务提供商(SP)直接与内容提供商(CP)合作,如果运营商能够建立无线音乐的业务合作平台以及利益分享机制,确定恰当的分成比例,从无线音乐内容的制作、传播以及音乐应用的移动终端的定制合作,使运营商、内容提供商及服务提供商和无线音乐用户形成了一个利益共同体(内容提供商和服务提供商的利益分成既要保证内容生产者的版权利益不受侵害,还要提高服务提供商的分成比例),将决定我国无线音乐市场的发展方向。

随着中国无线音乐市场的横向整合,链条上不同环节的价值增值出现了差异,对于终端设备制造厂商来讲,其对产业价值链环节的识别和对价值增值的识别决定了终端设备厂商在无线音乐市场中是否占据了"区位"优势。终端手机对于无线音乐市场的影响愈来愈重要,它直接接触用户,是连接用户与产业价值链其他环节的桥梁,并决定了用户对无线音乐服务的感知。很多音乐消费者就是由于对某品牌手机的喜爱而使用无线音乐业务,操作感强、触摸灵活、时尚创新的终端手机直接影响着消费者对运营商及对音乐业务的消费倾向和消费选择。因此,终端设备厂商在无线音乐市场上面临着"区位"调整以及发展相应战略的问题。在欧美及日韩国家,运营商定制手机以满足其各种音乐服务的需求非常普遍,国外定制手机占手机销售量的70%左右,在我国,运营商定制手机只占手机销售量的5%左右①。定制手机为无线音乐用户使用具体音乐业务提供了极大的方便,还可以吸引用户选择运营商,比如现在很多用户就是因为想用 iPhone 手机的一些业务而选择中国联通。除此之外,还可以根据使用终端手机产品的类型来划分用户,寻找目标销售群。

3G 应用功能使音乐消费者的需求日益多样化,终端手机产品的竞争也由基础产品、核心产品向增值产品的层次发展。3G 时代手机产品的创新已经不仅仅限于硬件和外观设计,更主要是操作系统、应用软件和应用平台的开发和整合,"硬件 + 软件"的双重功能要求无线音乐市场进一步细分目标市场。终端设备厂商借助产业价值链的价值转移,寻找自身的差异化,与各种操作系统提供商、软件厂商和应用提供商的联盟关系成为关键战略点和价值增值点。

激发无线音乐市场上各环节主体的积极性,建立透明公平的激励机制,促进音乐内容与终端应用的创新,才能鼓励和刺激更多的成员加入到无线音乐市场中来,做到产业链上每一个环节的价值提升和增值。价值链环节越完整,参与厂商越多,音乐内容供应越丰富,支持终端越充足,则越能带动无线音乐市场的进一步发展。

8.3.3.3 无线音乐市场的客户价值创新模式

无线音乐市场的变革一定会是以客户价值创新为基础的,客户是一种有价值的资源。只有不断提升客户的让渡价值②,赢得高价值客户,整个价值链的利润才能不断增加。由于社会的不断发展,音乐产品生产能力大大提高,从而使如今的消费者面临着众多选择,无线音乐市场上的主体都要关注客户是如何作出选择的。显然,从经济学的观

---

① 杨诚彬.动之以情,创新共赢——移动运营商瞄准大众无线增值业务[R].IBM 商业价值研究院,2007:3-7.

② 客户让渡价值(Customer Delivered Value)是指整体客户价值(Total Customer Value)与整体客户成本(Total Customer Cost)之间的差额部分。整体客户价值是指客户从给定产品和期望得到的全部利益,这包括产品价值、服务价值、人员价值和形象价值。整体客户成本则是客户在购买商品和服务过程中所耗费的货币、时间、体力和精神成本。

点看，无线音乐消费者既然是社会经济的参与者和商品价值的实现者，他必然按“有限理性者”行事，按所提供的产品或服务的最大价值进行估价，因此无线音乐市场各环节为客户提供好的音乐产品和服务是价值创新的最终目标，为客户提供价值创新的同时也伴随着产业价值链的变革。

我国的无线音乐市场从刚开始产生就显示出了巨大潜力，尤其是彩铃的出现获得了众多音乐消费者的青睐。随着无线音乐市场的进一步整合以及音乐消费的需求不断增长，产业价值链各方应密切关注无线音乐消费者需求的变化，捕捉到他们的潜在需求。菲利普·科特勒(Philip Kotler)曾指出；企业应快速有效地为产品“找到对应市场，并且寻找打造市场的良方，那就是；应满足客户体验”。客户体验这一理念日益流行，不仅是指产品或服务的使用过程，也包括宣传、购买、售后服务等过程。百度、搜狐、腾讯等公司之所以取得成功，其原因之一就是非常重视并完善客户体验。企业的客户体验不是单点覆盖的，而是由多方面所组成的，包括品牌形象、产品、服务以及用户付出的金钱成本、时间成本等。正是用户接触的感受差异，构成了用户对一家公司独特的体验认知。无线音乐业务作为增值业务的一种，其实质是将价值附加到客户所购买的产品和服务中。音乐消费者面对众多的无线音乐产品信息，要根据其自身需求的情况对音乐产品进行分析、比较和评价，虽然没有固定的评价模式，但也有其共同性的一般特点。如果音乐产品的用户体验很好，会对此无线音乐产品产生依赖感而重复购买；反之，就会产生选择后的失望。因此，无线音乐市场的主体应时刻以客户需求为中心，不限于现有的资源范围，突破产业限制，引导产业向有利于创造客户价值的方向发展，从而也能够为产业链各方创造利润。

随着3G带宽的提升、资费的下降、iPhone进入等因素进一步刺激了手机互联网的快速发展。下一阶段，更多移动Web 2.0的业务和内容将会出现，移动UGC(User Generated Content，用户原创内容)、移动博客、移动社交网络将成为亮点，而这些都会涉及无线音乐的发展。3G技术的应用好比拓宽了行车道，使数据传输和下载都达到了高速公路的标准。手机音乐也因此被一致认为将是3G时代第一个高速发展的增值业务，手机WAP、二维码、炫铃等的成长使得内容流量计费的收入也带动了手机广告的收入。时下的手机市场中3G音乐手机的竞争愈加激烈。各大手机厂商纷纷推出具有强大音乐播放功能的3G手机，各种创新型的3G业务层出不穷，其中3G和互联网结合产生出的移动互联网最引人注目。但如何利用新的机会来创造客户价值，就需要传统的营销办法结合新技术、新应用得到广大用户的青睐。

(1)掌握音乐消费者心理策略。从彩铃(炫铃)业务开通以来，经过多年的努力，目前彩铃的使用率已超过30%。以往手机音乐的传播主要以铃声的形式出现，不过由于技术等因素的限制，这类手机音乐或铃声大都是数据压缩比例非常高的音乐文件，彩铃声音严重失真，并不能称其为真正意义上的音乐，这就会影响消费者的感知。“从市场营销观点来看，感知是消费者在知悉的范围内，由外部环境刺激所形成的心智上的表达，是个人选择组织和表达信息输入的建立对事物整体认识的一个反映过程”①。这种感知一定要让消费者获得精神上的愉悦，引起音乐消费的需求刺激，才能达到激发消费者购买行为的目的。

① 何永祺，傅汉章.市场学原理[M].广州：中山大学出版社，1997：81.

数字音乐产业其实质还是内容产业，内容的艺术质量决定了产业的发展。彩铃的局限性是其很难体现出艺术质量。自从整首音乐的视频、音频下载以及音乐流媒体业务开始流行之后，手机音乐业务才开始真正进入无线音乐的生命周期。随着3G技术的不断成熟，整曲下载成为新的增长点，就如同当年彩铃拯救传统音乐一样，整曲下载业务将是继彩铃、铃声之后带给音乐产业光明的又一"火炬手"。彩铃和铃声是片段音乐，而整曲音乐业务是真正意义上完整的音乐下载。和iTunes模式一样，整曲业务更容易实现长尾理论，继而满足音乐消费者的心理需求。

音乐消费者心理贯穿于音乐购买行为前、行为中和行为后，一旦掌握消费者心理，就可以采取切实有效的方法来刺激音乐消费者，激起他们的欲望，继而让音乐购买行为成为他们的需求。举例来讲，若我们掌握有些年轻音乐消费者有自己的偶像艺人，如王力宏或Lady Gaga，我们如果提供与这些艺人相关的高质量的、各种组合的音乐产品及其衍生品，由于这些年轻消费者是他们的忠诚粉丝，所以只要跟其偶像有关的音乐产品，他们就会毫不犹豫地产生购买行为。

（2）分析音乐消费者行为模式。无线音乐是适合3G的内容之一，无论是收听、下载，还是音乐视频等内容，既能丰富3G的应用，又完善了数字音乐的消费体验。对运营商而言，音乐业务一向是门槛最低的增值业务，也是最有增长潜力的增值业务。音乐消费者的购买行为取决于他们的需求和欲望，而人们的需求、动机及购买行为又受许多因素影响，这其中就包括运营商的因素和音乐消费情境因素。3G的到来，使手机WAP的功能更加强化。过去几年，大多数人对WAP业务与音乐的关系的理解还停留在图铃业务上，大部分的WAP用户仅仅是把手机作为特定情况下电脑的替代品。WAP付费用户有着鲜明的特征，很容易区分出来，例如，不方便上网的人群才会去付费下载，产生冲动性消费的人群才会去付费下载。音乐消费者购买音乐一般要经过需求确认、信息寻找、选择评价过程，之后才能作出购买决策。音乐不是大众商品，只有特定的人在特定情况下才会为音乐付费。而WAP用户最大限度地满足了音乐消费的特定情况。3G时代，WAP不仅在现在的铃声业务方面，而且在整曲下载业务方面，都存在巨大的市场潜力①。

总之，无线音乐近年来发展势头良好，市场前景诱人。大力发展无线音乐已经成为产业链各方的共识和目标。但是音乐的伦理道德在重构无线音乐市场的过程中应引起重视，《礼记·乐记》曰："凡音者，生于人心者也；乐者，通伦理者也。"中国的思想家们早在几千年前就意识到音乐与伦理道德之间的关系，而伴随着数字技术给音乐创作及传播带来的革命性冲击，音乐走向数字化的同时也在探触人类的道德底线。在开放的网络音乐传播环境中，无线音乐市场上的传播者及受众不仅仅限于职业创作者及表演者、传播者，致使数字音乐市场道德秩序混乱，人们的行为逃逸于社会道德准则监管范围之外，表现出音乐内容泛滥、音乐传播行为无序等现象。因此，优化无线音乐市场的同时，也是重构音乐伦理道德的良好时机，我们在无线音乐市场各环节的价值传递过程中，应做好音乐的把关人作用，重视数字音乐版权授权程序，并结合政府部门相应的法律法规来建立数字音乐产品创作及传播的伦理规范。如此不但有利于数字音乐发挥正常的社会价值，更有利于整个无线音乐市场结构的优化组合。

---

① 佟雪娜.数字音乐市场盈利策略[J].音乐研究，2009(3)：113－116.

8.3.4 三网融合后的数字音乐市场“走出去”措施

数字技术的驱动、国际市场的压力、电信管制的放松和原有疆域的打破将推动数字音乐市场向良性方向发展。电信业、互联网相关产业的高额利润曾吸引众多企业进入，三网融合后，原来三个网络在其领域的封闭性和垄断性被打破，其创新能力将迅速提升。三网融合带来的全球化影响使得数字音乐市场需要跟进全球音乐产业发展的步伐，因而数字音乐市场的变革不可避免。音乐用户需求的不断增加要求链上的各个主体不断创新，创新的同时就是价值链变革的同时。

根据迈克尔·波特的竞争优势理论，产业链上的企业为保持竞争优势通常所采取的三大战略是成本领先战略、独树一帜战略和目标聚集战略①。没有竞争优势的产业价值链是很难稳定发展的。数字音乐市场重构的核心策略就是为音乐消费者提供最多、最好的音乐价值，为音乐消费者提供实际、方便、满足其需求的音乐产品。

8.3.4.1 学习国外先进经验，拓宽全球视野

发展我国的数字音乐市场必须是在国际化的大背景下，通过实证的研究取代原来的猜测和思辨，才能真正使我国的数字音乐产业与发达国家进行竞争。三网融合后，数字音乐市场准入领域的逐步扩大不仅涉及音乐本体和音乐产品的生产，也与音乐艺术的经营管理和国际化视野相关。

目前世界上有美国、日本、英国、韩国、法国、中国香港等在内的20多个国家和地区基本实现了三网融合，允许广播电视业和电信业相互进入，并消除了相应的政策壁垒和体制障碍。各国三网融合后的数字音乐产业发展态势很好，总结其原因主要有如下几个。

(1)完善的法律体系是数字音乐市场发展的根本保障。到目前为止，美国已经建立起了包括《版权法》《专利法》《商标法》《反不正当竞争法》《跨世纪数字版权法》《打击网络侵权及假冒伪劣法案》等一系列版权保护法律体系，形成了全球保护范围最广、相关规定最为详尽的法律系统。法国2007年就通过了《创新和互联网法》，设立了一个新的独立的行政机构(HADOPI)专门针对数字音乐侵权进行管理和处罚，HADOPI负责向侵权用户发警告通知，如果侵权用户半年内收到两次警告并无视警告而且在一年内第三次侵权的话，HADOPI可通知刑事法庭，对该用户进行暂停账户长达一个月并处以1 500欧元的处罚。这种措施对打击盗版产生了积极影响，自2010年10月HADOPI发送了700 000多封警告，未经授权的P2P使用下降了26%。英国2010年制定新法律《数字经济法案》，规定可以向数字音乐侵权者发送侵权通知，如果侵权未明显减少，网络服务商按照要求对重复侵权者实施包括技术手段在内的处罚。以上各国针对网络环境和数字技术的特点，对版权法作了重要的补充和修订，为音乐产业提供数字化版权保护，并采取分阶段响应措施，在一定程度上有效地打击了数字音乐侵权行为。

(2)政府的大力支持是数字音乐市场发展的重要推动力。当单纯的创新、合法的授权和有效的经济手段都无法全面解决数字音乐盗版的问题时，政府就该出面来保障一个

① 刘贵富. 产业链基本理论研究[D]. 吉林大学博士毕业论文，2006：148－149.

公平竞争的环境。美国、英国、日本、韩国等国政府都大力支持设立专门的机构来负责三网融合后的音乐产业,除了给予音乐产业一定的资金支持外,还竭力加强与网络服务提供商之间的合作,共同采取措施来制止数字音乐侵权行为。具体的手段包括采取分阶段响应措施、屏蔽那些提供未授权内容的服务、协助解决 P2P 网络上的个人文件共享问题等。同时在公众教育方面政府督促学校引入版权课程,大力加强对音乐消费者的版权意识教育。而诉讼是各国政府保护数字音乐内容最后的手段,其目的是震慑和阻止大规模的侵权服务。Limewire 是美国最大的非法音乐下载服务来源,2010 年 10 月,美国法院发出禁令,要求文件共享服务 Limewire 停止提供其软件,并阻止未经授权的文件的共享。最流行的 BT 网站之一是 Mininova,称通过其服务下载的次数超过 100 亿次,下载的内容很多是受版权保护的音乐,2009 年 11 月荷兰法院勒令其关闭侵权服务,之后该服务的使用率急剧下降,在一些主要市场的使用率下降超 80%。2010 年 11 月,瑞典上诉法院维持对三名经营、资助和推广盗版音乐的男子的判决,法庭宣判其入狱,并下令他们赔偿权利人的损失①。只有在政府的支持下,数字音乐市场才可能健康持久发展。

(3)培养专业人才强化创新能力是数字音乐市场发展的核心力量。发达国家都非常重视对数字音乐产业专门人才的培养,他们都意识到拥有专业素质过硬的人才队伍对于数字音乐市场发展的重要性。在国外的大学里,开设有关艺术管理、音乐商业的专业课程,培养高层次的音乐专业人才。在音乐企业里,重视对员工的专门培训,加强与数字音乐有关的计算机技术、网络技术和通信技术等方面的训练,加速员工专业能力的提高。

对于数字音乐产业来说,其核心仍旧是音乐内容,音乐创造者和生产者能否为产业价值链提供优质的音乐作品决定着数字音乐产业的持续发展。因此,各国都重视并强化人才的创新能力,为数字音乐的创作和专业人才提供更好的创作环境和展示机会。

对于三网融合后数字音乐市场的发展策略,应充分借鉴国外数字音乐产业发展经验,认识和理解我国数字音乐产业发展所面临的问题,再结合我国国情,了解法律法规的动态和宏观经济环境对数字音乐市场的影响,挖掘有效资源,发现新的机会和需求,如此才能将三网融合后数字音乐市场的有关问题定义得更准确些,将解决问题的方案定得更明确些,才能真正知道数字音乐产业的整体状况,并有朝一日能在国际舞台上与西方发达国家展开真正意义上的竞争,在国际音乐文化贸易中占有一席之地。这是音乐同业市场竞争的需要,也是我国音乐文化自身发展的需要。

8.3.4.2 发展链状经济优势,整合纵向资源

三网融合后的数字音乐产业,势必优化开发音乐产品,更加有效配置音乐资源,对音乐产品的生产与利用实现"整合—优选—积聚"效应。结束利用低效化、领域孤立化、传播孤岛化的传统音乐产业状况,调整数字音乐市场纵向资源的引领性和结构性要素,促进整体融合与提升。

数字音乐市场的上下游之间是存在一定的绞合关系的,整合纵向资源就是纵向延伸产业价值链,即数字音乐市场的纵向一体化和纵向控制。纵向一体化体现数字音乐市场上各个企业向其上游产业或下游产业的扩张,包括前向一体化和后向一体化两种形式。

---

① 数据来源于国际唱片业协会(IFPI)2011 年数字音乐报告。

整合纵向资源可以使内部合作所产生的效率和效能高于市场交易成本而给产业价值链上的企业带来利益。降低交易费用、节省交易成本是实施纵向整合的主要目的。纵向一体化能够在管理费用较少增加的基础上,带来交易费用的大幅度节省,从而降低数字音乐产品的生产成本,提高产品的附加价值①。三网融合之后,由于数字音乐传播得更加广泛和多元,产业价值链上的各个企业更加容易互相合作,整合纵向音乐资源,上下游各节点均能为彼此业务融合及交叉开发更专门化、更具有效率的交易手法。例如,数字音乐服务提供商自主开发、积累以及购买音乐产品,使自己不但具有服务提供商的能力,同时也前向延伸,兼具音乐内容提供商的角色,建立自己独特的管理措施等。这种纵向整合有时可以在一定范围内减少供应和需求的不稳定性,在供应短缺时仍然可以得到一些音乐产品,或在用户需求产品降低时其音乐产品也有销路。

纵向一体化一方面可以减少搜集音乐市场信息的工作量,从而减少获得音乐相关信息的总成本。另一方面可以在得到音乐信息的同时获得范围经济。当范围经济出现时,有助于实现范围经济效益。例如,终端设备生产商如果能够同时生产终端设备,又可以创造内置的数字音乐内容,就要比之前更加节约成本。音乐内容与承载音乐内容的载体属于"关联产品",一方面可以节约交易成本和运输成本,另一方面可以形成技术、管理以及音乐信息的集聚效应,从而产生范围经济效益。

整合纵向资源也包括纵向控制,它是在数字音乐市场上的核心企业对链条上其他非核心企业施加的若干限制行为,也可以称其为纵向约束。这种限制行为可分为权利限制和价格限制两类。常见的运营商通过增加提供音乐内容的公司或个人的数量来提高自己的讨价还价能力,以求稳定其音乐内容产品来源。同时,运营商加强对数字音乐产品的质量和服务要求,加强对其纵向控制。三网融合后,运营商将更加积极与音乐内容提供商进行合作,或者通过纵向一体化和纵向控制保证自身继续处于数字音乐市场上的垄断地位。用波特的"五力模型"来分析,如果运营商本身就是自己的供应商,就可以避免被迫接受第三方报价的可能性。若运营商当前的音乐内容来源成本很高的话,就会通过前向一体化及后向一体化的方式来保证音乐产品的价格稳定性。实际情况是,三网融合前运营商在数字音乐市场上几乎处于垄断地位;三网融合之后,运营商将竭尽其能维持垄断地位并且控制音乐产品的价格。

三网融合后,如果数字音乐市场上游音乐内容生产商和中游的音乐服务提供商获得的音乐信息不同步,整合纵向资源,甚至纵向一体化可以改进并优化配置两个数字音乐产品的生产阶段。无论纵向一体化后是否形成垄断,都将改善音乐信息不对称的现状,并对数字音乐市场的发展有一定的好处。充分发挥链状经济优势进行纵向资源整合,可以加强产业价值链上各企业之间的相互依赖,并提高其退出障碍,这也就意味着只有大型有实力的企业才会在数字音乐市场上长久发展,从这个意义上讲,也有利于数字音乐市场的稳定性。

数字音乐产业作为文化创意产业的重要组成部分,决定了数字音乐产品的生产是一种创意行为,是需要花费一定的时间和精力来进行创作的,同时数字音乐又是音乐与数字技术的结合。整合数字音乐市场的纵向资源也可以取得技术上的效益,包括缩短传播

① 王成. 浅谈我国企业纵向一体化战略选择问题[D]. 延安大学硕士毕业论文,2009:13-14.

技术的开发周期,避免不必要的资源浪费和损失。整合纵向资源能够使链条上的环节对上游或下游的传播推广技术更加熟悉,在三网融合的基础上,通过先进的数字技术向相邻环节传播及扩散以获得外溢效果,从而消除重复性工作和不同部门生产中因缺乏信任而出现的机会成本。

8.3.4.3 建立用户价值管理,扩展多元服务

数字音乐市场由众多的买方和卖方组合而成,并且是以音乐消费者的需求为基础的。数字音乐产品不但要满足消费者个人需求的效用最大化,还要引导刺激音乐消费者的需求。需求是音乐消费者行为的起点,也是三网融合后数字音乐市场各主体进行音乐市场营销的起点。人的需求是复杂多样的,也是多层次的(如马斯洛将人类需求分为生理需求、安全需求、社会需求、尊重需求及自我实现需求)。建立用户价值管理强调的不是用户每次消费音乐给数字音乐产业带来的收入,而是强调通过维持与音乐用户的良好关系,用多元化、周到的音乐服务来获得最大的用户生命周期价值,以保证数字音乐市场的长期发展。

音乐用户价值是变化的、动态的,在生命周期的不同阶段价值差异都有所不同。有的音乐用户在低级需求还未完全满足时,会受到获得更高需求目标的动机影响①。因此,区分音乐用户的价值是数字音乐市场上各主体要解决的问题。如果音乐产品或音乐服务质量提高或降低,用户的赞誉或抱怨程度则将呈指数倍增加。这符合新古典主义经济学的观点:物体的价值就是该物体在一个开放和竞争的交易市场中的价格,因此价值主要取决于对于该物体的需求,而不是供给②。从长期来看,数字音乐市场上各环节竞争力的优劣,取决于他们是否有能力以音乐用户为中心设计出适合用户需求的音乐产品和音乐服务。三网融合后,要从顾客的需要、欲望、购买行为和习惯入手,从大量营销、产品差异性营销转为目标市场营销,将音乐市场分为若干个具有相似需求和欲望的音乐消费者群体,进行精细化营销。充分了解和分析音乐用户的生命周期价值,根据分析结果制定合理的音乐市场营销策略,把有限的音乐资源集中到价值用户身上,从而保持和提高用户价值,根据价值用户和非价值用户提供差异化的服务。这种细分数字音乐市场有利于集中人力、物力和财力投入目标市场,进行有效竞争。通过细分,可掌握不同音乐市场群体消费者的需求,从中发现各音乐细分市场的音乐消费者的满足程度,再根据细分音乐市场的规模和发展前景、结构的吸引力及自身的资源对音乐细分市场进行评价。运营商或网站公司拥有详细的用户的数据库资源,可以对用户的消费行为进行跟踪记录和分析,从而细分市场,并根据目标观众进行精细化营销③。

三网融合之后的数字音乐将无限度地发挥互动性,在点播中互动,在时移中互动,在音乐游戏中互动……用户在多元化、差异化的音乐服务中满足其日益多元化的精神需求。数字音乐市场上的各主体具体采取的实施方案包括以下几个方面。

(1)云音乐服务。在苹果公司(Apple)推出云服务之后,云音乐服务成为数字音乐领

---

① 周洪雷. 音乐市场营销及案例分析[M]. 上海:上海音乐学院出版社,2004:99-100.

② Womack James, Daniel Jones. Lean Thinking[M]. New York:The Free Press,2003.

③ 佟雪娜. 数字音乐市场盈利策略[J]. 音乐研究,2009(3):112-114.

域的热门话题。随着技术的不断进步、设备的不断更新,云音乐服务可以满足音乐爱好者对音乐与设备相结合的需求,并使音乐用户享受到音乐互动的快感。云音乐服务既可以充当用户通过各种设备让用户享受其喜欢的音乐的“储物柜”,也可以让数字音乐用户享受到服务提供商所有的音乐曲库。这方面索尼—贝塔斯曼集团先后于2010年12月及2011年1月在美国、英国及爱尔兰启动了“音乐无极限”的云音乐流媒体服务,数字音乐用户在云服务器中存储他们的音乐,之后就可以同时在游戏机、蓝光播放器、智能手机、电视机等设备中使用。现在Carphone Warehouse和Best Buy在2010年已经获授权开展云音乐服务①。苹果公司推出的iTunes Match服务取得了全球范围内的唱片公司的授权,音乐用户只需要每年支付25美元就可以通过各种设备访问自己的音乐库,有效地升级了用户的音乐收藏,并免去了用户将所购买歌曲在不同设备间相互转移的麻烦。同样,谷歌也于2011年在美国启动了面向安卓平台的Google Music服务,用户购买的音乐可放至云端,并可通过各种设备来播放。

(2)家庭数字音乐。未来的数字音乐市场各环节会更加注重满足音乐消费者无处不在的音乐需求,而家庭数字音乐就是一个目标。吸引新型音乐用户的捆绑服务就是将音乐集成到家用电器中。在这方面,苹果公司已经开始实施一些创新举措,比如:苹果公司发布了Apple TV,iTunes用户可以通过使用Apple TV访问自己的数字音乐曲库。这种家庭数字音乐将成为音乐内容提供商与音乐服务提供商合作的核心,就像当年移动设备的技术发展使得无线音乐获得巨大发展一样。家庭数字音乐的发展关键在于数字电视机顶盒,要使机顶盒的格式与Apple TV所要求的格式相兼容。Spotify与Sonos合作的目标群是那些乐于在家中听歌的人们,他们提供给这些用户最高品质的音乐订阅。索尼的Music Unlimited服务,也是基于PlayStations及电视等其他设备用户,此服务已经在17个国家启动,并可以通过苹果设备提供音乐。

(3)音乐手机新领域。智能手机的普及与推广使得数字服务商提升了手机客户端付费订阅服务的价值,也为像Spotify等的服务商扩大了付费用户群体。2011年末Virgin Media与Spotify的联合以及Orange与Deezer在英国合作的成功,都证明与ISP及电信公司的“捆绑式”合作会使音乐触及更多的受众。在2010年使用iPhone等设备直接下载音乐的比例大量增长,而且发展中国家的手机使用率远远超过传统的互联网,手机客户端同样也可以与博客或微博开展音乐营销,因此手机与音乐服务相捆绑将是音乐服务商、内容提供商们重视的市场之一。现在诺基亚的Ovi音乐服务在中国、巴西及印度发展态势很好。美国的Muve Music由美国最大的无线运营商Cricket提供,每月支付65美元就可享受无限量音乐下载、彩铃及铃声、不限时国内通话、短信及上网流量,该服务可在Android智能手机上使用,不需要签约。Muve Music面向的是手机使用,且客户家中大多没有宽带连接,只限于通过运营商合作的方式传播。

(4)音乐视频。音乐视频为受广告支持的商业模式创造巨大机会,在国外,YouTube是最大的在线观看音乐视频的平台。欧洲主要市场中,如英国、德国和法国,YouTube在在线音乐视频浏览量中占43%,每月有87亿次。在美国,YouTube占所有在线音乐视频浏览量的39%。贾斯汀·比伯(Justin Bieber)《Baby》的MV在YouTube的总浏览量达到

① 数据来源于国际唱片业协会(IFPI)2011年数字音乐报告。

6.9 亿多次,是 YouTube 历史上浏览量最多的音乐视频[①]。YouTube 同样展开与社交网络的合作,先后与 Facebook 及 Google 相集成,使用户可以看到其好友正在欣赏什么样的音乐。唱片公司也逐渐意识到与在线音乐视频网站合作的重要性,通过各种方式授权给在线视频网站,如艺人官网、优酷网或者 MTV 网。目前最专业的音乐视频平台是 VEVO,其主要通过高品质的原创音乐节目、现场活动及其他视频节目吸引用户,按其全部的传播版图计算,它每月向全球 4.15 亿用户提供 36 亿个/次音乐视频,收入主要通过广告及品牌赞助来实现。2011 年年底,VEVO 已给权利人带来超过一亿美元的收入。VEVO 同时也与社交网络相结合,超过 7 500 个艺人在其 Facebook 页面上使用 VEVO 应用,VEVO 将进一步改善用户的嵌入式体验[②]。

总之,目前音乐消费者的需求还远远没有得到满足,三网融合后音乐消费者将会有一个智能快速的搜索引擎,有一个丰富的音乐娱乐平台,使他们能够最简单、最快速地找到想听的音乐,并有关键字提醒他们探索到更多的音乐,在分享音乐的同时还可以与他人进行沟通与交流,从而形成一个音乐社区。该平台会有一站式的音乐服务,包括提供更好质量和服务的音乐搜索,以及合法广告支持的免费音乐服务。一站式服务会不断提高互联网正版音乐下载市场份额,并不断促进各种正版付费音乐产品和服务的增长,如音乐推荐包月服务、点歌送歌业务、铃声及演唱会包月观看,以及在中国各电信平台不断丰富的音乐增值服务,还有个性化服务等。一站式服务的推荐业务和个人定制,既可进行音乐推广又可达到赢利的目的,相比起其他技术层面,音乐推荐业务绝不是一个简单的数学模型和计算机程序,而是以精细营销、病毒营销、社会心理学、系统相关性原理、传播学、商业智能等理论或思想为依据。

8.3.4.4 积累产业聚集效应,提升竞争优势

聚集指的是某种元素从少到多的过程或者是众多元素集中在一块的状态。产业聚集达到一定程度之后,就不是元素的简单相加了,而是突现出新的集体特性,如经济规模、元素之间的联系等。三网融合后的数字音乐产业通过产业聚集来获得竞争优势。产业聚集既可以被看做是一个静态的宏观结果,也可以是一个动态的演化过程[③]。三网融合后,数字音乐产业的发展会产生一定的规模效益,规模经济促进数字音乐生产和消费的聚集,这种聚集成为范围经济。三网融合后的数字音乐产业不仅通过产业价值链上企业自身规模的扩大而产生聚集优势,还体现在链条上各个企业相互联系,横向衍生出丰富的音乐增值业务,从而达到集中化和聚集化,如前文所述的云音乐服务、音乐视频、家庭数字音乐等都是产业聚集产生的效应。

聚集效应通过以下三个方面影响数字音乐价值的增长。

(1)数字音乐产品的聚集。三网融合后,随着传播环境的碎片化,大量音乐用户自发创作数字音乐作品,技术的发展使音乐消费者的注意力、时间、空间变得碎片化,三网的融合使音乐用户既可以是数字音乐的接受者,也可以是生产者。三网融合促使新的音乐

---

① 数据来源于 ComScore,2011。

② 数据来源于国际唱片业协会(IFPI)2012 年数字音乐报告。

③ 李国武. 技术扩散与产业聚集[M]. 上海:上海人民出版社,2009:24.

消费形式和音乐消费平台的诞生。大量数字音乐产品的出现与聚集使音乐用户的体验感和互动感增强,大量的音乐互动插件、音乐互动游戏、音乐病毒视频、音乐手机固件等新的表达形式被填充到音乐传播空间中。数字音乐产品的聚集在某种程度上更有利于采取一系列的免费加收费策略促进数字音乐价值的增长,例如:一定时间免费、之后收费的限定时间策略;基础版本免费、高级版本收费的限定特征策略;一定数量用户免费、超过则付费的限定用户数策略;以及限定音乐用户类别策略,等等①。

(2)音乐产业与其他产业的整合。三网融合实际上是网络之间的整合,相应给数字音乐产业也带来整合,整合的对象包括信息、技术、资金、经验等要素,整合的主体为数字音乐产业及其相关联的产业,而整合的动力来自于产业价值链上各方的利益。整合的链条是音乐产业与通信产业、广播电视产业、互联网产业各企业在产业上的深度分工与协作。整合是产业集群内资源的重新配置,也包括业务上的整合,具体表现形式为多业务捆绑运营,即"捆绑销售"的商业模式。捆绑销售是广播电视企业和电信企业为了应对三网融合后更加激烈的竞争而采取的策略,这一策略已在国外发达国家的实践中得到了认可。捆绑销售由多个业务服务包组成。各种形式的捆绑业务服务包中,固定通信服务和宽带数据服务成为用户的必选项。音乐用户可根据这种捆绑使用享受卫星直播电视、有线电视、地面数字电视和互联网等多个平台、多个运营商提供的音乐视频点播、音乐手机视频等数字音乐服务。某种程度上来说,产业聚集带来的整合能力是三网融合后数字音乐市场的核心能力。

(3)产业聚集与创新能力的互动。产业聚集形成的创新环境、合作竞争及路径依赖,将促进数字音乐市场上各企业间互相学习、互相影响,在上下游企业之间进行分工与协作,从而推动创新能力的提高。数字音乐产业集群内领先的核心企业将会主导产业发展方向,一旦某项核心技术取得突破,集群区内其他企业很快会协同有关创新主体进行新的创新,导致数字音乐市场上各企业之间的竞争程度加剧,进一步促进了知识和技术的转移和扩散。这种聚集反过来促使企业不断进行创新,降低成本,提高音乐产品和音乐服务质量,从而增强整个数字音乐产业集群的竞争优势。正是由于产业的聚集使产业价值链上各企业增强了对市场反应的灵活性和风险不扩散性,也为创新能力的推广和应用提供了良好的平台。因此,产业聚集有利于创新能力的提高,创新能力的提高促进了产业集群的发展。

三网融合导致数字音乐的快速共享传播,并不会影响现有数字音乐的销量,反而有可能成为最好的营销手段。数字音乐市场上各个环节需要通力合作,积累独有的不容易被其他企业复制的专长和特色,提高自身的竞争优势,实现数字音乐产业链价值最大化。

8.4 小结

当录音技术与广播电视、互联网连接时,随着音乐传播形态在原始基础上的叠加现象及音乐传播媒介逐渐插入,音乐市场的组成成分在原有的基础上变得更加复杂。数字音乐的出现给音乐产业造成的最大颠覆就是每个环节可能都存在无法营利的状况,从创

① 克里斯·安德森.免费——商业的未来[M].北京:中信出版社,2009:295-297.

作到最后听众消费,环节也在不断减少。在音乐文化中,传播媒介的出现,标志着音乐传播中"管理"的出现①。虽然在线音乐仍然存在着更加严重的盗版问题,但我们看到,无线音乐由音乐著作权人、唱片公司、电信运营商、SP、用户组成了一条产业链,音乐著作权人或唱片公司通过与电信运营商、SP 达成利益分成的共识后,该链条已逐渐清晰。但如何让该链条持续长效地发展下去,需要的恰恰是传统的经营策略和营销手段。协调各方利益关系,走专业化路线,告别"概念"阶段,进入"营销"阶段,构建出可营利的商业模式,才是中国音乐产业重振的关键。中国未来的数字音乐市场商机无限,伴随着与 IT、通信等其他产业的融合,重新审视音乐消费者的习惯和心理,开发新的渠道,建立新的版权保护机制,实现新的营利模式,是中国音乐产业发展的当务之急。而对数字时代音乐产业价值链的探析将有助于人们更好地了解市场,开拓新的数字时代音乐文化。

8.5 案例:数字音乐市场新模式——以流媒体订阅服务商 Spotify 为例

国际唱片业协会(IFPI)于 2013 年 4 月 8 日在伦敦公布了《2013 唱片业统计数字》(RIN),在对全球 49 个市场进行统计分析后指出,数字渠道现在占行业总体贸易收入的 35%,下载仍是数字收入的最大来源,单曲和专辑下载的单位销量合计在 2012 年增长了 11%。值得注意的是,音乐订阅服务的兴起及新兴市场的快速增长成为今年全球音乐产业权威统计分析的两个亮点。音乐订阅服务正在快速增长。2012 年全球付费订阅用户达到 2 000 万,比 2011 年增长了 44%。2012 年的订阅服务在数字音乐的总收入中将达 10%,欧洲的这一比例会更高②。

音乐订阅和受广告支持的流播放服务目前占全球数字收入的 20%,高于 2011 年的 14%。订阅和受广告支持的收入合计已占到欧洲全部数字音乐收入的近 1/3(31%)。IFPI 首席执行官弗朗西斯·摩尔说:"《唱片业统计数字》也揭示了当今音乐业务的明显多样化。今年的 RIN 突出强调了订阅服务及新兴市场在推动行业复苏中发挥的作用日益重要。"世界前 20 的市场排名表显示,美国仍然是世界上最大的音乐市场。

另外,数字音乐为艺人提供了更多的机会及更广阔的平台,来自韩国的歌手 Psy 以一首《江南 Style》风靡全球并出现在世界各大音乐榜单上就是数字音乐在当今影响力之大的一个例子。

8.5.1 Spotify 音乐订阅服务特征分析

8.5.1.1 Spotify 的出现

Spotify 是一家由丹尼尔·克和马丁·伦松(Martin Lorentzo)在 2006 年创建的流媒体音乐平台。它在 Linux、Microsoft Windows 和 Mac OS X 以及使用 iOS、Android 或 Symbian

---

① 曾遂今. 音乐传播:观察、研究与教育—音乐传播的概念解读[M]//音乐传播学术前沿. 北京:中国传媒大学出版社,2011:26-27.

② 数据来源于国际唱片业协会(IFPI)2013 年数字音乐报告。

系统的移动设备中均有相应的客户端版本。

截至目前，Spotify 提供超过 2 000 万首受到数字版权保护（DRM）的正版歌曲点播，普通用户可以免费享受 Spotify 的海量正版音乐库，免费服务内嵌广告，每月有收听时长的限制，每首歌播放不能超过 5 次；高级订阅客户可享受不受任何限制的音乐收听，并且免受广告“干扰”；顶级订阅用户则可实现移动设备上的点播和离线收听。Spotify 于 2008 年在瑞典率先推出，在不到一年的时间内就吸引了超过 200 万用户。2011 年 Spotify 登陆美国，同年，Facebook 在 F8 大会上宣布与 Spotify 展开合作，仅一周时间后，Spotify 的用户数就增加了 100 万人，月注册用户达到 450 万人。截止到目前，Spotify 已经在全球 28 个国家和地区提供其音乐流服务，成为服务范围最广的音乐流媒体平台。其订阅用户总数已超过 600 万，其中仅从 2012 年 12 月到 2013 年 3 月订阅人数就增加了 100 万。

8.5.1.2 Spotify 的发展现状

Spotify 今年来用户规模的增长速度越来越快，根据公司官方数据统计，2012 年 12 月，注册用户数已达到了 2 000 万，其中付费用户达 500 万。2013 年 3 月 Spotify 的注册用户已达到 2 400 万，付费用户为 600 万，用户数量在短短 3 个月内就增长了 20%。凭借这种令人惊叹的发展速度，Spotify 成为 2012 年度发展速度最快的数字音乐公司。照此推算，2013 年 Spotify 的订阅用户的营利将超过 6.84 亿美元，因为近 90% 的订阅用户每月支付了 9.9 美元的顶级订阅费用。其余的用户则每月支付 5 美元的高级订阅费用①。Spotify 的飞速增长反映了订阅模式具备颠覆现有状况的可能。自从音乐数字化以来，iTunes 的音乐零售模式一直主导着整个产业，而 Spotify 对于用户来说，他不一定需要付费就能享受到海量音乐的试听点播，如果用户需要享受更多更高品质的服务时就需要付费。

在 Spotify 出现一年之后，音乐产值实现了自 1999 年来的首次增长，尽管只有 0.3%，但这背后却是以 Spotify 为代表的流媒体音乐服务的崛起。当年，音乐订阅服务为音乐产业贡献了 10% 的营收，很多人认为 Spotify 的模式代表着未来。这一市场发展迅猛且前景巨大，而且远远不止 Spotify 在探索。其他同类型的音乐平台还有 Rhapsody、Pandora、MySpace，各大音乐巨头包括 Google、苹果等也要相继进军流媒体平台，流媒体音乐订阅将是音乐产业复兴的契机。《福布斯》杂志如此评价 Spotify：它像 iTunes 一样快速，像纳普斯特一样量大，又像潘多拉一样便宜，没有理由不吸引人。其公司 CEO 丹尼尔则这样解释 Spotify 的快速增长之道：“只要把付费音乐做得比盗版还便捷，那么我们就成功了。”

8.5.1.3 Spotify 的版权保护方式

Spotify 的迅速崛起绝非易事，版权费用是该公司的最大成本。事实上，在 Spotify 登陆美国之前，它曾与三大唱片公司（环球、索尼 - BMG、华纳）就音乐的版权问题进行了马拉松式的谈判。虽然 Spotify 对其支付给各大唱片公司的版权费进行保密，但是其公司 CEO 丹尼尔·艾克曾表示，该公司大约 70% 的历史收入都用在了音乐版权的支付上。同时，Spotify 授予三大唱片公司一定的公司股权来作为其授权正版音乐的回报。唱片公司认为通过这样的方式把正版音乐曲库免费开放给消费者是抵制非法下载的合理方式，况

---

① 来自 Spotify 官方数据。

且还能从中获利。

虽然 Spotify 支付给唱片公司巨额的版权费，但艺人从该平台获得的利益就显得微乎其微了。它以单曲播放次数为单位，支付大约 0.004 美金/次的价格给音乐人支付版权费，专辑则是以 0.04 美元/次的价格支付给音乐人。酷玩乐队（Coldplay）、黑钥乐团（The Black Keys）和贾斯汀·伯（Justin Bieber）就曾拒绝 Spotify 获得他们的新专辑。提出异议的理由是：Spotify 支付给音乐家的报酬太过低廉。2012 年，英国数字内容与唱片发行管理公司（ST Holdings）将旗下代理的 200 多家唱片发行机构的全部音乐撤出 Spotify，理由同样是 Spotify 没有支付他们足够的使用费。美国艺人 Lady Gaga 的专辑《Poker Face》在 Spotify 上的播放次数达到 100 万次，但 Lady Gaga 从中获得的收入仅为 167 美元。因此，Spotify 对于歌手和出版商而言更像一个宣传平台，而不是营利方式。事实上，超过 1/3 的 Spotify 听众的年龄都在 24 岁以下，而这一年龄段的人群熟悉网络中的非法下载方式，也通常不会为音乐付钱。也就是说，通过 Spotify 潜移默化的影响，可有效地将非付费用户影响成为付费用户。这样看，Spotify 在维护正版音乐的道路上是功不可没的。

8.5.1.4 Spotify 的音乐使用模式

（1）Spotify 的用户套餐（以美国为例）。Spotify 在不同国家地区所推出的套餐稍有不同，下面以美国为例，介绍 Spotify 的套餐及资费。Spotify 为用户提供免费账户、普通账户和贵宾账户三种不同的套餐。账户区别如下。

- Free：账户免费注册，没有收听时长限制，用户可以享受海量音乐试听及各种增值服务，限制是每 20 分钟系统会插播一段广告。
- Unlimited：收费为 4.99 美元/月，去除收听中的所有广告。
- Premium：收费为 9.99 美元/月，除了享有跟 Unlimited 一样的去除广告服务外，还能享受 320kpbs 的高品质音乐，以及在移动装置收听的功能，同时在桌面客户端和手机客户端都可以离线收听音乐。

另外，Spotify 暂时关闭了音乐下载功能，在 Spotify 桌面应用程序中，该公司现在阻止用户购买音乐，并显示信息："在 Spotify 我们当前不提供新的下载购买。但用户已经购买的下载音乐依然可以使用。"用户被转到 Spotify 网站上一个名为"Changes to Download Store"的页面，该页面称，不再提供音乐下载，用户可以重新下载已经购买的歌曲或使用 Spotify 的礼品卡。

（2）社交音乐。Spotify 进入美国后和 Facebook 联合，Facebook 用户可以免注册直接用账号登录，可以看到朋友在播放什么，将自己的音乐共享和增加到他们的播放列表。这相当程度上可以说是其自身的社交发现功能。Spotify 的用户可以共享播放列表和推荐歌曲。单个曲目还可以通过点击侧边栏里的"正在播放"曲目上的小箭头进行分享。你可以选择 Facebook，Twitter，Windows Live Messenger 的账户发送你的音乐链接。

另外，Spotify 最近又更新了新的"Follow"功能（见图 8－5）：用户可"Follow"有音乐品味的朋友，和他们所喜欢的音乐人，让这些"信赖的人"成为你的 DJ。这个功能的出现比很多现有的音乐流媒体服务依靠算法进行音乐推荐功能要更人性化。第一步，会根据以前你的收听历史，推荐你听得最多的音乐人，这时候你可以选择是否"关注"他们；第二步,Spotify 会调出你的 Facebook 好友,让你有选择地“关注”他们当中的人,这样用户已经可以确定自己所信赖的音乐小圈子;最后一步,你可以选择音乐人或者是有影响力的人加关注。他们可能是滚石乐队,也可能是 Facebook 总裁马克扎克伯格,甚至是美国总统奥巴马。经过这三步的选择,你所关注的好友以及音乐人的“收听信息”就会出现在右边侧栏上。“Follow”功能让用户更加简便快捷地得到关注的用户正在收听的音乐,用更人性化的方式来发现音乐。

图 8－5　Spotify 新增 Follow 功能演示图

(3)电台。Spotify 有超过 30 种音乐流派的电台,包括摇滚、爵士、流行、庞克、电子、古典和年代等。用户可以收听单个艺人的电台。它的电台功能并不是仅此而已,Spotify 提供给用户非常个性化的电台创建,包括按单曲、专辑和通过其他用户的播放列表建立电台,以音乐榜单和各种音乐推荐插件中的播放列表建立电台。使用 Spotify 电台是发掘音乐的最好方式,它会根据用户赞好的艺人、专辑、歌曲或者播放列表来更新个人电台。用户听得越多,电台功能就越出色(见图 8－6)。

(4)热门榜单。如图 8－7 所示,在 Spotify 的热门榜单分为热门歌曲和热门专辑。分别列出用户播放率最高的前 100 位歌曲和专辑。值得注意的是,Spotify 会根据不同国家(地区)的用户提供不同的榜单,到现在为止,热门榜单已覆盖了五大洲达到 30 个国家和地区。

(5)App 商店。除了 Spotify 自己的热门榜单功能以外,它还推出了第三方软件市场,提供超过 80 种包括社交、声音处理、音乐推荐、音乐评论等的第三方应用插件,帮助用户发掘音乐、阅读权威评论、寻找歌曲歌词、建立即时播放列表、音乐搭配每日心情等。所有的插件都是免费的,用户可以自由享受。

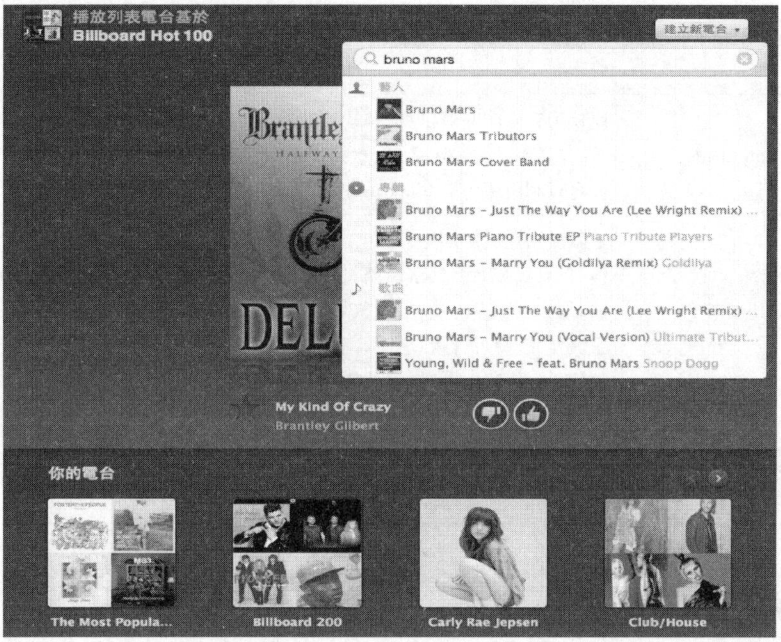

图 8-6 Spotify 电台功能演示图

图 8-7 Spotify 桌面程序热门榜单

表 8-2 所示为 Spotify 中热门第三方应用及其功能的简短介绍。

表 8-2　Spotify 热门第三方应用及介绍

应用名	基本功能介绍
TuneWikl	spotify 本身不带有歌词显示功能，这款应用为用户提供歌词同步显示。这个应用提供的歌词都由网友上传，因此如果用户发现某首歌词显示错误，可以自己进行修正。
Billboard Top Charts	此榜为音乐产业最权威榜单。用户可以通过插件访问 Billboard 列出的热门榜单，包括 Top 100，Top 200，也提供不同音乐流派的榜单。值得注意的是，这个插件可以利用历年来 Billboard 榜单的音乐生成一个 Spotify 电台，供用户试听。
We Are Hunted	这款应用提供用户更个性化的音乐发现服务，它的信息来源于各大博客、社交媒体、信息板和 P2P 共享网络，做成新兴音乐推荐榜单。如果你喜欢尝试新鲜歌曲，那么可以点击“新上榜歌曲”，试听那些从未听过的音乐人作品。如果你喜欢主流作品，则可访问“主流榜单”。此外，这款应用还包含数款不同音乐风格的播放清单。用户也可以自行创建基于自己喜欢音乐人的音乐播放清单。
Sound Drop	这款应用基于“音乐房间”功能，重塑用户收听音乐方式。用户可以浏览不同的音乐人房间，并且和朋友进行音乐人相关的讨论。用户可以添加歌曲至房间中的音乐列表中，并对其他人添加的歌曲进行投票。

8.5.2　Spotify 的赢利模式

Spotify 的赢利主要来自两个方面。

8.5.2.1　销售订阅服务

免费试听 + 增值服务是 Spotify 的特点，和 iTunes 商店的音乐零售模式不同的是，用户不一定需要付费，注册用户可以免费享受到海量正版音乐点播，只是付费用户能够拥有更多、更好的增值服务。虽然处于“免费模式”的劣势，Spotify 的付费用户比例竟达到 25%（比较其他）。这几乎是所有“免费模式”公司梦寐以求的，对比之下，Dropbox 的付费比例为 4%，Evernote 不到 5%，Skype 略高于 5%。Spotify 的表现几乎是独树一帜的，这和其引入 Facebook、Twitter 的强社交关系链有关。

8.5.2.2　广告

Spotify 向广告商出售广告获得相应的经济利益。Spotify 在其软件平台的右边空出一部分作为广告位，另外，Spotify 每 20 分钟将给免费订阅用户播放一段广告。2010 年 Spotify 营收达到 9 900 万美元，比上一年度增长 458%。其中订阅服务带来的收入为 7 100万美元，广告服务带来的收入为 2 800 万美元。Spotify 官方数据指出现在活跃用户数量已超过 1 000 万，付费用户大多数人每年交 120 美元的订阅费，费用相当于 iTunes 上用户平均支出的两倍。

8.5.3　Spotify 在数字音乐服务商中的竞争优势

数字音乐的盛行改变了音乐产业长期以出售歌曲收费的商业模式，近年来以在线音乐点播、在线音乐电台、音乐流媒体、音乐订阅服务为首的的数字音乐模式开始涌入了越来越多新的竞争者，以 Amazon、Apple 和 Google 为首的音乐市场巨头也准备推出音乐订阅服务，进入这个新兴市场。它们的优势在于，本身就拥有广泛的用户群，而挑战则是如何将订阅服务和自己公司原有的音乐模式捆绑在一起，以此长期留住用户。表 8－3 对于几个最先占领音乐订阅服务市场的服务商：Spotify、Rhapsody、MOG、Rdio、Deezer，针对它们在增值功能、套餐设定、界面设计等方面各自的不同和特色，进行简单的对比。

表 8－3 主要音乐订阅商功能服务比较

订阅服务商	歌曲数量（首）	包月价格（美元）	服务国家	移动设备平台	音乐质量	用户数量	特点
Spotify	2 000 万	免费；4.99 包月；9.99 包月	28 个	iOS；Android；Blackberry；Symbian；Windows Phone	桌面客户端：160kbps/320kbps；手机客户端：320kbps	2400 万	允许用户导入本地音乐；完美的第三方插件功能；强大的社交功能
Rdio	1 800 万	免费；4.99 包月；9.99 包月	24 个	iOS；Android；Windows Phone；Blackberry	192kbps	10 万活跃用户	赏心悦目的页面设计
Deezer	2000 万	免费；4.99 包月；9.99 包月	182 个	iOS；Android；Windows Phone，Blackberry	最高可达 320kbps	2600 万	允许用户导入本地音乐
Rhapsody	1600 万	14 天免费试用；9.99 包月；14.99 包月	19 个	iOS；Android；Windows Phone，Blackberry	桌面客户端：128kbps～192kbps；手机客户端：64kbps	100 万付费用户	高品质音乐包月下载
MOG	1600 万	免费；4.99 包月；9.99 包月	仅美国和澳大利亚	iOS；Android	320kbps	50 万	高品质音乐

8.5.3.1 社交网络集成

Spotify 之所以能在如此短的时间内成为增长速度最快、付费用户最多的流媒体，很大程度上都归功于它的社交网络策略。Spotify 进入美国后借助 Facebook 的人气迅速打开美国市场，不到一个月的时间美国的活跃用户就翻了一番，达到 400 万。与社交网络集成是音乐发现和音乐分享的最佳方式，具体表现在以下三个方面。

（1）音乐动态：Spotify 允许用户查看好友们的热门歌曲及近期播放列表，还能关注名人和有影响力的用户，获得实时音乐动态，找到音乐后只需要点击播放便可以即时收听。

（2）即时更新：Facebook 的同步功能允许用户将正在听的音乐作为状态发在自己的

主页上。用户可以看到朋友们正在收听的歌曲,同时也可以将自己正在收听的音乐发布到主页与朋友分享。

(3)音乐共享:Spotify 用户可以在社交网络,如 Facebook 或者 Twitter 上分享音乐,只需要点击分享,便可以将单曲、专辑或者播放列表共享在社交网络。Spotify 的社交功能让用户走进好友、名人甚至陌生人的音乐列表里,听别人推荐的音乐,这样用户不用再为听什么音乐而犯愁,也让每一位用户成为一个传播媒介。

据悉,Spotify 将要推出新的标签功能,该功能可以让用户订阅推荐信息、唱片评论、演唱会信息和播放列表等。

8.5.3.2 捆绑 ISP 及电信运营商

Spotify 在欧洲与众多 ISP(网络服务提供商)及电信运营商进行合作,包括:TeliaSonera(北欧)、维珍媒体(英国)、Yoigo(西班牙)、SFR(法国)、KPN(荷兰)和德国电信。Spotify 向这些电信用户提供特别的订制服务,2010 年 6 月,Spotify 与北欧电信巨头 TeliaSonera 合作,在瑞典和芬兰的 12 万台电视上推出了 Spotify 音乐播放服务,这两个国家的高级用户可以通过数字电视远程访问 Spotify。德国电信向客户提出 Spotify 使用套餐,在用户使用该软件时产生的流量费不算入手机流量之中。通过与 ISP 及电信运营商的合作,订阅服务能从它们强大的营销能力和广泛的客户群体中获得最大限度的推广。

8.5.3.3 商业合作与合并

面对音乐市场巨头开始进攻订阅服务领域,各大音乐订阅服务商都开始寻找各种商业合作与合并。在这一竞争格局中,现有包括 Rdio、MOG、Pandora 等在内的竞争对手都提供音乐订阅服务。与它们相比,Spotify 用户最多、融资最多,明显处于该领域的市场领先地位。

Spotify 与 Facebook 的合作帮助 Spotify 迅速占领了美国市场,截止到目前,Spotify 累计了超过 15 亿次的 Facebook 分享和总时长达 1 500 年的音乐试听时长。近期 Spotify 正计划与可口可乐的全球合作计划。在这项合作计划中,Spotify 将为可口可乐新的音乐平台提供基本技术支持。Spotify 方面则称:可口可乐将会把 Spotify 带入一个新的市场以及世界其他地方。Spotify 同时还与福特汽车和沃尔沃等汽车制造商签署协议,确保向上述两家汽车公司的部分新汽车提供 Spotify 服务。

作为 Spotify 竞争对手之一的 MOG,成立于 2005 年,提供超过 1 000 万首的在线音乐试听,并拥有 50 万以上的用户。2012 年,被 HTC 以 1 400 万美元的价格收购。众多手机制造商都有自己的音乐平台,如苹果的 iTunes,三星的 Music Hub 等。而现在各大手机制造商都将眼光瞄准在音乐流媒体及订阅服务上,通过合并其他的服务商及自主开发来开拓这块新兴市场。

8.5.4 Spotify 模式对我国数字音乐市场的启发

我国数字音乐市场在经过几年的发展后,形成了在线音乐市场和无线音乐市场两个主要部分。在线音乐以 PC 为终端,主要通过互联网在线试听或者将音乐直接下载到电脑中及传输到其他播放设备中使用。

IFPI在2012年数字音乐报告中的数据(如表8－4所示)显示,我国在2012年音乐销量达到6.7亿元,其中数字音乐占71%,我国数字音乐盗版率约99%,由此可见国内音乐产业中的盗版问题之严峻。

表8－4 IFPI《2012数字音乐报告》中国音乐产业数据

China facts and ficures	
Music sales 2010	US $ 67million
Digital sales penetration	71%
Piracy rate	Estimated 99%

由于在线音乐受困于盗版问题和消费者滞后的消费理念,我国数字音乐产业发展缓慢,尚未形成清晰成熟的商业模式;加上运营商及版权提供商对SP的双重挤压,移动音乐行业整体发展速度更加缓慢。因此,未来几年内,中国数字音乐产业需要改变和改进的地方还有很多,中国数字音乐产业任重而道远。与全球市场相比,国内数字音乐市场发展还处于起步摸索阶段,需要规范的地方还有很多,中国数字音乐有着巨大的潜在市场需求和发展空间等待挖掘,鉴于Spotify音乐订阅模式在全世界范围内的成功案例,并结合国内数字音乐市场现状,本书提出以下几点发展意见。

8.5.4.1 政府加大监管力度,完善数字音乐法律体系

据《文化部2011年度网络音乐发展报告》统计,截至2011年年底,国内在线音乐用户规模已达到3.8亿,无线音乐用户规模达到7亿,毫无疑问我国拥有世界上最庞大的数字音乐市场,而这一庞大市场如果缺乏了政府有力的监管,将会对整个产业带来巨大的负面影响。政府的监管和版权法的保护是奠定数字音乐产业的保障。到目前为止,美国已经建立起了包括《版权法》《专利法》《商标法》《反不正当竞争法》《跨世纪数字版权法》《打击网络侵权及假冒伪劣法案》等一系列版权保护法律体系,形成了全球保护范围最广、相关规定最为详尽的法律系统①。英、法、日、韩等音乐产业发达国家也建立起了非常健全的法律体系,为音乐产业的发展提供一个公平、规范的竞争环境。

8.5.4.2 SP拓展多元化音乐增值服务,为用户建立正确的消费观念

有关调查报告显示,在我国400余家中型音乐网站和1 000余家小型个人主页存在有严重的侵权问题,网络上供下载的音乐中有50%是盗版。IFPI在2012年数字音乐报告中的数据指出,我国数字音乐盗版率更是达到了99%。面对网络上触手可及的免费资源,我国的音乐消费者已经被误导进一个错误的消费观念——“既然有免费资源可享,为音乐付费简直是浪费金钱”。在免费下载泛滥的数字音乐产业中,消费者一时无法接受音乐每首付费下载的消费方式,但以“免费试听＋增值服务”为特点的订阅模式能够很好地引导消费者走向正确的音乐消费方式,更好地建立消费者的版权意识。现阶段国内SP的赢利绝大多数来自于广告收入,用户付费占极小的比例,国内数字音乐市场应寻求多元化的商业模式,其关键在于,如何做到将三网融合的优势发挥至最大,将在线正版音

① 佟雪娜.数字音乐的产业价值链研究[M].北京:清华大学出版社,2012:24.

乐、无线音乐和网络电台、音乐人平台、音乐榜单、社交平台等第三方服务进行整合,从单一业务向多元化服务转化,通过"试听免费+增值收费"的方式吸引用户,扩大订阅,增强用户黏性。

8.5.4.3 在线音乐与无线音乐加大合作关联力度,增加两市场契合度

在线音乐服务商通常包括:音乐搜索类网站、综合门户网站、专业音乐网站和 PC 端音乐播放器。无线音乐服务主要由电信运营商和无线音乐平台提供,包括手机铃声下载、彩铃、整曲下载和在线缓存等音乐服务。主要营收方式如图 8-8 所示。

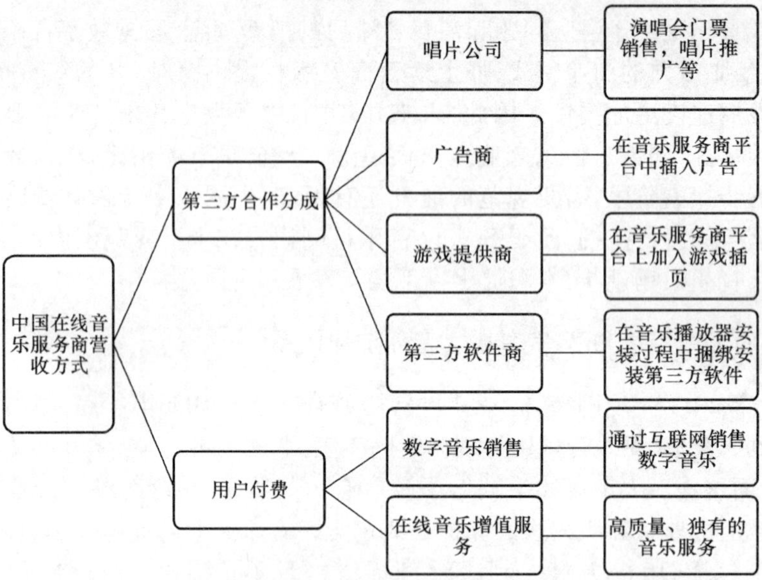

图 8-8 中国在线音乐服务商营收方式

事实上,广告收入在中国在线音乐营收方式里占了绝大多数比重,而用户付费占极少的比重。因此,增加两市场契合度直接决定着音乐增值服务未来的发展趋势,我国数字音乐产业链应努力探索以版权保护为前提,符合我国市场环境和消费方式的商业模式。积极探索在线音乐市场如何与无线音乐市场联合,如移动终端、社交网络、即时通信、游戏等。QQ 音乐的"免费试听+绿钻增值"就是一个值得借鉴的运营模式:免费用户可以自由试听及下载标准音质音乐,10 元/月的付费绿钻用户则享受高清音乐下载、播放器广告过滤、高清 MV 观看、QQ 空间音乐盒服务(如空间背景音乐、MV 秀、免费播放器等)、上传本地音乐、分享音乐等特权。另外,QQ 音乐与唱片公司合作打造"绿钻 IN 乐会",为绿钻用户提供与明星见面、抽取明星演唱会门票等活动。在 QQ 炫舞游戏中,绿钻用户能享受"超值炫舞礼包、酷炫人物徽章、对局经验加成、炫舞背景音乐"的特权。

8.5.4.4 改善 SP 与 CP 合作与分成模式,打造数字音乐生态链

现阶段我国数字音乐市场内容盗版与正版并存,正版音乐主要表现为以下几种使用方式。

(1)版权方作为服务商直接运作正版音乐。

(2)数字音乐服务商与版权方合作运用正版音乐。

(3)数字音乐服务商获得版权方授权使用正版音乐。

《文化部2011年度网络音乐发展报告》显示,截至2011年年底,我国网络音乐总体市场规模达27.8亿元(以网络音乐服务提供商、内容提供商总收入计),同比增长20.8%;其中,在线音乐市场收入规模为3.8亿元,无线音乐市场规模为24亿元(以内容提供商总收入计),而电信运营商无线音乐相关营收将近300亿,整个产业呈现巨大的生机。然而,音乐权利人得到的版权收益不足整个音乐产业的2%,渠道传播方占音乐市场份额的98%。根据中国移动官方数据,当前中国移动无线音乐基地占去国内无线音乐市场份额的83%,截至2012年,累计音乐下载量已高达43亿次。而2011年财报显示,中国移动无线音乐业务保持规模发展,收入达到221亿元。理论上,版权方与电信运营商在音乐获利上应实现五五分成的比例,但根据统计,唱片界全年从运营商得到的版权费实际只有5亿元。如此看来,建立一条生态产业链将是刻不容缓的,音乐产业必须规范版权的分成,Spotify每年70%的收益都交给版权方,iTunes和版权方也是利益三七分成,日、韩则更高,版权方分成比例可以达到90%。我国数字音乐市场中,CP与SP两者都处于积极合作的状况,因此,要想让我国数字音乐产业持续健康发展,一方面应该完善音乐版权保护制度,严厉打击盗版,创建公平的竞争环境;另一方面要拓展、细化SP的营利模式,建立起SP与CP之间合理的利益分成机制。

8.5.5 结 论

Spotify革命性地将P2P这一让全世界版权人深恶痛绝地技术合法化,并结合音乐订阅服务带向主流市场,它的成功显然已经开始改变人们消费音乐的方式。通过深入分析Spotify的运营特点,总结出音乐订阅服务应该基于一个广大的用户平台,重视与社交网络的集成、不同的定价策略、持续改善的用户体验、同SP及移动运营商的成功捆绑等运营方式。订阅服务成功的关键是尽可能多地将用户从免费服务向付费服务转换,继而达到商业营利。

数量庞大的音乐受众群体无疑给我国数字音乐市场带来了巨大的发展空间,但在线音乐市场目前依然存在很多的问题,尤其受到利益分配、版权斗争、政策法规、消费习惯等诸多因素的影响,在很大程度上制约了行业的发展。因此我国数字音乐产业应以建立起一套健全的数字音乐法律体系为前提,借鉴国内外成功经验,努力探索符合我国市场环境和消费方式的商业模式。随着我国数字技术的高速发展,数字音乐服务提供商之间的竞争也将加剧,我国数字音乐服务商只有不断地追求产品的创新,同时在商业模式上不停地创新探索,才能够有力地推动整个数字音乐市场向前发展。

9 国际电视市场

9.1 国际电视市场发展状况

9.1.1 国际电视市场概况

“电视市场”就是以电视台和电视传播为中心的电视播出市场。本文所讲的电视市场涉及的主要是电视主体们的交易市场,包括电视节目市场。

9.1.1.1 国际电视市场的总体情况

(1)全球电视市场收入情况。由于2008年全球金融危机,世界各国经济发展陷入低谷,这对全球电视市场产生了影响。表9-1显示,2009年全球电视市场总的销售收入下降1.4%,但付费电视发展相对稳定,其中收视费收入增长4.7%。而且2005—2009年,全球付费电视显著增长33.8%(同期全球电视行业总收入增长19.9%)。尽管电视收视费的增长如此显著,但广告收入仍然是电视公司最主要的收入来源。

表9-1 全球广播电视总收入 (单位:亿欧元)

种类	2005年	2006年	2007年	2008年	2009年
公共基金 (占比)	230.02 (10.6%)	241.43 (10.3%)	243.96 (9.7%)	247.97 (9.4%)	257.7 (9.9%)
广告收入 (占比)	1 078.49 (49.7%)	1 153.25 (49.2%)	1 244.93 (49.5%)	1 289.98 (48.9%)	1 192.17 (45.8%)
收视费 (占比)	861.49 (39.7%)	949.32 (40.5%)	1 026.11 (40.8%)	1 100.05 (41.7%)	1 153.13 (44.3%)
合计	2 170	2 344	2 515	2 638	2 603

资料来源:IDATE,2009.

就全球电视广告市场来说,2009年全球电视广告收入估计达1 192.17亿欧元①,比2008年下降7.58%(见表9-1)。从全球范围看,北美电视市场最弱,较2008年下降15.9%,欧洲市场比2008年下降9.1%;与北美和欧洲市场显著下降相反的是,亚洲市场2009年比2008年增长2.2%②。

根据尼尔森(Nielsen)27国全媒体(包括纸媒和新媒体)报告显示,主要的广告主如汽

---

① Yao, D. (2009). Global ads forecast to fall 6.9% in 2009[OL]. http://news.smh.com.au/breaking-news-business/global-ads-forecast-to-fall-69-20090415-a6k5.html.

② Wordscreen. Decling in global ad spending is slowing, says Nielsen[OL] http://worldscreen.com/articles/display/22817,2009-10-07.

车制造商、金融机构等大规模地削减了广告预算；而消费品零售商及医疗保健品广告预算变化最少，没有显著地减少。其中电视广告所受的打击最大，美国的电视广告 2009 年下降了 14.9%，美国国内有线电视网广告的前期销售收入 2009 年比 2008 年下降了 12%①。欧洲 2009 年的商业广告收入也遭遇了 8% ~10% 的下降。欧洲商业电视台如英国 ITV、德国 RTL、法国 TF1，甚至 ProSiebenSat.1 和贝卢斯科尼的媒体帝国也都受此影响，商业广告收入显著下降。研究者估计全球电视市场需要几年的时间才能恢复到 2008 年以前的水平。

2010 年美国和全球辛迪加节目市场持续恶化。从美国国内看，日间肥皂剧间的广告收入持续下降。这意味着电视黄金时段的减少，导致全年黄金播放季的重新安排。这引发了更多的跨媒体经营以及无线转有线的思考。② 从全球范围来看，由于经济复苏的缓慢，美国和西欧电视市场好转的希望同样渺茫。而俄罗斯、巴西、印度和中国由于经济增长，2009 年广告收入反而增长，这就吸引了国际电视市场买家和专家更多的关注。③

(2)世界主要电视市场多频道化趋势。在过去十几年中，频道多元化是全球电视市场发展的一个重要特点。诸如付费电视等新服务兴起，卫星电视和地面电视发展，以及数字电视技术增加可承载的频道数量等，都极大地推动了频道多元化的发展，让观众拥有了更多的收视选择。据英国收视调查机构(BARB)的统计数据，1997 年英国能够接收到多频道的电视家庭户仅为 564.9 万户，而到 2009 年，2 229.4 万户电视观众(相当于英国 88% 的电视家庭)可以收看到多频道电视节目。而据法国 Mediametrie 的统计，在法国数字地面电视的覆盖率在 2005 年第三季度时仅为 22.9%，到 2009 年第四季度则已达到 65.4%，越来越多的家庭可以借助地面数字电视技术，收看到更多的电视频道。多频道的繁荣，让电视媒体有能力为观众提供更为细分和专业化的服务，更贴近地满足观众的收视需求，由此带动观众收视的提升。

值得注意的是，多频道的发展往往会对传统强势频道的市场表现产生影响，进而改变当地电视市场的竞争结构。据 Nielsen Media Research 的相关统计数据，在过去十年中，美国市场上新进入市场的竞争者的市场份额增长了 21.6%；BARB 的统计数据则显示，到 2009 年年底，新进入市场的竞争者的市场份额达到了 42%。在法国、芬兰、西班牙和韩国等地，也出现了多频道的发展挑战传统强势频道市场地位的情况。尽管有研究者提出，不少新兴频道实则由传统强势媒体控制，因此，在部分地区频道多元化的发展对市场结构的影响不大。但总体而言，在全球大多数地区，频道多元化都在破除传统强势频道对市场的垄断，促成观众收视行为的多元化。

(3)全球电视市场收视情况。从图 9-1 可以看出，全球人均每日收视时间最长的是北美地区，第二是欧洲地区，最后是亚洲和大洋洲地区，亚洲和大洋洲地区的人均每日收视时间低于全球平均每日收视时间。从发展趋势来看，2003—2009 年北美地区人均每日收视时间有小幅增长；欧洲地区人均每日收视时间则基本保持稳定，只在 2009 年有小幅增加；亚洲和大洋洲地区人均每日收视时间总的来说也持续小幅增加。

---

① Crupi A. Cable upfront down 12%, Mediaweek[OL]. [2010-10-15]. http://hollyhoodreporter.com/hr/content_display/television/news/e3ia689e3d11e46flbc53201783e7eb5950.

② Andalian J. Broadcast TV in 2010: Death or rebirth? [OL]. [2009-01-05]. http://www.msnbc.msn.com/id/34710815/ns/entertainment-television.

③ Daswani M. The view from Brazil. TV Real Weekly[OL]. [2010-02-10]. http://tvreal@wordscreen.com.

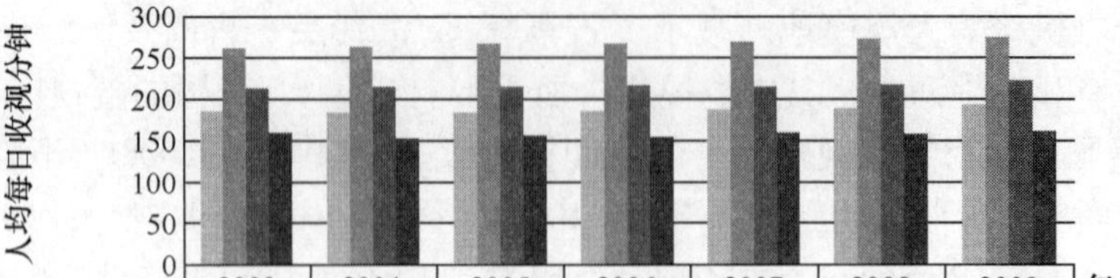

	2003	2004	2005	2006	2007	2008	2009 年
全球	186	183	184	185	187	189	192
北美	261	264	266	267	368	272	275
欧洲	213	215	215	216	215	217	222
亚洲和大洋洲	159	153	155	154	159	158	161

图 9－1　2003—2009 年全球及主要区域人均每日收视分钟数变化态势[①]

(4)全球电视市场节目发展趋势。在电视节目创新和内容传播全球化的整体氛围中,电视观众得以从更广泛的节目类型中获得收视满足。在这个过程中,综艺节目和纪实类节目热度的增加,挑战传统强势的虚构类节目,体现出在节目创新和频道多元化的趋势中,观众收视的进一步细分和电视节目市场碎片化的发展趋向(见表 9－2)。

表 9－2　各国收视排名前十位节目的类型构成

年　份	2008	2009	年　份	2008	2009	年　份	2008	2009
虚拟类	45%	41%	娱乐类	37%	39%	纪实类	18%	20%
系列剧	68%	63%	电视活动	30%	30%	新闻	50%	52%
肥皂剧	10%	12%	真人秀	24%	28%	新闻杂志	31%	27%
电影	8%	11%	综艺表演	18%	19%	政治秀	9%	10%
连续剧	9%	9%	游戏节目	11%	12%	纪录片	8%	9%
卡通	2%	1%	脱口秀	8%	7%	宗教	1%	1%
电视电影	2%	3%	喜剧	9%	5%			
情景剧	1%	3%						

数据来源:One TV Year in the World 2010.

9.1.1.2　四大国际电视节交易情况

四大国际电视节的交易情况无疑最能反映国际电视市场的变化趋势。2009 年北美电视节(NATPE)的交易显示出美国国内辛迪加节目市场的萧条以及现有的辛迪加节目库的老化,新的节目供给匮乏。业内人士希望基于电视台和节目制作者之间合作的辛迪加早期模式能够重现,以此改变现在这种创新不足、新节目供应不足的情况。

2009 年 10 月世界视听内容交易会戛纳秋季电视节(MIPCOM)在法国戛纳举行,其参加者和销售情况比世界视听数字内容市场戛纳春季电视节(MIPTV)都好。2009 年 MIPCOM 和 MIPTV 的讨论与以往最大的转变是从业者感受到的压力以及如何制作出成本更低的节目。在 MIPTV 讨论的是"以新的联盟来资助电视节目的制作,以新的渠道策

① 数据来源;所有 Eurodata TV Worldwide 能获得数据的收视率调查市场。

略来巩固自己的品牌”。参会者都在思考如何通过为自己未来的内容产品创建一个多渠道平台来实现营利①。MIPCOM 的讨论重点更多强调联合制作、国际频道,以及更加多样化的产品、国际市场与国内市场的同步化(这样既可以避免盗版又可以降低营销的成本)②。在广告收入下降的背景下,对任何国内电视产业来说本土化生产成本都太高,所以节目购买需求不旺。如何降低节目成本就是参会者都关心的问题。相对地,好莱坞的节目制作公司的销售业绩要好于预期,原因是他们减少了成本高的本地电视剧的制作。因此,减产或降低成本对于节目制作公司是很好的选择③。另外,MIPCOM 强调了娱乐节目的价值,因为娱乐节目很适合许可或节目版式销售④。

综上所述,2008 年金融危机及其带来的全球经济的增长乏力对国际电视市场的影响不可预期。伴随全球经济的萧条,国际电视市场已经发生了三大改变:①节目开发及行业内并购的费用持续降低。②节目版式许可贸易已成为全球节目买方降低成本的有效渠道,国际节目版式贸易规模显著增加。③全球经济萧条推动了电视节目制作者通过联合制作的方式来降低成本、风险。这也进一步提高了保护知识产权的重要性,因为联合制作意味着内容的提供者是创意工作者,是他们创造了节目的版式,因此他们是节目版式的所有者,而不是制作方和其他受益方。

9.1.2 国际电视市场竞争格局

从 20 世纪 70 年代到 90 年代,联合国教科文组织主持资助了一系列全球电视节目进口和出口研究,诺登斯托恩(K. Nordenstreng)、瓦里斯(R. Varise)、卡茨(E. Katz)、韦德尔(G. Wedel)、维尔德曼(S. Wildman)、西维克(S. Sisvek)等许多国际知名传播学者都参与了这项研究,研究范围包括 90 多个国家和地区,展开了三次大规模的调查;①1974 年诺登斯托恩和瓦里斯的《电视流是一条单行道吗》;②1986 年瓦里斯的《电视节目的国际流动》;③1994 年沃特曼(S. Waterman)和罗杰斯(E. Rogers)对东南亚九个国家或地区的电视节目进口的专门研究。这几次大规模的调查数据以及最新国际电视节的交易都显示了国际电视节目的交易有以下三个最为显著的特征和趋势。

(1)单向流动的趋势:电视节目主要由发达国家向第三世界欠发达国家单向流动。

(2)美国电视节目的霸权:美国是全球电视节目主要的输出地,形成了美国在全球电视节目市场的霸权地位⑤。

(3)近几年由于金融危机的影响,如何降低节目成本是从业者都关心的问题。节目版式贸易由于其节目版式新颖、本地制作成本低等优势成为电视节目贸易的新兴品种,且贸易规模迅速增长。目前英国是电视节目版式出口量最大的国家。

---

① Brozoznowski K. MIPCOM sees strong attendance[OL]. [2009 - 10 - 08]. http://www.worldscreen.com/articles/search, 2009 - 10 - 08.

② Guider E. MIPCOM: Series sizzle. The Hollywood Reproter[OL]. [2009 - 09 - 29]. http://www.hollywoodreporter.com/hr/content_display/news/e3i0e0331038f5cd3ed52608a28147e084f? src = challenge.

③ Tuner M. Report; U.K. leads global formats market[OL]. [2009 - 10 - 10]. http://www.hollywoodreporter.com/hr/content_display/world/news/e3ic70c81ff95d140b9aaf569385d49cf93.

④ Tuner M. MIPCOM: Glitz amid a still - tricky market[OL]. [2009 - 10 - 10]. http://www.hollywoodreporter.com/hr/content_display/news/e3i6e0d957446c196caf5ddd45cbaaa6299f.

⑤ 李家伦. 电视节目全球流动及相关理论述评[J]. 当代电影,2012(3).

从电视剧的全球市场来看，美国的电视剧产业是高度商业化的，它以市场为主导，有很强的竞争优势，处于文化霸主地位。美国控制了世界上75%的电视节目，每年向其他国家发行的电视节目总量时长达到30万小时，许多第三世界国家播出的电视节目很多都直接来自美国，高的占到60%～80%。美国各类电视节目中，出口最多的就是美国电视剧①。

据统计，美国仅仅拥有全球电视受众的5%，却占有全球电视节目总支出的1/3。如此广阔的市场空间和强劲的消费能力，为各类电视节目制作者提供了可供选择的多层次窗口。这样，电视节目的制作成本通常在本土市场就会得到补偿，所以美国的电视节目可以低成本开拓海外市场。而与美国如此低价格、高质量的电视节目相比，美国之外的电视节目制作商几乎没有什么竞争力，加之海外大多数的有线和卫星频道的节目安排主要以进口为主，使美国电视节目有着广大的国际市场需求。这两方面的原因基本上保证了美国电视节目在价格很低的情况下都可以实现营利，从而奠定了美国电视节目全球霸主的地位②。

9.1.3 国际电视节目会展

从世界范围来看，国际电视节目会展可以大体划分为三种类型：一是全球性的电视节目会展，即来自世界各国的客户展出并交易各种类型的节目产品的电视节目会展；二是地区性电视节目会展，即集中在某个地理或文化区域的客户展出并交易各种类型的节目产品的市场，更具有针对性；三是特定类型的节目会展，即专门展出、销售某种在国际上流行的节目类型，如真实节目或纪录片等的会展。

9.1.3.1 全球性的电视节目会展

全球性的电视节目会展处于国际辛迪加的核心地位。目前，世界上最大和最重要的国际电视市场是MIPTV，MIPCOM和北美国际电视节（The National Association of Television Program Executives，NATPE）。这些年，电视节目市场吸引了成千上万来自全球各地的业务代表。

（1）MIPTV。MIPTV从1963年开始举办，每年一届，一届一般持续五天，在五天的时间里，来自世界各地的客户进行节目交易、发展长期业务关系并且一同见证了影响视听界的重大变化。在过去十多年间，MIPTV参加者的数量增长了约20%。每年MIPTV的会议主题，会集中在世界电视产业的一个主要的制作和播出地区。如第33届MIPTV的会议主题是拉美地区，拉美的电视小说赢得了世界范围内的成功。

（2）MIPCOM。世界视听内容交易会戛纳秋季电视节（MIPCOM）创办于1985年，每年秋季在戛纳举办，是下半年里最重要的电视节目市场，参加者逐年增加。MIPCOM见证着国际电视贸易在过去十多年里的显著增长。MIPCOM比MIPTV更加针对美国和欧洲的节目。因为秋季收视数据可以显示新节目受欢迎的程度，使得业务双方的贸易发展更有据可循。

---

① 刘园园．“竞争五力”模型中的中美电视剧产业竞争环境比较［J］．视听界，2011(6)．

② 朱春阳．美、英、韩三国电视剧产制模式比较分析［J］．电影评介，2006-06-05．

(3)NATPE。“北美国际电视节”一般都称为“奈佩”(NATPE)电视节,全称叫美国国家广播电视节目执行制片人会议及节目展,一年举行一次。NATPE 也是美国全国电视节目专业协会的简称,该会是全球电视行业很有影响的行业协会。

NATPE 起初是作为一个美国国内节目市场成立的,成立于 1963 年。近些年,来自世界各地的代表团有了很大增长,而且随着美国国内市场的饱和,国内的播出公司也越来越倾向于国际贸易,NATPE 随之从一个国内市场成长为最重要的国际电视节目市场之一。NATPE 一直致力于提高媒体产品的数量和质量,换言之,即向各媒体的从业人员提供宝贵的素材和经验。NATPE 目前已有 4 000 家团体会员,这些团体会员可享受 NATPE 提供的教育、网络、行业交流和技术指导。NATPE 于每年 1 月举行年会及产品展示会,这是全球电视产品及电视业务的一次大交流,其规模与堪称世界第一的法国戛纳电视节不相上下。

与 MIPTV 和 MIPCOM 相比,NATPE 的优势之一便是在这里可以遇到更多的美国客户,拉美的参加者也远比 MIPTV 或者 MIPCOM 多。由于美国电视产业从开始就是商业化的运作模式,节目经过市场的千锤百炼,在世界电视产业中占据着主导地位,所以,NATPE 同时也是一个非常好的检验节目潜力的平台,并可以从中确认节目可能的发展趋势。①

2010 年,第十届北美国际电视节(NAPTE)在美国拉斯维加斯举行。来自美国、英国、日本、韩国、西班牙、中国等 70 多个国家和地区的 1 800 多名各界代表参加了本届盛会,其中包括来自美国的华纳、HBO、福克斯,墨西哥的特里维萨电视公司(Televisa),加拿大第二大电视网环球电视(Global TV),委内瑞拉的维那电视台(Venevision)以及中国中央电视台等著名电视机构。

9.1.3.2 地区性电视节目会展

20 世纪 90 年代中后期,地方市场在世界各地涌现。一方面,世界各国卫星和付费电视频道的增长提高了各国对电视节目的需求量;另一方面,世界发行商需要更多地了解当地市场,才有可能降低文化折扣,适应当地的文化品位和需求,渗透进当地的市场。因此,在北美和西欧的主导市场之外,世界其他区域也兴起了一些比较重要的地方市场。如,亚洲地区的亚洲电视论坛(Asia TV Forum, ATF),拉美地区的西班牙国际电视节(MIDIA),阿拉伯地区的迪拜国际视听内容交易会(MID - TV 和 MIDCOM),俄罗斯的莫斯科广播电视的电子通信博览会(Teleshow)都是当地最著名、规模最大的地区性电视节目市场。

(1)ATF。亚洲地区最盛大的媒体大会是 ATF。随着亚洲各国的经济增长,亚洲发行商、购片商的需求量也随之增加,重量级的传媒公司如 CBS Paramount International Television、NBC Universal、Sony Pictures Television International 等都出现在 ATF 参加者的名单中。ATF 主要是供应商和潜在客户发展长期关系的市场,也是和来自亚洲地方与区域频道联系的主要市场,因为来自地方与区域的频道通常不会去全球性市场。由于亚洲地区地域辽阔,又有复杂多样的文化和语言,所以更加适合节目版式的销售。通过 ATF,国际大传媒公司可以使自己的国际节目地方化,以适应亚洲当地观众的口味。

---

① 林屹屹. 从北美纳比(NATPE)电视节看节目市场发展趋势[J]. 现代传播,2011(1).

(2)MIDIA。拉美是继北美和欧洲之后的世界第三大市场。拉美国际发行商一直活跃在全球电视市场,向欧美出口大量的电视小说。拉美地区的电视市场 MIDIA 开始于 1996 年。在马德里举办的第一届 MIDIA 吸引了来自 40 个国家 256 个公司的 1 150 名参加者。MIDIA 每年 6 月举办,立足于西班牙语影像产业。有专家预测,在未来 10 年西班牙语国家对电视节目的需求量会超过欧洲,成为世界第一大电视节目消费市场。

(3)MID - TV 和 MIDCOM。阿拉伯地区的迪拜国际电视节(Media International Dubai Television)开始于 1995 年,来自美国、英国、法国、意大利、澳大利亚等国的著名传媒公司,如 NBC Asia 、CNN International、BBC World、Chum City International 等都是它的参加者。波斯湾国家多种多样的种族、民族使得这个地区的电视节目内容独特,播出商很难达到目标受众。而 MID - TV 的节目对于区域来说更具有针对性,MID - TV的组织者 Yusuf Thakur 说:"除非他们来到这里并了解市场情况,否则他们制作的节目难以满足当地观众的需求。"MIDCOM 是位于迪拜的电视交易市场,该市场主要交易的是远程通信、有线、卫星硬件和技术,同时也有电视节目销售和合作制片活动。

(4)TeleShow。莫斯科电视节目市场 TeleShow 是为俄罗斯和独联体国家举办的。俄罗斯和独联体在地理上是个幅员辽阔的区域,而这个地区的电视观众对于国际节目的需求还远远未被满足。对于大的传媒公司来说,这意味着规模巨大、持续增长的潜在市场具有强大的吸引力。因此,第一届 TeleShow 吸引了 226 个公司,国际参加者包括迪士尼、Turner International、Worldvision 等著名的国际传媒公司。

9.1.3.3 特定类型的电视节目会展——节目版式会展市场

在电视节目会展中,除了已经制作完成的节目贸易展出之外,节目版式的交易也是市场的重要组成部分。在其他国家和文化区域,复制已成功的电视节目并不是一个新的方式,在电视节目国际贸易的早期就开始了,但大规模的节目版式交易却是近些年来才出现的转折点。良好的收视率纪录、较低的购买费用、国家电视的准入限额是成功的节目版式具有市场的主要原因。Granada International 的董事总经理 Nadine Nohr 说:"节目版式的益处,是它回应了很多年里人们对于本土关联性的渴求。版式是经过检验的公式,在主要的地方市场能够和原创制片商一起为适应当地的文化特性而改编。"①

9.2 国际主要国别电视市场分析

9.2.1 美国电视市场

9.2.1.1 美国电视市场概况

(1)美国电视传播体系。美国目前的主流电视传播格局是由三大电视网(Network TV)、有线电视网(Cable TV)及地方电视(Local TV)构成。这些电视机构通过不同的组织方式覆盖受众,通过差异化的经营方式经营并获利。

① Pursell Chris. International Deals a Vital Part of NATPE[N]. Television Week,2007 - 01 - 15(26).

①美国电视网。美国的电视业是从无线电视网发展起来的，创立伊始，就形成了全国广播公司、哥伦比亚广播公司和美国广播公司三足鼎立的垄断局面。全国三大电视网连同其加盟台实行制播合一的运作机制，一度控制电视媒介的制作、生产、销售和播出，形成垄断性经营。20 世纪 90 年代，随着福克斯等其他电视网的发展壮大，三大传统电视网的市场比例急剧下降。见图 9－2。

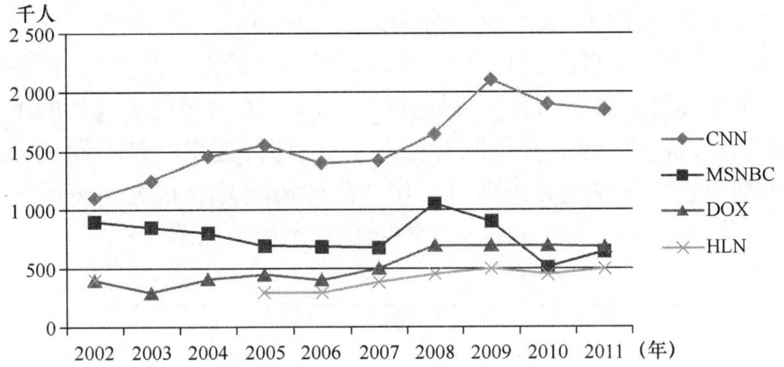

图 9－2 美国四大电视网近年来收视率变化情况[①]

②美国电视台。美国电视台分为全国电视网自属电视台和地方性电视台两个系统。电视网除了拥有若干家自属的电视台（自有自营电视台）之外，还会以签约的方式与众多地方性电视台联盟。这些加盟台都具有独立法人地位，是进行独立经营的企业，通常分别隶属于自己的母公司。目前，美国共有 1 200 多家商业电视台，主流电视网有 16 家，一半以上的商业电视台归属于前五位的有线电视网。2010 年，美国无线网中的 TOP20 电视节目被四家电视网所占据，其中 CBS 占据了 13 个节目，占比达 65%；FOX、NBC、ABC 占比分别达 15%、5%、15%。

③美国电视网与电视台两级传播体系。美国全国电视网除了拥有自属电视台之外，还会以签约的方式与众多地方电视台联盟。这些加盟的地方性电视台在同三大广播公司签约之后，有义务在规定时段内播出电视网向它们提供的节目以及穿插在节目中的广告，而电视网则要付给加盟台一定数额的节目播出费。电视网与加盟台之间相互依存，一方面，电视网通过吸收大量的加盟台，扩展了自己的网络覆盖区域，扩大了节目的影响，从而提高了广告收入（对于面向全国范围的广告商而言，可以直接向电视网购买广告时段，降低了全国范围内的广告成本），获得更高的经济效益。另一方面，加盟台则通过电视网获得质量更高的电视节目，保证了地方台较高的收视率和广告价格，同时也获得了一定的播出收入。同时减少了本身对于制作电视节目的压力，将更多的资金和资源投入到生产本地新闻类节目上，提高地区电视台的信誉度。这样，地方电视台可以向本地的广告商收取更高的广告费用。电视网和加盟台在合作中都增加了效益，因此也巩固了二者的合作基础[②]。

---

① 数据来源：Nielsen Media Research，used under license。

② 汪琦，李世成. 美国电视节目运营机制对我国制播分离改革的启示[J]. 东南传播，2012(4).

(2)美国电视受众市场概况。

①美国电视受众的一般特征。

A. 美国主流文化。美国学者斯图尔特认为,美国的主流文化是“主要由白人男性中产阶级成员(但不仅限于此)构成的美国主流社会的思维和行为模式”。一般认为,美国主流文化是所谓 WASP 文化,即盎格鲁—撒克逊—白人—新教文化。其主要核心包括:个人主义、讲求竞争、实利主义、效率至上。

B. 美国的亚文化。美国亚文化又可分为以下几种:

第一,种族亚文化。在过去的几十年,美国新增人口的 1/3 是移民,这种情况使美国的种族亚文化迅速发展起来。随着各种族移民的涌入,美国文化所包括的不同种族亚文化的种类越来越多,各种族的亚文化既有相同又有不同,更多的是不同点。这反映为文化消费差异更加明显。各种族的人群对文化产品的需求差异很大。美国的多种族并存的现状意味着美国本土市场本身就是一个国际化的市场。见图 9－3。

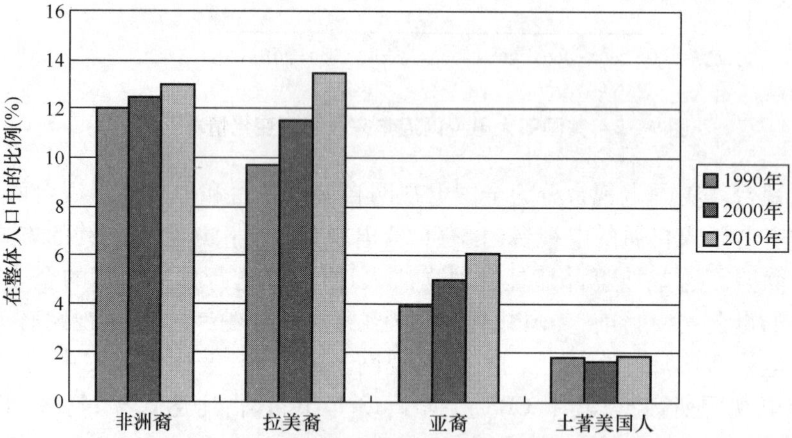

图 9－3　美国的种族亚文化:1990－2010 年①

第二,宗教亚文化。在美国,宗教是影响很多美国人行为的重要因素之一。信仰不同宗教的人具有不同的价值观和行为方式,进而形成了不同宗教的亚文化。表 9－3 显示了美国主要宗教亚文化的人口统计特征。

表 9－3　美国主要宗教亚文化的人口统计特征

宗　教	占总人口的比重(%)	就业者(全职)(%)	年平均收入(1 000 $)	住房拥有者(%)
基督教				
罗马天主教	26.2	54.3	27.7	69.3
新教	19.4	52.5	20.6	66.6
卫理公会	8	49.6	25.1	75.2
路德会	5.2	50	25.9	76.5
基督教	4.5	51.8	20.7	63.7

① 郭金英.美国市场亚文化特点及对国际市场营销的影响[D].天津财经大学,2012.

续表

宗　教	占总人口的比重(%)	就业者(全职)(%)	年平均收入(1 000 $)	住房拥有者(%)
长老会	2.8	48.8	29	76.9
复活教	1.8	52.8	19.4	60.8
主教	1.7	52.6	33	70.6
摩门教	1.4	49.9	25.7	74
非基督教				
犹太教	1.8	50.1	36.7	61.7
穆斯林	0.5	62.5	24.7	43.3
佛教	0.4	59.4	28.5	50.6
不可知论教	0.7	63.5	33.3	59.7
无宗教信仰	7.5	60.5	27.3	60.6

资料来源:霍金斯.消费者行为学[M].北京:机械工业出版社,2003:157.

第三,地理亚文化。由于地域的差别(包括各种地理条件如气候、温度、湿度等)都会造成不同地域的人群有着不同的消费偏好,因此在研究不同市场的消费需求偏好时,要将地理的因素考虑在内。美国电视业者将全国电视市场按其影响地区分为209个市场,最大的市场是纽约市,拥有近700万电视用户,最小的在密歇根州的阿匹纳,有15 600户。

②美国电视台网对目标电视观众的定位。从严格的经济学观点来看,具体的"受众"并不是传媒市场上的一个构成元素,只有"有效受众"才对商业化的媒介系统有意义。有效受众是指接触媒介的具有广告的诉求对象特点的受众人数。如今"有效受众"主要集中在白领等中产阶级。美国35~50多岁的"中产阶级",属于最有钱、最有消费能力的群体。长期把持收视份额"头把交椅"的CBS电视网,其收视群平均年龄超过了50岁。其他三家主要电视网,也都以45岁以上观众作为目标受众。最有钱的这部分群体已经成为各家电视台在晚间电视剧黄金时段积极争取的核心收视人群。

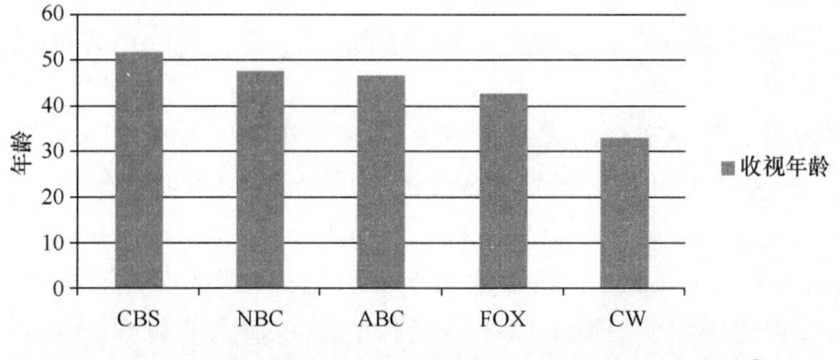

图9-4　美国主要的五大电视网收视人群平均年龄统计[1]

③美国电视受众的最新变化趋势。

① 数据来源:Nielsen.

第一,传统媒体受到新媒体的冲击,受众逐渐减少。根据 Nielsen 媒体调查机构的数据,2011 美国媒体受众整体发展趋势如图 9-5 所示。

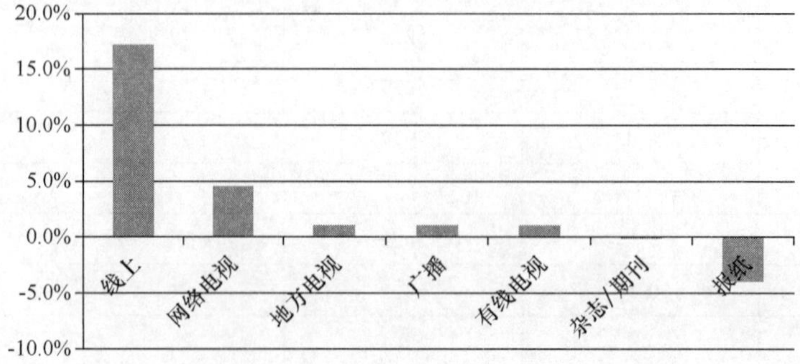

图 9-5　2010—2011 美国媒体受众数量变化情况①

从表 9-5 可以看出,目前受众增幅最大的是在线视频部分;杂志和报纸的受众出现了负增长的态势,这与新媒体的兴起有很大关系。而在 2011 年美国电视市场无论是三大电视网,还是有线电视、地方电视的观众都出现了一定程度的增长,这与 2011 年发生了日本海啸等重大新闻事件有很大关系。

第二,早间和晚间新闻节目成为增长点。2011 年在传统电视媒体中,三大电视网的受众增幅最大,达到 4.5%。这种增长主要出现在晚间和早间的新闻节目。据统计,在晚间平均有 2 250 万美国人在收看三大网的电视新闻节目,在晚餐时间收看三大电视网新闻节目的观众,是晚间黄金时段(周一至周六为晚 8 点至 11 点,周日为晚 7 点至 11 点)收看三大主要有线电视台观众的 4 倍。

早间节目在 2011 年也显现出了增长的趋势,这是 7 年来首次出现的现象。平均每天有 1 330 万美国人在收看来自三大网的早间节目,受众人群比 2010 年增加了 5.4%。根据《纽约时代周刊》的调查,在三大电视网的黄金时段,CBS 仍然拥有数量最大的受众群体。2011 年,CBS 还花了 4 600 万美元进行早间节目的重组和调整。在 2011—2012 年播映季,CBS 拥有最大的广告收入②。但是,皮尤研究中心调查的数据显示,在 2012 年大选期间,ABC、CBS、NBC、FOX 几家电视网的早间新闻收视率平均下降 5%,而晚间新闻和深夜新闻收视率则平均下降 7%。造成这一现象的原因主要是美国地方电视台新闻栏目的崛起③。

第三,新闻杂志类节目观众出现一定流失。2011 年三大电视网所有新闻杂志类节目受众持续下降。在这次新闻杂志类节目观众流失的趋势下,有两个例外。一个是 ABC 电视网的 Nightline,超过了其同时段的竞争对手 Tonight Show 和 Late Show。另一个例外,是 NBC 电视网的周日节目 Dateline。除了这两个节目之外,其他新闻杂志类节目都在娱乐节目的冲击下,收视出现明显下降。CBS 最老牌的新闻杂志节目 60 Minutes 小幅下降了 0.78%,其受众群体数量为 1 160 万,仍然是该形态中最流行的节目。CBS 的其他杂志新

① 高晓虹,李智.美国电视竞争格局及其策略借鉴[J].现代传播,2012(8).
② 高晓虹,李智.美国电视竞争格局及其策略借鉴[J].现代传播,2012(8).
③ 张尼.美国地方电视台受传媒集团追捧[J].中国社会科学报,2013-08-21.

闻节目，如 48 Hours Mystery 下降 6.6%，受众数为 540 万。ABC 电视台的节目 20/20 的降幅最大，为 11.3%，其受众降低到了 490 万①。

（3）美国专业化的电视节目。在节目定位上，美国是真正的专业化时代。根据维基百科对美国主要有线电视网和电视频道的不完全统计，美国主要电视频道可分为娱乐、体育、生活及文化、新闻及资讯、音乐、儿童和家庭、记录及教育、购物、电影九大类型。美国电台专业化程度更高，1 100 多家电台基本上属于专业化频道。

在九种专业化频道中，娱乐版块占到 85%。与美国情况类似，全球范围内也是娱乐节目称霸，使用效率最高。统计数据显示，2009 年全球（71 个国家或地区）收视率最高的电视节目收视份额中，影视剧类占 42%（其中连续剧占到了 63%），娱乐类节目共占 38%（其中体育赛事占 30%，真人秀占 28%），新闻时事记录类的节目共占 20%。从以上数据可以看出，影视剧和娱乐节目总共占到了全球节目收视份额的 70%。美国电视业从来都是向世界各国输出节目类型和版式的源头，现在仍然流行于世界各地的大部分娱乐节目、真人秀节目、谈话节目、新闻杂志、情境喜剧等重要电视节目类型都发源于美国②。

9.2.1.2 美国电视市场运行机制

（1）节目制播机制——制播分离制。美国电视节目制作模式常常采用制播分离制，这是美国较为普遍的一种机制，即节目制作方承担节目制作中的大部分资金，来制作节目；作为回报，他们可获得自己制作的节目的二级和三级销售权。而电视台只需支付一笔费用用来购买节目的播放权，这笔费用远远低于节目的制作费用，通常是全部费用的 1/3。因此，节目制作人承担节目制作的大部分费用。如果节目失败了，制片人的投资也就损失了；反之，如果节目很受欢迎，那么节目制作人就可以把节目再出售给美国的其他电视台、影碟发行公司、海外电视台等，可以从中获取高额利润。这种制播分离的模式将市场激励和市场风险联系在一起，形成权益分配的基础，鼓励风险共担，共享市场收益。

在这种机制下，节目制作方经常面临连续剧或其他节目被美国大的电视网提前停播的风险，所以美国电视剧一般都是边拍边播，即节目制作基本采用标准流水线来组织，一条节目制作流水线包括这些程序：主笔设计情节—提纲作者编写提纲—对话作者撰写对白—总编剧汇成脚本—制片人和导演作前期筹备—前期拍摄—后期制作—发行播出③。

另外，美剧采用季播模式。电视的黄金时间终归是有限的几个小时，美剧一般都是 60 分钟一集（包括插播广告的时间），大多在 6 个全国商业性电视网中的晚间黄金时段首播，少数节目以辛迪加首轮节目的方式直接卖给地方独立电视台或全国有线电视网。首播的电视剧基本是在每年 9 月至第二年 4 月的演季中每周固定时间播出一集，每个演季的播出量大约在 25 集上下。比较受欢迎的节目会在 5 ~ 8 月的非演季在同一个电视网上重播一次。这种播出方式使美国各个电视台的电视剧呈现“独家”与差异化格局，利于观

---

① 高晓虹，李智．美国电视竞争格局及其策略借鉴［J］．现代传播，2012（8）．

② 刘园园．“竞争五力”模型中的中美电视剧产业竞争环境比较［J］．视听界，2011（6）．

③ 朱春阳．美、英、韩三国电视剧产制模式比较分析［J］．电影评介，2006 - 06 - 05．

众选择[①]。正是由于美国电视剧制作和播出的这种机制刺激带来了美国电视剧节目的繁荣。随着电视分众化时代的到来,美国电视剧正以千姿百态的类型,吸引、满足不同教育程度、社会阶层及文化背景的观众,这使得各类观众很容易在固定时段找到符合自己口味的电视剧。

(2)美国电视节目发行机制——节目辛迪加。节目辛迪加是美国电视节目发行的一个独特方式。节目辛迪加的具体操作方式是:辛迪加组织先购买节目所有权,然后向市场销售其播出权,再通过开发电视节目多轮次播放以获取利润最大化。

辛迪加节目授权方式分为三类:非电视网辛迪加、首轮辛迪加和互换辛迪加。①非电视网辛迪加,指电视节目首轮只是在全国电视网中部分播放,然后就可以将节目的第二轮播放权销售给其他电视播出机构。如有线电视频道购买 NBC 的情景喜剧。②首轮辛迪加,指将电视节目直接卖给非电视网机构。周播节目常采用首轮辛迪加的方式,比如派拉蒙公司的电视节目"星际旅行"(Star Trek)系列。有时,一些首轮供电视网播出的节目也可能转变为首轮辛迪加节目。如"海湾观察"(Bay Watch)节目,这个节目计划 1989 年首轮在 NBC 播出,但因为播出效果不好,播一季就停播了。随后制作方转为首轮辛迪加路线,结果在国际市场上大获成功。③互换辛迪加,是一种互惠的交易模式。具体做法是,广告主事先购买辛迪加节目全部或者部分插播广告权。通过互换辛迪加,广告主获得了投放广告的优先机会,而节目播出机构则从广告时段的预先销售中获得回报,节目制作方也因为预售广告的款项可以弥补节目制作成本的大部分。

节目辛迪加对于促进美国电视节目创新、竞争起了重要的作用,主要表现在以下三个方面:

其一,辛迪加部分打破了三大电视网的垄断,强有力地推进了制播分离。从产业发展的角度讲,实现制播分离需要具备两个条件:一是市场有足够的优秀节目可供选择,二是对节目播出渠道(电视台)进行政策方面的限制。第二个条件可以由政府管理部门制定相关政策实现。至于第一个条件,节目的制作政府无法直接干预,只能通过节目辛迪加来实现。事实上,节目辛迪加制就是在美国政策的扶持下发展起来的。

其二,辛迪加大大降低了节目创新的风险。电视节目制作属于高投入、高风险的产业。在美国,30 分钟一期的电视节目通常需要数十万美元的制作成本;一个系列节目通常需要数百万、数千万美元的投资。老节目有一定的知名度,培养了一批忠实观众,因此经济效益有一定的保障。但对于新节目而言,风险就大很多。辛迪加的存在,改变了这一状况。根据"辛迪加——财务收益规则",电视节目的所有权在电视网播出一定的轮次后会回到制作公司手里。除在电视网播出的收益外,任何其他途经销售(包括辛迪加)的利润都由制作公司获得。因此,许多制作公司一开始赔本制作也不害怕,他们寄希望于成功的辛迪加销售扭亏为盈。

其三,辛迪加扩宽节目营利的途径,保证了电视节目制作者的利益。电视节目商品作为公共商品具有可共享性、可多次消费的特点。但在电视网垄断的情况下,节目制作商将作品一次性卖给电视网只获得一定的利润,节目获得观众认可,制作商也只能眼看着辛苦创作的节目成为电视网大把赚钱的工具;那些未能被电视网购买的节目投资只能

① 刘园园."竞争五力"模型中的中美电视剧产业竞争环境比较[J].视听界,2011-06.

亏损。这种状况不利于调动制作商的积极性。而辛迪加制度很好地解决了这个问题。节目制作方通过辛迪加的多轮次销售方式获得节目市场效益的最大化，每一轮次的销售中，节目制作商都可以从中分得利益。另外，随着国际交流的开展，节目海外市场的开发更是给制作商提供了额外的利润来源①。

(3)美国节目的分销机制——“窗口化策略”。美国电视节目制作人为了使节目的回报最大化，促使制作者自觉地提高电视剧的质量以及与观众需求的契合程度，形成了多层次的“窗口化策略”。即节目制作人通过更多的渠道和窗口，安排能够产生最佳回报的销售模式和顺序，实现产品价值的最大化。

具体来说：节目供应商根据观众规模和带来的利润率安排窗口顺序，而这些窗口包括无线电视网、有线电视网和卫星电视网、独立电视台甚至国际节目辛迪加等三级窗口。在节目的播放次序安排上，那些从每个观众身上可获得利润率高的频道应该优先于那些从每个观众身上可获利润率较低的频道。每个节目实际安排的时段和付费的多少将影响它们在节目播放次序中的位置。窗口化策略实质是一种价格歧视，因为同样的产品由于接触产品的不同时序和形态而被收取不同的价格。窗口化策略一方面使节目供应商利润不断增加，规模不断扩大；另一方面，可以把节目的生产成本尽可能地分摊到许多不同的发行窗口和地域，同时也可以把风险更有效地分摊到一系列产品之中，是电视节目制作商的成功秘诀，进而也繁荣了节目制作市场。

(4)美国节目的资金运营机制——“赤字财政”。FCC 推出的“辛迪加——财务收益规则”禁止电视网参与除他们首轮播出之外的节目的收益分配，禁止电视网参与建立内部(尤其是在国内市场上)辛迪加机构。这项规则客观上推进了美国节目制作“赤字财政”机制的形成。

美国的电视制作“赤字财政”的资金运用机制指：节目制作方分担节目制作费中的大部分资金，作为回报，他们可以获取自己制作的节目的二级或者三级销售权。而电视台网只分担节目制作费中的一小部分资金。具体运作方式是：为了获取独立节目制作人制作的节目播出权，美国电视网一般会支付一笔费用，但是这笔费用低于节目的制作费，通常是节目制作费的1/3，节目制作人不得不补上差额或赤字额，被迫承担更多的风险。如果节目失败，损失部分制作费；如果节目一炮走红，节目制作人把节目再出售给美国的其他电视台(称为二级辛迪加)、影碟发行公司或海外电视台，并获取高额利润。任何节目一旦在电视网播出成功，并已制作相当数量的剧集，就可以通过二级辛迪加的方式出售给有线和卫星电视台。二级辛迪加给美国的节目制作人提供了大量的收入。

9.2.2 欧洲电视市场

9.2.2.1 欧洲电视市场概况

欧洲国家在电视发展方面具有广泛的相似之处。起初，电视作为公共服务事业，传播权由国家操控，国家是电视事业的主体。近二三十年来，以全国性电视为特征的国家电视系统相对弱化，电视传播权朝着分散化和集中化方向转移。分散化指本土电视，集

---

① 王朋进. 从“辛迪加”看美国电视节目创新的制度设计[J]. 视听界，2012(6).

中化指“无国界电视”。

表9-4显示2002—2006年欧盟广播电视的总收入持续增长,从6 929 200万欧元增长到8 774 800万欧元,5年增长26.63%。其中收视费收入增长最为显著,5年间增长了52.1%,占总收入的比重也从2002年的19.4%增长到2006年的23.3%。同期广告收入和公共基金收入在总收入中的占比也略有下降,其中广告收入占比从40.8%下降到39.4%,公共基金占比从28.2%下降到26.1%。在总收入持续增长的同时,欧盟广播电视公司的净收入却增长乏力。

表9-4 欧洲广播电视总收入 (单位:百万欧元)

种类	2002年	2003年	2004年	2005年	2006年
公共基金 (占比)	19 540.34 (28.2%)	20 136.46 (28.1%)	20 764.02 (27.1%)	21 629.4 (26.0%)	22 902.23 (26.1%)
广告收入 (占比)	28 271.14 (40.8%)	28 377.36 (39.6%)	30 264.9 (39.5%)	32 860.05 (39.5%)	34 572.71 (39.4%)
订阅费/收视费 (占比)	13 442.65 (19.4%)	14 905.28 (20.8%)	16 856.4 (22.0%)	19 050.51 (22.9%)	20 445.28 (23.3%)
家庭购物 (占比)	1 247.26 (1.8%)	1 504.76 (2.1%)	1 838.88 (2.4%)	21 262.94 (2.6%)	2 281.45 (2.6%)
其他 (占比)	6 790.61 (9.8%)	6 736.04 (9.4%)	6 819.18 (8.9%)	7 487.1 (9.0%)	7 546.33 (8.7%)
合计	69 292	71 660	76 620	83 190	87 748

数据来源:EAO,2008.

(1)欧洲电视市场结构——双重电视体制。双重电视体制(Dual-system)下造就了公共和私营电视频道的共同繁荣发展,这是欧洲经济、社会、文化成就的重要体现,也是欧盟视听产业模式最基本的体制保障。

建立双重电视体制的具体政策包含两个方面:①通过竞争原则开放频道运营执照,打破播出市场垄断,使任何一个频道都生存在“逆水行舟,不进则退”的现实危机中。打破市场的分裂,使欧盟电视市场上领袖频道的市场份额不超过40%,鼓励各类窄播主题频道的市场发展;鼓励为社会公益服务的专项主题电视频道的发展,鼓励多种电视频道接收手段的发展;鼓励大量中小型影视公司,多种视听专业服务公司的发展;等等。②要通过政策手段保证公营电视体制在市场上的地位及作用,不使公共体制在纯商业市场竞争中被边缘化或小众化,要为公共电视发挥最大社会效用提供基础保障。

(2)欧洲对电视产业的资助机制。欧洲电视产业可获得的资助既可来自视听资助基金(COSIP),也可来自国家预算贷款。视听资助基金(COSIP)的资助形式有四种:自动资助、预支有权接受款资助、选择性资助和对电视节目创设的资助。

①自动资助。自动资助用来拨发给已经在电视频道制作且播放作品的制片人。如果他们的作品播放了,按照一定的条件标准,他们会获得一个“自动账户”,可以以“再投资补助”的形式来资助后续电视制作产品。其分配跟作品的长度成比例,用参照节目的成本来权衡。

②预支有权接受款资助。已经用完自动资助的公司可以获得“补充再投资补助”。他们能预支以后年份该得的自动资助。

③选择性资助。选择性资助又可分为节目资助、对音乐电视的资助。节目资助的投资补助可以发放给电视节目制作人,以资助无自动资助账户的公司的节目制作,也可以用来资助文化杂志、现场直播或商业秀之类的电视节目。

④对电视节目创设的资助。此资助项目反映了鼓励有质量电视节目的政策,包括以下五个方面:一是对动画节目的特别资助。二是对纪录片筹备和发展的资助。电视剧作品、动画片、有创意的纪录片和娱乐节目的现场直播都能够获得 COSIP 资助。三是对有创意纪录片写作和筹备的资助。富有创意项目的作者和制片人会获得写作和筹备纪录片的资助,因为这些项目需要精心的写作和发展工作。这项资助由文化交流部资助,分两阶段发放。第一阶段包含在经审阅委员会推荐的写作奖项中。一旦选定了一个项目,在接下来的 12 个月里只要有制片人愿意接手,它就能够获得额外的资助。四是着眼于电影的资助。CNC[①] 资助有关电影制作、电视及多媒体纪录片的制作;这种资助筛选委员会每年开 3 次会议,初审出要资助的项目。此委员会推荐购买同一主题的所有纪录片,以便在公共频道播放。五是对宣传播放节目的资助。CNC 于 1995 年设立了一个基金,来为制作人和发行人提供有效的节目海外营销手段。

(3)“无国界电视”政策及其成效。从内容上看,欧盟电视政策追求两个目标;一是经济目标,即建立单一的欧洲电视市场;二是文化目标,即保持欧洲多元文化。但从实质上看,“无国界电视”政策隐含更深刻的政治目标,即利用文化手段推动欧洲一体化进程,实现整合欧洲的远大抱负。“无国界电视”政策主要体现在 1989 年 10 月 3 日欧共体 12 国颁布的《“无国界电视”指导原则》(后文简写为《指导原则》)中。在保护和鼓励欧洲电视节目方面,《指导原则》要求成员国确保 50% 以上的时间播送欧洲的作品(主要指故事性节目,不包括新闻、时事和体育节目),并确保 10% 以上时间播送独立制作人的节目或给独立制作人划拨 10% 以上的节目预算经费。这两条限额遭到那些主张信息自由流通的国家,尤其是美国的反对。《指导原则》限定两年之内成员国必须贯彻这些原则。1993 年 5 月 1 日开始实施的《欧洲跨国广播电视协议》(后文简写为《协议》)是一部与《指导原则》相平行的法案。二者实质上一致,只是适用面不同。《协议》只适用于跨国广播电视及其节目流通,对各国国内广播电视并无制约作用。截止到 2002 年 4 月,已有 23 个欧理会成员国和一个非成员国先后执行《协议》,另外,还有 11 个成员国已经签署该项协议。《协议》使《指导原则》的精神不仅适用于欧盟,也同样适用于欧洲更大的范围[②]。

德国、法国和英国均为欧洲大陆最为发达的国家,也是欧洲联盟的主要成员国。因此,本文以德国、法国和英国为例来深入研究欧洲电视市场。

9.2.2.2 德国电视市场

(1)德国电视市场概况。德国实行双重广播电视体制,包括公营性质的公共广播电

① CNC:国家电影中心。

② Kay Richardson, Ulrike H. Meinhof; World in Common? Television discourse in a changing Europe[M]. Routledge, 1999:174.

视台与私营性质的商业广播电视台。公共广播电视台主要提供服务,依靠收视费支持经营,并播放有限广告;私营商业电视台以广告等商业活动为主,在法律控制下从事文化产业经营。表9-5和表9-6所示为德国主要电视台的营业收入情况及主要广播集团的市场份额情况。

表9-5 2009—2011年德国主要电视台的营业收入 (单位:百万欧元)

电视台	ARD	ProSiebensat.1集团	ZDF	RTL电视台	天空电视台德国公司
2009年	6 165	2 797.5	2 065.1	1 415.9	843.6
2010年	6 261.6	3 012.2	1 965.9	1 562.2	976.8
2011年	6 248.5	2 971.2	2 109.5	1 554.5	1 138.7

数据来源:European Audiovisual Observation Yearbook 2012.

表9-6 2011年德国主要广播集团的市场份额

排名	广播集团	性质	所拥有的频道数	每天的市场份额	营业收入(百万欧元)
1	ARD	公共	21	>27.2%	6 248.5
2	RTL集团	私营	17	>26.5%	–
3	ProSiebensat.1集团	私营	20	>20.7%	2 971.2
4	ZDF	公共	10	>14.5%	2 109.5
5	慕尼黑电视台	私营	2	>1.1%	–

数据来源:European Audiovisual Observation Yearbook 2012.

德国家庭通过有线电视和卫星电视还可以接收欧洲和世界其他地方的数十个电视频道。国际频道无论是公营的还是私营的,都是按市场方式经营的。德国的国内电视频道大多每天24小时播出,国际及合作频道播出时间从几个小时至十几个小时不等。表9-7所示为德国主要频道的观众市场份额。

表9-7 2007—2011年德国主要频道的观众市场份额(按天计) (单位:%)

频道	2007年	2008年	2009年	2010年	2011年
ARD3	15.7	13.2	13.5	13.0	12.5
ARD1	14.6	13.4	12.7	13.2	12.4
ZDF	14.3	13.1	12.5	12.7	12.1
KI.KA	0.6	1.3	1.4	1.4	1.3
3sat	1.0	1.1	1.1	1.0	1.0
PHOENIX	0.6	0.9	1.0	1.0	1.1
ARTE	0.8	0.6	0.7	0.8	0.8
ZDF Neo	–	–	0.1	0.2	0.4
德国公共频道	47.6	43.6	43.1	43.4	41.7
RTL	12.9	11.7	12.5	13.6	14.1
SAT.1	8.0	10.3	10.4	10.1	10.1
PRO 7	6.2	6.6	6.6	6.3	6.2

续表

频道	2007 年	2008 年	2009 年	2010 年	2011 年
VOX	6.4	5.4	5.4	5.6	5.6
Kabel Eins	3.4	3.6	3.9	3.9	4.0
RTL 2	3.5	3.8	3.9	3.8	3.6
SuperRTL	2.3	2.4	2.5	2.2	2.2
N 24	0.6	1.0	1.0	1.0	1.0
Tele 5	0.7	0.9	1.0	0.9	1.0
n - tv	0.7	0.8	0.9	0.9	1.0
Sport 1	1.2	0.9	0.9	0.8	0.9
NICK	0.4	0.8	0.9	0.8	0.8
DMAX	0.4	0.6	0.7	0.7	0.7
VIVA	0.3	0.6	0.6	0.5	0.5
Comeday Central	0.2	0.3	0.3	0.3	0.4
Das VIERTE	0.8	0.8	0.6	0.2	0.2
Neun Live	0.1	0.1	0.1	0.1	0.1
MTV	0.3	0.5	0.4	0.4	-
主要私营电视台	48.4	51.1	52.2	52.1	52.4
Eurosport	0.6	0.9	0.9	0.7	0.7
其他	3.4	4.4	3.5	3.8	5.2

数据来源:European Audiovisual Observation Yearbook 2012.

(2)公共电视台。德国现有的公营广播电视包括提供卫星向全国播出的公共广播电视组织联合经营的德广联第一频道(ARD)、第二频道(ZDF),其覆盖率均达98%以上;由ARD和ZDF合办、由卫星播出的“凤凰”新闻时事频道、儿童频道,覆盖率达80%以上;还有16个州单独或者联合播出的9个州广播电视公司各自提供地区播出的电视频道。此外,还有法、德及欧洲其他国家(比利时、瑞士、西班牙、波兰、奥地利、芬兰、荷兰)合办的欧洲文化频道,德国ARD和ZDF与奥地利、瑞士公营广播电视机构合办的三星电视台以及德国政府唯一的以30多种语言播出的“德国之声”广播电视台(它的经费是由联邦政府提供的)。目前,公共广播电视占据着40%左右的市场份额。

①德国公共广播电视联盟(简称德广联或ARD)。ARD建立于1950年,1954年正式播出节目。它由8个地区广播电视台(包括50个广播电台)组成。除此之外,德广联还拥有对外广播电视。德广联每天播出节目24小时,全部节目有3种:第一种是与电视二台联合播出的节目;第二种是各州的区域性节目;第三种是德广联自己制作的节目。与电视二台联合播出的节目在上午播出,两家电视台轮流编制,每周轮换一次。各州区域性的节目在傍晚播出,由各州广播电视台自行编制。在上述两个节目段之间,德广联播出自己的节目,收入主要来自收视费,广告收入和节目销售收入所占的比例较小。

德广联在国际上代表联邦德国,在国内负责协调各广播公司之间的节目、经费等合作事宜。除了电视二台(ZDF)外,所有非私营的广播电视台都是德广联的加盟成员。

②德国电视二台(ZDF)。ZDF,即德国电视二台,总部位于德国美因兹,采用独立编制,通过单独的传播发射系统向全国播出节目,每天播出17个小时。与德广联不同,ZDF采用中央运营形式,所有节目由自己播出。ZDF一直是一个全国性的电视台,开始时通过地面网,现在也通过卫星和有线电视播出。作为一个公法机构,ZDF也是欧洲文化电视台、儿童频道、“凤凰”和三星电视台的合作伙伴。在国际交流方面,ZDF重视它在国际上的文化使命,积极介绍本国和外国的文化风情,非常活跃。

ARD和ZDF在电视频道运营方面是合作伙伴,但就商业性的制作和发行业务而言,他们各自有自己的实体。ARD大多数电视台的商业性制作和发行业务由电视联营公司和德国统一发行公司负责;而ZDF的商业性活动则由其独资的下属机构ZDF企业公司运作。ZDF企业公司不仅负责公共广播业务的促销,而且也负责处理购并和合作事宜。为促进ZDF的发展,该企业公司还投资节目制作。在德国ZDF的自制节目量最大,ZDF在国内的17个演播室和国外的17个演播室保证了其新闻和时事报道类的节目制作。ZDF的电影和电视剧大多数是委托社会上的独立制作公司制作的。

③德国第三套节目(ARD Ⅲ)。它是由各州电视台独立或联合制作的一套节目的总称,主要播出地区性的节目,内容主要体现地方特色,涉及各州的政治、教育、文化等内容,它以“提供少数人尽量深入的内容”为宗旨,以文学、语言、自然科学、科技、经济及社会为主要题材,空间教育节目占30%以上。除黑森广播电视台外均为24小时播出。

④德国三星电视台(3Sat)。三星电视台是在1984年,由ZDF、奥地利广播公司、瑞士广播公司三家公共广播电视机构合办的德语卫星电视台。节目通过德国卫星二号、欧洲卫星传播,供地面电缆电视网传播和装卫星接收天线的用户直接收看。内容以文化、教育为主,包括纪录片、戏剧、音乐、电视剧等。每天播出10小时,其中ZDF的节目占一半以上,奥地利的节目占1/3,瑞士的节目占1/10,其余是三星台自编的节目。

⑤公共电视台的收入来源。德国公共电视机构与商业电视机构在体制上最大的不同之处在于收费制度。德国公共电视机构的主要收入来源为电视接收费用,即收视费(见表9-8)。在德国,每个拥有电视机的家庭每月必须按联邦各州共同签署的协议规定的数额交纳接收费用,由德国公共广播联盟在各公共电视机构以及各州媒介管理机构之间分配。收取收视费的机构名为(广播电视)收费导入中心(GEZ),它隶属于公共广播电视组织。除收视费外,德国公共电视台还有一部分广告收入和其他收入。但广告收入和其他收入远不能满足公共电视台的日常运行需要。德国公共广播电视机构的收入情况具体见表9-8。

表9-8 德国公共媒体的收入情况 (单位:百万欧元)

收 入	2007年	2008年	2009年	2010年	2011年
政府资助/捐赠 (占比)	282.7 (3.3%)	292.6 (3.5%)	296.2 (3.4%)	291.4 (3.3%)	291.9 (3.3%)
牌照费/收视费收入 (占比)	7 091.4 (83.5%)	7 053.3 (83.3%)	7 383.2 (84.4%)	7 326.2 (83.8%)	7 313.5 (82.5%)
公共收入小计 (占比)	7 374.1 (86.8%)	7 345.8 (86.7%)	7 679.4 (87.8%)	7 617.6 (87.2%)	7 605.4 (85.8%)

续表

收　入	2007 年	2008 年	2009 年	2010 年	2011 年
广告收入 （占比）	401.2 （4.7%）	415.2 （4.9%）	355.3 （4.1%）	401.3 （4.6%）	419.8 （4.7%）
其他商业收入 （占比）	657.1 （7.7%）	644.0 （7.6%）	606.5 （6.9%）	684.8 （7.8%）	700.8 （7.9%）
商业收入小计 （占比）	1 058.3 （12.5%）	1 059.2 （12.5%）	961.7 （11.0%）	1 086.2 （12.4%）	1 120.6 （12.6%）
其他 （占比）	62.2 （0.7%）	64.1 （0.8%）	104.7 （1.2%）	37.0 （0.4%）	141.2 （1.6%）
总计	8 494.6	8 469.2	8 745.9	8 740.8	8 867.2

注：公共媒体包括：ARD、Deutschlandradio（德国广播电台）、Deutsche Welle、ZDF 等。

数据来源：European Audiovisual Observation Yearbook 2012.

公共电视机构的经营费用不能靠市场竞争获得，只能通过法律手段征收。由于国家为公共电视机构的收入提供了法律保障，所以公共电视机构必须服从国家的有关要求，在联邦政府和州政府要求播出有关通告时，各公共电视机构不得延误，并应无偿提供播放时间。

⑥德国对公共电视台严格限制的广告管理体制。德国广播电台广告始于 1948 年，电视广告始于 1956 年 11 月，由巴伐利亚州广播电视台首次进行。目前德国各州对于电视播放广告的规定内容基本一致，主要有以下几个方面。

第一，广告内容不得涉及政治、宗教等非营利性信息，除此以外，还必须与其他法律的有关规定衔接，不得违反反不正当竞争法、反对限制竞争法、医药用品广告法及青少年保护法等。

第二，公共电视台每天播出广告不得超过 20 分钟，每天 20 点以后的时段禁止播出广告（这一规定已于 1999 年 1 月 1 日起取消）；商业电视台每天的广告播出时间长度不得超过当天节目总时间长度的 20%。

第三，无论是公共电视台还是商业电视台都不能在正式节目之中插播广告，但如果正式节目时间长度一次超过 60 分钟，可在开始播出前预报时播出一次。

第四，公共电视和商业电视都可以播出由广告主出资赞助的正式节目，但该节目在内容上不得与广告主有直接利害关系，且不得插播任何广告。作为回报，广告主的名称可以在该正式节目开始和结束时明确显示。正是由于政府对公共电视台严格的广告限制，公共电视台在广告收入上只占据德国电视广告市场的 8%。

⑦公共广播电视的组织与管理。德国各州广播电视管理机构与德广联都是受德国公共法律管理的公共机构。它们不受各州政府或德国联邦政府的监督，实行自我管理的运作方式。

德国的联邦政府和州政府都没有管理广播的行政部门。大多数州广播法规定，广播电视业的领导机构为广播委员会、行政理事会和台长。广播委员会由广播电视机构所在州的议会推选或社会相关团体成员组成，任务是决定章程条例，对电台和电视台进行监督指导，并负责一般性的决策工作，如批准预算和年度报告等。行政理事会则是广播电视机构本身的管理机构,负责节目、人事、内部机构设置等。台长由广播委员会选出,负责日常事务。尽管德国各级政府与议会无权干涉公共广播电视公司的运作,但他们一般通过他们选派的代表与成员以及由某一党派的政府组织成员代表对其施加政治影响。

(3)德国私营电视台。

①德国私营电视台概况。德国私营电视的投资者一部分是德国的出版发行商,一部分是国际媒介企业。由于私营电视巨大的节目市场和广告效应,一些大的资本联合企业,特别是报刊出版集团努力参与到私营电视的投资中。一直统治着德国商业电视的是两大家族,一个家族由德国出版商贝塔斯曼集团和卢森堡的国际性广播电视企业——卢森堡广播公司(RTL)组成,它们在卢森堡广播电视台、卢森堡电视新台、洛克斯电视台(VOX)和首映台(Premiere)有着直接或间接的投资。另一家族由德国电影发行商基希集团和报业集团施普林格集团公司组成,它们投资的广播电视台有卫星一台、德国体育电视台(DSF)、第七套节目(PR07)和首映台。卢森堡电视新台和卫星一台在大城市中都是通过地面传输播出,是目前德国最成功的两家私营台,市场占有率已超过两大公共电视台。德国私营电视业的这种资本的高度集中和垄断在欧美其他国家较少见,人们担心媒体的集中会影响节目和意见的多样性。

德国所有的商业台都向全国播出,不过大部分商业台都通过有线电视网传输节目,只有主要的两家商业台——卫星一台(SAT1)和卢森堡广播电视新台(RTLPLUS)采用有线网、卫星和地面传输相结合的播出方式。商业电视台均以播出娱乐节目为主,新闻信息节目在节目总体中居次要地位。目前私营电视台占有德国电视60%左右的市场份额。

②私营电视台的收入来源。私营电视台(除了付费电视台"首映台"之外)的收入主要来源于广告。由于广告时间的价值高低主要依赖于电视观众人数的多少,所以就要求电视台首先提高播出节目的质量与品位,来吸引更多观众的注意力。德国两家私营电视集团的总市场份额为84%,占据着电视广告市场的主导地位。公共电视台只占有8%的市场份额。这反映了德国政府对两种电视体制的广告限制量。

③私营电视台的组织与管理。德国各州设有类似广播理事会的专门管理机构,负责发放私营无线和有线广播电视台的经营执照,对私营台的实际运营、节目内容以及这些节目对公共舆论的影响程度进行严格的监督。在各州,私营电视公司受到的管制程度并不相同。这些机构在行使其行政职能的同时,还要受德国公共法律的约束与管理,具有公共机构的一般属性。这些机构的开支也来自向德国电视机用户征收的接收费用,数额为全部收入的2%。与各州的广播机构不同的是,它们在机构建立与构成方面拥有相当的自治权。除此以外,为了维护德国国内公共舆论的多样性,保护儿童与未成年人的利益,德国政府成立了一个中央媒体理事会,它在新的私营电视台的财政预算和经营许可证上拥有决定权,各州的专门管理机构的主席由它来推选。各州负责发放经营许可证的管理机构,坚持平等、公平与公正的原则,对私营电视的所有运营商采取一视同仁的立场。

(4)"消费调查协会"(GFK)。"消费调查协会"(GFK)是德国专门的市场调查机构,是合作组织"欧洲广播联盟"的成员。它接受公营和私营广播电视公司共同加入的"电视调查联合组织"(AGF)的委托,从事调查电视观众情况的工作。它的调查数据是电视台与广告客户交易的基础。它采用抽样(5 640户,为欧洲最大样本)和仪器(从1985年开始使用“人数仪”，记录每秒电视接收的变化情况）的方式，实时提供电视市场调查数据（包括收视率、市场份额、收视时间的延续等），并定期公布。它的调查对象包括所有电视频道、所有传播工具（包括录像设备、电视文传）的电视传播。

（5）全国单一的有线电视网。德国的有线电视系统基本上是由邮电部（1997 年后改为“通信管理机构”）规划建设并实施运营的，其中公共电视的信号由德意志电信公司负责传送。德国法律规定德意志电信公司有义务与公共电视机构签订合同，由公共电视机构支付传送费用，电信公司保证公共电视信号得到正常的传输。这种单一的全国有线电视网的模式也是德国有线电视系统区别于其他国家的最重要之处。目前，德国也允许一部分民间资本参与有线电视网络建设。

（6）德国电视节目的娱乐化趋势。按照德国基本法的规定，与国家签订委托协定的公共电视台承担有文化教育及信息提供任务，必须向观众提供广泛、全面、代表社会各阶层、各群体声音的基本信息（在此法律基础上，公法电视台向电视观众征收收视费），以利形成多元的公共意见。近年来，在德国电视事业私营份额大举扩展、积极并购的背景下（如卢森堡广电集团的大肆扩张），公共电视台的这一基本任务迫于收视率的压力而被日益挤压，新闻信息板块内容的比重被缩减。早在 2003—2006 年，公共电视台对娱乐类节目板块扩容增量比例占到整个节目量的 50% ~60%，而在黄金收视时间晚 6:00—11:00 甚至达到 70% 强。

综观整个德国电视节目市场，自 20 世纪 90 年代末以来，娱乐化趋势日益增强。各电视台主打娱乐类节目已是不争的事实。2011 年上半年数据显示，新闻及政治信息类节目所占份额，两家公法电视台为 12.9%（ARD）与 11.1%（ZDF），而私营电视台仅为 0.2%（七套台）至 1.8%（卢森堡台）。从整体市场份额来看，德国卢森堡广播电视台于 2011 年以 13.1% 的市场份额再次超出德广联（12.1%）而位居市场的头把交椅。究其胜出原因，与其娱乐节目四处开花有极大关系①。

9.2.2.3 法国电视市场

（1）法国电视市场概况。法国与德国类似，公共电视业与商业电视业并存。法国几乎与德国同时建立了商业电视体制。法国最早开办电视节目，承担全国性公共电视网业务的广播电视机构为法国广播电视公司。1975 年，该公司改组为法国电视一台和“第二天线”电视台（1992 年 9 月改为法国电视二台）。1985 年 5 月 14 日，法国文化部部长在电视上宣布对法国电视一台进行私营化改革。1986 年 9 月，法国议会通过了《传播自由法》，该法的第四篇名为《有关作为全国性节目公司“法国电视一台”产权转让的规定》，允许私人设立商业性广播电视台。这种在法律中规定对某一广播电视机构进行私有化改革的做法，在欧洲乃至世界范围内的广播电视立法中亦不多见，足见当时法国将商业机制引入广播电视领域的决心很大。此后，法国电视一台于 1987 年转归法国建筑业巨头弗朗西斯·布依格（1993 年逝世）与英国的罗伯特·麦克斯韦共同组成的财团经营。法国电视二台与法国电视三台（1992 年 1 月之前为法国地方电视台）则共同承担起全国性公共电视网的业务，一般合称为法国电视二、三台。这种状况一直持续至今。

---

① 刘志敏．德国电视娱乐化现象及借鉴意义［J］．中国广播电视学刊，2012（10）．

2011年法国电视一台仍然保持着观众市场份额第一的地位(每天观众市场份额达到23.7%)。法国电视二台市场份额第二(14.9%),法国电视三台市场份额占第三(9.7%)。虽然法国电视二、三台占据法国电视市场第二、第三的位置,但近几年来法国电视二三台的市场份额在稳步下降。私营电视台M6在2011年按天计市场份额上超过电视三台达到10.8%。DTT、TMC、BFM TV、D8、W9的市场份额也显著增长,2011年上述电视台的市场份额达23.1%(2008年时它们的市场份额为11.1%)。详见表9-9和表9-10①。

表9-9　2009—2011年法国主要电视台/集团的营业收入

(单位:百万欧元)

电视台	布依格集团	法国电视一台	维旺迪集团	法国电视(2、3、4、5)	新都电视台(M6、W9)
2009	31 353	2 474	27 132	3 118	1 388
2010	3 1225	2 764	28 878	3 256	1 479
2011	32 706	2 646	28 813	3 251	1 438

数据来源:European Audiovisual Observation Yearbook 2012.

表9-10　2011年法国主要广播电视集团市场份额(按观众市场份额排名)

排名	广电集团	性质	拥有频道数	观众市场份额	有线、卫星、IPTV份额	营业收入(百万欧元)
1	法国电视	公共	9	29.9%	25.3%	3 251
2	布依格集团	私营	19	>29.1%	29.9%	32 706
3	RTL集团	私营	17	>14.2%	15.7%	1 438
4	维旺迪集团	私营	54	>3.9%	11.7%	28 813
5	博洛雷集团	私营	2	3.5%	2.5%	8491

数据来源:European Audiovisual Observation Yearbook 2012.

①法国公共电视台。法国公共电视台是法国电视二台和法国电视三台。根据法国政府1994年颁布的有关法国电视公司的新规定,法国电视二台"是唯一一家为公众全面服务的公共电视台",电视三台则"有对地区和地方广播的使命"。和德国一样,法国公共电视台在节目的制作和播出上都必须按照法国官方的有关规定执行。法国电视二、三台每年最少必须播出15场艺术演出,每月至少播出两个音乐节目和16小时的古典音乐节目。

与德国的公共电视机构相似,法国公共电视机构与商业电视机构的最大不同之处也在于收费制度,而且征收方式比德国更为严格有效,即凡购买电视机的消费者在购买行为发生时,就必须登记身份和住址,作为以后收取收视费的依据。无论观众是否收看公共电视台的节目,都必须交纳每年700法郎的收视费。这笔费用部分用于经营法国电视二、三台、法国电视五台,另一部分用于补贴制作海外节目的制作商。在法国电视二、三台的收入比例中,广告费的比例高于德国同类机构。电视二台的经费约有50%来源于广告,电视三台的经费约有30%来源于广告。法国公共媒体收入情况如表9-11所示。

---

① 资料来源:European Audiovisual Observation Yearbook 2012.

表 9－11 2007—2011 年法国公共媒体收入情况 （单位:百万欧元）

收入	2007 年	2008 年	2009 年	2010 年	2011 年
公共收入小计 （占比）	3 008.4 (69.3%)	3 007.4 (74%)	3 533.4 (80.1%)	3 627.4 (80.1%)	3 697.9 (80.5%)
政府资助/捐赠收入 （占比）	260.2 (6.0%)	8 348.2 (8.6%)	790.9 (17.9%)	745.0 (16.5%)	708.3 (15.4%)
牌照费收入 （占比）	2 733.4 (63%)	2 643.6 (65%)	2 728.9 (61.9%)	2 854.2 (63%)	2 931.0 (63.8%)
其他 （占比）	14.7 (0.3%)	15.6 (0.4%)	13.6 (0.3%)	28.2 (0.6%)	58.5 (1.3%)
商业收入小计 （占比）	1 152.7 (26.6%)	876.5 (21.6%)	700.1 (15.9%)	754.1 (16.7%)	754.2 (16.4%)
广告收入 （占比）	896.4 (20.7%)	664.8 (16.3%)	476.7 (10.8%)	536.2 (11.8%)	518.7 (11.3%)
其他商业收入 （占比）	256.2 (5.9%)	211.7 (5.2%)	223.3 (5.1%)	217.9 (4.8%)	235.4 (5.1%)
其他收入 （占比）	177.5 (4.1%)	182.8 (4.5%)	176.8 (4.0%)	145.5 (3.2%)	139.1 (3.0%)
总计	4 338.5	4 066.7	4 410.2	4 527.0	4 591.2

注:公共媒体包括 ARTE Fance(法国 ARTE),Audiovisuel Extérieur de la France,La Chaîne Parlementaire Assemblée nationale(LCP－AN,国民议会议会频道),France 24(2007),France Télévisions(法国电视),Public Sénat,Radio France(法国广播电台),RFO(2007),TV5 Monde(五频道).

数据来源:European Audiovisual Observation Yearbook 2012.

②法国私营电视台。法国私营电视机构主要有 3 家,即法国电视一台、新都电视台和法国电视六台,私营广播电台主要有 12 家。这些机构的收入来源基本为广告。法国电视一台自转由私人经营以来,一直保持着全国最高的收视率,曾高达 42%。1994 年,法国电视二三台的收视率第一次超过了法国电视一台。此后到现在,这两家最大的公共电视机构和最大的商业电视机构一直在收视率方面进行着激烈的竞争。法国主要电视频道观众市场份额情况见表 9－12。

表 9－12 2007—2011 年法国主要电视频道观众市场份额(按天计) （单位:%）

频道	2007 年	2008 年	2009 年	2010 年	2011 年
France 2	18.1	17.5	16.7	16.1	14.9
France 3	14.1	13.3	11.8	10.7	9.7
France 4	–	0.9	1.1	1.6	2.0
France 5	3.0	2.6	3.1	3.2	3.3
Arte	1.7	1.5	1.7	1.6	1.5
法国公共电视频道	36.9	35.8	34.4	33.2	31.4
TF1	30.7	27.2	26.1	24.5	23.7

续表

频道	2007 年	2008 年	2009 年	2010 年	2011 年
M6	11.5	11.0	10.8	10.4	10.8
TMC	–	2.1	2.6	3.3	3.5
W9	–	1.8	2.5	3.0	3.4
Canal +	3.4	3.3	3.1	3.1	3.1
Gulli	–	1.5	1.8	2.2	2.1
Direct 8	–	0.7	1.4	2.0	2.3
NRJ12	–	1.0	1.5	1.9	2.3
NT1	–	1.0	1.4	1.6	1.9
Virgin 17/Direct Star	–	0.5	0.7	1.0	1.2
BFM TV	–	0.4	0.7	0.9	1.4
i > TELE	–	–	–	–	0.8
法国主要私营电视台	45.5	50.5	52.6	53.9	56.5
其他电视台	17.5	13.7	13.0	12.9	12.1

数据来源：European Audiovisual Observation Yearbook 2012.

(2)对电视台严格的广告管理体制。法国电视广告始于 1968 年 10 月，由法国电视一台首次进行。按照法国《传播自由法》，视听最高委员会和法国政府对电视广告的规定有以下几方面。

①除禁止播出含有政治、宗教、暴力及色情等内容的广告外，还有几点特别规定，即不得使用法语之外的其他语言；不得播出烟酒广告，不得播出处方药和麻醉品广告；不得播出文艺产品、流通业广告；不得播出保险、招聘和求职广告。

②公共电视台和商业电视台每天播出广告的时间平均为每小时 6 分钟，每小时最多不得超过 12 分钟。

③1994 年之前，法国公共电视台在播出节目时不得插播广告。根据法国政府 1994 年出台的关于公共电视台广告业务的新规定，法国电视二三台可以在综艺节目、体育节目、谈话节目和竞赛节目中插播广告，但必须在 20:00 之前播出，并得到视听最高委员会的认可，但在电影、电视剧和纪录片的播出过程中仍不得插播广告。商业电视台中的法国电视一台在播出节目时可插播 4 分钟广告，但电影节目只能中断一次。

④法国视听最高委员会负责制定和维护广告标准，对违反标准的行为进行处罚。1993 年 2 月以前，法国实行电视广告播出许可制度，在电视台播出的广告必须事先送审，取得准许播出的证明后方可播出。这一制度在 1993 年 2 月之后改为事后审查制度。

9.2.2.4 英国电视市场

英国是世界上广播电视事业发展最早，是最发达的国家之一。伦敦也是欧洲乃至世界的传媒中心。电视、广播、报纸和杂志在英国人的日常生活中占有极其重要的位置。对于 72% 的英国全国人口来讲，电视是他们获知新闻的首选途径。在欧洲，英国是除意大利外最爱看电视的国家。英国有大名鼎鼎的英国广播公司(BBC)、独立电视台(ITV)、天空电视台(SICY)。传统上英国人认为电视和广播原则上是对大众负责的公共服务设施并通过国会对其进行监督。随着广播电视事业的发展,当今英国也在广播电视事业中引入商业机制和竞争,为受众提供更多的收视选择。

(1)英国电视市场概况。英国有90%以上的家庭可观看多个电视频道。尽管如此,2011年公共电视频道BBC1(2011年观众市场份额20.7%,较2006年下降2%)和ITV1(2011年观众市场份额15.1%)仍然是保持着最高市场份额的两个电视。英国电视市场是欧洲最大的电视市场之一,它有多个国家专题频道和许多定位外国的电视频道,包括大量的在英国注册并取得牌照的阿拉伯、亚洲和土耳其频道。

截至2012年3月,英国96%以上的家庭收看数字电视。有线电视用户基本上都是数字电视用户。2012年夏天,英国有超过1 000万用户使用数字地面电视,1200万用户接收卫星电视(免费和收费),370万用户使用有线电视。因此地面数字电视和卫星现在成为最主要的播出平台。1 000万的数字电视用户中有440万高清电视用户。卫星电视用户主要通过英国天空广播公司(超过940万用户)免费收看卫星电视。FreeSAT(免费接收数字卫星电视平台)2011年9月拥有200万用户,其中有很多是从英国天空广播公司转来的。英国最主要的有线电视运营商是维珍传媒,维珍传媒控制着英国有线电视市场的90%以上。截至2012年6月,维珍传媒拥有380万有线电视用户。英国主要的IPTV供应商是Talk Talk和电信运营商BT(BT Vision)。BT Vision的注册用户达到70万①。表9－13和表9－14所示为英国主要电视集团/公司营业收入及观众市场份额情况。

表9－13　2009—2011年英国主要电视集团/公司营业收入(单位:百万英镑)

电视公司	英国电信	英国天空广播公司	Everything Everywhere	沃达丰公司	英国广播公司	维珍传媒	橙色个人通信服务公司	独立电视台
品牌	BT Vision	天空	移动 TV	沃达丰 TV	BBC1、2、3…	维珍 TV	橙色 TV	ITV
2009	2 139	5 709	3 020.4	4 800.5	5 261.4	3 698.3	4 642	1 879
2010	2 0449	6 597	5 199.0	5 162.8	5 148.2	3 766.4	2 248	2 064
2011	19 694	6 800	6 734.0	5 364.2	4 993.0	3 910.5		2 140

注:英国电信营业收入包括电信业务收入。

数据来源:European Audiovisual Observation Yearbook 2012.

表9－14　2011年英国主要广播电视集团观众市场份额(按天计)

排名	广播电视公司	公共/私营	拥有频道数	市场份额	营业收入(百万欧元)
1	英国广播公司 BBC	公共	31	36.9%	5 839.5
2	独立电视台 ITV	私营	15	23.2%	2 557.1
3	4 频道	公共	21	11.7%	1 101.0
4	新闻集团	私营	76	10.2%	–
5	5 频道	私营	7	4.5%	425.7

数据来源:European Audiovisual Observation Yearbook 2012.

① 资料来源:European Audiovisual Observation Yearbook 2012

(2)英国公共电视机构体系。英国有3家公共机构负责电视和广播服务:英国广播公司(简称BBC)、独立电视委员会及广播管理局。它们的职责要求和工作目标由议会立法规定。

英国广播公司(British Broadcast Company),简称BBC,成立于1922年,是英国最大的新闻广播机构,也是世界最大的新闻广播机构之一。今天BBC除了是一家在全球拥有高知名度的媒体,还提供其他各种服务,包括书籍出版、报刊、英语教学、交响乐团和互联网新闻服务。BBC以其在新闻报道方面的权威性以及制作大批精良的纪录片而闻名于世。BBC是非营利性机构,很少播出广告,经费以政府征收的广播电视接收机执照费为主,每年由议会拨给。因此BBC便是最大的半官方性质的广播电视制作播出机构。它的理事会为最高决策、管理机构,决定公司的一切重大问题,直接向议会负责。

独立电视委员会(简称ITC)负责为商业电视,包括有线电视和卫星电视公司颁发经营许可证,并制定有关规章制度。广播管理局(简称RA)负责为商业广播电台,包括有线和卫星广播电台颁发经营许可证,并制定有关规章制度。表9-15和表9-16所示为英国公共媒体收入情况及各频道的电视观众市场份额。

表9-15 2008—2011年英国公共媒体收入情况 (单位:百万英镑)

收入	2008年	2009年	2010年	2011年
公共收入小计 (占比)	4 035.6 (66.3%)	3 884 (62.3%)	3 913.4 (62.9%)	3 938.1 (64.9%)
政府资助/捐赠 (占比)	4 40.8 (7.2%)	4 37.2 (7.0%)	4 06.1 (6.5%)	4 23.6 (7.0%)
商业收入小计 (占比)	1 703.8 (28%)	2 159.3 (34.6%)	2 149.0 (34.6%)	2 424.0 (40%)
广告收入 (占比)	672.6 (11%)	578.3 (9.3%)	644.0 (10.4%)	624.4 (10.3%)
其他商业收入 (占比)	1 031.2 (16.9%)	1 581.0 (25.4%)	1 505.0 (24.2%)	1 799.6 (29.7%)
其他 (占比)	351.7 (5.8%)	190.8 (3.1%)	154.9 (2.5%)	67.1 (1.1%)
总计	6 091.2	6 234.1	6 217.4	6 066.2

注:公共媒体包括BBC(英国广播公司)、Channel 4(4频道)、S4C、The Services Sound and Vision Corporation(服务声音和视觉公司)。

资料来源:European Audiovisual Observation Yearbook 2012.

表9-16 2007—2011年英国电视观众市场份额(按天计) (单位:%)

频道	2007年	2008年	2009年	2010年	2011年
BBC1	22.0	21.8	20.9	20.8	20.7
BBC2	8.5	7.8	7.5	6.9	6.6
BBC3	0.9	1.1	1.2	1.4	1.5
BBC4	0.3	0.4	0.5	0.6	0.7
BBC其他频道	2.2	2.4	2.5	3.3	3.4
UKTV/其他	1.9	3.4	3.8	3.9	4.0

续表

频道	2007 年	2008 年	2009 年	2010 年	2011 年
BBC 各频道小计	35.8	36.9	36.4	36.9	36.9
ITV1	19.2	18.4	17.8	16.6	15.1
ITV2	1.7	1.8	1.9	1.9	2.2
ITV2 +1	–	0.4	0.5	0.5	0.4
ITV3	1.1	1.4	1.6	2.0	2.2
ITV3 +1	0.0	0.1	0.1	0.1	0.1
ITV4	0.5	0.8	0.8	0.9	1.1
ITV4 +1	–	0.0	0.0	0.1	0.0
ITV 其他频道					2.1
ITV 小计	22.5	22.9	22.7	22.4	23.2
Channel4	8.4	7.4	6.7	6.2	5.9
Channel4 +1	0.2	0.2	0.7	0.8	0.9
Channel4 HD					0.2
E4	1.1	1.1	1.1	1.2	1.2
E4 +1	0.4	0.5	0.6	0.6	0.6
Film4	0.6	0.8	0.8	1.0	1.2
Film4 +1	0.2	0.1	0.1	0.2	0.2
More4	0.6	0.8	1.0	1.0	1.1
More4 +1	–	0.1	0.1	0.1	0.1
4Music					0.3
Channel 4 小计	11.5	11.0	11.1	11.5	11.7
Sky Sports 1	1.4	1.2	1.3	1.1	1.2
Sky One	0.9	0.9	1.1	0.9	1.1
Sky Three/Pick TV	0.6	0.6	0.7	0.8	0.9
Sky Sports News	0.5	0.5	0.6	0.7	0.6
Sky News	0.4	0.4	0.5	0.6	0.7
Sky 其他频道	2.2	2.4	2.4	3.9	4.6
其他新闻集团频道					1.1
天空/新闻集团小计	6.0	6.0	6.6	8.0	10.2
Channel 5	5.1	5.0	4.9	4.5	4.4
其他 Channel 5 频道	0.8	0.6	1.3	1.5	0.1
Channel 5 小计	5.9	5.6	6.2	6.0	4.5
维亚康姆小计	1.5	2.0	2.2	1.6	2.0
迪士尼小计	1.0	1.1	1.3	1.1	1.4
发现频道小计	1.0	1.2	1.2	0.7	1.0
时代华纳小计	0.6	0.6	0.8	0.7	1.0
其他	14.2	12.7	11.5	11.0	7.5

数据来源：European Audiovisual Observation Yearbook 2012.

(3)制播分离下的公共协作模式。英国电视节目生产机制常常被称为"成本附加"模式。与美国电视台只支付给节目制作方大约1/3的费用不同,英国的电视台倾向于支付电视节目制作的所有费用,这样节目制作人就不会承担任何资金风险。但反过来,电视台却持有了绝大部分二级版权买卖的权力。在这一机制下,电视台委托独立制片人制作节目,并愿意承担全部制作费用,还要预付给节目制作人一小笔制作费或利润,这笔费用通常是全部制作费用的10%。作为回报,电视台得到的不仅仅是初级权利(首播权),通常还有二级权力(如在国内电视台的多次播放权、影碟发行权和海外销售权等)。这一模式有些类似出版业的稿酬制,即由电视台预先买断电视剧的版权,市场风险也相应由其来承担。这一模式明显表现出英国电视业作为公共服务的特征,尽管制作商承担较少的市场风险,但由于和市场的疏离,很难形成市场收视率对电视节目制作的制约,制作商也往往因为与巨大的市场成功带来的经济收益无缘,创新的动力也明显不足。这种制播分离制一方面其实赋予了电视台更多的权限,他们控制了节目品牌的所有权益,而事实上,他们真正需要的仅仅只是播放权。另一方面,节目制作方由于没有任何二级权力,他们就没有什么经济动力去建立和维护他们的节目品牌。这样就割裂了制与播之间的共同目标。作为创意的核心——制作者更多的只是工具意义上的生产机器,而不是电视台共谋发展的合作伙伴。这直接导致英国的电视制作行业的数千家公司大部分都比较小,且资金不足,无法形成规模效应,更无法单独完成大型的电视节目制作。

从欧美之间电视剧的贸易情况来看,欧洲对物美价廉的美国电视剧几乎没有还手之力,除了BBC"天线宝宝""建筑工鲍博"等少数电视剧外,大多数的欧洲电视剧很难扩散到欧洲市场之外。针对这一情况,欧洲各国只好借用配额制度构建起相对封闭的"欧洲堡垒",来确保本国的电视产业获得发展的空间。欧洲各国政府联合制定的节目配额制度强制要求欧洲所有电视台所播出的节目中至少50%是欧洲原产的。但这一措施实际上等于在一定程度上保护了那些远离市场、制作不知所云的电视剧的制作者,延缓了欧洲电视剧产业演变的速度而已。因此,我们可以说,英国的制播模式所解决的主要问题不是市场竞争的问题,而是市场失灵的问题。近年英国电视节目制作商提出了对品牌权利的要求可以说正是这一模式转变的暗示。

9.2.3 韩国电视市场

韩国电视发展模式是近年韩国国家文化产业突飞猛进的缩影,也是后进追赶型文化产业发展的一种探索。这一模式最基本的特征是国家强力扶持,寡头积极竞争,制播合一(实质上的),以国内市场带动海外市场拓展、向海外市场扩张为最终目标。

9.2.3.1 韩国电视市场概况

韩国是一个实行公共广播体制的国家。1980年11月14日,韩国新闻协会和广播电视协会发表《培养和发展健康新闻业的决议》,要求确立公营体制,增强广播电视的公益性,全面完善制度体系。1990年,民营的SBS(Seoul Broadcasting System,首尔广播电视公司)作为唯一的商业电视台网获得营业执照,代表民营广播电视被再次纳入广电业,但韩国广电市场公营高度集中的局面没有根本改变。此后,韩国广电业一直在公营与民营并存的二元结构中成长，也在公益性与商业性的竞争中寻求平衡。电视市场则由两强 KBS（韩国广播公司）和 MBC（文化广播公司，非民营的文化广播公司）格局，逐渐演变为 KBS（包括两个频道 KBS1 和 KBS2）、MBC 和 SBS 三家垄断的局面，并一直延续至今。

与世界上实行公共广播体制的国家所不相同的是，韩国一直允许公营台播出广告。不过，韩国专门成立了一家名为韩国广播广告公社（KOBACO，Korea Broadcasting Advertising Corporation）的机构全权代理 KBS、MBC 和 SBS 三家机构的广告业务。换言之，广告公社将营利性广告业务从三台的主干业务中剥离出来，实行集中调控，垄断经营，并预留公益基金。这样做在很大程度上把住了各台的生存命脉，也在一定程度上制约了各台的营利冲动，并从制度上保障了公共广播职能的实现。这是韩国公共广播体制的独特之处，也是它区别于其他公共广播体制的特征。

近年来，韩国电视产业的市场规模不断扩大，2008 年约为 11 万亿韩元，按照当年的汇率折算，约合人民币 600 亿至 700 亿元，占韩国整个文化产业的 18.6%（2008 年韩国文化产业规模约为 59 万亿韩元），仅次于出版业。

在韩国广播电视市场上，以 KBS、MBC、SBS 三大电视台为代表的地面波广播电视最为发达，2008 年规模约 3.8 万亿韩元，占其广播电视产业规模的 35%；有线电视次之，规模约为 2.4 万亿韩元，占 22.1%；卫星电视发展较为缓慢，2008 年规模约为 0.51 万亿韩元，占 4.6%。需要特别指出的是，近年来韩国广播电视频道使用产业（电视购物）发展比较迅速，2008 年规模达到 4.2 万亿韩元，占 38.3%（见图 9－6）[①]。

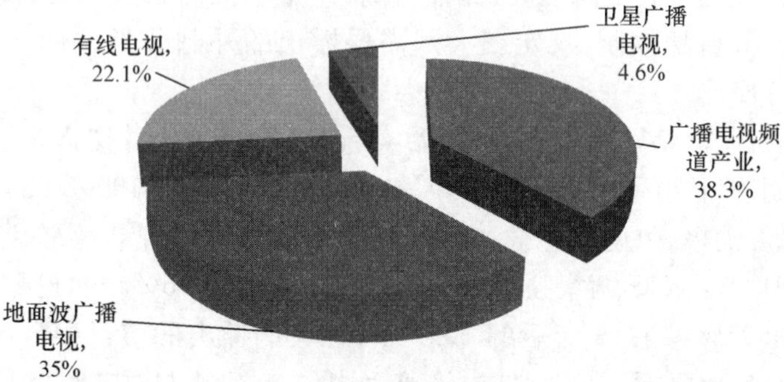

图 9－6　2008 年韩国广播电视产业规模及分布[②]

2000 年以来，韩国广播电视的出口增长非常迅速，出口额从 2000 年的 1 311 万美元持续增长到 2005 年的突破 1 亿美元，随后继续增长，2008 年达到 1.6 亿美元（见图 9－7）。

---

① 卜彦芳．韩国电视产业新发展［J］．电视研究，2011（2）．

② 数据来源：韩国文化产业振兴研究院．韩国文化产业统计 2009（韩文版）．

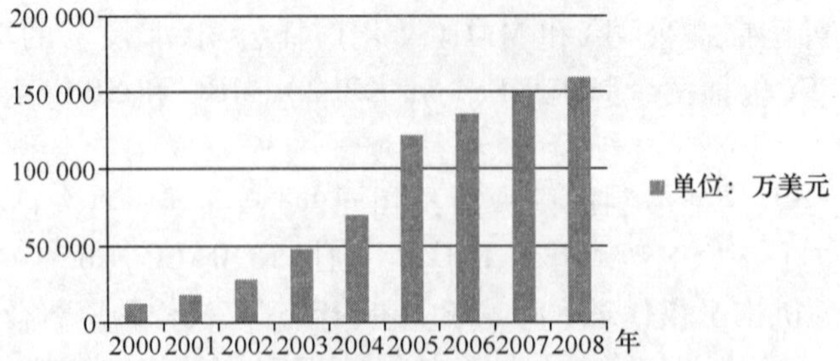

图 9-7　韩国广播电视出口状况[①]

9.2.3.2　韩国电视市场运行机制

(1)韩国电视节目的制播机制——制播合一下的寡头竞争制。1991 年以前,韩国电视产业实行典型的制播合一制度。每个电视台都有一个频道,自己制作节目、自己播出,所以电视台、频道、节目制作都是同一个概念。每个频道具有自己的独特色彩,互相不交换人员和资源。在这个阶段,韩国荧屏上播出的本土电视节目,绝大部分由 KBS、MBC 和 SBS 三家自行完成,它们不仅各自垂直整合节目制作、流通和传播环节,并且就此联合垄断了韩国电视收视市场和广告市场。

从 1991 年开始,韩国文化观光部为了"电视影像产业振兴及独立制作公司活跃化",颁布了"独立制作公司节目义务播出时间比率"政策,硬性规定和限制各个电视台的台内制作节目播出时间的比例,由此形成"制播分离"政策。推动制播分离的政策体系由两部分组成,一是推行节目配额制,规定三大网需要播出的外制节目比例;二是通过基金贷款,扶持独立制片商。

①节目配额机制。韩国从 1991 年开始实行节目配额制,并拟订了逐年增加配额比例的计划表,外制节目配额比例从 1991 年的 3%,逐步增加到 1999 年的 20%。然而,由于三大网对此态度消极,致使实际效果不尽理想。有韩国研究者比较说,在实行节目配额制的当年(1991 年),KBS 两个频道播出的节目中有大约 96% 由自己制作,MBC 和 SBS 则分别为 95% 和 93% 左右;8 年后的 1999 年,三大网播出的节目中自制节目仍然占据 80% 左右的份额;相比之下,美国无线电视节目中仅有 30% 左右节目实行"制播合一"模式。显然,韩国电视节目制作与流通的市场化,还处在较低水平。

1999 年,韩国新的《广播法》第 72 条和《广播法施行细则》第 58 条中,对播出外制节目的份额,特别是播出独立制片商制作的节目的比例以及黄金时间播出的外制节目的比例,以及相关的处罚措施均作出明确规定:首先,电视网到 2001 年外制节目的播出比例将增加到 40%,其中独立制片商制作的节目份额增加到 30%;其次,按照韩国广播电视委员会的要求,电视网每月在黄金时间内必须播出超过 15% 份额的外制节目;最后,如果违反上述规定任何一项,电视网将受到 300 万到 3 000 万韩元不等的处罚金。

②扶持独立制片商机制。除了电视网实施硬性的节目配额要求外,韩国根据《文化

① 数据来源:韩国文化产业振兴研究院. 韩国文化产业统计 2009(韩文版).

产业振兴基本法》(《中小企业创业支援法》,1999)第 14 条"对独立制作社的制作支援"相关条例对独立制作社进行资金扶助。资金来源包括政府文化观光部下属的"文化产业基金",韩国广播电视委员会下属的韩国广播振兴研究院设立的"广播振兴基金";资助对象包括独立制片机构、投资公司、动画制作社和有线电视节目供应商;资助额度从 3 亿到 10 亿韩元不等。

③现阶段实质是:制播合一下的寡头竞争机制。韩国广电市场被三大无线网寡头垄断多年,以"制播分离"来说,这项自上而下推行的政策,在实践中便遭到了"上有政策下有对策"的待遇。如上文所述,韩国研究者通过研究发现,节目配额制实际实行起来难度很大,进展缓慢,难以实现预期效果。因此,现阶段韩国电视业的实质是:制播合一的寡头协商竞争市场模式。

国营的 KBS、MBC 和民营的 SBS 三大集团不但联合垄断了韩国电视收视市场和广告市场,并且各自垂直整合节目制作流通和传播环节,形成了"制播合一"的电视节目产制格局;同时,三台网相互之间极少进行横向节目交流,绝大多数节目在本台播出后,国内市场便极少再有人问津。由于韩国国内市场狭小,万一成本回收不利,必将给制作方带来巨大损失,这就必然抑制大制作的电视节目的出现。在以海外市场竞争为目标的背景下,国内竞争其实可以看做是成熟产品推向市场前的一个展示,广阔的海外市场上争胜是三大集团争胜的动力所在;同时,由于垄断形成的资本积累被用于扩大化再生产而不是被消耗在竞争当中,可以使三大集团有实力制作高质量的电视剧而不必担心过大的竞争压力;而政府对三大集团的监管和扶持又表现出公共电视服务的价值取向,保证三大集团在市场争胜的同时也在市场失灵区域有所贡献。

(2)韩国电视节目生产制作机制。SBS 电视台是一家由综艺板块、新闻版块和电视剧板块共同构成的综合电视台,以娱乐节目见长,有大批青年观众。中国观众熟悉的韩国王牌综艺节目《情书》《X－MAN》《强心脏》《人气歌谣》等都出自该台。

①编剧中心制。韩国电视剧产业普遍认同并适行的"编剧中心制",即在电视剧生产全过程中,编剧的决策起到至关重要的作用,电视剧工作人员甚至导演、制片人都必须听取编剧的意见和决定。优秀的编剧是韩剧的创作中心,也是投资方的投资条件之一。

韩国电视剧的编剧拥有选择导演和演员的权利,因此韩国电视剧编剧与制片人的地位是平等的。一方面,由于韩剧按照"边写边拍边播"的方式流水线生产,电视台剧场和拍摄剧组都围绕着剧本展开工作,编剧就显得尤为重要。这进一步促使电视台和制作方赋予编剧更多的权力,"编剧中心制"的制作主体也愈加稳固。另一方面,"编剧中心制"在很大程度上也得力于韩国成熟的电视剧编剧选拔机制。韩国三大电视台每年都举行征稿活动,从中评出一名获奖者,旨在发现、培养和启用新编剧。在韩国,这是成为优秀电视剧作家的最快捷的途径。如编剧崔完圭正是通过 1993 年"MBC 最佳剧场的剧本公募"出道,其后创作出《朱蒙》《IRIS》等优秀韩剧剧本。目前韩国大约有 700 名职业编剧,他们全部隶属于拥有 1 700 名会员的韩国作家协会,大多数的编剧都只专注于电视剧本创作。

②韩剧的制播机制——"边写边拍边播"。由于韩国电视市场竞争激烈,韩剧制作过程也表现出了高度市场化的特点。韩国电视剧一般采用"边写边拍边播"的制播方式,通常一部电视剧,每周播出 1～2 集,以播出速度配合电视剧的写作速度。同时为了不延误

剧集的播出,电视台自制剧会在播出前几周进行拍摄,在播出首集电视剧前就已能拍摄完4~6集。电视台选择“边写边播边拍”自制剧制播方式的主要原因有:

其一,规避投资风险。韩国人口总量少,国内资源有限。每周只播较少集数同时边拍边播的制播方式,制片方在拍摄前只用落实一部分资金,并可在自制剧播出获得效益和反馈后,再行使有效的投资权利。资金周转期的缩短,有助于资金的调动,规避投资风险。

其二,注重受众的及时反馈。韩国的电视资源基本上被 KBS、SBS 和 MBC 三家电视台垄断,三家电视台之间的竞争异常激烈。电视台及时反馈受众信息甚至将观众希望看到的情节加入剧情中,有助于稳定收视群体,为电视台带来较高的收视率。

其三,套牢受众收视习惯。为保持高居不下的收视率以获得更多收视收益,电视台会要求编剧改变初衷,延长电视剧集数,以持续吸引住观众。而集数的临时变动,无疑会打乱电视剧的原有结构和剧情发展,减弱电视剧的艺术价值。

“边写边拍边播”的制播方式,是韩国电视剧生产线上的传统、主要的制播方式。它虽然略显单一,却符合韩国的本国电视剧资源情况,并与观众之间形成良好的互动关系,有利于推动收视率的增长。

(3)韩国电视节目的资金运营机制。韩剧一直由电视台及其下属公司所垄断,电视台与制作公司两者之间是订购关系。根据预算,电视台事先要付给影视制作公司整个拍摄资金的35%~45%,所以制作公司一般没有资金压力,就想把剧本做好,以便电视台来订购。

(4)韩国电视节目的发行销售机制——整合营销(以 SBS 为例)。SBS 电视台在电视剧上档或大结局时,一般都会要求旗下的综艺节目配合电视剧的宣传制作节目。因此,受众能够在 SBS 其他的新闻节目和综艺节目上,得到该剧的宣传信息。电视台通过密集的宣传活动,力促本台综艺节目的受众可以转换为本台电视剧的潜在收视群体,特别在综艺节目受众包含外国观众时,这种潜在的可能性就扩大到全亚洲甚至全世界的范围。通过对自制剧与综艺节目的整合营销,SBS 自制剧在全球范围内提高了知名度和影响力,并以出售海外版权的方式倾销全球,包括海外电视台市场和网络市场。在版权营销方面,SBS 电视台侧重海外市场版权的营销,采用相对低价的版权费政策力求扩大国际受众群①。

9.3 中国电视节目贸易

9.3.1 中国电视产业发展概况

9.3.1.1 中国电视产业发展现状

《中国广播电影电视发展报告(2013)》显示,2012 年,全国广播和电视综合人口覆盖率分别为97.51%和98.20%。到2012 年9 月底,全国各省(区、市)基本完成有线电视

---

① 朱春阳.美、英、韩三国电视剧产制模式比较分析[J].电影评介,2006-06-05.

网络整合,“一省一网”基本实现。截至2013年5月23日,全国直播卫星“户户通”用户突破900万户,宁夏、甘肃、青海等省区基本实现户户通全覆盖。2012年,全国电视节目和服务出口共约4.95亿美元。2012年全国广播影视总收入(含财政补助收入)3 476.93亿元。

新中国成立以来我国电视节目无论是生产数量以及生产质量均逐年稳步增长。

以国产电视剧为例,从图9-8可以看出自2006年以来我国的国产电视剧年产量基本稳定在每年50 000~100 000小时。

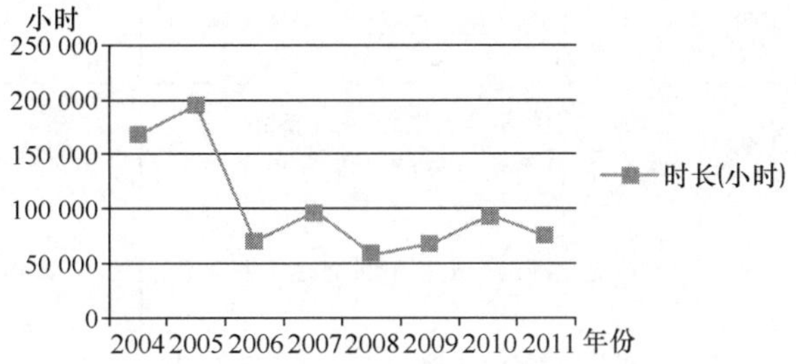

图9-8 历年中国电视剧制作时间①

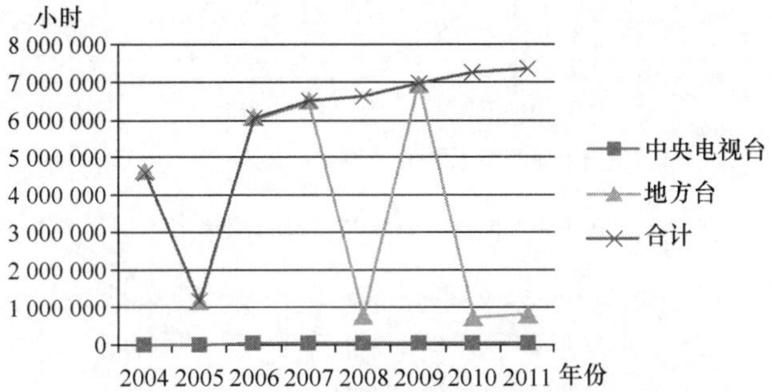

图9-9 历年中国电视剧播出时间②

国产电视剧每年的播出时间自2006年每年播出600万小时以来,逐年稳步上升(见图9-9)。截至2012年,全国共生产制作广播节目718.82万小时,电视节目343.63万小时。生产制作完成并获得发行许可证的电视剧总计506部17 703集,制作完成的国产电视动画395部、22.29万分钟,纪录片产量达3 000小时。广播影视内容创作生产由数量型向质量效益型发展转型取得了突出成绩。

9.3.1.2 中国电视节目交易市场

电视节目交易是电视节目交易双方在一定的交易环境中,借助交易平台,围绕电视剧交易物,实现交易的过程与行为。因此,交易制度、交易平台、交易主体、交易内容、交

① 国家统计局.中国统计年鉴2012.

② 国家统计局.中国统计年鉴2012.

易成果是研究电视剧交易市场现状的着眼点。

(1)中国电视节目的主要交易平台。中国电视剧交易主要平台形成和发展的大体情况如表9－17所示。

表9－17　中国主要电视节目交易市场(不含网络节目交易市场)

名　称	启动时间	市场宗旨	周期	地点
全国省级电视台节目交流网	1983年	为丰富全国省级电视台的电视荧屏	常年	不限
全国地市电视台节目交流网	1985年	为丰富全国城市电视台的电视荧屏	常年	广州
全国有线台协作体	1992年	加强全国有线电视台间的节目合作与交流,联合引进节目,共同播出	常设	不固定
全国国产电视节目交易会	1996年	成为全国国产电视节目交易的主渠道	每年上半年	不固定
中国广播电影电视节目交易中心	2002年	提供节目开发、节目储备、节目宣传、节目交易、经济代理、传输复制等项目服务的广播电影电视节目交易平台	常年	北京
中国国际广播影视博览会	2003年	打造具有国际影响的广播影视交易平台	每年	北京
上海电视节	1986年	建立中国电视节目进出口的主要渠道,成为亚洲最大的节目和设备交易市场	每两年一届,逢双(2002年后每年一届)	上海
北京国际电视周	1989年	促进中外电视节目和技术设备交流与合作	每两年一届,逢单(1993年后每年一届)	北京
四川电视节	1991年	与上海电视节相互补充,构成中国一年一度的国际电视节目与设备交易市场	每两年一届,逢单	成都

2012年,电视剧仍然是各类电视节目市场交易的主要类型,其交易额占据各类节目交易的最大份额。央视与湖南、江苏、安徽、浙江等省级卫视纷纷投身"定制剧"领域,通过"量身定制"挖掘电视剧的版权价值、广告价值和品牌价值。在题材方面,现代、当代现实题材剧占据多数,反映了观众对现、当代题材电视剧的巨大收视需求。在价格方面,由于电视剧中禁止插播广告的政策影响、演职人员费用的上涨、电视剧成本的增加、网络网站购剧的"理性"回归等因素的共同作用,电视剧价格走势偏低。

2012年,国产电视纪录片仍然主要依托国内外各类电视节、纪录片进行宣传、推广和交易,在电视节目交易中所占比重极小。但是,题材新颖、内容原创、制作精良的电视纪录片的商业价值也逐渐凸显。如中国首部高清美食纪录片《舌尖上的中国》,不仅卖出每分钟1万元的"天价",其DVD销量更创下一周之内超过1.6万套的奇迹,发行书籍《舌尖上的中国》,其产业链的延伸和衍生产品的开发为电视纪录片产业的多元化经营提供了发展思路。2012年,"北京国际纪实影像创意产业基地""中国国际纪录片节网上交易平台"的建立,为电视纪录片交易构建了专业、权威、即时的产销平台。

2012 年,电视综艺节目的“台网联动”更趋频繁,已经超越了同步播出、互为平台、互相宣传的“浅层次的台网联动”,进入联合策划、联合制作、联合购买、联合播出、联合推广、联合营销的“深层次的台网联动”阶段。

(2)中国主要电视节。在众多的电视节目交易平台中,各类电视节目推介会、电视节仍然是电视节目的主要交易平台,其节目交易情况也反映出电视节目交易市场的细微变化。以第 18 届上海电视节为例,除影视节目外,增加了纪录片、动画片、电视栏目和新媒体内容等多种节目类型,以满足电视媒体、新媒体对多种节目的旺盛需求。同时,电视节中融入动漫创投、节目模式等项目融资平台,电视节目交易市场的产业链向节目研发、制作、传播和资本运作等多个路径纵向延伸,提升了电视节目交易市场产业链的增值能力。

目前,国内四大主要电视节目交易市场,即上海电视节、北京国际电视周、四川电视节、中国广播影视博览会,已经成为我国电视剧集中交易的主要场所。横向比较四大电视节目交易市场的结果,可以发现各个交易平台中的电视剧交易活动呈现各自的特点:

①中国国际广播影视博览会(简称“广博会”),是由国家广播电影电视总局和中国广播电影电视集团共同举办,从 2003 年起每年举办一届。它涉及节目、技术、设备等多个领域,包括影片、展览、展映、交易、研讨、颁奖等多项活动。广博会的目标是:亚洲最大、世界一流的广播影视交易市场和交流平台。每届的中国国际影视节目展是广博会的重要组成部分。电视剧借助广博会交易的数量及规模逐渐增加,成为国内电视剧交易的重要场所。

②上海电视节。上海电视节是我国在 1986 年 12 月 10 日成立的第一个国际性电视节目交易市场,最初名称是上海国际友好城市电视节。第一届上海电视节共有 16 个国家 18 个城市的 23 家电视台、制片公司及我国电视台代表 400 多人参加。在第一届电视节上主要活动是播放、观摩、交易各自所携带的电视节目。从第二届上海电视节开始,增加了节目评奖、国际影视节目交易市场、节目市场设备展览三项内容,名称正式定为“上海电视节”。另外,白玉兰奖国际电视节目评选活动(电视剧、纪录片作为参评的节目)开始,国际性电视节目交易市场拉开帷幕。上海电视节自承办之日起,许多国外参展商都利用这一平台进行影视节目交易,但自从第十届电视节以来,第三方的交易比重逐渐增多。所谓第三方的交易,就是两个外国参展商在中国进行交易。从第十一届影视节目报告可知,30% 的国外展商参加了第三方的交易,交易金额达 1 300 万美元,占总体的 12% 。

③北京国际电视周始于 1989 年,它由国家广电总局和北京电视台联合主办,是一年一度的大型国际性电视交流活动,也是国内最有影响力的电视盛会之一。它和上海电视节以及影响稍小的四川电视节并称中国三大电视盛会。电视节目展示与交易活动是北京电视周的重头戏。首届北京国际电视周于 1989 年 8 月 31 日至 9 月 6 日举行。

④四川电视节逐步成为中国电视剧进出口的主要渠道之一。这是因为四川电视节成立时的定位就是国际电视节目交流场所。近三年来,通过四川电视节,电视剧海外输出逐渐大于引进,海外销售总额也逐渐增多,出现贸易顺差趋势。在四川电视节上,电视剧引进、输出比北京电视周影视节目交易展更加活跃。

随着电视节目内容的繁荣及电视产业市场步伐的推进,通过电视节交易的节目形态开始增多,专题片、动画片、栏目节目、综艺类节目等也开始在电视节上进行交易。但从总体来看,电视剧交易仍占主导地位。

(3)中国电视节目交易的其他平台。以上分析的电视剧交易平台都是有固定的交易场所及时间的,一般认为这些交易平台属于有形的交易平台。在电视剧的实际交易过程中,电视剧市场存在着许多无形的交易平台,网络平台已经成为无形交易平台的一个重要组成部分。目前已形成的网络交易平台有中国广播电影电视节目交易中心、中国影视交易网、中国影视传媒网、北京影视节目交易网等。此外,许多电视剧制作机构都开通了网上交易平台。大多数网络交易平台提供信息发布功能,有些则提供完成交易的功能。总体来说,通过网络进行的电视剧交易额还较少,以下选择一些主要的网络交易平台予以分析(见表9-18)①。

表9-18 网上电视节目交易渠道

网站名称	网址	成立时间	特点	收费情况	客户	宗旨
中国影视交易信息网(中国影视信息网)	Filmtv. chinae. com	2008年11月8日	电影、电视、剧本、影视节、在线拍卖、影视商务、影院天气及影易江湖等功能	免费	从事电视剧发行、剧本、电视栏目交易合作者及影视投资者、影视人才	中国开通的第一个全面的影视行业的特色商务、资讯和娱乐网
京视交易网(北京电视娱乐节目交易网)	www. ty - trade. net	2009年9月25日	设有信息频道、节目频道、会员频道、职场频道、公众版和网上电视节等功能	收费	电视娱乐节目制作人、出口人、发行人、采购者、播放者、广告主及业界其他专业人士	服务于电视媒体、节目制作单位、广告发行单位的网上发布信息平台
中视传媒影视节目交易网	www. ctv - media. com. cn		设有节目介绍及交易、公司介绍及交易、无锡影视基地、南海影视基地、影视平台、中视广告、交易平台、中视发行及明星档案等功能	免费	查询节目信息的普通客户、买片客户、预约节目播映插播广告的客户、有意进行节目代理销售的客户	24小时为行业内用户提供影视资料信息查询、节目预览、影视节目交易以及节目视频在线播放等服务
CPEC中国广播电影电视节目交易中心	www. chnpec. com	2002年5月21日	设有广播节目、电影节目、电视节目、音像节目、交易大厅及注册等功能	收费	国内媒体播出机构、国内节目制作及发行机构以及港澳或海外节目制作发行机构	节目开发、节目储备、节目宣传、节目交易、经纪代理、传输复制等服务的广播影视节目交易平台

付费电视、手机电视、网络电视、移动电视等新媒体的兴起,为电视剧的零售提供了新的渠道。播出平台或网络运营商与受众之间的零售电视剧业务将增多,因此电视剧无形交易将逐步扩大。

---

① 帅志强. 国内电视剧市场交易平台分析[J]. 东南传播,2007(8).

9.3.1.3 中国电视产业未来发展趋势

(1)数字电视、网络电视经营。2012年元旦,3D频道开播,3D视频接收终端热销,3D电视产业经营发展加速。2012年,国家广电总局发布了《关于开办中国3D电视试验频道的通知》和《3D电视技术指导意见》等文件,对3D电视试验频道的节目制作、播出、传输入网等工作提出明确要求。广电总局的政策、3D电视频道的开通、3D终端的普及,为3D电视产业的发展奠定了良好的根基。

2012年,广电网与电信网IPTV业务经营由竞争转向合作。三网融合方案的迅速推进,为IPTV的发展奠定了坚实的网络基础;IPTV用户的迅速增长,宽带的提速降价,为高清IPTV的发展提供了良好的平台基础。2012年6月,广电总局下发《关于IPTV集成播控平台建设有关问题的通知》,规定IPTV实行播控平台、内容平台、传输服务三类牌照管理,全国所有IPTV内容平台服务都要搭建在播控平台上,改变了广电IPTV与电信IPTV的残酷竞争格局,促进了电信、联通企业与广电的通力合作,共同推动IPTV的业务经营,使IPTV成为三网融合中最具发展潜力的电视产业。

2012年,被称为"互联网电视产业元年",7家大型国有广电机构取得互联网电视的运营资质。其中,百视通、华数、南方传媒和优朋普乐在内容储备、CDN部署、终端合作、运营经验等方面具有明显优势,成为互联网电视产业的领跑者。如百视通,不仅在国内的资本运作、产品开发、终端研制、内容合作、平台运营等方面表现非常突出,而且通过与印尼电信的合作,将发展路径向全球化延伸。

(2)通过资本运作,电视产业获得飞速发展。2012年,电视产业资本经营呈现出资本运作形式多样、合纵连横的特点。吉视传媒、湖北楚天、华数传媒成功上市,其股票收入用于数字电视、互联网电视和手机电视等新媒体的网络建设、业务平台建设和内容运营。百视通与中国银行合作获得40亿元授信,华数数字电视传媒集团与中国工商银行融资50亿元,电广传媒与国家开发银行合作融资80亿元,为电视产业的数字化整体转换、跨区域网络业务拓展、智能电视的研发、海外市场的发展与开拓提供了强大的资金支持。华人文化产业投资基金CMC、上海东方传媒集团有限公司SMG与香港电视广播有限公司TUB合资成立上海翡翠东方传播有限公司、百视通与CNTV组建合资公司,力求在视频网站、互联网电视、电子商务领域占据竞争优势,拓展新媒体业务以获得更多的营利空间,通过上市、授信、融资、合资等方式,以资本运作进行产业整合,提升电视产业整体价值,建构其在电视延伸产业的领先和霸主地位。

9.3.2 中国对外电视节目贸易

9.3.2.1 中国电视节目出口的目标市场概况

(1)海外华人华侨市场概况。华人华侨市场不仅是最早接受我国出口电视节目的市场,而且也是当下我国电视节目出口份额最大的海外市场。

据2011年11月30日在上海举行的第二届中国侨务论坛公布的研究数据,较为明确地统计出全球华侨华人总数:2007—2008年已达4 543万人,如今约为5 000万人,接近英法等欧洲大国的人口。从统计数字来看,这已然是个庞大的市场,但是要注意到,在这个市场上华语电视台才是中国电视节目的主要买家,而海外华语电视台大多依靠广告收入或者用户收视费生存,如果用户数量不够多,则难以生存发展。例如,在澳洲和欧洲,华人居住点相对分散,这就意味着当地华语电视台的市场难以形成规模。相比其他地区,东南亚和北美华人总数较多,而且居住集中,这两个地区目前是中国电视节目海外出口的主要市场。对这个市场的分析,详见本章案例《中国电视节目海外华人华侨市场分析》。

(2)亚洲市场概况。亚洲地区的各个国家与中国具有地缘的接近性,以及由此带来的文化接近性。加之,东南亚国家老侨民比较多,很多老华侨已经是当地国民,繁衍几代人,依然会使用中国语言文字,非常认同中华传统文化。因此,中国的电视节目在亚洲国家更容易进入主流播放渠道。

近年来,东南亚客户表现非常活跃。马来西亚和新加坡无论是有线台、无线台还是卫星频道都有多家媒体有采购中国电视节目的计划。越南近年来也是中国电视剧的引进大户,采购的电视剧都是以原音播出,配以画外音作为翻译。泰国的无线市场由 6 家重要媒体组成,分别为泰国三台、五台、七台、九台、十一台和 PBS。无线频道之间的激烈竞争,给我国的电视节目出口打开了富有潜力的市场。

日韩两国是非常具有购买力的市场,只是中国的电视节目被限制不能进入主流频道的黄金时间播出。目前,日本市场 DVD 采购商和 CS、BS 卫星频道采购比无线台即主流媒体更有积极性,韩国市场活跃的也是有线地方台,有能力购买节目且有一定需求量的是三大有线华语频道。最近,一些平面媒体拿到了电视执照,也开始采购电视节目,是可以关注的潜力市场。

"华流"电视剧是出口日韩市场的主要电视节目形态,古装大剧、功夫剧、武打剧、时尚剧、明星剧是这两个地区的首选。古装剧是受日本人喜欢的"华流"代表。在专门讨论"华流"的网络专区,不少日本网友表达了对中国古装剧的喜爱。根据金庸、古龙小说改编的电视剧,在日本市场多年来销售良好。近些年《卧薪尝胆》、《上海滩》、《母仪天下》、《星心的泪光》、新《三国》等都进入了日韩市场。《卧薪尝胆》首轮发行在韩国卖到了 4 万美元一集,《李小龙传奇》卖出 10 万美元一集,新《三国》卖到 9 万美元一集。2013 年日本 BS 富士电视台开播《甄嬛传》后,开播一周就拥有 3 927 万人数的观众群,在日本热门论坛 2CH 上,《甄嬛传》的话题评论超过 1 000 楼。

通过采用合拍和对等贸易的方式,中国的电视节目也部分地进入了日韩主流电视频道。如中国与日本合拍的电视剧《苍穹之昴》,历史性地成为 NHK 卫星高清频道的开年大戏,收视率超过由日本著名演员福山雅治和广末凉子主演的日本历史剧《龙马传》。2005 年 7 月,中国国际电视总公司与韩国的电视节目机构签订了对等贸易合作协议,该机构引进 108 小时的中国电视剧进入韩国市场。

在中、西亚市场,中国电视节目出口也有所增长。相比于欧美国家的电视节目,中国的电视节目更少凶杀、暴力、色情等内容,符合东方文化的审美趣味,已经获得了很多电视节目发行商的认可。由于中、西亚电视观众通常是一家三代共同收看,所以要求电视节目适合家庭观赏。所以电视剧、纪录片、儿童片、动画片采购数量更多。如《媳妇的美好时代》《外国小孩中国爸》等都进入了这个市场。另外,中、西亚地区的国家有较为特殊的宗教信仰、风俗习惯,尤其是伊斯兰国家,因此在出口电视节目的内容上要有所注意。

在亚洲市场,中国的电视节目也有很大的空白领域有待挖掘。如俄罗斯市场中国电视节目出口还比较少，印度市场几乎还没有进入。

在亚洲市场上，中国电视节目面对的主要竞争对手是日本和韩国。日韩的电视节目在亚洲市场同样拥有“文化接近性”的优势，但销售价格比中国电视节目高很多。另外，其他国家的电视节目在亚洲市场也有一定影响力。如土耳其电视剧近几年在中亚、西亚乃至欧洲市场的价格都在飙升；印度的影视节目在中西亚也越来越有影响力。

(3)欧美地区主流市场概况。欧美地区主流市场对中国电视节目的需求量很少，有数字表明，进入欧洲市场的全部亚洲电视节目仅占该地区不到2%的年度电视营业额。从以往中国电视节目在这个市场的出口经验来看，欧美地区市场对中国的长篇电视连续剧几乎没有需求，对电视电影、纪录片、动画片有一定的选择，但对技术标准要求严格。

目前中国电视节目在欧美市场主要以销售纪录片和家用录像带为主。反映我国人文、自然、风土人情的纪录片比较容易进入欧美市场。如反映大熊猫生活的《我的朋友》、反映村选题材的《海选》等，还有《中国奇人》《中国一绝》等，在欧美市场上卖得很好。2005年与美国国家地理频道联合制作发行的《故宫》国际版，目前已在多个国家和地区播出，单集销售价格突破4万美金，创我国纪录片海外发行多项纪录。

中国长篇电视剧如果是欧美主流市场可能感兴趣的题材或类型，也可能经过重新剪辑改编成电视电影在欧美市场销售。如中国广播电影电视节目交易中心投资精编的120分钟电视电影版《李小龙传奇》，制作了中文、英语、西语三个语言版本，曾与来自美、加、英、法、德、意、土耳其、捷克等多个国家的客户签约，掀起了国产剧在欧美主流市场销售的阶段性高潮。2005年，大型历史题材电视剧和电视电影《大汉风》成功发行到美国索尼哥伦比亚公司所属的AXN频道，刷新了中国电视剧的销售历史纪录。该剧还被成功发行到希腊、葡萄牙、法国、德国、土耳其等国。

欧美地区的主流市场在采购电视节目时，对于签约的法律细节和节目的技术标准（时长标准、形态规格、字幕应用、译制要求、附带文本等）要求严格。另外，由于中西方较大的文化差异，在叙事风格、影像表现上与欧美主流市场的接受有偏差，因此目前中国电视节目的出口多是采取与国际媒体合作的方式，由国际媒体重新剪辑压缩、加工改编，变成“中国材料、海外编导”的再生品才适合出口。《复活的军团》《故宫》《舌尖上的中国》等纪录片均作了逐集改编。

(4)非洲、拉美等地区市场概况。非洲很多国家多年来与中国保持着友好往来，中国援建非洲很多项目，包括电视台，这就为中国电视节目在非洲的推广打下了基础。因此，非洲、拉美等发展中国家的市场可视为中国电视节目未来的潜在市场。但是非洲民众普遍受教育水平并不高，没有当地语言配音的电视节目很难传播。近年来，中国国际广播电台和中国国际电视总公司等单位，正在合力把10部电视剧、52部电影、5部动画片、4部纪录片译制成英语、法语、阿拉伯语、葡萄牙语、斯瓦希里语和豪萨语六种语言的配音版本在非洲各国主流媒体播出，以此开启“中剧”输出的新时代。2011年，上海五岸传播将一系列纪实和外语节目销售至非洲的华语、英语和法语频道。2011年11月23日，斯瓦希里语版的《媳妇的美好时代》在坦桑尼亚正式落地播出，并引起收视热潮。

拉美的电视制作业相对较为发达，拉美“电视小说”在全球影视市场的销量都在上升，在欧洲、中东、非洲市场上的价格比中国的电视剧高出5倍，加之语言文化的差异，中国电视节目在拉美市场的销售并不理想。《李小龙》传奇是少数进入拉美市场的中国电视剧之一。

2012 年中国国际电视总公司也成功地将西班牙语配音版纪录片《为中国而设计》《北京北京》销售到拉美的巴拿马、厄瓜多尔、秘鲁和委内瑞拉等国主流媒体播出。

9.3.2.2 中国电视剧贸易的发展状况

电视剧作为中国电视产品中率先走出国门的先锋,正在逐步融入全球传媒经济的市场体系。中国电视剧尤其是中国现实题材电视剧继古装戏之后已经走出国门,在世界文化交流和电视节目流通市场上构建起自己的销售网络,占据了世界电视剧市场的一席之地。但是,与美剧、日剧、韩剧在中国市场的"攻城略地"相比,中国电视剧在全球市场上影响力微弱。

(1)中国电视剧历年出口状况。由图 9 - 10 和 9 - 11 可以看出,2006—2011 年,我国电视剧的出口数量整体上呈现快速增加的趋势。2006 年,我国电视剧出口 111 部 3 685 集,到了 2011 年这一数字攀升至 298 部 14 001 集。不过,同时期我国电视剧的出口额却发生着起伏式的变化。2006 年,我国电视剧出口额为 11 084.86 万元,2007 年、2008 年为 2 434.85万元、7 524.95 万元,2009 年又下降为 3 584 万元,2010 年成倍增长到 7 484 万元。2011 年我国电视剧出口额迅猛增长,比上年度增加了 7 165 万元,增幅为 95.74%。

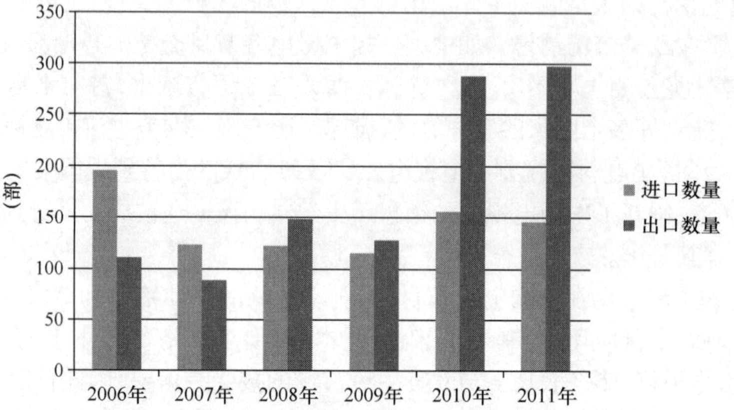

图 9 - 10 中国电视剧进出口数量对比①

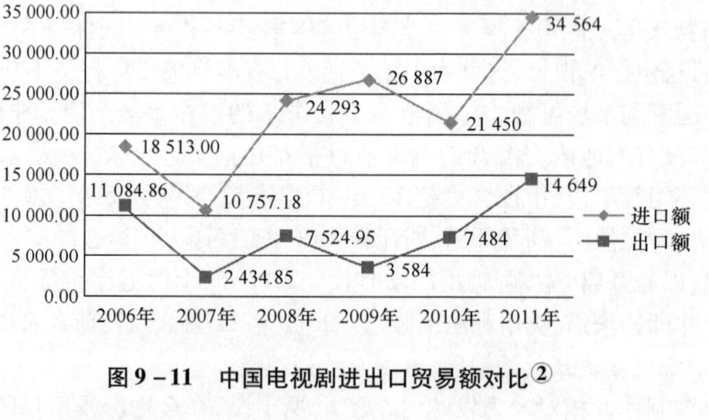

图 9 - 11 中国电视剧进出口贸易额对比②

① 数据来源:国家统计局. 中国统计年鉴 2012.

② 数据来源:国家统计局. 中国统计年鉴 2012.

(2)中国电视历年进口状况。由图9－10和图9－11可以看出,2006—2011年,我国电视剧的进口量基本保持稳定,每年稳定在100～150部。但由于进口电视剧价格的逐年上升,我国电视剧的进口金额逐年增加,从2006年的18 513万元增长到2011年的34 564万元。

通过表9－11电视剧进出口额的对比可以发现,我国的电视剧贸易一直处于逆差状态,相比美国甚至日韩等电视剧强国逊色不少。以2011年为例,该年我国电视剧出口总额为14 649万元,这个数字仅仅与同时期我国从韩国和我国香港进口的电视剧贸易额基本持平。相对于电视剧贸易传统强国,中国电视剧的产量和出口比例很小。中国电视剧的数量虽然不断增加,但出口额并没有随之大量增长。

9.3.2.3 中国电视剧贸易的国别分析

(1)中国电视剧出口的国别分析。从2011年的数据看,日本、韩国、美国、东南亚、中国香港和中国台湾占据了当年我国出口的298部电视剧中的266部,达到总出口量的89%。2011年我国向上述国家和地区出口的电视剧交易额为14 167万元,占总出口额的96.7%。也就是说,我国电视剧的主要出口国家和地区集中在美国、东亚和东南亚。输出国外的电视剧中,类型主要是武侠剧、历史剧和很少的时装剧。

从出口数量上来看,中国电视剧出口最多的国家是美国,占整个电视剧出口量的55%;其次是韩国,占整个电视剧出口量的14%;第三是日本,占整个电视剧出口量的12%;第四是非洲,占有12%;最后是欧洲占6%(见图9－12)。

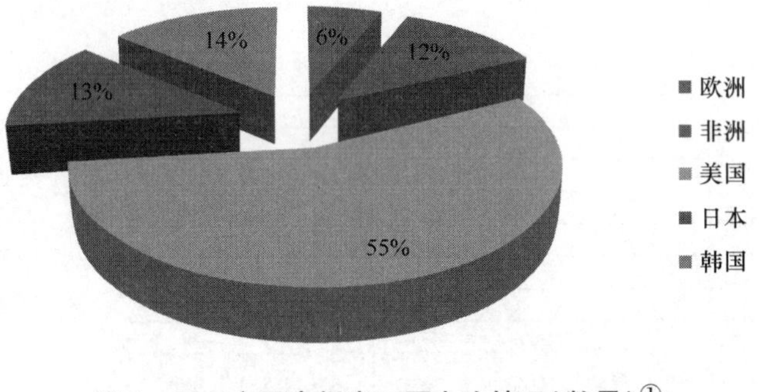

图9－12 主要电视出口国占比情况(数量)[①]

从出口金额来看,中国电视剧出口金额最多是仍旧是美国,占整个电视剧出口金额的64%;与出口数量排名不是一样的是,按出口金额排名中国电视剧出口第二是欧洲,占有12%;韩国、日本共同排名第三,都占中国电视剧出口总金额的10%(见图9－13)。排名最后的是非洲,这与非洲按数量排名相差比较大,这表明,虽然近几年中国电视剧出口非洲的数量显著增加,但回报不高,出口电视剧的价格不理想。

自2008年有统计数据以来的统计结果来看,中国对各国电视剧出口的数量和金额都逐年增加(见图9－14和图9－15)。特别是在2010年以后,中国电视出口的数量和金额有显著增加。

---

① 数据来源:国家统计局.中国统计年鉴2012.

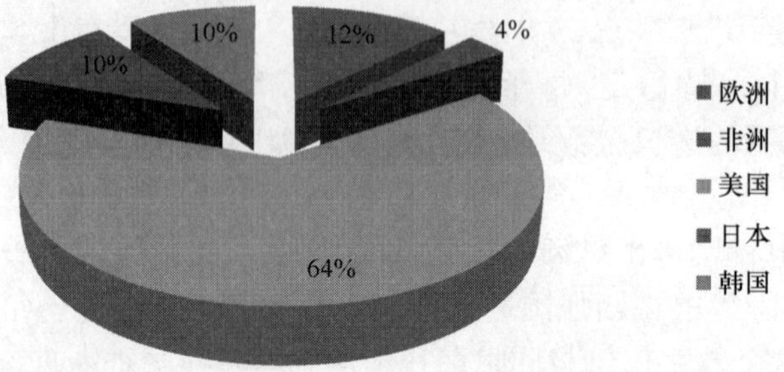

图 9－13　主要电视剧出口国占比情况(金额)①

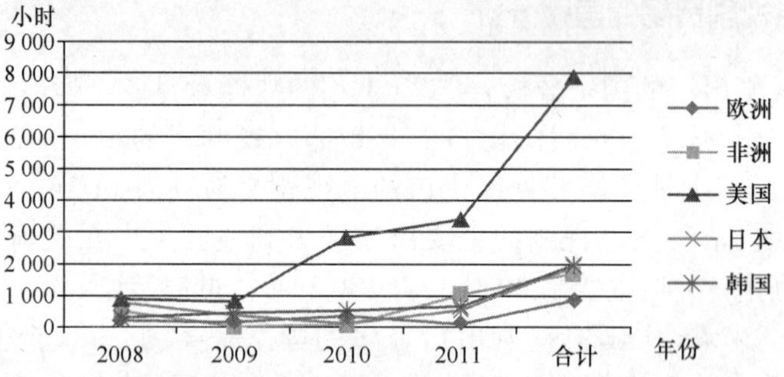

图 9－14　主要电视剧出口国总量对比图②

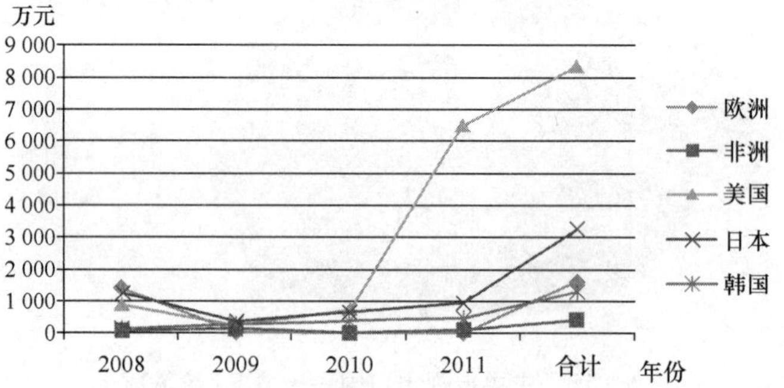

图 9－15　主要电视剧出口国金额对比图③

从出口数量上来看,中国电视剧出口量增长最快的是美国,其次是日本、非洲和韩国,最后是欧洲。从出口金额上来看,中国电视剧出口额增长最快的仍然是美国,其次是日本,然后是韩国和欧洲(出口欧洲的金额在 2011 年有明显的增长),最后是非洲,其出口金额基本保持不变,与其出口量的显著增长形成鲜明的对比。这与中国目前对非洲的电视剧出口还处于开拓阶段,售价低有很大关系。

① 数据来源:国家统计局. 中国统计年鉴 2012.

② 数据来源:国家统计局. 中国统计年鉴 2012.

③ 数据来源:国家统计局. 中国统计年鉴 2012.

(2)中国电视剧进口的国别分析。从进口数量上来看,中国电视剧进口最多的国家是韩国,占整个中国电视剧进口量的81%;其次是日本,占整个电视剧进口量的9%;第三是欧洲,占整个电视剧进口量的7%;第四是美国,占3%(见图9-16)。

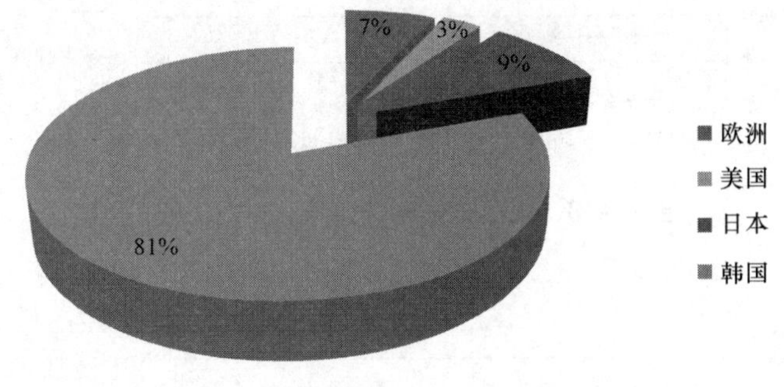

图9-16 主要电视进口国占比情况(数量)①

从进口金额来看,中国电视剧进口金额最多的仍旧是韩国,占整个电视剧进口金额的72%,但与其数量占比81%相比还有差距,表明韩国电视剧在价格上低于欧美,有一定竞争力。按进口金额排名第二的也仍然是日本,占有14%,这个占比大于其量的占比9%的水平,说明日本电视剧的价格较高。欧洲排名第三,占中国电视剧进口总金额的9%(这一比例也大于其数量占比7%)。排名最后是美国,占5%(这一比例也大于其数量占比3%)。这都说明欧洲和美国的电视剧价格较高。还要说明一点的是,中国电视剧进口是有配额限制的,所以这一数据并不能表明中国观众对其他国家电视剧的实际市场需求(见图9-17)。

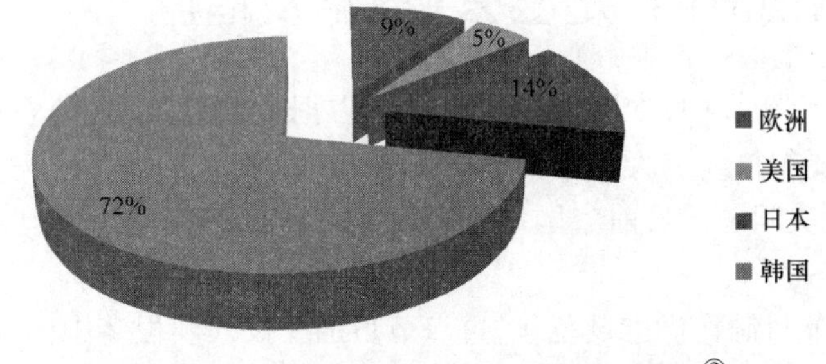

图9-17 主要电视进口国占比情况(金额)②

从2008—2012年的统计结果来看,中国从各国电视剧进口的数量和金额也都逐年增加。与中国电视剧出口一样,特别自2010年以后,中国电视剧进口的数量和金额均有显著增加。

从进口数量上来看,中国电视剧进口量增长最快的是韩国,其次是日本,第三是欧洲,最后是美国(见图9-18)。从进口金额上来看,中国电视剧进口额增长最快的仍然是韩国,其次是日本,然后是欧洲,最后是美国,其进口金额基本保持不变(见图9-19)。

---

① 数据来源:国家统计局. 中国统计年鉴2012.

② 数据来源:国家统计局. 中国统计年鉴2012.

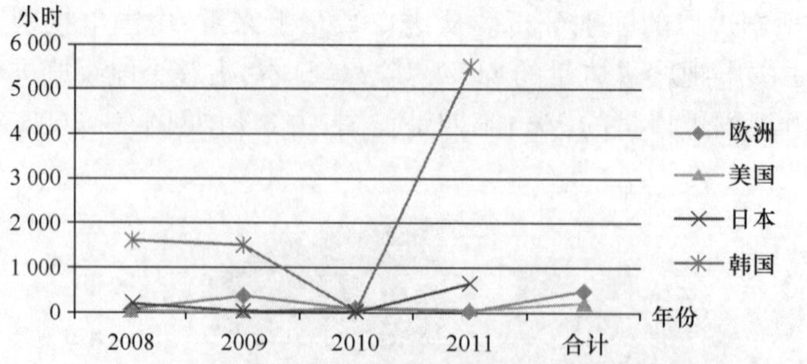

图9-18　主要电视剧进口国总量对比图①

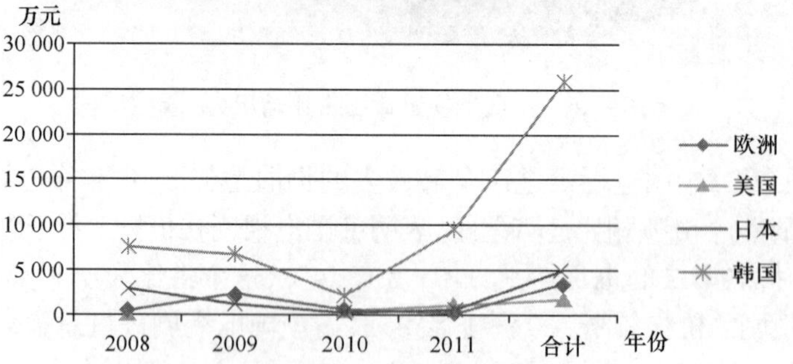

图9-19　主要电视剧进口国金额对比图②

9.4　中国电视节目"走出去"战略及措施

在国际电视节目市场中,中国电视节目并不占据主流地位,即便在中国电视节目已经进入的市场内,要想持续扩大中国节目的影响力,也要应对竞争压力,发现市场机会,不断突破困难和解决问题。目前中国电视节目进入国际市场普遍存在的问题和我们可以采取的对策总结如下。

(1)国家指导节目制作标准规范化,重点节目加大投入。很多中国的节目出品人、制片人只看重国内市场,忽视国际市场,因此制作的节目不符合国际市场规范,很难在国际上销售。在这方面,可以由国家广电总局指导电视台或行业协会,制定电视节目出口创汇的产品标准,引导节目出品方重视国际市场,对有国际市场潜力的节目加大投入。

纪录片是中国电视节目在欧美主流市场销售的重要类型,但是中国大量电视台制作的纪录片都普遍存在不符合国际市场规范的问题:①时间长度不规范。在欧美市场上,纪录片的长度标准通常是52分钟,也有相当多的国家接受的标准是30分钟,而中国的纪录片在时间长度上各不相同,缺乏统一规范。②大量中国纪录片缺乏用视听语言讲故事的能力。③节目制作不遵循国际制作的技术标准,包括影像标准、音响标准等。④完成

---

①　数据来源:国家统计局.中国统计年鉴2012.

②　数据来源:国家统计局.中国统计年鉴2012.

后的节目不留国际声道，没有无字幕的国际版，没有解说词，等等。

中央电视台制作的纪录片在国际市场销售中也曾经因为这类问题销售受阻，例如：中央电视台制作的优秀纪录片《三江源》，曾一度吸引了欧洲多家客户的购买兴趣，但由于该节目的无字幕版本右下角有台标，不是标准意义上的无字幕版本，所以错过多次销售良机。如今，中央电视台纪录频道成立以后，节目编排采用国际标准的26分钟和50分钟两种长度，央视每年又拨出专项资金推动重大题材纪录片的制作，极大提高了央视纪录片在国际市场上的竞争力。

综艺娱乐类节目虽然在中国电视节目出口类型中所占比例较少，但是也具备一定的市场潜力，同样是因为缺乏国际市场制作标准的问题，导致一些好节目出口受阻。例如：中央电视台的《吉尼斯中国之夜》《直通春晚》这类节目，在东南亚市场和海外华人市场都有销售潜力，但是节目组在制作时很少主动想到要使用高清设备，制作无字幕的国际版本等。

(2)国家政策支持发展，鼓励节目发行商合作、创新。国际市场上不同的国家、地区政治、经济、文化背景千差万别，要想培育长期、稳定的市场，需要节目发行公司有很强的国际营销能力，更需要国家相关政策的扶持以及一些职能部门的支持。

根据传播学的“编码和解码”理论，纪录片从制作到传播包含编码和解码两个主要环节。在编码过程中，制作机构通过对拍摄内容的选择进行符号化加工并赋予意义。在消费过程中，观众通过观看纪录片，对符号进行解读，阐释其中的意义。电视节目中包含有画面符号、声音符号和文字符号，如何让这些符号在跨国境、跨文化的传播过程中实现有效的编码和解码至关重要。一方面是主题的选择、拍摄的手法和内容的表达；另一方面是翻译的质量。高品质的国际合作无疑是提升节目质量和实现跨文化传播有效性的一条捷径。如2011—2012年，央视纪录频道与各大国际电视机构先后启动了12部、30余集的国际联合摄制纪录片项目，其中包括；《秘境中国之天坑》(与美国国家地理频道联合摄制、英国独立电视台承制)、《喜马拉雅大淘金》(与法国宽扎公司联合摄制)、《“china”瓷》(与英国大英博物馆联合摄制)、《云与梦之间》(与英国纪录片导演菲尔·阿格兰联合摄制)和纪录片《春晚》国际版(与美国国家地理频道合作)等。通过国际合作，这些节目在主题选择上符合国际受众的需求，在表达方式上易于为他们理解，能较有效地突破地理和文化障碍，取得较好的传播效果。[①]

(3)行业协会统筹引导，中国制片公司应更有全局意识。进入一个市场，从培育到占领，需要长期规划、统一布局，在不同时期采取不同的策略。例如：市场培育期，可以通过低价赠播，主动配音，让这个市场的受众逐渐了解、喜爱中国的电视节目；到了市场成熟期，要提高价格，确保利润，合理竞争。类似的市场战略，如果由一家发行单位或几家发行单位联合，还比较容易实现，可是中国目前的国情是，电视台和制片公司众多，有些不了解国际市场的制片单位盲目进入国际市场，抱着卖了即是赚了的心情，随意低价竞争，导致中国的电视节目缺乏市场规范的价格体系，只能让他国的节目购买商渔翁得利。

我们呼吁能有中国电视节目外销协会这样的行业组织出现，对中国各个市场主体的电视节目外销行为进行统筹规划，引导中国电视出品单位、发行单位树立全局意识，整合资源、加强合作，提高中国电视节目在国际市场上的整体竞争力。

---

① 李宇.“文化中国”视角下的电视对外传播——以中央电视台纪录频道为例[J].对外传播,2013(4)

9.5 小结

“电视市场”就是以电视台和电视传播为中心的电视播出市场。本章所讲的电视市场涉及的主要是电视主体们的交易市场,包括电视节目市场。世界电视市场的发展既有共性的方面,也有个性的方面。因受各自经济、文化、历史等因素的影响,各国电视市场表现出不同的特征,这增加了研究和分析世界电视市场的复杂性。本章从世界电视市场、国际各主要国家电视市场、中国电视节目对外贸易三个方面进行了深入分析,内容包括:世界电视市场的总体发展状况、国际主要电视节目会展状况;美国、欧洲(德国、法国、英国)、韩国电视市场发展概况以及各国各具特色的电视市场运行机制;中国电视市场概况、中国电视节目对外贸易发展状况以及中国电视节目目标市场需求。从总体上,为读者展示了世界电视市场发展状况以及国际主要国家电视市场、中国电视节目对外贸易的发展状况,并研究了其各自运行发展的规律和机制。

9.6 案例

9.6.1 案例分析一:中国电视节目海外华人华侨市场分析

在国际电视节目市场上,华人华侨市场不仅是最早接受中国出口电视节目的市场,也是中国电视节目出口份额最大的市场。在这个市场上华语电视台才是中国电视节目的主要买家。下面我们对世界各地主要海外华人华侨市场进行深入的分析。

9.6.1.1 东南亚地区华人电视节目市场

东南亚国家是老侨民的聚集区,华人华侨占世界华人华侨总数的比例达73%左右。很多老华侨已经是当地国民,繁衍几代人,依然会使用中国语言文字,非常认同中华传统文化。迄今为止,东南亚仍是除了中国之外,华文媒体最集中、影响最大、数量最多的地区。而且,在部分东南亚国家,华人华侨所占人口比例非常高,这就使得该国主流电视台也愿意购买中国的电视节目,而不仅仅是华语电视台。东南亚华人华侨分布及占当地人口比例见表9-19。

表9-19 东南亚华人华侨分布及在当地人口中所占比例 (单位:万人)

国别	年份	人数	在当地人口中所占比例	新移民人数*
印度尼西亚	2007	1 000	4.1%	10
泰国	2007	700	11%	35~40
马来西亚	2006	645	23.7%	10~15
新加坡	2007	360	77%	35
缅甸	2007	250	4.5%	100~110
菲律宾	2006	150	1.6%	20
越南	2007	140	1.67%	10~15

续表

国别	年份	人数	在当地人口中所占比例	新移民人数*
柬埔寨	2007	70	5%	20~25
老挝	2007	28	4.8%	13
文莱	2007	5.6	15%	—
总计	2007	3 349	5.96%	253~283

*新移民指20世纪70年代以后进入东南亚的华侨华人,包括来自中国内地、港台和其他国家及地区的华人华侨。

从电视节目出口的品类来说,中国电视剧、纪录片、娱乐节目等都在东南亚市场有不错的销售业绩。投资大、制作精良的古装电视剧是在这个市场最受欢迎的品类。我国从20世纪80年代末开始陆续向东南亚推出的电视剧《红楼梦》《西游记》《努尔哈赤》《三国演义》《水浒传》《唐明皇》《末代皇帝》《雍正王朝》《还珠格格》等都销售得很好,近年来《楚汉传奇》、新版《三国》《美人心计》、《倾世皇妃》、《甄嬛传》等都是在该市场普遍受欢迎的电视剧。最近几年,一些国家对中国的现代剧也很有兴趣,"蜗居"在东南亚许多国家热播,就连反腐剧《黑洞》《忠诚》也被购买播出过。

因为东南亚新移民的比例不高而且流动性大,因此电视市场主要是老侨民和他们的后代,他们与现代中国存在一定的文化隔阂,所以对于社会背景信息丰富的电视节目较难接受,更喜欢娱乐性强、文化背景简单的电视产品。中央电视台的《星光大道》《直通春晚》,上海文广传媒的《舞林大会》《星尚》等娱乐节目都进入了这个市场。马来西亚WaTV(华频道)曾以单集1 000美元的高价购买了浙江卫视《我爱记歌词》26期节目版权。目前,《我爱记歌词》已经在印度尼西亚、马来西亚、文莱等国家和地区播出。2009年湖南卫视《挑战麦克风》第一季节目模式正式授权泰国传媒机构。另外一些制作精良在中国国内也很有影响力的纪录片,如《故宫》《颐和园》《大国崛起》《舌尖上的中国》等也在这个市场销售良好。

在这个市场上,中国各种类型电视节目的接受度都比较高,但是也遭遇了来自日本、韩国电视界的强劲竞争。另外,东南亚本土的影视业近些年也成长较快,所以这个地区市场正在逐渐提高对中国电视节目挑选的标准,只有制作精良的节目才能取得好的销售业绩。

9.6.1.2 北美地区华人电视节目市场

(1)北美地区华人华侨的收视偏好。由于20世纪80年代以后中国新移民的大批涌入,导致美洲地区尤其是北美地区华人华侨数量激增,使该地区成为世界上华人华侨数量增长最快的地区之一。据统计北美约有华人华侨530万(新移民275万),集中在北美东西海岸、加拿大多伦多和温哥华地区。相对于老移民,新移民的教育水平和经济实力有较大的提高。新移民中,有近1/3为来自中国内地和港台的留学生及其眷属。这种社会阶层的丰富化直接导致了北美新移民电视观众的口味越来越接近国内观众。

从中国电视长城平台北美地区收视率和收视份额统计来看,国内高收视的频道和某些栏目,在北美同样受欢迎。无论是以往被认为在海外华人群体中颇具市场的传统高收视节目类型(如晚会、电视剧)等,还是近几年在国内卫视兴起的娱乐类节目(如选秀、征婚)及热门电视剧等都成为收视排行前20名的常客。例如,中国内地2012年热播的电视剧《甄嬛传》在北美也很有影响力;电视剧《金婚》《媳妇的美好时代》等在北美市场销售良好;凤凰卫视(美洲台)还购买过《和青春有关的日子》《知青》以及一些军旅题材的电视剧。

相比很多发达国家,北美地区的移民政策较为宽松,所以在未来几年华人向北美移民可能持续升温,北美市场将会是中国电视节目极有成长力的海外市场。但是,因为美国是世界影视业最为发达的国家,中国电视节目在这一市场上面对极大的竞争挑战,即使是华人华侨市场,中国电视节目的竞争压力依然很大。

(2)北美地区的华语电视台。美国的华语电视发轫于1974年,自此之后,不断有新的华语电视台在美国开播。美国华语电视包括卫星电视在内,大大小小加起来总数大概有50个,此外还有数不胜数的网络电视。2010年3月,中国内地民营企业俏佳人传媒股份有限公司并购了美国国际卫视,并将其更名为ICN(国际中国电视联播网)。目前ICN是北美地区最大的华人电视媒体,拥有16个中英文电视频道,全天24小时向北美地区用中、英文播放反映中国元素的电视节目。如今也有一些非华人创办的华语电视台开播。2001年12月,美国洛杉矶LA18台成为全美第一家24小时提供中文数字电视节目的数字电视台,该台现在提供11种不同语言的节目,也是美国唯一一家在晚间提供直播国语和粤语新闻的电视台。美国华语电视频道的内容主要由新闻资讯、综艺娱乐和电视剧构成。除自制本土新闻资讯和谈话栏目外,这些电视台会从中国内地和港台地区引进综艺节目和电视剧。

加拿大的华语电视台在多伦多和温哥华发展最快。现在加拿大的两个华语电视频道都是由新时代传媒集团于1993年开始经营的。一个是新时代电视,以广东话为主的全国性频道,节目内容以中国香港TVB制作的节目为主干;另一个是城市电视,一个全国性多语言电视台,每周播放130小时普通话节目,这些节目除由CCTV-4提供外,也购买一些热门影视剧,曾播出过《大宅门》《康熙王朝》等。除了这两个主要华语电视频道外,在多伦多和温哥华还各自有一个多元文化台,华语节目只占其中每周20多个小时。

另外,北美还有约20多个华语卫星频道(见表9-20)。

表9-20 覆盖北美地区的华语卫星频道

运营机构	卫星	频道
翡翠卫星台TVB(USA)	Direct TV	翡翠美东台(粤语)
		翡翠美西台(粤语)
		翡翠综艺台(普通话)
		CCTV-4(普通话)
凤凰卫视 Phoenix TV	Direct TV	凤凰卫视美洲台(普通话)
		CCTV-9(英语)
	Dish Network	凤凰卫视美洲台(普通话)
		CCTV-4(普通话)
		香港亚洲电视(粤语)

续表

运营机构	卫星	频道
台北国际电视 TISTV	Telstar5	台视美洲频道(普通话)
		中视美洲频道(普通话)
		华视美洲频道(普通话)
		新闻信息频道(普通话)
		影视频道(普通话)
		宏观频道(普通话)
		家庭频道(普通话)
		湖南卫视(普通话)
东森美洲台 ETTV	Telstar5	东森新闻台(普通话)
		东森卫视台(普通话)
		东森戏剧台(普通话)
		东森幼幼台(普通话)
		三立国际台(普通话)
		非凡财经台(普通话)
		Jet TV 日本台(日语,中文字幕)
中天台 Power TV	Telstar5	中天新闻台(普通话)
中央台国际频道	Calaxy－3R	CCTV－4(普通话)
		CCTV－9(普通话)
免费不锁码频道	Telstar5	新唐人频道(普通话)
		天下卫视(普通话)
		人间卫视(普通话)
		大爱卫视(普通话)

9.6.1.3 其他地区华人电视节目市场

华人华侨的聚集区虽然遍及全球各大洲,但能够形成电视产品规模市场的国家和地区并不多。例如,在欧洲和大洋洲,华人居住点相对分散,这就意味着当地华语电视台的市场难以形成规模。在这里,我们将东南亚和北美之外的华人华侨市场作一个概括的分析。

(1)澳洲华人电视节目市场。在澳洲,华人华裔族群已经成为澳大利亚最大的少数民族之一,约占总人口比例的2.9%。澳大利亚和新西兰都有一定数量的华语电视台。在澳大利亚,创建于20世纪90年代的翡翠互动电视(TVBJ)和悉尼中文电视台都有相对稳定的受众群。澳大利亚公营全国广播电视公司(SBS)也有华语普通话节目。新西兰中华电视网旗下的新西兰中文电视台CTV－8频道和新西兰华人电视台都是免费收看的频道。由于移民结构的相似性,澳洲华人观众的收视趣味与北美地区相似,就是紧跟国内市场，基本上国内热播的电视节目也在当地受欢迎。但是由于中国大陆绝大部分电视台卫星节目都没有加密，不少大洋洲的华人花费大概500澳元就自己可以安装大型卫星接收器免费收看全中国百余套各级电视台的频道。这在一定程度上影响到中文电视节目的市场销量。

(2)欧洲华人电视节目市场。20世纪90年代初，中文电视进入欧洲。1993年由香港新中港集团投资，以伦敦为基地的中文电视台“欧洲东方卫视”正式开播。1999年“香港卫星电视有限公司”和“凤凰卫视有限公司”正式与“欧洲东方卫视”联合，建立“凤凰卫视欧洲台”。如今该台已成功进入欧洲的主流卫星电视网Sky Digital以及英国、法国、德国和荷兰四国的有线电视网络，全面覆盖欧洲45个国家。1994年，由香港邵氏传媒集团投资20%，英国太平洋传媒(原名韦顿公司)投资80%创办了另一家欧洲中文电视台——“时代华人电视”，后更名“欧洲无线卫星台”，2003年TVB收购“无线卫星台”全部股份，总部设在伦敦。该台每天24小时以广东话和普通话广播，覆盖欧洲38个国家。意大利著名侨领林朱庆先生牵头创办的“欧洲华文电视台”于2011年1月正式开播，覆盖欧洲、亚洲、非洲、北美洲、南美洲及亚洲中国香港、中国台湾、中国澳门等地区，覆盖区域人口超过15亿。总体而言，欧洲华人数量不大，居住欧洲的华人中商贩、工人占比例大，相当部分为无证移民，流动性大。加之欧洲国家多数将电视台视为公共服务机构，对私人成立电视台管制严格，因此欧洲国家较少华语电视台，面向华人华侨的中国电视节目市场比较难于拓展。

(3)亚洲华人电视节目市场。在亚洲又可具体细分为日本、韩国和中西亚地区市场。

在日本，20世纪80年代以后，华侨数量开始骤增，截至2009年年底，约有82万华人华侨居住在日本各地。CCTV大富电视台是日本唯一的华语电视台，该台是中央电视台长期合作伙伴，也是日本唯一的中国电视节目卫视播出平台，面向日本全国24小时播出中文电视节目，现在拥有3个频道：CCTV大富频道、TVB大富和凤凰卫视。

在韩国的中国公民已经达到65万人，一些专门以在韩华人为读者群的中文媒体相继涌现，电视媒体有中华TV、CHING TV等。在这些收费电视台，中国电视剧是主要播放内容。

在中西亚地区，华人华侨数量较少，在这一广大地区，还没有华语电视。在中东地区有一家用英语和阿拉伯语传播中国经济、文化的卫星电视台，是温州商人王伟胜创办的阿拉伯·亚洲商务卫视(Arab Asia Business TV)，节目覆盖阿联酋、沙特阿拉伯、约旦、卡塔尔、埃及等30多个中东、北非及南欧国家的近5亿人口。

(4)非洲华人电视节目市场。华人在非洲总量比较少，多集中在南非、毛里求斯等地，没有成立华语电视台。2008年四达传媒卢旺达有限公司成立运营，是中国广电企业在非洲市场的突破。截止到2012年3月，四达时代已先后在几内亚、尼日利亚、肯尼亚、坦桑尼亚、乌干达、中非、布隆迪、莫桑比克、塞内加尔、贝宁、刚果金、加纳等13个国家获得数字电视运营牌照，签约国家人口达4.6亿。获授权转传频道129个，其中包括中央电视台、凤凰卫视等国际知名频道62个，非洲本地频道60个。该公司自办频道，以中、英、法三种语言，全天候24小时不间断播出，其中中国功夫频道的开播深受广大非洲民众的欢迎，收视率始终稳居前6位。

(5)拉美华人电视节目市场。20世纪80年代以后，拉美国家的华人华侨有持续增长的势头。从职业构成上看,小商贩居多,近年来也出现了少数资本较雄厚的大商家和大厂主。在拉美国家还没有华语电视台开播,华文电台和网络也刚刚出现,尚未形成规模。中国电视节目还很少销售到拉美地区。有些卫星电视台的信号可以覆盖拉美,比如凤凰卫视。

总体而言,中国电视节目的海外华人华侨市场近些年呈现出以下特征:①海外华人华侨电视市场的总范围在逐渐扩大,出现了一些新兴市场,虽然某些新市场的购买力还很欠缺,但可以预期未来的成长;②由于海外新移民与老华侨有很大差别,改变了海外华人电视市场的主流产品样态,普通话电视节目的市场份额上升,除了古装历史题材电视剧依然热销外,现实题材电视剧、纪录片、综艺节目的销售开始有很大提高;③海外华人华侨电视市场的产品销售渠道进一步多样化,这意味着今后中国电视节目的外销方式、营利模式可作更多的创新探索。海外华人华侨市场不仅是中国电视节目最重要的出口市场,也是中国广播影视走出去的重要基地,经营好这个市场对中国电视节目成功"走出去"至关重要。

9.6.2 案例分析二:国际电视一流媒体代表——BBC

英国广播公司(British Broadcasting Corporation,简称 BBC),成立于 1922 年,是英国一家有政府资助但独立运作的公共媒体,是英国最大的新闻广播机构,也是世界最大的新闻广播机构之一。在相当长的一段时间内,BBC 一直垄断着英国的电视、电台。在 1955 年独立电视台和 1973 年独立电台成立之前,BBC 一直是全英国唯一的电视、电台广播公司。

9.6.2.1 BBC 运营体制

英国实行公共和商业广播电视并存的二元体制。BBC 属于国有公营型。国有公营广播电视机构的资产为国家所有,但可在社会参与下自主进行广播电视的播出经营活动。

(1)BBC 权力机构。董事会是 BBC 的最高权力机构,董事会成员共 12 名,其中负责苏格兰、威尔士和北爱尔兰地区事务的董事各一名。董事会成员由政府推荐,女王任命,尽管并不是按代表制原则而是以社会贤达的标准选定。在推荐 BBC 董事时,政府一般不自行其是,而是按照不成文惯例,依据历届皇家政策咨询调研委员会和社会诸利益集团(包括传媒界)的意见展开工作。BBC 董事会只是个战略决策和预算监控机构,一般并不干预 BBC 日常事务。它在选定 BBC 总经理后,让总经理全权处理。

英国政府受国会委托推荐 BBC 董事会成员,监管和发放执照给 BBC,因此无疑有很大的权力。但是,自 20 世纪 20 年代以来,英国政府很少利用此种管辖 BBC 的权力去凭自己的意愿组建 BBC 董事会,干涉 BBC 的日常工作。英国政府之所以奉行此项政策,是因为一方面英国存在悠久而又强大的不干涉社会公共事务的文化传统,另一方面归根到底英国政府是受托管理 BBC,一旦政府跟皇家政策咨询调研委员会、BBC 董事会、BBC 总经理以及 BBC 从业人员等发生尖锐冲突,国会有权干预,以维护宪章所规定的 BBC 社会公营原则。

(2)BBC收入渠道。BBC实行的是电视执照收费收入为主体、多种资金来源为补充的公共资金保障机制。法律禁止BBC在提供公共广播电视服务时播出广告,但允许它利用BBC的有形与无形资产,以推介节目、打造品牌、扩大知名度、争取各类受众为目的,开展节目、音像制品与相关书籍刊物的销售,开展合作与公益活动,提供技术服务等获取收入。所获收益按照皇家特许经营规定,用于补偿英国广播公司的公共服务,主要对节目制作和新媒体服务提供补偿。随着英国广播公司财源制度的改革,其商业利益总体上呈现逐步增加的趋势,近十年来英国广播公司的年商业收入最高时占到总收入的17%。表9-21所示为BBC的收入情况。

表9-21 2001—2005年度BBC收入情况 (单位:亿英镑)

年 度	对内公共广播电视	商业经营	合 计
2001—2002	25.679	6.043	33.829
2002—2003	26.812	6.271	35.320
2003—2004	28.172	6.456	37.059
2004—2005	29.638	6.243	38.353
2005—2006	31.248	6.200	40.050

9.6.2.2 制播模式

制播分离最早起源于英国,英文单词"Commission"的原意,主要是指在电视台策划、投资并拥有版权的前提下,将节目制作业务委托给外部制作机构或独立制片人完成。通过委托制作,电视台在更多节目制作公司的节目中比较容易得到价格相对便宜且质量好的节目,买方市场的出现使电视台在短期受益。

(1)制播合一(1922—1982年)。电视诞生伊始,欧洲实行公共产权制度,节目实行制播合一。在制播合一阶段,BBC和独立电视台(ITV)等公共播出机构以公共文化机构的身份存在,采取高度纵向一体化的福特制生产模式,强化对节目质量和导向的控制,以符合"资讯、娱乐和教育"的服务定位,依靠高品质的节目获得收视许可费和政府的财政补贴。

20世纪80年代以来,随着有线电视、卫星电视的崛起,特别是境外电视的冲击,英国广播电视环境发生了较大变化。在撒切尔夫人的新公共管理的理念下,电视的私有化、市场化浪潮加快,电视节目的制作向社会化生产转型,目的是促进电视产业发展。

(2)制播分离引入与确立(1982—2003年)及深化(2003年至今)。一方面1990年的英国《广播电视法案》要求BBC和商业广播网的新节目(新闻性节目除外)中至少25%要由独立制作公司制作。《2003年通信法》的出台,将英国的制播分离改革推向纵深。对独立制作节目、原创节目、新闻和时事节目的播出时长和比例等都作出了规定,不断完善和创新了制播体制改革的内涵,推动制播两方决策主体朝规范化、市场化和规模化的方向发展。另一方面,受机构重叠、官僚主义作风和办事效率低下的影响,BBC已难以应付新兴电视市场的冲击。为了保护自己在英国的电视市场,维护自己在英国广播电视业龙头老大的位置,BBC决定采用釜底抽薪的改革措施,主要是将制作机构与播出机构分离开来,进一步将委托制作部分从自己的制作部分分离出去。

随着1982年第四频道的建立,委托制片制度开始建立,即将第四频道定位为仅供节目播出的平台,以委托或者购买的方式从外部获得节目,为公众提供信息服务(第四频道内部组织结构见图 9－20)。这标志着制播分离制度的引入与确立,实现了电视产业从福特主义向后福特主义的转变,极大地促进了独立制片市场的发展和繁荣。

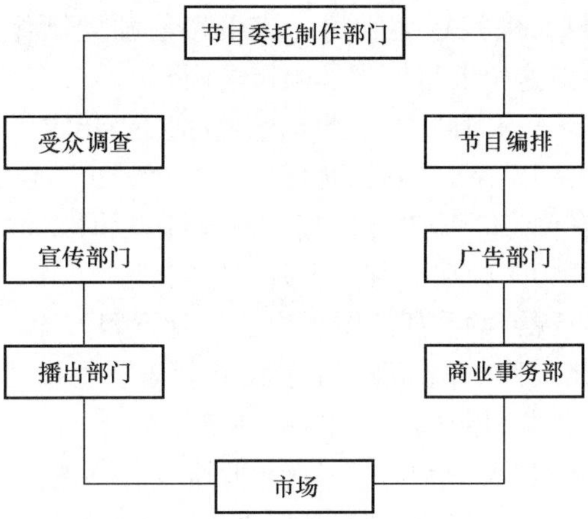

图 9－20　第四频道内部组织结构图

BBC 的第一任总经理约翰·波特进行了"内部市场,委托制作"改革。1997 年 4 月,BBC 对公司机构进行重大改组。机构调整后设播出中心、制作中心、新闻中心、资源中心、国际中心和经营管理中心六个主要部门,将节目编辑部合并,围绕公司重点节目编排制作。从此,频道要向制作公司购买节目。格雷戈·戴克于 2000 年进行了第二次变革,实行"两支笔体系",按照节目类型组建了 16 个平行的节目部门,委托制片制被取消。

9.6.2.3　生产制作

(1)BBC 电视节目生产机制——制片人制度。英国节目制作的中心是制片人。在现今英国电视节目的制作进程中,制片人是节目的老板。制片人组织创作队伍,控制节目资金和制作流程。他对节目生产和制作人员的所有问题作关键性的决策。所以,每一个重要的节目栏目都要任命一个制片人,在节目的末尾用粗体字标明。

制片人是随着商业性的独立电视台的出现而产生的。在 BBC 只有一个频道、每天播出 6 小时的时候,多数节目不需要单独的节目制片人,那时,由部门的负责人兼任此职,他从头至尾负责预算、管理。商业电视的运作产生了竞争,产生了独立制片人。委托制作节目的播出部门经理退居二线,不再亲自决定具体节目制作过程中的问题,转而监督各制片人的最后产品。随着电视节目产量越来越大,品种越来越多,出现了各种各样的制片人,有新闻制片人、戏剧节目制片人、纪录片制片人,等等。

(2)节目购买。在英国,电视台向独立制片公司购买节目的方式分为两种:一种是按电视台对节目类型的需求,直接向独立制作公司购买创意和节目;另一种是电视台的委托编辑提出节目创意和方案,委托独立制作公司制作完成。

第一种方式的操作程序如下。

第一,电视台在自己的官方网站发布购买节目的信息,包括所需节目样式、目标受众、大致播出时段、对节目的要求、大致的预算。比如,www. bbc. co. uk/commissioning/tv/network 就是 BBC 委托节目制作的网页。

第二,独立制片公司根据电视台要求创意节目,拿着节目计划书向电视台委托编辑陈述想法。

第三,节目创意通过后,电视台会支付一定费用给独立制作公司生产样片;与此同时,电视台的调研部门会对这个节目创意作出市场调研。

第四,样片及市场调研获得通过,签订合同,电视台支付启动资金,开始节目的正式生产。

电视台与独立制片公司签下合同后的付款模式一般如下:合同签订之时向节目公司支付 30%;节目正式开拍前支付 40%;进入后期编辑阶段时支付 10%;节目获得台内认可后再支付 10%;最后的 10% 则在节目播出后支付完毕。

第二种方式则是由电视台的委托编辑提出节目创意和方案,委托独立制作公司制作完成。它的操作过程与第一种类似,区别在于独立制作公司仅承担节目的生产工作,节目的创意由委托编辑提供,节目版权也归电视台所有。

(3)合作制片。如今,高额的节目费用使越来越多的电视节目无法靠传统方法来投资制作。合作制片则能通过由多个国家的制作机构参与节目制作(其中各方都要承担的制作代价不一定是投资,但通常包括费用,反过来也都获得所在国的电视播放权或节目发行权,或兼而有之)来实现节目制作的成本风险分担和利益的共享。比如 1995 年 BBC 播出的《傲慢与偏见》就是它与艺术娱乐网——美国一家侧重"文化"节目的有线电视公司合作制作的。

9.6.2.4 发行销售——海外发行预售

BBC 自己的商业发行机构——BBCW 公司成立于 1995 年,向 80 多个国家售出超过 14500 小时的节目,成为欧洲最大的节目出口商。此外,还有一些较小的发行代理机构,成为版权买卖的中介,情况非常复杂而灵活。制作者或者其他委托的发行者也可以通过预售方式从国外的媒介处获得投资,但在此之前,他们应该有国内的广播电视媒介投资垫底,资金到位,才可能进入制作。制片人从一两个投资来源已获足够资金,通过节目播出会获部分经济补偿。节目播出后还可通过发行得到额外利润。

9.6.2.5 播出运营

(1)BBC 受众市场与播出渠道。BBC 目前有 11 个电视频道,大部分隶属于 BBC 两大节目生产部门——视频部(BBC Vision)和新闻部(The Journalism Group)管理。BBC 视频部负责 BBC1、BBC2、BBC3、BBC4、BBC 高清、BBC 少儿、BBC 婴幼儿等频道节目的管理、制作、播出。新闻部负责 BBC 国内新闻、BBC 世界新闻、BBC 国会三个新闻频道的节目制作和 BBC 所有电视、广播、网络新闻、体育节目的制作。BBC 苏格兰频道由 BBC 苏格兰部管理,总部设在格拉斯哥,是用盖尔语播出的苏格兰国家电视台。

BBC 的节目生产部门制作出节目产品后,根据自身优势、英国市场环境和观众的不同需求,把产品细分给各个频道,各频道又进一步细分成不同的节目,有针对性地进行销售播出,以取得最佳传播效果和最大经济效益。BBC 的 11 个电视频道的收视指标见表9 - 22。

表 9－22　BBC 11 个电视频道的收视指标

频道标志	开播时间	图像格式	收视份额	频道定位	覆盖地域	播出语言
BBC one	1936	576i PAL 16:9 SDTV 1080i HDTV	21.3%	综合频道	英国	英语
BBC TWO	1964	576i PAL 16:9 SDTV	6.8%	服务、教育	英国	英语
BBC three	2003	16:9 SDTV	1.3%	英国青年 （16—34 岁）	英国	英语
BBC FOUR	2002	16:9 SDTV	0.6%	纪录片、艺术、音乐	英国	英语
BBC NEWS	1997	576i PAL 16:9 SDTV	1.1%	国内新闻频道 （49 岁以上）	英国	英语
BBC GLOBAL NEWS	1991	16:9 SDTV	每周 78 000 000 观众收看	国际新闻频道	全球（除英国和美国大部分地区）	英语
BBC PARLIAMENT	1992	16:9 SDTV	<0.01%	英国国会频道	英国	英语
cbbc BBC	1985	16:9 SDTV		少儿频道 （6～16 岁）	伦敦和世界部分城市	英国、盖尔语、荷兰语、法语、俄语
cBeebies BBC	2002	16:9 SDTV	1.3%	婴幼儿频道 （6 岁以下）	全球	英语
BBC HD	2006	1080i HDTV	0.1%	高清频道	英国	英语
BBC ALBA	2008	16:9 SDTV		盖尔语人的频道	苏格兰	盖尔语

数据来源：英国收视调查机构 BARB 2010 年 10 月统计。

从表 9－22 可以看出，BBC 并没有中国电视台普遍推出的财经、体育、音乐、电影、电视剧、综艺、科教、生活、城市、公共、时尚等频道。英国电视频道众多，市场竞争激烈，每家媒体都有各自的优势领域。如天空卫视的体育台（SKY Sport）和 ITV1 的综艺节目在英国都有很高的收视率。另一方面，BBC 很多频道属于无广告的公共电视，靠公众缴纳收视费开支，经费有限的情况下不能贪大求全，必须有所侧重。BBC 充分考虑了差异化的市场细分策略，在自己的优势领域——新闻和儿童类型的节目上加大投入，进一步细分市场，推出了 3 个新闻频道和 2 个儿童频道。BBC 一旦推出频道就坚持做下去，用时间积累品牌价值，BBC1 和 BBC2 分别有 75 年和 47 年的历史，在几代英国观众心中享有盛誉,收视份额达到21.3%和6.8%,遥遥领先于BBC其他电视频道。

①BBC的四大综合频道。

第一,BBC1。BBC1从1936年推出至今,作为英国电视的旗舰享有盛誉,是世界上第一个无广告的公共电视频道。作为BBC的综合频道,其收视率高居全英榜首。其市场定位是做全英最有价值的电视频道,观众定位十分宽泛。BBC1的新闻节目代表着英国主流电视新闻准确、公平、独立的风格,拥有最广泛的观众和最强的舆论影响力。BBC1黄金时段自制节目达到99%,独立制作公司的节目在非黄金时段占到28%。自制节目2010年每小时制作成本平均达到162 900英镑。大约有34%的全国电视观众。

第二,BBC2。相对于BBC1的大众主流定位,BBC2生产更多知识分子喜爱的节目,节目风格更偏向于小众。其定位是公众服务和教育,经常与社会知识团体联合制作节目。很多节目在BBC1复播,仍然大受欢迎。观众份额约为10%。

第三,BBC3。BBC3是英国年轻人的频道,其观众年龄定位在16—34岁,为年轻观众提供创新的内容,聚焦于新技术、新发明。其推出的心理学节目和时尚节目很受年轻人喜爱。竞争对手是ITV2和E4。2010年度自制节目占80%。

第四,BBC4。BBC4主要播出自然、社会科学纪录片和艺术、音乐节目。BBC4的纪录片画面唯美、故事性强、主题深刻,在世界上享有盛誉。BBC4播出的节目包括哲学、自然科学、商业、政治、社会问题、历史、艺术、音乐、电影、表演等多个方面,最大限度地刺激、支持和反映了英国的多元文化。

BBC四大综合频道都按照产品(节目类型)来细分市场,采取了差异性市场营销战略。即根据各个细分市场的特点,相应扩大某些产品(节目类型)的品种和产量,或制定不同的营销计划(黄金时间播出),以充分适应某一类消费群体(观众)的需求,使产品设计(节目制作)和宣传推销(广告宣传片)能有的放矢,使公司(频道)在细分小市场上占有优势,从而提高公司的市场占有率(收视份额),在消费者(观众)中树立良好的公司(频道)形象。

第五,BBC的其他频道。包括:BBC News24:新闻频道,提供全天24小时新闻服务。主要节目有《六点新闻》《九点新闻》《晚间新闻》《早餐时间》《大全景》等。

BC Choice:数字电视频道,提供点播服务。

BC Parliament:提供英国政治生活的全方位报道,直播君主、议会的活动。

BC Knowledge:以教育节目为主,只提供数字播出。

BC World:商业性的世界电视台。包括两个频道:一是BBC World:新闻频道,主要播出全球新闻和时事节目,主要市场在欧洲、亚洲和中东。二是BBC Prime:BBC与皮尔逊公司、考克斯通信公司合办的娱乐频道,主要市场在欧洲。

UKTV(“英国电视”):BBC与皮尔逊公司、福克斯泰公司在澳大利亚合办的娱乐频道。

BBC图文电视:由BBC和英国图文电视公司(UKTV)经营的一种无线电视服务,内容包括国内外新闻、经济新闻、体育、气象、交通、铁路、航空、娱乐和财务信息等,并配以字幕。

Animal Planet;BBC与美国发现传播公司在亚洲合办的24小时播出野生动物和自然历史节目的全球性电视频道。主要市场在日本、菲律宾、泰国。

BBC 广播电视节目的受众满意度见表 9 - 23。

表 9 - 23 BBC 广播电视节目的受众满意度

	2000—2001 年	2001—2002 年	2002—2003 年	2003—2004 年	2005—2005 年
满意度	65%	68%	68%	67%	65%

(2)市场占有率。近几年,英国广播公司在法律保障和公共资金的支持、市场竞争的激励及推动下,无论是事业规模还是软硬实力都在英国及世界范围内保持领先地位。

据 BBC 公布的数据,BBC 对国内的公共广播电视服务的家庭到达率为 92.9%,为 5 540万户,市场份额达到 43.1%;对国内公共电视全年播出的总时数(包括数字电视频道)为 5 万小时左右,其中首播节目时数为 3 万小时左右。

9.6.2.6 发展中面临的困境

(1)商业危机。对于现代电视媒体而言,收视率几乎左右着一切。尽管公共电视不以营利为目的,收视率的绝对制约力对 BBC 来说似乎没有那么强烈,但客观来看,商业电视的介入几乎是世界电视发展的必然规律,竞争态势已然形成。对于观众而言,商业电视的繁荣也使得他们对 BBC 收取的执照费产生了很大的抵触情绪,这种情况迫使英国政府不得不决定下调 BBC 电视执照费率,这对于以执照费为主要收入的 BBC 而言就意味着收入的减少。20 世纪 90 年代后,商业电视甚至迫使政府作出决定,BBC 不得不实行制播分离制度,把价值近 2 亿美元的 1 339 小时节目交由独立制片公司负责,从而导致其近 1/4 的演播室闲置无用。

(2)公信力危机。

①造假风波。2011 年 12 月,英国广播公司(BBC)爆出造假风波,其耗时逾 4 年拍摄的大自然纪录片巨献《冰冻星球》(Frozen Planet),其中一集播放北极熊妈妈照料刚出生小熊的片段,主持人称是在冰天雪地下拍摄,获观众赞赏。节目监制杰夫斯其后于 BBC 网站揭露真相,称北极熊生育时会留在冰封洞穴,摄影镜头不可能拍到,该特写镜头是在德国一个动物园中拍摄,团队在母熊生育前早已架好镜头。

2011 年 12 月 11 日,BBC 方面表示,片段拍摄方法早已于节目网站解释清楚,节目也谨慎用词,并无误导观众。观众炮轰 BBC 在母熊片段中使用假雪,显然是蓄意欺骗。英下议院文化、媒体及体育委员会主席惠廷戴尔称,广播机构不应给予错觉,对观众被误导"极为失望"。

②员工丑闻。2011 年 10 月 29 日,85 岁的英国已故知名电视节目主持人吉米·萨维尔(Jimmy Savile)去世不到一年,光环还未褪去,他人生中狰狞丑陋的另一面就被曝光,他甚至因此而身败名裂。据英国《每日邮报》报道,陆续有超过十名受害人站出来指认,他曾经性侵包括未成年少女在内的多名女性。这一切发生在他事业如日中天时,面对自己无法撼动的媒体名人,许多受害少女都选择了保持沉默。英国广播公司报道,负责调查萨维尔性侵案的英国警方表示,已病故的萨维尔在其四十多年的主持生涯中涉嫌性侵大批未成年人,警方接到的案件线索有 400 多条,可能受害人数在 200 人左右,但截至 2012 年 10 月 25 日,这一数字已经逼近 300。

2013 年 5 月 5 日英国广播公司(BBC)知名广播员斯图尔特·霍尔承认 14 项猥亵未

成年女子的罪行。这些案件发生在1967—1986年,共涉及13名女孩,年龄最小的受害者当时只有9岁。

英国广播公司(BBC)总裁乔治·恩特威斯尔(George Entwistle)2012年11月10日晚宣布辞职。因新闻严重失实和已故主持人萨维尔的性丑闻事件,BBC陷入自1922年成立以来最严重的信任危机。

③新闻误报。恩特威斯尔2012年9月17日才接任BBC总裁一职,任期不足两月。迫使他辞职的直接原因,是BBC的王牌调查节目《新闻之夜》11月2日揭露一位前保守党议员涉嫌儿童性侵犯案件,事后证明这一报道严重失实。《新闻之夜》在此前的报道中称,前保守党上院议员麦卡尔平涉嫌性侵害儿童。节目中,一位名叫史蒂文·梅沙姆的受害者称这名保守党政客曾于20世纪90年代在威尔士的一家福利院对他进行性侵犯。警方在调查中让他看了一张照片,而他错误地被告知这个人就是麦卡尔平。2012年11月9日,梅沙姆看到了另外一张照片,这才意识到性侵者其实另有其人。麦卡尔平发表了一份措辞激烈的声明,对这个“完全错误并且严重诽谤”的报道表示强烈谴责,他的律师建议他起诉《新闻之夜》。

2012年11月13日,英国广播公司(BBC)中文网报道,英国广播公司(BBC)的新闻总监海伦·博登及其副手史蒂夫·米奇尔已经被暂停其编辑工作,等待对BBC放弃播出调查性丑闻节目的调查的结果。

该节目的播出引发公众对BBC的信任危机,并使总裁引咎辞职。BBC同时宣布停止《新闻之夜》栏目所有关于萨维尔虐童案的调查活动,这在此间引发争议。

10 全球文化产业经济贡献

10.1 概述

10.1.1 概念的界定

世界知识产权组织于2003年发表了《版权相关产业经济贡献调查指南》[①]（以下简称《指南》），按照版权在相关产业中的作用大小，把版权产业分为“核心版权产业”“相互依存的版权产业”“部分版权产业”“非专业支持产业”四类。版权在这四类产业价值创造中的地位和作用各有不同，它们对于版权保护的依赖程度逐渐递减。版权相关产业所包含的产业门类与各国文化产业、创意产业细分门类大体一致，而且世界知识产权组织在《指南》中也明确说明，版权产业的称谓与文化产业、文化创意产业可以相互替代。因此，本书根据世界知识产权组织关于版权产业经济贡献指标来衡量各国文化产业的经济贡献。

（1）核心版权产业：主要是指完全地创作、制作、表演、广播、传播或展览、发行分销作品及其他受保护客体的产业。该产业都要有版权，并要受版权法律法规的保护，该产业包括图书、报纸、期刊等出版业，音乐和演出业（音乐、戏剧制作、曲艺、舞蹈和杂技），电影和录像，广播电视，摄影，计算机软件和数据库，视觉与图形艺术，广告服务，版权集体管理与服务九大行业门类。核心版权产业的增加值主要来源于版权，如果没有对版权的保护，该产业的创意将不会发生。

（2）相互依存的版权产业：为核心版权产业提供便利设备的产业，而这些设备的功能是促进创意内容的实现或受版权保护作品的使用。该产业包括CD播放机、电视机、录像机、磁带播放机、电子游戏机以及其他类似设备，计算机和有关设备，乐器，照相机和电影摄影器材，复印机，空白录音介质，纸张7大行业门类。

（3）部分版权产业：是指部分活动与作品或其他受版权保护客体相关的产业。这些活动包括创作、制作和制造、表演、广播、传播以及展览或者发行和销售。该产业包括纺织品服装与鞋类，珠宝与钱币，其他工艺品，家具，家用物品、瓷器及玻璃，墙纸与地毯，玩具与游戏，建筑、工程和测量，室内设计，博物馆十大行业门类。

（4）非专用支持的版权产业：是指部分活动与促进作品及其他版权保护客体的广播、传播、发行或销售相关，且这些活动没有被纳入核心版权产业的产业，具体包括一般批发与零售、运输服务、电话与互联网三大行业门类。

---

① WIPO. 2003 WIPO Guide on Surveying the Economic Contribution of the Copyright - based Industries[OL]. http://www.wipo.int/export/sites/www/freepublications/en/copyright/893/wipo_pub_893.pdf.

10.1.2 版权相关产业经济贡献衡量指标

根据《指南》的建议,各个国别报告采用产业增加值、产业增加值占 GDP 比重,该产业就业人数、占全国总就业人数比重,该产业出口贸易额、进口贸易额、进出口贸易额占比等指标,从产业增加值、就业、进出口贸易三个方面来衡量各国版权相关产业的经济贡献。

10.1.3 本章数据的来源

在世界知识产权组织的倡议下,中国、美国、英国、澳大利亚、韩国、德国、芬兰、泰国、匈牙利、南非、不丹、巴基斯坦、加拿大、新加坡等 30 多个国家和地区对各自版权相关产业的经济贡献进行了调查、测算与分析,并在世界知识产权组织网站发布了年度报告,揭示了版权在各国经济增长中的重要作用,以及以版权制度为基础的创新活动对于各国经济社会发展的重要意义。

本章主要介绍中国、美国、英国、澳大利亚、韩国、德国、芬兰、南非、不丹、肯尼亚 10 国版权相关产业经济贡献,数据来源于世界知识产权组织发布的各国年度报告。

10.2 美国版权产业的经济贡献

10.2.1 版权产业增加值

产业增加值反映了该特定产业在资本和劳动力方面对经济的贡献。一个国家所有产业的产业增加值的总和与该国的 GDP(即国内生产总值,用来衡量本国经济规模)数值相等,因此,通过计算产业增加值以及国民收入、生产核算数据,可以比较相关产业的规模及增长率。

在图 10-1 中,核心版权产业增加值在 2007—2010 年间从 9 043.4 亿美元增长到 9 318.2亿美元,其他版权产业增加值从 6 793.0 亿美元增长到 6 950.4 亿美元①。

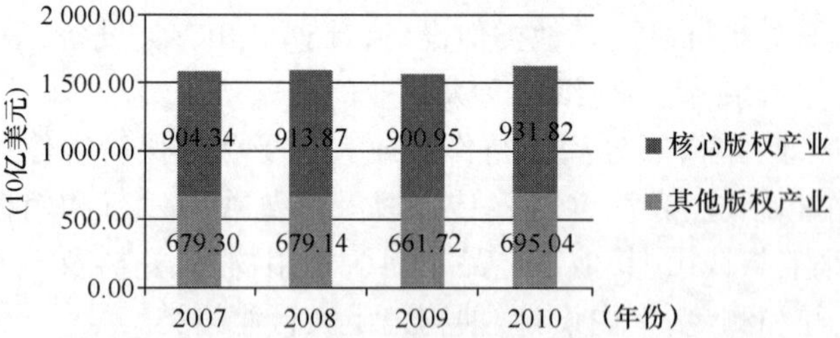

图 10-1 美国版权产业增加值

图 10-2 提供了版权产业占美国 GDP 比重。核心版权产业占 GDP 比重在 2007—2010 年间维持在 6.4% 左右,而全部版权产业占比维持在 11.1% 。

① 本节所有图表数据来源于世界知识产权组织发布的 Copyright Industrles in the U. S. Economy—The 2011 REPORT. http://www.wipo.int/copyright/en/performance/country_studies.html.

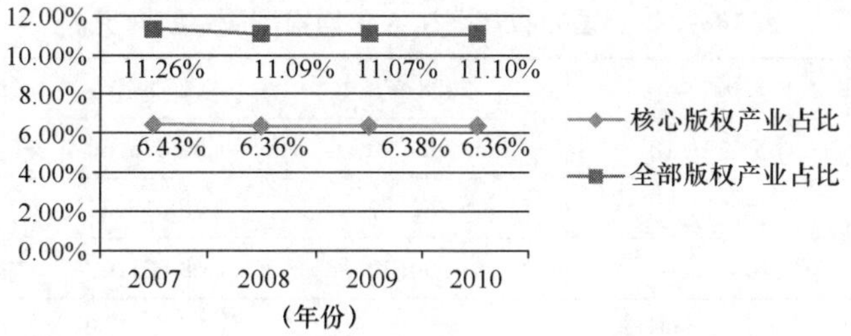

图 10－2 美国版权产业占 GDP 比重

表 10－1 显示的是美国版权相关产业 2007—2008 年、2008—2009 年及 2009—2010 年的实际增长率，以及同期的美国经济实际增长率。核心版权产业增长率分别为 3.05%、-3.07% 及 3.44%，全部版权产业增长率为 2.39%、-2.07%、4.20%。同期美国经济实际增长率分别为 0.00%、-2.63%、2.85%。可以看出核心版权产业及全部版权产业的增长速度均超过了当年的美国 GDP 增长速度。

表 10－1　美国版权产业及 GDP 增长率

	2007—2008 年	2008—2009 年	2009—2010 年
核心版权产业	3.05%	-3.07%	3.44%
全部版权产业	2.39%	-2.07%	4.20%
美国 GDP	0.00%	-2.63%	2.85%

10.2.2　版权产业的就业

在图 10－3 中，核心版权产业 2007 年雇用了 549.6 万工人，而在 2008—2010 年间雇用人数逐年下降，分别为 547.5 万、517.6 万、509.8 万人。全部版权产业的雇佣人数也是逐年递减，分别为 1 155.7 万、1 147.4 万、1 081.5 万、1 063.2 万人。

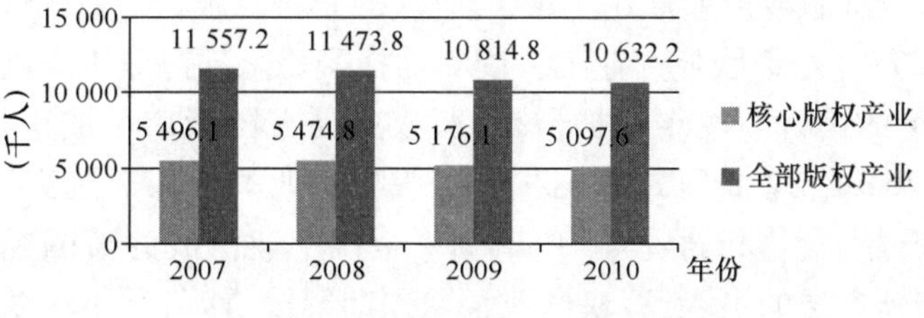

图 10－3　美国版权产业就业人数

在表 10－2 中，核心版权产业的雇佣工人 2007 年的年均报酬为 74 450 美元，2008 年为 75 853 美元，2009 年为 76 015 美元，2010 年为 78 128 美元，而全部版权产业雇佣工人年均报酬分别为 67 320 美元、68 534 美元、68 622 美元、70 513 美元，美国工人年均报酬为 57 093 美元、58 983 美元、59 679 美元和 61 404 美元。人均报酬指一切工资、收益及其补贴，同时包括雇主为雇员提供的一切养老基金、保险基金及社保基金。核心版权产业工人年均报酬比美国工人年均报酬在 2007—2010 年高 25%～30%，而全部版权产业工人年均报酬则高 15%～18%。

表 10-2　美国版权产业工人年均报酬(单位:美元)

	2007 年	2008 年	2009 年	2010 年
美国工人	57 093.10	58 983.20	59 678.60	61 404.20
核心版权产业工人	74 450.18	75 852.89	76 015.33	78 127.81
全部版权产业工人	67 320.41	68 534.30	68 621.60	70 512.84

10.2.3　版权产业的出口贸易

世界市场对美国版权产品需求十分旺盛,表 10-3 是 2007—2010 年四大核心版权产业在国际市场上的出口额,包括音乐录音、电影电视、计算机软件及出版产业。这四大核心产业总出口额在 2007 年为 1 279 亿美元、2008 年为 1 335 亿美元、2009 年为 1 291 亿美元、2010 年为 1 340 亿美元。

表 10-3　美国核心版权产业的出口额　　单位:十亿美元

行　业	2007 年	2008 年	2009 年	2010 年
音乐和录音	7.62	7.52	6.97	6.48
电影电视	22.62	23.24	23.25	23.89
电脑软件	91.86	96.57	94.11	98.6
出版	5.78	6.14	4.79	5.05
总　计	127.9	133.5	129.1	134

美国版权产业的年均实际增长率和对美国经济的贡献率一贯优于其他产业。2010 年核心版权产业增加值达到 9 318 亿美元,占美国 GDP 的 6.36%,同年全部版权产业增加值达到 16 269 亿美元,即 GPD 的 11.10%。在 2007—2010 年,核心版权产业和全部版权产业的实际年均增长率都高于美国经济的平均年增长率。美国核心版权产业 2010 年雇用 510 万工人,全部版权产业雇用 1 060 万工人,而核心版权产业工人的年均报酬比全部产业工人高出 27%,全部版权产业工人的年均报酬比全部产业工人高出 15%。美国版权产品在国际市场的销售额逐年增加,核心版权产品在国际市场的销售额在 2007 年达到 1 280 亿美元,2010 年增加到 1 340 亿美元,版权产业的出口额远高于其他产业(诸如飞机、汽车、农业产品、食物和药物等)出口额。版权产业已成为美国经济增长的核心动力,随着新技术和新方法的引入,版权产业长期预期继续看好,严格的版权保护会使得版权产业带动美国及全球市场的经济增长。

10.3　英国创意产业的经济贡献

10.3.1　创意产业的界定

英国将版权及相关产业称为创意产业,根据英国经济活动标准产业分类的界定,创意产业是源于个人的创意思想、技能和才华,通过生成和发挥其经济特性,从而具有潜在的形成财富和创造就业效应的产业部门。它包括13类子行业:广告、建筑、艺术品与古董、工艺品、设计、时尚、电影和录像、互动娱乐软件(网络游戏)、音乐、表演艺术、出版、软件和计算机服务、电视和广播。

10.3.2 创意产业增加值

2009年英国创意产业增加值为363亿英镑,占英国总产出的2.89%。出版业、广告业、电影及电视业是对总产出贡献最大的创意产业部门,产业增加值分别为116亿英镑、59亿英镑及53亿英镑,共占到英国总产出的0.92%[①](见表10-4)。

表10-4 2008—2009年英国创意产业的增加值

部 门	2008年		2009年	
	产业增加值(百万英镑)	占总产出的比重(%)	产业增加值(百万英镑)	占总产出的比重(%)
1.广告	7 160	0.55%	5 990	0.48%
2.建筑	3 650	0.28%	3 290	0.26%
3.艺术品与古董	310	0.02%	260	0.02%
4.工艺品				
5.设计	1 660	0.13%	1 790	0.14%
6.时尚设计	110	0.01%	120	0.01%
7.电影和录像.摄影	2 680	0.21%	3 000	0.24%
9和10.音乐、视觉及表演艺术	3 740	0.29%	4 070	0.32%
11.出版	11 610	0.90%	11 560	0.92%
8和12.软件、电子出版	570	0.04%	560	0.04%
8和12.数字娱乐传媒	160	0.01%	400	0.03%
13.电视和广播	4 950	0.38%	5 260	0.42%
创意产业总增加值	36 600	2.82%	36 290	2.89%
英国总产出	1 295 633		1 256 932	

2008年英国创意产业增加值占总产出的比重为2.82%,2009年英国总产出比2008年下降了近3%,而创意产业占比仅下降了0.7%,说明2009年英国创意产业增加值绝对量在减小,而占总产出比重这个相对量在增加。其中广告业和建筑业是仅有的两个产业增加值有下降的创意产业部门,其他行业都持平或者有小幅增长,电视和广播业增幅最大,达到0.04%(见表10-4)。

---

① 本节数据来源于英国文化传媒和体育部2011年12月8日发布的Creative Industries Economic Estimates, https://www.gov.uk/government/uploads/system/uploads/attachment_data/file/77959/Creative-Industries-Economic-Estimates-Report-2011—update.pdf.

10.3.3 创意产业服务出口

2009 年创意产业服务出口额为 890 万英镑，占到英国 2009 年出口总额的 10.6%。出版业、电视及广播业是英国创意产业中服务出口的主要门类，分别为 260 万英镑和 220 万英镑，占到全部出口总额的 3.1% 和 2.6%（见表 10 - 5），其次为电影、录像及摄影，再次为广告业。需要注意的是这些数据不包括货物的出口，艺术品和古董属于有形商品，没有统计在表中。

表 10 - 5　2009 年英国创意产业的服务出口

部　门	出口额（百万英镑）	占创意产业出口之比（%）	占英国总出口之比（%）
1. 广告	1 477	16.55%	1.76%
2. 建筑	324	3.63%	0.39%
3. 艺术品与古董			
4. 工艺品			
5. 设计	104	1.17%	0.12%
6. 时尚设计	7	0.08%	0.01%
7. 电影和录像. 摄影	1,627	18.23%	1.93%
9 和 10. 音乐、视觉及表演	286	3.20%	0.34%
11. 出版	2 631	29.48%	3.13%
8 和 12. 软件、电子出版	215	2.41%	0.26%
8 和 12. 数字娱乐传媒	78	0.87%	0.09%
13. 电视和广播	2 175	24.37%	2.59%
创意产业出口总计	8 924	100.00%	10.61%
英国全部出口总计	84 120		

10.3.4 创意产业的就业（2009—2010 年）

创意产业的就业人数包括以下三类雇员或者创业者：创意产业部门的创意工作者、创意产业部门从事辅助性工作的非创意工作者、非创意产业部门里的创意工作者。2010 年创意产业部门提供了 150 万个工作岗位，占英国就业总数的 5.14%，从绝对数量和相对比例上看都比 2008 年有所上升（2008 年为 144 万个岗位和 5.0% 的占比）。2010 年音乐、视觉和表演艺术、广告、出版和设计是创意产业中就业量最大的部门（见表 10 - 6）。

表 10 - 6　2009—2010 年英国创意产业的就业情况

部门	2009 年		2010 年	
	就业人数	占英国总就业之比	就业人数	占英国总就业之比
1. 广告	252 022	0.87%	268 254	0.92%
2. 建筑	136 534	0.47%	136 298	0.47%
3. 艺术品与古董	10 351	0.04%	8 818	0.03%

续表

部门	2009 年		2010 年	
	就业人数	占英国总就业之比	就业人数	占英国总就业之比
4. 工艺品	84 224	0.29%	91 983	0.32%
5. 设计	209 045	0.72%	208 810	0.72%
6. 时尚设计	18 409	0.06%	25 583	0.09%
7. 电影和录像. 摄影	67 250	0.23%	71 731	0.25%
9 和 10. 音乐、视觉及表演	279 636	0.97%	292 536	1.00%
11. 出版	241 881	0.84%	243 809	0.84%
8 和 12. 软件、电子出版	23 282	0.08%	23 205	0.08%
8 和 12. 数字娱乐传媒	75 79	0.03%	13 179	0.05%
13. 电视和广播	113 124	0.39%	113 966	0.39%
合计	1 443 338	4.99%	1 498 173	5.14%
英国全部就业总计	28 905 000		29 121 000	

10.3.5 创意产业的经营主体

2011 年英国有 106 700 个创意企业，占英国企业总数的 5.13%，比 2009 年的绝对数量和相对占比都有所增加。2011 年音乐、视觉和表演艺术是创意产业中企业数量最多的部门，这些部门企业数量为 30 460 个，占到英国企业总数的 1.46%。广告、建筑、设计和电影、录像和摄影部门分别有 10 000 ~ 16 000 个企业，占到英国企业总数的 0.5% ~ 0.8%。

2009—2011 年，广告业的企业数量变化较大，从 13 930 增加到 16 010 个，另外，建筑、设计、电视和广播业的企业数量也在增加，出版业是唯一企业数量占比降幅超过 0.1% 的行业（见表 10 -7）。

表 10 -7 2009—2011 年创意产业的企业数量

部 门	2009 年			2010 年			2011 年		
	企业数量	占创意产业企业数量的比重	占全国企业数量比重	企业数量	占创意产业企业数量的比重	占全国企业数量比重	企业数量	占创意产业企业数量的比重	占全国企业数量比重
1. 广告	13 930	13.30%	0.65%	14 790	14.10%	0.70%	16 010	15.00%	0.77%
2. 建筑	11 320	10.80%	0.53%	11 500	10.90%	0.55%	11 700	11.00%	0.56%
3. 艺术品与古董	2 760	2.60%	0.13%	2 660	2.50%	0.13%	2 580	2.40%	0.12%
4. 工艺品									
5. 设计	13 600	13.00%	0.63%	14 160	13.50%	0.67%	14 720	13.80%	0.71%
6. 时尚	900	0.90%	0.04%	940	0.90%	0.04%	970	0.90%	0.05%
7. 电影和录像、摄影	10 150	9.70%	0.47%	10 200	9.70%	0.49%	10 360	9.70%	0.50%

续表

部门	2009 年			2010 年			2011 年		
	企业数量	占创意产业企业数量的比重	占全国企业数量比重	企业数量	占创意产业企业数量的比重	占全国企业数量比重	企业数量	占创意产业企业数量的比重	占全国企业数量比重
9 和 10. 音乐、视觉及表演	31 350	29.90%	1.46%	30 730	29.20%	1.46%	30 460	28.50%	1.46%
11. 出版	10 820	10.30%	0.50%	10 200	9.70%	0.49%	9 700	9.10%	0.47%
8 和 12. 软件、电子出版	2 090	2.00%	0.10%	1 930	1.80%	0.09%	1 810	1.70%	0.09%
8 和 12. 数字娱乐传媒	220	0.20%	0.01%	350	0.30%	0.02%	440	0.40%	0.02%
13. 电视和广播	7 550	7.20%	0.35%	7 680	7.30%	0.37%	7 960	7.50%	0.38%
创意产业企业数	104 690	100.00%	4.86%	105 100	100.00%	5.00%	106 700	100.00%	5.13%
英国总企业数	2 152 400			2 100 400			2 080 860		

10.4　澳大利亚版权产业的经济贡献

版权产业在澳大利亚经济中占有相当的比例，2006—2007 年，澳大利亚版权产业雇用了 837 507 个劳动力，占澳大利亚总劳动力的 8.0%①（见表 10－16）；版权产业增加值为 977 亿美元，占国内生产总值的 10.3%；创造了 68.73 亿美元的出口，占出口总额的 4.1%。澳大利亚的版权产业在过去的 12 年有大幅度增长，1996—2007 年，澳大利亚版权产业增加值实际年均增长率为 4.7%（剔除了物价因素的影响），核心版权产业年均增长 5.1%，而同一时期国内生产总值（GDP）的年均增长率为 3.6%。

10.4.1　版权产业的增加值

如表 10－8 数据所示，版权产业的增加值有明显的上升，实际增加值（即剔除通货膨胀影响后）从 1995/1996 年度的 589 亿增加到 2006/2007 度的 978 亿美元（见表 10－8），版权产业增加值占 GDP 的比重逐年增加（见表 10－9）。尽管在数据中显示版权产业的产业增加值 12 年来增加了 66.0%，但其对国内生产总值的贡献只增加了 48.4%。

① 本节数据来源于澳大利亚版权局 2011 年发布的 The Economic Contribution of Copyright－Based Industries in Australia，http://www.wipo.int/export/sites/www/copyright/en/performance/pdf/econ_contribution_cr_au.pdf.

表 10－8 版权产业的产业增加值(2007 年不变价) 单位:百万美元

	1996 年	1997 年	1998 年	1999 年	2000 年	2001 年	2002 年	2003 年	2004 年	2005 年	2006 年	2007 年
核心版权产业	40 048	43 039	46 699	51 701	55 629	55 239	56 900	58 874	61 836	63 824	65 090	29 077
相互依存的版权产业	13 477	13 954	15 030	15 136	15 905	16 003	16 113	16 777	16 353	17 138	18 102	18 596
部分版权产业	2 130	2 291	2 444	2 559	2 616	2 547	2 653	2 772	2 922	3 132	3 417	3 655
非专用支持产业	3 239	3 427	3 744	3 934	4 235	4 388	4 444	4 655	5 070	5 574	6 037	6 444

表 10－9 版权产业增加值在国内生产总值中所占比重

	1996 年	1997 年	1998 年	1999 年	2000 年	2001 年	2002 年	2003 年	2004 年	2005 年	2006 年	2007 年
核心版权产业	4.70%	4.90%	5.10%	5.50%	5.80%	6.00%	6.10%	6.30%	6.50%	6.70%	6.90%	7.30%
相互依存的版权产业	1.60%	1.60%	1.60%	1.60%	1.70%	1.70%	1.70%	1.80%	1.70%	1.80%	1.90%	2.00%
部分版权产业	0.30%	0.30%	0.30%	0.30%	0.30%	0.30%	0.30%	0.30%	0.30%	0.30%	0.40%	0.40%
非专用支持产业	0.40%	0.40%	0.40%	0.40%	0.40%	0.50%	0.50%	0.50%	0.50%	0.60%	0.60%	0.70%

在 1996—2007 年,版权产业年均增长率为 4.7%(见表 10－10),其中核心版权产业年平均增长率为 5.1%,同期 GDP 的年均增长率为 3.6%。在核心版权产业中,产业增加值增长最快的是“计算机软件和数据库”(见表 10－11),12 年来版权产业包括的四大分产业占比并未产生明显的变动。

表 10－10 1996—2007 年版权产业增加值年均增长率

版权产业	年均增长率
核心版权产业	5.10%
相互依存的版权产业	3.00%
部分版权产业	5.00%
非专用支持产业	6.50%
合计	4.70%

表 10－11 1996—2007 年核心版权产业增加值年均增长率

版权产业	年均增长率
图书、报纸、期刊等出版业	3.90%
音乐和演出业(音乐、戏剧制作、曲艺、舞蹈和杂技)	2.70%
电影和录像	3.20%
广播电视	4.10%
摄影	5.20%
计算机软件和数据库	10.40%
视觉与图形艺术	5.00%
广告服务	3.20%
版权集体管理与服务	2.80%

相比世界知识产权组织框架内的其他许多国家,澳大利亚的经济似乎更依赖于版权产业,版权产业已成为澳大利亚经济增长的动力(见表10-12)。

表 10-12 版权产业的增加值在国内生产总值中所占比例

国别	比例
加拿大	4.50%
新加坡	5.80%
马来西亚	5.80%
俄罗斯	6.10%
匈牙利	6.70%
韩国	8.70%
澳大利亚	10.30%
美国	11.70%

相比于澳大利亚的其他主要产业,其版权产业在过去的5年里经历了温和的增长。相较于1996—2007年的年均增长率4.7%,2002—2007年,版权产业的实际年均增长率为4.0%(见图10-4)。

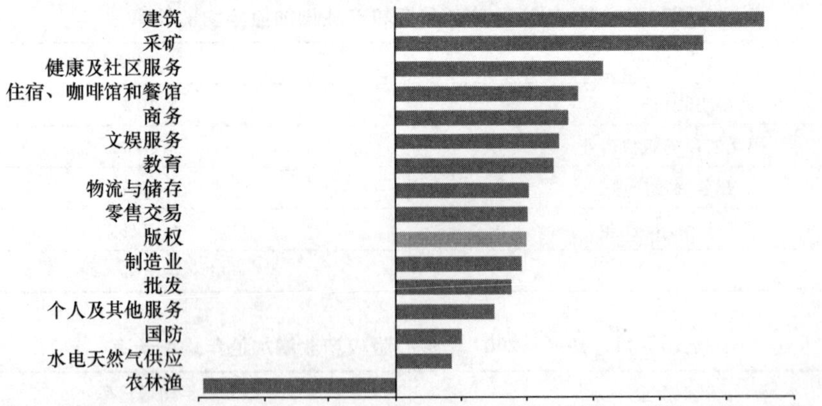

图 10-4 澳大利亚主要产业增加值年均增长率

10.4.2 版权产业就业情况

版权产业历来被视为劳动密集型产业,反映了个人劳动对知识产权的贡献。澳大利亚版权产业的就业人数经过12年发展已增加到了769 320人(见表10-13)。在版权产业中部分版权产业的就业人数年均增长率是最高的(见表10-14),在核心版权产业中软件和数据处理产业是就业人数增长最多的(见表10-15)。

表 10-13 版权产业就业人数

	1996 年	1997 年	1998 年	1999 年	2000 年	2001 年	2002 年	2003 年	2004 年	2005 年	2006 年	2007 年
核心版权产业	437 457	454 838	468 203	464 910	488 010	483 911	490 097	494 377	504 570	514 931	514 469	520 901
相互依存的版权产业	148 696	147 984	147 605	148 453	157 280	163 710	167 449	173 111	177 410	182 304	187 038	189 291
部分版权产业	44 340	46 581	48 609	50 654	51 427	51 313	52 829	53 954	55 020	56 617	58 452	59 691
非专用支持产业	58 242	61 639	63 594	63 412	65 254	63 491	64 766	65 813	66 721	67 130	67 765	67 624

表 10-14 版权产业就业人数年均增长率

版权产业	年均增长率
核心版权产业	1.60%
相互依存的版权产业	2.20%
部分版权产业	2.70%
非专用支持产业	1.40%
合 计	1.80%

表 10-15 核心版权产业就业人数年均增长率

版权产业	年均增长率
图书、报纸、期刊等出版业	1.60%
音乐和演出业（音乐、戏剧制作、曲艺、舞蹈和杂技）	1.40%
电影和录像	3.80%
广播电视	0.50%
摄影	1.90%
计算机软件和数据库	7.30%
视觉与图形艺术	1.60%
广告服务	1.90%
版权集体管理与服务	3.50%

虽然版权产业的就业人数逐年增加，但版权产业就业人数占全社会就业人数的比例有所下降，2007 年为 8.0%，而 1996 年为 8.3%（见表 10-16），这反映了版权产业由于数字化和新技术所带来的劳动生产率的提高，以及非版权产业（如采矿和资源）强大的就业增长。

表 10-16 版权产业的就业人数占总就业人数的比例

	1996 年	1997 年	1998 年	1999 年	2000 年	2001 年	2002 年	2003 年	2004 年	2005 年	2006 年	2007 年
占总就业人数的比例	8.30%	8.50%	8.50%	8.30%	8.40%	8.30%	8.30%	8.30%	8.30%	8.20%	8.10%	8.00%

表 10-17 显示，澳大利亚版权产业的实际工资增长已经超过了其就业人数增长。事实上，过去的 12 年来版权产业员工平均工资从 1996 年的 51 572 美元增加到 2007 年的 61 355 美元（见图 10-5）。

表 10－17　1996—2007 年版权产业就业人数和工资年均增长率

版权产业	年均增长率	
	就业人数	工资
核心版权产业	1.60%	4.00%
相互依存的版权产业	2.20%	3.20%
部分版权产业	2.70%	5.30%
非专用支持产业	1.40%	2.00%
合　计	1.80%	3.40%

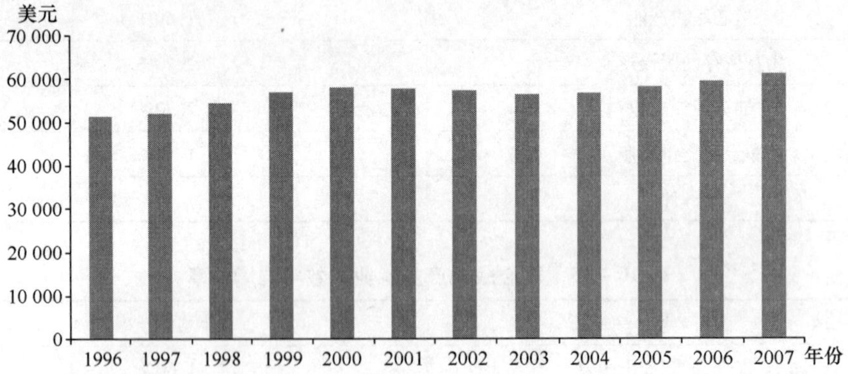

图 10－5　版权产业员工的平均实际工资

10.4.3　版权产业贸易

由于澳大利亚经济规模较小，并且是一个讲英语的国家，吸引了美国和英国对澳大利亚的大量文化创意产品的输出，所以澳大利亚一直是版权产品的净进口国。

(1)进口。表 10－18 显示，在过去的 12 年里澳大利亚对海外与版权相关的产品的消费有所增长，但并没有构成稳定的发展模式。进口额在 2000/2001 年度达到高峰，然后在 2003/2004 年度有所下降，之后进口额再次上升。

表 10－18　版权进口贸易额(2007 年不变价)　　(单位:百万美元)

	1996 年	1997 年	1998 年	1999 年	2000 年	2001 年	2002 年	2003 年	2004 年	2005 年	2006 年	2007 年
核心版权产业	2 560	2 486	2 889	3 209	3 032	2 802	2 864	3 006	2 910	2 985	3 028	3 250
相互依存的版权产业	18 210	17 454	20 073	20 542	21 637	22 402	21 268	21 118	20 543	21 912	22 329	22 889
部分版权产业	170	189	232	235	428	255	286	321	357	398	434	476
非专用支持产业	1 022	1 044	1 091	1 096	1 041	1 054	1 046	986	1 054	1 068	1 060	1 058

核心版权产业、相互依存的版权产业和部分版权产业中，与版权相关的产品进口逐年增加，部分版权产业进口年增长率最高为 9.8%(见表 10－19)，在核心版权产业中软件和数据库行业中进口增长最快(见表 10－20)，在过去的 12 年里，版权贸易进口额占总进口额的比率在不断下降(见图 10－6)。

表 10－19 1996—2007 年版权产业进口年均增长率

版权产业	进口年均增长率
核心版权产业	2.20%
相互依存的版权产业	2.10%
部分版权产业	9.80%
非专用支持产业	0.30%
合　计	2.10%

表 10－20 1996—2007 年核心版权产业进口年均增长率

核心版权产业	进口年均增长率
图书、报纸、期刊等出版业	-0.70%
音乐和演出业（音乐、戏剧制作、曲艺、舞蹈和杂技）	1.70%
电影和录像	3.10%
摄影	3.00%
计算机软件和数据库	10.40%
视觉与图形艺术	2.90%
广告服务	0.00%

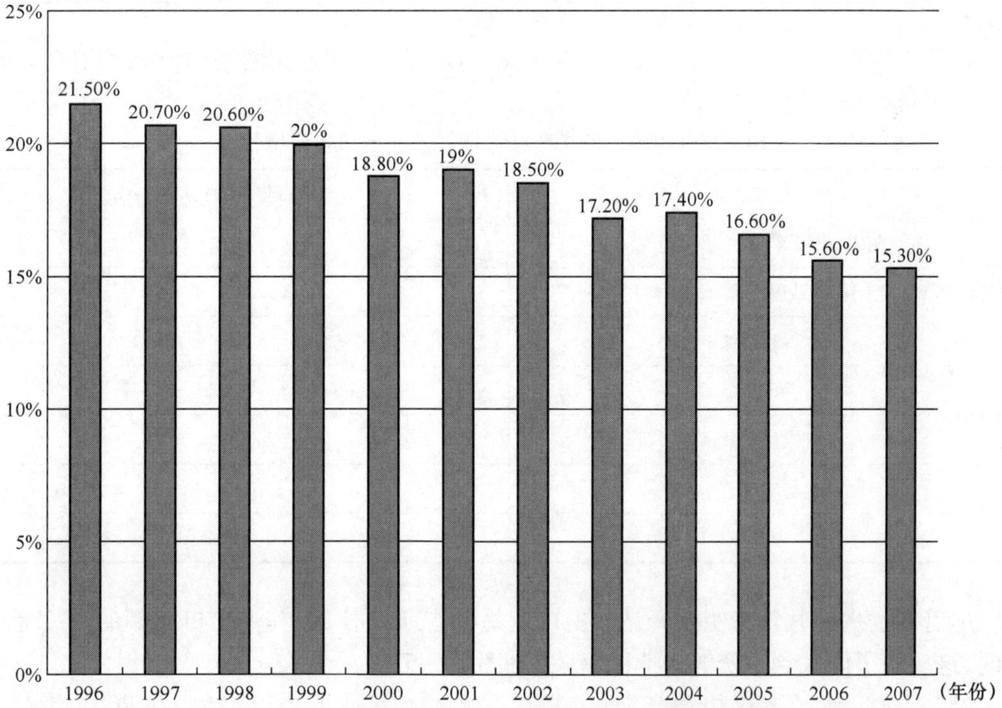

图 10－6 版权相关产品进口额占总进口额的比重

(2)出口。与版权相关产品的出口在核心和部分版权产业有所增加,但在相互依存和非专用支持产业中有所减少(见表10-21)。

表10-21 版权出口贸易额(2007年不变价) (单位:百万美元)

	1996年	1997年	1998年	1999年	2000年	2001年	2002年	2003年	2004年	2005年	2006年	2007年
核心版权产业	1 421	1 421	1 670	1 808	1 872	1 922	1 924	1 731	1 745	1 421	1 808	1 896
相互依存的版权产业	4 826	4 704	4 984	4 498	4 561	5 272	5 317	5 059	4 473	4 826	4 530	4 691
部分版权产业	109	113	116	121	132	135	136	144	357	182	204	217
非专用支持产业	107	107	108	107	99	97	97	97	99	86	74	69

在版权产业中,相互依存的版权产业和非专用支持产业的出口年均增长率呈现负增长的趋势(见表10-22)。

表10-22 1996—2007年版权产业出口年均增长率

版权产业	出口年均增长率
核心版权产业	2.70%
相互依存的版权产业	-0.30%
部分版权产业	6.50%
非专用支持产业	-3.80%
合 计	0.60%

在核心版权产业中,电影和录像的出口年均增长率最高,而图书、报纸、期刊等出版业则呈现负增长(见表10-23)。

表10-23 1996—2007年核心版权产业出口年均增长率

核心版权产业	出口年均增长率
图书、报纸、期刊等出版业	-1.10%
音乐和演出业(音乐、戏剧制作、曲艺、舞蹈和杂技)	3.30%
电影和录像	9.20%
摄影	8.70%
计算机软件和数据库	2.80%
视觉与图形艺术	7.70%
广告服务	0.20%

尽管在过去的几年里版权产品的出口贸易额有所增长,但其占出口总额的比率是下降的,这反映了澳大利亚资源产业的繁荣(见图10-7)。

(3)净进口额。版权相关产业的净进口额总体上是呈增长趋势,在2007年达到207.99亿美元(见表10-24)。

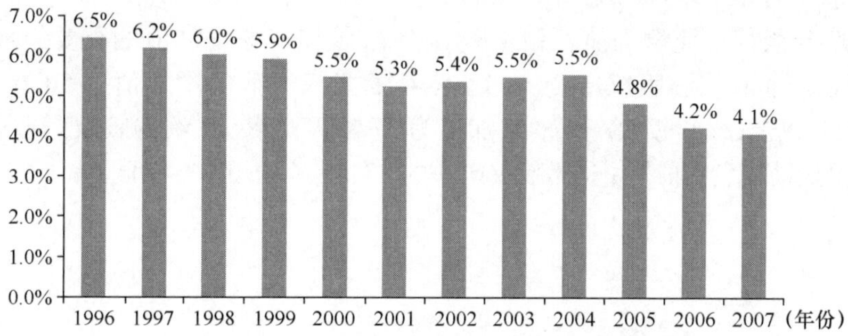

图 10－7 版权产业出口额占总出口额的比率

表 10－24 版权相关产业净进口额(2007 年不变价) (单位:百万美元)

	1996 年	1997 年	1998 年	1999 年	2000 年	2001 年	2002 年	2003 年	2004 年	2005 年	2006 年	2007 年
净进口额	15 500	14 828	17 407	18 548	19 284	19087	17 990	18 392	18 287	19 877	20 234	20 799

10.5 韩国版权产业的经济贡献

10.5.1 2009 年韩国版权产业的经济贡献

2009 年韩国版权产业对国内经济作出了重大贡献,创造了 247.4 万亿韩元的产出额;产业增加值达 105.4 万亿韩元,约占 GDP 的 9.89%;就业人数总共 146 万,占韩国总就业人数的 6.24%(见表 10－25)。

表 10－25 2009 年版权产业经济贡献 (单位:十亿韩元)

产 业	产 值	增加值	占 GDP 比重(%)	就业人数(单位:1 000 人)	占总就业的比重(%)
核心版权	86 074	37 434	3.52	670	2.85
相互依存版权	120 538	50 629	4.76	374	1.59
部分版权	14 775	6 988	0.66	158	0.67
非专用支持	25 967	10 319	0.97	264	1.12
版权产业	247 354	105 370	9.89	1 467	6.24
韩国经济	N/A	1 064 518	100.00	23 506	100.00

(1)2009 年版权产业总产出。版权产业产出中占比最大的是相互依存的版权产业,其产出额达到 120.5 万亿韩元,占全部版权产业的 48.7%。核心版权产业的产出为 86.1 万亿韩元,约占全部版权产业的 34.8%。值得注意的是,韩国相互依存的版权产业产出

所占比例最大，而在其他国家占比最大的是核心版权产业。这主要是因为韩国电视和移动电话的产出远远高于其他国家。韩国相互依存的版权产业和核心版权产业的产出额约占全部版权产业的83.5%（见图10-8）。

（2）2009年版权产业增加值。和总产出一样，版权产业增加值的重要组成部分是相互依存的版权产业和核心版权产业。相互依存的版权产业的增加值达50.6万亿韩元，占版权产业的48%，核心版权产业的增加值为37.4万亿韩元，约占版权产业的35.5%。这两大产业的增加值总和约占全部版权产业的83.5%（见图10-9）。

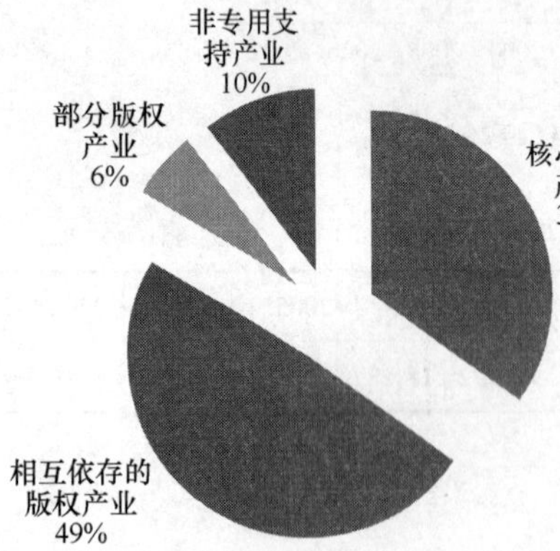

图10-8　2009年版权产业产出所占份额（%）

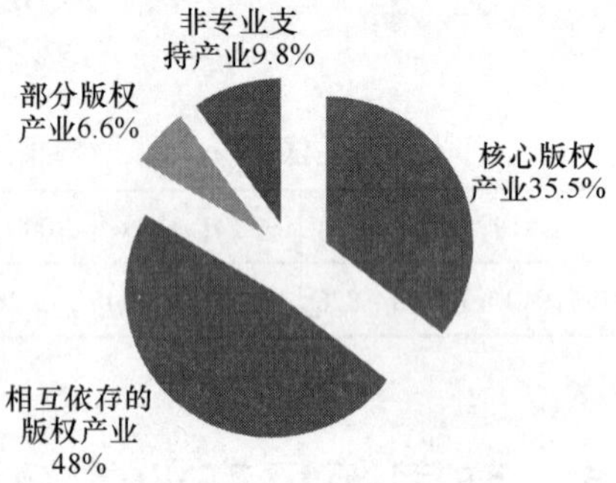

图10-9　2009年版权产业增加值的组成（%）

（3）2009年版权产业的就业。就业方面，核心版权产业贡献最大，就业人数占版权产业的45.7%。相互依存的版权产业的就业人数大约为37.4万，约占版权产业的25.5%（见表10-26）。在出口贸易和产业增加值方面，相互依存的版权产业所占比重高于核心版权产业，然而，在就业方面，核心版权产业要高于相互依存的版权产业。这表明相对于核心版权产业，相互依存的版权产业更属于资本密集型产业。同时，非专用支持产业就业人数达26.4万，约占版权产业总就业人数的18.0%（见图10-10）。

表10-26　2009年版权产业的构成

产　业	出　口		增加值		就　业	
	金额（十亿韩元）	比重（%）	金额（十亿韩元）	比重（%）	人数（千人）	比重（%）
核心版权产业	86 074	34.8	37 434	35.5	670	45.7
相互依存版权产业	120 538	48.7	50 629	48.0	374	25.5
部分版权产业	14 775	6.0	6 988	6.6	158	10.8
非专用支持产业	25 967	10.5	10 319	9.8	264	18.0
版权产业	247 354	100.0	105 370	100.0	1 467	100.0

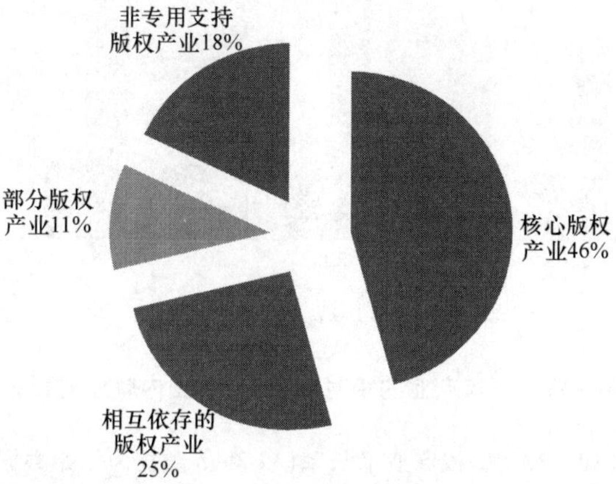

图 10－10　2009 年版权产业就业分布(%)

10.5.2　版权产业的发展趋势

(1)产业增加值的发展趋势。2005—2009 年,就对 GDP 的贡献而言,版权产业从 8.79% 连续提高到 9.89%;另一方面,核心版权产业的贡献率从 3.39% 提高到 3.51%,变化不明显(见图 10－11)。

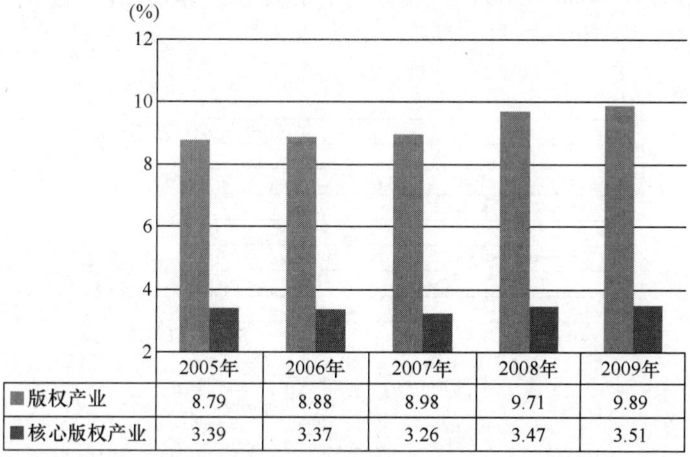

图 10－11　版权产业的相对规模(标称值;GDP 比重)

(2)就业的发展趋势。2005—2009 年,版权产业对国内就业的贡献率从 5.97% 提高到 6.24%。其中,所占比重最大的核心版权产业的贡献率从 2.66% 提高到 2.85%(见图 10－12)。

(3)2006—2009 年版权产业的经济增长情况。2006—2009 年,韩国版权产业的总产出平均每年以 6.9% 的速度增长,同时,产业增加值平均每年以 7.3% 的速度增加,这两个方面的增长速度都远远高于 GDP 的平均增长速度(3.2%)。版权产业就业人数平均每年提高 1.8%,高于所有产业就业增长率(0.7%)(见表 10－27)。

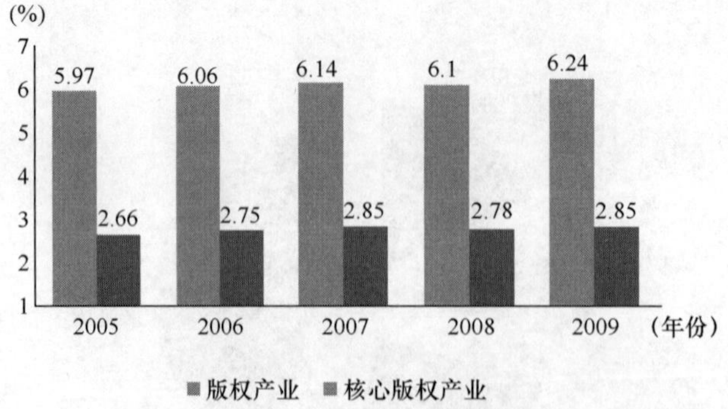

图 10－12　版权产业的相对规模（所占国内就业的百分比）

表 10－27　版权产业增长率（以 2005 数据为初始数据）　　（单位：%）

	2006 年	2007 年	2008 年	2009 年	平均值（2006—2009 年）
出口	6.6	5.5	10.4	5.2	6.9
增加值	6.2	8.4	10.6	3.9	7.3
就业	2.8	2.6	-0.02	1.9	1.8
GDP	5.2	5.1	2.3	0.3	3.2
就业总数	1.3	1.2	0.6	-0.3	0.7

图 10－13 反映了 2006—2009 年韩国 GDP 和版权产业增加值增长率，版权产业每年的增长速度远远高于 GDP。

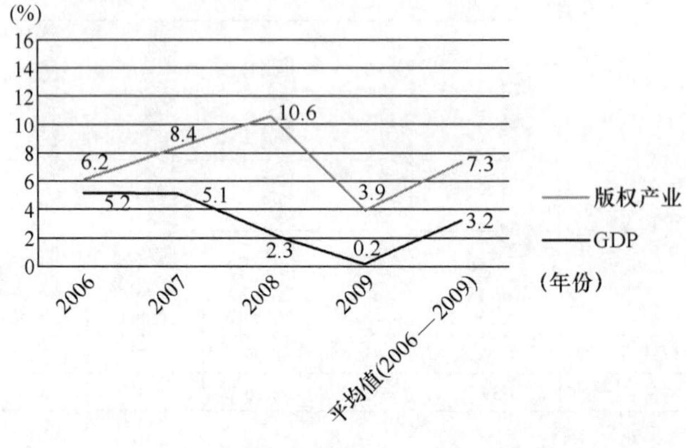

图 10－13　版权产业增加值的增长率（2005 年数据为基础数据）

2006—2009 年，韩国版权产业的就业平均每年以 1.8% 的速度增长，其增长速度大约是韩国所有产出平均增长（0.7%）速度的 2.5 倍。2009 年，韩国的就业总人数较前一年下降 0.3%，而版权产业增长了 1.9%（见图 10－14）。

（4）版权产业与其他产业的比较。2009 年韩国版权产业的增加值达 105.4 万亿韩元，占 GDP 的 9.9%。版权产业的规模几乎等同于一般政府，约占 GDP 的 9.8%，而且高于制造业（6.3%）、零售批发业（7.6%）、金融中介（6.1%）、信息与通信（3.9%）及社保行业（4.0%）（见表 10－28）。

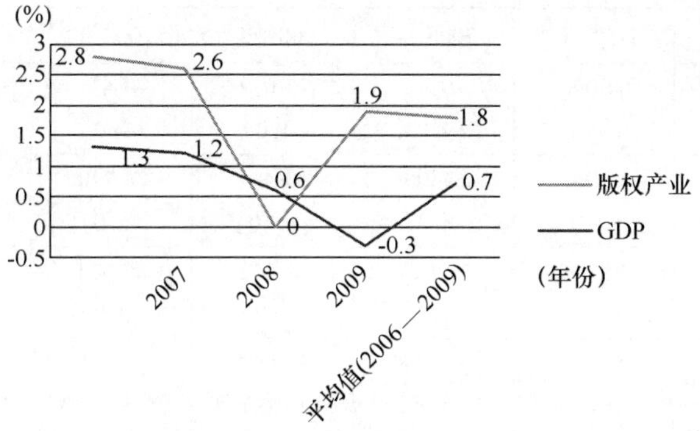

图 10－14 版权产业的就业增长

表 10－28 韩国部分产业的增加值

	2005 年		2009 年	
	金额(十亿韩元)	所占 GDP 比重(%)	金额(十亿韩元)	所占 GDP 比重(%)
版权产业	76 051	8.8	105 370	9.9
核心版权产业	29 345	(3.4)	(37 434)	(3.5)
财政收入	78 929	9.1	104 696	9.8
制造业	213 646	24.7	266 578	25.0
建筑业	59 285	6.9	66 577	6.3
批发及零售业	64 193.9	7.4	80 757.0	7.6
金融中介	53 395	6.2	65 036	6.1
信息与通信	36 256	3.9	41 225	3.9
社保	28 558	3.3	43 092	4.0
GDP	865 241	100.0	1 065 037	100.0

10.5.3 核心版权产业的经济贡献

2009 年韩国核心版权产业的名义产出达 86.1 万亿韩元，比 2005 年增加了 34.3%，2005 年产出为 64.1 万亿韩元，2005—2009 年实际产出增加了 23.8%，平均每年增长 5.5%①(见表 10－29)。

2009 年核心版权产业的增加值名义上达到 37.4 万亿韩元，比 2005 年的 29.3 万亿韩元增长了 27.6%，2005—2009 年期间实际增长了 17.6%，平均每年增长 4.1%。

2009 年，核心版权产业的就业人数为 67 万，比 2005 年的 60 万增加了 10.1%，平均每年以 2.4% 的速度增加(见表 10－29)。

---

① 本节数据来源于世界知识产权组织发布的 The Economic Contribution of Copyright－Based Industries in the Republic of Korea，http://www.wipo.int/export/sites/www/copyright/en/performance/pdf/econ_contribution_cr_kr.pdf.

表 10－29　核心版权产业经济贡献　（单位：十亿韩元）

		2005 年	2006 年	2007 年	2008 年	2009 年	2009/2005 年
产出	名义值	64 090	70276	73 072	79 631	86 074	-
	（变化%）	（-）	（9.7）	（4.0）	（9.0）	（8.1）	（34.3）
	实际值	64 090	69406	70 454	74 710	79 313	-
	（变化%）	（-）	（8.3）	（1.50）	（6.0）	（6.2）	（23.8）
增加值	名义值	29 346	30 645	31 812	35 574	37 434	-
	（变化%）	（-）	（9.7）	（4.0）	（9.0）	（8.1）	（27.6）
	实际值	29 346	30 257	30 667	33 376	34 523	-
	（变化%）	（-）	（3.1）	（1.3）	（8.8）	（3.4）	（17.6）
就业（4 人）	就业人数	609	637	637	655	670	-
	（变化%）	（-）	（4.6）	（4.6）	（2.0）	（2.3）	（10.1）

2005—2009 年期间，核心版权产业对国内经济的贡献率（核心版权产业的名义增加值/名义 GDP）从 3.39% 增长到 3.51%。核心版权产业对就业的贡献率（核心版权产业的就业人数/国内就业人数总额）从 2.66% 提高至 2.85%（见图 10－15）。

核心版权产业对 GDP 的贡献率要高于其对就业的贡献率。这表明，核心版权产业的劳动生产率要高于其他产业。

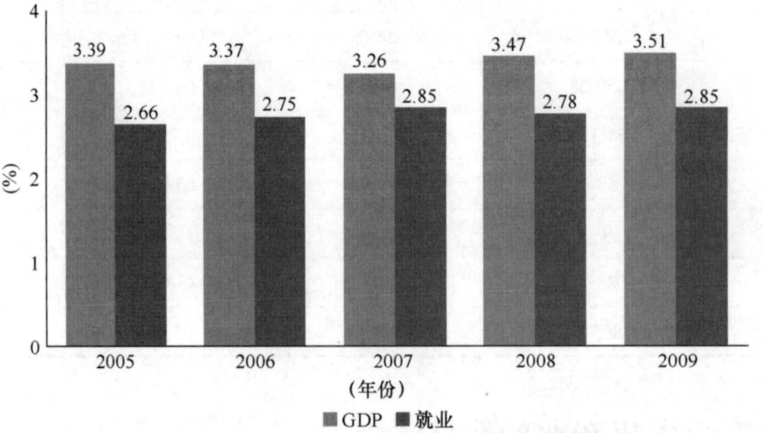

图 10－15　韩国核心版权产业经济贡献趋势（%）

（1）产出。2009 年核心版权产业的总产出名义上达 86.1 万亿韩元，比 2005 年的 64.1 万亿增长了 34.3%，表 10－30 列出了部分具体的核心版权产业产出的状况。2009 年，这些核心版权产业的产出占所有版权产业产出额的 93.6%。其中计算机软件和数据库行业产出占核心版权产业产出的 50.4%，所占比重最大。出版业的产出额为 15.1 万亿韩元，约占核心版权产业产出的 17.5%；广播和电视产业产出额为 10.3 万亿韩元，约占核心版权产业产出的 12%；广告服务产业产出额达 7.7 万亿韩元，约占核心版权产业产出的 9.0%；而音乐和演出业产出额达 4.0 万亿韩元，占核心版权产业产出的 4.7%。其余四类产业如电影和录像、摄影、视觉与图形艺术、版权集体管理及服务的产出额共计 5.5 万亿韩元，占核心版权产业产出的 6.4%（见图 10－16）。

表 10－30　部分核心版权产业的产出　　单位：十亿韩元

	2005 年		2009 年		2009/2005 年增长率
	总额	比率	总额	比率	
出版业	13 373	20.9%	15 090	17.53%	12.8%
音乐和演出业	3 221	4.8%	4 049	4.70%	25.7%
电影和录像	1 908	3%	1 986	2.31%	4.1%
广播和电视	8 136	12.7%	10 286	11.95%	26.4%
摄影	1 399	2.2%	1 979	2.30%	41.5%
计算机软件和数据库	27 953	43.7%	43 420	50.44%	55.3%
视觉与图形艺术	911	1.4%	1 535	1.78%	68.5%
广告服务	7 177	11.2%	7 706	8.95%	7.4%
版权集体管理及服务	13	0.02%	23	0.03%	72.1%
总计	64 090	100%	86 074	100%	34.3%

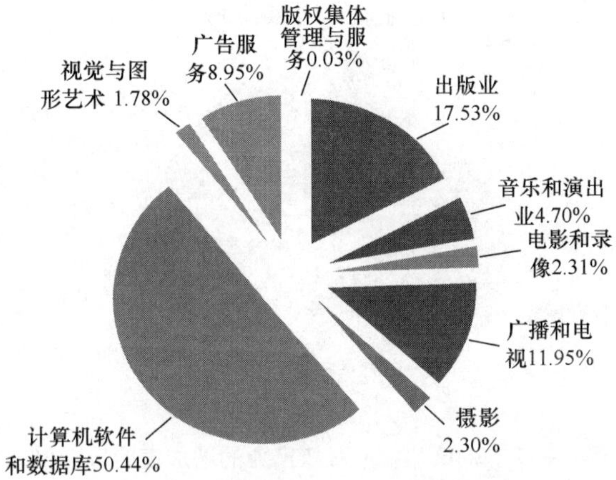

图10－16　2009 年部分核心版权产业的出口份额(%)

2006—2009 年，核心版权产业产出平均每年实际增长 5.5%。其中，版权集体管理和服务行业增长最快，平均每年增长 12.0%，其次是视觉和图形艺术(11.2%)，计算机软件和数据库(9.9%)，摄影(6.2%)。然而，这期间出版业、电影和录像及广告服务行业呈负增长(见表 10－31)。

表 10－31　部分核心版权产业出口增长(2005 年数据为基期)　(单位：%)

	2006 年	2007 年	2008 年	2009 年	2006—2009 年均增长率
出版业	-1.2	6.8	-0.1	-5.4	-0.1
音乐和演出业	5.9	9.6	-0.6	-0.3	3.6
电影和录像	5.6	-8.2	-9.1	9.9	-0.8
广播和电视	15.5	-3.1	3.7	1.3	4.1
摄影	6.2	8.1	4.2	6.4	6.2
计算机软件和数据库	12.3	-1.9	15.9	14.4	9.9

续表

	2006 年	2007 年	2008 年	2009 年	2006—2009 年均增长率
视觉与图形艺术	11.1	14.7	7.5	11.4	11.2
广告服务	4.1	8.2	-11.6	-4	-1.1
版权集体管理及服务	7.1	33.2	-2.9	13.6	12
总计	8.3	1.5	6	6.2	5.5

(2)产业增加值。2009 年,核心版权产业的名义增加值为 37.4 万亿韩元,比 2005 年增长了 27.6%(见表 10-32)。2005—2009 年,版权集体管理和服务行业增长了 75.5%,增长速度最快。其次是视觉与图形艺术(59.7%)、计算机软件和数据库(42.1%)及摄影(36.0%)。2009 年核心版权产业中计算机软件和数据库的产业增加值份额最高,大约为 53%(见图 10-17)。

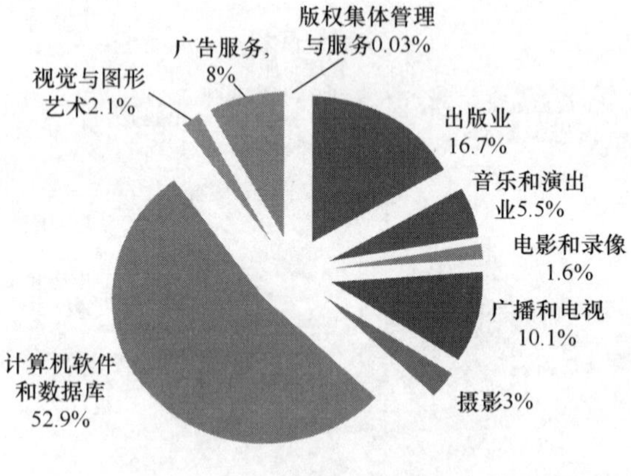

图10-17 2009 年核心版权产业的增加值的份额(%)

表 10-32 显示了 2005 年和 2009 年部分核心版权产业的产业增加值及增长率。2006—2009 年,核心版权产业年均实际增长率为 4.2%,增长速度最快的是版权集体管理及服务行业,增长了 12.6%。其次,增长速度由高到低依次是视觉与图形艺术(9.7%)、计算机软件及数据库(7.5%)、摄影(5.2%)行业(见表 10-33)。另一方面,出版业、电影及录像和广告服务行业在同一时期呈现负增长。

表 10-32 部分核心版权产业增加值 (单位:十亿韩元)

	2005 年		2009 年		2009/2005 年增长率(%)
	总额	比率(%)	总额	比率(%)	
出版业	5 721.20	19.5	6 243.90	16.7	9.1
音乐和演出业	16 593.00	5.7	2 059.60	5.5	24.2
电影和录像	662.9	2.3	612.4	1.6	-7.6
广播和电视	2 983.40	10.2	3 770.40	10.1	26.4
摄影	827.2	2.8	1 124.70	3	36

续表

	2005 年		2009 年		2009/2005 年增长率(%)
	总额	比率(%)	总额	比率(%)	
计算机软件和数据库	13 945.80	47.5	19 816.70	52.9	42.1
视觉与图形艺术	489	1.7	781	2.1	59.7
广告服务	3 050.10	10.4	3 013.20	8	-1.2
版权集体管理及服务	6.8	0.02	11.9	0.03	75.5
总计	29 345.50	100	37 434.00	100	27.6

表 10-33　核心版权产业增加值的增长率(2005 年数据为基础数据)（单位:%）

	2006 年	2007 年	2008 年	2009 年	年均增长率
出版业	-2.9	8.1	-2.3	-6	-0.9
音乐和演出业	1.1	13.8	-2.5	1.2	3.2
电影和录像	11.7	-15.3	-2.7	-6.6	-3.7
广播和电视	18.3	-5	4.9	-0.3	4.1
摄影	5.1	-4.1	2.8	18.4	5.2
计算机软件和数据库	1.7	-1.7	20.9	10.5	7.5
视觉与图形艺术	8.1	0.8	4.6	27	9.7
广告服务	3.8	8.8	-6.2	-17.1	-3.2
版权集体管理及服务	1.8	41.4	-4.4	16.7	12.6
总计	3.1	1.4	8.8	3.4	4.2

（3）就业。2009 年，核心版权产业就业人数为 670 244 人，比 2005 年增长了 10.1%。从就业规模和比例来看，计算机软件及数据库行业就业人数最多，大约为 258 426 人，占核心版权产业就业总数的 38.6%（见图 10-18 及表 10-34）。

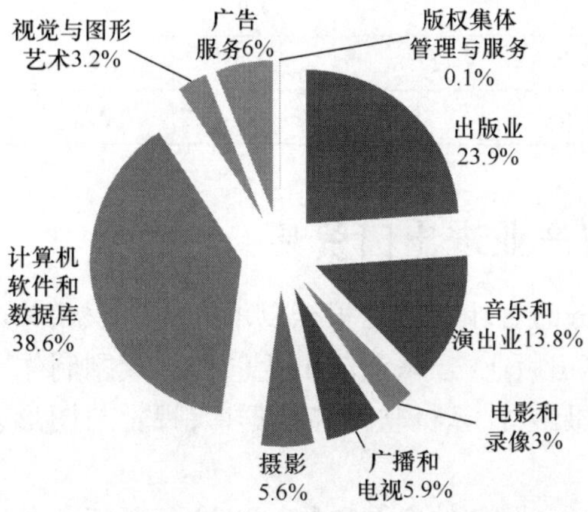

图 10-18　2009 年核心版权产业的就业比重(%)

表 10-34　核心版权产业的就业人数　　（单位：人）

	2005 年		2009 年		2009/2005 年增长率（%）
	就业人数	比率（%）	就业人数	比率（%）	
出版业	157 967	26.0	177 931	23.9	1.2
音乐和演出业	91 973	15.1	59 984	13.8	0.8
电影和录像	23 669	3.9	4 526	3.0	-16.0
广播和电视	38 366	6.3	19 802	5.9	3.8
摄影	33 891	5.6	15 950	5.6	10.1
计算机软件和数据库	209 912	34.5	44 123	38.6	23.1
视觉与图形艺术	18 061	3.0	51 248	3.2	19.7
广告服务	34 589	5.7	40 134	6.0	16.0
版权集体管理及服务	207	0.03	386	0.06	86.5
总计	608 635	100.0	373 564	100.0	10.1

2006—2009 年，核心版权产业的就业人数平均每年增长 2.4%。其中，版权集体管理及服务行业增长速度最快，平均每年增长 16.9%（见表 10-35）。

表 10-35　核心版权产业就业增长率　　（单位：%）

	2006 年	2007 年	2008 年	2009 年	平均值(2006—2009 年)
出版业	0.5	4.2	-4.3	1.1	0.3
音乐和演出业	0.3	11	-8.1	-1.5	0.2
电影和录像	-1.9	-6.3	-9	0.5	-4.3
广播和电视	-0.8	1.2	5.5	-2	0.9
摄影	1.7	2.1	3.5	2.4	2.4
计算机软件和数据库	12.3	5	-1.8	6.3	5.3
视觉与图形艺术	4.6	3.6	6.4	3.9	4.6
广告服务	2.2	7.1	9.9	-3.5	3.8
版权集体管理及服务	19.3	17.8	25.1	6	16.9
总计	4.6	5	-2	2.3	2.4

10.5.4　韩国版权产业进出口贸易

韩国版权产品和服务的对外贸易是根据以下九类版权相关产品和服务的进出口估量的：图书、报纸、期刊等出版业，音乐和演出业（音乐、戏剧制作、曲艺、舞蹈和杂技），电影和录像，广播和电视，摄影，计算机软件和数据库，视觉与图形艺术，广告服务，版权集体管理。

韩国是版权相关商品和服务的净进口国。2009 年版权相关产品和服务的贸易逆差增加到 60 亿美元，比 2005 年的 34 亿美元增长了 78.9%（见表 10-36 和图 10-20）。贸易逆差主要产生于图书、报纸、期刊等出版业和广告服务。

版权相关产品和服务的进口从2005年的52亿美元增加到了2009年的83亿美元。在2007年和2008年连续两年进口增长率超过20%，但在2009年增长率仅为0.5%（见表10－36）。

与进口相比，2005—2009年版权相关产品和服务的出口在17亿美元至22亿美元间波动，只有2008年突破了22亿美元（见图10－19）。

2005—2009年版权相关产品和服务进出口贸易差额见图10－20。

表10－36　版权相关产品和服务的进出口贸易

		2005年	2006年	2007年	2008年	2009年
出口	总计（百万美元）	1 862	1 702	1 782	3 192	2 221
	增长率（%）	（－）	（－8.6）	（4.7）	（79.1）	（－30.4）
进口	总计（百万美元）	5 233	5 526	6 766	8 214	8 253
	增长率（%）	（－）	（5.6）	（22.5）	（21.4）	（0.5）
差额	总计（百万美元）	－3 371	－3 824	－4 984	－5 022	－6 032

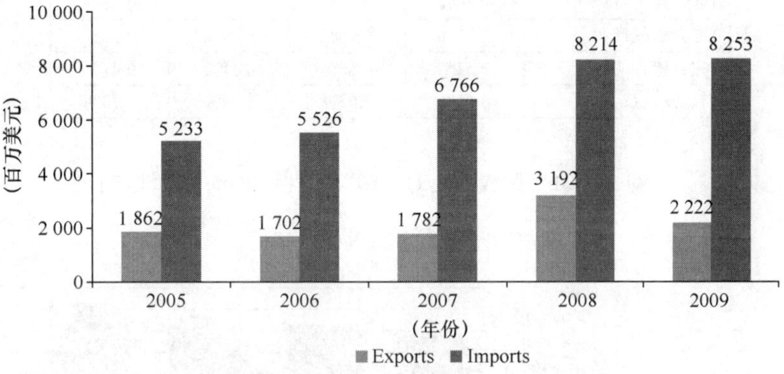

图10－19　版权相关产品和服务的进出口贸易额

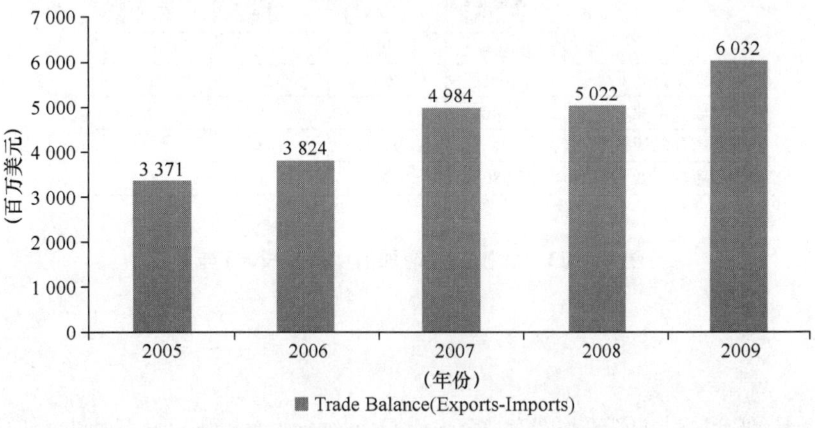

图10－20　版权相关产品和服务进出口贸易差额

10.6 芬兰版权产业的经济贡献

芬兰版权及相关产业在2008年的产业增加值为87.2亿欧元，占到了全芬兰GDP的4.73%；版权及相关产业的总就业人数为129 496人，占到了全芬兰就业人口的5.12%[①]。2000—2008年，芬兰的版权产业呈现了一种平缓但清晰的上升态势，产业增加值方面，2000年核心版权产业增加值占到了芬兰GDP总增加值的3.28%，而到了2008年，这一数值上涨到3.70%，即68.2亿欧元（见图10-21、图10-22）。

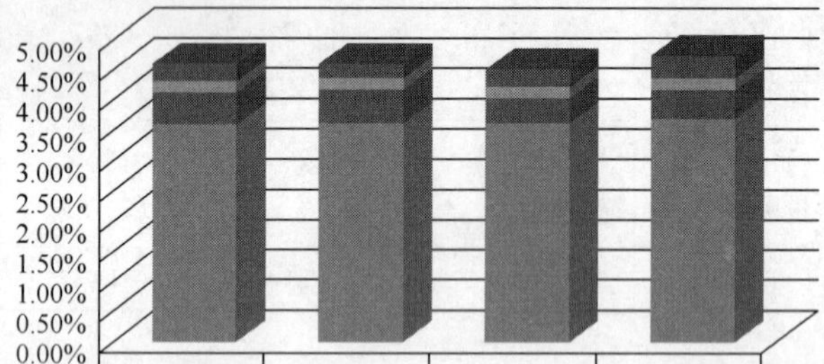

	2005年	2006年	2007年	2008年
■非专业支持产业	0.30%	0.24%	0.29%	0.36%
■部分版权产业	0.17%	0.18%	0.17%	0.20%
■相互依存的版权产业	0.54%	0.56%	0.41%	0.47%
■核心版权产业	3.61%	3.63%	3.64%	3.70%

图10-21　版权产业对GDP的贡献（2005—2008年）

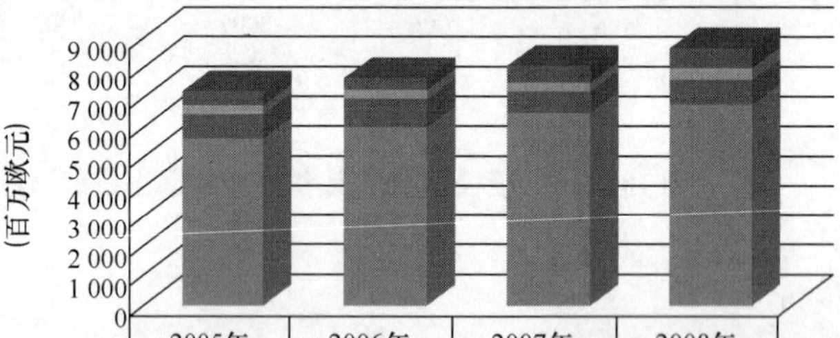

	2005年	2006年	2007年	2008年
■非专业支持产业	466	393	522	658
■部分版权产业	271	308	298	372
■相互依存的版权产业	848	940	738	875
■核心版权产业	5 680	6 069	6 546	6 815

图10-22　版权产业增加值（2005—2008年）

① 本节数据来源于世界知识产权组织发布的Economic Contribution of Copyright - based Industries in Finland 2005—2008，http://www.wipo.int/export/sites/www/copyright/en/performance/pdf/econ_contribution_cr_fi.pdf.

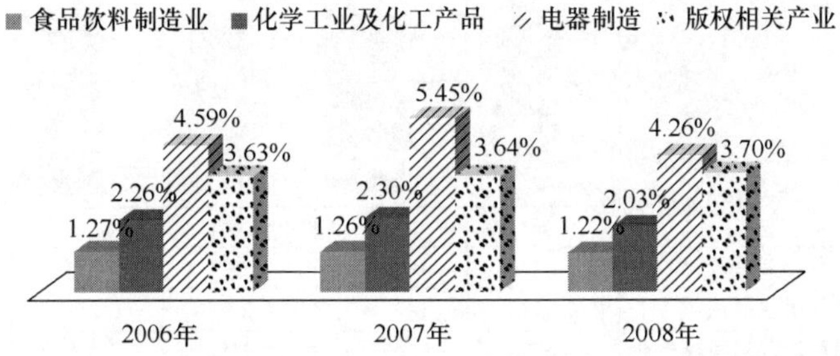

图 10 - 23 版权产业对 GDP 的贡献与其他产业的对比

芬兰的 GDP 在 2005—2008 年上涨了 17%，而同期核心版权产业增加值的增幅达到了 20%。2008 年，芬兰版权相关产业中最重要的两个分支——计算机软件和数据库，及图书、报纸、期刊等出版业的增加值占到了芬兰核心版权产业增加值的 80%。

2005—2008 年，芬兰核心版权产业中增长最显著的是计算机软件和数据库以及广告业，而印刷及出版业的增长有所下降。核心版权产业的就业人数占总就业人口的比重，在 2005—2008 年有所上升，这期间核心版权产业的就业人数增加了 8.4%，而总就业人数增加了 3.6%（见表 10 - 38 至表 10 - 41）。

2008 年，相互依存的版权产业的增加值达到了 8.75 亿欧元（占芬兰 GDP 的0.47%）（见表 10 - 37），在这一领域的就业人数达到了 10 933 人（占芬兰总就业人数的 0.43%）（见图 10 - 24、图 10 - 25）。造纸以及纸张生产和销售，占到了“相互依存的版权产业”总增加值的 70%。

表 10 - 37 2005—2006 年芬兰版权相关产业的增加值

	2005 年		2006 年	
	占 GDP 比重	增加值（百万欧元）	占 GDP 比重	增加值（百万欧元）
核心版权产业	3.61%	5 680	3.63%	6 069
相互依存的版权产业	0.54%	848	0.56%	940
部分版权产业	0.17%	271	0.18%	308
非专业支持产业	0.30%	466	0.24%	393
总 计	4.62%	7 265	4.61%	7 710
	2007 年		2008 年	
	占 GDP 比重	增加值（百万欧元）	占 GDP 比重	增加值（百万欧元）
核心版权产业	3.64%	6 546	3.70%	6 815
相互依存的版权产业	0.41%	738	0.47%	875
部分版权产业	0.17%	298	0.20%	372
非专业支持产业	0.29%	522	0.36%	658
总 计	4.51%	8 105 *	4.73%	8 720

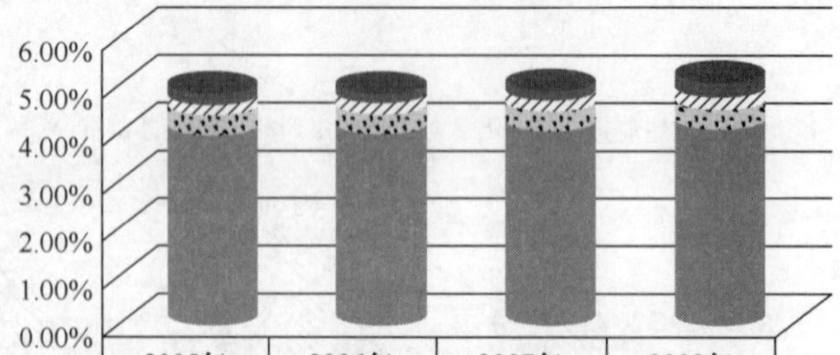

	2005年	2006年	2007年	2008年
非专业支持产业	0.27%	0.25%	0.25%	0.38%
部分版权产业	0.22%	0.24%	0.22%	0.25%
相互依存的版权产业	0.43%	0.42%	0.43%	0.43%
核心版权产业	3.94%	3.95%	4.03%	4.06%

图 10－24　版权产业就业人数占芬兰总就业的比重（2005—2008 年）

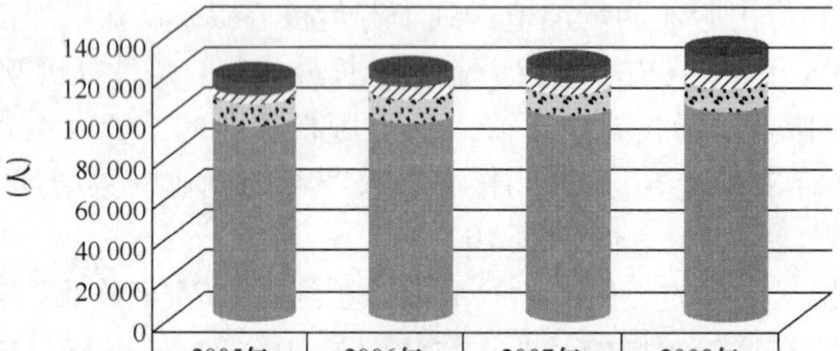

	2005年	2006年	2007年	2008年
非专业支持产业	6 389	6 218	6 206	9 610
部分版权产业	5 278	5 887	5 340	6 281
相互依存的版权产业	10 443	10 352	40 732	10 933
核心版权产业	94 702	96 868	100 312	102 672

图 10－25　版权相关产业就业人数（2005—2008 年）

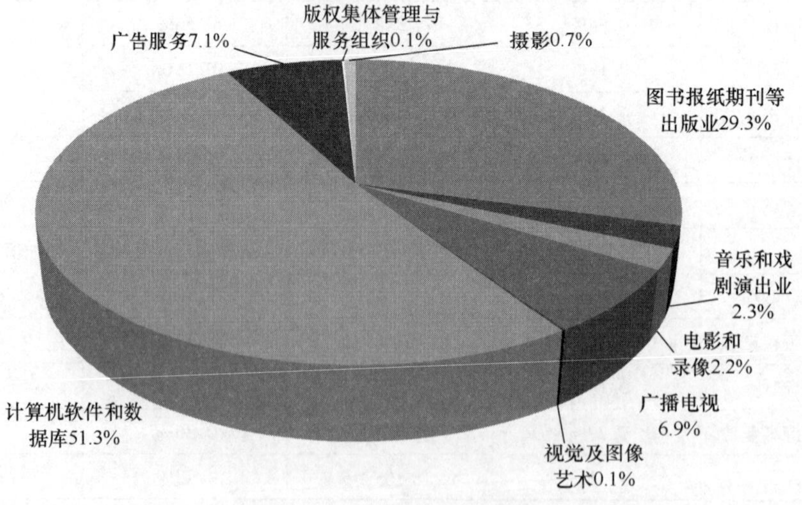

图 10－26　芬兰核心版权产业增加值的行业构成（2008 年）

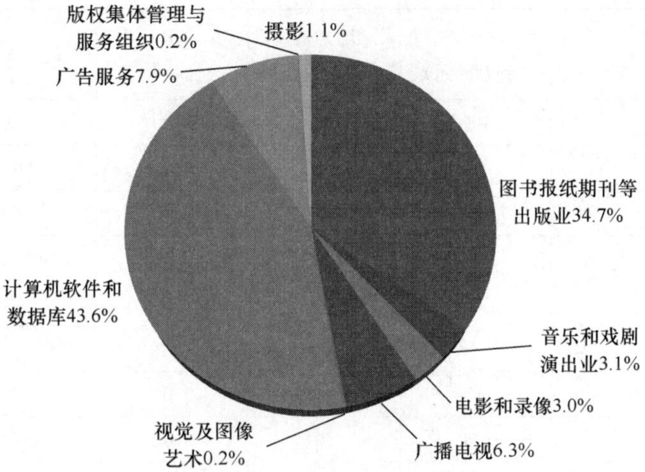

图 10－27 芬兰核心版权产业就业人数的行业构成(2008 年)

2008 年,与“核心版权产业”相关的版权出口额达到了 70.85 亿欧元,占到了芬兰总出口额的 10.8%,而当年版权的进口额为 47.54 亿欧元,占到了总进口额的 7.6%。版权产业的贸易顺差为 23.31 亿欧元。“相互依存的版权产业”的出口总额在 2008 年为 29.61亿欧元,这其中 75%左右的出口都与造纸行业有关(见表 10－42 至表 10－45)。

表 10－38 2005 年版权相关产业对芬兰的经济贡献

	产值（百万欧元）	增加值（百万欧元）	占 GDP 比重（%）	就业人数	占芬兰总就业比重(%)
核心版权产业					
图书、报纸、期刊等出版业	4 956	1 991	1.26	3 6581	1.52
音乐和戏剧演出业	393	128	0.08	2 652	0.11
电影和录像	415	115	0.07	2 492	0.10
摄影	96	41	0.03	921	0.04
视觉及图像艺术	23	7	0.00	206	0.01
广播电视	964	412	0.26	6 318	0.26
计算机软件和数据库	5 710	2 612	1.66	38 916	1.62
广告服务	1 448	367	0.23	6 435	0.27
版权集体管理与服务组织	78	8	0.01	180	0.01
核心版权产业合计	14 083	5 680	3.61	94 702	3.94
相互依存的版权产业					
电视机、收音机、录像机、CD 与 DVD 播放器以及电子游戏设备	556	50	0.03	803	0.03
电脑及周边设备	963	135	0.09	1821	0.08
乐器	16	3	0.00	79	0.00

续表

	产值（百万欧元）	增加值（百万欧元）	占 GDP 比重（%）	就业人数	占芬兰总就业比重（%）
照相及摄影器材	48	5	0.00	109	0.00
影印机	54	13	0.01	240	0.01
空白录音录像介质	14	1	0.00	36	0.00
纸张	2 813	640	0.41	7 356	0.31
相互依存的版权产业总计	4 464	848	0.54	10 443	0.43
部分版权产业					
纺织品服装与鞋类	57	14	0.01	367	0.02
珠宝与钱币	151	36	0.02	692	0.03
其他工艺品	23	7	0.00	211	0.01
家具	112	33	0.02	773	0.03
家用物品、瓷器及玻璃	7	2	0.00	43	0.00
墙纸与地毯	3	1	0.00	18	0.00
玩具与游戏	150	31	0.02	559	0.02
建筑、工程和测量	291	147	0.09	2 615	0.11
部分版权产业总计	794	271	0.17	5 278	0.22
非专用支持产业					
大宗销售及零售	699	116	0.07	2 036	0.08
交通运输	634	244	0.16	3 120	0.13
电话及互联网	396	106	0.07	1 236	0.05
非专用支持产业总计	1 730	466	0.30	6 392	0.27

表 10－39　2006 年版权相关产业对芬兰的经济贡献

	产值（百万欧元）	增加值（百万欧元）	占 GDP 比重（%）	就业人数	占芬兰总就业比重（%）
核心版权产业					
图书、报纸、期刊等出版业	5 077	2 037	1.22	3 6065	1.48
音乐和戏剧演出业	427	127	0.08	2 794	0.11
电影和录像	393	123	0.07	2 617	0.11
摄影	103	44	0.03	977	0.04
视觉及图像艺术	19	6	0.00	195	0.01
广播电视	1 009	415	0.25	6 316	0.26
计算机软件和数据库	6 430	2 906	1.74	40 910	1.67
广告服务	1 530	400	0.24	6 811	0.28

续表

	产值（百万欧元）	增加值（百万欧元）	占 GDP 比重（%）	就业人数	占芬兰总就业比重（%）
版权集体管理与服务组织	80	9	0.01	184	0.01
核心版权产业合计	15 068	6 069	3.63	96 868	3.96
相互依存的版权产业					
电视机、收音机、录像机、CD 与 DVD 播放器以及电子游戏设备	486	52	0.03	1034	0.04
电脑及周边设备	981	149	0.09	1 984	0.08
乐器	16	4	0.00	80	0.00
照相及摄影器材	66	11	0.01	147	0.01
影印机	77	14	0.01	249	0.01
空白录音录像介质	11	1	0.00	35	0.00
纸张	3 222	710	0.43	6 823	0.28
相互依存的版权产业总计	4 859	940	0.56	10 352	0.42
部分版权产业					
纺织品服装与鞋类	75	20	0.01	479	0.02
珠宝与钱币	164	40	0.02	780	0.03
其他工艺品	26	8	0.00	225	0.01
家具	113	34	0.02	764	0.03
家用物品、瓷器及玻璃	6	2	0.00	42	0.00
墙纸与地毯	3	1	0.00	19	0.00
玩具与游戏	173	39	0.02	812	0.02
建筑、工程和测量	323	164	0.10	2 768	0.11
部分版权产业总计	882	308	0.18	5 887	0.24
非专用支持产业					
大宗销售及零售	697	111	0.07	1 575	0.06
交通运输	671	166	0.10	3 141	0.13
电话及互联网	395	124	0.07	1 077	0.04
非专用支持产业总计	1 763	402	0.24	5 793	0.24

表 10－40　2007 年版权相关产业对芬兰的经济贡献

	产值（百万欧元）	增加值（百万欧元）	占 GDP 比重（%）	就业人数	占芬兰总就业比重（%）
核心版权产业					
图书、报纸、期刊等出版业	4 981	2 006	1.12	36 053	1.45

续表

	产值（百万欧元）	增加值（百万欧元）	占 GDP 比重（%）	就业人数	占芬兰总就业比重（%）
音乐和戏剧演出业	552	147	0.08	3 153	0.13
电影和录像	471	167	0.09	3 297	0.13
摄影	104	47	0.03	1014	0.04
视觉及图像艺术	23	6	0.00	197	0.01
广播电视	1 086	482	0.27	6 481	0.26
计算机软件和数据库	7 054	3 206	1.78	42 196	1.69
广告服务	1 616	475	0.26	7 738	0.31
版权集体管理与服务组织	85	9	0.01	184	0.01
核心版权产业合计	15 973	6 546	3.64	10 0312	4.03
相互依存的版权产业					
电视机、收音机、录像机、CD 与 DVD 播放器以及电子游戏设备	522	64	0.04	1192	0.05
电脑及周边设备	1 231	170	0.09	2336	0.09
乐器	15	3	0.00	78	0.00
照相及摄影器材	67	8	0.00	127	0.01
影印机	79	14	0.01	258	0.01
空白录音录像介质	11	1	0.00	35	0.00
纸张	3 366	477	0.27	6 706	0.27
相互依存的版权产业总计	5 291	738	0.41	10 732	0.43
部分版权产业					
纺织品服装与鞋类	81	21	0.01	512	0.02
珠宝与钱币	166	29	0.02	576	0.03
其他工艺品	0	0	0.00	0	0.00
家具	118	34	0.02	720	0.03
家用物品、瓷器及玻璃	7	2	0.00	42	0.00
墙纸与地毯	4	1	0.00	21	0.00
玩具与游戏	184	27	0.02	500	0.02
建筑、工程和测量	374	183	0.10	2 969	0.12
部分版权产业总计	935	298	0.17	5 340	0.22
非专用支持产业					
大宗销售及零售	798	127	0.07	1 553	0.06
交通运输	669	267	0.15	3 568	0.15
电话及互联网	337	128	0.07	1 038	0.04
非专用支持产业总计	1 804	522	0.29	6 159	0.25

表 10－41　2008 年版权相关产业对芬兰的经济贡献

	产值（百万欧元）	增加值（百万欧元）	占 GDP 比重（%）	就业人数	占芬兰总就业比重（%）
核心版权产业					
图书、报纸、期刊等出版业	5 003	1 995	1.08	35 604	1.41
音乐和戏剧演出业	532	156	0.08	3 222	0.13
电影和录像	510	149	0.08	3 039	0.12
摄影	113	51	0.03	1 125	0.04
视觉及图像艺术	22	6	0.00	204	0.01
广播电视	1 076	471	0.26	6 433	0.25
计算机软件和数据库	7 558	3 492	1.90	44 750	1.77
广告服务	1 662	484	0.26	8 128	0.32
版权集体管理与服务组织	–	9	0.00	166	0.01
核心版权产业合计	16 476	6 815	3.70	102 672	4.06
相互依存的版权产业					
电视机、收音机、录像机、CD 与 DVD 播放器以及电子游戏设备	507	63	0.03	1 169	0.05
电脑及周边设备	1 254	170	0.09	2 323	0.09
乐器	16	4	0.00	82	0.00
照相及摄影器材	65	6	0.00	115	0.00
影印机	78	14	0.01	253	0.01
空白录音录像介质	17	1	0.00	35	0.00
纸张	3 288	616	0.33	6 957	0.27
相互依存的版权产业总计	5 226	875	0.47	10 933	0.43
部分版权产业					
纺织品服装与鞋类	83	23	0.01	511	0.02
珠宝与钱币	180	45	0.02	812	0.03
其他工艺品	33	11	0.01	238	0.01
家具	118	37	0.02	723	0.03
家用物品、瓷器及玻璃	9	3	0.00	51	0.00
墙纸与地毯	3	1	0.00	20	0.00
玩具与游戏	198	48	0.03	828	0.03
建筑、工程和测量	421	204	0.11	3 098	0.12
部分版权产业总计	1 046	372	0.20	6 281	0.25
非专用支持产业					
大宗销售及零售	1 003	163	0.09	2 328	0.09

续表

	产值（百万欧元）	增加值（百万欧元）	占 GDP 比重（%）	就业人数	占芬兰总就业比重(%)
交通运输	1 030	367	0.20	6 283	0.25
电话及互联网	323	128	0.07	999	0.04
非专用支持产业总计	2 356	658	0.36	9 610	0.38

表 10－42 2005—2008 年核心版权产业的出口

	2005 年		2006 年		2007 年		2008 年	
	出口额（百万欧元）	比重	出口额（百万欧元）	比重	出口额（百万欧元）	比重	出口额（百万欧元）	比重
图书、报纸、期刊等出版业	286	10.9%	291	11.9%	296	10.9%	262	3.7%
唱片、CD、DVD	8	0.3%	8	0.3%	7	0.3%	6	0.1%
视觉及图像艺术	4	0.2%	24	1.0%	4	0.1%	3	0.0%
电脑服务	1 194	45.6%	1 136	46.3%	1 335	49.3%	5 650	79.7%
信息服务	19	0.7%	41	1.7%	3	0.1%	7	0.1%
广告及相关服务	130	5.0%	83	3.4%	117	4.3%	116	1.6%
视听服务	6	0.2%	3	0.1%	9	0.3%	3	0.0%
其他相关的人员、文化及娱乐服务	4	0.2%	16	0.7%	5	0.2%	31	0.4%
版税及许可费	969	37.0%	850	34.7%	930	34.4%	1 007	14.2%
总　计	2 620	100%	2 452	100%	2 706	100%	7 085	100%

表 10－43 2005—2008 年核心版权产业的进口

	2005 年		2006 年		2007 年		2008 年	
	进口额（百万欧元）	比重	进口额（百万欧元）	比重	进口额（百万欧元）	比重	进口额（百万欧元）	比重
图书、报纸、期刊等出版业	194	6.2%	192	5.9%	200	5.3%	194	4.1%
唱片、CD、DVD	30	1.0%	30	0.9%	39	1.0%	30	0.6%
视觉及图像艺术	5	0.2%	16	0.5%	10	0.3%	2	0.0%
电脑服务	904	28.9%	879	27.0%	1 077	28.4%	1 293	27.2%
信息服务	25	0.8%	12	0.4%	17	0.4%	18	0.4%
广告及相关服务	1 046	33.5%	1 069	32.9%	1 359	35.9%	1 804	37.9%
视听服务	10	0.3%	8	0.2%	21	0.6%	14	0.3%
其他相关的人员、文化及娱乐服务	9	0.3%	14	0.4%	12	0.3%	19	0.4%
版税及许可费	902	28.9%	1 031	31.7%	1051	27.8%	1 380	29.0%
总计	3 125	100.0%	3 251	100%	3 786	100%	4 754	100%

表 10-44 2008 年核心版权产业贸易收支表 （单位：百万欧元）

	出口	进口	差额
图书、报纸、期刊等出版业	262.00	194.00	68.00
唱片、CD、DVD	6.00	30.00	-24.00
视觉及图像艺术	3.00	2.00	1.00
电脑服务	5 650.00	1 293.00	4 357.00
信息服务	7.00	18.00	-11.00
广告及相关服务	116.00	1 804.00	-1 688.00
视听服务	3.00	14.00	-11.00
其他相关的人员、文化及娱乐服务	31.00	19.00	12.00
版税及许可费	1 007.00	1 380.00	-373.00
总计	7 085.00	4 754.00	2 331.00

表 10-45 2008 年相互依存的版权产业贸易收支表 （单位：百万欧元）

	出口	进口	差额
电视机、收音机、录像机、CD 与 DVD 播放器等	271.00	778.00	-507.00
电脑及周边设备	297.00	852.00	-555.00
乐器	1.00	23.00	-21
照相及摄影器材	77.00	214.00	-137.00
影印机	n/a	n/a	n/a
空白录音录像介质	102.00	207.00	-105.00
纸张	2 212.00	83.00	2 129.00
总计	2 960.00	2 156.00	804.00

10.7 德国文化创意产业的经济贡献

德国对文化产业的分类按照欧盟委员会的文化统计分类标准以及 2009 年联合国教科文组织文化统计标准，并与英国创意产业的概念相一致。德国的分类标准已经成为一种全球公认的参考模型：文化创意产业包括音乐产业、图书市场、艺术品市场、电影产业、广播产业、艺术演出市场、设计产业、建筑市场、出版市场、广告市场、软件和游戏产业及其他 12 个分支或市场部门①。

图 10-28 显示了 2009—2010 年德国文化创意产业吸纳就业人数与其他产业的比较，可以看出，文化创意产业占有比较重要的位置。

① 本节数据来源于德国经济和技术部发布的 Monitoring of Selected Economic Key Data on Culture and Creative Industries 2011，http://www. kultur - kreativ - wirtschaft. de/Dateien/KuK/PDF/monitoring - zu - ausgewaehlten - wirtschaftlichen - eckdaten - der - kultur - und - kreativwirtschaft - 2011 - kurz - englisch, property = pdf, bereich = kuk, sprache = de, rwb = true. pdf.

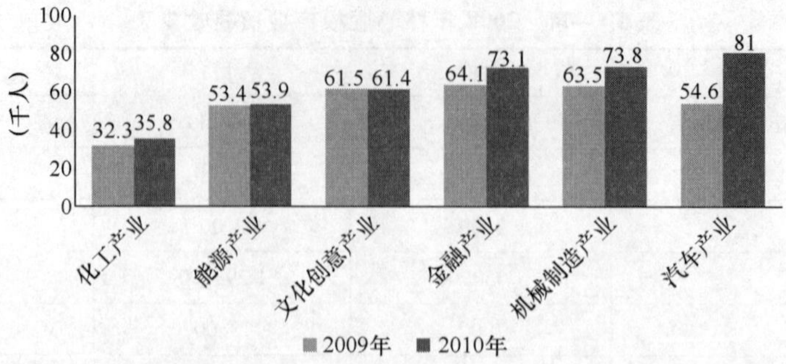

图 10-28　2009—2010 年德国文化创意产业吸纳就业人数与其他产业比较

2010 年德国文化创意产业与其他产业相比来说,其产业增加值是最高的(见图 10-29)。

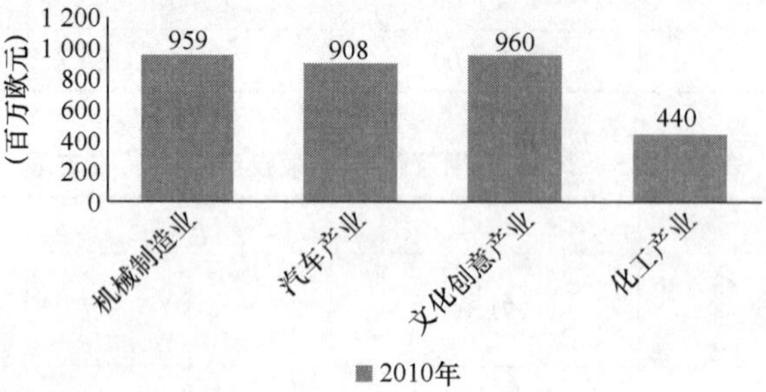

图 10-29　2010 年德国文化创意产业与其他产业增加值比较

从 2009—2011 年的三年间,德国文化创意产业一直保持较平稳的状态发展(见表 10-46)。

表 10-46　2009—2011 年德国文化创意产业发展概况

指　标	2009 年	2010 年	2011 年
企业数量(千个)	238	240	244
占比	7.6%	7.6%	7.5%
产值(百万欧元)	134.3	137.3	143.4
占比	2.7%	2.6%	2.6%
就业人数(千个)	723	720	740
占比	2.6%	2.6%	2.6%
增加值(百万欧元)	61.5	61.4	62.7
占比	2.6%	2.5%	2.4%
每个企业的产值(千欧元)	563	573	587
每个员工的产值(千欧元)	186	191	194
每个员工的增加值(千欧元)	63.9	63.9	63.7

表 10-47 显示,2009—2011 年德国文化创意产业中出版市场一直占有最重要的地位,软件/游戏产业增长较快,其他产业也保持较平稳的上升趋势。2011 年,文化创意产业总产值在经济总体中所占份额为 2.6%。

表 10－47　2009—2011 年德国文化创意产业产值　（单位：百万欧元）

	2009 年	2010 年	2011 年
1. 音乐产业	6 307	6 270	6 472
2. 图书市场	14 848	14 182	13 574
3. 艺术品市场	2 146	2 332	2 410
4. 电影产业	8 734	8 925	9 481
5. 广播行业	7 445	7 671	8 425
6. 演出市场	3 316	3 478	3 622
7. 设计行业	17 595	18 243	19 388
8. 建筑市场	7 967	8 031	8 365
9. 出版市场（除图书）	31 341	31 398	30 936
10. 广告市场	25 508	25 714	26 023
11. 软件/游戏产业	24 296	26 496	30 339
12. 其他活动	1 579	1 588	1 669
总　计	134 330	137 333	143 375
文化创意产业产值在经济总体中所占份额	2.7%	2.6%	2.6%

在 2009—2011 年，软件/游戏产业的就业人数在德国文化创意产业总就业人数中一直占据第一的地位，其次是出版市场（见表 10－48）。

表 10－48　2009—2011 年德国文化创意产业就业人数　（单位：人）

	2009 年	2010 年	2011 年
1. 音乐产业	47 036	46 771	46 798
2. 图书市场	79 379	77 405	80 123
3. 艺术品市场	19 515	19 243	19 206
4. 电影产业	61 753	60 392	60 828
5. 广播行业	39 537	39 444	40 092
6. 演出市场	32 416	33 282	34 122
7. 设计行业	126 101	126 285	128 965
8. 建筑市场	100 425	102 213	105 578
9. 出版市场（除图书）	169 841	164 615	161 903
10. 广告市场	142 077	137 700	140 693
11. 软件/游戏产业	244 615	252 382	268 683
12. 其他活动	15 370	15 023	14 983
总　计	961 768	959 936	984 166
文化创意产业就业所占份额	3.2%	3.1%	3.1%

10.8 不丹版权产业的经济贡献

不丹是一个小型内陆国家，人口 671.083 万，国土面积 38.394 平方千米。不丹也是一个发展中国家，2008 年人均 GDP 为 1852.4 美元。不丹的经济经历了自 1980 年以来持续的增长，从 1980 年至 2008 年以年均 7.2% 的速度增长[①]（见表 10－49）。不同行业的不同增长率为经济结构优化作出了巨大贡献，其中最大的转变是从农业国转向非农业国。

表 10－49　不丹国内生产总值的年平均增长率

时　期	第一产业	第二产业	第三产业	GDP
1980—2008 年	3.6%	12.9%	7.9%	7.2%
1980—1989 年	5.2%	18.2%	6.7%	7.5%
1990—1999 年	3.0%	9.0%	7.3%	5.9%
2001—2008 年	2.2%	12.9%	10.7%	9.0%

10.8.1 版权产业的增加值

（1）版权产业增加值占 GDP 的比重。2008 年，不丹版权产业增加值占 GDP 的比重为 5.5%。从 2001 年开始，版权产业在 GDP 中的比重一直持续增加。1997 年版权产业在 GDP 中的比重为 3.3%，2001 年下降为 2.8%，2005 年又升至 5.5%（见表 10－51、表 10－52），2005 年以后比重几乎没有变过。

版权产业内部构成从 1997 年后却有了重大变化。核心版权产业的在 GDP 中的比重从 1997 年的 0.3% 迅速升至 2005 年的 1.3% 后又升至 2008 年的 1.9%。核心版权产业各子行业增加值见表 10－50，各子行业增加值占比见图 10－30。部分版权产业占 GDP 的比重在这期间增长平稳，从 1997 年的 2.1% 升至 2008 年的 2.2%。非专用支持产业占 GDP 的比重小幅浮动，1997 年和 2001 年均占 0.7%，2005 年升至 0.8%，而后又下降到 2008 年的 0.7%（见表 10－51）。

表 10－50　核心版权产业的名义增加值　　（单位：百万 Nu）

核心版权产业类型	2005 年	2008 年	2010 年
出版和文学	197.4	473.9	662.0
音乐、戏剧、歌剧	38.9	76.2	84.5
电影和视频	40.7	81.4	90.74
广播电视	82.0	164.2	200.8
摄影	41.6	83.2	104.0
软件和数据库	45.7	93.0	143.1
广告代理	15.2	30.4	38.0
总计	461.46	1 002.31	1 323.10

① 本节数据来源于世界知识产权组织发布的 The Economic Contribution of Copyright－Based Industries in Bhutan，http://www.wipo.int/export/sites/www/copyright/en/performance/pdf/econ_contribution_cr_bt.pdf.

表 10－51 版权相关产业的各门类增加值占所有版权相关产业及 GDP 的百分比

	1997 年			2001 年			2005 年			2008 年		
	增加值(百万 Nu)	占版权相关产业增加值的百分比	占 GDP 的百分比	增加值(百万 Nu)	占版权相关产业增加值的百分比	占 GDP 的百分比	增加值(百万 Nu)	占版权相关产业增加值的百分比	占 GDP 的百分比	增加值(百万 Nu)	占版权相关产业增加值的百分比	占 GDP 的百分比
核心版权产业	38.3	8.4	0.3	3.6	0.5	0	462	23.7	1.3	1 002	33.9	1.9
部分版权产业	299.7	66	2.1	488	75.1	2.1	1 009	51.9	2.8	1211	40.9	2.2
相互依存版权产业	14.5	3.2	0.1	1.4	0.2	0	175	9	0.5	342	11.6	0.6
非专业支持产业	101.8	22.4	0.7	156	24.1	0.7	299	15.4	0.8	403	13.6	0.7
总计	454.3	100	3.2	649	100	2.8	1 945	100	5.48	2 958	100	5.4

表 10－51 显示，2008 年核心和部分版权产业在版权相关产业中占有近 75% 的压倒性优势，这些核心和部分版权产业的繁荣源于经济自由化，同时也得益于文化旅游业的发展。其中核心版权产业占版权产业总增加值的比重大约 34%，部分版权产业占 41%，非专业支持产业占 14%，而相互依存的版权产业占 11%。相互依存版权产业占比偏小，主要原因是不丹的制造业基础较弱。

表 10－52　版权相关产业占 GDP 的百分比

年　份	1997 年	2001 年	2005 年	2008 年
版权相关产业占 GDP 的百分比	3.3	2.8	5.48	5.46

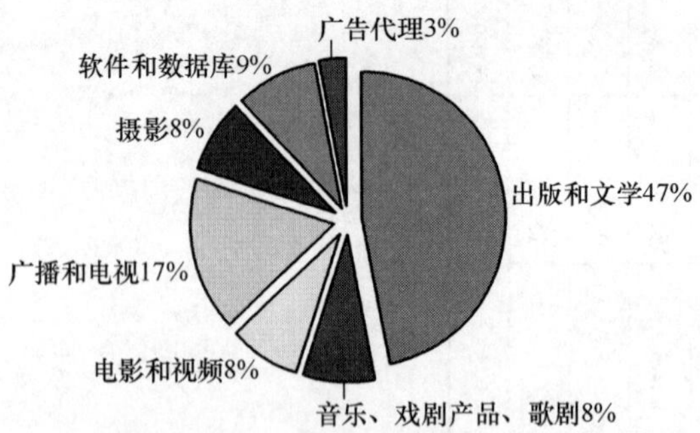

图 10－30　2008 年核心版权产业各子行业增加值所占的比重

（2）版权产业增加值的年增长率。2001—2005 年核心版权产业的年均增长率为 237.3%，2005—2008 年为 29.5%，这表明不丹版权相关产业的动态变化。2001 年以来，核心版权产业之所以能以如此高的速度增长是因为增长基础较低，2000 年前，不丹几乎没有主要的核心版权产业（如印刷媒介、文学、电影、电视和有线电视业务、IT 和 IT 支持业务），它们的迅猛发展仅仅开始于 2000 年以后。

部分版权产业增加值经历了持续增长，由 1997—2001 年的年均增长率 16.6% 快速发展到 2005—2008 年的 32.7%。非专业支持产业增加值的年均增长率在 2001—2005 年为 22.8%，到了 2005—2008 年期间有所下降，但依然达到了两位数的增长率 11.6%（见表 10－53）。上述数据表明不丹的版权相关产业是动态变化的，而且在不远的将来有着很好的发展潜力。

表 10－53　版权相关产业增加值的年均增长率

	阶段 1 1997—2001 年	阶段 2 2001—2005 年	阶段 3 2005—2008 年
核心版权产业的增加值	－10.0%	237.3%	29.5%
部分版权产业的增加值	16.6%	26.9%	32.7%
非专用支持产业的增加值	13.4%	22.8%	11.6%
版权相关产业的增加值	13.3%	31.6%	15%
国内生产总值	6.3%	7.8%	9.5%

图 10－33 显示，2007 年肯尼亚以版权为基础的产业中，核心版权产业对经济总产出的贡献份额最大，约为 49%。

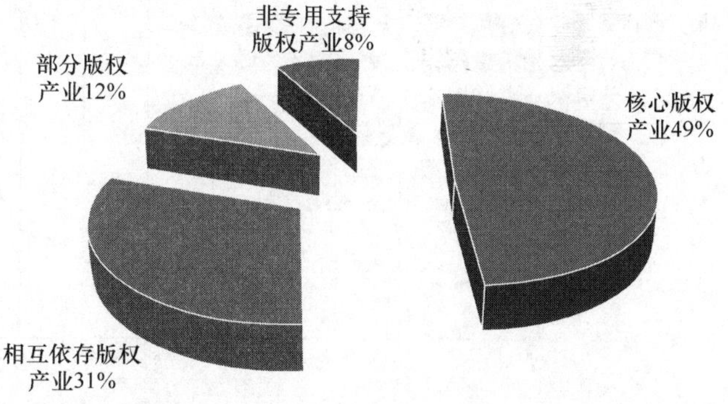

图 10－33　2007 年肯尼亚经济版权产业总产出构成

2007 年，相互依存版权产业占肯尼亚劳动生产率构成的 43%，其次是核心版权产业（见图 10－34）。

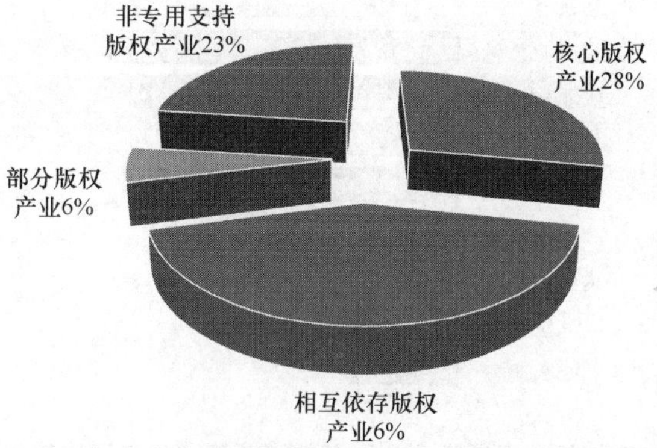

图 10－34　2007 年肯尼亚版权产业劳动生产率占比
（单位雇员的产业增加值）

2007 年，在肯尼亚的产业增加值占 GDP 份额的对比中可以发现，住宿与餐饮业所占份额最大，其次是运输与通信、矿业与采石（见图 10－35）。

在 2007 年肯尼亚版权相关产业同其他产业劳动生产率比较中可以看出，财政、房地产与商务服务劳动生产率最高（见图 10－36）。

图 10－37 显示，2007 年肯尼亚核心版权产业对 GDP 贡献为 2.3%，对总产出的经济贡献为 1.88%。

（1）核心版权产业经济贡献。表 10－61 显示了 2007 年肯尼亚核心版权产业经济贡献分解，可以发现印刷、出版与联合服务的增加值最多，占 GDP 百分比为 0.814%，而书籍、报纸与文具零售的总产出最多，占国民总产出的 1.058%。

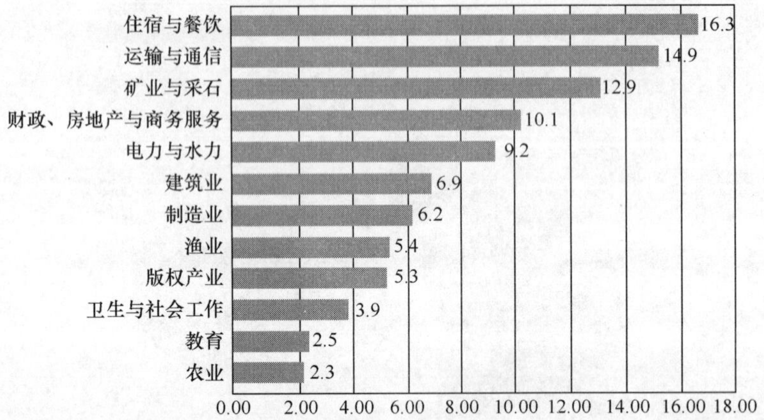

图 10-35　2007 年肯尼亚版权产业同其他产业增加值占 GDP 份额对比

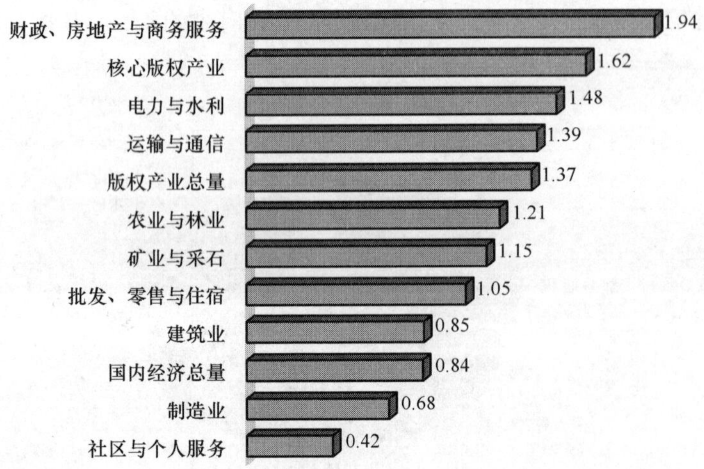

图 10-36　2007 年肯尼亚版权产业同其他产业劳动生产率比较（增加值/雇员）

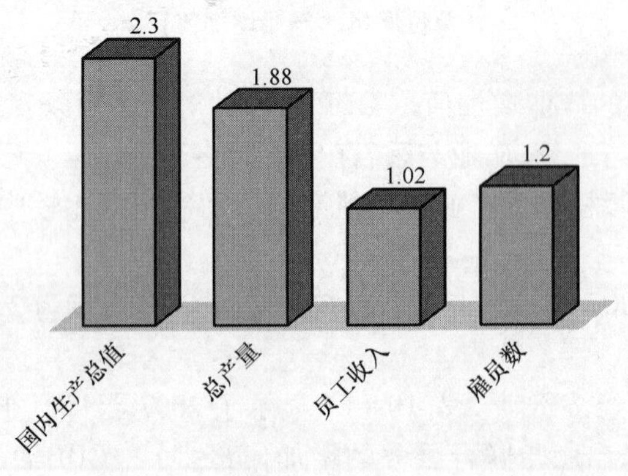

图 10-37　2007 年肯尼亚核心版权产业的经济贡献（百分比）

表 10-61 2007 年肯尼亚核心版权相关产业经济贡献分解

种 类	增加值	占 GDP 百分比	总产值（肯尼亚先令）	占国民总产出百分比
印刷、出版与联合服务	13 053 050 975	0.814	12 972 844 506	0.427
书籍、报纸与文具零售	11 947 315 450	0.745	32 170 498 055	1.058
数据处理与制表服务	5 563 777 563	0.347	5 568 486 133	0.183
商务、职业与劳动协会	220 589 044	0.014	220 915 126	0.007
电影制作	176 374 994	0.011	178 857 734	0.006
电影发布与上映	390 499 881	0.024	392 742 530	0.013
广播电视事业	1 675 666 086	0.105	1 674 878 376	0.055
戏剧制作与娱乐服务	179 708 800	0.011	181 803 984	0.006
作家、作曲家与其他艺术家	176 579 150	0.011	175 786 081	0.006
娱乐与休闲服务	2 927 458 700	0.183	2 989 131 334	0.098
摄影工作室与商业摄影	633 123 888	0.039 5	670 485 995	0.022
核心版权产业总量	36 944 144 531	2.304	57 196 429 854	1.881
国内经济总量	1 603 176 000 000	100	3 041 382 000 000	100

2007 年，肯尼亚核心版权产业的增加值构成中，印刷、出版与联合服务占 36%，书籍、报纸与文具零售占 32%（见表 10-62）。肯尼亚核心版权产业总产出构成中，书籍、报纸与文具零售占比最多，为 57%（见表 10-63）。核心版权产业的就业构成中，印刷、出版与联合服务占比最多，为 35%，核心版权产业就业贡献为 1.196%，版权产业的就业贡献为 4.832%（见表 10-64）。

表 10-62 2007 年肯尼亚核心版权产业增加值结构

种 类	占 比
印刷、出版与联合服务	36%
书籍、报纸与文具零售	32%
数据处理与制表服务	15%
商务、职业与劳动协会	1%
电影制作	0%
电影发布与上映	1%
广播电视事业	5%
戏剧制作与娱乐服务	0%
作家、作曲家与其他艺术家	0%
娱乐与休闲服务	8%
摄影工作室与商业摄影	2%

表 10－63　2007 年肯尼亚核心版权产业总产值的构成

种　类	占　比
印刷、出版与联合服务	23%
书籍、报纸与文具零售	57%
数据处理与制表服务	10%
商务、职业与劳动协会	0%
电影制作	0%
电影发布与上映	1%
广播电视事业	3%
戏剧制作与娱乐服务	0%
作家、作曲家与其他艺术家	0%
娱乐与休闲服务	5%
摄影工作室与商业摄影	1%

表 10－64　2007 年肯尼亚核心版权产业就业贡献分解

核心版权产业	就业人数	占总就业人数比重
印刷、出版与联合服务	9 051	0.475%
其他娱乐与休闲服务	3 005	0.158%
电影与其他娱乐服务	1 075	0.056%
教育与社区服务	918	0.048%
摄影用品零售	753	0.041%
数据处理与制表服务	2 684	0.141%
理发与美容	417	0.022%
广告服务	879	0.046%
商业、职业与劳动协会	2 912	0.153%
含商业摄影的摄影室	187	0.01%
摄影用品批发	918	0.048%
核心版权产业总计	22 799	1.196%
版权产业总计	92 150	4.832%
全国总就业人数	1 907 250	100%

（2）相互依存版权产业经济贡献。图 10－38 显示，2007 年肯尼亚相互依存的版权产业对 GDP 的经济贡献为 2.17%。相互依存的版权产业中，家电与广播电视商品零售的产业增加值最多，其次为纸浆、纸张与纸板用品制造（见表 10－65 和表 10－66）。

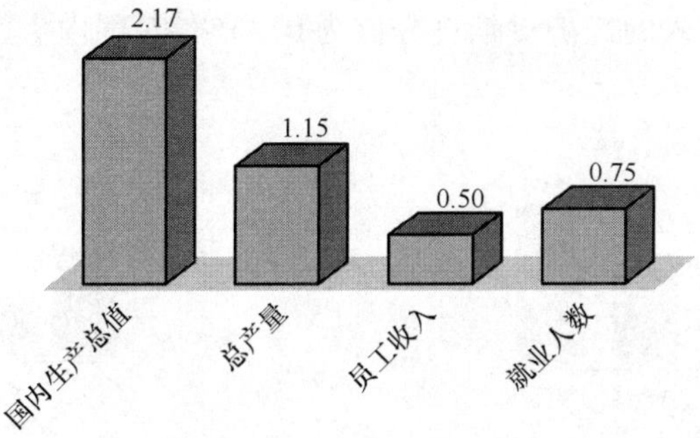

图 10-38 2007 年肯尼亚相互依存版权产业的经济贡献(%)

表 10-65 2007 年肯尼亚相互依存版权产业增加值分解

相互依赖版权产业	增加值(肯尼亚币)
纸浆、纸张与纸板制造	4 026 938 150
纸张与纸板的容器制造	5 427 202 875
摄影与光学用品制造	65 816 463
专业科学设备制造	78 190 375
广播、电视通信设备制造	539 293 338
纺织业、缝纫业器具批发	3 614 469 869
纸浆、纸张与纸板用品制造	5 634 623 844
家电与广播电视商品零售	14 700 281 413
乐器制造	382 869
办公、计算、财务器具制造	697 645 613
相互依存版权产业总计	34 784 844 802

表 10-66 2007 年肯尼亚相互依存版权产业增加值贡献分解

纸浆、纸张与纸板制造	12%
纸张与纸板的容器制造	16%
摄影与光学用品制造	0%
专业科学设备制造	0%
广播、电视通信设备制造	2%
纺织业、缝纫业器具批发	10%
纸浆、纸张与纸板用品制造	16%
家电与广播电视商品零售	42%
乐器制造	0%
办公、计算、财务器具制造	2%

(3)部分版权产业和非专用支持产业的经济贡献。2007 年,肯尼亚部分版权产业对就业的经济贡献百分比为 1.04%,对 GDP 的贡献百分比为 0.4%(见图 10-39)。而非

专业支持产业对就业收入的经济贡献百分比为0.45%,对国内生产总值的贡献百分比为0.43%(见图10-40)。

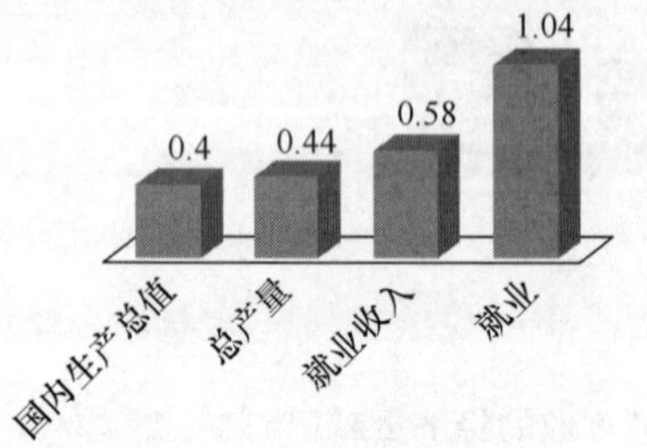

图10-39 2007年肯尼亚部分版权产业经济贡献(百分比)

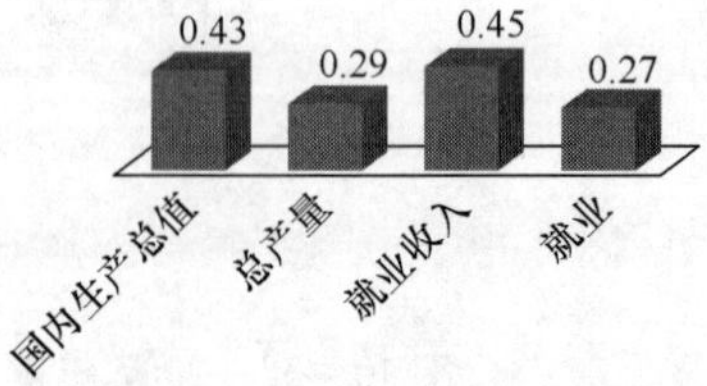

图10-40 2007年肯尼亚非专用支持产业经济贡献(百分比)

表10-67显示,2007年肯尼亚非专业支持产业中,通信业的产业增加值最多,大概为45.44亿肯尼亚先令,而非专业支持产业的产业增加值总量为69.20亿肯尼亚先令。

表10-67 2007年肯尼亚非专用支持产业增加值分解

非专用支持版权产业	增加值(肯尼亚先令)
通信	4 544 357 346.0
陆地运输支持服务	15 651 984.2
水上运输支持服务	217 355 514.2
航空运输支持服务	67 808.2
公路货运	910 920 598.8
管道运输	219 731 683.5
运输附加服务	44 703 195.0
城市、郊区客运	4 114 611.3
陆地运输	325 670 490.0
其他陆地客运	2 841 429.6
航空运输	30 320 956.5
仓库与储藏	78 910 461.3
海洋与沿海运输	3 581 573.7
内河运输	35 959.4
其他住宿供给	158 953 579.8
宿营地	31 193 894.1
内陆水上运输	35 958.9
办公器具与设备批发	331 622 406.3
非专用支持产业总计	6 920 069 451.0

10.9.2 版权产业的就业

2007年肯尼亚以版权为基础的产业中,就业人数为62 131,这大约占到全国总就业人数(包括政府与私人部门就业情况)的3.26%,其中,核心版权产业就业人数为22 799,占全国总就业的1.2%。

10.9.3 版权产业的进出口贸易

2007 年,肯尼亚版权产业出口占全国总出口的比重为9.35%,进口占全国总进口量的7.86%(见表10-68)。核心版权产业与部分版权产业为贸易顺差,版权产业总体呈贸易顺差。

表10-68 2007年肯尼亚版权产业进出口贸易额(1 000 肯尼亚先令)

版权产业	出口	占总出口比重	进口	占总进口比重	贸易差额
核心版权产业	3 403 637	1.30%	1 340 282	0.22%	2 063 355
相互依存版权产业	3 547 361	1.36%	36 402 448	6.02%	-32 855 087
部分版权产业	17 100 667	6.54%	5 997 643	0.99%	11 103 024
非专业支持版权产业	421 737	0.16%	3 815 540	0.63%	-3 393 803
版权产业总计	24 473 402	9.35%	47 555 913	7.86%	-23 082 511
总贸易	261 626 153	100%	605 117 797	100%	-343 491 644

10.10 南非版权产业的经济贡献

10.10.1 版权相关产业的表现

2008 年南非版权相关产业的行业增加值占 GDP 的比重为4.11%,其中核心版权产业占比为2.05%,其次是非专业支持的产业,占比是1.29%①。在就业方面,版权相关产业的就业量占全国总就业人数的4.08%,其中核心版权产业和非专业支持产业的就业占比分别为2.31%和1.03%。在进出口贸易方面,相互依存的版权产业的出口占比为2.77%,进口占比为7.85%(见表10-69)。

表10-69 2008年南非版权相关产业的经济贡献

	核心版权产业	相互依存版权产业	部分版权产业	非专业支持版权产业	版权相关产业总计
增加值	2.05%	0.56%	0.21%	1.29%	4.11%
就业	2.31%	0.51%	0.23%	1.03%	4.08%
进口	0.41%	7.85%	0.23%	0.18%	8.67%
出口	0.39%	2.77%	0.36%	0.55%	4.07%

2008 年,南非版权相关产业中,核心版权产业的产业增加值和就业人数最高,相互依存的版权产业的出口额和进口额最高(见表10-70)。

① 本节数据来源于世界知识产权组织发布的 The Economic Contribution of Copyright - Based Industries in South Africa, http://www.wipo.int/export/sites/www/copyright/en/performance/pdf/econ_contribution_cr_za.pdf.

表 10－70　2008 年版权产业的产业增加值、就业人数和进出口额(2005 年不变价)

2008 年	产业增加值（百万兰特）	就业人数	出口额（百万兰特）	进口额（百万兰特）
经济总量	1 620 139	10 376 881	495 382	572 354
版权相关产业	66 101	422 974	20 168	48 051
核心版权产业	32 670	239 959	1 954	2 359
印刷、出版和录制媒体	7 588	53 465	790	2 009
电影电视	6 811	30 899	—	—
摄影、软件和数据库、广告	18 271	155 595	1 165	350
相互依存的版权产业	9 091	52 620	13 745	43 324
摄影和电影仪器	15	—	—	—
电视、广播和通信设备	944	2 632	994	9 557
计算机和设备、复印机	5 442	40 342	11 138	33 767
纸及纸制品	2 705.55	9646	1 612	1 595
部分版权产业	3 426	23 879	1 767	1 321
服装、纺织品和鞋类	45	472	8	72
家具和其他制造业	2 418	9 405	1 755	1 237
手工制品	949	13 938	—	—
玻璃及玻璃制品	14	63	3	11
非专业支持的版权产业	20 913	106 516	2 702	1 046
批发零售	11 685	85 796	1 049	5
运输,存储和通信	9 229	20 720	1 654	1 041

表 10－71 显示了 1970—2008 年版权相关产业的产业增加值、就业和进出口增长率，而表 10－72 则显示了具体的数据。图 10－41 表现得更为直观，可以看出，就业一直呈现稳定增长态势。

表 10－71　1970—2008 年版权产业增加值、就业和进出口增长率

	产业增加值				
	核心版权产业	相互依存版权产业	部分版权产业	非专业支持版权产业	版权相关产业总体
1970—1979	28%	63%	36%	44%	37%
1980—1989	3%	20%	94%	18%	8%
1990—1999	17%	15%	－6%	31%	16%
2000—2008	24%	40%	24%	45%	33%
	就业人数				

续表

	产业增加值				
	核心版权产业	相互依存版权产业	部分版权产业	非专业支持版权产业	版权相关产业总体
1970—1979	33%	23%	29%	21%	33%
1980—1989	36%	16%	30%	10%	23%
1990—1999	51%	-5%	12%	4%	26%
2000—2008	30%	-6%	-13%	17%	21%
	进口额				
	核心版权产业	相互依存版权产业	部分版权产业	非专业支持版权产业	版权相关产业总体
1970—1979	9%	-28%	-31%	-20%	-7%
1980—1989	-17%	5%	-9%	49%	-5%
1990—1999	21%	231%	175%	27%	104%
2000—2008	-29%	72%	160%	8%	46%
	出口额				
	核心版权产业	相互依存版权产业	部分版权产业	非专业支持版权产业	版权相关产业总体
1970—1979	-55%	10%	93%	1%	15%
1980—1989	-14%	130%	101%	40%	84%
1990—1999	202%	97%	18%	100%	82%
2000—2008	108%	4%	23%	50%	31%

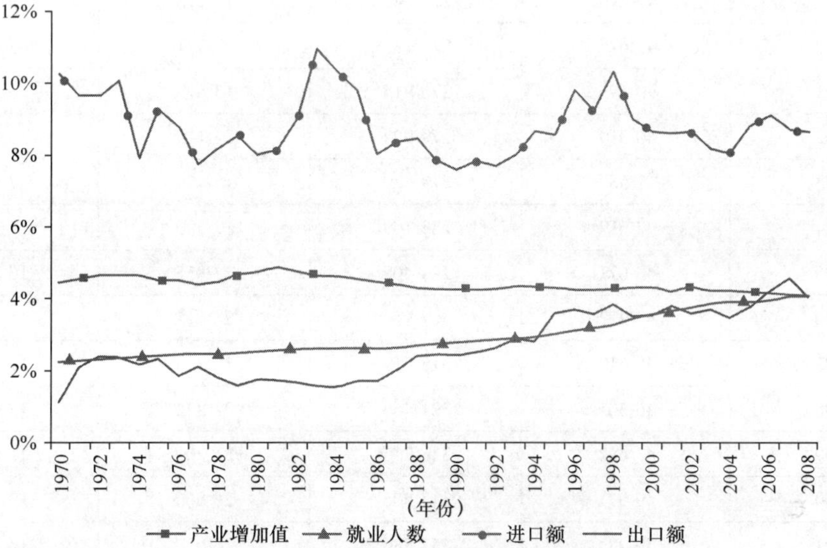

图 10－41　版权产业经济贡献变化情况

表 10－72　1970—2008 年版权产业增加值、就业和进出口额(2005 年不变价)

年份	增加值(百万兰特)	就业人数	进口额(百万兰特)	出口额(百万兰特)
1970	26 017	158 957	16 370	1 886
1971	27 621	166 305	16 978	3 528
1972	28 848	173 118	14 843	4 233
1973	30 098	180 671	17 260	3 969
1974	31 583	189 801	16 087	3 527
1975	31 608	198 524	18 308	3 760
1976	32 593	204 593	15 592	3 173
1977	31 678	205 084	11 870	3 785
1978	33 016	206 606	12 561	3 398
1979	35 543	212 198	12 976	3 047
1980	38 241	224 266	14 477	3 380
1981	41 417	235 598	16 777	3 240
1982	40 403	240 443	15 378	3 043
1983	39 616	240 172	15 634	2 837
1984	41 629	243 993	17 665	2 864
1985	40 865	246 132	14 433	3 470
1986	40 194	247 512	11 463	3 422
1987	40 185	253 199	12 424	4 146
1988	40 695	262 870	15 339	5 350
1989	41 299	270 180	14 213	5 541
1990	41 075	274 187	12 971	5 475
1991	40 599	276 915	13 673	5 590
1992	40 319	279 997	14 119	6 233
1993	41 585	279 880	15 759	7 489
1994	42 612	283 109	19 790	7 461
1995	43 671	293 405	22 855	10 562
1996	44 422	307 175	28 515	11 533
1997	45 619	315 569	28 223	11 700
1998	46 305	321 466	32 242	13 038
1999	47 648	336 375	25 700	12 050
2000	49 971	347 906	26 060	13 093
2001	50 283	357 886	26 027	14 266
2002	53 427	371 428	27 514	13 705
2003	54 058	383 586	27 977	14 119

续表

年份	增加值(百万兰特)	就业人数	进口额(百万兰特)	出口额(百万兰特)
2004	56 430	389 654	31 762	13 708
2005	58 840	389 480	38 645	16 080
2006	61 688	404 635	47 281	19 346
2007	64 693	420 615	49 203	22 209
2008	66 616	422 974	49 646	20 168

10.10.2 版权产业与其他产业的经济贡献比较

2008 年,南非版权产业的增加值占 GDP 比重为 4.1%,制造业占比为 18.4%,采矿业占比为 6.20%(见图 10-42)。版权相关产业的就业贡献率为 4.1%,制造业为 12.5%,农业为 5.0%(见图 10-43)。图 10-44 显示,2008 年版权相关产业的进口贡献率为 8.7%,采矿业为 13.6%。版权产业出口贡献率为 4.1%,采矿业为 25%(见图 10-45)。

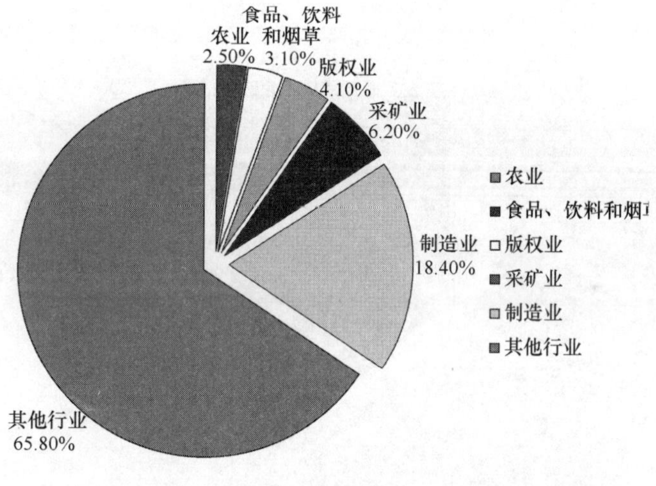

图 10-42 2008 年版权产业与其他产业增加值贡献的比较

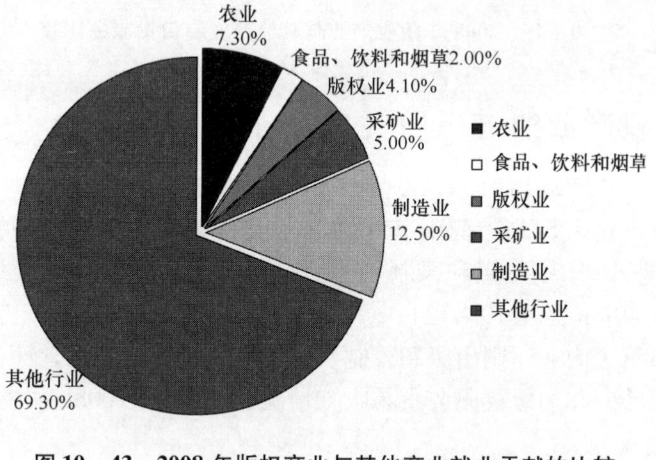

图 10-43 2008 年版权产业与其他产业就业贡献的比较

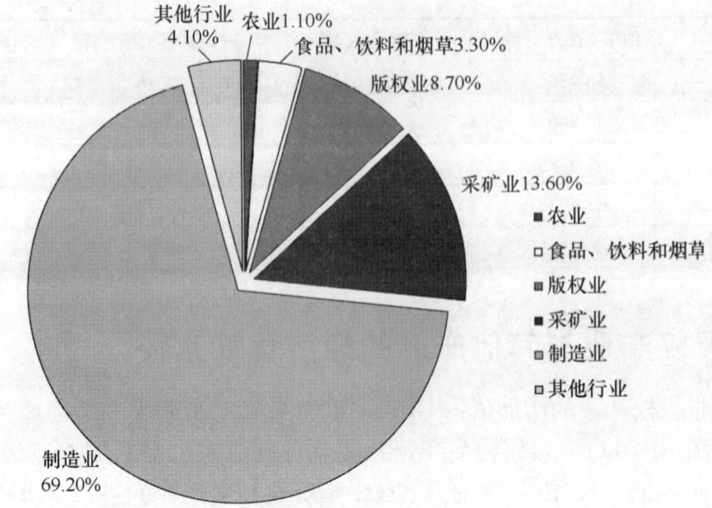

图 10－44　2008 年版权产业与其他产业进口贡献的比较

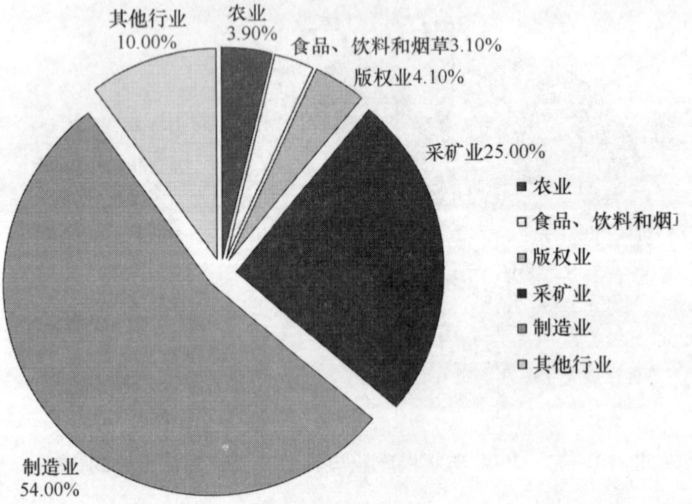

图 10－45　2008 年版权产业与其他产业出口贡献的比较

10.10.3　版权产业的进出口贸易

版权相关产业中,印刷出版和录制媒体商品的进口在南非总进口中所占比重 1983 年是最高的,大概占比为 5.5%,而到了 2008 年,则降低到 0.4% 左右(见图 10－46)。

版权相关产业中,印刷出版和录制媒体商品出口在南非总出口中所占比重 1996 年达到最高,约为 0.49%(见图 10－47)。

图 10－48 显示了南非印刷出版和录制媒体商品的进出口贸易差额。

表 10－73 反映南非的版权服务贸易收支情况,从 2000—2008 年,南非版权服务贸易一直处于逆差状态。

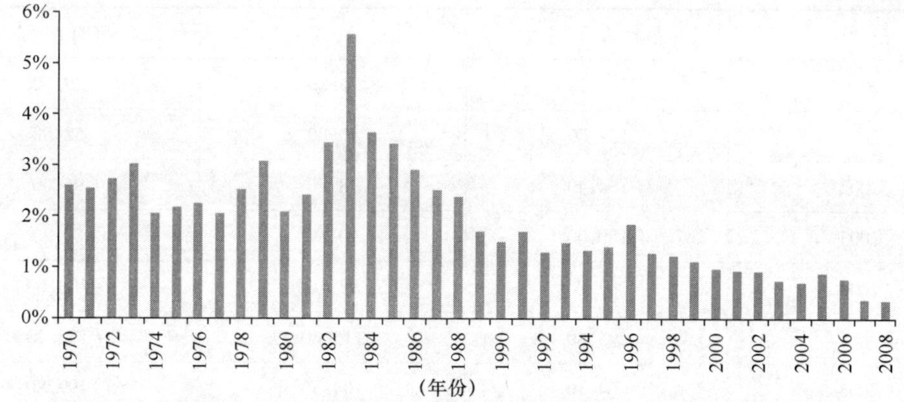

图 10－46　印刷出版和录制媒体商品进口在南非总进口中所占比重

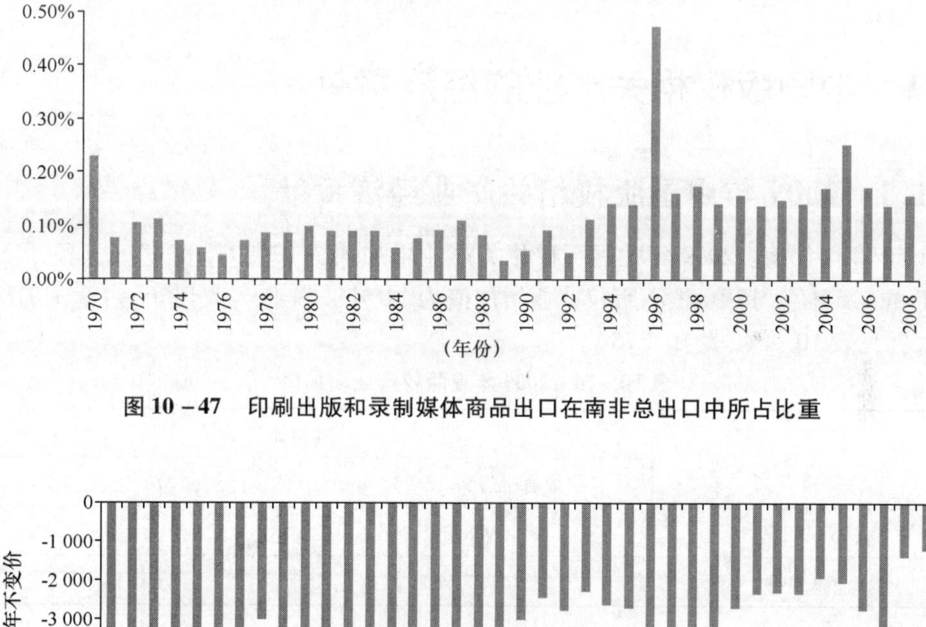

图 10－47　印刷出版和录制媒体商品出口在南非总出口中所占比重

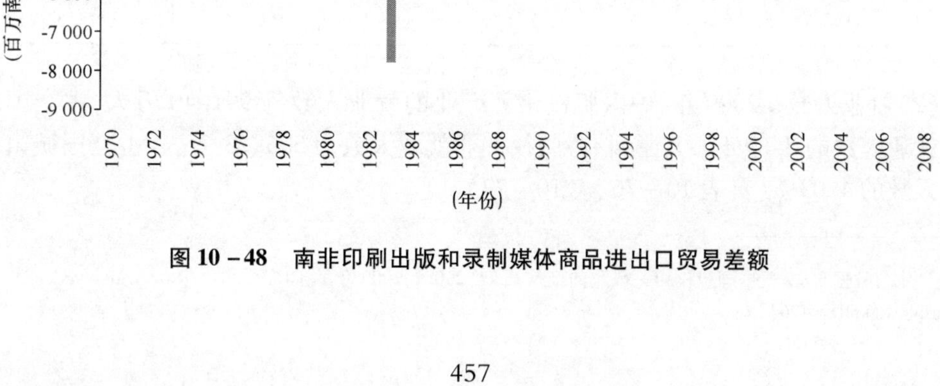

图 10－48　南非印刷出版和录制媒体商品进出口贸易差额

表 10－73　版权服务贸易收支

年份	进口(百万兰特)	出口(百万兰特)	差额(百万兰特)
2000	115.70	75.80	－39.90
2001	138.00	80.00	－58.00
2002	184.40	88.20	－96.20
2003	180.00	90.80	－89.20
2004	202.00	98.40	－103.60
2005	293.80	115.60	－178.20
2006	604.10	104.30	－499.80
2007	688.00	186.70	－501.30
2008	815.10	271.35	－543.75

10.11　中国版权相关产业的经济贡献

10.11.1　2009 年中国版权相关产业经济贡献

(1)产业增加值。2009 年中国版权相关产业增加值为 22 297.98 亿元人民币，占全国 GDP 的 6.55%。其中，核心版权产业增加值为 11 928.04 亿元人民币，占全国 GDP 的 3.50%[①](见表 10－74、表 10－75)。

表 10－74　2009 年度版权产业增加值

	产业增加值	
	数值(亿元人民币)	占 GDP 比重(%)
核心版权产业	11 928.04	3.50
版权相关产业	22 297.98	6.55

表 10－75　2009 年度版权产业增加值构成

	核心版权产业	相互依存版权产业	部分版权产业	非专业支持版权产业
占比	53.49%	22.07%	9.81%	14.63%

(2)就业人数。2009 年，中国版权相关产业的就业人数为 991.40 万人，占全国城镇单位就业人数的 7.89%。其中，核心版权产业就业人数为 506.23 万人，占全国城镇单位就业人数的 4.03%(见表 10－76、表 10－77)。

① 本节数据来源于：中国版权相关产业的经济贡献(2007—2009 年)[OL]. http://www.catis.org.cn/E_ReadNews.asp? NewsID＝4964.

表 10－76　2009 年度版权产业就业人数

	就业人数(万人)	占总就业人数比重
核心版权产业	506.23	4.03%
版权相关产业	991.40	7.89%

表 10－77　2009 年版权产业就业人数构成

	核心版权产业	相互依存版权产业	部分版权产业	非专业支持版权产业
占比	51.06%	27.77%	11.36%	9.81%

(3)出口额。2009 年中国版权相关产业海关统计商品出口额为 2 103.17 亿美元，占全国海关统计商品出口总额的 17.50%。其中，核心版权产业出口额为 41.16 亿美元，占全国出口总额的 0.34%(见表 10－78、表 10－79)。

表 10－78　2009 年度版权产业商品出口额

	商品出口额	
	数值(亿美元)	比重(%)
核心版权产业商品出口额	41.16	0.34
版权相关产业商品出口总额	2 103.17	17.50

表 10－79　2009 年版权产业商品出口额构成

	核心版权产业	相互依存版权产业	部分版权产业	非专业支持版权产业
占比	1.96%	91.19%	4.85%	0

10.11.2　2004—2009 年中国版权产业经济贡献的纵向比较

通过比较 2004—2009 年的调研结果，可以总结出以下几点。

(1)产业增加值。中国版权相关产业的增加值及其占当年 GDP 比重保持持续增长势头，2004 年占 4.94%，2006 年占 6.39%，到 2009 年已占到 6.55%。核心版权产业的增加值及其占当年 GDP 的比重增长较快，2004 年是 2%，2006 年是 3.06%，到 2009 年已增至 3.50%，明显高于其他产业组(2004 年版权相关产业的统计数据不含数字出版，以后各年均含数字出版)(见表 10－80)。

表 10－80　2004—2009 年版权产业增加值变化

年度	2004 年		2006 年		2007 年		2008 年		2009 年	
	增加值(亿元人民币)	比重(%)	增加值(亿元人民币)	比重(%)	增加值(亿元人民币)	比重(%)	增加值(亿元人民币)	比重(%)	增加值(亿元人民币)	比重(%)
核心版权产业	3 188.7	2	6 471.6	3.06	8 879.2	3.45	10 240	3.41	11 928	3.5
合计	7 884.2	4.94	13 489	6.39	16 790	6.53	19 568	6.51	22 298	6.55

(2)就业人数。中国版权相关产业的就业人数及其占当年全国城镇单位就业人数的

比重也保持持续增长，在增加就业中发挥着重要作用。2004 年占当年全国城镇单位就业人数的 5.55%，2006 年占 6.52%，到 2009 年已占到 7.89%（见表 10－81）。

表 10－81　2004—2009 年版权产业就业人数变化

年度	2004 年		2006 年		2007 年		2008 年		2009 年	
	就业人数（万人）	比重（%）	就业人数（万人）	比重（%）	就业人数（万人）	比重（%）	就业人数（万人）	比重（%）	就业人数（万人）	比重（%）
核心版权产业	300.9	2.71	367.9	3.14	455.7	3.79	476	3.9	506.2	4.03
合计	615.9	5.55	762.9	6.52	903.7	7.52	946.6	7.76	991.4	7.89

（3）进出口额。中国版权相关产业的海关商品出口额及其占当年商品出口总额的比重、核心版权产业服务贸易出口额及其占当年服务贸易出口总额的比重保持增长趋势。中国相互依存版权产业的商品出口额及其占当年版权相关产业商品出口总额的比重占绝对优势，2004—2009 年均在 90% 以上。这说明中国版权相关产业的外贸出口仍以制造业为主。

中国核心版权产业的海关商品出口额、服务贸易出口额及其占当年海关商品出口总额、服务贸易出口总额的比重都较低，5 个年度核心版权产业的出口总额（包括商品与服务贸易）均不到当年全国对外贸易出口总额的 1%，但是 5 年内持续增长，已从 2004 年的 0.46% 增至 2009 年的 0.66%（见表 10－82）。

表 10－82　2004—2009 年核心版权产业出口额

	2004 年	2006 年	2007 年	2008 年	2009 年
	出口额（亿美元）	出口额（亿美元）	出口额（亿美元）	出口额（亿美元）	出口额（亿美元）
核心版权产业出口额	30.3	50.96	70.55	91.35	87.5
全国对外贸易出口额	6 557.5	10 609.4	13 399.8	15 777.9	13 311.1
比重（%）	0.46	0.48	0.53	0.57	0.66

10.11.3　与美国等国家的横向比较

目前，世界上已有 40 多个国家和地区开展了版权产业经济贡献的研究。与这些国家相比，中国全部版权相关产业的增加值虽然较高，但核心版权产业尚处于中游地位。与版权相关产业最为发达的美国相比，中国还有明显差距。

2009 年，美国版权相关产业的增加值为 15 626.7 亿美元，折合人民币约为 98 965.8 亿元，中国为 22 297.98 亿元人民币，不到美国的 1/4。美国版权产业增加值占全美 GDP 的比重为 11.07%，中国为 6.55%（见表 10－83）。

表 10－83　2009 年中美版权产业增加值的对比

指　标	国别	核心版权产业		全部版权产业	
		增加值	比重（%）	增加值	比重（%）
行业增加值（亿元人民币）	美国	57 060.3	6.38	98 965.8	11.07
	中国	11 928.0	3.50	22 297.9	6.55

2009 年，美国版权产业的就业人数为 1 081.48 万人，中国为 991.40 万人。美国版权就业人数占全美总就业人数的比重为 8.27%，中国为 7.89%（见表 10 - 84）。

表 10 - 84 2009 年中美版权产业就业人数的对比

指 标	国别	核心版权产业		全部版权产业	
		就业人数	比重（%）	就业人数	比重（%）
就业人数（万人）	美国	517.61	3.96	1 081.48	8.27
	中国	506.23	4.03	991.40	7.89

中国版权相关产业外贸出口仍以制造业为主，核心版权产业出口额与美国相比差距巨大。2009 年中国核心版权产业的出口总额约为 87.5 亿美元，只占当年全国对外贸易出口总额的 0.66%（见表 10 - 85）。而 2009 年美国几个重要的核心版权产业如录音、电影、计算机软件和非软件出版（包括书报刊）的海外销售额就为 1 291 亿美元，它们的海外销售额一直明显高于美国其他主要行业，如飞机、农产品、食品、汽车以及药品等。

表 10 - 85 2009 年中美版权产业出口额的对比

指 标	国别	核心版权产业		全部版权产业	
		出口额	比重（%）	出口额	比重（%）
出口（亿美元）	美国	1291	–	–	–
	中国	87.50	0.66	–	–

10.12 小结

世界知识产权组织于 2003 年发表了《版权相关产业经济贡献调查指南》，按照版权在相关产业中的作用大小，把版权产业分为“核心版权产业”“相互依存的版权产业”“部分版权产业”“非专业支持产业”四类。采用版权产业增加值、产业增加值占 GDP 比重，版权产业就业人数、占全国总就业人数比重，版权产业进出口贸易额、进出口贸易额占比等指标，从产业增加值、就业、进出口贸易三个方面来衡量各国版权相关产业的经济贡献。本章主要介绍美国、英国、澳大利亚、韩国、德国、芬兰、南非、不丹、肯尼亚、中国 10 国版权产业的经济贡献，数据来源于世界知识产权组织发布的各国年度报告。

附录一：国际书展网站

澳大利亚书展
Australian Book Fair
http://www.expertiseevents.com.au

捷克布拉格国际书展
Bookworld - Prague
http://bookworld.cz

美国书展
BookExpo America
http://bookexpo.reedexpo.com

巴西圣保罗国际书展
Brazil's International Book Fair
http://www.cbl-net.com.br

意大利波伦亚儿童书展
Bologna Children's Book Fair
http://www.bolognafiere.it/BookFair

巴西里约热内卢书展
Bienal do Livro in Rio de Janeiro
http://www.snel.com.br

阿根廷布宜诺斯艾里斯国际青少年书展
Buenos Aires International Children's and Youth Book Fair
http://www.el-libro.com.ar

匈牙利布达佩斯国际书展
Budapest International Book Fair
http://www.adanet.hu/mkke

布宜诺斯艾里斯国际书展
Buenos Aires Feria Internacional Del Libro
http://www.el-libro.com.ar

西班牙巴塞罗那国际书展
LIBER - Feria Internacional del Libro - Barcelona
http://www. liber. ifema. es

法兰克福书展
Frankfurt International Book Fair
http://www. frankfurt - book - fair. com

瓜达拉哈拉国际书展
Feria Internacional Del Libro de Guadalajara
http://www. fil. com. mx

古登堡国际书展
Guteborg International Book Fair
http://www. bok - bibliotek. se

中国香港书展
Hong Kong Book Fair
http://hkbookfair. tdc. org. hk

耶路撒冷国际书展
Jerusalem International Book Fair
http://www. jerusalembookfair. com

伦敦国际书展
London Book Fair
http://www. libf. com

莱比锡书展
Leipzig Book Fair
http://www. leipziger - messe. de

国际电子出版技术及出版物博览会
MILIA
http://www. milia. com

圣多明哥书展
Santo Domingo Book Fair
http://www. feriadelibro. org

法国图书沙龙
Salon du livre
http://www.salondulivre.reed-oip.fr

新加坡国际书展
Singapore World Book Fair
http://www.tpl.com.sg/wbf

台北国际书展(中国)
Taipei International Book Exhibition
www.tibe.com

东京国际书展
Tokyo International Book Fair
http://www.reed.co.jp/tibf

华沙国际书展
Warsaw International Book Fair
http://www.arspolona.com.pl

津巴布韦国际书展
Zimbabwe International Book Fair
http://www.zibf.org

附录二:海外部分出版机构网站

美国图书生产商协会
American Book Producers Association
www. abpaonline. Org

美国书商协会
American Bookseller Association
www. bookweb. org

美国图书批发商协会
American Wholosale Booksellers Association
www. thedistributors. com

美国图书馆协会
American Library Association
www. ala. org

美国古旧书商协会
Antiquarian Booksellers' Association of America
www. abaa. org

美国出版商协会
Association of American Publishers, Inc.
www. publishers. org

美国大学出版商协会
Association of American University Presses Inc.
www. aaupnet. org

美国图书馆收藏与技术服务协会
Association for Library Collections & Technical Services
www. ala. org/alcts

美国犹太出版学会
the Jewish Publication Society
www. jewishpub. org

美国出版商营销协会
Publishers Marketing Association
www. pma - online. org

英国学术与专业学会出版商协会
Association of Learned and Professional Society Publishers
www. alpsp. org. uk

英国版权许可代理有限公司
the Copyright Licensing Agency Ltd
www. cla. co. uk

英国自由编辑与校对学会
Society of Freelance Editors and Proofreaders
www. sfep. demon. co. uk

英国索引者学会
the Society of Indexers
www. socind. demon. co. uk

苏格兰图书中心
Scottish Book Centre
www. scottishbooks. org

英国艺术委员会
The Arts Council of England
www. artscouncil. org. uk

英国出版商协会
The Publishers Association
www. publishers. org. uk

英国书商协会
The Booksellers Association
www. bookselers. org. uk

英国出版培训中心
The Publishing Training Centre
www. train4publishing. co. uk

《伦敦图书评论》
London Review of Books
www. lrb. co. uk

意大利出版商协会
Italian Publishers Association
www. aie. it

加拿大书商协会
Canadian Booksellers Association
www. cbabook. org

《文学市场》
Literary Market Place
www. literarymarketplace. com

《图书在线》
Bookwire
www. bookwire. com

美国《出版商周刊》
Publishers Weekly
www. publishersweekly. com

英国《书商》
The Bookseller
www. thcbooksclle r. com

英国《在版书目》
Books in Print
www. bookinprint. com

《纽约时报》
The New York Times
www. nytimes. com

电子图书馆
Net Library
www. netlibrary. com

美国 R. R. 鲍克图书数据公司
R. R. Bowker
www. bowker. com

英国惠特克图书数据公司
Whitaker
www. whitaker. co. uk

《最新图书营销》
Book Marketing Update
www. bookmarketingupdate. com

《图书出版报道》
Book Publishing Report
www. simbanet. com

《独立出版商》
Independent Publisher
www. bookpublishing. com

附录三:英国大学出版社网站

牛津大学出版社
Oxford University Press
www. oup. co. uk

剑桥大学出版社
Cambridge University Press
www. cup. cam. ac. uk

利物浦大学出版社
Liverpool University Press
www. liverpool – unipress. co. uk

爱丁堡大学出版社
Edinburgh University Press
www. euppublishing. com

曼彻斯特大学出版社
Manchester University Press
www. man. ac. uk/mup

开放大学出版社
Open University Press
http://mcgraw – hil. co. uk/openup

威尔士大学出版社
University of Wales Press
www. uwp. co. com

路顿大学出版社
University of Luton Press
www. johnlibbey. com

谢菲尔德大学出版社
University of Sheffield Press
www. shef. ac. uk/pr/press

附录四:美国大学出版社网站

哥伦比亚大学出版社
Columbia University Press
www. columbia. edu/cu/cup

康奈尔大学出版社
Cornel University Press
www. cornelpress. cornel. edu

哈佛大学出版社
Harvard University Press
www. hup. harvard. edu

印第安纳大学出版社
Indiana University Press
www. indiana. edu/ ~ iupress

约翰 · 霍普金斯大学出版社
Johns Hopkins University Press
www. press. jhu. edu

普林斯顿大学出版社
Pinceton University Press
www. pup. princeton. edu

宾夕法尼亚州立大学出版社
Penn State University Press
www. psu. edu/psupress

斯坦福大学出版社
Stanford University Press
www. sup. org

南伊里诺斯大学出版社
Southern Illinois University Press
www. siu. edu/ ~ siupress

麻省理工学院出版社
The MIT Press
www. mitpress. mit. edu

弗吉尼亚大学出版社
University Press of Virginia
www. upress. virginia. edu

德克萨斯大学出版社
University of Texas Press
www. utexas. edu/utpress

匹兹堡大学出版社
University of Pittsburgh Press
www. pitt. edu/ ~ press

南卡罗莱纳大学出版社
University of South Carolina Press
www. sc. edu/uscpress

威斯康星大学出版社
University of Winsconsin Press
www. wisc. edu/wisconsinpress

亚利桑纳大学出版社
University of Arizona Press
www. uapress. arizona. edu

芝加哥大学出版社
University of Chicago Press
www. press. uchicago. edu

佐治亚大学出版社
University of Georgia Press
www. uga. edu/ugapress

伊里诺斯大学出版社
University of Illinois Press
www. press. uinllinois. edu

爱荷华大学出版社
University of Iowa Press
www. uiowa. edu/ ~ uipress

肯塔基大学出版社
University Press of Kentucky
www. uky. edu/universiypress

内布拉斯加大学出版社
University of Nebraska Press
www. nebraskapress. unl. edu

俄克拉荷马大学出版社
University of Oklahoma Press
http://www. ou. edu/oupress

密苏里大学出版社
University of Missouri Press
www. system. missouri. edu/upress

北卡罗莱纳大学出版社
University of North Carolina Press
www. uncpress. unc. edu

堪萨斯大学出版社
University of Kansas Press
www. kansaspress. ku. edu

加里福尼亚大学出版社
University of California Press
www. ucpress. edu

弗罗里达大学出版社
University Press of Florida
www. upf. com

耶鲁大学出版社
Yale University Press
www. yale. edu/yup/

华盛顿大学出版社
University of Washington Press
www. washington. edu/uwpress

参考文献

[1] 李怀亮,闫玉刚. 当代国际文化贸易综论(上)[J]. 河北学刊,2005(6).

[2] 李怀亮,闫玉刚. 当代国际文化贸易综论(下)[J]. 河北学刊,2006(1).

[3] 王勇风. 从特征和功能分析文化市场的独特性[J]. 现代商业,2007(17).

[4] 王海鹰,李坚. 消费者价格心理与文化偏好研究[J]. 中国物价,2004(8).

[5] 雷兴长. 文化产品国际竞争的市场构成分析[J]. 科学经济社会,2012(1).

[6] 姚林清. 版权与文化产业发展研究[M]. 北京:经济科学出版社,2012:155-156.

[7] 安迪·普拉特. 文化产业:英国与日本就业的跨国比较[D]. 世界文化产业发展前沿报告(2003—2004)[M]. 北京:社会科学文献出版社,2004:209.

[8]张斌. 当前的国际文化贸易格局之研究[J]. 学术论坛. 2010,(4):83.

[9]大卫·赫斯蒙德夫. 文化产业[M]. 张菲娜,译. 北京:中国人民大学出版社,2007.

[10]欧阳友权. 文化产业通论[M]. 长沙:湖南人民出版社,2006.

[11]林拓,李惠斌,薛晓源. 世界文化产业发展前沿报告[M]. 北京:社会科学文献出版社,2004.

[12]胡月明. 演出经纪人[M]. 北京:中国经济出版社,2002.

[13]理查德·凯夫斯. 创意产业经济学:艺术的商业之道[M]. 孙绯,等,译. 北京:新华出版社,2004.

[14]海尔布伦. 艺术文化经济学[M]. 詹正茂,译. 北京:中国人民大学出版社,2007.

[15]李怀亮. 当代国际文化贸易与文化竞争[M]. 广州:广东人民出版社,2005.

[16]韩骏伟,胡晓明. 国际文化贸易[M]. 广州:中山大学出版社,2009.

[17]欧阳坚,于平,雷喜宁. 文化部组团赴日考察演艺产业报告[M]. 艺术百家,2010(1).

[18]道略文化传媒产业研究中心. 北京市演出市场调研报告[R]. 北京,2009.

[19]刘晓明,方世忠. 都市戏剧产业——国际对标和中国案例[M]. 上海:上海文化出版社,2010.

[20]闫玉刚. 国际演出与文化会展贸易[M]. 北京:中国传媒大学出版社,2008.

[21]韩骏伟. 国际电影与电视节目贸易[M]. 北京:中国传媒大学出版社,2008.

[22]乔治·萨杜尔. 世界电影史[M]. 徐昭,胡承伟,译. 北京:中国电影出版社,1982.

[23]潘旭. 柏林电影节上"欧洲电影市场"火爆[N]. 新华网. [2013-2-11]. http://news.xinhuanet.com/zgjx/2013-02/13/c_124343907.htn.

[24]美国电影交易会解码. 好莱坞纪事报[N]. [2009-11-16]. http://www.dmcc.gov.cn/publish/main/120/1267/12674296351091080532/12674296351091080532_.html.

[25]沈芸. 中国电影产业史[M]. 北京:中国电影出版社,2005.

[26]唐玲玲. 电影经济学[M]. 北京:中国电影出版社,2008.

[27]廖政军. 来自印度电影的启示[N]. 人民日报,2011-4-11(12).

[28]张静婧,底悦. 论印度电影特点及借鉴意义[J]. 攀枝花学院学报,2011,28(2).

[29]石帅. 浅析印度电影对我们的启示[J]. 电影评介,2012(24).

[30]顾钢. 印度电影与别具一格的电影观众[J]. 视听纵横,2009(3).

[31]张慧瑜. 印度宝莱坞电影及其对"中国大片"的启示[J]. 文艺理论与批评,2011(3).

[32]付筱茵,董潇伊,曾艳霓. 印度电影产业经验——大众定位、集群运营、制度支持[J]. 北京电影学院学报,2012(5).

[33]法国政府为本土电影保驾护航[OL]. http://www.tfol.com/10445/10484/2005/8/24/10022411.shtml.

[34]刘硕. 两德统一后德国电影的发展概况[J]. 电影文学,2010(23).

[35]占喆,汪少明. 新世纪以来的德国电影[J]. 电影文学,2011(20).

[36]董则平. 新创风险事业创业财务策略之研究——以独立制片人电影专案筹资为例[D]. 国立政治大学,2006.

[37]刘立行. 韩国电影辅导法规、机构与投融资现况之探究[OL]. 国家政策研究基金会网站,[2007]http://www.npf.org.tw/post/2/1390.

[38]王沛娣,杨继群. 文化是门好生意? 探讨韩国政府如何透过政府政策力量逐步扶持韩国影视产业[R]. 第十四届中华民国广告暨公共关系国际学术与实务研讨会,国立政治大学,2006-10-13.

[39] [法]乔治·萨杜尔. 世界电影史[M]. 徐昭,冯承伟,译. 北京:中国电影出版社,1995:558.

[40] 范志忠. 百年中国影视的历史影像[M]. 杭州:浙江大学出版社,2006:33.

[41] 杨步亭,周铁东等. 60 年来中国电影海外推广工作的繁荣与发展[J]. 当代电影,2009(10).

[42][美]大卫·波德威尔. 香港电影的秘密[M]. 何慧玲,译. 海口:海南出版社,2003:107.

[43]李丁赞."边缘帝国":香港、好莱坞和(殖民)日本三地电影对中国台湾扩张之比较研究[J]. 台湾社会研究季刊,1996(21):147.

[44]黄会林等. 2011 年度"中国电影文化的国际传播研究"(上)[J]. 现代传播,2012(1).

[45]李友平. 香港电影影响研究[D]. 上海:华东师范大学, 2007:123.

[46]陆孝修,陆懿. 中国电影非洲市场回顾[J]. 世界电影,2004(6).

[47]李渊. 电影文化交流:外国片商的独特见解[M]//中国电影年鉴. 北京:中国电影出版社, 2002:39.

[48]薛华. 中美电影贸易中的文化折扣研究[D]. 北京:中国传媒大学,2009.

[49]杨贵山. 国际出版业导论[M]. 北京:北京大学出版社,2010.

[50]左文. 文化全球化视野下的中国数字出版业[M]. 北京:清华大学出版社,2012.

[51]李新祥. 出版传播学[M]. 杭州:浙江大学出版社,2007.

[52]张桂兰.美国图书出版市场前景看好[J].印刷技术,2012(8).

[53]张志林,包蕴慧.从国际经验看我国图书发行渠道整合的路径选择[J].出版发行研究,2007(9).

[54]魏玉山.关于中国出版走向世界的思考——一种跨文化传播的方式[J].中国编辑,2005(2).

[55]龙晓君.我看美国图书营销[J].出版科学,2001(5).

[56]魏佳.贝塔斯曼的经营之道[J].新闻爱好者,2006(5).

[57]Gina.贝塔斯曼:给我一个支点[J].中国电子商务,2006(6).

[58]郝振省.国际出版业发展报告2010版[M].北京:中国书籍出版社,2012.

[59]陈镜波.2010年日本出版业继续下跌[J].今日印刷,2010(10).

[60]李建伟,王志刚.版权贸易基础[M].郑州:河南大学出版社,2006.

[61]王娟.中国图书版权贸易问题研究[J].现代传播,2010(01).

[62]徐建华.版权贸易新论[M].苏州:苏州大学出版社,2005.

[63]邵盼盼,尤建忠.对美国电子图书出版变局的新思考[J].出版参考,2010(12).

[64]刘瑾.电子游戏的第九艺术之说[J].中国艺术报.2012-08-27.

[65]马红亮.电子游戏的教育价值:来自美国研究的新观点[J].开放教育研究,2009(02).

[66]聂庆璞.基于产业组织理论SCP范式的我国网络游戏产业研究[D].中南大学,2012.

[67]奚声慧.网络游戏产业之经济学分析[D].上海:上海社会科学院,2007.

[68]游戏机大战,三巨头启示录[OL].虎嗅网.http://www.huxiu.com/article/10417/1.html.

[69]傅嘉.游戏业七年之痒　产品大战一触即发[N].中国证券报,2013-04-27.

[70]中国版协游戏工委(GPC),国际数据公司(IDC).2012年1—6月中国游戏产业报告[OL].http://wenku.baidu.com/view/6385772e647d27284b735113.html

[71]梁维科.试论美国游戏产业发展对我国的启示[J].黑河学刊,2011(09).

[72]西门孟.游戏产业概论[M].上海:学林出版社,2008(12).

[73]韩国文化体育观光部,韩国文化产业振兴院.《2012韩国游戏百科》.

[74]中国版协游戏工委(GPC).《2012年中国游戏产业报告》.

[75]17173,游戏工委.《2012中国网络游戏研发力量调查报告》.

[76]《2012年中国游戏产业海外市场报告(摘要版)》.中国版协游戏工委(GPC)、国际数据公司(IDC)、中新游戏(伽马新媒CNG).

[77]张耀鸿.网络游戏产业整合营销传播工具应用研究——与台湾地区产业现况比较[D].上海:复旦大学,2007.

[78]周密.网络游戏同步机制的研究[D].成都:四川大学,2006.

[79]2011—2012年中国动漫产业投资研究报告(简版)[R].艺恩咨询.

[80]日本贸易振兴机构.日本文化产业介绍报告[R],2007.

[81]中国动画学会,北京大学文化产业研究院.2013中国动画产业年度发展辑要[R].2007.

[82][韩]金休锺. 韩国文化产业发展战略研究报告书[R]. 三星经济研究所,2000.

[83][韩]动漫产业蓝皮书[R]. 韩国文化观光部,2006.

[84][韩]世界动漫产业的动向[R]. 韩国文化内容振兴院,2006.

[85][韩]日本东满的分析和批评[R]. 韩国漫画动漫学会,1999.

[86][韩]金休锺. 韩国大众文化发展战略[R/OL]. 三星经济研究所,2000. http://business. sohu. com/18/76/article211557618. shtml

[87]中宣部对外文化联络局. 国际文化发展报告[R]. 北京:商务印书馆,2005.

[88]苏锋. 动画产品国际贸易研究[D]. 哈尔滨:哈尔滨工业大学,2006.

[89]郑昭阳. 东亚国家贸易合作及其影响[J]. 南开经济研究,2003(4).

[90]郑明海. 动漫产业发展的国际比较及启示——以中美日三国为例[J]. 发展研究,2007(8).

[91]崔晓茜. 从韩国动画业的崛起浅析中国动画市场的发展[J]. 中国电视,2006(5).

[92]陈文. 韩国游戏扶持政策对我国的启示[J]. 出版发行研究,2006(2).

[93]姜义茂. 国际动漫产业的发展模式及特点[N]. 人民日报,2008 - 11 - 11(07).

[94]李怀亮. 国际文化贸易导论[M]. 北京:中国传媒大学出版社,2008.

[95]罗兵. 国际艺术品贸易[M]. 北京:中国传媒大学出版社,2009.

[96]文化部文化市场司. 2011 中国艺术品市场年度报告[M]. 北京:人民美术出版社,2012.

[97]詹姆斯·古德温. 国际艺术品市场(上、下)[M]. 敬中一,赖靖博,裴志杰,译. 北京:中国铁道出版社,2010.

[98]弗朗西斯·斯托纳·桑德斯. 文化冷战与中央情报局[M]. 曹大鹏,译. 北京:国际文化出版公司,2002.

[99]白谦慎. 傅山的世界:十七世纪中国书法的嬗变[M]. 北京:三联书店,2006.

[100]相良德二,等. 西洋绘画史话[M]. 彭正清,译. 北京:人民美术出版社,1981.

[101]河清. 艺术的阴谋[M]. 桂林:广西师范大学出版社,2008.

[102]王宝安. 体验价值[M]. 北京:文物出版社,2007.

[103]王希俊,李精明. 艺术管理[M]. 长沙:中南大学出版社,2012.

[104]林一,胡娜. 中国传统艺术全球传播战略研究[M]. 北京:中国电影出版社,2011.

[105]王瑞芸. 从杜尚到波隐克[M]. 北京:金城出版社,2012.

[106]张冬梅. 艺术产业化的历程反思与理论诠释[M]. 北京:中国社会科学出版社,2008.

[107]李敏. 艺术市场调研概论[M]. 南京:东南大学出版社,2010.

[108]高建平. 全球化与中国艺术[M]. 济南:山东教育出版社,2009.

[109]卢炘. 中国美术馆学概论[M]. 上海:上海书画出版社,2008.

[110]西沐. 中国艺术品市场批评概论[M]. 北京:中国书店,2010.

[111]李怀亮. 当代国际论文化贸易与文化竞争[M]. 广州:广东人民出版社,2005.

[112]李怀亮,刘悦笛. 文化巨无霸——当代美国文化产业研究[M]. 广州:广东人民出版社,2005.

[113]尼葛洛庞帝. 数字化生存[M]. 海口:海南出版社,1997.

[114]迈克尔·波特. 竞争优势[M]. 北京:华夏出版社,2005.

[115]贾克·阿达利. 噪音:音乐的政治经济学[M]. 宋素凤,翁桂堂,译. 上海:上海人民出版社,2000.

[116]菲利普·科特勒. 市场营销管理(亚洲版第二版)[M]. 北京:中国人民大学出版社,2001.

[117]克里斯·安德森. 长尾理论[M]. 乔江涛,译. 北京:中信出版社,2007.

[118]周洪雷. 音乐市场营销及案例分析[M]. 上海:上海音乐学院出版社,2004.

[119]曼昆. 经济学原理[M]. 3 版. 梁小民,译. 北京:机械工业出版社,2003.

[120]张革新. 现代著作权法[M]. 北京:中国法制出版社,2006.

[121]吴汉东. 著作权合理使用制度研究[M]. 北京:中国政法大学出版社,2005.

[122]孟祥娟. 版权侵权认定[M]. 北京:法律出版社,2001.

[123]王迁,王凌红. 知识产权间接侵权研究[M]. 北京:中国人民大学出版社,2008.

[124]蒋凯. 中国音乐著作权管理与诉讼[M]. 北京:知识产权出版社,2008.

[125]梁清华. 网络环境下的知识产权保护[M]. 北京:中国法制出版社,2004.

[126]克里斯·安德森. 免费——商业的未来[M]. 北京:中信出版社,2009.

[127]安盟. 现代音乐产业概述及音乐企业管理[M]. 北京:中国文联出版社,2003.

[128]李思屈. 中国数字娱乐产业发展战略研究[M]. 北京:社会科学文献出版社,2007.

[129]国际唱片业协会(IFPI). 2009—2013 年数字音乐报告。

[130]艾瑞市场调查公司. 中国数字音乐行业发展报告 2009—2010.

[131]尼尔森调查公司(Nielsen Company). 2010 年数字音乐报告.

[132]国际唱片业协会 IFPI 官方网站,www. ifpi. org.

[133]李家伦. 电视节目全球流动及相关理论述评[J]. 当代电影,2012(3).

[134]刘园园. "竞争五力"模型中的中美电视剧产业竞争环境比较[J]. 视听界,2011(6).

[135]朱春阳. 美、英、韩三国电视剧产制模式比较分析[J]. 电影评介,2008.

[136]林屹屹. 从北美纳比(NATPE)电视节看节目市场发展趋势[J]. 现代传播,2011(1).

[137]汪琦,李世成. 美国电视节目运营机制对我国制播分离改革的启示[J]. 东南传播,2012(4).

[138]郭金英. 美国市场亚文化特点及对国际市场营销的影响[D]. 天津:天津财经大学,2012.

[139]王朋进. 从"辛迪加"看美国电视节目创新的制度设计[J]. 视听界,2012(6).

[140]刘志敏. 德国电视娱乐化现象及借鉴意义[J]. 中国广播电视学刊,2012(10).

[141]刘俐. 德、法电视管理体制据分析[J]. 电视研究,2000(11).

[142]梁自强. 日本电视的数字化生存[J]. 中国数字电视,2005(11).

[143]李菁菁. 日本电视剧制播制度分析[J]. 青年记者,2009(12).

[144]原由美子. 电视节目中的文化交流——日本的电视节目进出口及日本电视

中的中韩节目[D]//2005 东北亚传播学国际研讨会——东北亚的文化交流论文集，2005-08-01.

[145]帅志强.国内电视剧市场交易平台分析[J].东南传播,2007(8).

[146]李宇."文化中国"视角下的电视对外传播——以中央电视台纪录频道为例[J].对外传播,2013(4).

[147]康贤斗.透视韩国广播电视事业的现实及其面临的问题[M]//郭镇之.跨文化交流与研究——韩国的文化与传播.北京:北京广播学院出版社,2004:286.

[148]夏倩芳.公共利益界定与广播电视规制[J].新闻与传播研究,2005(1).

[149]刘燕南.公共广播体制下的市场结构调整:韩国个案[J].现代传播,2003-10-15.

[150]贺程,潘月圆.韩国公共广播电视制度评议[J].现代视听,2011(8).

[151]杜丽婷,李昕玉.简析韩国电视自制剧产业链——以韩国 SBS 电视台为例[R]//科学发展 惠及民业——天津社会科学界第八届学术年会优秀论文集(上),2012-2-25.

[152]李宇.日本 NHK 和韩国 KBS"受众意识"的启示[J].传媒观察,2011(1).

[153]肖叶飞,栾颖.中西电视制播制度的比较分析.传媒,2010(5).

[154]李燕吉.BBC 电视频道的受众市场细分.视听界,2011(5).

[155]郭镇之.英国电视节目供应体制.中国记者,2000(7).

[156]武斌,廖亮.BBC 战略调整:彰显公共服务本色[J].传媒,2008(11).

[157]唐世鼎.制播体制改革与电视业发展问题研究[M].北京:中国传媒大学出版社,2005.

[158]国家广播电影电视总局发展研究中心.国外广播影视体制比较研究[M].北京:中国国际广播出版社,2008.

[159]胡正荣.外国媒介集团研究[M].北京:北京广播学院出版社,2004.

[160]王莉.制播分离与深化我国广播电视体制改革[J].新闻采编,2012(2).

[161]王晨子.浅析中英两国电视业的制播制度[OL].http://media.people.com.cn/n/2012/1205/c238969-19800984.html.

[162]国家新闻出版广电总局发展研究中心.中国广播电影电视发展报告(2013)[M].北京:社会科学文献出版社,2013.

[163]彭伟步.东南亚华文传媒现状[M]//2007 年世界华文传媒年鉴.北京:世界华文传媒年鉴社,2007.

[164]庄国土.东南亚华侨华人数量的新估算[J].厦门大学学报,2009(3).

[165]彭伟步.美国华语电视现状、问题及整合[J].国际新闻界,2012(11).

[166]陈国雄.华语电视在加拿大的定位及发展趋势[M]//2005 世界华文传媒年鉴.北京:世界华文传媒年鉴社,2005(8).

[167]魏平.关于北美地区华人收视特点的分析与思考[J].中国广播电视学刊,2012(5).

[168]李宇.海外华语电视发展特点及展望[J].传媒,2011(9).

[169]BBC 官方节目委托网站:http://www.bbc.co.uk/commissioning/tv/.

[170]韩国文化内容振兴院[OL].http://www.kiep.go.kr.

[172]央视网. http://news. cntv. cn/special/hymtxzh3th/index. shtml.

[173]“中国版权相关产业的经济贡献调研”课题组. 中国版权相关产业的经济贡献(2007—2009 年)[OL]. http://www. catis. org. cn/E_ReadNews. asp? NewsID =4964.

[174]National Governors Association. The Role of the Arts in Economic Development [M]. Washington D C: NGA Center for Best Practices, June 2001.

[175]World Intellectual Property Organization (WIPO). 2013 WIPO Studies on the Economic Contribution of the Copyright Industries [EB/OL]. http://www. wipo. int/copyright/en/performance/country_studies. html.

[176] Neuwirth R J. The Cultural Industries in International Trade Law: Insights from the NAFTA, the WTO and the EU[D]. EUI PhD theses, 2005.

[177] UNCTAD. Creative Economy Report 2010[EB/OL]. http://www. unctad. org/creative - economy.

[178]Mark S Nadel. How Current Copyright Law Discourages Creative Output: The Overlooked Impact of Marketing [J]. Berkeley Technology Law Journal, 2004, 19(2).

[179]O' Connor J. A new modernity? The arrival of “Creative Industries” in China [J]. International Journal of Cultural Policy, 2006, 9(3): 271 - 283.

[180]Scott A J Cultural products industries and urban economic development: Prospects for growth and market contestation in global context [J]. Urban Affairs. Review, 2004, 39 (4): 461 - 490.

[181]McRobbie A. The Uses of Cultural Studies. a textbook[M]. London: Sage, 2005.

[182]Kate Oakley. The role of the creative industries in economic development[J]. International Journal of Cultural studies, 2004, 7(1): 67 - 77.

[183]David Hesmondhalgh, Andy C Pratt. Cultural Industries and Cultural Policy[J]. International Journal of Cultural Policy, 2005, 11(1): 1 - 13.

[184]Keane, Michael A. Brave new world: understanding China's creative vision[J]. International Journal of Cultural Policy, 2004, 10(3): 265 - 279.

[185] Holly Aylett. An international instrument for international cultural policy—The challenge of UNESCO's Convention on the Protection and Promotion of the Diversity of Cultural Expressions 2005[J]. International Journal of Cultural Studies, 2010, 13(4): 355 - 373.

[186]Tyler Cowen. Why everything has changed: the recent revolution in cultural economics[J]. Journal of Cultural Economics, 2008, 32: 261 - 273.

[187] Heinz Steinert, Sally Ann spencer Cultural Industry [M]. Cambridge Polity Press, 2003.

[188]UNESCO. Cultural industries: a challenge for the future of culture[C]. Paris, 1982.

[189]Andy Pratt. Baseline study of the cultural industries in an international context for Creative Compact, 2000.

[190]David Throsby. Economics and Culture[M]. Cambridge university press, 2001.

[191]David Throsby. Determining the Value of Cultural Goods[J]. Journal of Cultural E-

conomics ,2003(27):279 -280.

[192]Arjo Klamer. Social,cultural and economic values of cultural goods[M]//Culture and Public Action",Edited by Vijayendra Rao and Michael Walton,2004.

[193]Paul Di Maggio,Kristen Stenberg. Why Do Some Theatres Innovate More Than Others? An Empirical Analysis[J]. Poetics,1985(14):116.

[194]Thomas Moore. The Economics of the American Theater[M]. Duke University Press,1968.

[195]Edward. W. Said:culture and emperialism[M]. london,vintage,1993.

[196]Bhagwati,Jagdish:In Defense of Globalization[M]. Oxford University Press,2004.

[197]Samuel P Huntington:The Clash of Civilizations and the Remaking of World Order [M]. Simon & Schuster,2011.

[198]Said Edward:The Clash of Ignorance[M]. The Nation,2001.

[199]Dominic Shellard. Economic impact study of UK theatre[D]. University of Sheffield,April 2004.

[200]DCMS. Creative Industries Economic Estimates. 2010,9,PP4 -8.

[201]Tania Voon. Culture products and World Trade Organizaiton[M]. Oxford University Press,2006.

[202]Tim Donahue,Jim Patterson. Stage Money:The Business of the Professional Theater [M]. The university of southe carolina press,2010.

[203]Tim Donahue,Jim Patterson. Stage Money:The Business of the Professional Theater [M]. The universiyt of southe carolina press,2010.

[204]Shubert Foudation. 2011 annual report[R]. 2011.

[205]US Census Bureau. Statistical Abstract of the United States[J]. 2004 -2005,NO. 1225. BOP consulting:Edinburgh Festivals Impact Study,2010.

[206]Mermiri,Tina. Private investment in culture: the arts in and post recession[J]. Presentation for Arts and Business,2010.

[207]2012 Theatrical Market Statistics[R]. MAPP. http://www. mpaa. org/Resources/ 3037b7a4 -58a2 -4109 -8012 -58fca3abdf1b. pdf.

[208]Focus 2013:World Film Market Trend[R]. European Audiovisual Observatory.

[209]Olivier Debande,Guy Chetrit. The European Audiovisual Industry: An Overview [R]. EIB Sector Papers,2001.

[210]Susan Hayward. France. from The International Movie Industry [C]. South Illinois University Press,2000.

[211]Julian Petley. Is There a British Film Industry? [J]. Journal of British Cinema & Television,2004,1(1).

[212]Doobo Shim. The Growth of Korean Cultural Industry and Korean Wave[C]//East Asian Pop Culture. Hong Kong University Press,2008.

[213]. Bakker G. The Decline and Fall of the European Film Industry:Sunk Costs,Market Size,and Market Structure[J]. Economic History Review ,LVIII,2005(2):310 -351.

[214]Janet Wasko. Critiquing Hollywood:The Political Economy of Motion Pictures[C]// A Concise Handbook of Motion Industry Economics. Cambridge University Press,2005:P6.

[215]Peter Bart. Cavalcade of coin skews H'wood odds[J]. Variety,2007(4).

[216]. Greg Elmer, Mike Gasher. Contracting Out Hollywood: Runaway Productions and Foreign Location Shooting [M]. Maryland:Rowman & Littlefield Press,2005

[217]. Mark Lorenzen, Florian Arun Taeube. Breakout from Bollywood? Internationalization of Indian Film Industry[R]. DRUID Working Paper No. 07 - 06.

[218]Maryse Bray, Agnès Calatayud. The French film industry' s current financial crisis and its impact on creation: the example of Jacques Doillon' s Raja[J]. Studies in European Cinema. 2003,2(3):199 - 212

[219]Terje Gaustad. Private Film Financing:Gains and losses in the Norwegian Film Sector[R]. Research Report,2008.

[220]Dina Iordanova. East Europe' s Cinema Industries Since 1989: Financing Structure and Studios[OL]. http://www. javnost - thepublic. org/media/datoteke/1999 - 2 - iordanova. pdf.

[221]Michael Keane. Exporting Chinese Culture: Industry Financing Models in Film and Television[J]. Westminster Papers in Communication and Culture(University of Westminster, London). 2006,3(1):11 - 27.

[222]. Robert C, DiGregorio, Jr. How to Fund Your Film: How Directors And Producers Can Secure Industry Financing For Films[OL]. (1998) http://www. coloradofilm. org/indiefilmcolorado - finance - funding - distribution. pdf.

[223]C Edward Fee. The Costs of Outside Equity Control: Evidence from Motion Picture Financing Decisions [J]. The Journal of Business. 2002,75(4).

[224]Terje Gaustad. Private Film Financing: Gains and Losses in the Norwegian Film Sector[R]. Research Report,2008.

[225]. Ronald L Goettler, Phillip Leslie. Cofinancing to Manage Risk in the Motion Picture Industry [J]. Journal of Economics & Management Strategy,2004,14(2):231 - 261.

[226]Norbert Morawetz. Finance, Policy and Industrial Dynamics: the Rise of Corproductions in the Film Industry[N]. Paper to be presented at the DRUID Summer Conference 2007 on APPROPRIABILITY, PROXIMITY, ROUTINES AND INNOVATION. Copenhagen, CBS, Denmark. June 18 - 20,2007.

[227]Colin Hoskins, Stuart McFadyen, Adam Finn, Anne Jackel. Evidence on the Performance of Canada/Europe Co - productions in Television and Film[J]. Journal of Cultural Economics,1997,21(2):129 - 138.

[228]Matthew S Scott. Are you ready to invest in the film industry? [OL]. Television Literature Index with Full Text.

[229]. Braedon Clark. Using Tax Incentives to Encourage Investment in the Australian Film Industry [J]. Revenue Law Journal,1999,9(1).

[230]. Rodney Hall. Give wings to the arts: A new model for arts funding[OL]. http://

www. laborfirst. com. au/lf1/files/Hall%20%20Rodney%20 – %20Arts%20policy. pdf.

[231] Grischa Perino, Gunther G Schulze. Competition, Cultural Autonomy and Global Governance: the Audio – Visual Sector in Germany, from Cultural Diversity and International Economic Integration [C]. Edward Elgar Publishing, 2005.

[232] Christian Jansen. The Performance of German Motion Pictures, Profits and Subsidies: Some Empirical Evidence[J]. Journal of Cultural Economics. 2005, 29(3): 191 – 212.

[233]. Simona Andreano, P Lelio Iapadre. Audio – Visual Policies and International Trade: the Case of Italy [C] // Cultural Diversity and International Economic Integration. Edward Elgar Publishing, 2005.

[234] Arpita Mukherjee. Audio – visual Policies and International Trade: The Case of India[OL]. http://www. europacasino – es. com/sp/information_society/media/docs/pa/links/asia/india_2003_en. pdf.

[235] Julian Petley. Is There a British Film Industry? [J] . Journal of British Cinema & Television ; 2004, 1(1): 129 – 136.

[236] Etan Vlessing Canadian Film by Any Other Name[N]. The Hollywood Repor t. Tuesday, April 25, 2006, from the database: Film & Television Literature Index with Full Text.

[237] Martin P Botha. The Song Remains the Same: the Struggle for a South African Audience 1960 – 2003[J]. Kinema, 2004, Spring.

[238] Victor Henning, Andre Alpar, Public aid mechanisms in feature film production: the EU Media Plus Programme[J]. Media, Culture & Society, 2005, 27(2): 229 – 250.

[239] Dal Yong Jin. Cultural politics in Korea's contemporary films under neoliberal globalization[J]. Media, Culture & Society, 2006, 28(10): 5 – 23.

[240] Paolo Guerrieri, Lelio Iapadre. Introduction, from Cultural Diversity and International Economic[C]. Integration Edward Elgar Publishing, 2005.

[241] Toby Miller. The Film Industry and Government: "Endless Mr. Beans and Mr. Bonds?" [C]. Critical Cultural Policy Studies, Blackwell Publishing, 2002.

[242] Emmanuel Cocq, Patrick Messerlin. French Audio – Visual Policy: Impact and Compatibility with Trade Negotiations. [C]//Cultural Diversity and International Economic Integration. Edward Elgar Publishing, 2005.

[243] Krista Tuomi. The South African Feature Film Industry: A Comparative Analysis [J]. Social Dynamics, 2006, 32(2): 81 – 110.

[244] Abel, Richard, Lyman W Newlin. Scholarly Publishing: Books, Journals, Publishers, and Libraries in the Twentieth Century [M]. New York: Wiley, 2002.

[245] Alexander, Alison, James Owers, Rod Carveth, C Ann Hollifield, Albert N Greco, eds. Media Economics: Theory and Practice[M]. 3rd edition Mahwah, NJ: Erlbaum, 2004.

[246] Alfred A. Knopf Books for Young Readers[J]. Subtext, December 16, 2002.

[247] Anand, Bharat N, Kyle Barnett, Elizabeth Carpenter. "Random House" Case Study [M]. Harvard Business School. Boston, MA: President and Fellows of Harvard College, 2004.

[248] Anglada L, N Comellas. What's Fair? Pricing Models in the Electronic Era[J] .

Library Management 23, no. 4 (April 2002): 227 – 33.

[249] Arkenbout, Erwin, Frans van Duk, Peter van Wuck. Copyright in the Information Society: Scenarios and Strategies [J]. European Journal of Law and Economics, 2004, 17: 237 – 49.

[250] Ayala, Nancy. Selling More than Words [N]. May 1, 2005. VNU eMedia, 2005 – 05 – 01. www. marketingymedios. com.

[251] Banerjee, Anindya, Bill Russell. Industry Structure and the Dynamics of Price Adjustment [J]. Applied Economics 33, 15 (2002): 1889 – 901.

[252] Bide, Mark. Adding Value in Electronic Publishing: Taking the Reader's Perspective [J]. Business Information Review 19, no. 1 (March 2002): 55 – 60.

[253] Blumenstyk, Goldie. Publishers Promote E – textbooks, But Many Students and Professors Are Skeptical [J]. Chronicle of Higher Education, May 18, 2001, A35.

[254] Book Industry Study Group (BISG). 2002 Consumer Research Study on Book Purchasing [R]. New York: Book Industry Study Group, 2003: 22 – 80.

[255] Euromonitor Publishing of Book Reports [R]. Euromonitor International, 2012.

[256] Brenner, Reuwen. The Force of Finance [M]. New York: Texere, 2002.

[257] Ceglowski, Janet. Has the Border Narrowed? [J]. North American Journal of Economics and Finance 11, no. 1 (August 200): 61 – 75.

[258] The Changing Market for U. S. Book Exports and Imports [J]. // Bowker Annual 2004, ed. Dave Bogart. Medford, NJ: Information Today, 2004.

[259] Albert N. Greco The Book Publishing Industry [M]. Mahwah, NJ: Erlbaum, 2005.

[260] Sorensen, Alan T. Bestseller Lists and Product Variety: The Case of Book Sales [R]. Working paper, Stanford University, 2004.

[261] Zettelmeyer, Floria, Fiona Scott Morton, and Jorge Silva – Risso. How the Internet Lowers Prices. Evidence from Matched Survey and Auto Transaction Data [R]. Working paper, National Bureau of Economic Research no. 11515, 2005.

[262] Rudiger Wischenbart. The Global eBook Market: Current Conditions and Future Projections [R]. Frankfurt Book Fain, 2011.

[263] Robert Hucker. Book Publishing [M]. Key Note, 2012.

[264] Wharton, Robert, Albert N Greco. Small and Independent Book Publishing: An Analysis of Sales Data [R] // Book Industry Trends. New York: Book Industry Study Group, 2004.

[265] NEWZOO. 2013 Global Games Market Report [OL]. http://www. newzoo. com/products – page/reports/global – games – market – reports/2013 – global – games – market – report/.

[266] Digi – Capital. Global Games Investment Review 2012 [OL]. http://www. digi – capital. com/reports.

[267] Levine, Robert. Console to Mobile: Game On, Dude [N]. Bloomberg Businessweek. 12/17/2012, Issue 4309, P36 – 38.

[268] Fujimura, Naoko. Can Open Development Save Mario? [N]. Bloomberg Business-

week. 7/8/2013, Issue 4337, P32 - 32.

[269] Fitzgerald, Michael. GAMERS UNITE! Fast Company. May2012, Issue 165, p42 - 428.

[271] Witherspoon, Lisa; Manning, John P.. Active Gaming: The Future of Play? [J]. American Journal of Play, v4 n4 p464 - 487 Spr, 2012.

[272] Tobias, Sigmund; Fletcher, J. D.. Reflections on "A Review of Trends in Serious Gaming" [R]. Review of Educational Research, v82 n2 p233 - 237 June, 2012.

[273] Savitz, Eric. Mobile Gizmos Hastening The Demise Of Video Game Consoles [N]. Forbes. com. 10/2/2012, p35 - 35.

[274] Laporte, Nicole. FROM XBOX TO ZYNGA [J]. Fast Company. Sep2013, Issue 178, p98 - 105.

[275] Herrewijn, Laura; Poels, Karolien. Putting brands into play: How game difficulty and player experiences influence the effectiveness of in - game advertising [J]. International Journal of Advertising. 2013, Vol. 32 Issue 1, p17 - 44.

[276] Lee, Chun - Chia; Hsu, Shang Hwa; Chang, Jen - Wei. Factors influencing sociability in educational MMORPGs - a fuzzy AHP approach. Internet Research [J]. 2013, Vol. 23 Issue 3, p298 - 315.

[277] Elliott, Luther; Golub, Andrew; Ream, Geoffrey; Dunlap, Eloise. Video Game Genre as a Predictor of Problem Use [J]. CyberPsychology, Behavior & Social Networking. Mar2012, Vol. 15 Issue 3, p155 - 161.

[278] Parish, Jeremy. A HISTORY OF JAPANESE GAMES [J]. Electronic Gaming Monthly. Sep2008, Issue 232, p92 - 93.

[279] Greene, Jay; Lehman, Paula. SUPER MARIO'S HALO EFFECT [N]. BusinessWeek. 12/3/2007, Issue 4061, p016 - 016.

[280] Peneberg, Adam L. EVERYONE'S A PLAYER [J]. Fast Company. Dec2010/Jan2011, Issue 151, p134 - 141.

[281] Semrad, Steve. THE GREATEST 200 GAMES OF THEIR TIME [J]. Electronic Gaming Monthly. Feb2006, Issue 200, p74 - 97.

[282] InternationalGame Technology SWOT Analysis [R]. Apr2013, p1 - 8.

[283] Vella, Matt. CLASH OF THE CONSOLES [N]. Fortune International (Asia). 8/12/2013, Vol. 168 Issue 3, p21.

[284] Entertainment software association. Essential facts about the computer and video game industry [R], 2012.

[285] Playnomics. Player Engagement Study for Q1 2013. www. playnomics. com.

[286] 2012 Theatrical Market Statistics [R]. MAPP, http://www. mpaa. org/Resources/3037b7a4 - 58a2 - 4109 - 8012 - 58fca3abdf1b. pdf.

[287] Doobo Shim. The Growth of Korean Cultural Industry and Korean Wave. from, *East Asian Pop Culture* [C]. Hong Kong University Press, 2008

[288] Ichiya Nakamura, Japanese Pop Industry [R]. Stanford Japan Center. Novervmber

22,2003.

[289]Hyejin Yoon, Edward J, Malecki. Cartoon planet; worlds of production and global production networks in the animation industry[J]. Oxford Journal 2009. Volume, 19, issue 1: 239 - 271.

[290]Westcott, Tim, An overview of the global animation industry[J]. Creative Industries Journal, Volume 3, Number 3, 27 May 2011, pp. 253 - 259(7).

[291]Kitson, Clare, British animation and Channel 4; The role of broadcasting in nurturing new talent and creativity in the animation industry[J]. Creative Industries Journal, Volume 3, Number 3, 27 May 2011, pp. 207 - 220(14).

[292]Anonymous. Moreover; Culture wars[J]. The Economist, 1998 - 09 - 12.

[293]Frey B. Arts and Economics; Analysis and Cultural Policy[M]. Berlin; Springer - Verlag, 2000.

[294]UNESCO. World Culture Report 2000[J]. Unesco Publishing, 2000.

[295] Moulin R. The French Art Market. NewBrunswick [M]. NJ: Rutgers University Press. 1987.

[296]David Hesmondhalgh. The Cultural Industries[M]. London; SAGE Publications.

[297]Watson P. Sotheby's the Inside Story[M]. London; Bloomsbury, 1997.

[298]Watching Your Language; Foreign Version Issue[J]. Screen Digest, 1992(7).

[299]UNESCO. Cultural Industries: A Challenge for the Future of Culture[M]. UNESCO Publishing, 1982.

[300]Becker S H. Art Worlds. Berkeley[M]. University of California Press, 1982.

[310]Gordon Christopher. European Perspectives on Cultural Policy[J]. UNESCO Publishing, 2000.

[311]Grampp W. Pricing the Priceless: Art, Artists and Economics[M]. New York; Basic Books, 1989.

[312]Kent Jones. Contrary Opinion; Who's Afraid of the WTO? [M]. Challenge, Armonk, 1998.

[313] Andersen Robin. Consumer Culture and TV Programming [M]. Westview Press, 1995.

[314]Balio Tino. The American Film Industry, Madison[M]. University of Wisconsin Press, 1976.

[315] Williams Raymond. The Sociology of Culture [M]. London: Fontana Paperbacks, 1981.

[316]Bourdieu P. Homo Academicus, Cambridge[M]. Polity Press, 1998.

[317]Coffman R. Art Investment and Asymmetrical Information[J]. Journal of Cultural Economics, 1991.

[318]Hall Stuart. Media Representation: Cultural Representations and Signifying Practices, [M]. London: Sage, 1997.

[319] Adorno. Theodor W. The Culture Industry; Selected Essays on Mass Culture

[J].1991.

[350]Fiske John. Television Culture[M]. London:Methuen & Co. Ltd,1987.

[351]Hanson Jarice,et al. Sources:Notable Selections in Mass Media[M]. Dushkin Pub. Group,1996.

[352]Carl Shapiro,Hal R Varian. Versioning;The Smart Way to Sell Information[J]. Havard Business Review. 2008,(11);106 - 114.

[353]Makadok R Toward. A Synthesis of the Resource - based and Dynamic - capability Views of Rent Creation[J]. Strategic of Management Journal,2001,(27);625 - 641.

[354]M E Porter. Competitive Advantage;Creating and Sustaining Superior Performance [M]. New York:The Free Press.

[355]E Romanelli,O M Khessina. Regional Industrial Identity:Cluster Configurations and Economic Development[J]. Organization Science,2005(16);344 - 358.

[356]M A Hitt,D Ahlstrom,M T Dacin,etc. TheInstitutional Effects on Strategic Alliance Partner Selection in Transition Economies; China vs. Russia[J]. Organization Science,2004 (15):173 - 185.

[357]Donald S Passman. All You Need to Know about the Music Business[M]. Rev. Ed. Hal Leonard Corp,2008.

[358]Tad Lathrop. This Business of Global Music Marketing[M]. Billboard Books,2007.

[359]Mark Halloran,ESQ. The Musician's Business and Legal Guide[M]. 4 edition. Pearson Prentice Hall,2007.

[360]Susan Gedutis Lindsay. Making Music Make Money;An Insider's Guide to Becoming Your Own Music Publisher[M]. Berklee Press,2003.

[361]David Baskerville. The music Business Handbook and Career Guide[M]. 8 edition. Sage Publications,Inc,2005.

[362]Randall D Wixen. The Plain and Simple Guide to Music Publishing[M]. Hal Leonard,2008.

[363] Steve Gordon. The Future of the Music Business[M]. 2 edition. Hal Leonard Corp,2008.

[364]Tom Hutchison. Web Marketing for The Music Business[M]. Focal Press,2008.

[365]Tom Hutchison,Amy Macy,Paul Allen. Recording Label Marketing[M]. 2 edition. Focal Press,2009.

[366]Paul Allen. Artist Management for the Music Business[M]. Focal Press,2007.

[367]M William Krasilovsky,Sydney Shemel,John M Gross,etc. This Business of Music [M]. 10 edition. Billboard Books,2007.

[368]Bob Baker. Guerrilla Music Marketing[M]. Encore Edition. Bob Baker,2006.

[369]Ray D Waddell,Rich Barnet,Jake Berry. The Business of Concert Promotion and Touring[M]. Billboard Books,2007.

[370]Robert A Gorman,Jane C Ginsburg,R Anthony Reese. Copyright Cases and Materials[M]. 7 edition. Foundation Press,2009.

[371] Kent Wertime Ian Fenwick. DigiMarketing: The Essential Guide to New Media and Digital Marketing[M]. Wiley, 2008.

[372] Voqel Harold. Entertainment Industry Economics: A Guide for Financial Analysis [M]. 7 edition, Cambridge University Press, 2007.

[373] Eric M Dobrusin, Ronald A Krasnow. Intellectual Property Culture: Strategies to Foster Successful Patent and Trade Secret Practices in Everyday Business[M]. Oxford University Press, 2008.

[374] Vicki Mayer, Miranda J Banks, John T Caldwell. Production Studies: Cultural Studies of Media Industries[M]. Routledge, 2009.

[375] Jeff Ulin. The Business of Media Distribution: Monetizing Film, TV and Video Content in an Online World[M]. Focal Press, 2009.

[376] Brian Halligan, Dharmesh Shah, David Meerman Scott. Inbound Marketing: Get Found Using Google, Social Media, and Blogs (New Rules Social Media Series) [M]. Wiley, 2009.

[377] Jennifer Holt, Alisa Perren. Media Industries; History, Theory, and Method[M]. Wiley - Blackwell, 2009.

[378] Lucy Keung. Strategic Management in the Media: Theory to Practice[M]. Sage Publications Ltd, 2008

[379] Richard Stim. Music Law; How to Run Your Band's Business[M]. 6 edition. NOLO, 2009.

[380] Yao D. Global ads forecast to fall 6.9% in 2009[OL]. http://news.smh.com.au/breaking - news - business/global - ads - forecast - to - fall - 69 - 20090415 - a6k5.html.

[381] Wordscreen. Decling in global ad spending is slowing, says Nielsen[OL]. http://worldscreen.com/articles/display/22817, 2009 - 10 - 07.

[382] Crupi A. Cable upfront down 12%, Mediaweek[OL]. http://hollyhoodreporter.com, 2009 - 10 - 14. /hr/content_display/television/news/e3ia689e3d11e46flbc53201783e7eb5950.

[383] Andalian J. Broadcast TV in 2010; Death or rebirth? [OL]. http://www.msnbc.msn.com/id/34710815/ns/entertainment - television/, 2010 - 01 - 05.

[384] Daswani M. The view from Brazil. TV Real Weekly[OL]. http://tvreal@wordscreen.com, 2010 - 02 - 10.

[385] Brozoznowski K. MIPCOM sees strong attendance[OL]. http://www.worldscreen.com/articles/search, 2009 - 10 - 09.

[386] Guider E. MIPCOM: Series sizzle. The Hollywood Reporter[OL]. http://www.hollywoodreporter. com/hr/content _ display/news/e3i0e0331038f5cd3ed52608a28147e084f?src = challenge, 2009 - 09 - 29.

[387] Tuner M. MIPCOM: Glitz amid a still - tricky market[OL]. http://www.hollywoodreporter.com/hr/content_display/news/e3i6e0d957446c196caf5ddd45cbaaa6299f, 2009 - 10 - 04.

[388] Tuner M. Report; U.K. leads global formats market[OL]. http://www.hollywoo-

dreporter. com/hr/content _ display/world/news/e3ic70c81ff95d140b9aaf569385d49cf93, 2009 - 10 - 07.

[389]Pursell Chris. International Deals a Vital Part of NATPE[N]. Television Week, 1, 2007, Vol. 26 Issue 3, P26.

[390]Kay Richardson, Ulrike H. Meinhof: World in Common? Television discourse in a changing Europe[M]. Routledge, 1999:174.

[391]Denise D Bielby, C Lee Harrington. Global TV 2010: Update of the world market for television[J]. Global TV 2010.

[392]Tom Evens. Value networks and changing business models for the digital television industry[J]. Journal of Media Business Studies, 2010, 7(4)41 - 58.

[393]Maire Messenger Davies, Roberta E Pearson. To boldly bestride the world like a colossus: Shakespeare, star trek and the European TV market[J]. European Culture and the Media, 2005.

[394]Andrea Esser. Television Formats: Primetime Staple, Global Market, Popular Communication, 2010(8):273 - 292.

[395]Peter J Danaher, Tracey S Dagger, Michael S Smith. Forecasting television ratings [J]. International Journal of Forecasting, 2011(27):1215 - 1240.

[396] Emmanuel Tsekleves, Roger Whitham, Koko Kondo, Annette Hill. Investigating media use and the television user experience in the home[J]. Entertainment Computing, 2011 (2):151 - 161.

[397]Neil T Gavin, Tom Marshall. Mediated climate change in Britain: Scepticism on the web and on television around[J]. Copenhagen, Global Environmental Change, 2011(21):1035 - 1044.

[398]Goro Oba, Sylvia M Chan - Olmsted, Self - Dealing or Market Transaction? An Exploratory Study of Vertical Integration in the U. S. Television Syndication Market[J]. Journal of Medla Economics, 2006, 19(2):99 - 118.

[399]Tore Nilssen. The Television Industry as a Market of Attention[J]. Nordicom Review, 2010(31):115 - 123.

[400]WIPO. 2003 WIPO Guide on Surveying the Economic Contribution of the Copyright - based Industries [OL]. http://www. wipo. int/export/sites/www/freepublications/en/copyright/893/wipo_pub_893. pdf.

[401] WIPO. COPYRIGHT INDUSTRIES in the U. S. Economy—The 2011 REPORT [OL]. http://www. wipo. int/copyright/en/performance/country_studies. html.

[402]UNESCO. 2009 UNESCO Framework for cultural statistics[R]. Canada: UNESCO Institute for Statistics.

[403]Department for Culture Media and Sports of UK. Creative Industries Economic Estimates[OL]. https://www. gov. uk/government/uploads/system/uploads/attachment _ data/file/77959/Creative - Industries - Economic - Estimates - Report - 2011 - update. pdf.

[404]UNCTAD. Creative economy report 2008: The Challenge of Assessing the Creative

Economy: towards Informed Policy - making[R]. New York: UNCTAD, 2008.

[405] Finnish Copyright Institute, Ministry of Education and culture, Turku School of Economics: Economic Contribution of Copyright - based Industries in Finland 2005 - 2008[OL]. http://www.wipo.int/export/sites/www/copyright/en/performance/pdf/econ_contribution_cr_fi.pdf.

[406] Australian Copyright Council. The Economic Contribution of Copyright - Based Industries in Australia[OL]. http://www.wipo.int/export/sites/www/copyright/en/performance/pdf/econ_contribution_cr_au.pdf.

[407] Federal Ministry of Economics and Technology. Monitoring of Selected Economic Key Data on Culture and Creative Industries 2011[OL]. http://www.kultur - kreativ - wirtschaft.de/Dateien/KuK/PDF/monitoring - zu - ausgewaehlten - wirtschaftlichen - eckdaten - der - kultur - und - kreativwirtschaft - 2011 - kurz - englisch, property = pdf, bereich = kuk, sprache = de, rwb = true.pdf.

[408] Intellectual Property Division, Ministry of Economic Affairs, Royal Government of Bhutan. The Economic Contribution of Copyright - Based Industries in Bhutan[OL]. http://www.wipo.int/export/sites/www/copyright/en/performance/pdf/econ_contribution_cr_bt.pdf.

[409] Dickson Nyariki, Oliver Wasonga, Calleb Otieno, Eric Ogadho, Charles Ikutwa and Julius Kithinji. The Economic Contribution of Copyright - Based Industries in Kenya[OL]. http://www.wipo.int/export/sites/www/copyright/en/performance/pdf/econ_contribution_cr_ke.pdf.

[410] AHN Kil - Hyo, KIM Ji - Young, KIM Ju Sik and KANG Dae Oh. The Economic Contribution of Copyright - Based Industries in the Republic of Korea[OL]. http://www.wipo.int/export/sites/www/copyright/en/performance/pdf/econ_contribution_cr_kr.pdf.

[411] Anastassios Pouris and Roula Inglesi - Lotz. The Economic Contribution of Copyright - Based Industries in South Africa[OL]. http://www.wipo.int/export/sites/www/copyright/en/performance/pdf/econ_contribution_cr_za.pdf.

后记

为适应当代国际文化贸易飞速发展的新形势，迎接中国加入WTO后对外文化贸易所面临的巨大挑战，尽快扭转中国对外文化贸易逆差，并为中国对外文化贸易健康发展培养专门人才，经教育部批准，中国传媒大学2005年10月率先开设“国际文化贸易”本科专业，成为国内第一所开设该本科专业的院校。经过几年的发展，中国传媒大学经济与管理学院已建立起国际文化贸易本科、硕士和博士人才培养体系，并一直以建设政策咨询型、理论研究型、人才培养型、社会服务型四位一体的高质量教学科研机构为目标，积极开拓，不断努力。

近年来，该专业的师生承担了中宣部、文化部、商务部和广电总局以及地方政府和企业委托的一系列与文化贸易相关的理论研究与政策咨询课题，同时也开展了一系列有针对性的社会服务工作，以便形成理论研究与实践发展的良性对接。《国际文化市场报告》就是在文化部对外文化联络局对外文化贸易处的直接领导和关心下产生的，是课题组师生共同努力的结果。

本书由李怀亮担任主编、方英担任副主编，汇聚了中国传媒大学经济与管理学院师生的研究力量编写而成。全书写作具体分工为：第一章：方英；第二章：闫玉刚、马明；第三章：虞海侠、薛华；第四章：王娟；第五章：刘静忆；第六章：魏婷；第七章：施艳萍；第八章：佟雪娜；第九章：王锦慧、薛华；第十章：方英。

由李怀亮教授牵头的“国际文化市场研究”课题组，对有关国际文化贸易理论与政策措施、国际文化市场、文化产业管理等领域相关课题开展了专门化、系列化的研究工作。这个研究团队具有相当强的研究实力和深厚的学术积累，团队成员各有所长：方英，博士、教授，是中国传媒大学经济系副主任、国际文化贸易专业带头人、硕士研究生导师，主要从事国际文化贸易与经济增长的研究；闫玉刚，博士、副教授，2005年中国人民大学博士毕业后到中国传媒大学文化贸易研究所工作，作为主干力量参与了中宣部、文化部、商务部等部委委托的文化贸易和文化产业方面的研究课题，擅长城市品牌管理和文化产业园区的策划；马明，曾在中国传媒大学经济与管理学院师从李怀亮教授攻读国际文化贸易博士学位，现任北京舞蹈学院讲师，从事演艺产业管理和国际演艺市场的研究；虞海侠，博士、副教授，曾在美国密歇根州立大学做访问学者，对美国文化产业有深入研究，从事电影产业投融资和电影贸易的研究；薛华，博士、讲师，中国传媒大学经济与管理学院公共管理系副主任，有丰富的业界实践经验，擅长文化产业管理、影视产品"走出去"的研究；王娟，博士、讲师，从事国际图书版权贸易的教学与科研，曾出版专著《中国图书对外贸易问题研究》；魏婷，博士、副教授，主攻动漫产品国际贸易的研究，其博士论文《中日韩动漫产业及国际贸易比较研究》出版后获得学术界好评；施艳萍，博士后，致力于艺术市场管理和艺术品贸易的研究；王锦慧，博士、副教授，致力于影视版权贸易、影视版权证券化的研究；刘静忆，博士、讲师，从事国际文化贸易政策、游戏市场的研究；佟雪娜，博士、副教授，曾在美国中田纳西州立大学研究美国音乐产业，擅长音乐产业管理和音乐版权贸易的教学与科研，其博士论文《数字音乐的产业价值链研究》填补了我国音乐产业的研究空白。

感谢中国国际电视总公司影视发行事业部副总经理程春丽、国际部主任张琳、国际部发行主管李兴、蔡丹翔、李梦溪、从旭日等人为本项研究所提供的大量宝贵第一手研究资料；感谢中影海推公司总经理周铁东为本项研究所提供的宝贵指导性意见。感谢2011级传媒经济博士生吕寒，2012级传媒经济博士生耿磊和张楠，2013级传媒经济博士生高超，2012级企业管理硕士生王辰和冯雨双，2012级艺术管理硕士生杜蕾、张雍和梁新宇，2013级传媒经济硕士生葛欣航，2013级企业管理硕士生雷松和杜妍君，美国印第安纳大学2013级艺术管理硕士生欧阳映雪，他们为本报告收集和翻译了大量的数据资料。

本书主要介绍国际演出市场、国际电影市场、国际图书出版市场、国际游戏市场、国际艺术品市场、国际动漫市场、国际数字音乐市场和国际电视市场的发展历史、发展规模和竞争格局，并对国际文化市场运行机制进行了国别和区域比较。由于研究主题比较前沿，国内外相关研究资料缺乏，研究内容存在一些不足，有待后续研究的进一步深化和完善，敬请读者批评指正。

方英

2013年10月

图书在版编目(CIP)数据

国际文化市场报告/李怀亮主编. —北京:首都经济贸易大学出版社,2014.3

ISBN 978-7-5638-2165-5

Ⅰ. ①国… Ⅱ. ①李… Ⅲ. ①文化市场—研究报告—世界
Ⅳ. ①G114

中国版本图书馆CIP数据核字(2013)第245527号

国际文化市场报告
李怀亮 主编 方 英 副主编

出版发行 首都经济贸易大学出版社
地 址 北京市朝阳区红庙(邮编100026)
电 话 (010)65976483 65065761 65071505(传真)
网 址 http://www.sjmcb.com
E-mail publish@cueb.edu.cn
经 销 全国新华书店
照 排 首都经济贸易大学出版社激光照排服务部
印 刷 北京七彩京通数码快印有限公司
开 本 787毫米×1092毫米 1/16
字 数 812千字
印 张 31.75
版 次 2014年3月第1版第1次印刷
书 号 ISBN 978-7-5638-2165-5/G·337
定 价 128.00元
